2020
서울생활문화
자료조사

신문로2가

궁터에서
시민공간으로

총괄 배현숙, 서울역사박물관 관장
송인호, 서울역사박물관 관장(전)

기획 박현욱, 서울역사박물관 학예부장
김양균, 서울역사박물관 조사연구과장
정수인, 서울역사박물관 학예연구사
장옥연, ㈜온공간연구소 소장

공동연구진 정경현, 이현민, 윤참근(㈜온공간연구소)
은정태, 조미은(역사디자인연구소 연구위원)
김하나(서울대학교 건축학과 강사)
정춘환(건축문화연구소 건축도감 소장)

원고작성 1장 장옥연
2장 은정태, 이현민, 윤참근
3장 조미은, 이현민
4장 김하나, 정경현
5장 정경현, 윤참근, 정춘환
6장 정경현
7장 정수인, 황희순

교정 엄민용(내일날씨)

사진촬영 김형석

협조 종로구청 부동산정보과
서울고등학교 동문회
주한체코공화국대사관·문화원

자료제공 국가기록원
국토지리정보원
독립기념관
국립중앙박물관
국립민속박물관
서울대학교 규장각한국학연구원
서울시립대학교 박물관
고려대학교 박물관
동국대학교 중앙도서관
수도문물연구원
한울문화재연구원
충청문화재연구원
서경문화재연구원
새문안교회
한국전력공사 전기박물관
일본 국립국회도서관(国立国会図書館)
일본 와세다대학교 도서관(早稲田大学図書館)
미국 보스턴순수미술박물관(Museum of Fine Arts, Boston)
미국 위스콘신 밀워키대 도서관(University of Wisconsin-Milwaukee Library)
서은석(옛 전매청 직원)
㈜비앤씨월드

일러두기
- 이 보고서는 2020년 서울생활문화자료조사 신문로2가 지역 조사의 일환으로 제작되었다.
- 보고서에 인용된 단행본, 신문자료, 논문의 내용은 최대한 원문의 뜻을 살려 표기하였다.
- 구술자가 동의하지 않거나 개인정보보호가 필요한 경우 익명으로 처리하였다.
- 구술자의 이야기를 그대로 살리기 위해 일부 문법에 따른 교정을 하지 않았다.
- 시기에 따른 지명과 기관명의 변화를 반영하여 작성하였으나, 불분명한 경우는 현재의 지명과 기관명의 기준으로 정리하였다.
- 책에 실린 사진의 저작권은 해당 소유자에게 있으며, 출처가 표기되지 않은 사진은 서울역사박물관 소장 자료이다.

2020
서울생활문화자료조사

신문로2가

궁터에서
시민공간으로

서울역사박물관

신문로2가 서울생활문화자료조사는 다른 지역조사보다 의미 있는 사업입니다. 서울역사박물관이 자리잡고 있는 '우리 동네'를 기록하는 뜻깊은 일로, 박물관은 신문로2가의 거주자이자 지역의 대표기관이기도 합니다. 그동안 조사자의 입장에서 지역을 들여다보았다면 이번 조사에서는 구성원의 관점에서 자세히 들여다볼 수 있었습니다. '자세히 보아야 예쁘다'라는 시구처럼 신문로2가를 꼼꼼히 들여다보면서 알지 못했던 사실을 발견하기도 하였고 '우리 동네'를 제대로 기록해야 한다는 사명감이 솟구치기도 하였습니다.

신문로2가의 역사는 조선시대부터 일제강점기, 현대에 이르는 역사적 변화가 그대로 투영한 곳이라는 점에서 시기별 이곳의 주인은 곧 시대의 상징이라 할 수 있습니다. 현재 신문로2가 지역 대부분은 광해군이 건설한 경희궁이 있던 자리입니다. 조선시대에는 왕실이 주인인 '그들만의 거주지'였던 것입니다. 또한 일제강점기에는 일본인 관료 자녀들을 위한 경성중학교와 총독부 전매청 관사가 건설되어 고위층 일본인들의 공간으로 변모하였습니다. 해방 이후 경성중학교 자리에는 서울고등학교가 개교하였고, 관사지에는 고급 주택지가 형성되었습니다. 명문학교로 이름을 날리던 서울고등학교는 강남개발로 인해 서초동으로 이전하였고, 그 땅에는 1988년 경희궁의 일부가 복원되고 시민들의 문화공간인 서울역사박물관이 2002년에 개관하였습니다. 비로소 신문로2가는 '우리들의 공간'이 되었습니다.

이번 사업에서는 경희궁, 학교, 주택지로 변화하는 신문로의 성격을 반영하여 경희궁의 영역변화와 발굴현황, 경성중학교와 서울고등학교의 학교생활, 관사의 건설과 불하과정을 중점으로 기록하였습니다. 특히 구술조사에서는 서울생활문화자료조사의 최고령 구술자이자 신문로의 대모代母격인 104세의 김옥라 여사가 참여하였습니다. 그는 1930년대 신문로와 경성중학교 시기부터 일제강점기 관사지의 모습, 현재 주택·상업·업무가 혼재한 모습까지 지켜본 신문로2가의 산증인이었습니다. 더불어 신문로2가에 인접한 내수동에서는 인근 주민들이 애용한 우물을 발견하였는데, 이는 조선전기부터 있었던 내수사 안의 우물임이 밝혀져 본 조사의 큰 성과가 되었습니다.

2020년 신문로2가 서울생활문화자료조사 사업을 열정과 최선의 노력으로 감당해 주신 ㈜온공간연구소의 장옥연 연구책임을 비롯한 연구진께 감사드립니다. 그리고 신문로2가의 오래된 기억을 되살려 장소와 시대와 일상을 구술해 주신 거주자, 주한 체코대사, 주부클럽 회원, 서울고등학교 동문분들께 진심으로 존경과 감사의 인사를 드립니다.

2021년 5월
서울역사박물관장 배현숙

목차

1 연구개요

1.1 **조사의 필요성과 범위** 10

1.2 **주요 내용 구성** 11

1.3 **주요 조사방법** 12

2 경희궁

2.1 **경희궁의 영건과 해체** 26

2.2 **빈 궁궐, 경희궁과 그 주변의 변화** 34

뽕나무 궁궐과 개화정책

새문안로 변의 근대시설과 외국인들

2.3 **경희궁 경계 영역의 변화** 48

2.4 **경희궁의 복원** 68

2.5 **경희궁지 매장문화재 발굴현황** 84

개요

발굴유적의 주요 유형

발굴유적의 시기별 특성

보존조치 현황

3 경성중학교와 서울중고등학교

3.1 **경성중학교** 100

경성중학교의 설립과 그 위상

경성중학교 안팎의 풍경

경성중학교 사람들

3.2 **서울중고등학교** 126

해방 이후 서울중고등학교로의 변화

서울고등학교의 강남 이전

4 경희궁 내 관사의 건설과 불하

4.1 **경희궁 내 관사의 건설** 152
조선총독부 전매국
일제강점기 관사지 조성 및 특징
경희궁 내 관사지의 조성연혁 및 특징
경희궁 내 관사의 건축적 특징
경희궁 내 관사의 광복 후 변화

4.2 **경희궁 내 관사의 불하** 206
해방 이후 경희궁 내 관사의 현황
신문로2가 관사의 불하

5 주거지에서 용도복합지역으로의 변화

5.1 **불하 이후, 지역 특성의 변화** 238
고급 단독주택주거지 형성
주거·상업·업무·문화 복합지대로의 변화

5.2 **신문로2가의 건축물 특성 변화** 270
조사개요
신문로2가의 현황
시기별 건축물의 특성
1950~1960년대 주택 심화조사
신문로2가의 건축가

6 신문로2가의 경관기록

7 신문로2가 사람들

라익진 일가 328
이동 일가 344
덕수제과 358
고려슈퍼 366
안한수 376
주한체코공화국대사관 384
신문로 주부클럽 392
서울고등학교동창회 402

1 연구개요

1 조사의 필요성과 범위
2 주요 내용 구성
3 주요 조사방법

1.1 조사의 필요성과 범위

현재의 행정동 신문로2가는 새문안로 북측의 옛 경희궁 영역과 새문안로 남측으로 정동과 맞닿아 있는 일부 구역을 포함하고 있다. 신문로2가라는 현재의 명칭은 한양 도성 내 사대문의 서쪽 문인 돈의문에서 유래된 명칭이지만, 실질적으로 이 지역의 특성은 조선시대부터 현대에 이르기까지, 광해군 시기 창건된 경희궁의 영건과 해체·복원의 과정과 근현대적 기능의 수용과 변화를 겪는 경희궁지의 변화로 설명될 수 있다.

현재의 경희궁은 서울의 5대 궁궐 중 유일하게 서울시가 소유하고 있는 궁궐이기도 하지만, 시민들에게 잊혀져 가는 존재이기도 하다. 현대에 이르러 경희궁 전체가 아니라 일부 영역이 복원되어 다른 궁에 비해 단절된 역사를 가지기도 하지만, 옛 궁역의 절반 이상이 시가화되어 시민들이 쉽게 인지하기 어렵기도 하다.

따라서 본 조사에서는 영건과 해체, 변화와 복원의 과정을 거치는 경희궁지 영역에 대한 변화과정을 전체적으로 돌아보고, 일체된 영역으로서 경희궁역이 가지는 기록들을 통해 오늘날의 신문로2가를 되짚어 보고자 한다.

경희궁지의 변화과정은 조선시대와 일제강점기, 해방 이후 전쟁과 수복, 서울의 팽창과 확대과정을 집약적으로 보여준다. 경희궁은 조선시대 광해군 시기 창건되어 숙종 대 이르러 창경궁을 법궁으로 하고 경희궁을 이궁으로 하는 양궐체제로 자리 잡으며 조선후기 행정문화의 중심 역할을 하였다. 고종 시기 경복궁 영건공사를 위해 경희궁 전각들을 훼철하면서 궁으로서의 위상은 잃게 되지만, 근대기로 전환되는 시기 도성 중심부에 위치한 넓은 공터로 다양한 개화정책이 추진되는 공간으로 쓰이기도 한다. 또한 일제강점기에 일부는 경성중학교로, 일부는 총독부 관사로 개발된다. 경성중학교 부지는 해방 후 서울중고등학교로 이어지고, 총독부 관사 부지들은 불하되어 서울 도심 내 고급주택지를 형성하였다.

연구의 공간적 범위
출처: 서울시 항공사진서비스

1980년 들어 서울의 강남개발 정책에 따라 서울고등학교가 이전하고 그 자리에 일부 경희궁 복원이 시작되면서 현재에 이르고 있다.
이러한 400여 년의 변화과정은 한양과 경성, 서울의 도시사회문화적 대표 현상들을 포괄하고 있다. 궁궐의 창건, 개화정책의 시행, 일제강점기 교육기관 설립과 운영, 일제강점기 관사 건축과 운영, 해방 후 귀속재산의 불하, 입시과열과 학벌사회, 강남개발과 학교이전, 문화재 복원과 매장문화재 발굴 및 관리, 주거지 특성 분화 등 조선후기부터 현재에 이르기까지 다양한 시대의 이야기를 내포하고 있는 경희궁지는 이처럼 다양한 역사적 층위들이 중첩되어 있고, 그것은 과거의 잊힌 기억으로만이 아니라 현재의 경희궁지에 다양한 형태로 그 흔적이 남아 이 공간의 시대적 깊이와 층위를 보여준다.

이러한 다양한 역사적 층위에도 불구하고 그동안 신문로2가 지역, 특히 옛 경희궁지 영역에 대한 연구는 주로 궁궐 경희궁에만 초점이 맞추어져 있었다. 경덕궁(경희궁) 창건과 궁궐건축, 전각배치, 고종 시기 경희궁 훼철과정, 경희궁의 정치사적 의미 등 궁궐 경희궁에 대한 연구들도 2000년대 들어서야 본격화되었다. 더욱이 일제강점기 경성중학교나 총독부 관사지에 대한 연구, 특히 해방 이후 관사지의 불하과정과 현재의 주거지로의 성격 형성에 대한 조사연구들은 전무한 실정이다.
따라서 본 조사연구에서는 그동안 궁궐연구에 집중되어 있던 조사연구를 경희궁지 전체 영역으로 확장하고, 연구의 시기도 조선시대부터 현대까지 확장하여 경희궁지의 형성과 변화과정 전반에 대한 과정들을 복기하려 한다. 이 지역에서 이루어진 각 시대의 중요한 변화들은 서울이라는 도시를 넘어 우리나라 도시사에서 중요한 의미를 지니는 것이므로 이러한 변화를 둘러싼 사회·경제·문화적 상황과 함께 물리환경적 변화의 기록, 사람들의 기억을 포괄하는 종합적 관점의 공간특성을 기록하고자 한다.

기록의 시점으로도 현재는 중요한 의미를 지닌다. 경희궁지 영역 중 해방 이후 불하된 주거지역의 경우 1960~1970년대 관사 멸실 후 단독주택들로 건축되었다가 최근 대규모 업무 복합시설들로 재건축되고 있다. 즉 해방 이후 고급 단독주택지로 변화된 이후 다시 한번 변화되는 시점에 놓인 것이다. 특히 최근 몇 년 새 신축행위가 빈번히 이루어지고 있어 1970년대 이전 건축물과 이후 건축물들이 혼재되어 있는 현재의 모습들에 대한 기록의 필요성도 증대되고 있다.

1.2 주요 내용 구성

경희궁지에 대한 조사는 크게 도시역사문화·도시형태변화조사(사진기록 포함)와 구술기록으로 진행하였다. 이 중 도시역사문화와 도시형태변화조사는 다음의 4개 부문으로 나누어 정리하였다.

경희궁의 영건과 해체, 그리고 현재의 경희궁
조선시대부터 현재까지 경희궁지 통사를 정리한다. 그동안의 기존연구를 통해 경희궁의 영건과정과 역사적 의미, 해체과정, 해체 이후 개화기 경희궁의 활용 등은 정리된 바가 있으므로 새로이 기록 등을 조사하기보다는 기존 연구를 종합하여 간략히 정리하고자 한다. 다만 근대기 경희궁의 활용을 보여줄 수 있는 사진자료 등을 추가로 조사하고 이를 통해 개화기 새로운 문화를 받아들이는 경희궁지의 쓰임을 설명하고자 한다.
경희궁지 변화의 주요과정은 경계영역 변화를 통해 설명하고자 한다. 전차 개설과 새문안로 확장으로 인한 남측의 변화, 한양도성과의 관계 속에서 일어난 서측 궁역의 변화, 사직동 주거지와 북측 궁역에 대한 논란, 현대 도시환경정비사업에 의한 무덕문 일대의 변화, 궁장 내·외부 모두 관사지로 변화한 동측 일대 상황을 정리한다.
일제강점기와 현대에 이르기까지 경희궁이 완전히 해체되고 학교나 주거지 등 다른 기능으로의 변화과정은 별도의 장에서 설명하고, 현대에 이르러 다시 경희궁 복원의 논의과정과 현재의 경희궁 역사공원으로의 조성과 주변 공공기관들의 유입과정, 현재의 경희궁 일대 조성과 관련된 기록들을 조사한다.
또한 별도로 현재 남겨진 경희궁의 가장 뚜렷한 흔적이라 할 수 있는 궁장의 현황들을 정리하고, 이 모든 역사적 과정의 남겨진 흔적이라 할 수 있는 매장문화재 발굴 기록들을 종합정리하고자 한다.

경성중학교와 서울중고등학교

경희궁지 훼철 이후 변화된 기능 중 가장 오랜 기간 존속했던 것은 학교였다. 1910년 11월 조선총독부중학교(1913년 경성중학교로 교명 변경)가 경희궁의 일부 전각을 사용한 이래로 1980년 서울고등학교가 강남으로 이전해 가기까지 70여 년간 일제강점기 대표적인 일본인 학교로, 해방 후 대표적인 명문 공립학교로 자리하였다.

경성중학교와 서울중고등학교의 설립과정과 내부공간 활용, 학생들과 사람들의 이야기를 통해 일제강점기와 전후 개발시기 학교를 둘러싼 사회문화적 현상들을 이해하고 이를 통해 지역의 특성들을 설명한다.

총독부 관사지 조성과 불하

경희궁지의 역사 중 학교시설만큼이나 제대로 정리되지 못한 것이 총독부 관사지의 조성과정과 당시의 운영, 해방 이후 불하과정 등이다. 이번 조사에서는 경희궁지 내에 조성된 총독부 관사지의 특징들을 정리하기 위해 관사지 내 가장 다수가 입지한 전매국의 위상, 경성부 내 전매국 관련 시설들의 입지 특성들을 조사하였다. 또한 경희궁 관사지만의 특징들을 보기 위해 일제강점기 관사지 입지 및 표준평면, 운영방식 등을 조사하였다.

경희궁 관사지의 조성연혁을 정리하고 전매국 관사 표준설계도 등을 통해 신문로 관사의 건축적 특징과 거주하는 관리의 관등에 따른 관사 건축의 특징들을 조사하였다. 그리고 신문과 잡지기사들을 통해 당시 관사지에서의 생활상 등을 확인하였다.

해방 이후 귀속재산 처리와 관련하여 그동안 기업불하 등에 대한 연구는 진행된 바 있지만, 관사를 포함한 주택 불하과정에 대해서는 상세한 연구가 진행되지 못하였다. 본 조사에서는 해방 이후 귀속재산 처리와 관련한 계획·제도·정책 검토와 신문기사를 바탕으로 귀속재산 중 특히 관사의 처리를 둘러싼 사회경제적 상황들을 살펴보았다. 이를 바탕으로 신문로2가 관사의 대부분이 1955년 이후 불하되었음을 알 수 있었다. 폐쇄토지대장과 전매청직원명부, 신문기사 등을 통해 초기 불하받은 소유자를 확인한 결과 전매청 공무원들 외에 행정부 소속 고위 공무원들과 기업인들 상당수가 불하받았고, 이런 초기 소유자들의 특성이 이후 이 지역의 성격들을 형성하는 중요한 요인이 되었다.

고급주거지에서 용도복합지역으로 변화

폐쇄토지대장과 건축물대장을 통해 신문로2가 일대 소유주들의 변화과정을 분석한 결과 토지불하 이후 1960~1970년대 기업인들의 유입이 증가하면서 1990년대 초반까지도 고급주택지로서의 성격이 강하게 유지되었다. 1980년대 들어서 기업대표자들의 자택을 재단화하거나 대사관과 언론사 등의 업무시설들이 들어오면서 지역은 점점 주거, 문화, 업무, 상업시설들이 혼재한 역사도심의 용도복합지역으로 변화하였다.

기능의 변화는 건축물의 변화와 동시에 이루어지는 경우가 많다. 관사 불하 이후 건축물 변화과정을 건축물대장 분석을 통해 확인하고, 현재 경희궁지 내 건축물의 건축 시기와 시대별 특징들을 조사하였다. 관사건축으로 대표되는 1920~1950년대 건축, 1960~1970년대 수직 수평이 강조된 건축가들이 작업한 단독주택 건축, 1980~1990년대 4~5층의 연립주택과 업무시설들, 이후 5층 이상의 업무시설에 이르기까지 다양한 시기의 건축물들이 경희궁지 내에 분포하고 있다. 최근 신축이 증가하면서 1970년대 이전 단독주택 건축물들이 다수 철거되고 있는 상황이라 3D 스캔과 사진으로 가로경관과 건축물의 가로입면을 기록하였고, 그중 1950~1960년대 건축된 일부 건축물은 내부 실측조사를 통해 도면기록을 하였다.

1.3 주요 조사방법

경희궁의 창건에서부터 현재에 이르기까지 경희궁지에서 일어난 주요한 역사적 사건들을 기존연구, 지도자료, 공부자료, 신문기사 및 각종 문헌자료 조사 분석, 실측조사, 구술조사 등 다양한 방식으로 기록하고 해석하고자 한다.

문헌조사

기존 연구 분석

기존 경희궁지 관련 연구의 다수는 궁궐 경희궁에 관한 연구이다. 주로 궁궐의 배치, 훼철과정, 경희궁의 역사적 의미 등에 집중되어 있다.

근대 사진자료 분석

1912년 지적원도가 작성되기 이전 근대기 지도자료가 부족한 상황에서 외국인 선교사 등이 찍은 다양한 사진은 그 시기 지역의 상황을 읽을 수 있는 좋은 자료이다. 특히 19세기 후반 경희궁이 훼철되고 난 이후부터 경성중학교가 들어서는 시기까지는 사진자료가 지역의 상황을 이해하는 데 큰 도움을 준다.

경희궁 관련 주요 선행연구

구분	시기	명칭	주요 내용	저자/주요 연구진
논문	1999	경희궁 복원을 위한 전각배치에 관한 연구	조선시대 경희궁의 역사 및 경희궁역과 전각위치 규명	최종규(명지대학교 석사논문)
	2004	일제시기 경성부 소재 총독부 관사에 관한 연구	일제강점기 경성부에 건설된 관사의 건설배경, 분포, 평면특성 등	김명숙(서울대학교 석사논문)
	2007	일제강점기 조선왕조 궁궐건축의 이건과 변용	일제강점기 궁궐 내 전각의 이전 및 용도변화	박성진(한예종 석사논문)
	2009	고종시대의 경희궁: 훼철과 활용을 중심으로	고종 대 경복궁 중건으로 시작된 경희궁의 훼철 및 변화과정 고찰	은정태(서울학연구)
	2009	광해군 대의 경덕궁(경희궁) 창건	경덕궁의 창건 배경 및 시대별 전각 건축	홍석주(서울학연구)
	2009	정조의 경희궁 운영과 건축	정조 대 경희궁 운영과 건축 및 서궐도안 제작시기 추정	이강근(서울학연구)
	2010	서울특별시 관할 목조건조물 문화재의 보전과 활용	서울의 궁궐 보전활용현황 중 경희궁의 창건, 철거, 용도 변화, 복원의 요약 및 보전활용현황	조교환(서울시립대학교 박사논문)
	2014	새문안로 가로변천 연구	새문안로 시대별 가로변화 중 경희궁의 창건, 철거, 용도 변화	정붓샘(서울학연구)
	2015	경사지형의 활용관점에서 살펴본 경희궁의 배치에 관한 연구	경희궁의 지형조건을 통해 확인한 궁궐배치 변화	김정미(경북대학교 석사논문)
	2017	대한제국기 이후 경희궁의 변화과정 연구	조선후기 경희궁의 훼철 이후 주변 공간 변화에 따른 경희궁역 변화	박희용(서울학연구)
	2018	서궐영건도감의궤를 통한 조선 순조 대의 경희궁 침전,편전 건물 연구	서궐영건도감의궤 및 일제강점기 사진을 통해 경희궁의 침전·편전의 전각 추정	김효정/장현덕 (한국건축역사학회)
	2019	역사도시경관 개념에 따른 경희궁지 보전방향	경희궁역의 시대별 변화 및 현존하는 시대별 자산확인을 통한 보존방향 모색	김상권(서울대학교 석사논문)
보고서	2013	경희궁지 종합정비계획	경희궁지의 기존연구 정리 및 연혁 정리 경희궁지 내 현황조사 및 보존정비계획	종로구청 (볕터/박희용/강한민)
	2018	경희궁지 종합정비계획	경희궁지 공간변천사 고증 및 경희궁지 보존정비계획 보완	종로구청(볕터/박희용)
	2014	경희궁 일대 도시 변천사 조사	경희궁과 주변지역의 주제별 역사지리변동 연구성과 기록	서울학연구소(송인호/박희용 외)
도록	2015	경희궁은 살아있다	경희궁과 관련된 시대별 유물 및 이에 관련된 경희궁의 전반적인 역사	서울역사박물관

경희궁 관련 주요 사진자료

시기	사진 명칭/주요 공간범위	촬영자	소장처
1884년	성곽에서 본 경희궁	퍼시벨 로웰	뉴욕순수미술박물관
1884년	서대문 밖에서 바라본 성곽	퍼시벨 로웰	뉴욕순수미술박물관
1884~1985년	View over centre of Seoul, From west to east	미국대리공사 조지 클레이턴 포크	미국 위스콘신 밀워키대 도서관
1884~1985년	Middle section of Seoul	미국대리공사 조지 클레이턴 포크	미국 위스콘신 밀워키대 도서관
1895년	Seoul–panorama from the Russian Legation	–	미의회 도서관
1898~1999년	무관학교 전경	헤르만 산더	국립민속박물관
1889~1992년	서대문 안 자문동 일대	주한영국총영사 윌터 힐리어	개인소장
1900년 초	경희궁 앞 신문로 일대	에밀 부르다레	출처: 대한제국 최후의 숨결
1900년 초	경희궁 앞 신문로 일대	주한이탈리아 영사 카를로 로제티	이탈리아 지리학회
1906~1907년	흥화문 광장 주변	헤르만 산더	국립민속박물관
1910년	Japanese middle school Seoul, Korea	–	GCAH
1910년 초	신문로 일대(시구개수 이전)	–	GCAH
1915~1917년	신문로 일대(시구개수 이후)	–	새문안교회

신문기사 및 행정문서 등 문헌자료 분석

시대별 주요 사건과 사회적 의미 등을 파악하기 위해 신문기사 및 건축잡지 등의 내용을 검색·분석하였다. 특히 일제강점기 관사건축과 운영방식 등을 파악하기 위해 조선총독부 시기 문서들, 조선총독부 전매국제1년보, 조선전매사 등의 전매국 관련 문헌, 국가기록원에 공개된 「흥화문 내 총독부관사 배치도」와 「전매국 관사 표준설계도」를 비롯한 표준설계도면 등 관사건축과 운영, 거주자와 관련한 다양한 정보들을 조사하였다.

일제강점기 주요 문헌 목록

문헌명	발행처	발행연도
한국재정시설요강	통감부	1910년
조선총독부 전매국제1년보	조선총독부 전매국	1923년
기념표창자명감: 조선총독부 시정25주년	조선총독부	1935년
조선인사흥신록	조선신문사	1935년
조선공로자명감	민중시론사	1935년
사업개요	조선총독부 전매국	1938년
조선전매사	조선총독부 전매국	1936년
경성부사	경성부	1936년

전매국 관사 연구 관련 조선총독부 관사설계도 목록(국가기록원)

기록원 자료코드	발행연도	자료명
DJB0001568	1923년	경성전매지국동대문외창고힐소이축공사설계도
DJB0001162	1922년	갑호주임관관사신축공사설계도, 주임관사신축설계도, 주임관사신축도
DJB0001163	-	주임관사(갑호)신축설계도
DJB0001170	1919년	주임관(을호)신축설계도
DJB0001174	-	갑호관사도
DJB0001175	-	경성서대문정(원원(각)사적)관사부지설계평면도
DJB0001180	1918년	영락정관사이축부지지균공사평면도, 영락정2이호관사이축공사설계도 경성태평통(원명례궁적)관사부지설계평면도, 경성태평통(원육군병기창내)관사부지설계평면도
DJB0001189	-	서대문내관사부지지균공사평면도
DJB0001195	1934년	경성세무감독국관사신축기타공사설계도
DJB0001219	1922년 4월	전매국장관사증축공사설계도
DJB0001240	-	칙임관관사(갑호)평면도
DJB0001282	-	경희궁내관사부지설계평면도
DJB0001285	1923년 8월	흥화문내본부급전매국관사신축배치도, 흥화문내총독부관사배치도 흥화문내전매국관사부지평면도
DJB0001332	1920년대 초	인의동관사자1일지9구호부지 관사배치도
DJB0001567	1922년	엽연초수납소신축설계도, 인의동서공장배치도, 인의동동창고부지도
DJB0001568	1923년	전매국출장소청사신축설계도, 전매지국파출소청사신축설계도, 전매지국출장소공소설계도
DJB0001577	-	전매국갑호(특)주임관관사신축설계도, 전매국을호주임관관사신축설계도
DJB0001581	1923년	연초창고신축설계도, 봉래정창고겸용인숙사신축배치도
DJB0001582	1921년	흥화문내전매국관사신축공사설계도, 전매국갑호판임관관사신축설계도 전매국을호판임관관사신축공사설계도, 전매국병호판임관관사신축설계도 전매국합숙소신축설계도
DJB0001583	-	의주통1정목
DJB0001591	-	전매국대화정인쇄공장기관실급건조실증축설계도
DJB0001593	1923년	전매지국출장소청사신축설계도
DJB0001607	-	동아연초회사사택신축설계도
DJB0001610	1922년 10월	연지동전매국관사신축공사배치도
DJB0001620	1918년	갑호현업원숙사신축공사설계도, 을호현업원숙사신축설계도

도시형태 변화 조사

폐쇄지적도를 통한 지적변화 분석

경희궁지 내 시가화된 구역의 변화특성을 파악하기 위해 1912년 지적원도를 기점으로 2012년까지 시기별 폐쇄지적도의 개조·폐쇄일을 바탕으로 임의로 시기를 구분하여 폐쇄지적도의 도엽을 연결하고 도면화하였다. 폐쇄지적도는 특정시기의 지적현황을 도면화한 지적도가 아니라 개조일부터 폐쇄일까지 모든 지적변화를 담고 있기 때문에 특정시점의 지적현황을 파악하기 위해 토지대장 분석을 통해 시기별 지적도를 재구성하여 사용하였다. 이를 토대로 필지의 합필과 분필 상황을 파악하였고, 누락된 지적도로 파악하기 어려운 필지변화 상황은 토지대장을 통해 보완하였다.

토지대장 분석을 통한 지적변화 및 소유주 변화 분석

신문로2가 중 경희궁 영역은 전체가 1번지에서 1-1번지부터 현재까지 1-444번지까지 분할되었다. 지적분할과 소유주 변동을 파악하기 위해 1910년부터 1975년까지의 부책대장, 1975년부터 1985년까지의 카드대장, 1985년부터 현재까지의 전산대장을 모두 발급하여 토지분할 시기, 면적, 소유주 변화내역 등의 기본적인 사항을 정리하여 폐쇄지적도만으로는 파악할 수 없는 토지정보를 분석하였다. 특히 해방 이후 전매국 관사의 불하과정을 지적변화와 토지분할 시기, 면적, 소유주 변화내역을 종합하여 그 변화특성을 파악하였다.

수치지도, 건축물대장, 항공사진 등을 통한 건축물 변화 파악

현재 건축물들의 건축적 특성을 파악하기 위해 1979년까지의 가옥대장, 1979년부터 1992년까지의 건축물관리대장, 1992년부터 1997년까지의 건축물대장, 1997년부터 현재까지의 전산대장을 모두 발급하여 건축물의 건축연도와 건축물 구조 등의 기본현황을 파악하였고, 소유주 변화내역을 토지대장의 변화 내역과 대조하여 건축물 변화시기 등을 정리하였다.

신문로2가 일대 폐쇄지적도 시기별·호수별 분류

구분	1호	5호	6호	7호	11호	12호	13호	14호	18호	19호	20호
0시기	1912년	1912년	1912년	1912년	1912년	1912년	1912년	1912년	1912년	1912년	1912년
1시기	누락	누락	누락	누락	누락	~1939년	~1939년	~1939년	~1939년	~1939년	누락
2시기	1939~ 1967년	누락	1939~ 1967년	누락	1939~ 1967년	1939~ 1967년	1939~ 1967년	1939~ 1967년	1939~ 1967년	1939~ 1967년	1939~?
3시기	1967~ 1984년	1967~ 1984년	1967~ 1984년	1967~ 1984년	1967~ 1978년	1967~ 1984년	1967~ 1984년	1967~ 1984년	1967~ 1984년	1967~ 1984년	날짜 미기재
3-1시기					1978~ 1984년						1967~ 1984년
4시기	누락	1984~ 1999년	1984~ 1999년	1984~ 1999년	날짜 미기재	누락	누락	누락	1984~ 2005년	누락	누락
5시기	2005~ 2012년	1999~ 2012년	1999~ 2012년	1999~ 2012년	2005~ 2012년	누락	2005~ 2012년	2005~ 2012년	2005~ 2012년	2005~ 2012년	누락

경관기록

건축물 실측조사

현재 남아있는 건축물 중 시대별 특성이 잘 드러나고 소유자 동의가 이루어지는 1950~60년대 건축된 것으로 추정되는 3채에 대해 내·외부 실측조사를 실시하였다.

사진 경관기록

현재의 신문로 경관기록을 위해 경희궁지를 조망할 수 있는 주요 지점에서 원경과 주요 가로경관, 주요 건축물 가로 입면 등을 사진으로 기록하고 다음과 같은 양식으로 DB화하였다.

신문로2가 일대 실측목록

위치	정면도	주요 특징
만석장(음식점) 신문로2가 1-35	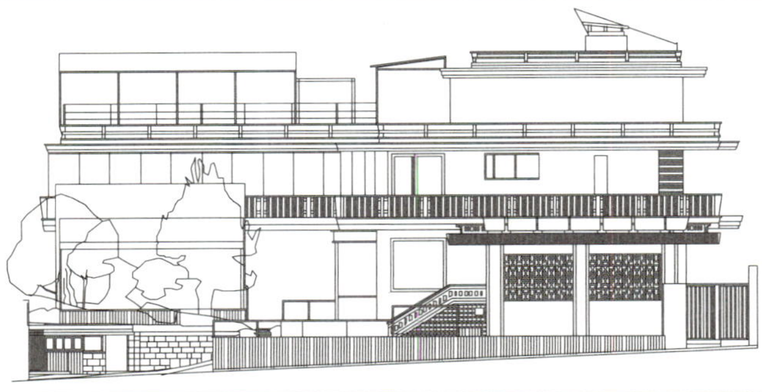	- 1967년 11월 건축 추정 - 지하 1층, 지상 3층 벽돌구조, 평슬래브 지붕, 현대식 대규모 주택 - 외벽에 장식쌓기, 옥상정원 계획 - 2층, 3층 테라스 천창 계획 - 장식적인 콘크리트 난간
도토리브라더스(음식점) 신문로2가 1-248		- 1957년 3월 등기 등재 - 지상 1층 목조 구조, 기와 지붕 - 현대식 주택이 지어지기 이전 문화주택 풍으로 건축된 주택
따바마드레(음식점) 신문로2가 1-254		- 1961년 11월 건축 추정 - 도시한옥과 유사한 평면으로 건축재료와 지붕구조가 간소화된 2층 간이한옥이 발전된 형태

파일 정리 방식

원본파일명	제목(캡션)	촬영위치	제작일
파일이름	사진에 담긴 내용 설명	촬영자의 위치	촬영일
신문로2가 P1022958	마이다스에셋 자산운용	경희궁의 아침 4단지 옥상	2020-07-10
신문로2가 P1023071	경희궁3길 가로	경희궁 3길 새문집 언덕	2020-07-10
신문로2가 P1023592	안성또순이 궁장	신영빌딩 옥상	2020-09-04

경희궁지 변화과정

조선시대

1620년 준공된 경희궁은 1829년 대화재가 일어나기 전까지 200여 년간 왕실의 여러 행사를 개최하는 주요 장소 중 하나였다. 아래는 대화재 이전 작성된 「서궐도안」을 토대로 작성된 경희궁의 복원 배치도로 경희궁의 원형 전각배치를 알 수 있다.

「경희궁지 종합정비계획」(종로구청,2018)을 토대로 작성

1930년대

공허지가 된 경희궁은 대한제국 시기에 뽕나무 농사, 주전 생산, 관병식 장소 등 여러 용도로 이용되다가 한일합병 이후에는 일본의 식민지 관련 시설이 입지하기 시작하였다. 재조선 일본인 관료 자녀들의 교육시설로 경희궁지 서측 영역에는 1910년에 경성중학교가 들어서며, 관료들의 주거시설로 동측 영역에는 1922년에 총독부 관사가 건설됐다. 이 시점부터 경희궁지는 학교와 관사 영역으로 자리를 잡았고, 이 영역구분은 현재까지 유지되고 있다.

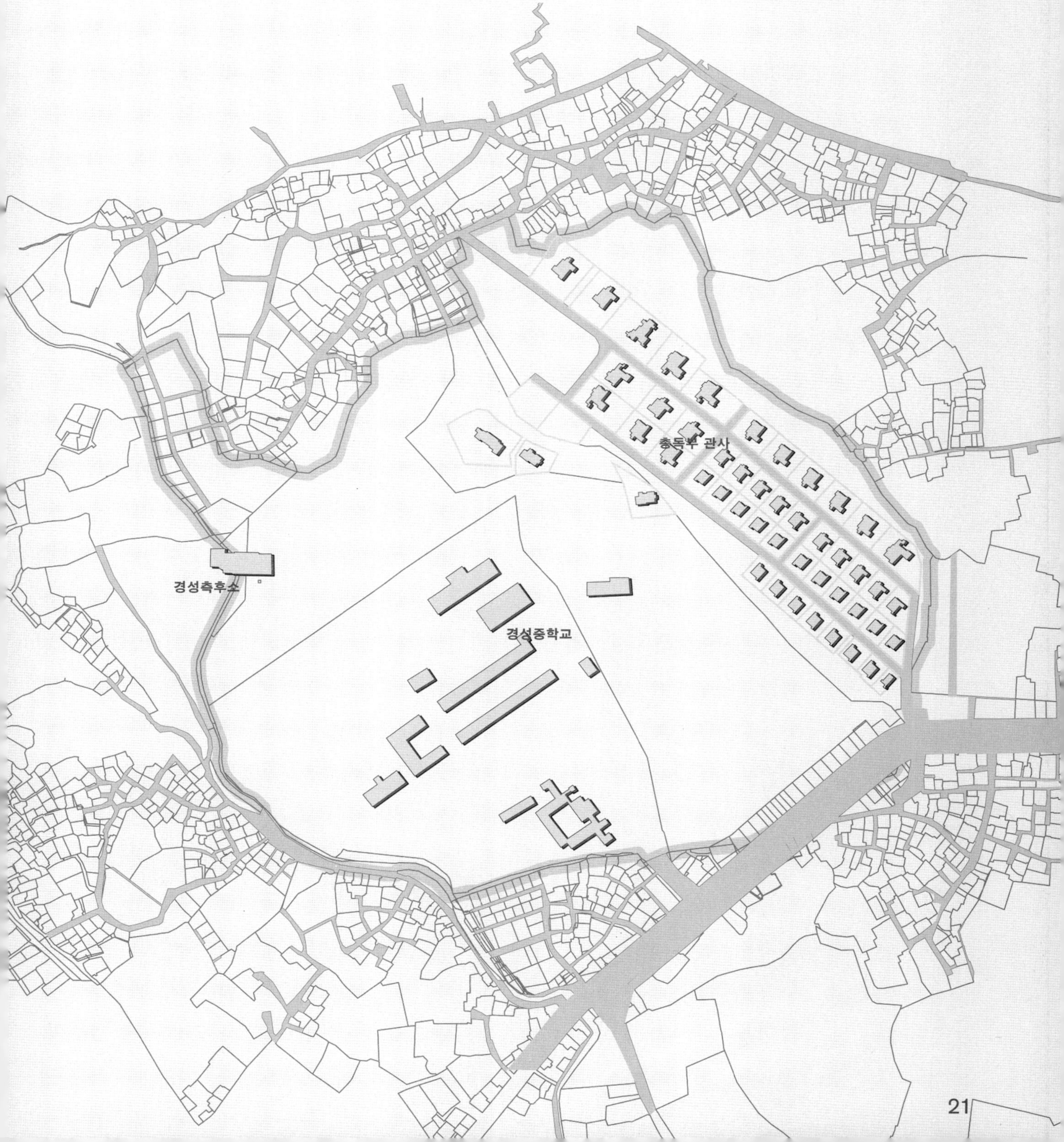

1980년대

서측 영역은 해방 이후 서울중고등학교로 운영되다가 1978년 강남으로 학교가 이전되면서 현대건설이 매입하여 사용하였다. 동측 영역은 해방 이후 대부분 공무원에게 관사를 불하하였으나 이후 기업인 등 부유층에 매각되는 과정을 겪으면서 1920년대 관사는 1960~1970년에는 대규모 고급주택으로 대체되었다. 이어 1980년대 이후부터는 대사관과 출판사 등 비주거용 업무시설들이 들어서면서 지역의 성격이 변화하기 시작한다.

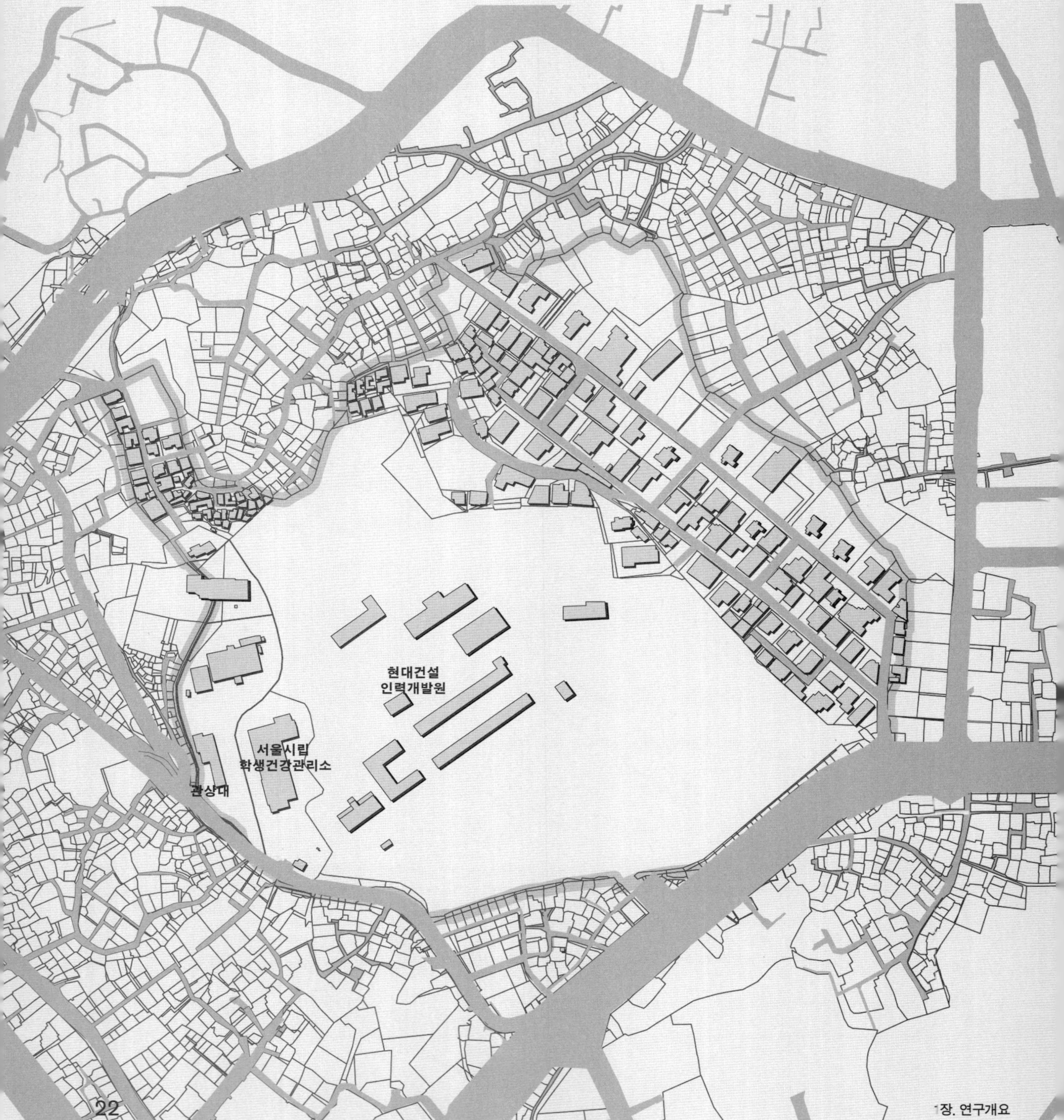

2020년 현재

서측 영역은 현대에 매각했던 경희궁지를 서울시에서 재매입하여 경희궁지를 문화재로 지정하였고, 발굴조사를 통해 일부를 복원하였다. 현재는 복원된 경희궁을 중심으로 서울역사박물관, 서울특별시교육청, 국립기상박물관 등 공공기관이 둘러싸고 있다. 동측 영역은 지속적으로 비주거 용도의 입지가 증가하였으며, 현재는 기업본사 등이 입지하면서 대규모 사옥이 신축되는 경향이 지속되고 있다.

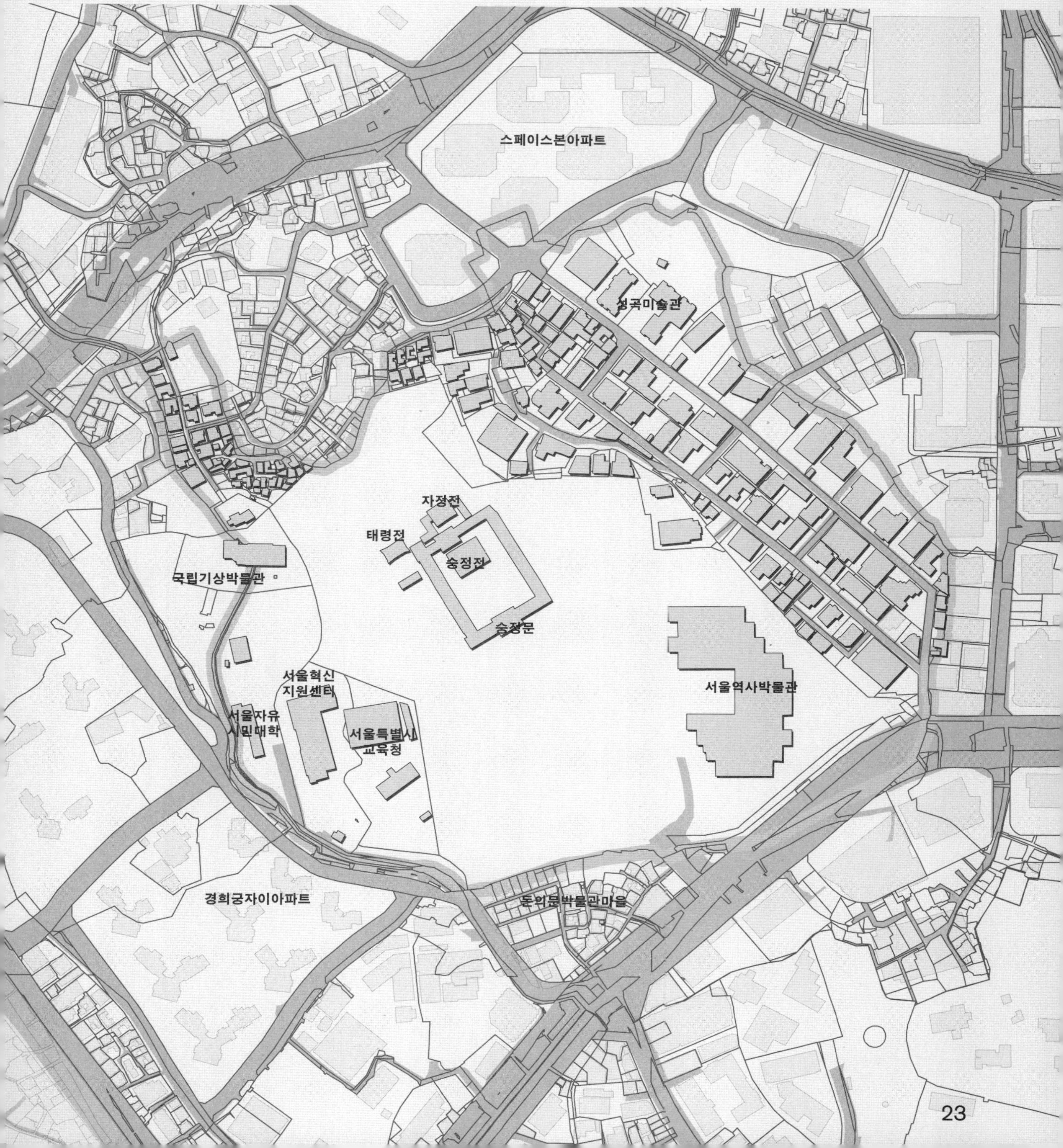

2 경희궁

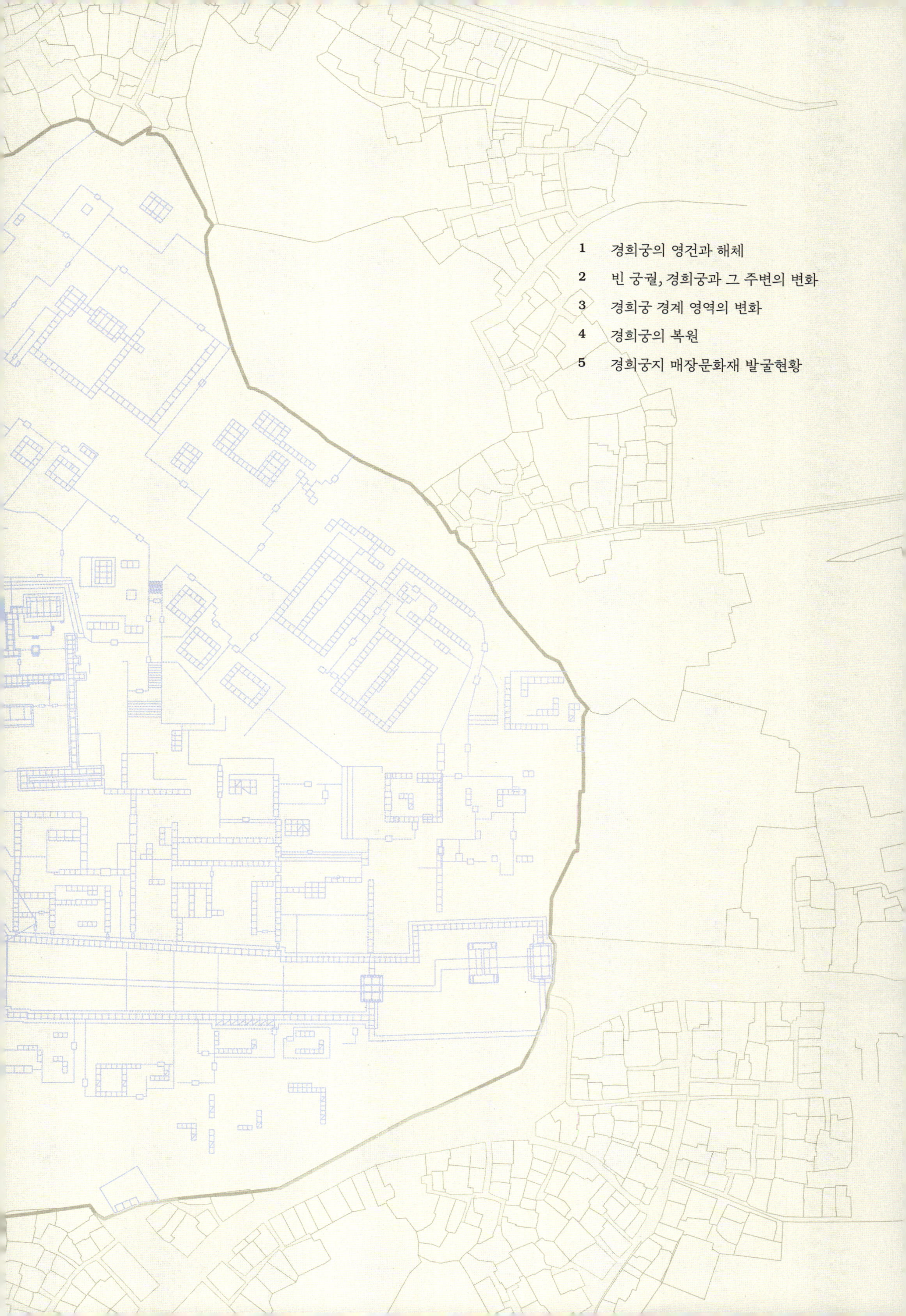

1 경희궁의 영건과 해체

2 빈 궁궐, 경희궁과 그 주변의 변화

3 경희궁 경계 영역의 변화

4 경희궁의 복원

5 경희궁지 매장문화재 발굴현황

1

경희궁
영건과 해체

임진왜란이라는 위기를 맞아 세자가 된 광해군은 즉위 과정에서 왕위계승의 정통성에 문제를 가졌고, 이는 곧 왕권강화의 집착으로 이어졌다. 그중 하나가 지속적인 궁궐 영건이다. 광해군은 창덕궁과 창경궁 중건이 끝나고도 추가로 두 개의 새 궁궐을 창건하였다. 바로 인경궁과 경덕궁이다. 1609년(광해군 1)에 창덕궁이 중건되면서 임진왜란 극복이라는 상징적인 조치가 이루어졌다. 그러나 1613년 동생 영창대군의 위리안치와 인목대비가 경운궁에 유폐되면서 정치적 긴장이 고조되었다. 정원군과 그 셋째 아들 능창군綾昌君 전佺은 인망을 얻는다는 이유로 광해군에게 주목을 받다, 능창군 전은 1615년에 죽임을 당하고, 그 집은 '왕기가 있다'는 말에 따라 관에서 몰수하였다. 광해군은 술사들의 말을 신뢰하여, 1616년 인왕산 아래에 새 궁궐인 인경궁을 지었다. 이듬해 또 다른 술사가 새문동塞門洞에 위치한 정원군(광해군의 이복동생이며 인조반정 후 원종으로 추숭追崇)의 옛집에 새 궁궐을 지을 필요가 있다고 주장하였다.

『광해군일기』, 광해군 9년 6월 11일 갑진	새 궁궐을 새문동에다 건립하는 것에 대해 의논하였다.【성지性智가 이미 인왕산 아래에다 신궐을 짓게 하고, 술인術人 김일룡金馹龍이 또 이궁을 새문동에다 건립하기를 청하였는데, 바로 정원군의 옛집이다. 왕이 그곳에 왕기가 있음을 듣고 드디어 그 집을 빼앗아 관가로 들였는데, 김일룡이 왕의 뜻에 영합하여 이 의논이 있게 된 것이다…】

광해군은 정원군의 옛집이 왕기가 있다는 술사들의 말을 믿고 이를 누르려 1617~1620년 경덕궁을 창건하였다. 그러나 규모가 작아 경덕궁은 정식 이궁이라기보다는 일시적인 피우처避寓處로 인식되었다.

이때 광해군이 창건한 두 궁궐 중에서 인경궁은 인조반정으로 소실된 창덕궁과 창경궁의 복구를 위해 철거하여 이건되었지만, 경덕궁은 그 터가 인조의 아버지 정원군의 잠저였으므로 오히려 인조가 왕위를 승계하게 된 당위성을 뒷받침하는 데 이용되어 조선후기에 자주 사용된 궁궐로 남게 되었다.[1] 그런데 최근의 연구에서 새문동 왕기설은 광해군 시기가 아닌 인조 10년에 단행된 원종 추존과 관련하여 만들어진 것이고, 정원군의 집터가 아닌 신성군信城君과 그 계후자繼後子인 능창군綾昌君의 집터였던 것을 바꾸어서 새롭게 만들어 낸 가공의 역사라고 해석하는 주장도 있다. 즉 경덕궁 터는 광해군이 창건한 궁궐을 인조가 사용하였다는 부정적인 이미지를 해소하기 위한 목적으로 새문동 왕기설의 인물을 능창군에서 정원군으로 바꾸어 궁궐 사용의 정당성을 확보하는 역사로 만들어졌다는 것이다. 나아가 능창군의 집터는 중종의 잠저이자 선조가 하성군 시절 살던

1 홍석주, 「광해군 대의 경덕궁(경희궁) 창건」, 『서울학연구』 36, 2009, 25쪽.

조선후기 국왕의 궁궐별 임어기간

	창덕궁		창경궁		경덕(경희)궁	
		기간		기간		기간
효종	(1) 즉. 5. 13 - 2. 12. 27 (3) 4. 2. 27 - 10. 5. 4	8. 66		0	(2) 2. 12. 27 - 4. 2. 27	1. 17
현종	(1) 즉. 5. 9 - 즉. 12. 22 (3) 3. 2. 11 - 7. 8. 2 (5) 7. 9. 25 - 12. 2. 2 (7) 12. 4. 28 - 14. 7. 23 (9) 15. 5. 30 - 15 8. 18	11. 16		0	(2) 즉. 12. 22 - 3. 2. 11 (4) 7. 8. 2 - 7. 9. 25 (6) 12. 2. 2 - 12. 4. 28 (8) 14. 7. 23 - 15. 5. 30	3. 42
숙종	(1) 즉. 8. 23 - 1. 5. 12 (3) 1. 11. - 6. 8. 11 (6) 7. 7. 24 - 9. 7. 25 (8) 9. 12. 12 - 15. 4. 25 (10) 15. 8. 21 - 17. 2. 8 (12) 18. 8. 7 - 21. 8. 10 (15) 25. 4. 16 - 25. 윤7. 4 (18) 29. 6. 11 - 33. 7. 26 (20) 34. 8. 27 - 36. 1. 16 (22) 38. 4. 13 - 38. 10. 3 (24) 41. 4. 29 - 44. 2. 20	21. 33	(5) 6. 10. 19 - 7. 7. 24 (7) 9. 7. 25 - 9. 12. 12 (9) 15. 4. 25 - 15. 8. 21 (13) 21. 8. 10 - 24. 9. 5 (16) 25. 윤7. 4 - 27. 12. 25	7	(2) 1. 5. 12 - 1. 11. (4) 6. 8. 11 - 6. 10. 19 (11) 17. 2. 8 - 18. 8. 7 (14) 24. 9. 5 - 25. 4. 16 (17) 27. 12. 25 - 29. 6. 11 (19) 33. 7. 26 - 34. 8. 27 (21) 36. 1. 16 - 38. 4. 13 (23) 38. 10. 3 - 41. 4. 29 (25) 44. 2. 20 - 46. 6. 8	12. 6
경종	(3) 2. 10. 21 - 4. 1. 13	1. 25	(2) 즉. 10. 20 - 2. 10. 21 (4) 4. 1. 13 - 4. 8. 25	2. 58	(1) 즉. 6. 13 - 즉. 10. 20	0. 33
영조	(2) 2. 11. 2 - 6. 3. 22 (6) 12. 10. 11 - 15. 6. 28 (8) 15. 10. 15 - 17. 4. 25 (10) 17. 10. 16 - 20. 2. 25 (12) 21. 2. 4 - 23. 11. 18 (14) 24. 7. 6 - 36. 7. 8 (16) 40. 8. 6 - 40. 12. 26	26. 58	(1) 즉. 8. 30 - 2. 11. 2 (4) 6. 10. 20 - 12. 4. 22	7. 75	(3) 6. 3. 22 - 6. 10. 20 (5) 12. 4. 22 - 12. 10. 11 (7) 15. 6. 28 - 15. 10. 15 (9) 17. 4. 25 - 17. 10. 16 (11) 20. 2. 25 - 21. 2. 4 (13) 23. 11. 18 - 24. 7. 6 (15) 36. 7. 8 - 40. 8. 6 (17) 40. 12. 26 - 52. 3. 5	18. 83
정조	(2) 1. 8. 6 - 5. 윤5. 11 (4) 5. 7. 24 - 13. 9. 29	12. 8	(3) 5. 윤5. 11 - 5. 7. 24 (5) 13. 9. 29 - 24. 6. 28	11. 42	(1) 즉. 3. 10 - 1. 8. 6	1. 42
순조	(1) 즉. 7. 4 - 3. 12. 13 (3) 5. 9. 23 - 10. 6. 6 (5) 10. 6. 10 - 11. 윤3. 17 (7) 11. 7. 11 - 14. 10. 22 (10) 20. 4. 21 - 32. 7. 20	24. 59	(2) 3. 12. 13 - 5. 9. 23 (8) 14. 10. 22 - 18. 8. 8	8. 58	(4) 10. 6. 6 - 10. 6. 10 (6) 11. 윤3. 17 - 11. 7. 11 (9) 18. 8. 8 - 20. 4. 21 (11) 32. 7. 20 - 34. 11. 13	4. 5
헌종	(2) 1. 4. 18 - 10. 9. 6 (4) 11. 3. 18 - 15. 6. 6	13. 58		0	(1) 즉. 11. 18 - 1. 4. 18 (3) 10. 9. 6 - 11. 3. 18	1
철종	(1) 즉. 6. 9 - 11. 9. 26 (3) 12. 4. 21 - 14. 12. 26	14		0	(2) 11. 9. 26 - 12. 4. 21	0. 58

출처: 서울시, 『경희궁 영조 훼철 관련 사료조사 및 활용방안 연구』, 2004를 토대로 정리

*괄호는 임어 순서

잠저로 상징적 장소성을 갖는 곳이라고 언급하면서, 실제 원종의 잠저는 현재 한국은행 자리로 짐작되는 송현궁松峴宮(영조 재위 시기에 저경궁儲慶宮으로 개호된 곳)이라고 설명한다.[2]

인조반정(1623) 이후 인조는 경운궁에서 즉위하였으나 창덕궁과 창경궁을 법궁으로 사용하였다. 그러나 이듬해 이괄의 난으로 창덕궁과 창경궁이 소실되자 경덕궁으로 이어하였다. 인조는 이곳에서 9년간을 지냈다. 숙종 대 이후 창경궁을 법궁으로 하고 경덕궁을 이궁으로 하는 양궐체제가 구축되었다. 숙종 조를 지나 영조와 정조 대에 이르기까지 경희궁은 창덕궁에 버금가는 궁궐로 거듭났다. 국왕은 주로 창덕궁에 오래 임어하면서 경희궁과 창경궁을 오가며 활동하였다. 경희궁에서 숙종과 경종이 탄생하고, 경종·정조·헌종이 즉위하였고, 숙종·영조·순조가 승하하였다.

경덕궁이라는 궁호는 처음에는 서별궁으로 불리다가 터를 잡아 공사를 시작하면서 경덕궁으로 궁호가 정해졌다. 1760년(영조 36) 궁호를 경덕敬德에서 경희慶熙로 바꾸었다. 경덕이라는 명칭이 인조의 아버지 원종의 시호 '공량경덕인헌정목장효대왕恭良敬德仁憲靖穆章孝大王'의 '경덕'과 동음이었기 때문으로 알려져 있다. 그러나 광해군 대부터 경희궁이라는 명칭이 일부 사용되어 왔다.[3]

2 윤정, 「인조 대 '새문동 왕기설' 생성의 정치사적 의미 -경덕궁의 역사적 연원에 대한 고찰-」, 『서울학연구』 48, 2012.

3 종로구청, 『경희궁지종합정비계획』, 2013, 51쪽.

경희궁의 이칭은 다양하였다. 설립과정을 담으면서 도성 내에서의 위치와 궁궐 간의 위치 관계를 고려한 것으로, 새문동궁塞門洞宮 · 새문궁塞門宮 · 서별궁西別宮 · 경희궁慶熙宮 · 서궐西闕 · 새문안대궐 · 흥화문대궐 등으로 불렸다.

18세기 무렵에 그려진 것으로 추정되는「도성대지도」를 통해 경희궁 주변의 입지를 살펴보면, 인왕산 줄기를 배경으로 도성 · 돈의문과 거의 붙어 있다. 경희궁의 5대문(흥화문, 개양문, 숭의문, 무덕문, 흥원문)도 보인다. 흥화문 앞으로는 훈련도감의 분영인 훈국신영訓局新營과 비변사가 자리하고 있다. 흥화문 앞쪽으로는 석교를 지나는 물길이 있어 청계천으로 흘러 들어간다. 개양문 서쪽에 자문동으로 불린 곳에 관상감이 표시되어 있고, 개양문 남쪽으로는 상림원上林園이 있다.

신문로2가의 지명 변화

시기	지명	지명유래
조선초기	·한성부 서부 여경방 일대	·여경방 '적선지가필유여경(積善之家必有餘慶)'이라는 글귀의 뜻을 취하여 위쪽은 적선방, 그 남쪽인 세종로사거리 남측 일대를 여경방이라 함
1751년 〈도성삼군문분계총록〉	·한성부 서부 여경방 신문내계, 장생동계	·신문내계 도성 4대문의 하나였던 서대문 위치가 몇 번 변경되면서 새로 지어짐에 따라 속칭 '새문'이라 하던 것을 한자명으로 '신문(新門)'이라고 한 데서 유래 ·장생동계 공신의 도상과 관재(棺材)인 동원비기(東園秘器)를 보관하던 장생전이 있던 데서 유래
1895년 윤5월1일 〈칙령 제98호〉	·한성부 서서 여경방 신문내계 자문동 ·장생동계 함춘원, 농포동, 방추동, 오궁동	
1910년 10월1일 〈조선총독부령 제7호〉	·경성부 서서 여경방 신문내계 자문동 ·장생동계 함춘원, 농포동, 방추동, 오궁동	·자문동 궁중(宮中)의 영선(營繕), 공작工(作)에 관한 일을 맡아 보는 자문(紫門)이 있던 데서 유래 ·함춘원 경희궁 남쪽에 함춘원含(春院)이라는 야트막한 동산이 있어서 붙여진 명칭(함춘원은 창덕궁 서쪽, 창경궁 동쪽, 경희궁 남쪽 세 군데 있었음) ·농포동 종로구 신문로2가 7번지 일대에 있던 마을로, 경희궁 밖에 내관들이 관리하는 채소를 가꾸는 농포가 있던 데서 유래 ·오궁동 신문로2가 89-27번지 일대에 살았던 세종 때의 문신인 이인손(李仁孫, 1395~1463)의 다섯 아들인 극배(克培) · 극감(克堪) · 극증(克增) · 극돈(克墩) · 극균(克均)이 모두 공신으로서 봉군(封君)되었으므로 오군골이라 하였는데, 음이 변하여 오궁골이 된 데서 마을 이름이 유래
1911년 4월1일 〈경기도령 제3호〉	·경성부 서부 여경방 자문동, 신문내, 방추동, 장생동, 농포동, 오궁동	
1914년 4월1일 〈경기도고시 제7호〉	·경성부 서부 서대문정2정목	·서대문정2정목 돈의문(서대문) 일대 지역 지칭
1943년 6월10일 〈조선총독부령 제163호〉	·경성부 종로구 서대문정2정목	
1946년 10월1일 〈서울시헌장〉 〈미군정법령 제106호〉	·경성부 종로구 신문로2가	·신문로2가 일제식 동명을 우리 동명으로 바꿀 때 서대문정2정목을 신문로2가로 개칭

출처:『서울지명사전』

이후 순조 29년(1829) 10월 경희궁의 화재로 회상전과 흥정당을 비롯한 내전 일곽이 소실되었다. 이에 경희궁을 영건하면서 대리청정을 시작한 효명세자는 조만영과 조인영 등 풍양 조씨의 세력을 등용하여 서궐 영건에 협조하게 함으로써 안동 김씨 세도를 견제하려 하였다. 경희궁 영건은 순조 31년 4월에 완료하였고, 이 중건에 관한 기록이 『서궐영건도감의궤』이다. 1858년(철종 9)에 서궐이 많이 훼손되었다 하여 공사가 필요하다는 논의가 있었다. 다음 해에 구체적인 재원을 마련하기 시작하여 철종 11년 봄부터 공사에 들어가 여름에 공사를 마치고 연말까지 국왕이 이곳에 이어移御하였다.

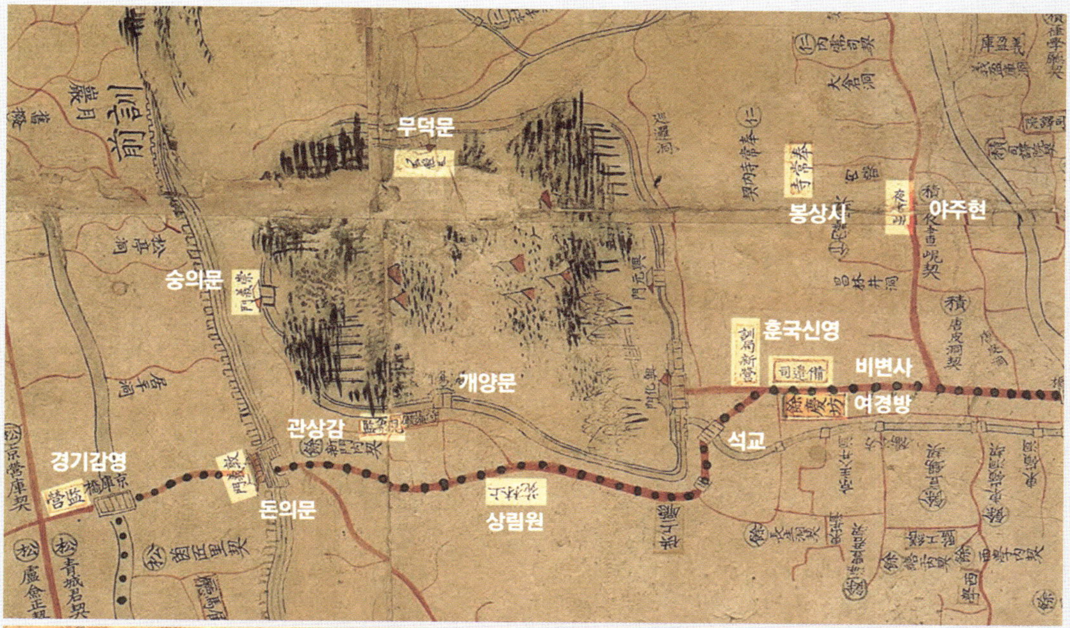

18세기 「도성대지도」 경희궁 일대

19세기 「서궐도안」 | 고려대학교 박물관 소장

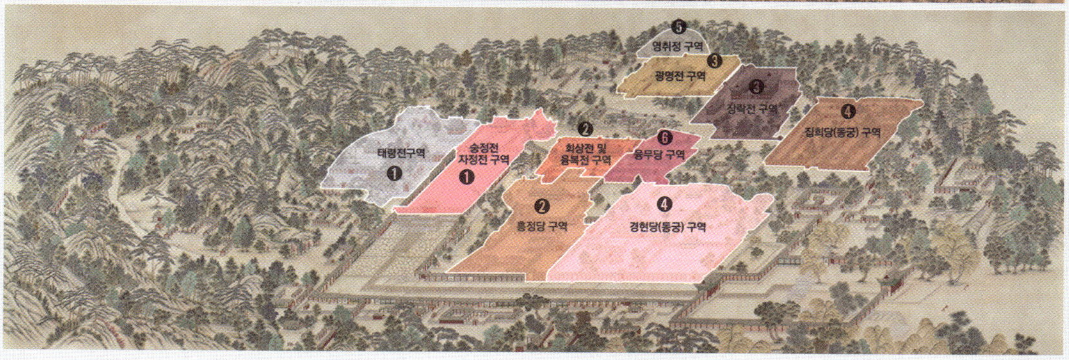

경희궁의 기능별 전각의 배치
경희궁의 공간기능과 전각명

❶ **의식 및 정무공간**
숭정전, 자정전, 태령전
❷ **국왕과 왕비의 침전**
회상전, 융복전, 흥정당
❸ **왕실가족 공간, 왕실행사 공간**
광명전, 장락전, 12별당
❹ **세자의 교육공간**
집희당, 경현당, 함춘헌
❺ **궁성과 후원**
송단, 영취정
❻ **군사 관련 공간**
융무당
궐내 각사
승정원, 빈청, 예문관, 홍문관, 선전관청

『營建日記 二(경복궁영건일기 2)』 | 일본 와세다대학교 소장

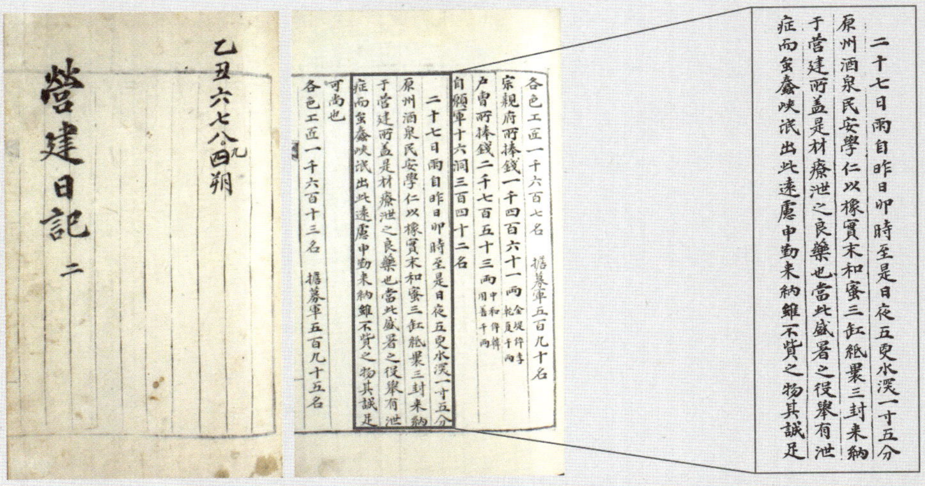

『경복궁 영건일기』 8월 22일 을축, 서울역사편찬원, 『국역 경복궁영건일기1』 2018, 211쪽

"西闕殿閣 存其崇政殿會祥殿及正心閣思賢閣興政堂 而其餘盡毁來 木材則多朽敗 取其所長 參用于內人間及各司建造 自是日拔殿庭所鋪礡石及堦砌之石 先用於光化門役所"

"서궐 전각 중 숭정전·회상전 및 정심합·사현합·흥정당을 남겼고, 그 외 나머지는 모두 철거해 왔다. 목재는 대부분 썩었으나 그중 좋은 것을 골라서 나인간과 각사를 건조할 때 섞어 썼다. 이날부터 전정殿庭에 깐 박석礡石 및 계체석階砌石을 뽑아다가 우선 광화문 역소에서 사용했다."

그런데 이궁離宮으로서의 지위를 유지해 오던 경희궁은 고종 대에 큰 변화를 맞았다. 그 계기는 경복궁 중건이었다. 임진왜란 당시 소실되었던 경복궁이 고종 2년인 1865년 4월부터 3년여에 걸친 공역 끝에 중건되었다. 1868년 6월에 공사를 마치고 7월 2일 국왕과 왕실이 창덕궁에서 경복궁으로 이어하여 정무를 개시하였다. 그런데 경복궁의 중건 과정에서 경희궁의 전각 상당수가 이건되었다. 이를 보여주는 것이 경복궁의 영건과정을 담은 『영건일기營建日記』[4] 이다.

이에 따르면 1865년(을축, 고종 2) 8월 경복궁 영건과정에 경희궁의 숭정전·회상전·정심합·사현합·흥정당 등 중요 전각을 제외하고는 모두 헐어 경복궁으로 옮겨 사용하였다. 박석과 계체석도 예외는 아니었다. 후일 『경성부사』에 "1910년까지 경희궁 내에 남아 있던 전각은 숭정전·회상전·흥정당·흥화문·황학정뿐이었다"는 말이 나온 이유였다. 그 결과 경희궁은 이궁으로서의 기능이 상실되어 더 이상 왕이 임어하지 않는 빈 궁궐이 되었다. 그런데 여기에 그친 것만은 아니었다. 경복궁 중건을 전후하여 경희궁이 빈 땅이 되자 이곳을 용동궁龍洞宮, 수진궁壽進宮, 명례궁明禮宮, 어의궁於義宮 등 4궁과 몇몇 관청에 분배하였다. 분배받은 궁방이 이를 개간·경작함으로써 경희궁의 애초 모습은 사실상 사라지게 되었다.[5]

이를 보여주는 자료가 서울대학교 규장각한국학연구원이 소장하고 있는 『경희궁내신기전사궁분배도양안慶熙宮內新起田四宮分排都量案』이다. 이것은 1868년 5월과 1870년 3월 두 번에 걸쳐 경희궁 내의 토지를 4궁방에 분배한 내역을 정리한 것이다. 양안의 형식은 분배된 토지의 궐내 위치를 먼저 밝힌 뒤, 일반적인 양안의 구성방식에 따라 자호字號(천지현황우天地玄黃宇 등의 순으로 분류한 양안의 체계)로 크게 구분하고, 분배받은 궁명宮名·지형地形·지목地目·장광척長廣尺·면적·사표四標 등을 기재하고 있다. 궐내의 토지를 정리한 양안인 만큼 궁방별로 분배받은 토지의 궐내 위치를 적시하고 있다. 그리고 양안에는 현재의 경작자를 표기하고 있다.

4 일본 와세다대학교 도서관에 소장되어 있다.

5 경희궁의 4궁 분배에 대해서는 은정태, 「고종 시대의 경희궁- 훼철과 활용을 중심으로-」, 『서울학연구』 36, 2009, 97~102쪽 참고.

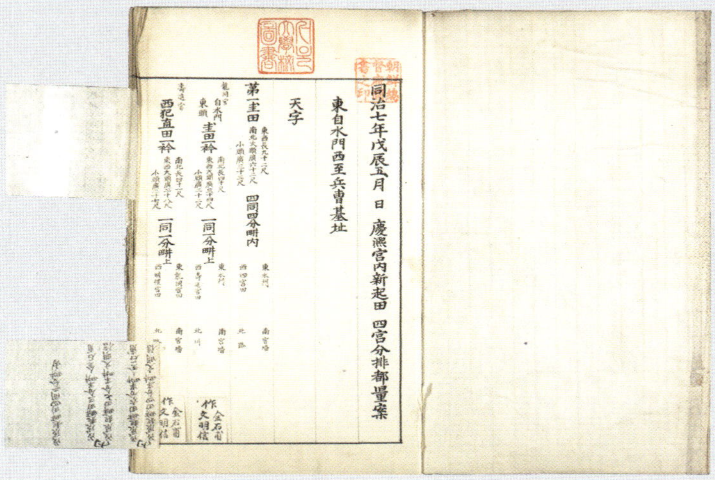

同治七年戊辰五月 日 慶熙宮內新起田四宮分排都量案

東自水門西至兵曹基址

天字

『경희궁내신기전사궁분배도양안(慶熙宮內新起田四宮分排都量案)』에 경희궁 복원배치도에 표시한 4궁 (추정)분배도 | 서울대학교 규장각한국학연구원 소장

분배도양안의 첫 페이지이다. 동쪽 수문에서 서쪽 병조기지까지에 '天'자라는 자호를 부여하였고, 토지의 모양과 면적을 표기하고 하단에는 작인의 이름을 썼다. 작인이 바뀔 때마다 첨지를 붙여 관리하였다.

두 차례에 걸쳐 4궁에 분배된 지역은 경복궁으로 이건하고 남아 있던 전각 일대와 경희궁 내의 산지를 제외하고는 전 지역이었음이 확인된다.

경희궁 전각의 분배

字號	공간구분	1868년 5월 분배지역	1870년 3월 분배지역
天	금천에서 궐내각사 및 숭정전 서쪽 구릉 일대까지	東自水門西至兵曹基址	
		西犯開陽門內司僕基址	司僕基址北川邊
		西犯賓廳藥房基址	
		西犯自藥房基址及神農氏位室以西北至宮墻底土屯	神農氏位室基址東南邊, 神農氏位室基址東南土屯上, 神農氏位室基址南邊土屯底
		西犯玉堂基址	
		西犯金商門內基址	金商門內基址北邊, 金商門內基址西邊
		西犯中日閣前	中日閣前西邊宮墻底
		東犯中日閣東邊土屯上	
		東犯土屯下禁漏基址	
		東犯內閣基址	
		北犯內閣後基址	
		崇政殿後 泰寧殿基址	崇政殿西邊, 芸香門前, 崇政殿西北邊土屯上
地	경현당 일대	東犯守宮前	守宮西邊
		東犯瑞星門基址	瑞星門基址北邊
		東犯景賢堂基址	
		北犯景賢堂基址土屯上	景賢堂基址土屯上
		東犯景賢堂基址東邊蓮池前	景賢堂基址東邊蓮池前
玄	흥원문일대에서 궐 동북쪽 궁장 일대	東北犯興元門內衛將廳後	
		北犯尙衣院織造廳前	織造廳基址
		北犯織造廳北邊內宮墻基址東墻作頭	
		北犯織造廳後麓內宮墻基址土屯	
		北犯織造廳後麓內宮墻基址土屯	
		北犯武德門內南邊內宮墻基址北邊土屯	
		西犯武德門內內宮墻基址	

字號	공간구분	1868년 5월 분배지역	1870년 3월 분배지역
黃	무덕문 일대	武德門內西邊	
		武德門內東邊	
宇	광명전 및 12별당 일대	自宗親府問安廳及蓮池東北邊	
		北犯差備內十二別堂及光明殿基址	
		北犯光明殿基址上頭	
		北犯十二別堂上頭雙槐木前及小星堂基址	前雙槐木前東邊土屯上, 十二別堂上頭雙槐木前及小星堂基址
		北犯十二別堂上頭內宮墻土屯下	十二別堂上頭內宮墻土屯下
		北犯武德門內西邊內宮墻基址山脊	
		西犯土屯下外宮墻底	

출처: 은정태, 「고종 시대의 경희궁- 훼철과 활용을 중심으로-」, 『서울학연구』 36, 2009, 98쪽.

4궁에 분배된 곳을 정리한 위 표에서 주목되는 것은 '기지基址'이다. 경희궁의 토지를 4궁에 분배하고 양안을 작성할 즈음에 다수의 전각이 이미 훼철되어 터만 남았다는 뜻이다. 내각內閣과 옥당玉堂 등의 궐내각사를 비롯하여 숭정전·경현당·광명전·소성당 등의 일부 전각과 금상문·서성문의 문이 '기지'로 표현되어 있다. 또 경희궁의 동북쪽 일부 궁장도 '기지'로 적혀 있다. 물론 전각의 존폐를 이 자료를 통해서 곧바로 확인할 수는 없다. 하지만 양안이 양쪽 끝 지점만을 명기하였고, 4궁에 분배된 각각의 필지가 서로 연속되어 있다는 점을 고려할 때, 양안에 그 이름이 보이지 않는 소규모의 전각도 분배 대상지에 포함되어 있었을 것으로 추측된다.

경희궁의 전체 면적은 6만 5000여 평이다. 이 가운데 약 2만 2000평이 분배되었고, 다시 이 가운데 1만 3000평 정도가 개간되었다. 궁방에 분배된 농지는 개간 농민들에게 경작권을 부여하였고 4궁은 작인들에게 소작료를 거두었다. 개간 시기는 1868~1873년 사이였고, 1895년 갑오개혁 때 궁내부 개혁과정에서 모두 궁내부 소유로 귀속되었다. 이처럼 대원군 집권기 경복궁 중건 과정에서 경희궁의 전각은 이건되었고, 남은 공지는 4궁에 분배되어 농민들이 개간·경작하였다. 이로써 경희궁은 궁궐로서의 면모를 완전히 상실하게 되었고, 이후 남아 있는 전각과 공지는 여러 용도로 쓰였다.

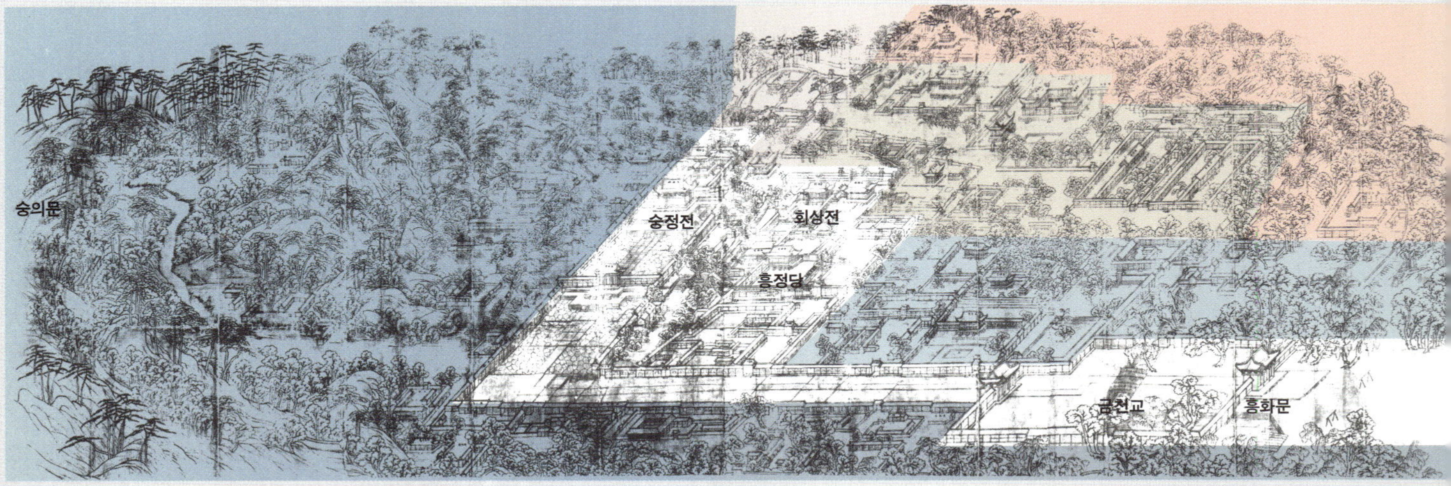

서궐도에 표시한 4궁 분배도 | 서울특별시, 『경희궁 영조 훼철 관련 사료조사 및 활용방안 연구』, 2004

■ 天 ■ 地 ■ 玄 ■ 黃 ■ 宇 ■ 남은

경희궁 복원배치도에 표시한 4궁 분배도(추정)

경희궁의 전각 이름이 모두 확인되지 않아 4궁분배의 경계선이 정확하지는 않으나 기존 연구에서의 4궁 분배도를 참고하여 복원배치도에 대략적인 모습을 파악하여 작성하였다.

2

빈 궁궐
경희궁과 그 주변의 변화

2.1 뽕나무 궁궐과 개화정책

'뽕나무 궁궐'에서 추진된 개화정책

두 차례에 걸쳐 4궁 등에 분배된 이후에도 경희궁은 제한적이지만 몇 가지 국가사업에 활용되었다. 1872년 새로 지어진 200간 건물과 함께 곡식보관창고로 활용되었고, 그곳에서 화약을 제조하기도 하였다. 1875년에는 청국 칙사를 맞는 행사가 거행되었는데, 이는 후일의 관병식이나 운동회와 같은 대규모 행사를 암시하는 것이었다. 또 당오전 주조용 건물이 새로 신축되기도 하였다.

1880년대에 들어 조선 정부는 부국강병을 위한 문명개화정책을 추진하기 시작하였다. 그의 일환으로 경희궁의 빈 땅에 뽕나무를 심고 숭정전 주변 행각에는 양잠시설을 설치하였다. 조선 정부는 1884년 9월 독일인 마에르텐스麥登司, A. H. Maertens를 고용하여 잠상공사蠶桑公司의 운영을 맡겼다. 그는 1886년 봄에 청국에서 뽕나무 50만 그루를 수입하여 부평과 인천 등지에 대규모 뽕나무밭을 조성하였는데, 이때 경희궁에도 뽕나무를 심어 양잠 권장의 상징적 효과를 거두려 하였다. 이는 모두 국왕의 허락하에 이루어질 수 있었다.

1886년 육영공원 교사로 고빙雇聘된 G. W. 길모어는 다음과 같은 기록을 남겼다. "이전에 통치자가 사용하던 곳으로 후에 조폐국으로 사용되었다가 현재는 황량한 폐허로 남아 있으며, 대지는 조정에서 양잠을 장려하기 위해 뽕나무 숲을 만들어 놓았다."[6] 또 주중 베이징 영국공사관 육군 무관인 콜로넬 브라운Colonel Browne 대령이 1901년에 그린 「서울서부Western Quarter of Seoul」에도 경희궁을 '뽕나무 공원Mulberry Park'으로 표기하고 'Ancient Palace'라고 설명해 놓았다.

잠상공사는 청국과 서양으로부터 뽕나무 재배용 물품을 구입하거나 1889년까지 1300원의 자금을 들여 양잠사업 장려정책을 적극적으로 주도해 갔다. 그러나 정부가 의도한 만큼 성과를 거두지는 못하였고, 1889년 5월 마에르텐스는 해고되었다. 그 후 경희궁 공지에 심어 놓은 뽕나무는 농민들이 계속 경작하였다. 뽕나무밭으로 그 풍광을 일신한 경희궁의 모습은 1896년 5월 뽕나무를 남종목국南種牧局으로 옮겨 심을 때까지 큰 변화는 없었다.

주전과 양잠은 모두 문명개화정책 추진의 일환이었다. 이 사업은 모두 정부의 부국강병 사업을 주관하던 통리기무아문과 내무부에서 관장하였다. 이

6
G. W. 길모어(신복룡 옮김), 『서울풍물지』, 집문당, 1999, 43쪽.

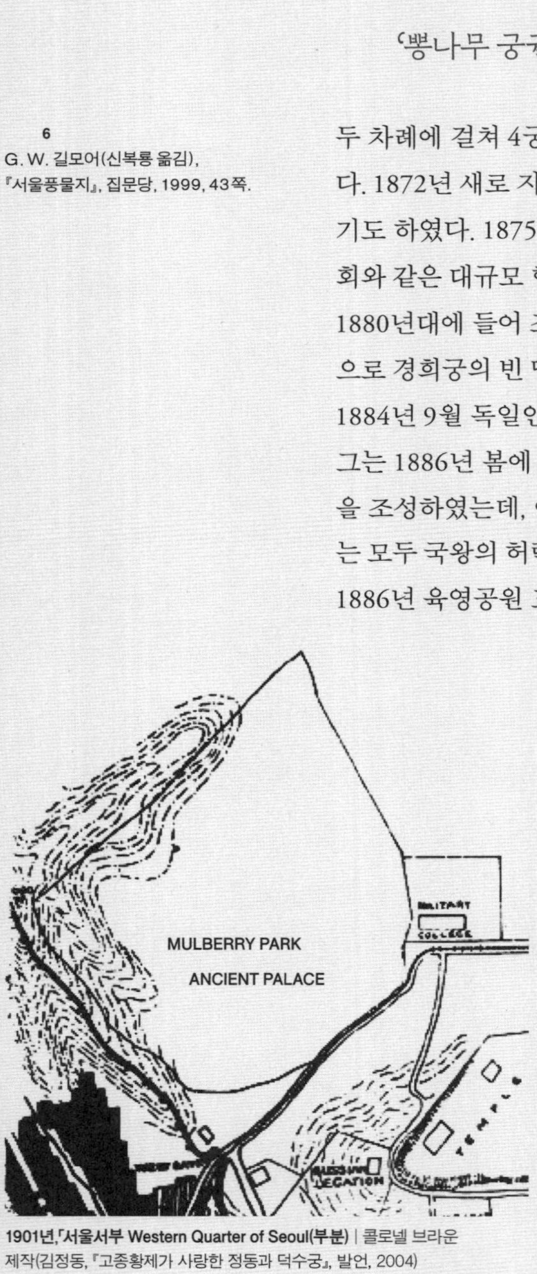

1901년,「서울서부 Western Quarter of Seoul(부분) | 콜로넬 브라운 제작(김정동, 『고종황제가 사랑한 정동과 덕수궁』, 발언, 2004)

런 중에도 남아 있던 숭정전을 비롯한 주요 전각은 유지·보수되었고, 봄과 가을에 관리를 보내어 봉심한 결과를 계속 보고토록 하였다.

1884~1885년 공지로 남아 있는 경희궁의 모습(좌) | 조지 클레이튼 포크 촬영, 위스콘신 밀워키대학 도서관 소장
사진의 왼쪽 하단에 있는 맞배지붕의 장방형 건물은 1883년 경희궁에서 당오전을 주조하기 위해 신축한 건물로 추정된다. 건물의 지붕에 돌출된 것은 화폐 주조를 위해 뚫은 환기용 통풍구와 창문으로 보인다.

1884~1885년 경희궁 북문 무덕문 일대(우) | 조지 클레이튼 포크 촬영, 위스콘신 밀워키대학 도서관 소장

'제국'의 위용, 관병식과 운교

뽕나무가 옮겨간 이후 경희궁은 계속 밭으로 경작되었다. 갑오개혁 전후로 작인들이 궁내부에 자신들 경작권과 관련해 소송을 제기하던 모습에서 이를 알 수 있다. 그런데 이 경희궁 공지는 대한제국기에 들어서서는 제국의 위엄을 드러내는 대규모 군중 행사장으로 바뀌었다. 왕궁 경운궁의 후원으로서 다양한 행사를 치르게 된 것이다. 이곳에서는 중앙군인 친군親軍의 조련이나 시예試藝 등이 거행되었다. 특히 주목되는 행사는 1899년 6월 11일에 거행된 독일 하인리히 친왕Heinrich Prinz의 내한을 맞아 수천 명의 군사가 참여한 관병식이다. 관병식 준비를 위해 1000여 명의 군사를 동원해 가래질로 경희궁 공지의 평탄작업을 시행하였다. 관병식의 거행 과정에 고종이 직접 경희궁을 찾은 사실은 『승정원일기』에서 확인된다.[7]

『승정원일기』, 고종 36년 5월 4일	미시未時. 상이 황태자와 경희궁에 나아가 조련하는 데에 친림하였다. 〈중략〉 때가 되자 좌장례左掌禮가 외판外辦을 무릎 꿇고 주청奏請하니, 상이 강사 군복絳紗 軍服을 입고 여輿를 타고 나왔다. 장례의 인도로 상이 경희전慶熙殿에 나아갔다. 여에서 내려 어좌御座에 오르기를 주청하니, 상이 어좌에 올랐다. 장졸將卒을 지휘하여 불러서 조련하는 것을 친히 검열하니, 군용이 더욱 정제되고 사기士氣가 배나 올랐다. 상이 친히 사열하였다. 황태자와 함께 대내로 돌아갔다. 신하들이 차례로 물러 나왔다.

또 경희궁은 1902년 8월부터 고종황제 즉위 40년과 망육순望六旬을 축하하기 위한 '칭경예식'을 거행하고자 대대적인 수리와 정비를 하였다. 이때도 경희궁에서 관병식을 계획하였다. 그러나 영친왕의 천연두와 전염병 유행으로 칭경예식이 몇 차례 연기되다 결국 시행되지 못하면서 관병식은 열리지 못했다. 그러나 칭경예식을 준비하면서 고종이 머물던 경운궁과 이웃한 후원 성격의 경희궁을 연결하는 어도御道로서의 운교雲橋가 1902년 10월에 완공되었다. 운교는 경희궁 남문 개양문과 맞은편 상림원을 연결하였다.[8] 운교는 새문안로 일대의 전경을 일신시켰을 뿐만 아니라 서대문 밖의 독립문과 함께 근대 국가로서 대한제국의 면모를 새롭게 부각시키는 상징이 되었지만, 가로확장과 통행의 측면에서는 저해요소였다.

7
하인리히 친왕의 자세한 방문 일정은 서울학연구소, 『대한제국기 정동을 중심으로 국제교류와 도시건축에 대한 학술연구』, 2011 참고.

8
『경성부사』에서 운교의 위치를 "현 경성공립중학교 정문 부근에서 도로를 경계로 그 상공을 넘어서, 현 교회당 땅에 연속하여 다리를 가설했다"고 했다. 운교에 대해서는 양근창, 『경운궁 운교 복원에 관한 연구』, 경기대학교 석사학위논문, 2012 참고.

다음은 프랑스 고고학자 에밀 부르다레Emile Bourdaret가 러일전쟁 직전 대한제국에 머물면서 남긴 기록이다.

에밀 부르다레, 정진국 옮김, 『대한제국 최후의 숨결』, 글항아리, 2009, 65쪽

> 서대문 근처에 최근에 놓인 다리가 있다. 이 다리를 지나 뽕나무 궁전(경희궁)으로 건너간다. 이 궁전은 오늘날 황제가 군대 열병식을 참관하러 근엄하게 행차해서 둘러보는 군 훈련장이 되었다. 이 뽕나무 궁에는 새롭게 수리된 별채 하나가 있을 뿐으로, 열병식 날 이곳에 행차한 군주가 자리를 잡는다. 거대한 안뜰은 벽으로 둘러싸여 있다. 군 훈련장으로 바뀐 뽕나무 궁에 이렇다 할 것이 남아 있지 않으며, 황제의 생신을 경축하면서 1902년에 재건한 별당 두 채가 눈에 띈다. 이 행사를 계기로 도시와 몇몇 낡은 궁전이 급히 보수 정비되었다. 궁전의 이름은 양잠을 장려하고자 뽕나무들을 심은 데에서 나왔다.

한편 하인리히 친왕의 방문을 계기로 경희궁 내에 사계射契가 조직되었고, 회상전 북쪽에 황학정이 건립되기도 하였다.

전차 부설과 흥화문 일대의 변화

1898년 9월 15일 오후 4시 경희궁 흥화문 앞에서 동대문과 서대문을 잇는 전차로 건설 기공식이 거행되었다. 먼저 한성판윤 이채연이 침목에 쇠못鐵釘을 박은 후 참석하였던 고관들이 차례로 쇠못을 박으며 예식이 진행되었다. 첫 전차 개통은 개화의 상징으로 받아들이고 있었다.

『제국신문』, 1898년 9월 14일 자

> 새문안 대궐과 동대문 밧그로 뎐기(전기) 철도 처음 시작하는 예식을 본월 쵸오일 행하엿는되 대궐애셔 할 터이라 하는되 그날 미국 공사와 한셩판윤과 경인철도 회샤 사무원과 기외 또 손님네들이 모혀 대한에 처음으로 생기는 뎐기 철도를 인연하야 연셜하고 두달 안에 동대문까지는 화륜차가 래왕할 터이라 하니 이는 우리나라에 처음으로 생기는 일이라 여러 사람의 이목을 놀래어 사쳔여 년을 꿈꾸고 지내던 사람들의 졍신을 차질계졔가 차차 생김일너라.

운교 건설 전의 모습 | 에밀 부르다레 , 『대한제국 최후의 숨결』, 글항아리, 2009

1902년 운교 건설 후의 모습 | 카를로 로세티 촬영, 이탈리아 지리학회 소장

10월부터 공사를 시작하여 이듬해 시범 운행을 거쳐 5월 4일 동대문에서 구름같이 모인 군중 앞에서 전차 개통식이 거행되었다. 5월 20일부터 흥화문에서 동대문 안까지 운행을 시작하였고, 8월에는 경교(서대문 인근)~청량리(홍릉) 간 전 구간이 연장 개통되었다. 전차 노선이 당초 거론되던 남대문~홍릉 간이 아니라 서대문~홍릉 방향으로 개통된 것은 경인철도 종착역인 서대문정거장과의 연결 때문이었다.[9] 서대문 일대는 외국인 거류지인 정동 일대를 가거나 도성 중심지로 접근하기 위해서는 거쳐 갈 수밖에 없었다. 철도와 전차가 연계되는 새문안로에 운교를 설치함으로써 도심으로 진입하는 내외국인들에게 '황성의 관문'이라는 상징적 의미를 갖게 하였다.

이후 흥화문 앞을 지나는 전차 노선은 확대되어 1900년 7월 의주로선 개통(서대문~남대문), 1907년 초 마포선이 개통되었다. 새문안로에 전차가 부설됨으로써 흥화문 일대는 교통의 중심지로 기능하였다. 그리고 1915년 경성시구개수사업으로 복선화가 되어 다시 한번 큰 변화를 맞았다. 경희궁 남단의 전차 역은 흥화문과 경교 두 정류장으로 시작되었다. 일제강점기에 들어서 경교 정류장은 후일 서대문 안쪽으로 옮기고 그 이름도 서대문정류장으로 바뀌었다.

9
최인영, 『서울지역 電車교통의 변화양상과 의미(1899~1968)』, 서울시립대 박사학위논문, 2014, 18~22쪽.

권업박람회장 지정과 계몽운동기의 각종 집회

러일전쟁을 거치고 통감부가 설치되면서 대한제국은 자신의 위엄을 드러내기 위한 대규모 행사를 치를 수 없었다. 경희궁의 경우 숭정전을 비롯한 남은 전각을 수리하는데 그쳤다. 1904년만 해도 경희궁 수리비가 세 차례에 걸쳐 예산 외 지출을 하였다. 통감부 시기에는 경희궁 공지와 남아 있던 전각은 각종 집회와 모임에 이용되었다.

1908년 경희궁은 권업박람회勸業博覽會의 예정지로 지정되었다. 이 박람회는 1912년 도쿄 대박람회 참석에 대비하여 1910년에 열릴 예정이었다. 이를 위해 5000원의 경비로 경희궁 내에 미술·공예·농업·동물·수족水族 등 5개의 관을 설치하고 매점·여흥·연무장·대화단·대분수를 설비하기로 계획되었다. 하지만 결국 권업박람회는 무산되고 말았다.[10]

10
『황성신문』 1908년 8월 29일 자; 『황성신문』 1908년 9월 30일 자.

경희궁의 남은 전각과 넓은 공지에서는 각종 집회가 열렸다. 전각은 사교장이 되어 부인연주회, 외국 유학생 환국 환영회, 한일인친목회 발기인 대회나 '게이오慶應 의숙' 총동창회, 영국 에드워드 황제 추도식 등 상대적으로 작은 규모의 모임들이 열렸다. 대규모의 행사인 관사립학교 운동

1900년대 초반 경희궁 전경 | 서울시립대학교 박물관 소장
사진의 왼쪽에는 경희궁 숭정전과 부속소학교가 보이고 오른쪽에는 흥화문과 무관학교가 보인다. 무관학교는 1898년 5월부터 1904년 8월까지 새문안로에 자리하였다. 무관학교 2층 양식 건물은 1901년 이후 건축되었는데, 넓은 공터에서 대열을 맞춰 훈련하고 있는 군인들은 칭경예식의 분열식을 준비하는 무관학교 학생 혹은 친군으로 추정된다.

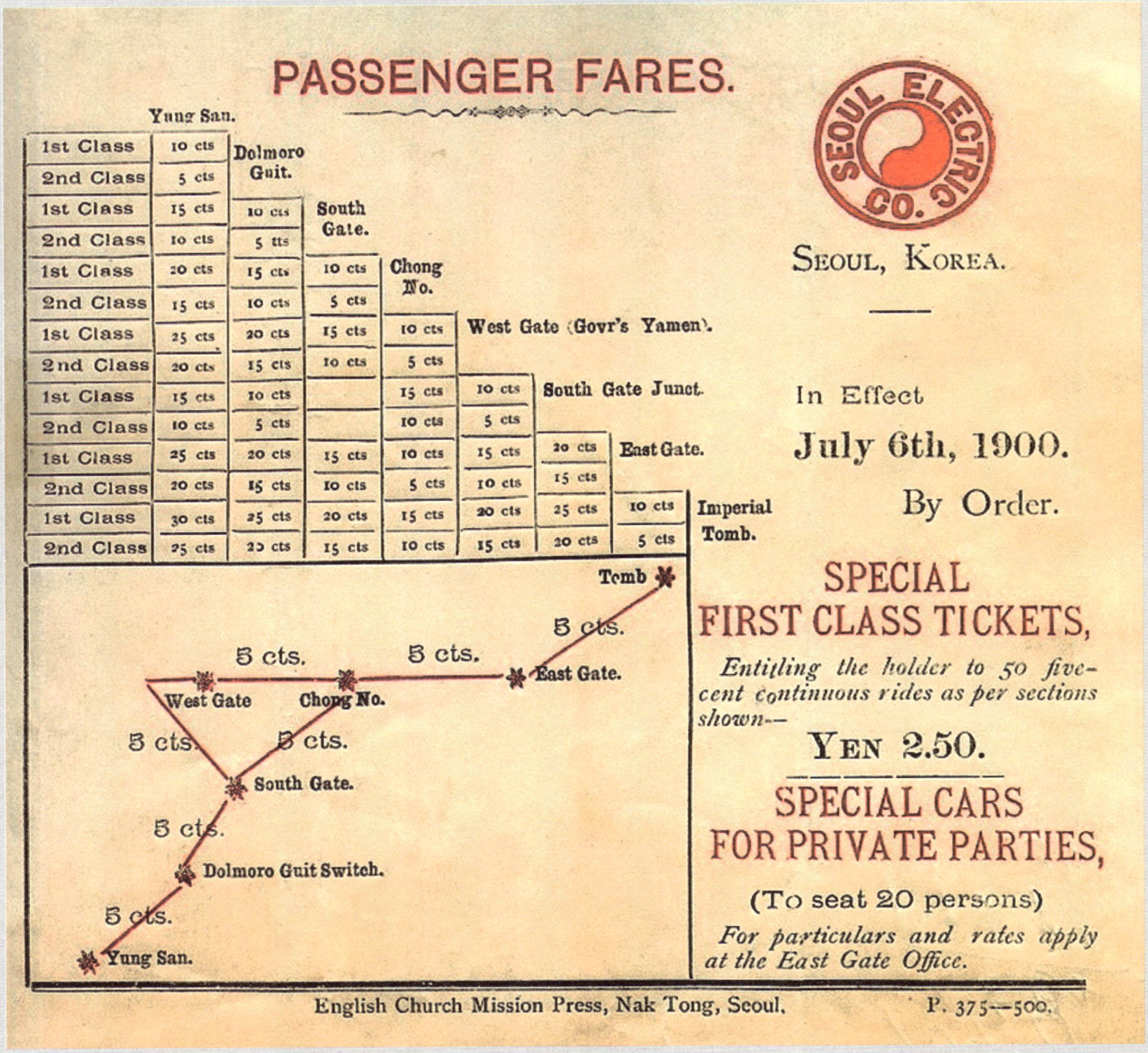

PASSENGER FARES.

	Yung San.	Dolmoro Guit.	South Gate.	Chong No.	West Gate (Govr's Yamen).	South Gate Junct.	East Gate.
1st Class	10 cts						
2nd Class	5 cts						
1st Class	15 cts	10 cts					
2nd Class	10 cts	5 tts					
1st Class	20 cts	15 cts	10 cts				
2nd Class	15 cts	10 cts	5 cts				
1st Class	25 cts	20 cts	15 cts	10 cts			
2nd Class	20 cts	15 cts	10 cts	5 cts			
1st Class	15 cts	10 cts		15 cts	10 cts		
2nd Class	10 cts	5 cts		10 cts	5 cts		
1st Class	25 cts	20 cts	15 cts	10 cts	15 cts	20 cts	
2nd Class	20 cts	15 cts	10 cts	5 cts	10 cts	15 cts	
1st Class	30 cts	25 cts	20 cts	15 cts	20 cts	25 cts	10 cts
2nd Class	25 cts	20 cts	15 cts	10 cts	15 cts	20 cts	5 cts

Imperial Tomb.

Tomb
5 cts.
5 cts.
5 cts.
East Gate.
West Gate
Chong No.
5 cts.
5 cts.
South Gate.
5 cts.
Dolmoro Guit Switch.
5 cts.
Yung San.

SEOUL ELECTRIC CO.

SEOUL, KOREA.

In Effect
July 6th, 1900.
By Order.

SPECIAL
FIRST CLASS TICKETS,
Entitling the holder to 50 five-cent continuous rides as per sections shown--
YEN 2.50.

SPECIAL CARS
FOR PRIVATE PARTIES,
(To seat 20 persons)
For particulars and rates apply at the East Gate Office.

English Church Mission Press, Nak Tong, Seoul. P. 375—500.

1900년 구간별 전차요금표 | 한국전력공사 전기박물관 소장
이 노선도는 주요 지점만을 표기하여 흥화문정류장은 보이지 않는다.

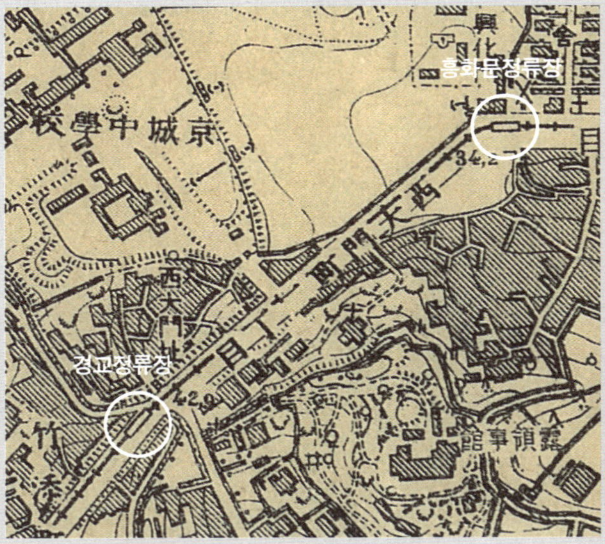

1921년 「조선지형도」(부분)
흥화문 앞의 정류장과 서대문 밖에 정류장 표시가 보인다. 각각 흥화문정류장과 경교정류장이다.

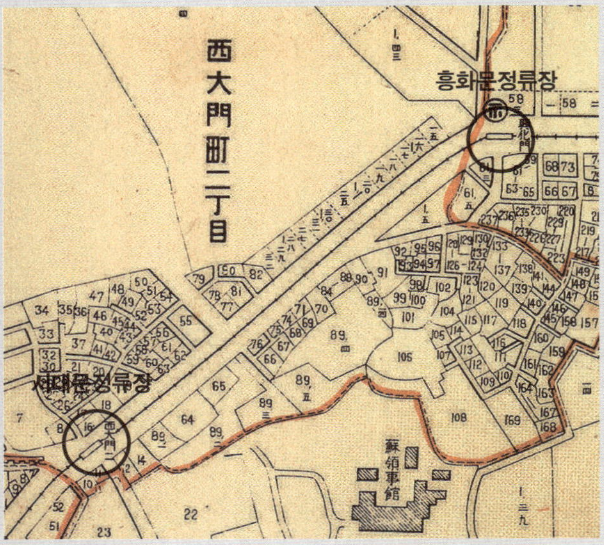

1936년 「대경성정도」(부분)
서대문정류장은 서대문 안으로 옮겼음이 확인된다. 왼쪽의 1921년 「조선지형도」와 비교된다.

회와 적십자총회의 경우는 과거 관병식이 열리던 공지에서 열렸다.

1908년 통감부는 황실재산 조사과정에서 경복궁과 고종이 사는 덕수궁, 순종이 머무는 창덕궁만 황실 재산인 '궁宮'으로 분류하고 경희궁은 국유지로 분류하였다. 그리고 경희궁에 경성중학교가 설립되면서 경희궁은 궁궐로서의 면모를 완전히 상실하였다. 회상전이나 흥정당을 비롯하여 경희궁에 남아 있던 전각은 경성중학교와 임시소학교 교원양성소의 교사나 숙소로 사용되었고, 넓은 공지는 학교 운동장으로 이용되었다.

1909년에 이르러 통감부가 각종 학교의 운동회 개최를 통제하면서 경희궁에서의 대규모 행사는 사실상 중단되었다. 이후 1910년대에는 경희궁의 운동장에서 관사립학교운동회, 친일단체인 대정친목회의 천장절 봉축회, 야구대회 등 대규모 행사가 개최되었다.

1909년 흥화문 전경 | 국립중앙박물관 소장

'박람회부지(博覽會敷地)'로 표기된 경희궁 |
「경성부시가도」, 1911, 국립중앙도서관 소장

1910년대 경성중학교 전경 | 미감리회아카이브 GCAH 소장

2.2 새문안로 변의 근대시설과 외국인들

새문안로 변의 근대시설

대한제국기 들어 경희궁 앞 새문안로 일대에는 다양한 근대시설이 등장하였다. 또 서대문정거장과 정동 일대 거주 서양인들을 고객으로 한 다양한 상업시설도 자리하였다. 먼저 홍화문 앞에 대한제국의 자주적 근대를 추진할 중추기관으로 무관학교가 세워졌다. 1896년 설립 당시에는 계동에 있다가 1898년 5월 다시 설립되면서 훈국신영이 있던 홍화문 앞으로 이전하였다. 경희궁 공지는 무관학교 학생들의 연병장으로 생도들에게 훈련 공간이 되기도 하였다. 무관학교는 1909년 폐교될 때까지 300여 명의 장교를 배출하였다.

새문안로로 이전한 무관학교는 훈국신영 옛 건물을 새로 정비해 사용하였다. 규장각이 소장한 1899년 7월 24일 자 『기안起案』1에 따르면, 1898년과 1899년에 걸쳐 무관학교를 수리하였고 추가 비용만 1만 1004원에 이르렀다. 이때 무관학교의 양식 병사兵舍에 대한 상하층 수리비 증액분을 신청하고, 양제학도실洋制學徒室을 두는 등 면모를 일신하였다. 무관학교로 널리 알려진 2층의 붉은 벽돌로 된 양식 교사校舍는 1901년경에 건축된 것으로 보인다. 1900년 12월 20일 자 『기안』1에 따르면, 무관학교 교사 건축비 6만 1200원을 예비금에서 지출할 것을 재가받았다. 이듬해부터 공사가 진행되었고, 신축 교사에는 500명의 학도를 수용할 수 있었다(1902년 3월). 이 양식 교사는 칭경예식을 거행할 때에는 초청받은 각국 대사가 머무는 곳으로 쓰이기도 하였다.[11]

11 『황성신문』 1902년 9월 5일 자.

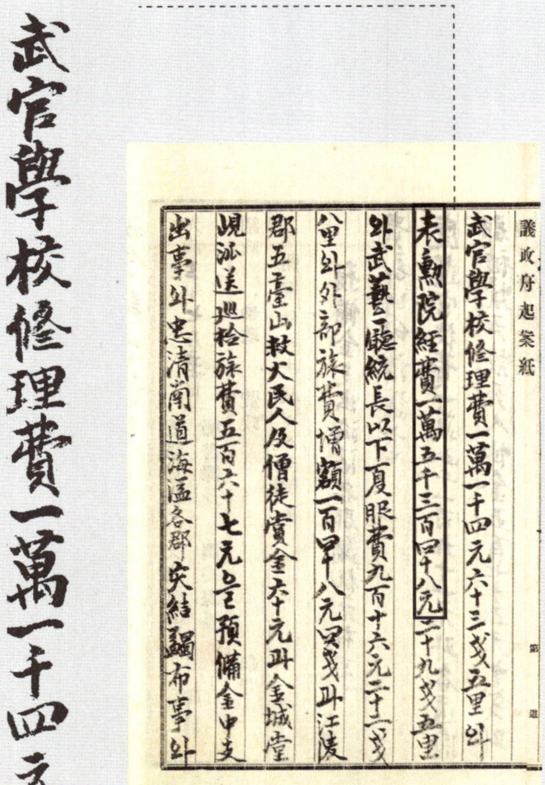

『기안』1, 1899년 7월 24일 | 서울대학교 규장각한국학연구원 소장

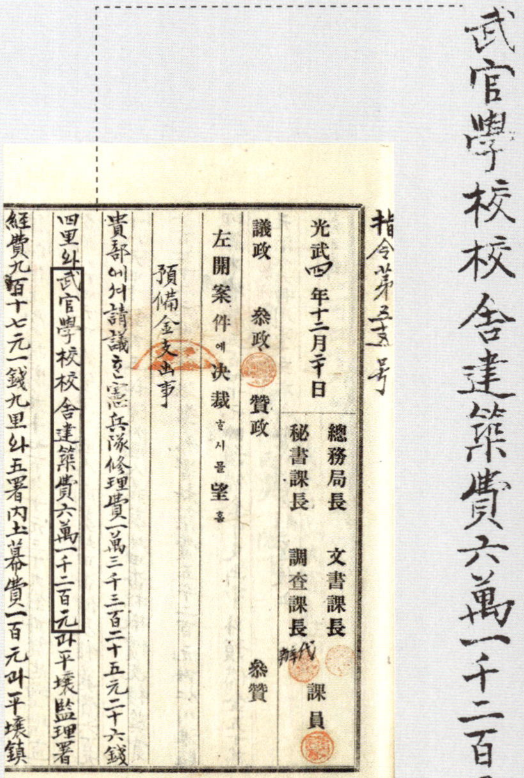

『기안』1, 1900년 12월 20일

1895년 무관학교 설치 이전의 훈국신영 모습 | 'Seoul - panorama from the Russian Legation', 미의회도서관 소장

무관학교 설치 직후에 훈국신영 건축물을 수리한 모습

2층 양식으로 신축된 무관학교 | 서울시립대학교 박물관 소장

1906~1907년 무관학교 교사 전경 | 헤르만 산더 촬영, 국립민속박물관 소장

촬영 당시 무관학교는 이미 삼청동으로 이전한 상태이며, 시위대가 주둔하고 있었다.

앞의 사진은 훈국신영에서 무관학교에 2층 양식 건물이 들어서기까지의 변화를 담고 있다. 사진 ①은 무관학교가 설치되기 전의 모습이고, 사진 ②는 무관학교 설립 직후 훈국신영을 수리한 모습이다. 장방형의 건축물이 보이는데, 숙사와 무기고 등의 시설이었을 것으로 추정된다. 사진을 보면 전차공급용 전선줄이 보이고 사진 ①에서 보이던 홍화문 남단 궁장에 붙어 있던 가가假家가 철거되었다. 때는 1898~1899년경이다.

무관학교와 함께 주목할 시설은 한러은행이다. 한러은행은 조선인의 참여가 거의 배제된 채 조선 내에서 철도부설과 삼림개발 사업 등의 이권사업을 추진하기 위해 러시아의 주도로 1897년 10월 설립된 은행이었다. 아관파천 뒤 친러시아정책을 견지하던 대한제국으로부터 일반적인 은행 업무뿐 아니라 운수업, 부동산, 전신 가설권, 철도 부설권 등을 얻었다. 이렇게 세워진 한러은행은 얼마 되지 않은 1898년 4월 러·일 간의 협약과 함께 철수하였다. 만주와 한반도를 둘러싼 러·일 간 갈등에 타협이 이루어지는 순간이었다.

아래 '운교와 전차로' 1908년의 그림에서 운교와 돈의문 사이에 표기된 '단층양옥單層洋屋'이 주목된다. 위치는 신문로2가 64번지 일대로, 1898년부터 영업을 개시한 한러은행 건물로 추정된다. 아래 사진은 서대문에서 촬영한 것으로 새문안로 변의 오른쪽 양옥 건물 '단층양옥'이 한러은행이다.[12] 아래는 1898년 독립신문에 보이는 한러은행 광고문이다. '새로 지은 벽돌집'이라는 말이 눈에 띈다.

12 서울학연구소,『대한제국기 정동을 중심으로 한 국제교류와 도시건축에 대한 학술연구』에서는 해당 '단층양옥'을 정동 16번지이며 이전의 하남호텔 자리로 보았다. 그러나 정동 16번지는 정동길에 면한 곳으로 아래 '운교와 전차로' 그림에 보이는 단층양옥 위치와는 다르다.

『독립신문』, 1898년 3월 1일 자 광고

이 은행은 작년 12월 5일에 러시아 황제 칙령으로 설립한 은행인데 본점은 러시아 서울 상트페테르-스버에 있고 지점은 대한 서울 새문안에 새로 지은 벽돌집이라. 오늘부터 이 은행이 열려 각색 은행 사무를 할 터인데 돈 바꾸는 것과 외국에 돈 보내는 것과 남의 돈 맡아 두고 익무와 좋은 전당 잡고 돈 빌리는 일을 지할 터이요, 자본은 50만 원가량인데 세계 각국에 다 상관이 있어 돈 내왕하는 일을 할 터일러라. 은행 사장은 둘인데 게브리엘 씨와 콜레일린 씨라. 누구든지 돈을 맡기면 500원 이상은 1년에 두 푼 변가량을 은행에서 돈 맡긴 사람에게 줄 터이요 만일 돈을 몇 달 몇 해를 작정하고 맡기면 변리를 더 줄 터일러라. 이 은행에서는 은銀즈 박힌 은전은 1원으로 받지 않고 다만 은값만 쳐서 받을 터일러라.

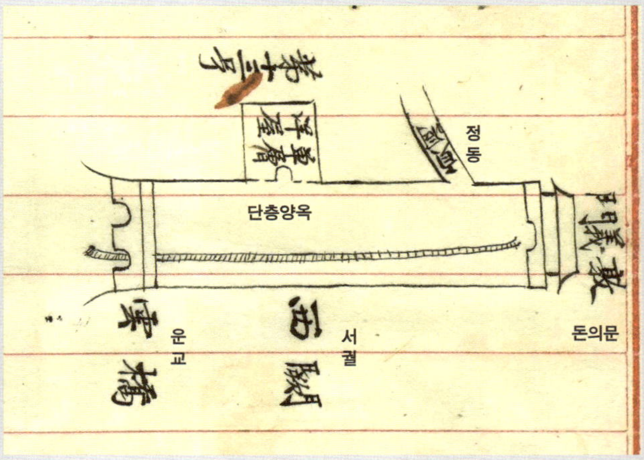

지붕 단층양옥의 한러은행(부분)(좌) | 에밀 부르다레
운교와 전차로(우) | 1908년 가사에 관한 조복문서, 정동황실소유토지가옥도(부분), 서울대학교 규장각한국학연구원 소장
운교와 돈의문 사이의 '단층양옥' 건물은 1898년에 영업을 개시한 한러은행 지점이다. 후일 서대문정2정목 64번지 일대이다.

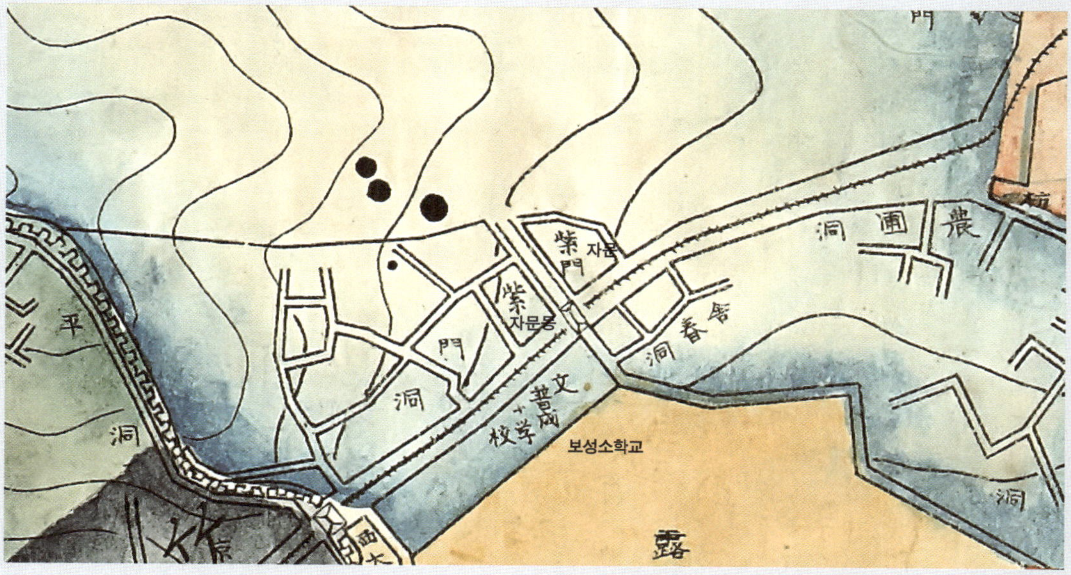

1911년 「경성부시가도」(부분)
자문동 맞은편의 보성소학교가 보인다. 이곳에는 서북철도국, 협률사, 철도원, 보성소학교,임업속성과와 잠업강습소 등이 자리 잡아 새문안로 일대는 근대 개화정책이 추진의 현장이 되었다. 이 지도에는 경운궁과 경희궁을 연결해 개양문으로 이어지는 운교가 그려져 있다.

한러은행이 폐쇄된 이후 이곳에는 1900년 대한제국의 자주적 철도부설 정책 추진기관이었던 서북철도국이 자리하였다. 고종의 최측근인 이용익의 주도로 프랑스로부터 경의철도 부설권을 돌려받아 대한제국이 직접 건설하고자 서울에서 개성까지 측량과 시공을 주관하였다. 1902년부터 잠시 협률사協律司[13] 와 철도원을 거친 다음 1905년부터 보성소학교가 자리잡았다.[14] 보성소학교는 견지동에 위치한 보성전문학교, 보성학교와 함께 이용익의 주도로 설립·운영된 초등과정이었다. 1908년 임업속성과와 1909년 잠업강습소가 보성소학교 내 교실을 빌려 운영하기도 하였다. 이처럼 새문안로의 남단에는 대한제국기 부국강병 정책과 계몽운동을 추진하던 기관이 들어섰다.

자문동과 새문안로의 외국인들

대한제국기에 편찬된 여러 지도에는 경희궁과 서대문, 한양도성 및 새문안로 사이의 삼각형 모양의 마을인 자문동紫門洞이 표기되어 있다. 자문紫門은 궁전을 둘러싼 자성紫城에 설치된 문이라는 뜻이다. 신하들끼리 나라의 일을 의논할 때 이곳에 모였다. 또 자문 안에는 선공감繕工監과 군기감軍器監이 있었으며, 궁궐을 수리하는 임무를 지닌 자문감紫門監은 여기에서 나온 말이었다.[15]

대한제국기 자문동에는 외교관, 선교사, 외국상인(일본과 중국인), 관리 등이 거주하였다. 『대한제국관원이력서』에 한성부 여경방 자문동을 주소지로 둔 이들은 법관양성소 교관, 상공학교 교관, 무관학교 학도, 내부 전화과 주사, 친위대 참위 등이었다. 가까이 있는 관공서로 출퇴근하기에는 적절한 위치였다. 물론 이들은 이곳을 소유하였다기보다는 하숙을 하거나 전세로 살았을 것이다.

자문동을 대표하는 인물은 프랑스공사관 통역을 거쳐 법부 법무국장과 서북철도국 감독, 법관양성소 소장 등을 지낸 전주 이씨 이인영李寅榮이다. 그는 자문동(후일 서대문정2정목 7번지)에 1000평 규모의 대지를 소유하고 부암동 백석동 정자를 소유하고 있던 것으로 널리 알려졌다. 이인영은 전주 이씨 선성군파로 한미한 집안이었는데, 프랑스어 통역으로 주목을 받아 승승장구하게 되었다. 특히 대한제국기에는 파리 만국박람회에 참여하였고, 1900년 안경수 교살사건 당시 법부 법무국장으로 일한 황제의 측근 인물이었다. 또 서북철도국 감독을 지낸 것은 이용익계로서

13
회사인 '協律社'와 정부기관인 '協律司'의 차이에 대해서는 조영규, 『협률사와 원각사 연구』, 연세대 박사학위논문, 2006 참고.

14
이상에 대한 관련 기록은 다음과 같다. "奉當寺內에 權設ᄒᆞ얏던 協律司를 再昨日에 新門內西北鐵道局으로 移設ᄒᆞ고 該局은 小安洞으로 移定ᄒᆞ얏다더라", 『황성신문』 1902년 8월 21일 자, 「司局移接」; "鉄道院은 新門內西北鉄道局으로 移設ᄒᆞ고 該院에ᄂᆞᆫ 陸軍教育○를 設實ᄒᆞ얏더라", 『황성신문』 1904년 10월 15일 자, 「鉄院軍教」; "幼少教育를 爲ᄒᆞ야 普成學校支校를 新門內 前西北鉄道局에 設置ᄒᆞᆫ 바 開學은 本月十四日[陰三月初十日]로 定ᄒᆞ고 學徒를 募集ᄒᆞ니 子姪教育코져 ᄒᆞ시ᄂᆞᆫ 僉君子ᄂᆞᆫ 開學前에 入學証書를 本校로 來呈ᄒᆞ시옵…", 『황성신문』 1905년 4월 7일 자 광고.

15
『태종실록』 태종 14년 8월 21일.

의 위치를 보여준다. 하지만 이용익계가 정리되는 과정에서 1905년 말 프랑스로 귀화하면서 사실상 사회활동을 해 나갈 수 없게 되었다. 그의 아들 이규선은 1차 세계대전 당시 프랑스의 해외 거주 프랑스인 징병 조치와 관련해 논란에 휩싸이기도 하였다.

국사편찬위원회, 『주한일본공사관기록』16권, 1901년 5월 22일,(8) [借款問題에 관한 報告]

이인영이라는 자는 불어를 잘하여 프랑스 공사 알현 때에는 통역을 맡고 항시 프랑스 공관에 출입하며 안경수安駉壽 사건 때에는 재판관을 맡았던 자입니다. 특히 작년부터 프랑스인을 여러 방면에 고용한 일과 관련하여 프랑스 공관과 궁정 사이에서 운동하며 한국 황제의 총애를 받았고, 계속하여 이용익의 관할하에 있는 서북철도원西北鐵道院의 감독이 되었습니다. 본건에 관해서도 이용익의 의향을 받들고 또 프랑스 공사의 수하에 예속해 있으면서 알선한 데 지나지 않고 그 핵심은 물론 이용익입니다.

이인영은 1920년대 들어 경제적 곤경이 커졌던 것으로 보인다. 서대문정2정목 7번지 한옥에는 교육·사상·사회·경제 단체들이 자리하였다(민우회관, 물산장려회사무소, 예술회관, 조선혁신단출판부, 조선수제구제회, 적박단 임시총회 조선노동교육회, 무산동지위원회, 수운교총본부, 제화교 총본부 조선청년총동맹회관, 조선학생회, 한성강습원, 구미무도회관, 실업사, 여자기예원). 이곳에 요릿집 청송관이 자리 잡은 것도 같은 배경이었다. 이곳은 1928년에 매각되었는데, 새 주인은 강위수姜渭秀·정세권鄭世權·유일한柳一韓 등이었다.[16]
서대문정거장(1900~1919)과 경운궁 및 정동 외국인 거주지 입구이던 새문안로 일대는 근대 서양문명 수용의 양상을 보여준다. 관공서(서북철도국, 무관학교)와 학교(보성소학교), 종교시설(언더우드 교회)이 자리잡았던 것이다.

한편 자문동을 비롯한 새문안로 일대는 서대문정거장을 지나 정동으로 들어가는 입구에 위치하여 정동 거주 서양인을 대상으로 한 상업시설이 적지 않았다. 다음은 일제강점기인 1912년 서대문정2정목의 지적 가운데 외국인이 보유한 필지의 현황을 정리한 것이다.

16
자문동의 도시구조 변화에 대해서는 정춘환, 「1920~1960년대 서울 서대문밖 도시한옥의 평면과 구조특성」, 2015, 경기대 박사학위논문 참고. 강위수는 1885년생이며 경남 함양 출신으로 진주에서 주로 활동하였다. 1902년 평안남도 관찰부주사로 첫 관직을 맡은 이래 1907년 중추원 의원을 지냈다. 또한 『경남일보』 발기인으로 참여하여 부사장과 사장 등을 지내기도 하였다. 1920년 설립된 삼일산업㈜와 거창자동차㈜ 및 1927년 설립된 함양양조㈜에 이사로 참여하고 있었다. 또 1920년 설립된 선남자동차㈜에 감사로, 경남은행㈜의 대주주이기도 하였다. 곧 경남 일대의 유력 경제인으로 지방의 대지주가 경성에서 주택을 소유하는 한 모습을 보여주고 있다.

1888~1892년 서대문과 경희궁 사이인 자문동 일대 전경 | 월터 힐리어 촬영, 마이클 힐리어 소장

서대문정2정목 전체 169개 필지 가운데 41개의 필지를 외국인이 소유하여 총 25% 비중을 차지하였다. 41개의 필지 가운데 자문동에 해당하는 곳은 27개 필지로 66%를 차지하였다. 서대문정2정목은 1930년대 들어 가로 조성과 주택 건축으로 필지 분할이 적지 않았는데, 이 과정에서 그 이상의 숫자의 필지를 외국인이 소유하고 있었다. 서대문정2정목은 일제강점기 경성부에서 국적별 분포도가 가장 넓게 펴져 있었을 것으로 추정된다. 1912년 현재 외국인 필지 소유자를 국적별로 정리하면 옆의 그래프와 같다.

서대문정2정목의 소유주는 일본인의 비중이 압도적으로 높으며, 중국인도 적지 않았다. 이들은 대개 정동 일대 거주 서양인들을 대상으로 한 상업시설을 직접 운영하거나 임대하였다. 대표적인 인물은 일본인 상인 기토 겐지로鬼頭兼次郎로서, 그는 인천에 본점을 두고 진남포·평양과 함께 이곳에 지점을 두고서 면사포, 직물·잡화, 연초, 약품·식료품을 수입·판매하였다.

> (광고) 인쳔 잇는 일본 사람 귀두겸차랑鬼頭兼次郎 집에셔 금년브터 백쳔졍 쇼음틀을 혼자 일본 약죠하고 내다가 팔 터이니 졔 군자는 조흔 쇼음틀을 사시랴거던 인쳔항 귀두상졈 집으로 오시면 매우 조흔 쇼음틀을 갑도 헐하게 사갈 터이니 그리들 아시오.
> (광고) 인쳔항 귀두상졈에셔 쟉년에도 일본다 혼자 약됴하와 백쳔졍 셕원가평 솜틀을 파옵더니 금년에는 쟉년보다 십십배 낫게 약됴하와 내왓사온즉 상품 솜틀 사실 쳠 군자는 본졈으로 왕림하옵심을 쳔만 발아옵나이다.
> 광고하옵는 사연이온즉 다름 아니오라 시샹에 위죠 백쳔졍이 잇사와 이쳐럼 광고하오니 사방 쳠군자 기옵셔 부디 본졈으로 왕림하옵시면 본졈 솜틀에는 도셔가 또 하나가 더하온대 귀두겸차랑 수일 발매라고 하엿사옵나이다.[17]

그리고 서양인으로는 일부 관리와 함께 플레장Plaisant[18] 과 같은 상인들도 드물게 있었다. 자문동을 비롯한 서대문정2정목에 외국인의 밀도가 높았던 이유는 1919년까지 있었던 서대문정거장과 가깝고, 선교·교육 목적으로 정동 일대에 서양인의 집단 거주가 이루어졌기 때문이다.

서대문정2정목 국적별 외국인 토지소유 현황

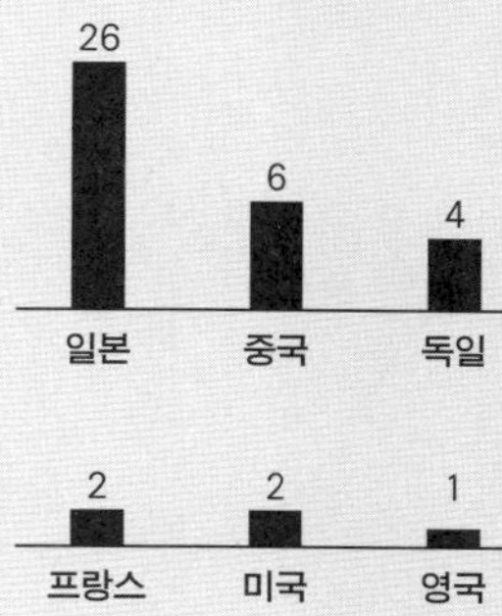

출처: 1912년 『경성부 토지조사부』

17 『독립신문』 1898년 8월 11일 자; 『독립신문』 1899년 8월 4일 자.

18 1900년대 초반 '부래상(富來祥)'이라는 한국식 이름으로 땔감 가게를 운영했던 프랑스인.

1950년대 자문동 일대 | 임인식 촬영
현재 돈의문박물관마을 일대로, 6·25전쟁 당시 피해를 본 모습이다.

돈의문 일대 시설물 | 박창은, 『돈의문 일대 시가지변화(1883~1961)와 성벽시설 훼손 연구』, 2015, p.38 도면 재작성

1912년 서대문정2정목 외국인소유주 현황(1912년『경성부 토지조사부』)

연번	지번	면적(평)	소유주(주소)	비고[국적(직업)]
1	서대문정2정목 8	23	林澤成(회현방 석정동)	중
2	서대문정2정목 9	19	鬼頭兼治郎(인천 경정1)	일(잡화, 무역, 상업)
3	서대문정2정목 16	104	佛國 르페윌(서대문외 연희동)	프
4	서대문정2정목 17	36	林麗興(회현방 석정동)	중(상업)
5	서대문정2정목 18	61	鬼頭兼次郎(인천 경정1)	일
6	서대문정2정목 19	225	佛國 쇼츠트(서대문외 연희동)	프
7	서대문정2정목 21	23	張和順	중
8	서대문정2정목 23	26	영국인(반송방 저동)	영
9	서대문정2정목 25	33	조선실업주식회사(일본 香川縣)	일
10	서대문정2정목 27	35	劉道春(황화방 대정동)	중
11	서대문정2정목 34	102	미국인 존 카바나	미
12	서대문정2정목 37	25	독일인 A. 칼스키	독
13	서대문정2정목 38	7	독일인 A. 칼스키	독
14	서대문정2정목 39	23	독일인 A. 칼스키	독
15	서대문정2정목 46	48	光安トモ(일본 福岡縣)	일
16	서대문정2정목 47	58	鍋島朝興(羽衣町 花岡小路 우의정 화강소로)	일
17	서대문정2정목 49	28	渡部貞(남부 백구정)	일
18	서대문정2정목 50	47	服部辰雄(일본 次城縣)	일(우편국관리)
19	서대문정2정목 51	31	服部辰雄(일본 次城縣)	일
20	서대문정2정목 60	47	松本良藏(용산면 영정)	일
21	서대문정2정목 62	24	玉川三次郎(죽첨정1)	일
22	서대문정2정목 63	52	鬼頭兼治郎(인천 경정1)	일
23	서대문정2정목 65	122	미국인 언더우드(반석방 소이문동)	미
24	서대문정2정목 66	67	岩谷澈二郎(욱정2)	일
25	서대문정2정목 70	69	召田シゲ(함북 원산부 유정)	일
26	서대문정2정목 71	28	大村保太(욱정1)	일(상업, 전당포)
27	서대문정2정목 73	8	大村保太(욱정1)	일
28	서대문정2정목 74	22	馬平禮	중
29	서대문정2정목 77	55	松浦ゲン	일
30	서대문정2정목 81	23	大村保太(욱정1)	일
31	서대문정2정목 84	27	大村保太(욱정1)	일
32	서대문정2정목 91	176	大村保太	일
33	서대문정2정목 95	22	松本良藏(용산면 영정)	일
34	서대문정2정목 96	23	大村保太(욱정1)	일
35	서대문정2정목 102	18	田端俊純(욱정2)	일(상업, 여관업)
36	서대문정2정목 103	48	田端俊純(욱정2)	일
37	서대문정2정목 108	343	일한와사주식회사(종로2)	일
38	서대문정2정목 117	37	조선실업주식회사(일본 香川縣)	일
39	서대문정2정목 121	45	馬錦龍(황화방 대정동)	중
40	서대문정2정목 157	145	조선실업주식회사(일본 香川縣)	일
41	서대문정2정목 169	225	독일인 F. 칼스키	독

경희궁 경계 영역의 변화

근대에 들어 경희궁의 경계 영역은 도시계획과 일제의 관사 건축으로 큰 변화를 겪었다. 이 변화는 도로 확장을 비롯한 도시계획, 도시빈민의 점거, 주택지 개발 등 도시 서울의 변화과정과 맞물려 전개되었다. 큰 변화는 주로 남쪽과 동쪽 지역에서 있었다. 본 조사에서는 경희궁의 경계 영역을 크게 ①흥화문과 새문안로 일대의 남쪽, ②서울교육청 및 구 경성측후소 일대인 서쪽, ③송월동·사직동과 접하며 민간 소유의 필지가 있는 서북쪽, ④무덕문과 대한축구회관 일대의 북쪽, ⑤전매국 관사가 위치한 동쪽 등 5개 영역으로 각각 구분하여 그 변화상을 살펴보았다. 서북쪽을 별도로 둔 것은 이곳이 경희궁 경계 영역에 포함되는지가 불명확하기 때문이다. 다음은 대한제국기 후반 이후 경희궁 경계 영역에 생긴 변화를 개괄한 것이다.

경희궁 경계 영역 분류

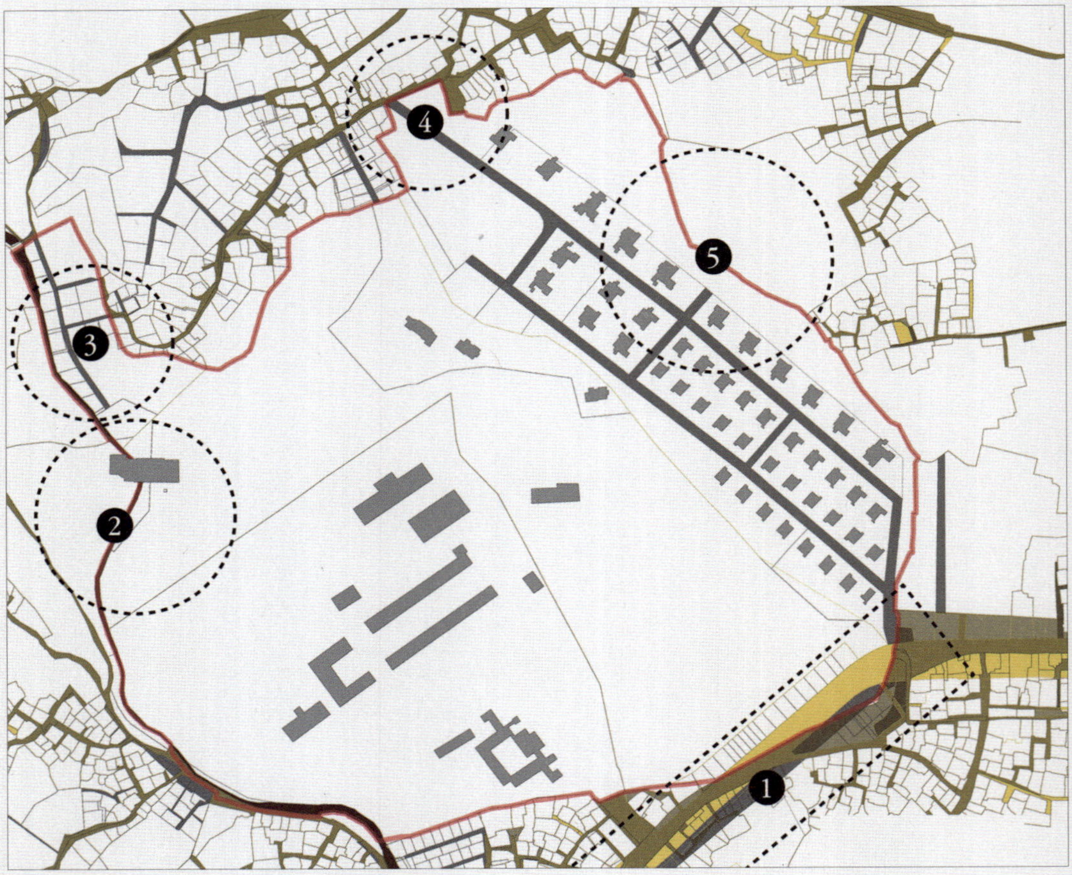

■ 1912년 길
■ 1929년 길
■ 1939년 길
■ 한양도성
— 1912년 이전 경희궁 경계

경희궁 경계 영역의 변화

	① 남쪽	② 서쪽	③ 서북쪽	④ 북동쪽	⑤ 동쪽
1898~1902년	전차부설과 칭경예식준비 남동쪽 궁역 변화	-	-	-	-
1914~1915년	1차 경성시구개수 남쪽 도로 일부 잘려나감	-	-	-	-
1922년	-	-	-	관사지 개발 관사도로 개설	관사지 개발 총독부·전매국 2만 1500평 규모
1925년	-	-	1-12, 1-13번지(2328평, 139평) 남감리교회에 매각	-	-
1927~1928년	남측 도로 일부 분매	-		-	-
1933년		경성측후소 건립 송월동 토막촌 철거	-	-	-
1937~1938년	2차 경성시구개수 남측 궁역 일부 도로로 편입	-	-	-	-
1977년	도심간선도로 확장 남측 상업시설 멸실	-	-	-	-
1981년	-	서울시교육청 준공 서울고 부지 분필	-	-	-
2001년	-	-	-	내수동 도심재개발 무덕문지 변형	-

근대 도시화와 경희궁 남쪽 궁역의 변화

경희궁 남쪽 궁역은 경성의 도시계획에 따른 새문안로의 확장과정과 맞물려 있다. 1898년 전차 개통과 1902~1903년 칭경예식에 따른 경희궁 외궁장의 정비, 1914~1915년 새문안로의 제1차 시구개수사업으로 경희궁의 궁역 축소, 1937~1938년 새문안로의 제2차 시구개수사업으로 필지 분합과정이 있었다. 도로 확장과정에서 새문안로 남북에 면한 필지는 민간에 매각되어 상업시설이 자리 잡았다.

1912~1938년 경희궁 남측 경계 부분의 변화

'흥화문 광장'의 등장

일반적으로 경희궁 남단의 궁역 변화는 1914~1915년 제1차 시구개수사업으로 인해 시작된 것으로 이해된다. 그러나 여러 사진 자료나 지도를 보았을 때, 이미 그 이전에 남쪽 궁역에 변화가 있었던 것으로 생각된다. 그러한 문제의식은 아래 ⑤흥화문 일대 사진과 ⑦경희궁 남쪽 궁장의 흥화문 광장 사진의 비교에서 출발한다. 두 사진을 비교하였을 때 확연한 차이를 보이는데, 먼저 흥화문 앞 일대에는 넓은 광장 같은 공간이 보인다. 즉 1914~1915년은 말할 것도 없고 1906~1907년 전에 이미 경희궁 남쪽 경계 영역에는 상당한 변화가 있었다는 뜻이다. 아래의 ①「도성대지도」와 ②「서궐도안」을 비롯한 고지도를 보면, 경희궁 남동쪽 궁장은 '⅃' 모양으로 확 꺾여 있는 모습이다. 이는 사진⑤를 통해서도 알 수 있다. 하지만 제1차 시구개수사업 이전 흥화문 일대를 가장 정확하게 표현하고 있는 ④흥화문 일대의 「한성부지적도」(1908)에는 흥화문과 새문안로에 접한 궁장이 90도 각도의 '⅃' 모양이 아니라 130도 정도의 비스듬한 모습이다. 그런데 ③「한국경

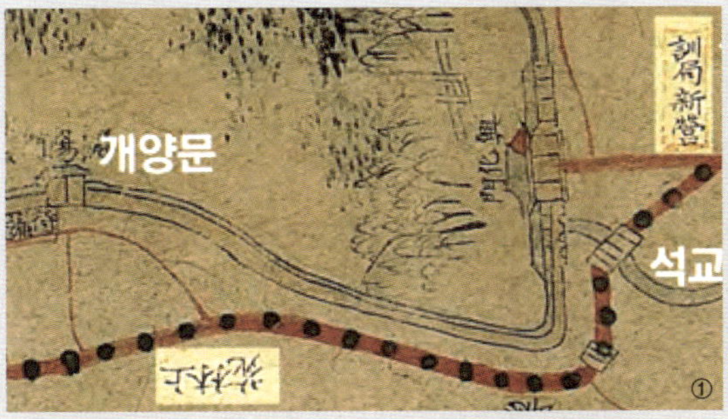

① 18세기 「도성대지도」(부분)
경희궁 남동쪽 궁장이 '⅃' 모양으로 꺾이는 모습.

② 19세기 「서궐도안」(부분)
경희궁 남동쪽 궁장 역시 '⅃' 모양이다.

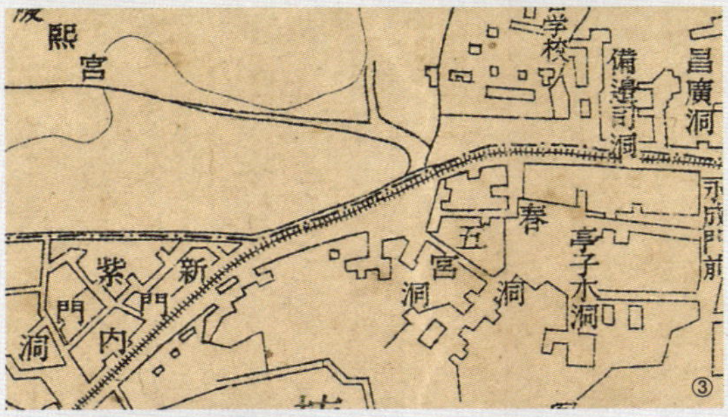

③ 1903년 「한국경성전도」(부분)
1910년대 중반까지 일본인들이 제작한 경성 지도의 원형이라 할 수 있다. 그런데 경희궁의 궁장이나 흥화문 앞에서 크게 꺾이는 모습은 보이지 않고 비스듬한 모습이다. 꺾이는 지점에 오궁동(五宮洞)이 보인다.

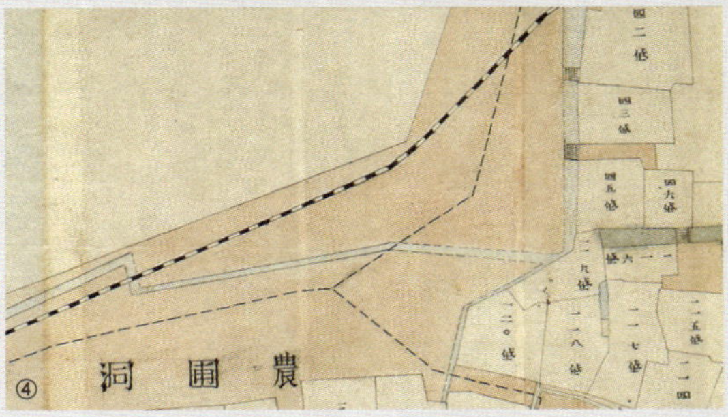

④ 1908년 「한성부지적도」(부분)

⑤ 흥화문 일대(부분)
전차가 가설되기 전의 1895년의 모습으로, 경희궁 남동쪽 궁장이 '⅃' 모양임을 알 수 있다.

⑥ 1900년대 초반 경희궁 흥화문 일대 모습(부분)

⑦ 1906~1907년 경희궁 남쪽 궁장과 흥화문 광장 | 헤르만 산더 촬영, 국립민속박물관 소장
흥화문, 경희궁 궁장, 무관학교가 보이고, 전차 공급용 전기선과 전주가 보인다. 이 일대에 많은 사람들이 왕래하는 넓은 광장이 조성되었다.

성전도」(1903)의 경희궁 부분을 보면 이전의 모습과 달리 비스듬한 새문안로가 보이고 경희궁 남쪽의 오궁동五宮洞 쪽에는 넓은 광장이 보인다. 이를 사진으로 보여주는 것이 ⑦헤르만 산더가 1906~1907년경에 촬영한 경희궁 궁장 앞의 흥화문 광장을 오가는 사람들의 모습이다. 그 사진에는 경희궁 궁장과 흥화문·무관학교가 보이고, 전신주와 전선도 눈에 띄며, 무엇보다도 넓은 광장 형태의 공간이 있다. 이러한 변화상을 지적으로 표현한 것이 바로 ④흥화문 일대의 「한성부지적도」에 해당된다.

이상의 논의는 경희궁 남쪽 경계 영역의 변화는 1914~1915년 제1차 시구개수사업으로 인한 결과가 아니라 그 이전에 있었으며, 적어도 그 변화가 1903년까지는 이루어졌음을 뜻한다. 그러면 이러한 변화는 왜, 언제 생긴 것일까. 이를 추론해 볼 수 있는 상황은 크게 두 가지이다.[19]

우선은 1898~1899년의 전차 부설 공사이다. 경희궁 남동쪽 궁장은 거의 직각이었다. 이를 그대로 두고서는 전차 부설 공사를 할 수 없었을 것이다. 종로에서 온 전차가 흥화문 앞에서 크게 꺾였다가 다시 경희궁 남동쪽 궁장 앞에서 다시 꺾는 일은 어려워 보인다. 게다가 사진⑤와 같은 도로 환경과 주변 가옥을 그대로 두고서 전차를 부설한다는 것은 생각할 수도 없다. 따라서 서대문~홍릉 간 전차 부설과정에서 경희궁 궁역이 일부 축소되고 흥화문 남쪽 오궁동 지역의 가옥도 도로에 편입되었을 것이다. 두 번째로 생각해 볼 수 있는 경우는 1902년 3월부터 시작된, 고종 즉위 40년 칭경예식을[20] 준비하면서 관병식장으로 예정된 경희궁 중수 공사에 따른 것이다. 다음 표는 칭경예식 관련 행사의 경과 사항이다.

19
1896년 아관파천 이후 대한제국 수립까지 정동을 중심으로 도로정비사업이 시행되었으나 여기서도 흥화문~서대문 구간은 빠져 있다. 적어도 전차가 부설된 1898~1899년까지는 사진⑤와 같은 모습이었다는 뜻이다. 이 시기 한성의 도로정비에 대해서는 이정욱, 「갑오개혁 이후 도로정비사업과 부민의 반응」, 『향토서울』 78, 2012 참고.

20
1902년은 고종에게 51세(望六旬), 즉위 40년이 되는 해이다. 이를 기념하기 위해 가상존호(加上尊號), 기로소(耆老所) 입소, 칭경예식 등이 계획되었다. 가상존호와 기로소 입소 행사에는 내외진연이 개최되고 대사령이 반포되는 것이 순서였다. 외국 대사를 초청하는 칭경예식의 경우에는 고종이 직접 지시하였으나 수차례 연기 끝에 거행되지 못하였다. 칭경예식에 대해서는 이윤상, 「고종 즉위 40년 및 망육순 기념행사와 기념물」, 『한국학보』 111, 2003; 전우용, 「1902년 황제어극 40년 망육순 칭경예식과 황도 정비」, 『향토서울』 81, 2012; 조영규, 「1902년 칭경예식과 진연연구」, 『한국음악사학보』 41, 2008 참고.

1910년대 후반 흥화문 앞을 지나는 전차 모습 | 새문안교회 소장
이 사진은 피어선기념성경학원에서 본 흥화문 일대 모습이다. 흥화문이 남동향하고 전차가 복선인 것으로 보아 제1차 시구개수사업 이후인 1910년대 후반의 사진이다.

칭경예식 관련 행사의 경과사항(선행연구를 토대로 정리)

날짜	내용	비고
1901. 12. 25.	고종 망육순 및 즉위 40년에 따라 익년 봄에 존호를 올리고 진연은 익년 가을에 하기로 결정	
1902. 3. 17.	칭경예식 일자를 10월 18일(음력 9월 17일)로 결정	
1902. 3. 19.	고종, 의정부 등에 즉위 40년 칭경예식 절차를 마련할 것을 지시	
1902. 3. 20.	의정부, 즉위기념식·관병식·원유회 등을 담은 내용 보고	반포는 7월 20일
1902. 4. 24.	고종, 관리들에게 칭경예식 준비 철저 지시	
1902. 5. 13.	칭경예식 참석 외국 사신 영접 절차 마련	5월에는 외국사절단 참석 요청, 기념장 제작, 각국 대사 접빈소 마련, 외국어 능력 관원 140명을 관련 부서에 배치. 원유회를 위해 창덕궁 옥류천 공사 개시
1902. 8. 25.	관병식을 위해 임시 혼성여단 편제	
1902. 9.~10.	토사병의 발발로 수차례 조정 끝에 칭경예식을 익년 4월 30일로 연기하고, 망육순 내외진연도 12월로 연기	임시 혼성여단 해체
1903. 2.	연기된 칭경예식 준비	임시 혼성여단 편제, 옥류천 공사 재개
1903. 3.	칭경예식 절차 마련	외국대사 영접, 원구단에서 의식 거행, 창덕궁 원유회, 관병식, 각국 대사의 귀국에 따른 폐현(陛見) 등
1903. 4. 10.	영친왕의 천연두 발병으로 칭경예식을 가을로 연기	전궁(殿宮) 수리, 토목공사, 원유회 거행식장 공사, 극장(戲臺) 공사 등 중지. 혼성여단 해체
1903. 9. 2.	칭경 40년 기념비각 준공	

1902~1903년의 칭경예식 준비과정 중 경희궁과 관련된 공사는 널리 알려진 운교 공사, 경희궁 전각 수리 그리고 경희궁 외궁장 수리 등이었다. 고종이 경희궁의 전각 수리를 지시한 기록은 있으나 구체적인 내용은 파악되지 않는다. 1902년에 경희궁 전각 수리를 시작하고, 1903년에도 경희궁 공사를 진행하여 1904년 4월에 1만여 원이 지출되었는데, '경희궁 재차 수리비'와 '외궁장급 도성수리비外宮墻及都城修理費' 명목이었다.[21] 경희궁 재차수리비는 1902년에 이은 1903년의 공사라는 뜻으로 이해할 수 있겠고, 외궁장은 궐내의 궁장인 내궁장과 달리 경계 영역의 궁장이라는 뜻이며, 도성수리비는 경희궁 주변 도성을 말하는 것으로 보인다.

21
『승정원일기』 1902년 8월 16일 ; 『궁내부거래문첩』(규17882) 1903년 9월 29일 ; 『황성신문』 1904년 5월 4일 자.

아래는 규장각 소장 자료를 통해 확인되는 1902년 이래 경희궁 관련 공사비 내역이다. 실제 공사와 그 비용 지출을 위해 황제의 재가를 받는 시점에 차이가 있기 때문에 공사집행과 공사비 집행 시기에는 다소 차이가 있을 것이다. 1904년의 예산외지출 항목들은 1902~1904년에 이루어진 공사에 대한 정산 성격이 강하였을 것으로 추정되지만 정확하지는 않다. 1902~1903년에 만들어진 경희궁 공사비 내역서는 보이지 않는다.

1902년 이후 경희궁 관련 공사비 내역(서울대학교 규장각한국학연구원 자료를 토대로 정리)

문서 일자	사업내용	금액	전거
1904.4.25.	경희궁 수리비	6220원 88전	궁내부래거안문첩6(규17882)
	경희궁 외궁장과 도성수리비	4464원 18전	
1904.8.17.	경희궁 수리비	4만 3640원 67전	각부청의서존안26(규17715)
1904.10.14.	경희궁 숭정전 이하 각처 수리비 부족액	593원 10전	각부청의서존안28(규17715)

이상의 자료를 통해서 추정할 수 있는 것은 1902~1903년경에 칭경예식을 준비하는 과정에 새문안로와 접한 경희궁 남쪽 궁장을 북쪽으로 옮겼으며, 사진⑤와 같이 새문안로 주변의 가옥들도 철거하고, 오궁동 일대에는 넓은 광장이 만들어졌을 가능성도 있다는 사실이다. 이를 보여주는 자료가 사진⑥이다. 1902~1903년경에 촬영된 것으로 추정되는 이 사진은 경희궁 궁장이 새롭게

단장된 것을 잘 보여준다.

이처럼 경희궁의 남쪽 경계 영역은 1898~1899년에 전차 부설과정이나 1902~1903년 칭경예식 준비과정에서 정비되었고, 새문안로는 약 12m로 크게 확장되었다. 그러나 확대된 도로폭이나 경희궁 궁역의 축소 정도 등은 정확히 알 수 없다. 다만 어떤 경우이든 대한제국의 근대문물의 도입이나 제국의 위엄을 드러내는 과정에서 일어난 일임은 분명하다.

1914~1915년 1차 시구개수사업의 결과

조선총독부는 1912년 11월 6일에 총독부고시 제6호로 경성시구개수예정도로 31개 노선을 발표하였다. 경희궁과 관련된 것은 두 노선으로, 제4번 동대문에서 경희궁 앞까지는 15간, 제15번 서대문을 거쳐 독립문까지는 10간 도로로 확정되었다. 경희궁역 변화에 직접 영향을 준 것은 제15번 노선이다. 1914년 7월 새문안로의 제1차 시구개수사업을 착공하여 1915년에 완공하였다. 서대문과 도심을 연결하는 길로 1915년 경복궁에서 열리는 조선물산공진회 개최에 맞추어 신속하게 진행되었다. 경희궁의 남측 새문안로 일대는 또다시 크게 변화하였는데, 모두 경희궁 궁역의 축소를 전제로 하였다.

이 사업의 결과 새문안로의 도로폭은 당초 12m에서 18m로 확장되었다. 이를 위해 새문안로와 면해 있던 경희궁의 궁장이 헐리고, 경희궁 궁역이 대폭 도로에 편입되었다. 그리고 대한제국기에 '흥화문 광장'으로 있던 오궁동 일대는 한동안 도로 상태로 있다가 1920년대 중반부터 필지가 분할되어 상업시설이 자리 잡게 되었다. 또 경희궁역이 도로에 편입되는 과정에 흥화문은 그 자리를 옮기고, 동향 종로쪽을바라보던 방향을 동남향으로 바꾸었다. 또 하나의 변화는 이전보다 직선화된 새문안로를 따라 부설된 전차 선로가 복선화되었다는 점이다. 마지막으로 그동안 제자리를 지켜오던 서대문이 도로 확폭에 맞물려 철거되고 서대문 밖의 새문안로도 크게 넓어졌다.

시구개수사업 이후 경희궁 남쪽 경계 영역에는 두 곳에서 필지 분할이 이루어졌다. 하나는 신문로 북쪽으로 경희궁에 면한 곳이고, 다른 하나는 새문안로의 남쪽으로 앞서 언급한 '흥화문 광장' 일대이다. 전자는 본격적 변화가 1920년대인 만큼 후술하겠다. 대한제국기에 이미 조성된 '흥화문 광장' 일대는 제1차 시구개수사업을 거치면서 경희궁역이 도로에 편입되어 대부분 대지로 남게 되었다. 토지대장에 따르면 1918년 5월에 일본인에게 매각된 기록이 있다. 이후 필지 합필 과정을 거치다가 1937~1938년 제2차 시구개수사업으로 새문안로가 확장되면서 일부가 다시 도로에 편입되고 남은 대지는 분할되었고, 상업시설이 들어섰다. 이는 아래의 1918~1919년과 1938년 그림을 통해 확인할 수 있다.

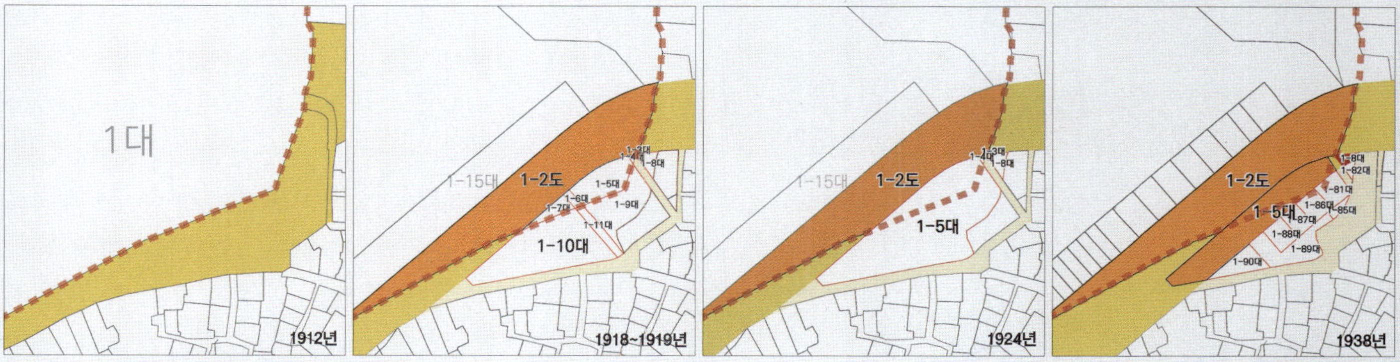

제1차 시구개수사업 이후 '흥화문 광장' 일대의 필지 분합 과정

경성시구개수 공사 모습 | 『경성시구개정사업 회고이십년』, 1930년
전신주의 위치를 보아 이전 시기 전차로가 경희궁 남쪽 궁장을 따라 설치되었으며, 흥화문과 꺾이는 지점까지의 거리가 상당했음을 알 수 있다.

경성시구개수 후 모습 | 『경성시구개정사업 회고이십년』, 1930년

경성중학교 운동장 | 미감리회 아카이브 GCAH 소장
전차가 단선이고 경희궁의 궁장이 있는 것으로 보아 경성시구개수사업 이전 1910년대 초반으로 추정되는 사진이다. 경성중학교 정문이 개양문 쪽으로 나와 있다.

새문안로의 시구개수사업에 대해 1915년 9월 피어선기념성경학원 정초식에 참석한 스피어R.E.Speer 박사가 남긴 글이 있어 흥미롭다.

이덕주, 「피어선기념 성경학원 설립과 초기역사 (1911~1945년)」, 『복음과 신학』 12, 2010, 342쪽

성경학원 위치와 부지는 아주 훌륭하다. 가파른 언덕 위에 세워진 건물 아래 방금 새로 닦은 넓고 큰 대로가 나 있고 건너편으로 전에 경희궁(mulberry palace)으로 사용되었지만 지금은 정부에서 학교 부지로 사용하는 넓은 터가 보인다. 학교 부지에서 길가로 나가는 통로는 두 군데 있는데 길가 정면으로 나가는 입구에 한국인 소유 집들이 있어 그 집들까지 사들이지 못한 것이 실수가 아닌가 생각한다. 학교 관계자들 말로는 그 집들을 구입하면 8000원에서 9000원(4000달러에서 5000달러) 정도가 들 것이라 하였다.[22]

1914~1915년 제1차 시구개수사업으로 새문안로가 확장되면서, 경희궁역이 대폭 축소되고 궁장이 철거되었다. 경희궁 남쪽 경계 영역에는 넓은 운동장이 노출되고 새문안로와 면한 상가 가로가 등장하면서 궁궐로서 지니는 경희궁의 이미지에 큰 타격을 주었다.

1920년대 궁역 매각과 상업시설의 등장

제1차 시구개수사업이 완료된 후 경희궁 남쪽 경계 영역은 뚜렷한 변화가 없다가 1927~1928년에 남쪽 도로에 면한 일부가 개인에게 매각[23]됨에 따라 경성중학교와 전매국 관사를 소비시장으로 하는 다수의 상업시설이 들어섰다. 마침 1932년 흥화문이 장충동 박문사로 이건된 것과 맞물려 경희궁의 외형적 상징이라 할 수 있는 궁장과 흥화문이 하나둘씩 사라지고 도심 가로변의 경희궁 남쪽 경계 영역은 상업가로가 되었다. 다음은 필지 분할 과정과 상업시설의 업종 분석을 통해 경희궁 궁역 축소 과정과 도시화의 관련성을 살펴본다.

경희궁 남쪽 일부가 개인에게 매각되는 것과 맞물려 1926~1930년에 걸쳐 필지 분할이 완료되어 세장형 필지가 등장하였다. 도로변에 면한 세장형 필지를 매입한 이들은 상업활동에 종사하였다. 1936년에 제작된 「대경성부대관」에는 경성중학교 운동장 남쪽에 세장형 필지가 자세히 그려져 있다. 이런 시설들은 1970년대 말 새

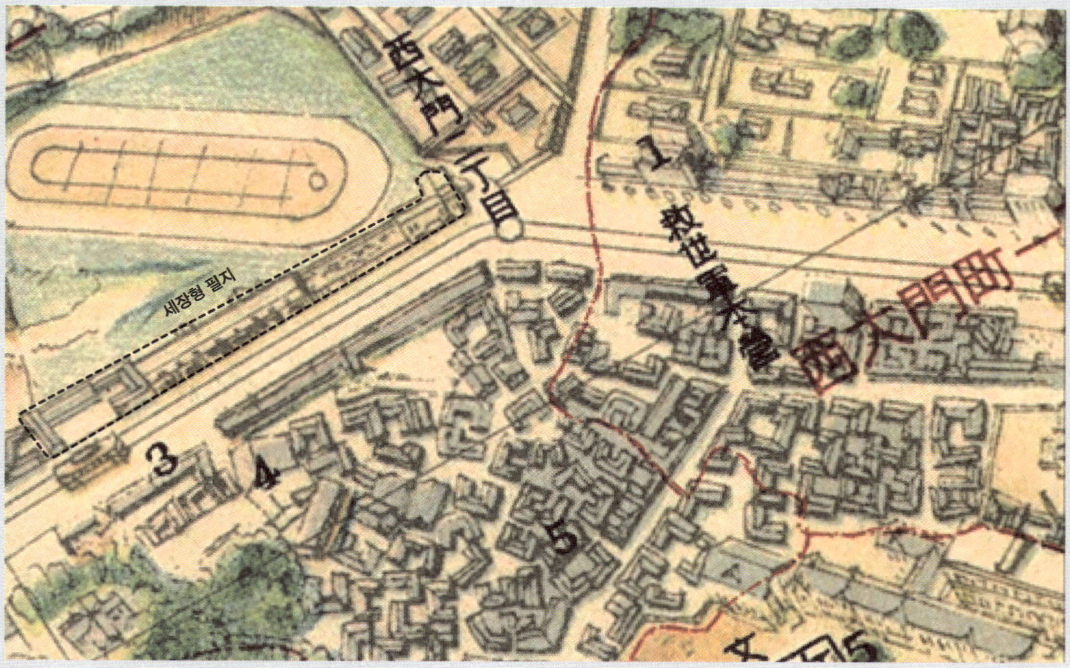

경희궁 남단 세장형 필지 |
「대경성부대관」(부분), 1936
이미 흥화문은 이전하여 보이지 않는다. 이곳은 1926~1930년에 걸쳐 토지분할이 완료되었다.

문안로의 확장과정에 모두 도로에 편입되었다.

그렇다면 이 세장형 필지에는 어떤 사람들과 업종이 자리를 잡았던 것일까. 이와 관련하여 토지대장, 국사편찬위원회 한국사데이터베이스 〈한국근현대회사조합자료〉, 신문자료 등을 통해 추정해 보았다. 먼저 부책식 폐쇄토지대장이다. 필지의 분합과 소유권 이전 등 세장형 필지가 형성된 과정을 차례로 살펴보면 다음과 같다. 국유지이던 경희궁역 남단 622평이 1926년 7월 분할되어 최초 서대문정2정목 1-15번지가 만들어졌다. 이 가운데 541평(1-17번지)을 1928년 요시 와사부로三好和三郎와 히라야마 지사부로平山治三郎가 공동명의로 매입하였다.

그들은 다시 1929년에 모두 40평의 규모로 필지를 나누었고, 1930~1932년에 걸쳐 일본·조선·중국·네덜란드인이 이를 또 매입하였다. 한편 히라야마 등의 매입에서 빠진 곳은 1934년 합자회사 이등상점伊藤商店이 매입하였다. 즉 정리하면 제1차 시구개수사업으로 경희궁 궁장이 철거되고

22
피어선기념성경학원은 1915년 4월경 본관공사를 시작하여 9월에 정초식, 그리고 1917년 5월에 준공식을 거행하였다. 서대문정2정목 87번지에 위치하며, 본관은 3층 연와제 벽돌건물이었다.

23
이에 대한 기록은 『경성부사』가 유일하다. "1927~1928년 남쪽 도로에 면한 일부 부지를 나누어 팔았기 때문에 현재는 4만 1319坪 8合 8勺이 되었다." 서울특별시사편찬위원회, 『국역경성부사』 1, 2012, 275쪽.

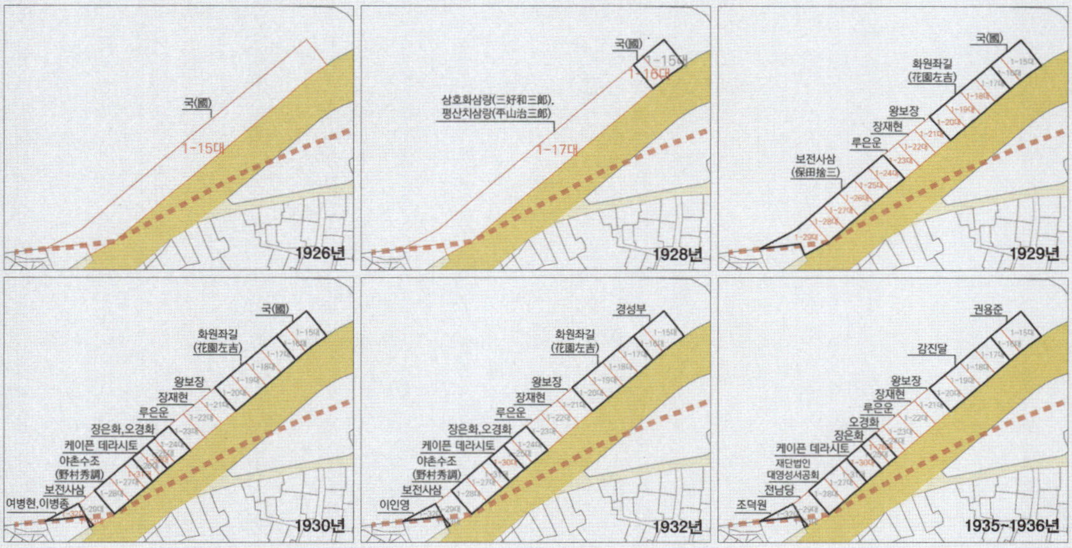

경희궁 남단 세장형 필지의 분합 과정

새문안로에 면한 곳이 1920년대에 민간에 매각되어 1930년대 초반에 이르면 모두 18개의 필지로 세분화되는 세장형 필지가 만들어졌다. 세장형 필지소유주와 관련하여 1930년대 초반 기록이 남아 있는 이들은 다음과 같다.

먼저 최초 경희궁 남단을 사들인 미요시 와사부로三好和三郎는 1919년에 설립된 조선토지신탁주식회사를 경영하는 주택개발업자였다. 필지 분할과 매각은 조선토지경영주식회사 차원에서 진행하였을 것으로 보인다. 이후 이 필지를 사들인 인물 가운데 오쿠마 마쓰지로大熊松次郎는 일본 천리교의 경성지회장으로 경성포교소 운영자였다. 그는 이곳을 일시적으로 소유하였던 것으로 보인다. 야스다 스테조保田捨三는 인천 송동에 근거지를 가진 사업가로 확인된다.

중국인들은 1930년에 왕보장王甫章, 장재현張財鉉, 누은운樓銀運, 장은화張銀和가 서대문정2정목 1-21에서 1-25번지까지를 차례로 매입하였다. 이들 중국인은 1970년대 이 지역이 다시 개발되어 도로에 편입될 때까지 이곳을 지켰다. 이 가운데 왕보장은 산둥 출신으로 1930년 당시 남대문1가에서 복장양복점福章洋服店을 경영하던 인물이었다. 그런데 얼마 후 신문로2가 1-22번지에는 중국인 왕취복이 운영하는 '왕취복양복점'이 자리 잡게 된다.[24] 이곳은 윤보선 대통령의 단골집이었다는 증언이 있다. 중국인 양복기술자들은 봉제 솜씨가 뛰어나 미싱을 쓰지 않고 손바느질로 양복을 만들었다고 한다. 이 일대 중국인 운영 상점에는 전족을 한 여성들이 살았다는 증언도 전해진다.

다음은 국사편찬위원회의 한국사데이터베이스 〈한국근현대회사조합자료〉 서대문정2정목을 주소지로 한 영업점들이다. 이 가운데 서대문정2정목 1번지 상업시설을 경영하는 인물은 위 토지대장 소유주와 전혀 겹치지 않는다. 대부분 임차해서 운영하고 있음을 뜻한다.

24
"어떤 화교는 '한국에서 최초로 양복점을 낸 사람이 화교였다'고 자랑한다. 종로구 신문로2가 1의 22호엔 어쨌든 왕취복(王聚福 · 60) 화교가 지금도 양복점을 열고 있다. 눈에 잘 띄지도 않는 나무 간판이 달렸을 뿐 뉴 모드를 외면한 채 마치 구공탄 소매상 같은 인상을 주는 세 평 남짓한 가게에서 왕서방은 '친구가 하던 걸 10년 전에 인수하였을 뿐'이라고 하며 자랑스러운 역사에 관해선 별반 기억도 흥미도 갖지 않고 있었다.", 『조선일보』 1970년 10월 11일 자.

25
서대문정2정목 1의 4는 주소 오기로 보인다. 이곳은 1931년 이래 도로였다.

서대문정2정목 소재 회사일람

회사명	주소	업종	설립연도	목적	사장/대표	전거
岡商店(合資)	서대문정2정목 1	상업	1924.10.10.	신탄 곡물 과자 판매	岡良生	1925, 1927
花田武具店(合名)	서대문정2정목 1	상업	1925.5.8.	격검(擊劍)도구 기타상	花田秀雄	1925
園田商店(合資)	서대문정2정목 1	상업	1927.8.10.	술, 간장, 식료, 잡화품 판매	園田宋三郎	1929, 1931
朝鮮柔道衣商會(合名)	서대문정2정목 1	상업	1929.6.20.	유도의(柔道衣) 동부속품 판매	櫻谷宗四郎	1931
伯陽商店(合資)	서대문정2정목 1	상업	1930.11.21.	제분 및 과자원료 제조·판매	遠藤竹義	1931~1942
東亞礦油(合資)	서대문정2정목 1	상업	1933.12.30.	광유(礦油) 도소매	姜賢哲	1935~1942
壽午堂(合資)	서대문정2정목 1	상업	1936.7.9.	시계, 만년필, 축음기 판매 수선	姜應壽	1937~1942
京城住友商店(株)	서대문정2정목 1의 4[25]	상업	1942.4.20.	면화방적, 낙면, 고면(故綿)의 매매, 섬유원료의 매매	住友虎雄	1942
柳韓洋行(株)	서대문정2정목 7	상업	1936.6.20.	의학·화학·이화학 등에 관련한 매업(賣業), 일반의약품과 약품의 매매 및 위탁판매, 제 의료품구 위생재료 등의 수출입 무역, 매매	柳一韓	1937~1941
朝鮮布靴製造組合聯合會	서대문정2정목 14	기타	1928.6.9.	-	上田益平	1942
金德鑛業(合資)	서대문정2정목 16	광업	1940.5.4.	광산 경영, 흑연 매매, 기타 특수광산물의 매매	金享淑	1941, 1942
名古屋機械(合資)	서대문정2정목 20	상업	1942.7.14.	착암기, 광산 토목 기계 판매	高山永斗	1942
京城石物美術工業(合資)	서대문정2정목 60	상업	1937.8.9.	석물 제조, 조각 판매	崔文煥	1939, 1942
高麗屋被服(株)	서대문정2정목 77	제조공업	1941.10.29.	각종 피복의 제조·판매	韓亨錫	1942
興信整理社(合資)	서대문정2정목 89	금융신탁	1939.9.18.	소액 금융업	洪性德	1942

회사명	주소	업종	설립연도	목적	사장/대표	전거
第一洋行(株)	서대문정2정목 108	상업	1937.12.13.	안경·만년필·잡화류 판매	齊藤榮志	1942
朝鮮基督教彰文社(株)	서대문정2정목 139	상업	1923.1.31.	기독교 서적 간행 및 판매, 잡지나 기타 도서 간행 및 판매, 일반 인쇄업, 교육용품 판매	尹致昊	1927~1937
彰文印刷(株)	서대문정2정목 139	상업	1923.1.31.	일반인쇄 제본업, 잡지 및 기타 도서 간행 및 매매	具滋爀	1939~1942

출처: 국사편찬위원회 한국사데이터베이스 〈한국근현대회사조합자료〉

우선 서대문정2정목 1번지에서 영업하는 업종을 살펴보면 다음과 같다. 무구武具와 유도의柔道衣 상점은 경성중학교 학생들을 대상으로 한 것으로 보이며, 신탄과 광유礦油, 석유·술·간장·곡물과 제분 등의 식료품과 잡화 등은 주변 관사의 수요에 부응하는 물품들이었을 것이다. 시계나 만년필·축음기 같은 상점의 소비시장은 새문안로 일대를 넘어 훨씬 광범위하였을 것이다. 이들 상점은 대체로 1920년대 중반에 설립되었고, 백양상점伯陽商店처럼 일제 말기까지 존속한 경우도 있었지만, 수년간 상점을 운영한 후 새로운 업종과 인물로 바뀌기도 하였다. 이를 서대문정2정목 전체로 확장해 보면, 약품업·광공업·출판인쇄업을 제외하면 서대문정2정목 1번지와 대동소이하다. 즉 서대문정2정목 새문안로 변의 상업시설은 대체로 경성중학교 학생들과 서대문정2정목 관사 거주자를 대상으로 한 소매업이 발달해 있음을 알 수 있다.

이들 상점 가운데 1927년에 설립되어 〈한국근현대회사조합자료〉 1929년판과 1931년판에 등장하는 원전상점園田商店의 경우에는 1932년에 말에 일본인 대상 일본어 신문인 『조선신문』에 광고를 하였다. 원전상회原田商會라는 이름으로 나오는데, 함께 광고한 상점은 화장품 및 약잡화를 파는 변천당辨天堂을 비롯하여 서대문관·무도구점武道具店·앵곡종사랑櫻谷宗四郎·동화상사영화부·아즈마미용원·하야시옥屋 등이다. 이들 상점은 대부분 일본인을 대상으로 장사를 하였을 것이다. 그런데 원전상회는 『조선신문』 1935년 1월 5일 자 7면에 신년인사를 냈는데, 대도영화배급소大都映畫配給所로 자신을 소개하였다. 『경성상공명록』(1941년판)을 보면, 오락과 운동기구를 팔면서 사진촬영도 병행하였는데, 1920~1930년대 대중적 인기를 얻고 있던 영화산업의 성장을 고려한 업종 확장으로 이해된다.

이상에서 알 수 있듯이 제1차 시구개수사업으로 경희궁 남쪽 궁역이 축소되고 만들어진 세장형 필지에는 경성중학교와 주변의 관사를 대상으로 한 상업시설이 자리잡았다. 그리고 서대문정2정목 전체로 확대해 보면, 이른바 '자문동' 일대의 금융업과 광산업을 제외하면 새문안로의 상업시설에는 세장형 필지의 상업시설과 유사한 업종이 자리하였음을 알 수 있다. 제1차 시구개수사업으로 경희궁 남단의 궁역이 축소되고 새문안로의 확장과정에서 새문안로 변에는 다양한 상업시

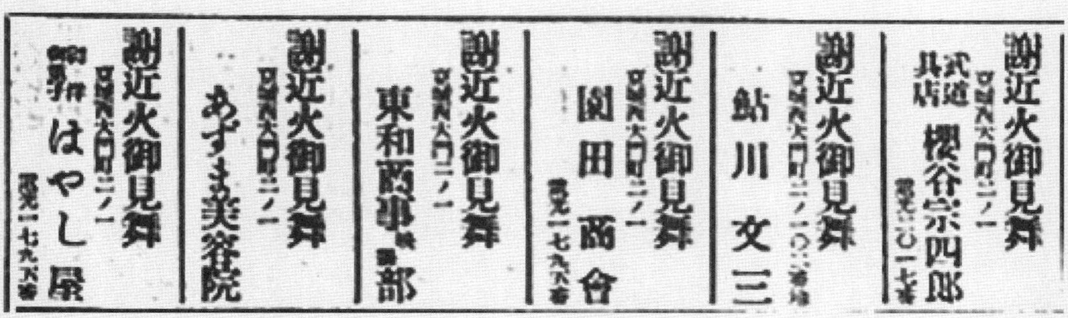

서대문정2정목 1번지 상업시설의 연합광고 | 『조선일보』 1932년 12월 23일 자.

설이 자리 잡게 되었다. 곧 경희궁은 1920년대 이후 도시계획과 상업적 이해의 압박 속에 직면하게 되어 도시계획과 전통 궁궐의 관계 변화를 압축적으로 보여주는 공간이 되었다.

1930년대 2차 시구개수사업의 결과

1937~1938년에 걸쳐 흥화문에서 서대문사거리에 이르는 구간에서 제2차 시구개수공사가 진행되었다.[26] 이 사업을 통해 새문안로 전 구간은 처음부터 단일한 공사구간으로 설정되어 28m로 확장되었다. 이때의 사업은 각각 남북 양측 방향으로 확폭이 진행되었다. 이로써 조선시대 이래 종로에서 흥화문, 흥화문에서 서대문까지 흥화문을 기점으로 노폭이나 형태가 분절되었던 새문안로는 1·2차 시구개수사업을 통해서 단일한 가로로 통합되었다.[27] 다음의 지적도를 통해 새문안로의 확장과정 중 경희궁 남쪽 경계 영역에서 일어난 변화상을 구체적으로 살펴본다.

1912년의 지적원도를 통해 1898~1899년 전차 부설 혹은 1902~1903년의 칭경예식을 위한 경희궁 외궁장 공사를 계기로 흥화문과 오궁동 일대에 넓은 광장이 만들어졌다. 이때의 도로폭은 12m였다. 1929년 지적도는 1914~1915년 제1차 시구개수사업에 따라 새문안로가 확장되면서 경희궁 남측의 궁역이 축소된 것을 보여준다. 또 1927~1928년 사이에 경성중학교 운동장에 면한 경희궁 남쪽 영역과 당초 흥화문 동남쪽 경계 영역이었던 새문안로의 남쪽에 삼각형 모양의 필지가 민간에 매각되었음을 알 수 있다. 여기에 필지가 분할되어 상업시설이 등장한 것은 1939년 지적도를 통해서 확인된다. 이때의 새문안로 도로폭은 18m였다. 1939년 지적도를 통해서는 1937~1938년에 새문안로의 남쪽을 중심으로 대로인 28m로 크게 확장되었음을 확인할 수 있다. 결국 1970년대 후반에 현재의 도로폭으로 확장되기까지, 경희궁 남쪽에서 벌어진 경희궁역의 축소와 상업가로 형성은 근현대 도시계획에 의한 새문안로 확장과정의 산물이었음을 알 수 있다.

26
"경성중학교 앞에서 서대문경찰서 앞에까지 이르는 도로는 명년 4월에 확장공사에 착수하게 될 터인데 이에 따라 전차 궤도도 길 복판으로 옮겨가게 될 터이라 한다. 그리고 예정 중에 있는 삼청정 새 길도 명년 4, 5월쯤에 공사에 착수하기로 내정되어 있다 한다.", 『조선일보』 1936년 12월 23일 자 조간 3면(경성판), 「서대문정 도로 明春 4월 착공 전차노선도 도로 중앙으로 삼청정 도로도 신설」.

27
정붓샘, 「새문안로 가로 변천 연구: 조선시대 가로 조성부터 일제강점기 시구개수사업까지」 『서울학연구』 54, 2014, 117~119쪽.

28
사진, 고지도 등을 종합하여 추정한 것으로 1902년 이전 경희궁과 새문안로의 경계는 정확하지 않음.

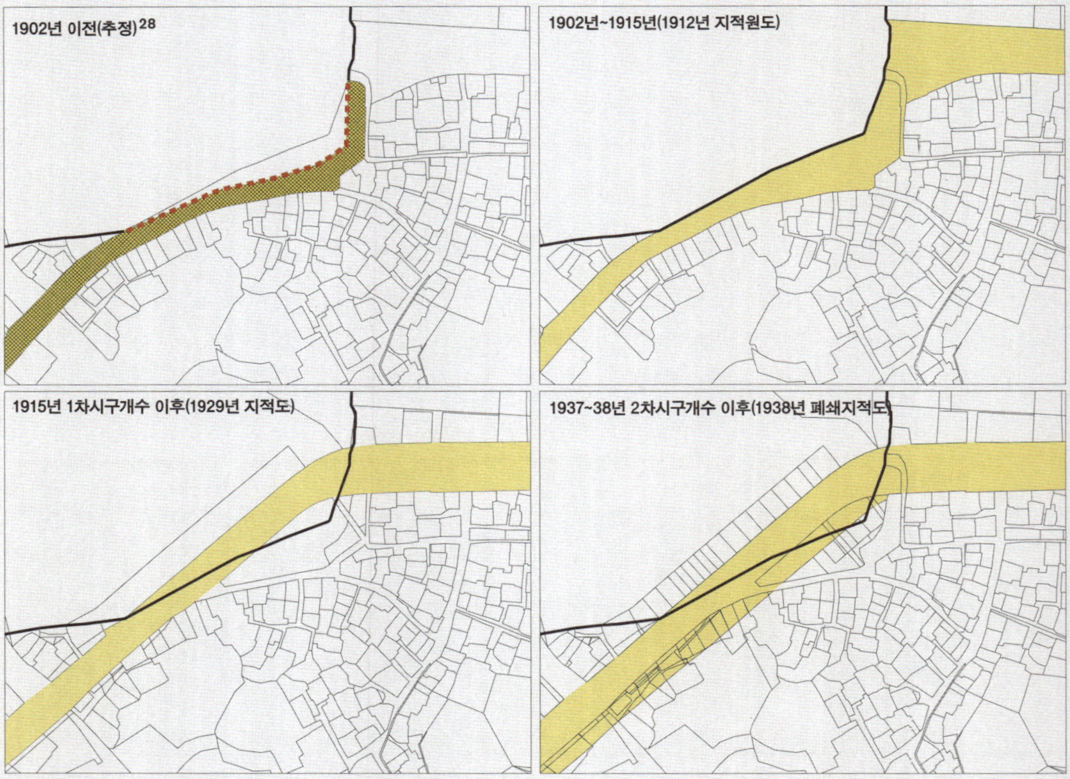

새문안로
새문안로(1902년 이전, 추정)
1902년 이전 경희궁 경계(추정)
1902년~1915년 경희궁 경계

경희궁 서쪽 지역에 도시빈민들이 남긴 기억

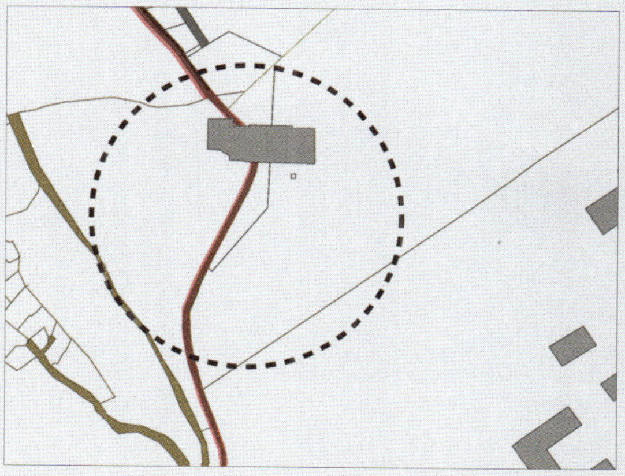

경희궁 서측 경계 영역

경희궁 서측에는 도성과 경희궁 궁장이 서대문에서 일정한 폭을 유지하면서 북쪽으로 뻗었다가 그 폭이 점차 작아졌는데, 도성과 경희궁 궁장 사이의 공간에는 좁지만 성벽과 궁장의 보수와 방어를 위한 순라길이 있었다. 일제강점기의 지형도 등에는 경희궁 서측 궁장이 성곽과 접해 있는 것으로 그려져 있는데, 이는 일제강점기를 거치면서 경희궁의 옛 궁장은 소실되어 경희궁의 영역이 성곽까지 만나게 된 것으로 파악된다.[29] 사진②는 숭의문으로 추정되는 문 북쪽 지역의 성벽 안쪽에 경희궁 궁장이 별도로 있었음을 보여준다. 사진①의 담장 너머 보이는 전각은 경희궁 숭정전 일대에 위치한 것으로 추정되며, 사진을 촬영한 곳이 경희궁 서쪽 궁장이다. 보이지는 않지만 촬영자의 뒷면에 도성에 있으며, 이 도성과 궁장 사이가 순라길로 이해된다. 그런데 그림⑤의 「서궐도안」을 보면 경희궁의 가장 높은 곳에 위치한 송단을 정점으로 궁장이 남쪽으로 흐르는데, 서쪽의 소나무 군락은 궁장 밖에 위치한다. 사진③과 ④를 보면, 도성과 인접해 소나무 군락이 보이며 이곳은 송단보다 약간 남쪽으로 보인다. 추론하면 사진③과 ④는 오늘날 교육청 뒤 서울자유시민대학 일대이고 송단은 경성측후소 일대이다. 즉 소나무 군락이 있는 곳까지는 도성과 떨어져 궁장이 북쪽으로 향하다가 송단이 있는 곳에는 도성과 궁장이 가까운 거리를 두고 있는 것으로 이해된다.

29 종로구청, 「경희궁지종합정비계획」, 2013, 40쪽 ; 194쪽.

이를 종합하면, 도성과 경희궁 궁장과의 사이 폭은 경희궁의 서측 문인 숭의문까지는 일정한 간격을 유지하다가 숭의문 이북으로는 지세상 산지가 나오면서 그 폭이 넓어지다가 송단이 나오는 지점에 이르면 다시 좁아지는 것으로 추정된다. 그러나 산지를 따라 올라가던 이 궁장은 일제강점기를 거치면서 소실되어 경희궁의 영역이 성곽까지 만나게 된 것으로 이해된다. 일제강점기의 지도에 궁장이 성곽과 접해서 그려진 것은 이 때문일 듯싶다. 물론 이는 추정에 불과하며, 경희궁 서측의 궁장과 도성과의 관계나 궁장의 위치에 대해서는 추가연구가 필요하다.

①

1884~1885년 도성과 궁장 사이 순라길에서 경희궁 쪽을 바라본 모습 | 조지 클레이턴 포크 촬영, 위스콘신 밀워키대학 도서관 소장

②

1899~1892년 서대문 북쪽으로 도성과 경희궁 궁장이 함께 흘러가는 모습(부분) | 월터 힐리어 촬영

③

1884년 성곽 벽에서 바라본 경희궁 일부 모습 | 퍼시벨 로웰 촬영, 뉴욕순수미술박물관 소장

④

1884년 서대문 밖 천연정 서지(西池)에서 바라본 성곽 일부 | 퍼시벨 로웰 촬영, 뉴욕순수미술박물관 소장

⑤

19세기 「서궐도안」(부분)

⑥

송월동 토막촌의 모습 | 『매일신보』 1931년 10월 9일 자

한편 송월동과 경희궁 서측 성벽 주변에는 1920년대 중반부터 도시빈민들이 모여들어 토막과 토굴을 짓고 살았다. 그 계기는 1925년 을축대홍수로 용산 일대에서 생긴 이재민의 집단 이주였다. 1929년부터 측후소가 자리 잡기까지 토막민의 주거권을 둘러싼 철거문제가 불거졌다. 경성측후소의 이전은 1932년 11월에 이루어졌다. 측후소는 인왕산 기슭인 송월동 중턱의 약 1000평 부지에 내화벽돌과 철근콘크리트 구조로 건축된 건평 약 85평의 청사로, 일제강점기의 근대건축을 대표하는 건축물이었다. 위의 ⑥사진은 송월동 2번지 월암바위 일대로 추정되며, 사진 우측 상단에 보이는 나무들 너머가 도성 안쪽에 위치한 송단 일대로 추정된다. 바로 그곳에 경성측후소가 자리하게 된다.

경희궁 서북쪽 경계 영역에 대해

경희궁 서북측 지역은 궁역 포함여부가 분명하지 않다. 이곳은 국유지였던 서대문정2정목 1번지에서 1925년 두 개의 필지로 분할되어 모두 '재단법인 남감리교회유지재단'에 매각되어 주택지가 들어선 곳이다. 두 필지는 서대문정2정목 1-12번지(2328평)와 1-13번지(139평)로, 도합 2467평에 이른다. 오늘날 사직동·행촌동·홍파동과 접하는 곳으로, 지세나 도로 상황으로 인해 경희궁에서 접근하기보다는 사직동이나 홍파동에서 접근하는 것이 용이하다.

서대문정2정목 1-12번지 필지 변화

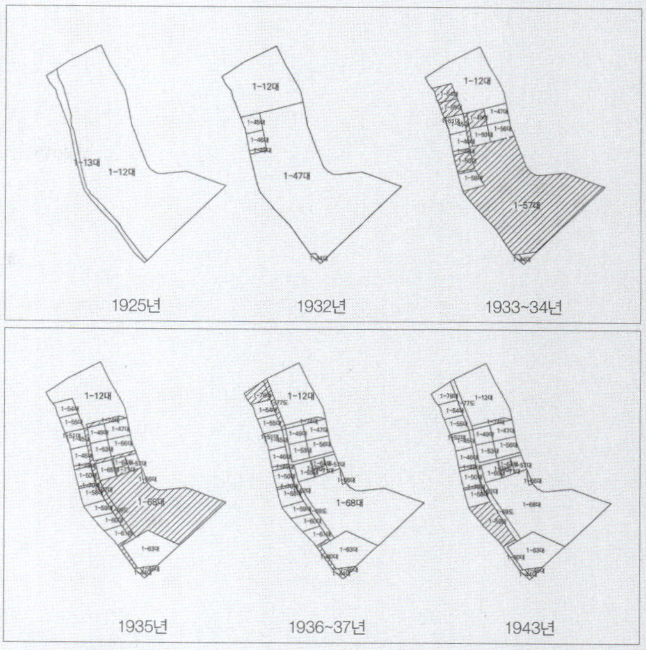

경희궁 서북측 경계 영역

오늘날 신문로2가에 해당되는 경희궁 서북쪽 일대는 경희궁 궁역에 포함되는 것일까? 여기서는 자료의 부족으로 인해 이에 대한 결론을 내리지는 않고 서로 다른 두 종류의 지도가 있음을 소개하는 데 그친다.[30] 대체로 조선후기에 그린 한양 관련 고지도 중에서는 경희궁 서북쪽을 궁역에 포함시킨 것이 보이지 않는다. 반면 구한말과 일제강점기에 그린 지도에서는 경희궁 서북쪽이 경희궁 궁역에 포함되어 나타났다.

먼저 조선후기의 지도를 살펴보자. 대부분 경희궁 서북쪽 일대 지역을 포함하지 않고 있다. 특히 「서궐도안」에는 송단을 경희궁 궁역 서북쪽 정점으로 삼고 남쪽과 동쪽으로 궁장이 흐르는 것으로 그려져 있다. 송단은 경성측후소 일대에 위치하며 경희궁에서 가장 높은 곳이다. 정조가 1778년에 지은 '송단기松壇記'가 있다.[31]

30 「경희궁지종합정비계획」(종로구청, 2013 · 2018)은 서북측 일대를 궁역에 포함시킨 지도와 포함시키지 않은 지도를 함께 제시하고 있다. 다만 정비계획에서는 서북쪽 일부 지역을 궁역에 포함시키지 않고, 추가 고증이 필요하다고 하였다.

31 '송단기'는 창덕궁 규장각 배후에 위치한 송단을 염두에 둔 글이다. 다만 정조가 경희궁에 머물렀던 세손 시절과 즉위년에 경희궁 송단에도 올라가 여유를 가졌을 것으로 추정되어 여기서 인용한다.(한국고전종합DB)

「채색 서궐도」(부분)
송단에 면해 궁장이 위치하며 서북측은 궁역에 포함되어 있지 않다.

「채색 서궐도」(송단 부분)

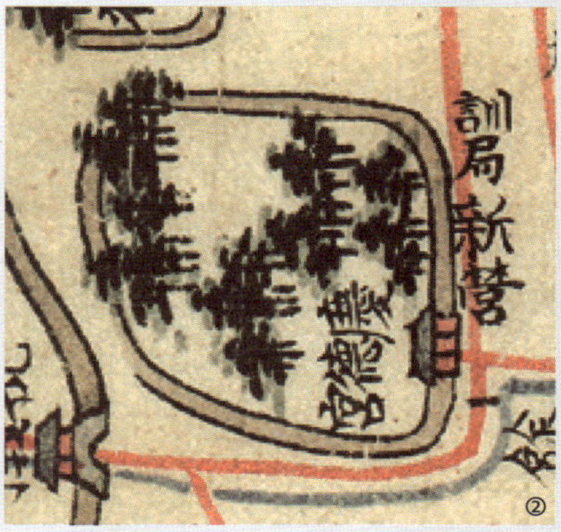

18세기「한양도」(부분)

『홍재전서弘齋全書』 권14 기記, 송단기松壇記 무술戊戌

壇者。居高而處明。君子之所遊息也。苑有二松。築而壇之。俯而望。有池臺林木之勝焉。登而覽。可以酒。可以詩。可以風。可以琴而樂。又可以帿而爭。豈非天作地設。以待夫今。而又開禁中之偉觀者歟。時與一二君子。陟斯壇而臨斯景。歌詠於斯。飲射於斯。心曠神舒。融然而怡然。不知日之夕矣。予之取於壇者。豈止鋪地之雲影。在空之濤聲而已也哉。是以記之

단이란 높고 밝은 데 위치한, 군자가 놀고 쉬는 곳을 말한다. 금원禁苑에 있는 두 그루의 소나무에 축대를 쌓고 단을 만들었더니 내려다보면 못이 있고, 누대가 있고, 숲이 우거져 있어 좋고, 올라가서 보면 술도 마실 만하고, 시도 읊조릴 만하고, 바람도 쏘일 만하고, 거문고 뜯으며 즐길 만하며, 또 활쏘기도 겨룰 만하다. 하늘과 땅이 미리 만들어 두어서 오늘을 기다린 것이 아니겠으며, 또 금중禁中의 좋은 볼거리를 연 것이 아니겠는가. 때로 몇 명의 군자들과 함께 그 단에 올라 여러 경관을 보면서 거기에서 노래도 하고, 시도 읊고, 술도 마시고, 활쏘기도 하면 자연스레 가슴이 확 열리고 정신이 상쾌해지면서 해 지는 줄도 모르게 기쁘고 후련함을 느끼게 된다. 내가 그 단을 좋아하는 이유는 그곳이 꼭 구름 그림자가 땅을 덮고, 공중에서 파도 소리가 나서만은 아니다. 그 때문에 이 기記를 쓴 것이다.

그리고 그림②의 「한양도」에서는 경희궁 서북쪽 궁장 주변으로 숲(소나무)을 묘사하고 있다. 지세地勢상 서로 이어지는 곳을 표현한 것으로 보인다.

다음으로는 경희궁 서북쪽을 경희궁 궁역에 포함하는 지도를 살펴보자. 경희궁 서북쪽 지역을 경희궁역에 포함시켜 표현하기 시작한 것은 근대 지적조사가 시작된 1908년부터이다. 그림①「한성부지적도」의 좌측 부분은 자료가 남아 있지 않아 확인할 수는 없으나 그림② 지적원도(1912)의 좌측 부분의 지적선이 북측으로 흘러가는 점으로 미뤄 그림①도 동일할 것으로 보이며, 적어도 경희궁 서북쪽 경역은 사직동과는 구분하려 하였음이 확인된다.

1903년 지도인 그림③에서는 서북쪽 경계처럼 보이는 선이 있으나 이는 사직동 내의 길을 표시한 것으로 경희궁 궁장과는 무관하다. 이런 흐름은 1907년 지도인 그림④로 이어진다. 그러나 1911년 지도인 그림⑤에 이르면, 사직동 내의 길과 경희궁 궁장을 구분해 그렸다. 즉 1907년까지만 해도 경희궁 궁장을 서북쪽까지 포함해 그리지는 않았던 것이다.

그러나 그림①「한성부지적도」부터는 경희궁의 궁역을 서북쪽까지도 포함하는 것으로 이해되는, 혹은 사직동은 아닌 것으로 그리기 시작했음을 알 수 있으며, 1911년 이후인 그림⑤와 그림⑥의 사직동 경계선은 동일하게 그려져 있다. 그림⑥은 사직동과 면한 경희궁 궁장을 실선으로 그리지 않고 있는 것이 특징이다. 이는 궁장의 일부가 허물어졌다는 뜻으로 이해할 수도 있다. 반면 실선으로 그린 곳도 보이는데, 사진⑦ 포크가 촬영한 곳과 사진⑧ 미감리회 소장 경희궁 서북측 일대와 같은 곳이다. 일부 허물어지기는 하였으나 1910년대까지도 경희궁 북쪽 궁장은 그대로 유지되었음을 알 수 있게 하는 대목이다.

이상을 종합하면, 조선후기의 고지도는 경희궁 서북쪽 지역을 궁역에 포함시키지 않았는데, 1908년부터 시작된 지적조사 과정에서 이곳을 사직동과는 구분되는 경희궁 영역에 포함시켰던 것으로 확인된다. 이후 일제강점기 대부분의 지도에서 서대문정2정목에 이곳을 포함시켰다. 이 변화를 어떻게 설명해야 할까. 근대의 지도가 경희궁 서북쪽 지역을 사직동과 구분되는 경희궁 영역에 포함되는 것으로 표시한 사실은 단지 지적을 표시하기 위한 것에 불과할 뿐이고, 실제는 경희궁 궁역에 포함되지 않는다고 이해할 수 있을까. 경희궁 서북쪽 일대의 발굴이나 추가 연구를 통해 보완되어야 할 부분이다.

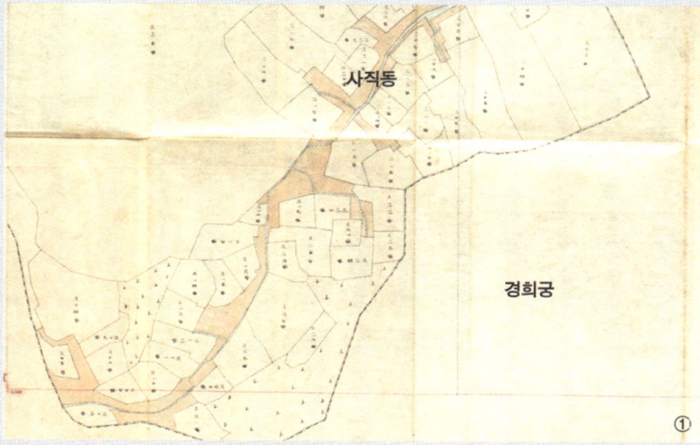

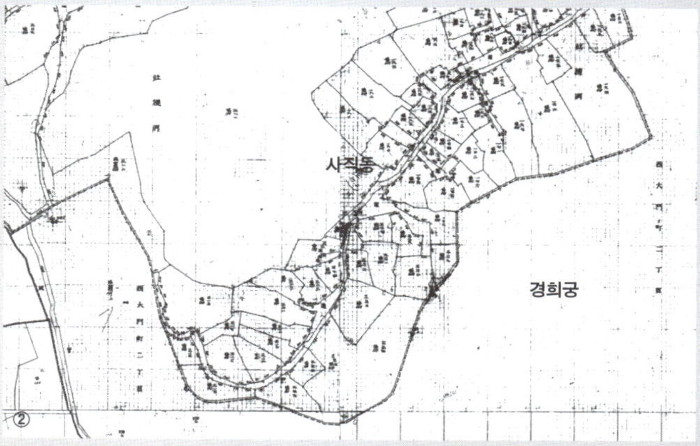

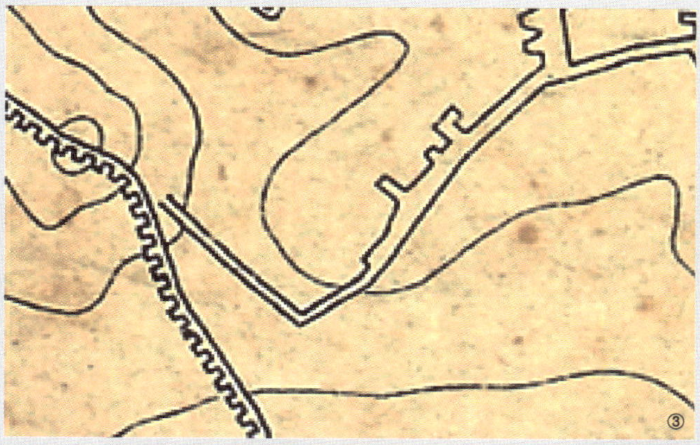

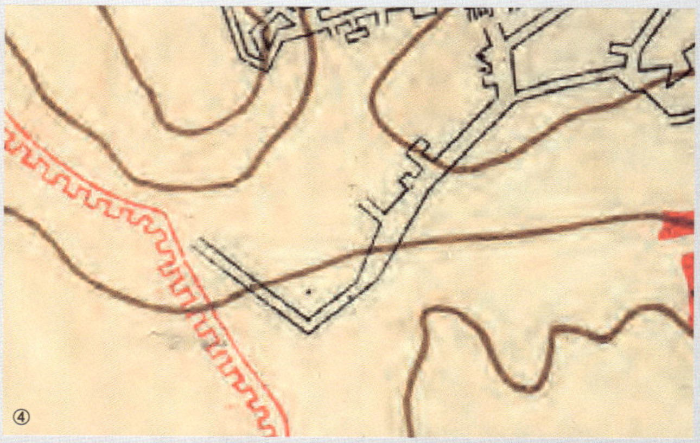

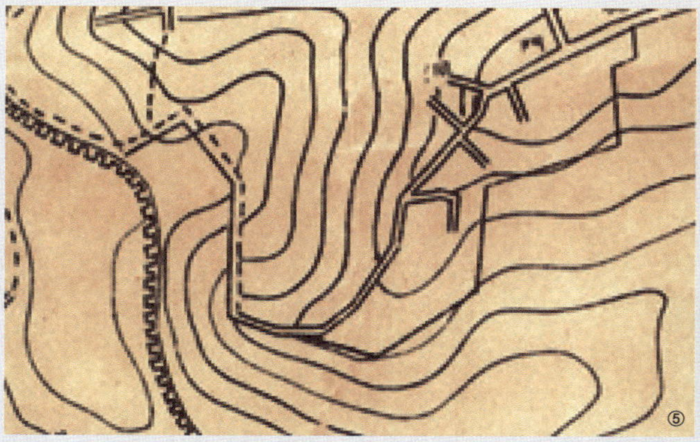

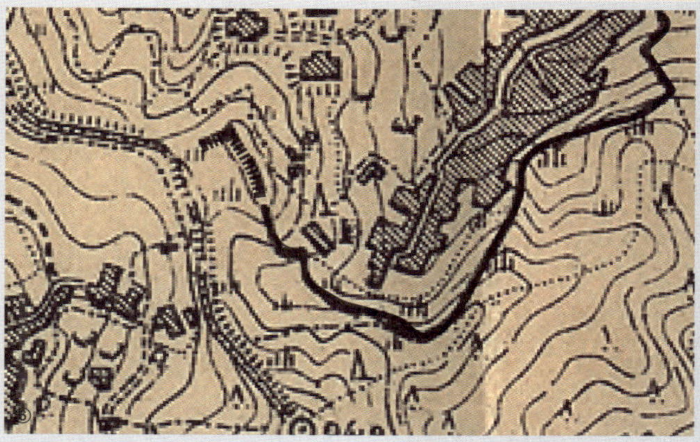

① 1908년 「한성부지적도」,(〈서서 인달방도 제6호〉) ② 1912년 지적원도(국가기록원) ③ 1903년「한국경성전도」(부분)
④ 1907년「최신경성전도」(부분) ⑤ 1911년 「경성부시가도」(부분) ⑥ 1921년 「조선지형도〈경성〉」(부분) | 국립중앙박물관 소장

1884~1885년 경희궁 서북측 일대 | 조지 클레이턴 포크 촬영, 위스콘신 밀워키대 도서관 소장

1910년대 초반 경희궁 서북측 일대 | 미감리회 아카이브 GCAH 소장

주거지로 변한 경희궁 북동쪽 일대

경희궁 북동쪽 무덕문 일대 경계 영역의 변화 관련 자료는 거의 없다. 무덕문 일대에는 오늘날 대한축구회관과 광화문풍림스페이스본 1·2단지 아파트가 자리 잡고 있다. 『조선왕조실록』에 따르면, 무덕문은 국왕이 사직동으로 행차할 때를 제외하고는 거의 이용되지 않았다. 인조가 경희궁에 인접해 있던 것으로 추정되는 인경궁으로 거둥하거나 숙종이 사직동에 사는 위중한 숙명공주 집에 행차하는 등, 무덕문으로 행차하는 경우는 주로 사직동 일대로 제한적이었고, 가까운 거리였던 만큼 국왕은 소여小轝를 이용하였다. 무덕문 밖에는 민가가 많고 비교적 개발이 이루어지지 않았다. 『경성부사』에는 1910년 당시 무덕문지武德門址를 거론하고 있다. 무덕문은 이미 허물어졌거나 이건되어 터만 남았다는 뜻이다. 무덕문 일대 경계영역에는 민가가 주변에 있어 새문안로처럼 대대적인 도로개수사업을 할 수 없었다. 이러한 이유로 궁장을 경계로 그 안팎의 고도가 확연히 달라 오랫동안 이 일대의 경계는 유지되었을 것으로 추정된다.

변화의 계기는 크게 두 가지로 보인다. 하나는 1922년 전매국 관사를 건축하면서 지금의 축구회관 앞을 지나는 경희궁4길까지 관사를 연결하는 관통도로를 만들면서이다. 또 다른 계기는 2000년대 들어 무덕문과 면한 사직동과 내수동 일대의 한옥을 허물고 주상복합단지가 들어서면서였다. 풍림산업㈜는 사직동 도심재개발사업으로 주상복합건물을 신축할 때, 대상 부지 내 유적의 분포 여부 및 주변 문화재와의 영향관계를 검토하기 위한 문화재지표조사를 벌였다. 이때 무덕문지로 추정되는 적심석 및 암거 등이 노출되었다. 그리고 궁장지로 추정되는 담장지와 우물지 등이 확인되었다.[32]

32 풍림산업, 「사직1구역 도심재개발지구 내 서울 사직동 유적」, 중앙문화재연구원, 풍림산업㈜, 2006.(종로구청, 「경희궁지종합정비계획」, 2013, 326쪽에서 재인용)

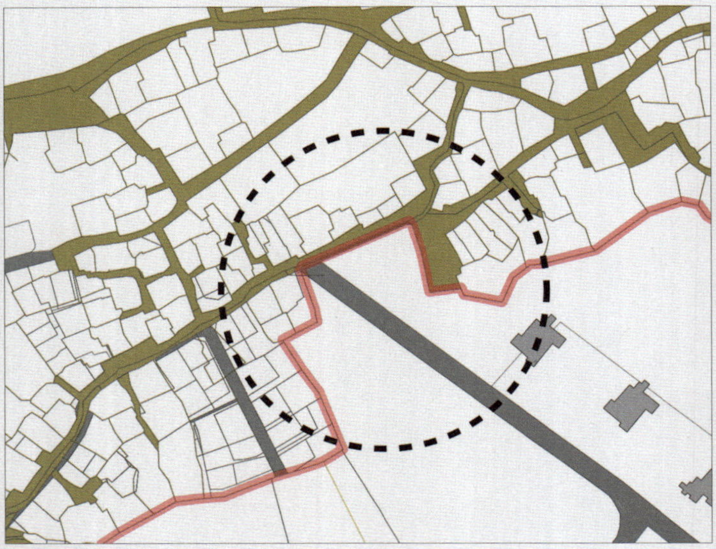

경희궁 북동측 경계 영역

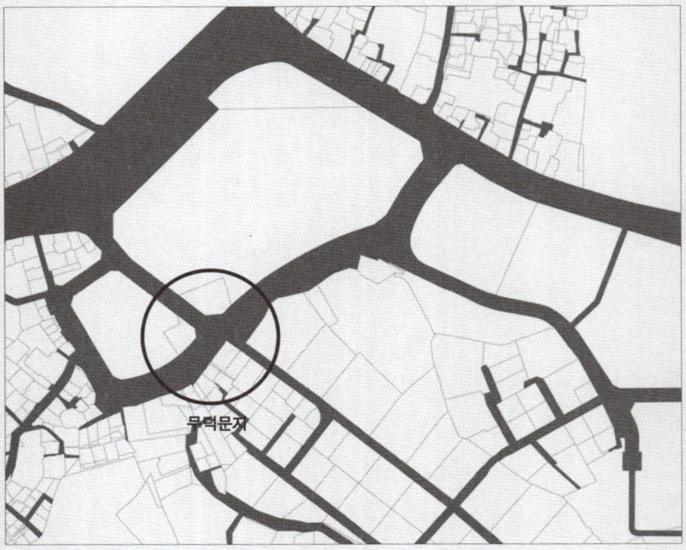

2020년 연속지적도 | 국토지리정보원

경희궁 북문 무덕문 일대

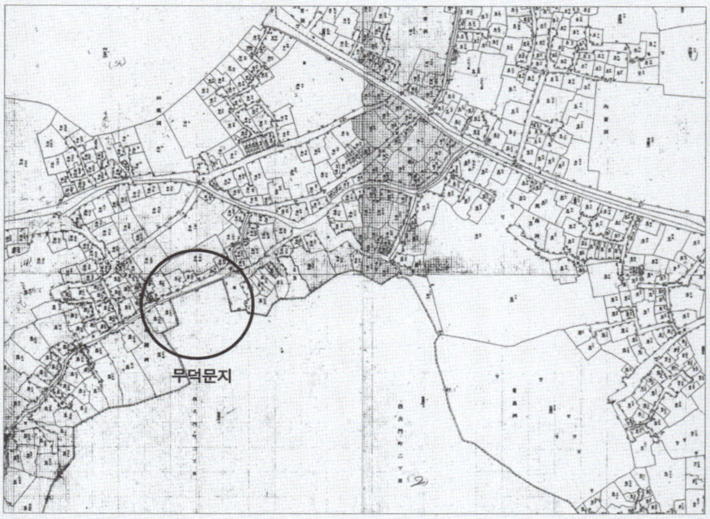

1912년 지적원도 | 종로구청

1967년 폐쇄지적도 | 종로구청

관사촌이 형성된 경희궁 동쪽 일대

경희궁 동쪽 일대는 조선시대에는 내수사와 봉상시, 무관학교를 비롯한 관아와 민간 주거지로 이루어져 있었다. 통감부 시기부터 개발이 이루어져 1908년이면 탁지부건축소가 무관학교 일대를 관사로 개발하기 시작하였다. 1911년에는 내수사에 조선총독부 관사가 자리잡았다. 여기다 1922년 경희궁역 내 전매국 관사가 들어서면서 경희궁의 동쪽 궁장 안팎은 조선총독부의 최대 규모 관사 지대가 되었다. 한편 봉상시와 주변 민유지에는 협성보통학교와 보인학교 등 주변의 관사지대와는 구분되는, 이 일대 조선인의 교육 수요에 부응하는 학교가 들어섰다.

한편 전매국 관사를 내수동 관사와 연결하는 도로(신문로2가 1-95번지)는 1945년 3월 일제 패전 직전에 건설된 소개도로였다.[33] 물론 분필 번호는 1945년에 부여되었으나 도로로 지적을 정리한 것은 1958년이었다. 아래의 「경성부시가도」에서는 경희궁 궁장이 서대문정2정목과 내수동의 경계가 되었지만, 1962년 항공사진에서는 관통도로가 생긴 것을 알 수 있다. 내수동 관사의 내부 도

33 소개도로는 워낙 짧은 기간이었고, 진행 중에 패전하였으므로 실제로는 계획만 하고 이루어지지 않은 경우가 적지 않아 다른 증언을 통해 보완할 필요가 있다.

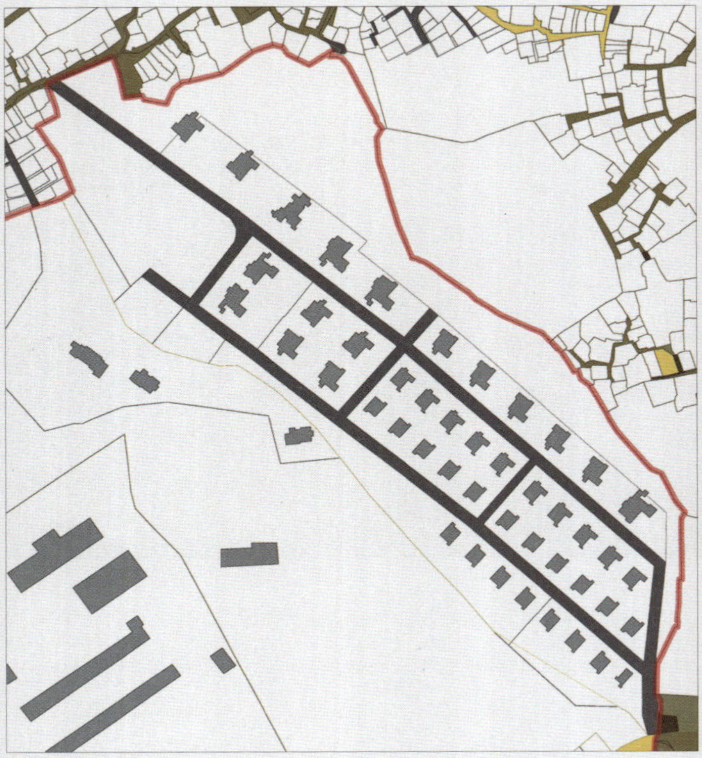

경희궁 동측 경계 영역

경희궁지 주변 대규모 필지 내 시설 | 「경성부시가도」(부분), 1911

로(내수동 110-2번지)는 관사를 건축할 때 이미 건설되어 있었으므로 경희궁 궁장이 위치한 현 내수동 교회 일대의 궁장을 뚫기만 하면 되었다. 다만 경희궁 궁장이 내수동과 신문로2가의 동洞 경계이자 가옥의 경계로 자리 잡으면서 대부분 담장으로 남게 되었다. 그동안 경희궁 궁장을 경계로 전매국 관사와 내수동 관사 사이에는 서로 연결도로가 없었으나 도로로 연결되면서 경희궁의 동쪽 경계 영역은 무너지기 시작하였다. 이러한 흐름은 앞서 언급하였듯이 축구회관 쪽의 경계도 마찬가지였다. 동시에 가정집 간의 담장 역할을 하게 된 궁장은 개별 소유주들의 판단에 맡겨지게 되었고, 개별 건축과정에서 남아있던 궁장과 숲은 차츰 사라지고 일부 공원지대로만 흔적이 남게 되었다.

과거 봉상시 자리(내수동 229번지)에는 협성보통학교가 자리 잡았다. 협성보통학교는 언더우드가 1887년에 정동에 구세교학당이라는 학교를 세웠다가 다시 1907년 새문안로의 피어선성경학원으로 이전해 영신학교로 칭하다가 1915년 아현동 배재소학교와 도렴동 광진학교를 합하여 내수동에 세운 것이다. 교장은 언더우드이고 교원으로 박희도가 있었다. 1916년 언더우드가 별세하면서 유족들이 보낸 기금으로 내수동에 새 교사를 짓고 확장하였다. 1918년 사립협성보통학교를 신설하는 형식으로 인가를 받았다. 당초 장로교와 감리교 연합운영으로 출발하였지만, 언더우드의 지원 이후 감리교가 학교운영에서 손을 떼었다. 협성보통학교는 3·1운동 당시 학교 교원으로 있던 박희도가 각급 학교 학생들을 조직하고 기독교계의 통합 논의를 모색하던 곳이었다. 1919년 당시 중앙기독청년회 간사 박희도의 주소지가 이곳이었다. 1927년 당시 학생 수는 600명 정도였다.

내수동 관사와 신문로2가 관사 사이의 관통도로 | 1962년 항공사진

내수동 협성보통학교 교사 전경(좌) | 『조선일보』 1959년 2월 27일 자

보인학교 전경과 교주 이종석(우) | 『동아일보』 1934년 11월 5일 자

내수동 145번지에 자리 잡은 보인상업학교는 1908년 5월 보인학회에서 설립한 수업연한 4년의 보인학교에서 출발하였다. 대체로 종로의 시전상인을 비롯하여 해산군인이나 내수동 일대 주민과 자산가들이 참여하였는데, 중간층의 개화지식인들과 경제인의 합작이라는 특징을 지녔다. 인달방(내수동)은 청계천의 상류로, 다수의 시전상인이 살고 있던 지역이었다. 1930년대에는 장교동 거주 상인 이종석의 후원으로 재단을 설립하고, 1938년에 보인상업학교로 개편하였다.

4

경희궁의 복원

앞서 살펴보았듯이 경희궁은 이미 조선시대에 대부분 전각이 해체되어 소실되었으며, 경계 영역도 변형되어 왔다. 일제강점기에는 경성중학교와 관사지가 들어서면서 남아 있던 전각들마저 이건되어 경희궁의 모습을 완전히 잃어버리게 되었고, 해방 이후에도 35년여 동안 학교 부지로 사용되었다. 이러한 경희궁은 경희궁지의 문화재 지정과 학교의 강남 이전 확정을 계기로 1985년부터 본격적인 복원과 활용이 시작되었으며, 경희궁 공원화계획 발표와 동시에 연구용역과 발굴조사도 추진되었다. 이 장에서는 경희궁지 복원의 시대 배경, 계획과 과정을 순서에 따라 정리하였다.

경희궁 복원 과정 주요 연혁

연도	내용	연도	내용
1974	도심학교 강남 이전 실시	1995	자정전, 회랑 발굴조사
1978	경희궁지(서울고 부지) 현대건설에 매각	1995	서울 600년 기념관 개관
1980	서울고등학교 서초동 이전	1996	자정전 및 자정문 복원
1980	경희궁지 사적 제271호 지정	1996	태령전지 발굴조사
1985	서울시 경희궁지 공원화 발표(건설부고시 258호 공원지정)	1997	경희궁지 문화재(사적)보호구역 지정
1985	시립박물관(현 서울역사박물관) 건립추진계획 수립	1997	시립박물관(현 서울역사박물관) 준공
1985	경희궁지 1차 발굴조사 실시(숭정전 일대)	1998	회상전, 집경당, 융복전, 금천교 일대 발굴조사
1985	경희궁 근린공원조성 기본계획 연구용역 시행	1998	자경전, 회랑 복원
1986	경희궁 근린공원 조성계획 확정	2002	태령전, 금천교 복원
1986	경희궁 가로공원 조성 및 개원(일반시민 공개)	2002	서울역사박물관 개관
1986	경희궁지 서울시 재매입	2003	서울 600년 기념관 개·보수, 경희궁 분관 개관
1986	시립 경희궁 청소년회관 개관	2009	경희궁지 역사공원 지정
1986	경희궁지 2차 발굴조사 실시(경희궁 전역)	2013	경희궁지 종합정비계획 수립(종로구)
1988	흥화문 이전 복원 현판식	2014	서울기상관측소(현 국립기상박물관) 등록문화재 제585호 지정
1988	서울시립미술관 개관	2016	서울 600년 기념관 철거
1989	숭정전 복원 상량식	2018	경희궁지 종합정비계획 재수립(종로구)
1993	자정전지 및 숭정전 서북회랑지 발굴조사	2018	서측 궁장 추정지역 발굴조사
1993	시립박물관(현 서울역사박물관) 착공	2019	위선당 및 도총부권역 발굴조사
1994	숭정전 및 숭정문 복원		

※ 경희궁 문화재(사적) 보호구역 내를 중심으로 정리. 문화재(사적)보호구역 외 구역은 Ⅱ-5. 경희궁지 매장문화재 발굴현황에서 다룸.

서울고등학교 이전 부지의 매각

1977년 서울고등학교의 강남 이전 후보지가 확정되면서 서울시는 그동안 교섭 중이던 현대건설과의 매입 계약 체결을 준비하는 한편[34] 경희궁 부지의 문화재 지정 검토도 동시에 추진하고 있었다. 당시 서울시의 관계자는 “개인이 이 땅을 인수할 경우 문화재 당국이 이를 복원하려 해도 불가능해지는 사태를 막기 위해 문화재보존지구로 지정하려는 것”[35]이라고 밝혔는데, 이는 ‘문화재 복원’과 ‘민간 매입’이 배제되는 사안이 아니었음을 보여준다. 1977년 6월 문화재관리국에서는 경희궁 부지의 문화재 지정에 대한 심의 결정을 완료하였다. 문화재관리국의 문서에 따르면 1977년 하반기에 경희궁 부지의 현황 및 실측조사를 시행한 바 있으며, 사적 지정은 ‘문화재관리국 사정’에 따라 계획보다 지연되어 1980년 9월에야 이루어졌다.

34 『동아일보』 1977년 7월 20일 자, 「현대서 서울고 부지를 70억에 인수… 그룹 본부사옥 신축」.

35 『조선일보』 1977년 7월 30일 자, 「경희궁 복원 추진」.

36 “현재 서울시가 경희궁 복원계획을 갖고 있지는 않다.”, 『조선일보』 1977년 7월 30일 자.; 『조선일보』 1978년 5월 14일 자, 「노른자위 3만평 무엇이 들어서나」.

> 제목: 문화재 지정을 위한 현황조사 협조(1977.8.17.)
> 발신: 문화재관리국
> 수신: 서울특별시 교육위원회 교육감
> 1. 서울시 서대문구 신문로2가(현 서울고등학교 부지) 내에 소재하고 있는 경희궁지를 문화재(사적)로 지정코자 문화재위원회에서 77.6.28. 심의 결정되었는바
> 2. 문화재로 지정 고시하기 위하여 동부 시내에 있는 문화재 및 건물을 실측하고자 하오니 실측 및 현황조사에 지장이 없도록 협조하여 주시기 바랍니다. 끝.

1977년 문화재 지정 검토가 진행되는 동시에 그해 5월 서울시는 서울고 이전부지에 대한 공개입찰을 시행하였다(경희궁 부지 실측조사는 8월 이후 이루어졌다). 당시 서울시 도시계획 관련자의 구술 및 신문기사에 의하면 공개입찰이 시행되기 이전부터 서울시는 이미 현대건설과 매도협상을 진행한 것으로 파악된다. 서울시는 부지 일부를 녹지나 문화재보존지구로 지정할 것을 ‘구상’만 하고 ‘경희궁 복원계획’이 마련되어 있지 않은 상황[36]에서 급하게 매도를 진행하였는데, 이에 대해서 서울시교육위원회 측에선 ‘서울고의 이전 재원을 마련하기 위한 것’이라고 밝혔으며, 원

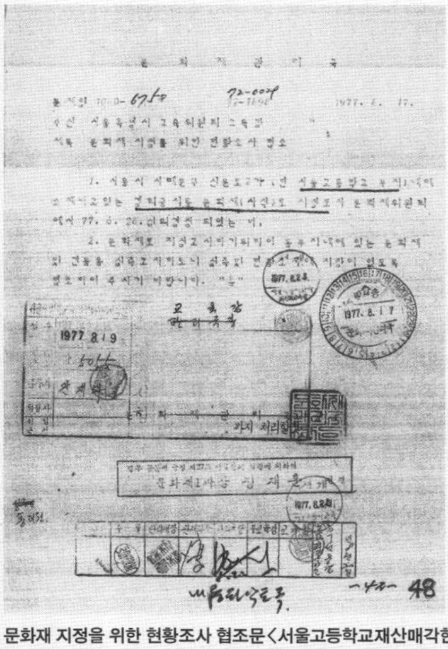
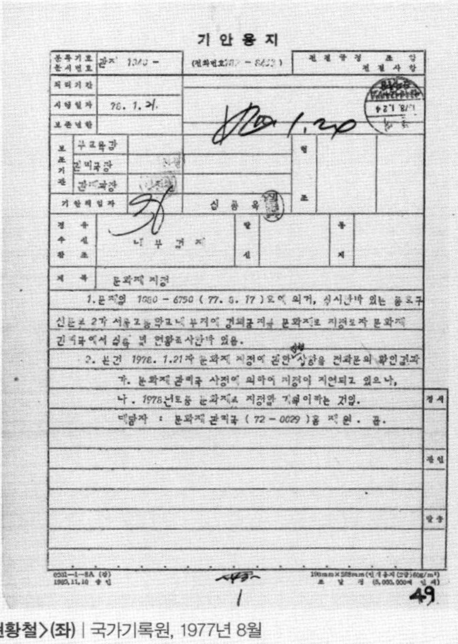
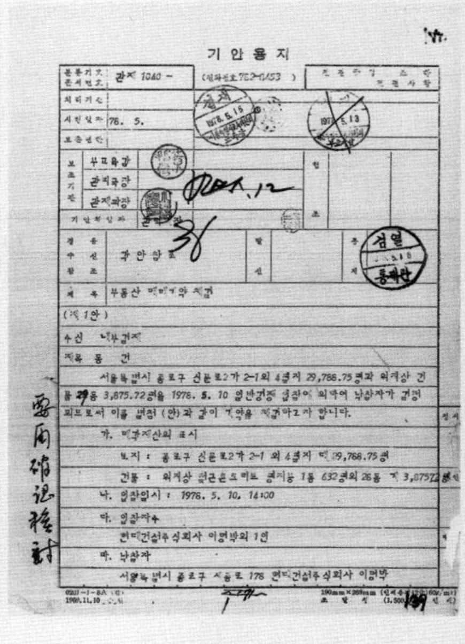

문화재 지정을 위한 현황조사 협조문〈서울고등학교재산매각현황철〉(좌) | 국가기록원, 1977년 8월
문화재 지정에 대한 문서〈서울고등학교재산매각현황철〉(중) | 국가기록원, 1978년 1월
부동산 매매계약 체결 문서〈서울고등학교재산매각현황철(2)〉(우) | 국가기록원, 1978년 5월

매자가 쉽게 나타나지 않자 서울시의 주선으로 현대건설 측에 매도한 것으로 알려졌다.[37] 당시 서울시 도시정비국장도 "학교의 강남 이전계획을 실현키 위해서는 학교 부지의 매매 촉진이 선결문제"라고 밝혔다.[38]

서울시는 1978년 5월 10일 서울고등학교 총 부지 약 3만 2000평 중 약 2000평(신문로2가 2-77, 6600m^2, 현재 서울시교육청 부지)은 남겨두고, 나머지 약 3만 평을 현대건설에 매도하였다. 신문로2가 2-1 외 4개 필지(1-126, 1-353, 1-354, 2-7) 총 2만 9789평과 지상건물 29동을 입찰에 부쳤고, 현대건설이 110억 4600만 원에 낙찰을 받았다. 이때 낙찰 금액은 주변 시세와 비교해 매우 저렴한 가격이었는데, 이를 두고 경희궁 부지의 문화재 지정이 확실시되면서 '부지의 절반 정도 면적을 공원녹지로 조성하고 도서관을 세우는 등 부지 활용에 대한 제약 조건[39]이 있었을 것'이라는 추측성 기사가 나왔다.

김병린, 전 서울시 도시계획국장	"당시 학교 용지를 살 돈이 있는 데는 현대밖에 없었어요. 또 교육위원회가 서울고등학교를 강남으로 보내려고 하는데, 현대보고 사라고 했어요. 당시 돈 있는 사람은 거기(정주영 현대그룹 사장)밖에 없으니까. 그래서 휘문까지 그 사람이 두 개를 샀어요."
손경수, 전 서울고등학교 졸업생 및 교사[40]	"교육청 당국자 입장에서 볼 때 우리가 더 그러(반대하)면 일을 못 할 테니 서울고등학교 쪽 얘기도 들어 줘라 그랬던가 봐요. 그래서 정주영 회장하고, 지금 이명박 대통령이 사장일 때, 이 두 사람이 우리 학교에 왔어요. 그래서 학교를 돌아다 본 거예요. "얼마를 주고 살 거냐?" 그래서 당시 현대건설에서 그 땅을 샀습니다. 들은 얘기인데요. 당시 돈으로는 115억에 샀답니다. 거기서 85억을 들여서 지금 서울고등학교를 지은 거죠. 땅을 사고요."

문화재 보존과 시민공간 조성 요구

서울고등학교는 1980년 5월 경희궁 터에서 마지막 교사 고별식을 치르고, 6월 9일 신축 교사로 이전하였다. 서울고 부지는 자연스레 현대건설 부지가 되었다. 그리고 같은 해 9월 16일에 3만여

史 蹟

指定番號	名称	所在地	指定日	備考
268.	全谷里先史遺蹟址	京畿道漣川郡全谷面全谷里 178-1 外 159 筆 233,282 坪	1979.10. 2	
269.	廣州渼沙里先史遺蹟	京畿道廣州郡東部面渼沙里 557-2 外 10 筆 7,075 坪	1979.10.25	
270.	芳荑洞百濟古墳群	서울特別市江南區芳荑洞 365 外 30 筆 2,913 坪	1979.12.28	
271.	慶熙宮址	서울特別市鍾路區新門路 2街 2 - 1	1980.9.16	

경희궁지 사적 지정(271번) | 『지정문화재목록』(1980), 문화재청

37
『조선일보』 1985년 1월 16일 자, 「옛 서울고 공원화 환영」.

38
『조선일보』 1978년 10월 22일 자, 「강남으로 이전하는 강북 학교부지 - 정부 · 시서 매입… 공원 등 조성 서울시 추진」.

39
"서울고교부지 3만여 평에는 공원과 도서관을 건립하게 될 것. 매입자인 현대측과 서울시가 이같이 합의했으며", 『조선일보』 1978년 10월 26일 자, 「현대그룹매입 서울고교부지 도서관-공원 건립」.

40
『사대문안 학교들, 강남으로 가다』, 서울역사구술자료집 4, 서울특별시 시사편찬위원회, 2012, 46쪽 ; 134쪽.

41
『조선일보』 1978년 5월 14일 자, 「노른자위 3만평 무엇이 들어서나」.

42
『경향신문』 1984년 1월 27일 자, 「옛 서울고 경희궁터로 건축규제」.

43
"현대 측은 그동안 사옥 신축을 위해 여러 차례 건축허가를 요청했으나 사적 2백 71호로 지정된 경희궁의 보전과 학교 이적지에 인구집중시설이 들어설 수 없다는 방침에 따라 건축허가가 나가지 않았다", 『매일경제』 1985년 1월 15일 자.

44
『경향신문』 1984년 1월 27일 자, 「옛 서울고 '경희궁터'로 건축규제. 현대, 사원 연수에 활용」.

45
'현대그룹 임직원 종합 재교육기관'으로 1980년 6월에 설립하였다. 당시 기업들은 두뇌 사원을 양성시키는 것에 앞다투어 행했다. 특히 삼성과 현대가 가장 조직적으로 두뇌 양성에 힘을 썼는데, 현대는 해외보다 국내 연수에 더 중점을 두고 있었다. 현대 인력개발원의 엘리트 코스는 과장 및 차장급을 대상으로 하고 있으며 영업, 경영, 관리 등 전반에 걸쳐 교육한다.

평(10만 1174㎡)의 경희궁 부지는 사적 제271호로 지정되었다. 이는 부지의 소유가 민간일지라도 문화재관리국의 허가 없이 어떠한 건축행위도 허용되지 않음을 뜻하기도 하였다.

현대건설에 매각된 경희궁 부지는 도심에 위치한 '금싸라기'이자 '노른자위' 땅이었고, 면적도 3만 평이나 되어 어떻게 쓰일지 관심이 집중될 수밖에 없었다. 부지 활용에 대해서 사무실용 빌딩, 바이어 호텔, 여자 중고교 건립 등 여러 풍문이 돌았으나 세간의 관심과 화제성 때문인지 문화공보부·서울시·현대건설 측은 모두 말을 아꼈다.[41] 경희궁지의 사적 지정으로 인한 건축 규제[42] 도 활용안을 확정하기 어렵게 하였을 것이다. 단, 보도되는 신문기사를 통해 현대 본부의 사옥 허가 신청이 여러 차례 있었던 것을 알 수 있다.[43]

문화재 지정으로 인한 건축 제한과 시민들의 거센 반대여론 등 여러 제약 속에서 현대건설은 옛 서울고 부지에 대한 활용방안을 한 번도 거론하지 않은 채[44] '현대인력개발원'[45]으로 임시 활용하였다. 현대그룹 사원연수원으로 임시 활용하고 있는 중에도 국제 규모의 사회문화센터를 지어 사회사업을 벌이려는 계획도 있었던 것으로 확인된다.[46] 서울시 측에서도 학교 이전부지 활용에 대한 명확한 시책이 없었다. 단, 학교 이전의 당초 목적이 '도심인구 분산'과 '교통난 해소'인 것을 고려하여, 녹지공간을 충분히 확보하고 건폐율 20% 이하일 경우만 허가하는 등 실질적인 건축 심의 기준을 강화하였다.[47]

손정목, 전 서울시 기획관리관[48]	"그게(이적지에 대한 기본적인 대책이나 계획이) 별로 없었어요. 잘못한 것이죠. 내가 서울시에 계속 있었더라면 이적지에 대한 계획을 세웠을 건데, 그때 이미 서울시를 떠났거든요. 이적지에 대한 계획 같은 것을 너무 소홀히 했어요."

서울시는 건축법 제44조[49] 에 의한 '도시과밀방지'를 이유로 학교 이전부지에 대해 건축 허가를 규제해 왔지만, 1981년 5월부터 '이적지의 대지면적 20% 이상을 공원·주차장·도로 등 공공용으로 제공하고 건폐율 33%, 용적률은 상업지역 600%, 준주거지역 400%, 주거지역 200% 등으로 한다'라고 조례를 새로 규정함으로써[50] 건축 제한이 다소 완화되었다. 이와 같은 활용방침이 발표된 이후 숙명여고와 휘문중고교[51] 이적지에 일부 주차장과 공원 확보를 전제로 한 대형의 사무실 건물이나 고층 회사 사옥 건축이 허가되었다.

그러나 서울고 부지는 완화 대상에서 예외였다. 서울고 부지는 이전에 이미 문화재로 지정되었기 때문에 문화공보부(이하 문공부) 등 관계부처와의 협의가 끝날 때까지 건축허가를 유보하기로 한 것이다. 또한 일반적으로 학교 이적지 용도가 '상업지역'으로 변경되었던 것에 반해 서울고 부지는 '일반 주거지역'으로 변경 지정되어 단독·연립주택을 짓도록 유도되어 왔다.[52]

시민들 역시 이미 많은 도심 학교 이전부지에 재벌 및 대기업의 건물이 세워지는 것을 보고 반대의 뜻을 내비쳤다. 특히 서울고교 부지에 대해서는 궁궐 터인 만큼 빌딩이 아닌 '도심공원'으로 개발하여 부족한 시민휴식처로 이용하는 것이 바람직하다는 의견을 보였다.[53] 시민 반대여론이 점점 번져나가자 서울시도 경희궁 부지 전체를 보존하고 유적지 정비와 복원 등 사적史的 공원화하여 시민에게 개방한다는 원칙을 굳혀 갔다. 당시 경희궁 부지 전체를 공원화한다는 것은 숭정전지 주변으로 옛 유적지를 복원하고 기존의 교사 건물을 저층의 문화·예술 시설로 활용하는 계획이었다.[54]

46
『조선일보』 1982년 6월 5일 자, 「정주영 회장은 최근 아들들에게 그룹회사 사장을…」.

47
『경향신문』 1980년 9월 27일 자, 「강남 이전 강북 학교 부지 대형빌딩 신축 억제키로」.

48
『사대문 안 학교들, 강남으로 가다』, 서울역사구술자료집 4, 서울특별시 시사편찬위원회, 2012, 73쪽.

49
"건축법 제44조 2항: 건설부장관은 국방, 경제, 지역계획 및 도시의 과대화를 방지하기 위해 특히 필요하다고 인정할 때에는 대통령령으로 정하는 바에 따라 시장 · 군수의 건축허가를 제한할 수 있다.", 『동아일보』 1976년 5월 6일 자.

50
"대지의 20% 정도를 공원이나 주차장(건축부대시설이 아님)으로 활용해야 하고 건폐율은 4대문 안 고도지구보다 12% 낮은 33%, 용적률은 70% 적은 600%까지이다. 그러나 용적률은 고도규제를 받기 때문에 12층 지역인 숙명여고 부지의 실제 용적률은 396%에 불과하다. 또 의무 조경면적은 상업지구가 바닥면적의 5~15%인 데 비해 이들 지역에 대해선 20% 이상으로 높였다.", 『조선일보』 1982년 5월 12일 자, 「건폐율 33% 조건부 건축 허가」.

51
휘문고등학교는 1906년 민영휘에 의해 종로구 원서동 206번지(부지 6390평)에 설립되었다. 1979년 1월 강남구 대치동(부지 1만 1513평)으로 이전하였고, 원서동 부지는 현대건설에 매각되어 현재 현대 사옥으로 사용되고 있다.

52
『경향신문』 1980년 9월 27일 자, 「강남 이전 강북 학교 부지 대형빌딩 신축 억제키로」.

53
『조선일보』 1985년 1월 16일 자, 「옛 서울고 공원화 환영」; 『조선일보』 1980년 9월 9일 자, 「시민은 답답하다. 도심서 떠난 학교 터 공원 됐으면」.

54
『경향신문』 1982년 5월 13일 자, 「전 서울고 자리 사적 복원 추진」.

서울시, 경희궁 부지 재매입 결정

55
손정목에 의하면 문화재 관련 인사들과 시민들의 극렬한 반대는 문화재 복원이라는 표면적 이유 외에도 전두환 독재정권과 서울시에 대한 시민들의 불편한 심기에 기인한 바가 컸다고 한다.(손정목, 『서울 도시계획이야기』 1, 343쪽)

56
『매일경제』 1985년 1월 15일 자, 「경희궁 옛 서울고 자리 현대로부터 사들여」.

57
『조선일보』 1985년 1월 16일 자, 「옛 서울고 공원화 환영」.

58
『매일경제』 1985년 3월 7일 자, 「서울시 공원조성 구 서울고교 부지 구의동 매립지 등 대토보상」.

59
『조선일보』 1985년 5월 10일 자, 「구 서울고 터 대토 여의도 구의동 서초동 거론」.

60
"5만 710평을 498억 8800만 원에 교환한 것으로 평당 98만 3790원씩에 사들인 셈", 『매일경제』 1988년 1월 27일 자.

61
『조선일보』 1987년 10월 15일 자, 「한강변 구의 광장동 주거지 탈바꿈」.

62
『조선일보』 1990년 12월 3일 자, 「구의동 현대아파트 서울 노른자위… 대형 쏟아진다」.

63
『신동아』 2019년 6월 1일 자, 「서울 광장동, 베이비붐 세대 꿈과 좌절 투영된 '강북 대치동'」.

학교 강남 이전의 당초 명분인 '녹지율 확보'와 '교통난 해소' 문제가 해결되지 않자 시민들의 비판여론은 높아졌고[55], 결국 서울시는 1985년 경희궁 부지를 '청소년 중심의 시민휴식공원'(야외공연장·수영장·도서관 등의 시설을 건립하여 1986년 6월 아시안게임 전에 시민 개방 계획)[56] 을 조성하겠다는 계획하에 현대그룹으로부터 재매입하기로 결정하였다. 1978년 매도한 지 7년 만에 경희궁 부지가 다시 서울시 소유로 돌아오게 된 것이다(1986년 2월에 대토 보상되었으니 정확히는 8년 만이다). 한 도시계획 전문가는 이를 두고 "서울고 부지의 도심공원 조성계획은 10년 앞도 내다보지 못하는 서울시 도시계획의 사례를 보는 듯해 안타깝다"라며 "행정편의에 의해 도시계획이 왔다 갔다 한다면 비전 있는 도시계획은 나올 수 없다"라고 지적하였다.[57]

서울시는 매입 가격을 당초 매도가 110억 원에 6년간의 은행 금리를 가산하여 210억 원 선에서 결정하려고 하였으나 현대 측에서 쉽게 응할 리 없었다. 경희궁 부지 전체를 보존 및 공원화하겠다는 서울시의 계획은 직접 관계자인 현대와의 협의 없이 서울시 자체적으로 결정을 내린 사안이었다. 그러잖아도 현대건설 측은 1978년 110억 원에 매각한 땅이 2년 만에 사적으로 지정되어 건축행위가 불가하게 된 것에 불만이 쌓여 있었다.

이에 현대건설 측은 "매입 이후 문화재로 지정되었기 때문에 보상 가격이 훨씬 높게 책정되어야 한다"라고 주장하였고, 협상 끝에 평당 140만 원씩 총 417억 원에 맞는 시유지로 대토 보상(등가교환)하기로 결정하였다.[58] 후보지로 구의동 쓰레기 매립지 일부, 여의도 5·16광장 옆 민족기념관 부지, 서초동 시청사 이전 예정지 등 3곳이 거론되었다.[59] 최종 경희궁 터의 감정가격은 약 498억 8700만 원으로, 대토지는 5만 평 상당의 구의·광장동 쓰레기 매립지 부지로 결정되었다. 현대 측에서는 1978년 3만여 평을 110억 원에 매입한 후 1986년 2월 500억 원에 달하는 5만여 평 부지[60] 로 보상받게 된 것이다.

현대에서 구의·광장동 일대에 대단위 아파트단지 건립계획을 확정하면서부터 이 지역의 분위기가 달라지기 시작하였다.[61] 당시 서울 시내에 그만한 대단위의 아파트단지는 없었기 때문에 관심을 끌었다. 게다가 한강을 끼고 있어 경관이 뛰어나고, 2호선 강변역과 동서울고속버스터미널 입지 등 교통 여건도 좋아 인기가 높았다.[62] 이 지역은 현대아파트에 이어 '파크빌', '힐스테이트', '프라임', '홈타운', '아이파크' 같은 사실상 '현대'의 이름표를 붙인 대형 아파트촌이 형성되었고, 이 시기에 현대 임직원 등 중산층이 모여들기 시작하였다고 언론들은 보도하였다.[63]

1985년 당시 구의·광장동 일대 대토 보상지 계획 | 서울시 항공사진서비스(2000)을 토대로 작성.

경희궁 복원의 시작

문화재 복원사업은 1962년 문화재보호법이 제정된 이래 시작되었다. 시대에 따라 복원사업의 수요와 성격이 달라졌는데, '경희궁 복원'이 거론되던 1980년대에는 '일제 잔재 청산'을 명목으로 한 조선왕궁의 복원정비사업이 본격적으로 진행되고 있었다. 경희궁은 1985년 6월 19일 건설부 고시 제258호에 의거, 공원으로 지정받으면서 본격적인 경희궁의 공원화 및 복원사업이 진행되었다.[64]

64
「복원정비 기술 사례 기초연구」, 『황룡사연구총서』 2, 국립문화재연구소 · 경주시, 2009, 14쪽.

65
서울특별시, 『정비 복원을 위한 경희궁지 제2차 발굴조사보고서』, 1987, 13~14쪽.

66
『동아일보』 1985년 12월 10일 자, 「경희궁 숭정전 위치 확인」.

국내 복원공사의 추이

시대	시대의 수요 및 흐름	복원사업 예시
1960~1970년대	'호국 선현과 국방 유적'을 목표로 하는 정부 주도의 정비사업이 주로 이루어짐	현충사 성역화사업(1966~1967), 도산서원 중수사업(1969) 화성복원보수정화사업(1974) 강화전적지 보수정화사업(1976~1977)
1980년대	'일제잔재 청산'의 명목하에 조선왕궁 복원정비사업이 주로 이루어짐	창경궁 복원(1985~1986), 경희궁(1988~2000) 창덕궁(1991~2004), 경복궁(1990~2009) 덕수궁(2004~2015)
1990년대	'지방자치제'가 실시되면서 지방민의 정체성 구축과 관련한 각종 전통 건축의 복원 수요가 늘어남	임영관지 사적공원 조성(1999~2006) 제주 목관아지 복원(1999~2002)
2000년대	2005년 '고도보존에 관한 특별법' 제정으로 경주·부여·공주·익산 등 고대국가 도읍지에서는 유적지나 문화재의 개별적 보호에서 도시 전체를 역사도시로 보존케 됨	익산 미륵사지 부여 정림사지 경주 황룡사지 등

출처: 「복원정비 기술 사례 기초연구」(국립문화재연구소, 2009)를 토대로 정리

경희궁은 다른 궁궐과 달리 일제강점기를 거치면서 전각이 모두 없어진 상황이었기 때문에 전체적인 발굴조사를 통한 복원계획이 필요하였다. 이때 크게 두 차례에 걸쳐 경희궁지 전역에 대한 발굴조사가 진행되었다. '경희궁지 복원과 시민사적공원 조성계획(1985, 서울시)'에 따라 단국대학교 발굴조사단에 의해 1차 유구발굴조사가 이뤄지고, '경희궁 근린공원조성 기본계획(1986, 홍익대 부설 환경개발연구원)'에 따라 2차 유구발굴조사가 진행되었다.[65]

1985~1987년에 걸쳐 이루어진 발굴조사는 서울고 건물을 남겨둔 상태에서 이를 제외한 지역만을 대상으로 진행되었다. 1985년 발굴조사에서는 숭정전 일대의 위치가 체육관(현대인력개발원 식당)과 강당 사이로 확인되어 숭정전의 복원 가능성을 확인하였고,[66] 1987년 2차 발굴조사를 통해서는 2개의 건물지와 담장지·배수지 등 유의미한 유적이 확인되었다. 이후 1989~1994년까지 숭정전 일대의 발굴조사가 몇 차례 더 진행되어 1994년 숭정전 및 숭정문이 복원되었고, 이후에도 자정전·태녕전·회상전과 금천교 일곽의 발굴조사 및 복원공사가 차례대로 진행되어 2002년 1차 복원이 완료되어 시민들에게 공개된 바 있다. 최근에는 서측 궁장 추정지역에 대한 발굴조사(2018년)와 위선당 및 도총부 권역 발굴조사(2019)가 진행되었다.

2020년 숭정전 일곽(좌)
금천교 일곽(우) |
종로구청, 「경희궁지종합정비계획」, 2018

경희궁지 추정 복원도 | 「경희궁지 종합정비계획」(종로구청, 2018)을 토대로 재구성

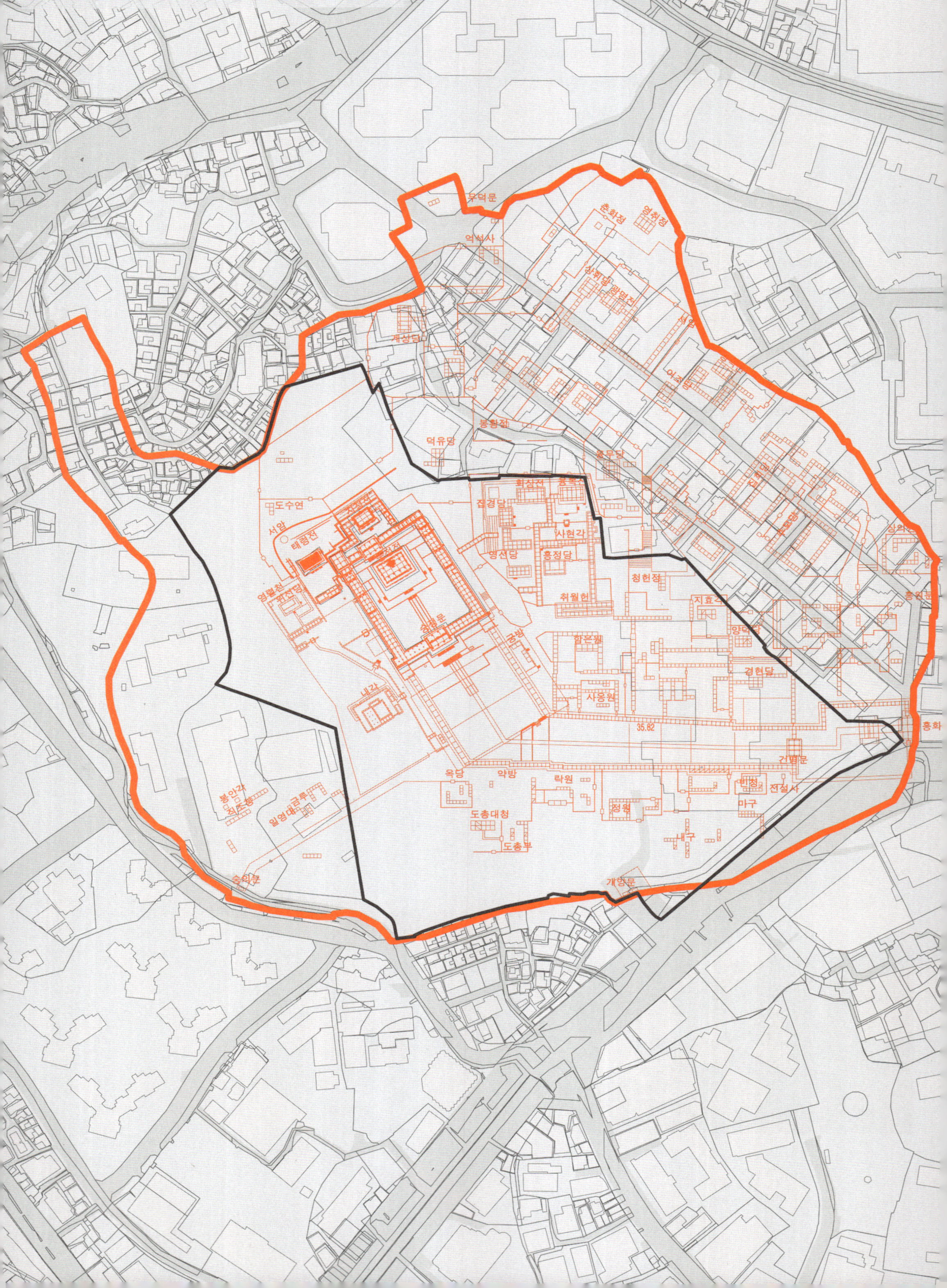

복원 과정과 '원형 찾기' 논란

서울시에서는 우선 건물이 현존하는 숭정전·흥화문·황학정 중에서 1차 발굴조사를 통해 위치가 파악된 숭정전의 이건을 가장 먼저 이행하려 하였다.[67] 당시 숭정전을 교내 법당으로 사용하고 있던 동국대학교에 모조 건물을 지어주고 경희궁지로 옮겨가려 하였는데, 동국대 측에서는 해방 이후 40여 년 동안 '방치'하다가 갑자기 가지고 가려 한다며 반대하였다. 숭정전은 1926년 일제에 의해 한 번 옮겨지고, 해방 이후에도 1976년 동국대학교가 세워지면서 다시 이전[68] (1977년 3월 학교 법당 '정각원'으로 건립되었다)한 이력이 있어서, 다시 이전하기에는 건물의 상태가 좋지 않고 내부 구조도 많이 바뀌어 사실상 복원작업이 어렵다는 지적도 있었다.
결국 서울시는 경희궁 내 숭정전을 재현하여 복원키로 결정하고, 1988년 12월 복원공사를 시작하여 1989년 9월에는 상량식을 행하였다.[69] 이어서 구 서울고 강당과 체육관을 철거하고[70] 숭정전을 둘러싸는 4각 회랑 및 숭정문 공사를 진행하여 1994년에야 복원공사가 완료되었다. 그러나 '철거 및 발굴조사가 끝나지도 않았는데 숭정전이 설계되는 등 순서가 바뀌었다'라거나 '기둥·서까래 등에 내구성이 약한 수입 목재를 대량 사용하여 수명이 길지 못할 것이다'라는 등 숭정전 복원공사에 대한 전문가들의 평가는 좋지 않았다.[71]

박문사의 정문으로 사용되다가 해방 후 신라호텔의 정문으로 사용되고 있던 흥화문 역시 서울시 측에서 신라호텔에 새 건물을 지어주고 옮기겠다고 나섰다. 신라호텔 측에서도 초기에는 관광 홍보에 잘 이용되고 있다며 이건 복원에 대해 맞섰으나[72] , 결국에는 무상 기증하기로 하여 숭정전보다 먼저 복원작업이 이루어졌다. 하지만 56년 만에 '환궁'하는 흥화문은 제자리로 옮겨 오지 못하는 신세가 되었다. 흥화문의 본 위치는 경기여고 맞은편인 구세군 본영 부근으로 고증되었으나 이전 장소로 마땅치 않아 옛 서울고 정문의 위치로 옮겨 세우기로 한 것이다.[73] 게다가 그동안 줄곧 노천에서 보수 작업을 해 와서 매우 낡은 상태였기 때문에 이건 과정에서 서까래와 기와 등을 50% 이상 새롭게 제작해야 하였다.[74] 원형을 되찾았다기보다는 '원형 찾기'에 혼란만 가중시켰다는 비난이 있었다.[75] 신라호텔의 구 흥화문 자리에는 흥화문을 모사한 새로운 콘크리트 구조의 정문이 세워졌다.

67
"경희궁의 위치를 기록한 '서궐도안'에 의해 확인된 98동의 건물 중 현재 남아 있는 황학정(지방문화재 제25호 · 사직공원 이전)은 정확한 위치가 확인되지 않아 사실상 이전 복원이 불가능한 상태이다.", 『경향신문』 1987년 5월 19일 자, 「경희궁 숭정전 · 흥화문 돌아온다」; 『경향신문』 1986년 4월 3일 자, 「경희궁 숭정전 복원 내년 착수」.

68
『동아일보』 1976년 1월 6일 자, 「숭정전 복원 착공」.

69
『조선일보』 1989년 9월 30일 자, 「경희궁 숭정전 복원 상량식」.

70
『동아일보』 1988년 12월 7일 자, 「숭정전 경희궁 터에 복원키로」.

71
서울특별시, 「경희궁 숭정전 건립부지 발굴조사 보고서」, 명지대학교 부설 한국건축문화연구소, 1990년 2월, 자문회의 회의록(1989.1.8.) 중에서 발췌, 127쪽 ; 『경향신문』 1993년 11월 8일 자, 「경희궁 복원 약한 수입 목재 대량 사용」; "경희궁 복원작업은 사전 발굴을 철저히 하지 않은 채 진행되어 매장 문화재 복원이 이뤄지지 않은 점.", 『동아일보』 1995년 4월 18일 자, 「경복궁 경희궁 복원사업 전면 재검토 바람직」.

72
"이중 정전인 숭정전과 정문인 흥화문 이전 문제를 놓고 주무부서인 서울시와 현재 주인인 동국대, 신라호텔 측이 2년째 맞서고 있다." 『경향신문』 1987년 1월 31일 자, 「경희궁 복원 난관 2년」.

73
『조선일보』 1987년 7월 4일 자, 「흥화문 옛 서울고 자리로 이전」.

74
『경향신문』 1988년 4월 15일 자, 「흥화문 56년 만에 환궁」.

75
이강근, 「경희궁의 보존과 복원」, 『건축역사연구』 13, 1호 통권 37호, 2004, 106쪽.

1989년 복원 중인 숭정전 | 서울사진아카이브

1988년 복원이 완료된 흥화문 | 서울사진아카이브

경희궁 공원화계획

서울시는 1985년 1월 17일 서울고교 부지의 공원화를 발표한 이후 바로 경희궁 공원 조성계획을 마련하였다. 홍익대학교 부설 환경개발연구원에 의뢰하여 수립한 '경희궁 근린공원 조성 기본계획(1986)'[76] 에서는 경희궁 공원의 토지이용을 '문화재보존지구', '정적휴식지구', '박물관·미술관지구', '가로공원지구', '편의시설지구' 등 5개 구역으로 분류하였다. 이 공원화 계획은 1988년 6월 완공을 목표로 하고 있었는데, 이에 따르면 숭정전 주변부는 문화재보존지구로 지정하고 박물관·미술관지구에는 문화시설과 조경시설이 들어서며, 정적휴식지구에는 시립도서관과 다목적광장 그리고 수림대가 조성될 계획이었다. 기존 학교건물 23동 중에서는 상태가 좋은 3동만을 남겨 시립도서관(구 서울고 신관)과 공원관리사무소(현대인력개발원 당시 축구단 숙소, 구 서울고 도서관), 문서보관창고(방공호)로 활용하기로 계획하였다.[77] 새문안로 변의 가로공원지구는 1986년 개방을 목표로 바로 착공하였다.

76
경희궁 근린공원 조성 기본계획과 함께 '서울시립박물관 및 미술관 건립을 위한 타당성 연구용역'도 홍익대학교 부설 환경개발연구원에 의뢰, 수립되었다. 초기부터 시립박물관 건립계획이 있다는 것을 알 수 있다.

77
『경향신문』 1986년 4월 28일 자, 「경희궁 시민공원 계획 조성도 확정」; 서울특별시, 「경희궁 근린공원 조성 기본계획도집」, 1986.

경희궁 공원 토지이용계획

구분	내용	면적	비율
① 문화재보존지구	숭정전 일곽	2만 8722㎡	28.6%
② 정적휴식지구	시립도서관, 다목적광장, 산책로 등	5만 5351㎡	55.1%
③ 박물관·미술관지구	시립박물관·미술관	1만 1987㎡	11.9%
④ 가로공원지구	벤치, 수림 등	2050㎡	2.0%
⑤ 편익시설지구	공원관리소, 주차장 등	2413㎡	2.4%
합계	–	10만 523㎡	100.0%

출처: 「경희궁 근린공원 조성 기본계획도집」(서울시, 1986)

가로공원지구 설계도 | 서울시,『경희궁 근린공원 조성 기본계획도집』, 1986

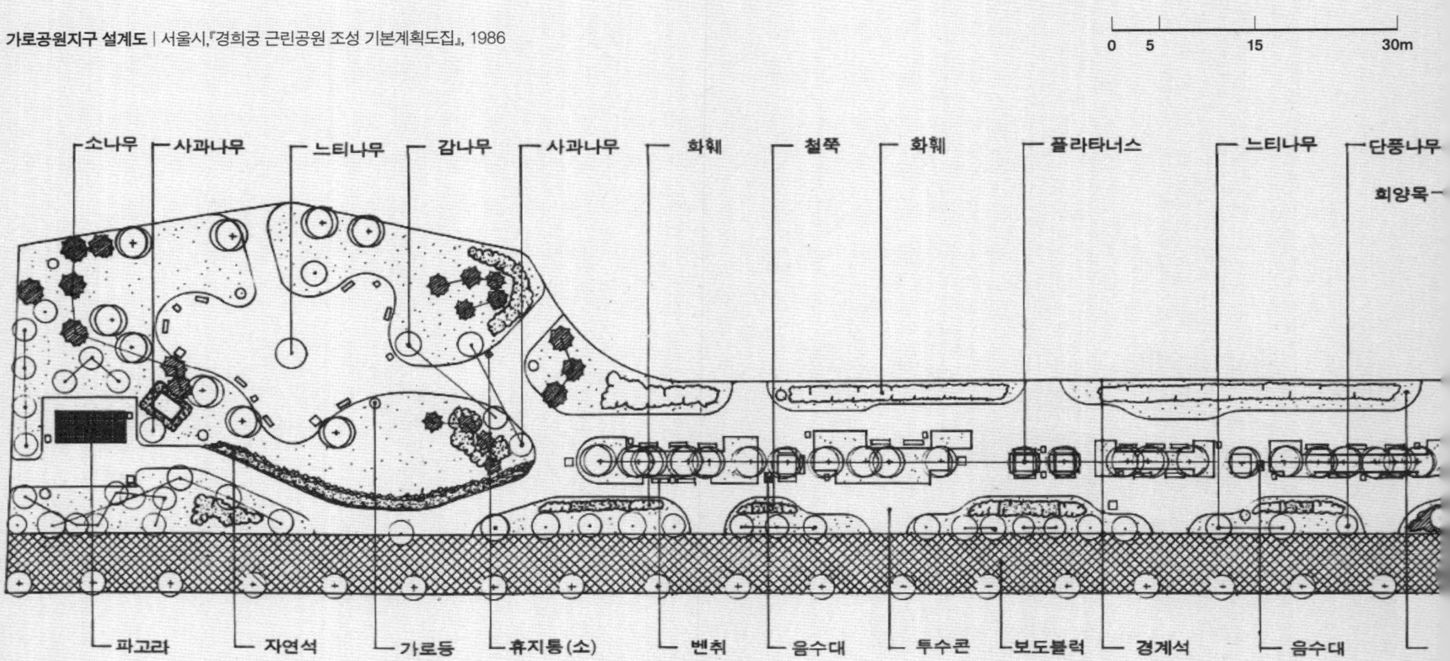

경희궁 공원 토지이용계획도 | 서울시,「경희궁 근린공원 조성 기본계획도집」, 1986을 토대로 재작성

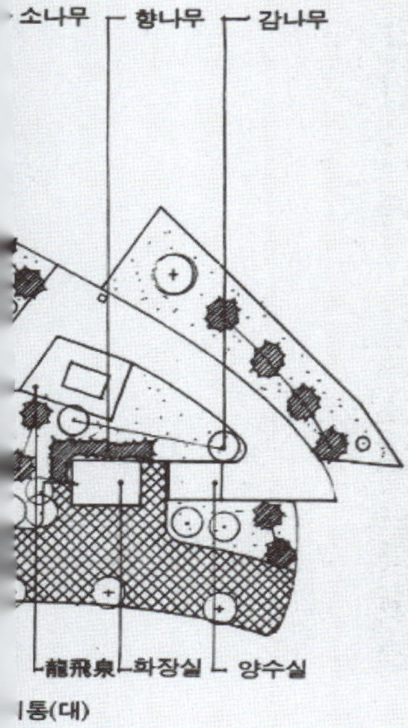

1986년 5월 8일 경희궁 가로공원 개원 | 서울사진아카이브

경희궁 가로공원 5200㎡ 정도를 포함한 7만 1000㎡(문화재보존지구 제외)를 일반 시민에게 공개하였다. 가로공원 조성을 위해 사업비 2억여 원을 들여 200m의 구 서울고 담장을 철거하고 그 자리에 벤치와 분수대 등을 신설하였다.

1986년 시우회에서 경희궁 공원을 정비하는 모습 | 서울사진아카이브

1987년 경희궁 공원 가꾸기 운동 | 서울사진아카이브

1988년부터 복원공사에 들어간 경희궁 공원은 1차 복원작업을 마치고 2002년 5월에 시민들에게 공개되었다. 보도된 기사에 따르면 경희궁이 '원형을 되찾았다'는 것인데, 이에 대해 한 문화재 전문가는 다음과 같이 비판하였다.

> 그리하여 14년 동안 서울시 문화재 당국이 애써 재건한 궁궐은 2002년 5월 22일부터 화려한 궁중행사를 곁들여 공개관람의 허용을 시작하였으나, 원형과는 거리가 먼 모습, 어정쩡한 새 궁궐의 모습만을 보여주고 있는 것이다.

이강근, 「경희궁의 보존과 복원」, 『건축역사연구』 13, 1호 통권 37호, 2004, 106쪽

2차 복원공사는 2005년까지 마무리할 계획이었으나[78], 2004년 예산 문제로 사실상 복원이 최근까지 잠정 중단되었다.[79] 서울시는 2013년 '경희궁지 종합정비계획'을 수립하여 다시 복원사업을 재개하겠다고 발표하였으나 '현실적으로 안 맞는 부분이 있어' 5년간 사업을 실행하지 못하였고, 2018년 종합정비계획 재수립 아래 최근 발굴조사가 추가로 이루어지고 있다.

78 "일제 때 세워진 궁터 내 방공호를 올(2002) 하반기에 철거하고 발굴조사를 거친 뒤 융복전(隆福殿), 회상전(會祥殿), 집경당(集慶堂), 어도(御道) 등 2차 복원공사를 2005년까지 마무리할 계획", 『조선일보』 2002년 5월 11일 자, 「'원형 되찾은 경희궁' 21일 시민곁으로」.

79 당초 서울시는 2007년까지 164억 원을 들여 침전인 회상전과 어도를 복원할 계획이었다. 그러나 국가지정문화재의 경우 복원비용의 70%는 정부에서 지원하여야 하는데 국고지원이 이루어지지 않았다. 서울시의회는 "시 예산만으로 사업을 추진하지 말고 문화재청에 예산을 요구하라"라고 밝혀 공사가 중단되었다.

2020년 발굴조사가 진행 중인 경희궁지

경희궁 청소년회관 1986~1993

「경희궁 근린공원 조성 기본계획」(1986)에 '시립도서관'으로 계획되어 있던 건물은 1986년 10월부터 보수공사를 진행하여 12월 20일 '시립 경희궁 청소년회관'으로 개관하였다. 청소년회관의 본관 건물은 옛 서울고 건물 중 신관이며, 별관 건물은 옛 체육관(현대인력개발원 당시 식당으로 사용)이고, 그 안에는 독서실과 교육실·강당·교양교실·예체능교실 등을 갖추었다. 신관의 2~3층은 총 700석을 보유한 독서실로 만들었고, 1층은 YMCA에 위탁 운영을 맡겨 교양 및 취미교실로 활용하였다. 별관은 예체능 교실과 강당으로 이용되었다.[80] 경희궁 청소년회관은 YMCA를 중심으로 학교에서 배우기 어려운 각종 청소년 클럽활동이나 캠프·문화사업 등을 진행하여 많은 시민이 이용하였지만, 1993년에는 공원법상 청소년회관은 들어설 수 없는 용도[81] 라고 하여 위기에 처하기도 하였다. 1989년 숭정전 복원공사가 시작되면서 구 서울고 강당 건물과 YMCA 꿈나무 소극장(구 서울고 체육관, 구 현대인력개발원 식당)과 구 서울고 강당 건물을 철거했으며[82], 경희궁 청소년회관(구 서울고 신관) 건물도 이어서 철거되었다.

80
『조선일보』 1986년 8월 5일 자, 「경희궁공원에 청소년회관」; 『조선일보』 1986년 12월 21일 자, 「경희궁 청소년회관 개관」.

81
『경향신문』 1993년 2월 14일 자, 「공원에 불법 관 단체 건물 많다」.

82
『동아일보』 1988년 12월 7일 자, 「숭정전 경희궁터에 복원키로」.

1986년 청소년회관 본관 개관식 | 서울사진아카이브

서울시립박물관(현 서울역사박물관)과 미술관

83
서울역사박물관, 『서울역사박물관개관지』, 2003, 16~17쪽.

84
『조선일보』 1989년 3월 30일 자, 「시립박물관 건립 차질」.

85
서울특별시, 「경희궁 자정전 회랑 발굴조사 보고서」, 명지대학교 부설 한국건축문화연구소, 1996, 8쪽.

86
이강근, 「경희궁의 보존과 복원」, 『건축역사연구』 13, 1호 통권 37호, 2004, 105쪽.

87
『조선일보』 1992년 6월 29일 자, 「경희궁 터 그냥 놓아둘 수 없나」; 『조선일보』 1992년 5월 14일 자, 「박물관 미술관 '경희궁 공원' 내 건립안 철회」.

· 서울역사박물관

시립박물관·미술관의 설립에 대한 논의는 1985년 경희궁지에 근린공원을 조성한다는 정부 방침이 결정된 직후에 나온 것으로(1985년 6월 28일 시장방침 제1286호로 「서울시립박물관(가칭) 건립추진계획」 수립) 최초 공원 구상 당시부터 계획되어 있었다. 1985년 경희궁지 발굴조사가 진행되고, 별다른 유구가 나오지 않은 경희궁 터 동측의 2000평 대지(구 서울고 운동장)가 그 위치로 가장 적절하다고 판단하였다. 당시 시립박물관·미술관은 경희궁지에 건립한다는 방침만 정해졌을 뿐 성격이나 규모·개관시기·개관을 위한 준비절차 등에 대해서 아무런 안이 마련되어 있지 않아, 1986년 2월 박물관 건립 및 운영계획 자문을 위한 추진위원회를 구성하여 박물관·미술관의 개념 및 기본방향을 설정하였다. 1987년부터 1988년까지 계획 및 실시설계를 완료하였고(김종성&서울건축에서 1차 설계안을 발표), 1988년 경희궁지 내 건립 승인을 얻고 1993년 공사에 들어가 1997년 준공하였다.[83]

시립박물관·미술관은 1988년 서울올림픽 전에 완공하는 것을 목표로 추진되었으나 지하철 건설 등 시급 사업 시행으로 인한 예산 삭감[84] 과 문화재 전문가들의 반대에 부닥쳐 발표 후로부터 무려 8년이 지난 1993년이 되어서야 박물관 건물의 허가가 이루어졌다. 서울시 문화재위원회에서는 운동장에 대한 전면적 정밀발굴을 주장하였으나, 이미 상부기관인 문화재관리국에서 현상변경허가가 나온 후였다.[85] 1992년에는 학회에서 문제를 제기[86] 하여 시립박물관 건립안이 철회되고 중구 필동이나 용산 미군 골프장 등 다른 부지에 짓는 방안을 검토하기도 하였지만 설계변경의 조건으로 재추진되었다.[87]

김동욱, 「지금 경희궁지에 박물관을 지어서는 안되는 이유」, 건축가 1992년 8월호 통권 121

땅속의 일이나 아무도 무엇이 남아 있는지 장담할 일은 아니지만 적어도 지하에 유구가 있는지 없는지를 확인 절차를 거치지 않고 만약 어떤 새로운 시설을 이곳에 들여 앉히게 되면 혹시 지하에 묻혀 있을 중요한 유구들은 영원히 세상에 드러날 기회를 잃어버리게 된다. 적어도 '서궐도안'에 그려진 모습을 바탕으로 외전과 내전의 기본적인 중요시설이 있던 위치에 대해서만이라도 전면적인 발굴은 반드시 필요하다.

설계변경은 박물관의 규모를 축소하고 높이도 당초에 계획한 3층에서 2층으로 조정하는 내용이었다. 이로 인해 1994년 '정도 600년 기념사업'으로 재추진된 시립박물관은 또다시 미루어질 수밖에 없었다. 이런 우여곡절 끝에 1993년 12월에 착공하였다. 1994년에는 시립박물관 개관준비위원회를 설치하여 향후 박물관의 성격, 위상, 기능 등을 설정하였다.

손장호, 당시 문화관광국장, 제3대 제83회 임시회 문화교육위원회 제1차 회의록, 1994

시립박물관은 기존의 국립중앙박물관이 가지고 있는 고고, 역사, 미술박물관으로서 성격이나 지방분관의 지역발굴 유물별 또는 시대별 특성을 중심으로 한 전시 성격과 중복되지 않고 서울시 공립박물관으로서의 독특한 개성과 특성을 표현하기 위해서 서울이라는 도시가 가지는 도시의 역사, 도시의 구조사, 도시의 생활문화사를 주제로 일관된 관점에서 통일성을 지닌 도시사박물관을 지향하고 있습니다. 또한 서울시민의 문화 욕구를 충족시킬 수 있는 다양한 문화상품을 제공하는 박물관으로서 유물의 보존이나 전시를 하는 곳이 박물관이라는 종래의 이미지를 과감히 탈피해서 시민들이 즐겨 찾는 휴식공간으로, 또는 만남의 장소로서 교양

> 강좌·취미교실·영화상영·연극공연·관광·쇼핑 기능까지 골고루 갖출 수 있도록, 또 시민들로부터 사랑받는 복합문화공간이 될 수 있도록 준비 기획하고 있습니다.

이로써 1997년 12월에 지하 1층, 지상 2층, 연면적 2만 166㎡의 시립박물관 건물이 준공되었으나 실질적 개관까지는 또 5년이 걸렸다. 2001년 '서울역사박물관'으로 개칭[88] 한 후 한·일월드컵 개최에 맞추어 2002년 5월 경희궁 공원과 동시에 서울역사박물관이 개관하였다. 안타까운 것은 1985년 공원화 계획 당시부터 보존과 복원에 대한 충분한 논의와 고증 없이 '아시안게임, 올림픽, 정도 600년 기념' 등을 내세워 졸속 계획 및 공사를 하는 것이 아니냐는 염려가 있었다는 점이다. 1985년 발표 후 뜨거웠던 시립박물관 건립 논란은 공사 후에도 진행되었던 것으로 보인다. 한 건축 교수는 "박물관 건립은 왕궁 복원에 큰 지장을 초래하고 있다"라고 지적하고, 건축 잡지에서는 "ㄴ자로 꺾여 들어가는 어도 위에 배치한 것은 문화적 파괴 행위"라고 비판하였다.[89] 이 외에도 발굴 부실, 디자인 논란 등이 있었다.[90]

88
서울역사박물관, 『서울역사박물관개관지』, 2003, 416쪽.

89
『동아일보』 1995년 4월 18일 자, 「경복궁 경희궁 복원사업 전면재검토 바람직」; 김성우, 「경희궁지의 보존 방향과 시립박물관 건립계획」, 『건축역사연구』 1, 1호 통권 1호, 1992, 4~7쪽.

90
"지금 이런 것도 비판을 많이 합니다. 왜 그 자리에 시립박물관, 지금 역사박물관입니다만 시립박물관이 들어왔느냐, 그런 비판여론도 많이 있어요(김성규 의원).", 제5대 제150회 문화교육위원회 정례회 행정사무감사(피감사기관 문화관광국 시립미술관 서울역사박물관), 2001.

2020년 서울역사박물관

장순용, 당시 삼성건축연구소 대표 칼럼 「경희궁 터의 공원화 계획에 대한 바람」, 1985

노파심이 될지는 모르겠으나, 우리의 주변에 특히 건설업계에서는 흔히 준공일자부터 선정하고 이에 맞추어 거꾸로 프로그램을 작성하는 예를 적지 않게 볼 수 있다. 〈중략〉 예를 들면 아시안게임, 올림픽 전 준공이라는 식이 그것이다. 경기를 위한 시설물은 당연하나 여타의 건물에도 덩달아 급히 서두를 필요가 있는 것일까.

조성룡, 「역사적 장소와 새로운 건축의 가능성, 외국의 사례를 중심으로」, 건축가 1992년 9월 통권 122호

그렇다고 해서 경희궁에 미술관이 서서는 안 된다는 생각은 결코 아니다. 서울의 중심에 이곳보다 좋은 미술관 자리가 얼마나 더 있을까. 충분한 조사와 합리적인 보존방법을 세우고, 새로 들어설 그 건축의 존재감이 강하게 드러나지 않는다면 별 문제가 없으리라고 본다. 그래서 바닥이나 지하실 부분은 발굴한 채로(여러 시대에 걸친 지층이 발견되리라는 가정하에) 정리하여 그대로 두고 그 위에 필로티(Piloti)를 세워 건물을 띄우는 방법은 없을까 하고 생각해 보았다.

서울역사박물관 건립 과정의 주요 일지

날짜	내용	규모계획(층수/바닥면적/연면적)	착공계획	건립계획(예정)
1985.1.	경희궁지 내 시립박물관·미술관 유치 검토 지시	–	–	–
1985.6.	시립박물관·미술관 건립 추진계획 수립	지하 1층, 지상 3층/약 2000평 / 약 4000평	1987년 상반기	1988년 6월 이전
1988.3.	문화재관리국 건립 승인 1층 박물관, 2층 미술관으로 사용	지하 1층, 지상 3층/2337평 / 5900평	1989.3.	1992. 10.
1988.9.	실시설계 완료(결과: 재심)	지하 1층, 지상 3층		
1990.11.	건립장소 결정(제6회 추진위원회)	(위 내용과 동일)	1990년 하반기	1994년
1991.2.	1층 960평 규모의 미술전시실 마련	지하 1층, 지상 3층/2500평 / 5994평	1991년 하반기	1994년
1991.11.	공사 발주 연기	(위 내용과 동일)	1992.7.	1994.11.
1992.5.	건립안 철회	(위 내용과 동일)	–	–
1992.10.	설계변경(1차): 규모 및 높이 축소	지하 1층, 지상 2층/1882평 / 5850평	1993년 이후	1995년 하반기
1993.11.	건물 착공	(위 내용과 동일)	1993.12.	1996.10.
1994.11.	설계변경(2차)			
1995.9.	개관준비위원회 개최		–	1997.8.(준공) 1999.8.(개관)
1997.12.	건물 준공 전시유물 확보 등 개관 준비	지하 1, 지상 2층/– / 5901평	–	1997.12.(준공)
1997.7.	지하철 건설, 월드컵경기장 신축 등 대형사업으로 인한 예산 부족으로 전시 유물 미확보	–	–	2002.5.(개관)
2002.5.	서울역사박물관 개관	–	–	–

출처: 신문기사 및 『서울역사박물관개관지』를 토대로 정리

· 서울시립미술관

서울시립미술관은 시립박물관과 미술관 복합건물(이하 시립박물관·미술관)이 완공되기 전까지 옛 서울고등학교 본관 건물을 개·보수하여 1988년 올림픽을 며칠 앞두고 개관하였다. 미술계 일각에서는 "임시로 사용할 미술관을 공사비 6억이나 들여 서둘러 보수 개관하는 것은 서울올림픽 문화행사를 치르기 위한 무리한 졸속 행정이 아니냐"라고 비판하고,[91] 소장작품이 너무 적어 미술관으로 보기에 유치한 수준이라고 비꼬기도 하였다.[92] 이후 시립박물관·미술관의 건립이 불확실해지자 1994년에 서울정도 600주년 기념으로, 임시건축물 '600년 기념관'을 건립한 후에 서울시립미술관 전시공간으로 사용하였다.

서울시립미술관 본관이 2002년 서소문동 대법원 자리로 이전하자 600년 기념관은 2003년 '서울시립미술관 경희궁분관'으로 재개관하였다. 1992년에 시립박물관·미술관 건립이 완료된다는 계획대로라면 서울시립미술관은 1992년 철거될 예정이었으나 시립박물관·미술관의 허가일자와 함께 미술관의 철거일자도 함께 연장되었다. 그러다가 1999년 서소문동에 시립미술관이 이전하여 개관한다는 계획에 따라 1999년에 다시 철거를 계획하였으나[93], 결국 서소문 시립미술관 개관이 또다시 2002년으로 연장되면서 그때까지 경희궁 터에 남아 있었다.

1994년 임시 건물로 지어진 골막구조 '600년 기념관'은 경희궁지 보존 및 활용방안(1996)에서 이미 '내외행각 복원'을 위해 철거가 계획되어 있었으나, 경희궁지 종합정비계획(2013)에도 철거가 되지 않아 신속히 철거하고 발굴조사를 진행해야 한다는 여론이 높았다. 서울시립미술관 경희궁분관은 2016년이 되어서야 철거됐다.

91
『한겨레』 1988년 8월 20일 자, 「서울시립미술관 특별전시실 갖춰 개관」.

92
『경향신문』 1989년 2월 13일 자, 「서울시립미술관 제구실 못 한다」.

93
『동아일보』 1997년 4월 12일 자, 「서소문 구 대법원 건물 미술관 탈바꿈…99년 개관」.

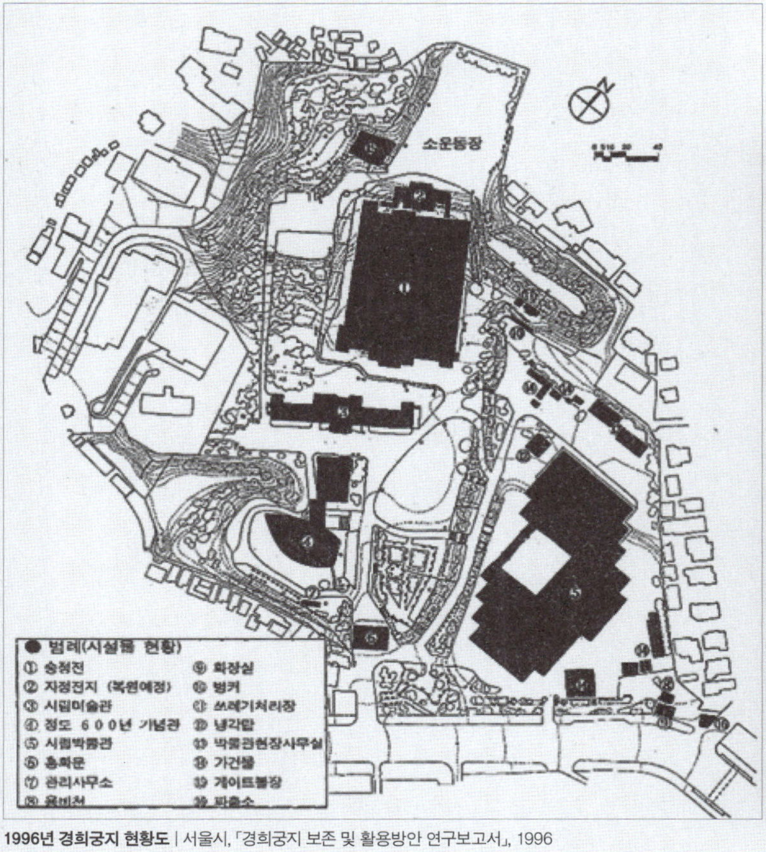

1996년 경희궁지 현황도 | 서울시, 「경희궁지 보존 및 활용방안 연구보고서」, 1996

1988년 개원한 서울시립미술관(상)
지상 2층 골막구조 형식의 정도 600년 기념관(하)

5

경희궁지 매장문화재 발굴현황

5.1 개요

신문로2가 일대 매장문화재 현황을 파악하려면 「매장문화재 보호 및 조사에 관한 법률」 및 관련 지침에서 규정하고 있는 조사방법과 절차를 숙지하는 등 매장문화재 발굴조사에 대한 사전 이해가 필요하다. 서울시의 경우 2012년 '4대문 안 문화유적 지표조사 및 보존방안 수립'을 통해 역사도심 내 지표조사를 완료하여, 사업시행자는 지표조사 결과를 토대로 발굴조사에 바로 착수하였다. 매장문화재 발굴조사의 구체적인 현황파악을 위하여 문화재청의 행정정보, 지방자치단체의 관리문서, 기타 문헌자료 등을 활용하였다.

- 1단계: 발굴조사 진행 여부 확인

발굴조사 보고서와 문화재공간정보, 경희궁지 종합정비계획을 통해 경희궁지 문화재구역 및 주변지역에 대해 매장문화재 발굴조사 진행 여부를 파악하였다.
발굴조사가 진행된 구역을 대상으로 연속지적도에 발굴조사 영역을 필지 단위(문화재구역의 경우 트렌치 단위)로 기록하고 지번과 발굴조사 연도를 목록화하였다.

- 2단계: 유적 유무 확인

발굴조사가 진행된 구역을 대상으로 발굴조사 결과를 검토하여 '유적 있음'과 '유적 없음'으로 구분하여 정리하였다.

- 3단계: 발굴유적 유형 및 시기 확인

2단계의 유적이 출토된 구역을 대상으로 해당 유적(유구 및 유물)을 유형별로 구분하고 유적의 추정시기를 기록하였다. 유적의 유형은 궁장 등 경계 관련 유적, 건물지 관련 유적, 배수로 등 수水 관련 유적, 기타 유적으로 구분하였다. 유적의 시기는 고려, 조선, 근대, 현대로 구분하였다.

- 4단계: 보존조치 결과 파악

문화재위원회 회의록과 보존유적 관리대장 검토를 통해 출토된 유적의 보존조치 결과를 분석하였다. 보존조치 유형은 현지보존, 이전보존, 기록보존으로 구분하였다.

현황파악을 위한 기초자료 목록

수집자료	주요 내용	수집자료	주요 내용
 발굴조사 보고서	- 사업시행자가 조사기관에 의뢰하여 문화재청의 허가를 받아 실시한 발굴조사의 최종기록물로 문화재청 인터넷 홈페이지에 공개 - 주변지역환경과 주변 유적, 구체적인 조사방법과 과정, 출토유물 목록과 현황, 전문가의 주요 의견 등 다양하고 종합적인 정보가 담겼으며 해당 매장문화재를 파악하는 데 있어 중요한 자료임 - 발굴조사보고서는 문화재청에 공개된 자료이지만, 2012년 이전에 발행된 보고서는 전산화가 이루어지지 않아 자료를 확보하는 데 한계가 존재	 문화재공간정보(GIS)	- 문화재와 그 주변지역의 규제사항 등 문화재 보존정보를 종합적으로 제공하는 문화재청의 지도기반 서비스로 매장문화재 관련 사항을 포함하고 있음 - 매장문화재 관련 사항으로 문화유적 분포지도, 보존유적, 지표조사 유존 지역, 지표조사 사업구역, 발굴조사 사업구역 등의 정보를 제공하고 있음 - 정보의 양은 발굴조사보고서에 비해 부족하지만, 간략한 발굴조사의 개요와 주요 유적정보를 확인할 수 있다는 점에서 확보하지 못한 발굴조사보고서를 일부 보완할 수 있는 자료임
 문화재위원회 매장문화재분과 회의록	- 「문화재위원회 운영지침」에 따라 문화재전자행정정보시스템에 등재함과 동시에 문화재청 인터넷 홈페이지에 공개되는 자료 - 매장문화재 발굴조사 결과에 따른 문화재위원회의 의결사항을 열람할 수 있는 자료로, 보존유적의 보존조치 지시사항을 확인할 수 있음 - 2009년 이전 자료는 일부만 공개되어 있거나 공개되지 않아 자료를 확보하는 데 한계가 존재	 보존유적 관리대장	- 「발굴조사의 방법 및 절차 등에 관한 규정」에 따라 보존조치된 매장문화재를 지방자치단체가 연 1회 이상 정기적으로 점검해야 하는 관리대장 - 문화재위원회의 보존조치 지시 이후 구체적인 현장상황 및 유지·관리 실태를 확인할 수 있다는 점에서 의미가 있으나 관리대장에 기재된 정보에 오류가 있거나 관리대장 자체가 없는 대상들도 존재
 보존유적 관리대장	- '경희궁지'의 정비계획으로 역사적 변화과정, 문화재정보, 복원 및 정비계획 등을 주요 내용으로 하고 있음 - 정비계획 부록에 경희궁지 및 주변지역에서 진행된 주요 발굴조사의 내용과 성과 등을 종합적으로 다루고 있음	현장조사	- 매장문화재 보존조치 결과를 자료만으로 파악하는 데 한계가 있어 현장방문을 통해 직접 확인 - 보존조치 유형 중 현지보존(복토), 이전보존, 기록보존 등은 현장에서 확인이 불가하며 현지보존(건물 내 수용전시) 중 출입이 가능한 경우에 한해 현장확인 가능

5.2 발굴유적의 주요 유형

구역별 발굴조사 동향

경희궁지 일대는 서울 역사도심 범위 내에서 매장문화재 발굴조사 분포가 집중된 지역 중 하나이다. 경희궁지 일대의 매장문화재 발굴조사는 1985년 이후부터 80여 개의 필지에서 총 51건이 진행되었다. 구역별 발굴조사 동향을 파악하기 위해 신문로2가 일대를 세 구역으로 구분하였다.

· 1구역: 경희궁지 복원을 위한 발굴조사

문화재구역 및 문화재보호구역에 해당하는 1구역에서는 1980대부터 1990년대 초까지 경희궁지 복원을 위해 발굴조사가 집중적으로 이루어졌다. 현재까지 14건의 발굴조사가 진행되었고, 그중 숭정전 일대의 여러 발굴조사가 이루어졌다. 14건의 발굴조사 가운데 2019년 발굴조사에 착수하여 2020년 현재 결과가 나오지 않은 1건을 제외한 13건의 모든 발굴조사에서 유적이 발견되었고, 그중 경희궁 관련 유적이 다수를 차지한다.

1구역

문화재구역 + 문화재보호구역

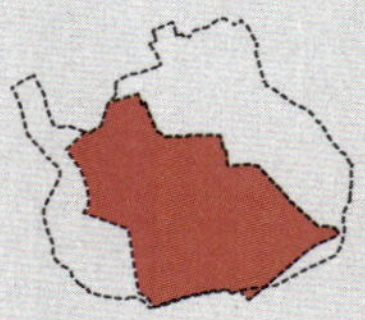

2구역

경희궁 옛 경계 - 1구역

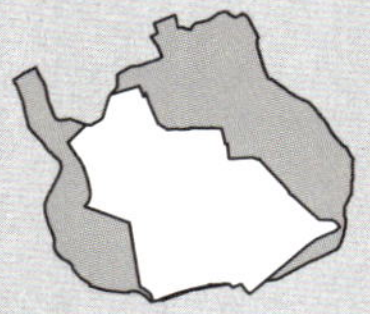

3구역

경희궁 외곽 주변지역

· 2구역: 활발한 건축행위로 인한 민간필지 내 발굴조사

경희궁의 옛 경계였으나 문화재(보호)구역으로 지정되지 않은 2구역에서는 2000년 이후 개별 민간필지에서의 활발한 건축행위로 인해 다수의 발굴조사가 진행되었다. 2020년까지 24건의 발굴조사가 이루어져 평균 연 1.2건이 진행되었으며, 16건의 발굴조사에서 유적이 발견되었다.

· 3구역: 일정 규모 이상의 집단적 발굴조사

경희궁의 옛 경계 외부는 사직1구역 도시환경정비사업구역, 돈의문박물관마을, 서울성곽근린공원, 새문안교회 등 공원조성이나 택지개발 등으로 일정 규모 이상의 집단적 발굴조사가 진행되었다. 총 12건의 발굴조사가 진행되었는데, 7건의 발굴조사에서 유적이 발견되었다. 조사 건수는 작지만 조사 면적으로는 넓은 범위이다.

발굴유적의 주요 유형

유적은 크게 유구와 유물로 구분할 수 있는데, 조선시대부터 근대 시기까지 다양한 토지·건축적 변화가 있었던 신문로2가 일대의 특성을 반영하여, 출토된 유물보다는 건물지 등 옛 구조 양식을 알 수 있는 유구에 초점을 맞추었다. 발굴조사에서는 한 가지 유형의 유구가 발굴될 수도 있으나 보통은 여러 가지 유형이 복합적으로 발굴되었다. 특히 신문로2가 일대는 조선시대 궁에서부터 일제강점기 관사 주거지를 거쳐 현재에 이르기까지 다양한 기능 변화가 있던 지역이라 발굴의 시기와 그 유형의 다양성이 두드러지게 나타나는 특성을 가진다. 유적의 비중과 중요도를 고려하여 궁장 관련 유적, 배수로 관련 유적, 건물지 관련 유적 등으로 크게 구분하여 정리하였다.

다양한 복합적 유적이 발굴된 사례 | 서경문화재연구원, 「신문로2가 1-153번지 일원 투바앤사옥리모델링 부지 내 발굴조사 보고서」, 2019

· 궁장 등 경계 관련 유적

궁장과 관련된 유적은 수차례의 경계부 변화와 멸실이 있던 경희궁만이 가진 특수한 유적으로 볼 수 있다. 궁장 등 경계 관련 유적으로는 경희궁의 옛 궁장, 궁장 기초, 한양도성 성벽 등이 해당한다. 해당 유적이 발견된 발굴조사는 5건으로 전체 발굴조사 건수와 비교하면 낮은 비율이지만, 경희궁 옛 경계에 인접한 대지에서 진행된 발굴조사가 9건이라는 점을 고려하면 50%가 넘는 높은 수치이다.

그중 3건(서울성곽 근린공원, 경희궁 서측 궁장 추정 지역, 돈의문박물관마을)은 공공에서 직접 사업을 시행하였으며 나머지 2건(신문로2가 1-102, 신문로1가 58-13)은 민간사업자가 시행한 발굴조사에서 궁장으로 추정되는 유적이 발견되었다. 특히 경희궁의 동측 경계(총독부 관사 터)에는 옛 궁장이 지적선의 형태로 잔존하고 있으나 실제 발굴조사에서는 궁장 기초의 위치가 지적선과 정확히 일치하지 않고 약간의 차이가 있는 것으로 확인되었다.

경희궁 궁장 및 경계 영역 발굴 현황

구분	유적설명	현재시설 명칭
송월동 1-44	· 서울성곽의 성벽유구가 조사지역 내 전반적으로 잔존	서울성곽 근린공원
경희궁 서측 궁장 추정 지역	· 경희궁 궁장 또는 한양도성 성벽 관련 유구 흔적 · 궁장 추정 석재, 기와폐기층, 지정층	-
신문로1가 58-13	· 경희궁 궁장 관련 유구로 판단되는 담장석 및 지대석	오만대사관
신문로2가 1-102	· 경희궁 추정 궁장 기초 석렬	(전)서울예술재단
신문로2가 7-24 일원	· 경희궁 궁장 추정 담장지 (장대석으로 기초부의 외곽을 마감, 내부는 잡석과 토사로 채워짐)	돈의문박물관마을

① **조사지역 내 복원된 경희궁 동측궁장** | 한울문화재연구원, 「신문로2가 1-160번지 유적 발굴조사보고서」, 2019

② **한양도성 또는 경희궁 궁장 추정 석재** | 한울문화재연구원, 「경희궁 서측 궁장 추정지역 내 유적 시굴조사 약식보고서」, 2018

③ **추정 경희궁 궁장 전경** | 한울문화재연구원, 「돈의문박물관마을 조성사업 부지 내 유적 발굴조사보고서」, 2016

① **경희궁 이전 시기로 추정되는 건물지(4간×1간 규모)** | 한울문화재연구원, 「신문로2가 1-124번지 어린이집 부지 내 유적 발굴조사보고서」, 2013

② **경희궁 이전 시기로 추정되는 건물지의 기둥유적** | 한울문화재연구원, 「신문로2가 1-124번지 어린이집 부지 내 유적 발굴조사보고서」, 2013

③ **아궁이·화장실 등이 발굴된 근대 건물지 전경** | 한울문화재연구원, 「돈의문박물관마을 조성사업 부지 내 유적 발굴조사보고서」, 2016

④ **영정각으로 추정되는 근대 건물지 전경** | 서경문화재연구원, 「신문로2가 1-153번지 유적 발굴조사보고서」, 2019

· 건축물 관련 유적(건축기초, 부속시설 등 포함)

건축물 및 부속시설 관련 유적으로는 건물지, 박석, 적심석, 구들자리, 기단 등이 대표적이다. 경희궁지 문화재구역 내에서는 다수의 발굴조사로 경희궁 주요 전각의 초석, 월랑(행랑), 건물지, 담장지, 화계 등이 발굴되어 경희궁의 주요 건물인 숭정전 및 태령전지 복원성과가 있었다. 특히 2구역에서는 조선시대와 근대 시기의 다양한 건물지 관련 유적이 발견되었다. 돈의문박물관마을 조성사업 부지에서는 건물지와 함께 아궁이·화장실 등으로 추정되는 유적이 함께 발굴되어 전시 중이다. 조선시대 건물지 층위와 근대 시기의 건물지 층위가 중첩되어 함께 발견되는 경우도 존재하였다.

· 배수로 등 수 관련 유적

수水 관련 유적으로는 배수로(구)·우물·어구 등의 유적이 대표적이며, 전체 발굴조사 중 16건의 발굴조사에서 배수로 등 수 관련 유적이 발견되었다. 발견된 배수로는 경희궁 조성 이전부터 근대까지 그 시기가 폭넓게 나타났고, 특정 시기를 판단하기 어려운 경우도 있다.

'경희궁 태령전지 건립부지 발굴조사'에서 태령전지로 추측되는 유적을 발굴하지 못하던 중에 발굴을 위한 작업과정에서 영렬천이 노출되었는데, 영렬천 바위 앞의 U자형 배수구를 일부 뜯어내면서 바위에 또렷하게 적힌 '영렬천'이라는 글씨가 확인됨으로써 해당 위치가 태령전지임을 확신하는 단서가 되었다.

배수로는 문화재구역 내외부를 가리지 않고 발견되었으나, 특히 옛 총독부 관사 터 일대에서 개별적으로 발굴된 배수로는 다양한 시기의 배수로 형태가 중첩되어 나타난다. 다수의 발굴조사 결과가 기록되고 누적되어 배수로의 연속된 선형을 시기별로 가늠해 볼 수 있다는 점에서 경희궁지 또는 총독부 관사와의 관련성을 규명해 나가는 데 중요한 의미를 갖는다.

총독부 관사 터 일대에서 발굴된 배수로 유적

구분	유적 설명	비고
신문로2가 1-104	· 조선시대 배수로(기존 건물의 지하시설과 정화조로 인해 교란되어 조성시기 판단이 어려움)	신문로하우스
신문로2가 1-112	· 조선시대 배수로(사업시행자 측 사정으로 조사중지 중)	사우디아라비아대사관
신문로2가 1-116	· 경희궁 조성보다 앞선 시기로 추정되는 배수시설 2기(배수시설 1개소를 폐기하면서 배수시설 1개소 설치)	뤼미에르 갤러리
신문로2가 1-39	· 조선시대 전기 배수로 1기, 후기 배수로 1기(조선시대 전기 배수로 상부에 증축)	한살림 일대
신문로2가 1-153	· 조선전기 배수로 2기, 근대 배수로 2기	투바엔
신문로2가 1-160	· 총독부 관사 건설과정에서 조성된 것으로 추정되는 근대 배수로 1기(조선시대 건물지를 파괴하고 조성) · 조선시대 배수로 1기(양측에 석재로 벽을 세우고, 그 위에 판석을 얹은 암거형)	마이다스에셋자산운용

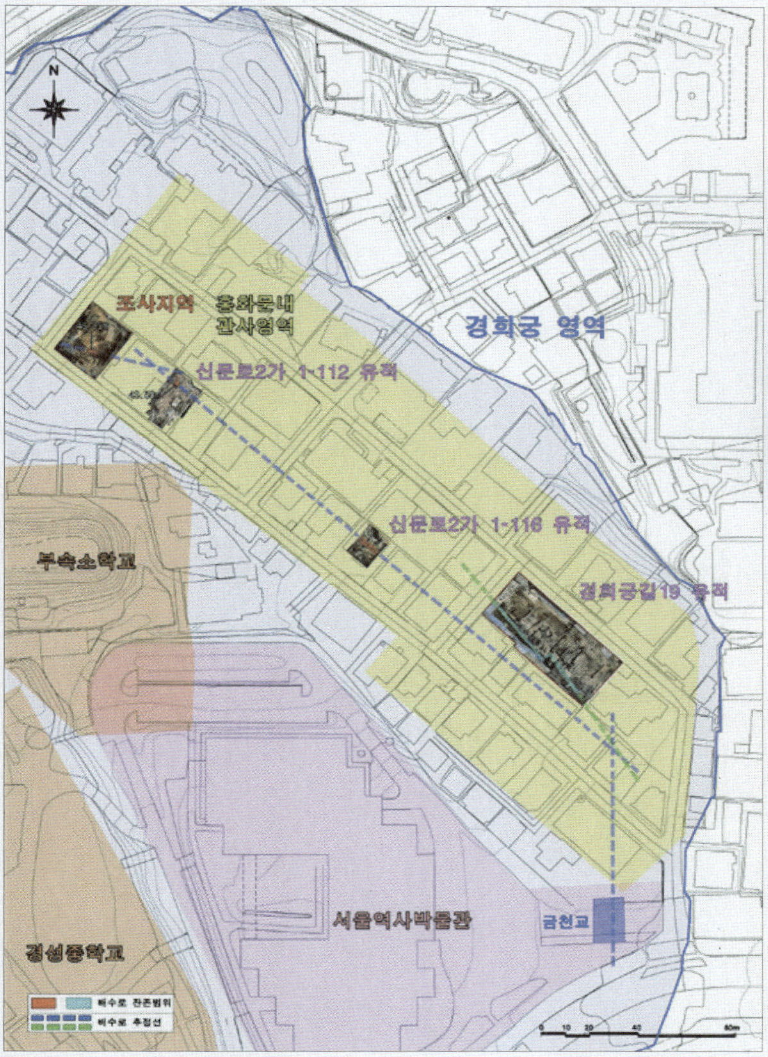

배수로가 발견된 조사지역과 배수로 추정 선형 | 한울문화재연구원,「경희궁1길 32 근린생활시설 신축부지 내 유적 발굴조사보고서」, 2016

조선시대 추정 배수로 | 한울문화재연구원, 「경희궁1길 32 근린생활시설 신축부지 내 유적 발굴조사보고서」, 2016

근대(총독부 관사) 배수로와 토관 | 한울문화재연구원, 「신문로2가 1-160번지 유적 발굴조사보고서」, 2019

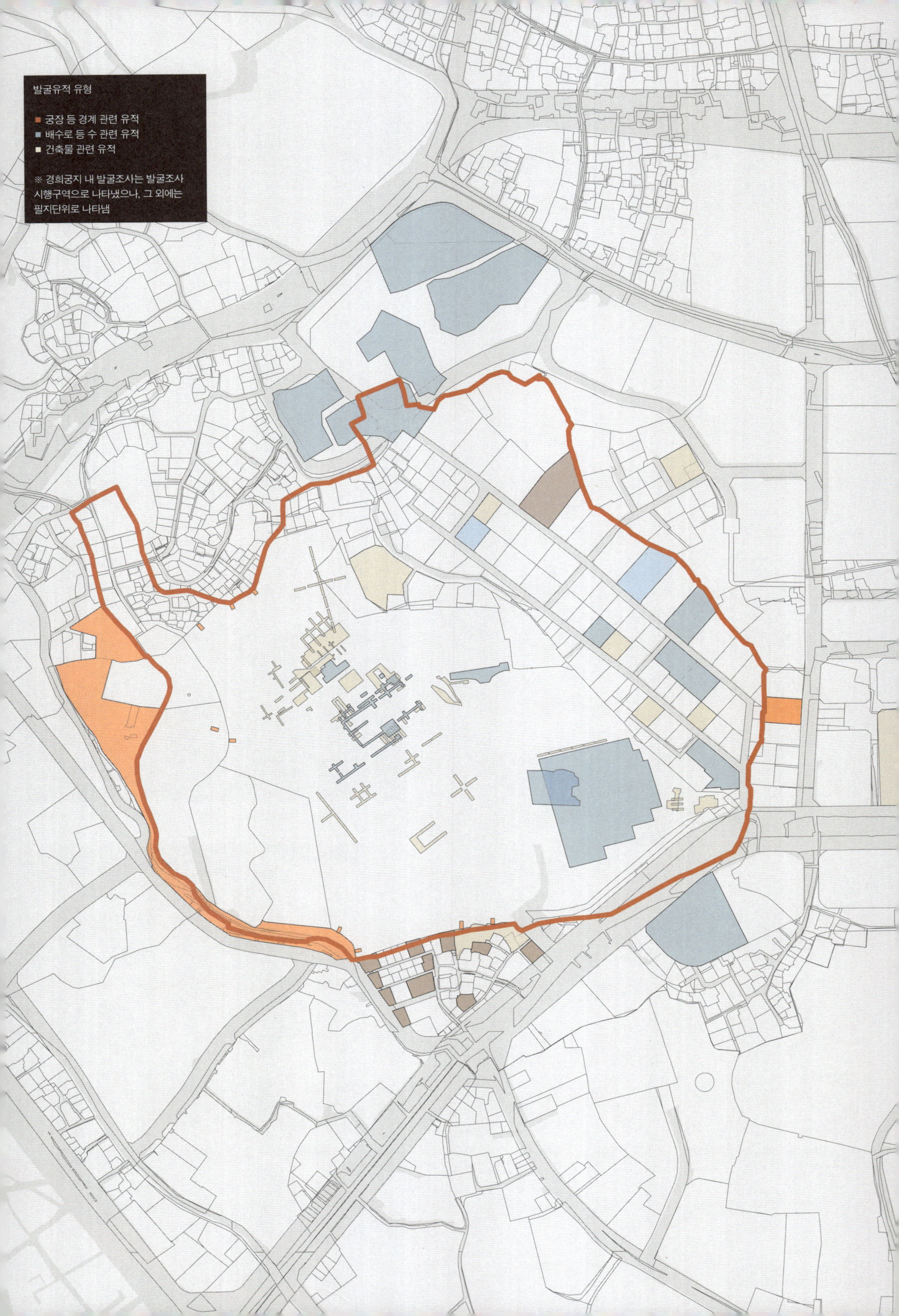
발굴유적 유형
■ 궁장 등 경계 관련 유적
■ 배수로 등 수 관련 유적
■ 건축물 관련 유적
※ 경희궁지 내 발굴조사는 발굴조사 시행구역으로 나타냈으나, 그 외에는 필지단위로 나타냄

5.3 발굴유적의 시기별 특성

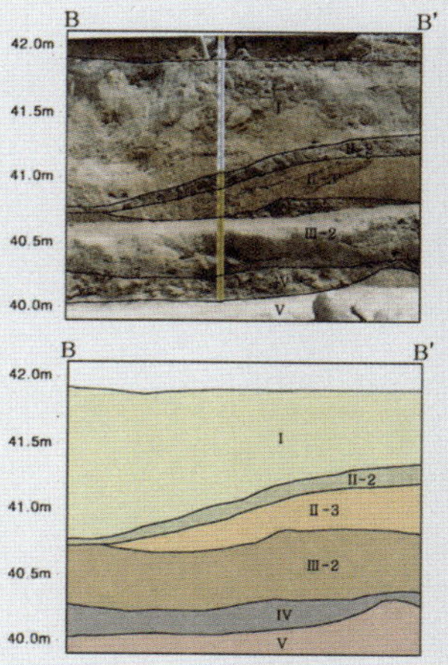

층위구분 예시 | 한울문화재연구원, 「신문로2가 1-160번지 유적 발굴조사보고서」, 2019

발굴유적의 경우 발굴조사 과정에서 해당 지번의 토양층위를 파악하여 문화층을 구분하고, 유적이 출토된 문화층을 파악하여 유적의 시기를 추정하였다(시기별 조성 방식이나 특성 등이 있는 경우 역사 사료에 기록된 사건이나 사실 등 관련 연구 및 문헌자료 등을 참고한다). 발굴유적의 시기는 각 발굴조사보고서에 기재된 내용에 따라 구분하였다. 신문로2가 일대의 매장문화재 발굴조사에서는 조선시대 이전부터 근현대에 이르기까지 다양한 유적이 발굴되며, 그중에서 특히 조선시대와 근대의 층위가 가장 두드러지게 나타난다.

- 고려(조선전기)

고려시대 유적은 3건의 발굴조사에서 나왔다. 2구역에서 2건, 3구역에서 1건이다. 12~13세기의 것으로 추정되는 기와가마와 조선전기층 건물지가 유구로 발견되었고, 그 외에는 토기류 등의 고려시대 유물이 발견되었다.

- 조선

유적이 발견된 발굴조사에서 모두 조선시대 유적이 발견되었다. 경희궁 조성 이전 등 경희궁과 관련성을 찾기 힘든 유물 등도 발견되었다. 2구역에서 경희궁과 관련된 것으로 추정되는 유적(건물지 등)도 발굴되었으나, 인접지역의 발굴조사 진행 여부를 고려하여 종합적 판단을 위한 유보적 차원에서 복토(현지보존)된 것으로 추정된다.

조선전기층 건물지 | 신문로2가 1-176번지 일원 발굴조사

12~13세기 고려시대 기와가마 | 충청문화재연구원, 「새문안로 79 유적 발굴조사보고서」, 2017

2구역에서 발견된 답도(추정)(판석과 장대석의 방향, 굴광선 흔적 등) | 한울문화재연구원, 「신문로2가 1-104번지 유적 발굴조사보고서」, 2018

· 근·현대

근대의 유적은 조선시대 다음으로 많은 11건의 발굴조사에서 발견되었다. 또 현대 유적은 3건의 발굴조사에서 나타났다(돈의문박물관마을, 새문안교회, 대상문화재단).

총독부 관사(근대) 당시로 추정되는 배수로 | 한울문화재연구원, 「신문로2가 1-160번지 유적 발굴조사보고서」, 2019

현대 건물지 | 충청문화재연구원, 「새문안로 79 유적 발굴조사보고서」, 2017

※ 매장문화재 발굴조사 현황표 첨부자료 참고

발굴유적 시기
- 고려
- 조선
- 근대
- 현대

※ 경희궁지 내 발굴조사는 발굴조사 시행구역으로 나타냈으나, 그 외에는 필지단위로 나타냄

5.4 보존조치 현황

「매장문화재 보호 및 조사에 관한 법률」에 따른 보존조치 유형은 크게 현지보존, 이전보존, 기록보존 등 세 가지로 구분된다. 현지보존은 문화재의 전부 또는 일부를 발굴 전 상태로 복토覆土하여 보존하거나 노출시켜 건물 내에서 수용전시하는 방식으로 보존하는 것을 말한다. 이전보존은 문화재의 전부 또는 일부를 발굴현장에서 개발사업 부지 내의 다른 장소로 이전하거나 박물관·전시관 등 개발사업 부지 밖의 장소로 이전하여 보존하는 것으로, 원형이전·전사이전·해체이전 등이 있다. 기록보존은 발굴조사 결과를 정리하여 그 기록을 보존하는 것으로, 발굴조사보고서나 안내판 설치 등의 방법이 있다.

가장 적극적인 보존조치는 '건물 내 수용전시'인데, 신문로2가 1-335번지(일조각 사옥)와 신문로2가 7-24번지 외(돈의문전시관)가 대표적이다. 신문로2가 1-116번지(뤼미에르 갤러리)의 경우 2014년 '건물 내 수용전시'하였으나 2017년 보존조치 유적 주변으로 침수가 발생함에 따라 문화재위원회 재심의 의결을 통해 복토 방식으로 변경 결정되었다(보존유적 상부를 성토하여 재매립하고, 그 상부에 방수막을 설치하고 콘크리트 슬래브를 조성하였다).

돈의문전시관의 경우 돈의문뉴타운(도시환경정비사업) 추진과정에서 서울시에 기부채납된 곳으로, 발굴조사 당시 경희궁 궁장 관련 유적과 건물지가 발견되었다. 이에 서울시는 문화재 및 학술적 가치를 고려하여 당초 마을 조성계획을 수정하며 보존의지를 보였고, 그 결과 경희궁 옛 궁장은 돈의문전시관 내에, 건물지는 외부공간에 전시하게 되었다.

일조각 사옥(신문로2가 1-335번지)의 매장문화재 전시는 민간 사업시행자의 적극적인 보존 의지로 '건물 내 수용전시'된 사례이다. 사업시행자는 발굴조사의 비용과 공사기간의 불확실성 및 설계안의 변경 등을 감당해야 하고, 특히 건물 내 수용전시는 조성 이후 지속적인 유지·관리 부분도 고려해야 하기 때문에 민간사업자인 일조각의 건물 내 수용전시는 민간영역에서는 드문 사례로 꼽힌다. 현장에서 전시된 사례로 수용전시 외에 기록보존 방법 중 하나인 안내판 설치도 확인할 수 있는데 신문로2가 1-104번지(신문로하우스), 1-176번지(아산정책연구원), 1-158번지(세계로컬뉴스), 1-124번지(현대해상온마음어린이집) 등이 대표적 사례이다.

현지보존 대표 사례

신문로2가 1-335번지(일조각 사옥)	신문로2가 1-116번지(뤼미에르 갤러리)	신문로2가 7-24번지 외(돈의문전시관)

건물 내 수용전시(밀폐형)	건물 내 수용전시(밀폐형 → 복토형으로 변경)	건물 내 수용전시(노출형)
조사연도: 2003년 보존조치: 원형보존 전시대상: 조선시대 건물지 및 석축 보존특징: 1층 복도 바닥 부분을 유리패널로 밀폐하여 전시	조사연도: 2014년 보존조치: 원형보존 전시대상: 조선시대 건물지 및 배수로 보존특징: 지속적인 지하수 침투로 2018년 복토	조사연도: 2016년 보존조치: 원형보존 전시대상: 경희궁 옛 궁장 및 근대건물지(화장실) 보존특징: 현상변경, 자리이동, 화장실 야외노출 전시

기록보존(안내판 설치) 사례

신문로2가 1-104번지

신문로2가 1-39번지

신문로2가 1-124번지

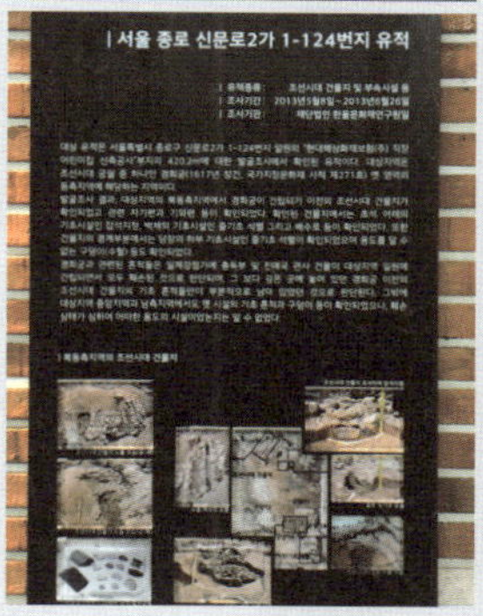

신문로2가 1-140, 39번지

경희궁 궁장 존치현황

개요

경희궁의 궁장은 시기에 따라 경계가 변화해 왔으며, 오늘날에는 원래의 규모보다 상당수 축소되어 문화재(보호)구역 경계를 형성하고 있다.

그러나 문화재구역 주변으로 경희궁 옛 경계의 흔적이 상당 구간 지적선의 형태로 남아 있고 물리적으로 복원된 구간도 일부 존재한다.

경희궁의 옛 경계는 현재의 지적도에 그 선형이 남아 있는데, 최초로 측량된 지적원도(1912)와의 비교를 통해서 경희궁의 옛 경계를 추정하는 작업을 진행하였다.

다양한 형태로 남아 있는 경희궁의 옛 궁장은 창건 이후 400여 년간 훼철과 용도변화, 복원 등의 변화를 겪어 온 경희궁의 단면을 잘 보여주고 있다.

복원궁장

외부, 내부, 복원 이전

기존궁장(다각형쌓기)

성곽미술관 외·내부

옛 궁장 존치현황

· 복원궁장

- 복원구간: 약 118m / 복원높이: 3~5m
- 조성형태: 전형적인 궁궐의 담장 형식으로 하부에는 화강석의 지대석, 그 위에 사고석 쌓기, 상부에는 기와지붕 설치, 지붕의 하부에 평연을 담 밖으로 돌출하여 지붕을 받치는 형태.
- 국비지원을 통해 종로구에서 토지 소유주와의 협의를 거쳐 복원사업을 시행한 것으로 파악되지만 정확한 복원시기와 과정 및 절차 등은 확인되지 않았다.

· 기존궁장(다각형쌓기)

- 존치구간: 약 159m / 궁장높이: 1.5~3m
- 조성형태: 다각형쌓기와 막돌쌓기 위에 기와지붕을 올린 형식.
- '경희궁지 종합정비계획'에서 기존궁장으로 구분하였으나, 궁장의 상태가 비교적 양호하며 서울역사박물관에서 발간한 「돈의문전시관」에서는 해당 구간을 복원궁장으로 추정된다.

· 기존궁장(시멘트 벽돌)

- 존치구간: 약 244m(132m+112m)
- 조성형태: 석축 및 시멘트 벽돌의 형태.
- '경희궁지 종합정비계획'에서 기존궁장으로 구분하였으나, 현장에서는 지형의 구조안전을 위한 석축 외에 궁장은 확인이 불가하다.

· 지적존치

- 지적선으로 남아 있는 구간은 그 형태를 통해 옛 궁장의 선형을 유추해 볼 수 있는 중요한 단서가 된다. 반대로 지적선이 멸실된 경우 발굴조사를 통해 유적이 확인될 때에는 옛 궁장과 그 선형을 확인할 수 있으나, 그 외에는 옛 궁장의 선형을 확인할 수 있는 방법이 전무하다.
- 경희궁지 동측은 대규모 대지, 접도현황 등 양호한 개발여건에도 불구하고 지적선이 멸실되지 않고 남아 있다.
- 무덕문지 일대는 사직1 도시환경정비사업에 포함되었으나 사업추진과정에서 경희궁 옛 경계임을 인지하고 의도적으로 존치시켰을 것으로 추정된다.
- 지적선조차 남아 있지 않고 멸실된 구간은 새문안로 일부와 돈의문박물관마을 일부이다.
- 새문안로의 경우 공공소유의 토지로 도로확폭 과정에서 공공에 의해 멸실된 것으로 추정해 볼 수 있는데, 사직1 도시환경정비사업 과정에서 다수의 필지가 합필되었음에도 불구하고 무덕문지 일대의 지적선을 남겨둔 것과 대조를 이룬다.

기존궁장(시멘트 벽돌)

옛 궁장 존치상황 ■ 복원궁장 ■ 기존궁장(시멘트 벽돌) ■ 기존궁장(다각형쌓기) ── 지적존치 - - 지적멸실

사직1 도시환경정비사업 과정에서 의도적으로 존치시킨 것으로 추정되는 지적선(무덕문지 일대)

지적이 멸실된 경희궁 남측(돈의문박물관마을 일대)

경희궁의 흔적

■ 조선시대
□ 일제강점기 이후

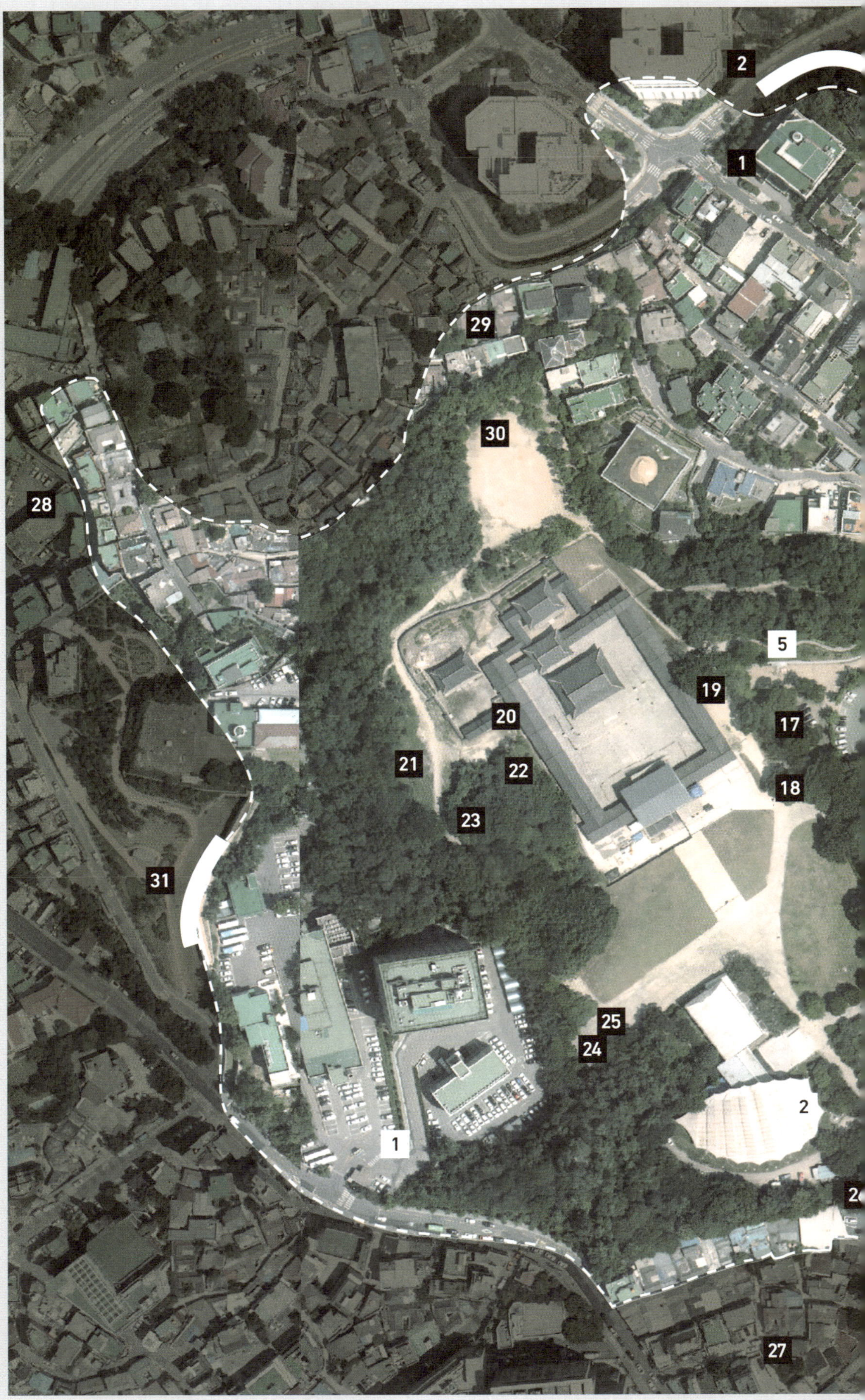

1 무덕문지
2 절토구간
3 복원궁장
4 반월형 석조 연못(성곡미술관)
5 경희궁지 발굴 유구 보존지
6 향나무
7 단절된 궁장 흔적
8 신문로 유적 발굴 내용 표시
9 복원궁장
10 경희궁 석재
11 복원 우물
12 복원 수로
13 금천교
14 흥화문터 표석
15 흥화문 원위치
16 계단 석재(일제, 조선시대 혼재): 2020년 멸실
17 느티나무
18 계단 석재(조선시대): 2020년 멸실
19 축대
20 수로
21 영렬천
22 위선당터
23 회화나무
24 석재
25 석재(경희궁 숭의문 근처)
26 참죽나무
27 모란문받침 괴석 (현재 서울역사박물관에 기증)
28 한양도성 축대
29 경희궁 경계
30 경희궁 경계
31 한양도성

1 서울고등학교 기념비
2 서울중고등학교 터 표석
3 일제강점기 관사
4 관사 터
5 방공호

발굴조사를 통해 출토된 유적 외에도
괴석, 석재, 수목 등에서 경희궁의 흔적을 발견할 수 있다.
'경희궁은 살아있다(2015)'에서 기록한 경희궁의 흔적지도를 통해서
옛 경계 내의 남은 경희궁의 흔적을 살펴보았다.

3 경성중학교와 서울중고등학교

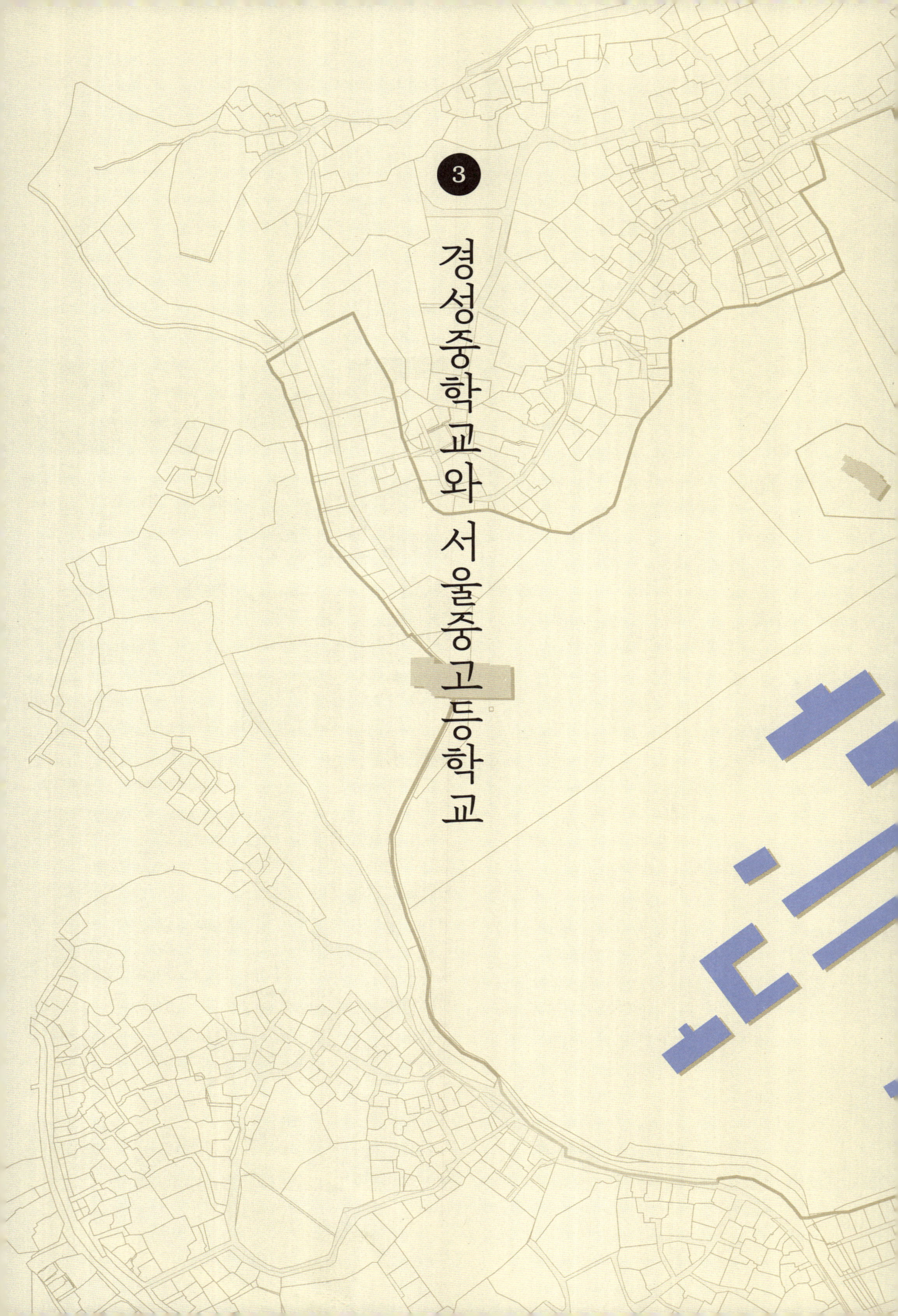

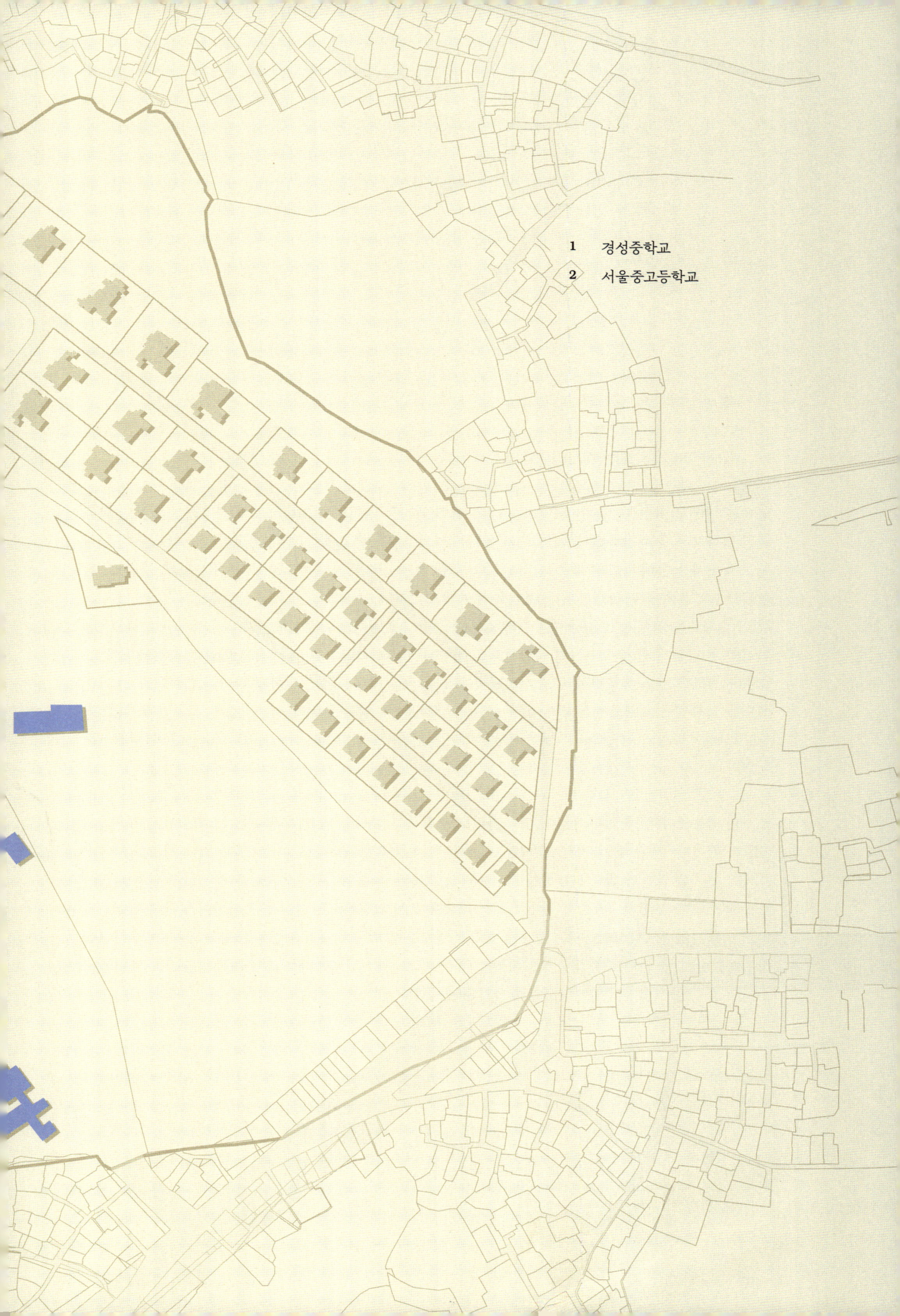
1 경성중학교
2 서울중고등학교

1

경성중학교

1.1 경성중학교의 설립과 그 위상

일제강점기의 교육제도

일제는 1905년 3월에 〈재외지정학교제도在外指定學校制度〉를 실시하여 처음으로 조선에서의 일본인 교육 관련 법적 기반을 마련하였다. 이 제도의 목적은 일본이 외국에 있는 일본인 학교의 직원을 일본의 공립학교 직원과 동등하게 대우해 주는 것이었다. 그뿐만 아니라 재외지정학교에 다니는 재조선 일본인 학생에게도 일본의 학교 학생과 같은 여건을 부여해 주었다.
결국 이 제도는 일제가 1910년 이전부터 일본인들이 더 안정적으로 조선에 정착할 수 있도록 마련한 방안이었다. 당연히 일제가 조선에 식민정책을 신속하게 실현하고자 한 목적과도 밀접한 관련이 있었다. 1906년 통감부가 설립되면서 학교 시설과 일본인 교육을 모두 통감부에서 관리하기 시작하고, 조선에 설립된 거류민 학교도[1] 일본 외무성外務省과 문부성文部省의 허가를 받아 재외지정학교가 될 수 있었다. 〈재외지정학교제도〉는 1914년 4월 거류민단이 폐지된 이후 없어졌고, 재외지정학교는 모두 공립학교가 되었다.

조선에 있는 일본인 학교와 일본인 교육까지를 포괄하여 실시된 첫 번째 법령은 〈소학교규칙〉(1909년 2월 제정)이다. 이 규칙으로 재조선 일본인 소학교는 일본의 소학교 소속이 되었다. 이때 재조선 일본인 소학교 교육을 위한 정책도 시행하여 조선에서의 교육과정, 졸업, 교사 대우 등을 일본에서와 차별 없이 보장해 주었다. 조선에 거주하던 일본인이 자녀교육 문제로 일본으로 돌아가는 상황이 발생하지 않도록 하기 위해서였다. 1912년 일제는 각종 공립학교 법령을 발포하여 재조선 일본인 교육 학제學制의 기반을 확립하였다. 그중 하나로 통감부 시기에 시행한 〈소학교규칙〉을 폐지하는 대신 1912년 3월에 〈조선공립소학교규칙〉을 제정하여 일제강점기 말까지 유지하였다.

1 재조선 일본인 거류민단은 1905년 3월 일본 정부가 제정한 〈거류민단법〉과 1906년의 〈거류민단법 시행세칙〉으로 조직된 재조선 일본인 자치기구이다. 일본인 거류민단은 1906년 서울 · 인천 · 부산 · 진남포 · 군산 · 평양 · 목포 · 원산 · 마산 · 대구에, 1907년 용산 그리고 1908년 신의주에 각각 설치되었다. 일본 거류민은 법인화된 조직인 거류민단을 통해 거류지에서 자신들의 편익을 도모하며 세력을 확장해 나갈 수 있었다.(천지명, 「일제의 한국 강점과 재한일본인 거류민단의 재편」, 『역사연구』 26, 2014, 148쪽 ; 「일제의 '거류민단법' 제정과 그 성격」, 『한국독립운동사연구』 50, 2015, 322쪽)

2 일제는 전시 동원 체제를 목적으로 〈전시교육령〉을 제정하고 결전태세(決戰態勢) 확립을 부르짖었다. 같은 해 7월에는 〈전시교육령〉 시행령까지 내리고, 조선에서는 총독부 명령으로 학교마다 '학도대(學徒隊)'를 결성하여 학생을 군대 조직화함으로써 전쟁터로 몰아넣었다.

재조선 일본인 교육을 위한 다른 주요한 법령으로는 국권 피탈 이전인 1910년 1월부터 시행된 〈학교조합령〉이 있다. 재조선 일본인은 이 법령을 통하여 학교조합을 설립·운영하였다. 학교조합은 '일본인에 의한 그리고 일본인을 위한' 교육을 담당하는 법인 단체로 재조선 일본인 학교를 설립·운영하였다. 이 단체는 일제강점기 내내 그들이 계획한 식민지 교육정책을 실현할 수 있게 한 핵심 조직이었다고 할 수 있다.

조선에 학교조합이 설립되기 시작한 것은 1908년경부터였다. 설립 허가 건수를 기준으로 할 때 일제강점기에 조선에 설립된 학교조합은 모두 506개였다. 또한 설립 허가 날짜를 기준으로 할 때 가장 마지막에 설립된 학교조합은 1944년 6월 2일 황해도의 하성학교조합下聖學校組合으로, 학교조합이 설립되지 않은 지역은 강원도 양구군·정선군과 함경남도 덕원군 등 세 곳에 불과했다. 따라서 일제가 일본인이 사는 조선 대부분 지역에 설립하려고 노력하였음을 알 수 있다. 일본인이 사는 동네라면 학령 아동이 10명만 되어도 학교조합을 반드시 설립할 정도였고, 이에 따라 일본인 학교도 그만큼 설립되었음을 의미한다.

학교조합에서 운영한 학교는 소학교·고등여학교·실과고등여학교·상업전수학교·간이상업전수학교·유치원 등 다양하다. 학교조합에서 설립한 학교 중에서 오늘날 초등학교에 해당하는 소학교가 차지하는 비중은 일제강점기 동안 연평균 94% 정도로 아주 높았다. 일제강점기에 일본인 학교의 대부분을 차지한 것도 소학교였다.

조선총독부는 1911년 제1차 〈조선교육령〉(이하 교육령)을 시행한 이후 모두 네 차례 교육령을 개정하였다. 태평양전쟁 막바지였던 1945년 5월에는 〈전시교육령〉[2] 으로 개정하였다. 1차 교육령 제1조에는 "조선에서 조선인의 교육은 본령本令에 의한다"라고 명시되어 있다. 이 교육령은 조선인을 대상으로 하는 것이었다. 국권 피탈 이후 재조선 일본인을 대상으로 한 교육은 1912년 3월에 제정된 〈공립학교 관제와 법령〉을 따랐다. 이처럼 제1차 교육령 시행 시기인 1911년부터 1922년 제2차 교육령이 실시되기 전까지 조선인 학생과 재조선 일본인 학생에게 적용하는 교육제도와 학제學制는 분리되어 있었다.

2차 교육령은 '조선인'과 '일본인' 두 민족 모두가 대상이었다. 교육령 목적이 '조선인 교육'에서 '조선에서의 교육'으로 바뀐 것이다. 이때부터 조선인과 일본인 간에 차별 없는 교육을 시행한다는 명분을 내세운 소위 '공학제도'가 도입되어 조선에서 실업교육·전문교육·대학교육·사범교육을 실시하는 학교는 일본 법령을 따르도록 하였다. 조선 내 학교 중에서 보통교육을 실시하는 학교[3] 를 제외하고, 일본 법령을 기준으로 조선인과 일본인의 공학[4] 을 실시한 것이다.

제3차 교육령에서는 일본의 교육 법령 적용 대상을 '보통교육을 실시하는 학교'로까지 확대하여 모든 교육과정과 학교가 일본 법령을 기준으로 운영되도록 하였다. 제2차와 제3차 교육령으로 사실상 재조선 일본인의 방침 및 일본의 교육제도가 조선 교육제도의 방침이 되었다. 일제는 이후 황국신민화 교육을 더 강화하였으며, 제4차 교육령은 교육의 전시 체제화를 목적으로 하여 특히 조선인 학생을 전쟁터에 투입하려고 하였다. 조선어 과목을 완전히 폐지하고 일본어 등 일본 관련 과목은 '국민과國民科'로 통일해 더욱 중시하였다.[5] 1945년 5월의 〈전시교육령〉에 의하여 조선의 학생들은 일제가 패망할 때까지 전쟁과 '전쟁을 위한 생산 현장'에 동원되기도 하였다.

3 일제강점기 교육의 종류는 크게 보통교육, 실업교육, 전문교육, 사범교육으로 구분되었다. 보통교육을 실시하는 학교의 경우 일본인 학교는 소학교·중학교·고등여학교가 그에 해당하며, 조선인 학교는 보통학교·고등보통학교·여자고등보통학교였다.(〈조선교육령〉 제정령 및 개정령 참조)

4 당시에는 일선공학(日鮮共學) 또는 내선공학(內鮮共學)이라고 하였다. 안홍선, 「일제강점기 중등실업학교의 민족공학제 연구」, 『교육사학연구』 25-1, 2015.

5 국사편찬위원회, 『신편한국사』 50, 「I. 전시체제와 민족말살정책」 50쪽.

'소학교'는 1895년 7월 조선 정부의 〈소학교령〉에 따라 규정된 초등교육 기관이었다. 또 중학교는 1899년 〈중학교관제〉에 따라 1900년부터 조선에 설립된 중등교육 기관이었다. 통감부는 조선의 교육제도 개혁 추진을 명분으로 1906년 8월에 〈보통학교령〉과 〈고등학교령〉 등 각종 학교령을 발표하였다. 이때 조선인의 '소학교'와 '중학교' 명칭이 '보통학교'와 '고등학교'로 바뀌었다. 통감부가 일본의 교육기관과 이름이 같은 조선의 소학교와 중학교 명칭을 바꿔 일본과 차별화하려 한 것이다.

일제는 제1차 교육령에 따라 '보통교육을 실시하는 학교의 이름'을 다시 정비하여 조선인 학교 이름을 '보통학교'와 '고등보통학교' '여자고등보통학교'로 바꿨다. 보통학교와 소학교는 오늘날 초등교육 기관에, 고등보통학교와 여자고등보통학교 그리고 중학교와 고등여학교는 오늘날 중등교육 기관에 해당한다. 일제는 제2차와 제3차 교육령에서 '공학제도'를 내세우며 조선인 학생과 일본인 학생 간의 교육적 차별을 없앤다고 주장하였다. 제3차 교육령에서는 일본만의 교육기관 이름으로 사용하던 소학교·중학교·고등여학교를 같은 급의 조선인 학교에도 사용하게 하였다. 그러나 그것은 제도적 통일에 지나지 않았다. 실상은 중학교와 고등여학교도 조선인의 중학교는 '원元고등보통학교'로, 고등여학교는 '원元여자고등보통학교'로 부르며 여전히 민족별로 구분하여 차별화를 유지하였다.

「전조선오십구중등교 신교명을 일제 발표」, 『동아일보』, 1938년 4월 1일 자

4월 1일부터 실시되는 개정교육령에 의하야 전 조선의 초·중등교의 교명은 전반적으로 바뀌는데 그중 중등학교는 다음의 공립 38교, 사립 21교로 도합 59교다. 그리고 '고등보통학교'로부터 '중학교'라고만 변경된 학교는 공립 10교, 사립 20교로 도합 30교다.
그중 가장 교명 변경이 주목되는 것 중 경성제일고보가 '경기중학'으로, 경성제이고보가 '경복중학'으로 되었다 함은 기보한 바어니와 이 외에 평양의 중학교, 평양고보, 전숭실학교는 각기 '제1중학' '제2중학' '제3중학'으로 되엇으며 평양여교보는 '평양서문고녀'로 되엇다. 〈후략〉

제3차 교육령 전후 조선인과 일본인 학교 이름 제도와 실제 비교

구분			제3차 교육령 시행 이전	제3차 교육령 시행 이후		
				제도	실제: 조선인	실제: 일본인
초등		조선인	보통학교	소학교	원보통학교, 소학교 2부, 제2소학교, 국민학교 2부	소학교, 소학교 1부, 제1소학교, 국민학교 1부
		일본인	소학교			
중등	남	조선인	고등보통학교	중학교	원고등보통학교	중학교
		일본인	중학교			
	여	조선인	여자고등보통학교	고등여학교	원여자고등보통학교	고등여학교
		일본인	고등여학교			

조선인 고등보통학교는 5년제인 일본인 중학교와 달리 4년제였다. 일제는 고등보통학교를 일본인의 중학교처럼 상급학교 진학을 준비하는 학문적 성격의 교육기관이 아니라 졸업 후 실업 분야에서 일할 수 있도록 실업교육 중심의 종결 교육기관으로 만들고자 한 것이다. 더구나 고등보통학교는 일본인 중학교보다 수업연한이 짧아 일본에서 학력을 제대로 인정받지 못하였다. 그래서 1910년대에 일본으로 유학

6 경성제일고등보통학교 학우회, 1936, 88.

7 박철희, 「일제강점기 인문중등학교 졸업생의 진로를 통해 본 식민교육의 차별성」, 『교육사회학연구』 제13권 제1호, 2003.

8 홍순민, 『우리 궁궐 이야기』, 청년사, 1999, 217쪽.

9 이동훈, 「'경성'의 일본인 사회와 자녀교육: 통감부 시기와 1910년대를 중심으로」, 『서울학연구』 45, 2011, 121쪽.

간 학생들은 정규 학생으로 등록하지 못하고 청강생 비슷한 별과생別科生으로 다니는 경우가 많았다. 당시 경성고등보통학교 교사였던 후루야 덴이치古谷傳一는 이 시기 경성고등보통학교의 교육 목적을 '졸업생을 농업·공업에 종사하도록 하는 것'이었다고 회고하였다.[6]

고등보통학교의 차별적인 성격은 1919년 3·1운동을 계기로 변화하였다. 일제는 조선인의 불만을 무마하기 위하여 기존의 무단통치 방식에서 내지준거주의內地準據主義에 입각한 문화통치로 전환하였다. 따라서 교육에서도 차별을 완화하였고, 먼저 제2차 교육령을 통해 학제를 변경하였다. 따라서 조선인의 보통학교는 6년제로, 고등보통학교는 5년제로 수업연한을 연장하였다. 또한 영어를 필수과목으로 지정하는 등 교과목도 조정하였다. 그러한 수업연한의 연장과 교육과정의 개편으로 고등보통학교의 학력을 일본에서도 인정받게 되었다. 1924년 경성제국대학 예과 설립에 이어 1926년에는 본과가 설립되었는데, 이제 조선인 고등보통학교도 대학과 연계성을 지니게 된 것이다.[7]

물론 고등교육 기관인 대학은 일본인 학생이 다수를 차지하는 등 고등보통학교 졸업생의 상급학교 진학 기회는 중학교 졸업생보다 훨씬 불리하였다. 고등교육 기회의 분배에 있어서 민족 간에 현저하게 차이가 나는 이유에 대하여 조선인들은 그것이 학력學力상의 차이보다는 민족차별 때문이라고 인식하였다. 민족 간의 차별적 선발인원의 할당, 선발과정에서의 사상 검열, 일본어로만 시행하는 선발시험 등 때문에 조선인은 일본인보다 불리할 수밖에 없다는 것이다. 3·1운동 이후 조선인 내에서 불기 시작한 교육열은 결국 그러한 민족차별로 고등교육기관의 진학 단계에서 꺾일 수밖에 없었다. 나아가 조선인의 교육열을 발산할 수 있는 별다른 통로가 없는 상황에서 일제에 대한 불만이 저항의 열기로 전환되었다.

경성중학교의 설립

한국에서 일본인을 위한 정식 중학교가 처음으로 설립된 지역은 서울이다. 1906년 통감부가 설치되고 거류민단 제도가 실시되면서 조선으로 건너오는 일본인은 더욱 증가하였다. 일본 거류민이 늘어나고 거주 지역이 확장되면서 그들의 자녀를 교육하기 위한 학교도 많이 세워졌다. 서울의 일본인 사회에서도 거류민단립중학교를 설립하자는 것이 주요 현안으로 떠올랐다.[8] 1909년 3월 경성거류민단 민회民會에서 '경성민단립경성중학교안'을 의결하였다. 같은 달 31일 설립 인가를 거쳐 같은 해 5월 22일 개교식을 열고 경성거류민단립중학교를 세웠다. 경성중학교는 재조선 일본인 최초의 중학교이자 일본이 국외에 설립한 첫 일본인 중학교였다.

경성중학교 개교 때 입학 지원자는 200여 명이었으며 입학생은 154명이었다. 학급은 1학년 두 반, 2학년 한 반 등 모두 세 반이었다.[9] 맨 처음 학교 건물은 일진회一進會 회장 이용구李容九와 송병준宋秉畯[10] 등이 알선하여 일진회가 소유한 독립문 부근의 독립관獨立館과 국민연설대國民演說臺 등 부지 3600평을 무상으로 빌려 건물을 급조해서 임시 교사로 사용하였다.[11] 독립관은 1학년 교실로 사용하고, 독립관 북쪽에 급하게 지은 건물 한 동은 2학년 교실로 사용하였다. 연설대는 처음에는 강당으로 사용하였으나 이후 강당 겸 교관실로 사용하였다. 경성중학교는 교사와 운동장이 좁아서 이웃에 있던 한성중학교漢城中學校의 운동장 등도 사용하였다.

10 송병준과 이용준은 친일반민족행위자.(친일반민족행위진상규명위원회, 「친일반민족행위진상규명 보고서」Ⅳ-8 (친일반민족행위자 결정 이유서), 현대문화사, 2009)

11 은정태, 「고종시대의 경희궁: 훼철과 활용을 중심으로」, 『서울학연구』 34, 2009, 117쪽.

경성중학교 임시 학교 건물로 사용된 독립관과 국민연설대 | 『경희사림』(1940), 독립기념관 소장
1908년 『한국사진첩』에 실린 것으로, 경성중학교가 교사로 사용하기 약 1년 전 모습이다.

독립문 오른쪽으로 보이는 임시 건물, 경성거류민단립경성중학교 | 『경희사림』(1940), 독립기념관 소장

1910년 4월 1일 경성중학교는 통감부가 인수하여 '통감부중학교'로 바뀌었다. 학교가 관립으로 승격되자 전교생이 기쁨에 넘쳤다고 한다.[12] 또한 중학교는 일본의 부府나 현縣에서 설립한 중학교와 같은 대우를 받을 수 있었다. 통감부중학교가 일본에 있는 중학교와 다른 점은 제1부와 제2부로 구성되었다는 사실이다. 제1부의 교과목 기본 방침은 일본의 중학교와 마찬가지로 1901년 문부성령 제3호 〈중학교령 시행규칙〉에 준하였다. 제2부는 실업교육을 중심으로 교과목을 편성하고, 특히 4학년 이상의 교과 과정에는 이과理科·조선어·경제·부기簿記 등을 추가하였다.[13]

경성중학교를 어디에 설립할 것인가? 통감부가 서울에서, 아니 조선에서 가장 좋은 곳을 경성중학교 터로 선택하려고 엄청나게 고민하였음은 다음의 기사에서도 짐작할 수 있다.

「일 기지 선택日基地選擇」, 『황성신문』 1910년 1월 30일 자	통감부로셔 경성중학교의 기지基地를 경복궁으로 내정하야 교섭 중이라 홈은 오전誤傳이오. 기실其實은 삼처三處의 후보지候補地올 선택選擇하야 목하조사目下調査 중인데 기其 중에 서대문 경희궁慶熙宮의 일부로 정하자는 내의內議가 유有하얏다더라.

이 기사를 통해 '통감부에서 이미 경복궁을 학교 터로 내정하여 교섭 중'이라는 소문 또는 정보가 시중에 적지 않게 떠돌았음을 짐작할 수 있다. 그러한 소문 또는 정보에 대하여 통감부는 '오전(와전된 것)'이라고 변명까지 하였다. 통감부는 후보지 세 곳을 선택한 뒤 그중에서도 경희궁 일부로 정하자고 논의하였다. 통감부중학교로 바뀌기 전부터 일본인 중학교가 조선의 궁궐 중 하나인 경희궁을 침범하는 역사가 구체적으로 진척되기 시작한 것이다.

통감부는 경희궁 내에 땅 1만 평을 빌려 예산 15만 원으로 학교 교사를 짓고,[14] 7만 3000원으로 기숙사를 신축하였다.[15] 이때 경희궁 터가 암반으로 이루어져 공사에 어려워지자 '석괴石塊'를 폭약으로 파괴하면서 공사를 진행하기도 하였다.[16] 경희궁이 암반 위에 입지한 궁궐이라는 것은 숙종이 쓴 왕암(서암)이라는 각자석에서도 알 수 있다.[17] 국권 피탈 두 달여 만인 1910년 10월 통감부중학교는 '조선총독부중학

12 『慶熙史林』, 경성공립중학교, 1940, 26쪽.

13 이동훈, 앞의 논문, 122쪽.

14 경성부 편, 『경성부사』 2, 경성부, 1936, 805쪽 ; 조선총독부 학무국 편, 『조선교육요람』, 조선총독부, 1915, 105쪽 ; 教育史編纂會 編, 『(明治以降) 教育制度發達史』 10, 文部省, 1938, 28~29쪽.

15 『朝鮮教育要覧』 朝鮮総督府内務部学務課, 1915년 12월, 105쪽.

16 "근일 폭성이 횡횡하야 인심을 경의케 하는데 기 내용은 왕탐한즉 차(此)는 서궐 내에 건축하는 통감부립중학교 기지의 석괴를 파쇄(破碎)함을 임함이라더라", 『황성신문』 1910년 08월 24일 자, 「서궐내(西闕內)의 박성(爆聲)」.

17 자료집 「경희궁지 방공호 역사성 규명 심포지엄」, 2019, 42쪽.

18 『慶熙史林』, 경성공립중학교, 1940, 24~26쪽.

19 京喜會, 『仁旺ケ丘: 京城中學校卒業五十周年記念誌』, 1982, 356쪽 ; 권숙인, 「식민지배기 조선 내 일본인 학교: 회고록을 통해 본 소·중학교 경험을 중심으로」, 『사회와 역사』 77, 2008, 64~67쪽.

교'로 명칭이 바뀌었다. 이때 학교 건물이 모두 완공되지는 않았지만 수업을 할 정도는 되었던 것으로 보인다. 같은 해 11월 조선총독부중학교는 경희궁에 지은 새 교사로 이전하였다. 새 교사로 옮긴다는 '희열'에 차 있던 일본인 학생들은 직접 책걸상과 교구를 운반하였는데, 그 행렬이 의주통(의주로)을 지나 장사진을 이루었다고 한다.[18] 조선의 왕궁인 경희궁 터에서 재조선 일본인 관립중학교는 그렇게 둥지를 틀었다.

조선총독부중학교는 이후에도 두 차례나 이름을 바꿨다. 1913년 4월 부산중학교 설립으로 조선총독부 소속 학교, 즉 조선총독부중학교는 두 개가 되었다. 이에 서울의 조선총독부중학교 이름을 다시 '경성중학교'로 바꾸었으며, 같은 해 10월 신축한 교사 낙성식을 거행하였다. 1925년 4월에는 학교 소속이 조선총독부에서 경기도로 이관되면서 학교 이름도 '경성공립중학교'로 변경되었다.

경성중학교의 명칭 변화

시기	명칭	변화 계기
1909년 3월	민단립경성중학교(또는 경성거류민단립중학교)	경성거류민단 설립인가
1910년 4월	통감부중학교	학교 운영이 통감부로 이전
1910년 10월	조선총독부중학교	국권 피탈
1913년 4월 이후	경성중학교	조선총독부중학교 소속 부산중학교 신설
1925년 9월 이후	경성공립중학교	1925년 5월 학교 소속이 조선총독부에서 경기도로 이관

경성중학교는 '조선의 대표학교' 또는 '도쿄 제1중학교와 학습원學習院을 합쳐 놓은 학교'라고[19] 할 정도로 위상이 대단하였다. 일출소학교와 함께 조선의 학습원으로 불리기도 하였다.[20] 일본의 학습원은 일본 메이지明治 정부 때 화족華族(일본의 귀족)을 양성하기 위하여 설립하였으나, 일본의 '황족'도 진학하는 고위층 교육을 위한 기관이었다(고종의 딸 덕혜옹주德惠翁主, 1912~1989도 1921년 일출소학교에서 5학년을 수료한 뒤 1925년 도쿄의 학습원에 진학하였다[21]). 경성중학교 학생들은 주로 총독부에서 근무하는 일본인의 자녀였다.[22]

서울에서 일본인 남학생이 밟는 이른바 '엘리트 코스'는 일출소학교를 비롯한 종로소학교·남대문소학교·동대문소학교·앵정소학교·청엽소학교 등의 소학교를 졸업한 뒤 경성중학교 또는 용산중학교를 졸업한 다음에 일본에 있는 고등교육 기관이나 제국대학으로 진학하는 일련의 과정을 의미하였다.[23] 그중에서도 경성중학교를 졸업하고 일본 내 고등학교를 거쳐 제국대학에 가는 것이 단연 최고의 코스였다. 당연히 서울뿐 아니라 재조선 일본인 남학생 대부분이 품었던 '꿈의 코스'이기도 하였다.

1924년 조선에 경성제국대학이 설립된[24] 후 1943년까지 입학생을 가장 많이 배출한 것도 경성중학교였다.[25] 이때 1924년부터 1937년까지 경성제대 예과 입학생은 그 어디보다 경성중학교 졸업생이 압도적으로 많았다고 한다.[26] 경성중학교를 졸업한 후 사회로 진출할 때도 다수가 관공서나 은행 등에 취직하는 등 경성중학교는 '재조선 일본인 화이트칼라' 양성의 산실이었다.[27]

20 권숙인, 「'일본 밖 일본': 식민지기 재한 일본인 커뮤니티」, 한국연구재단 선도연구자 지원 2005년 선정 연구 결과물, 16쪽.

21 육수화, 「근대 일본의 황족과 화족 교육: 가쿠슈인(學習院)을 중심으로」, 『교육사학연구』 22권 1호, 2012 ; 권숙인, 「식민지배기 조선 내 일본인 학교: 회고록을 통해 본 소 · 중학교 경험을 중심으로」, 『사회와 역사』 77, 2008, 66쪽.

22 이송희, 「일제하 부산지역 일본인 사회의 교육 1: 일본인 학교 설립을 중심으로」, 『한일관계사연구』 23, 2005, 225쪽.

23 차은정, 「재조귀환자의 후루사토와 기억의 정치학: 패전 후 귀국 일본인에 대한 민족지적 연구」, 서울대 박사학위논문, 2014, 183~184쪽.

24 경성제국대학은 일제 식민지기에 총독부의 인가를 받은 유일한 대학으로 1920년대 초반 조선에서 일어난 민립대학 설립 운동을 억제하면서 재조선 일본인 학생들의 대학교육을 위한 목적으로 설립되었다. 한용진, 「일제 식민지 고등교육 정책과 경성제국대학의 위상」, 『교육문제연구』 8, 고려대학교 교육문제연구소, 1996.

25 김도연, 「경성중학교의 만주 수학여행」, 한국교원대 석사학위논문, 2017, 7쪽.

26 "1934년 경성제대 입학률, 경성중학교 20% 이상, 용산중학교 11%, 경기제일고보 10%"(「식민권력과 근대지식: 경성제국대학연구 심포지엄」)

27 차은정, 앞의 논문, 238쪽.

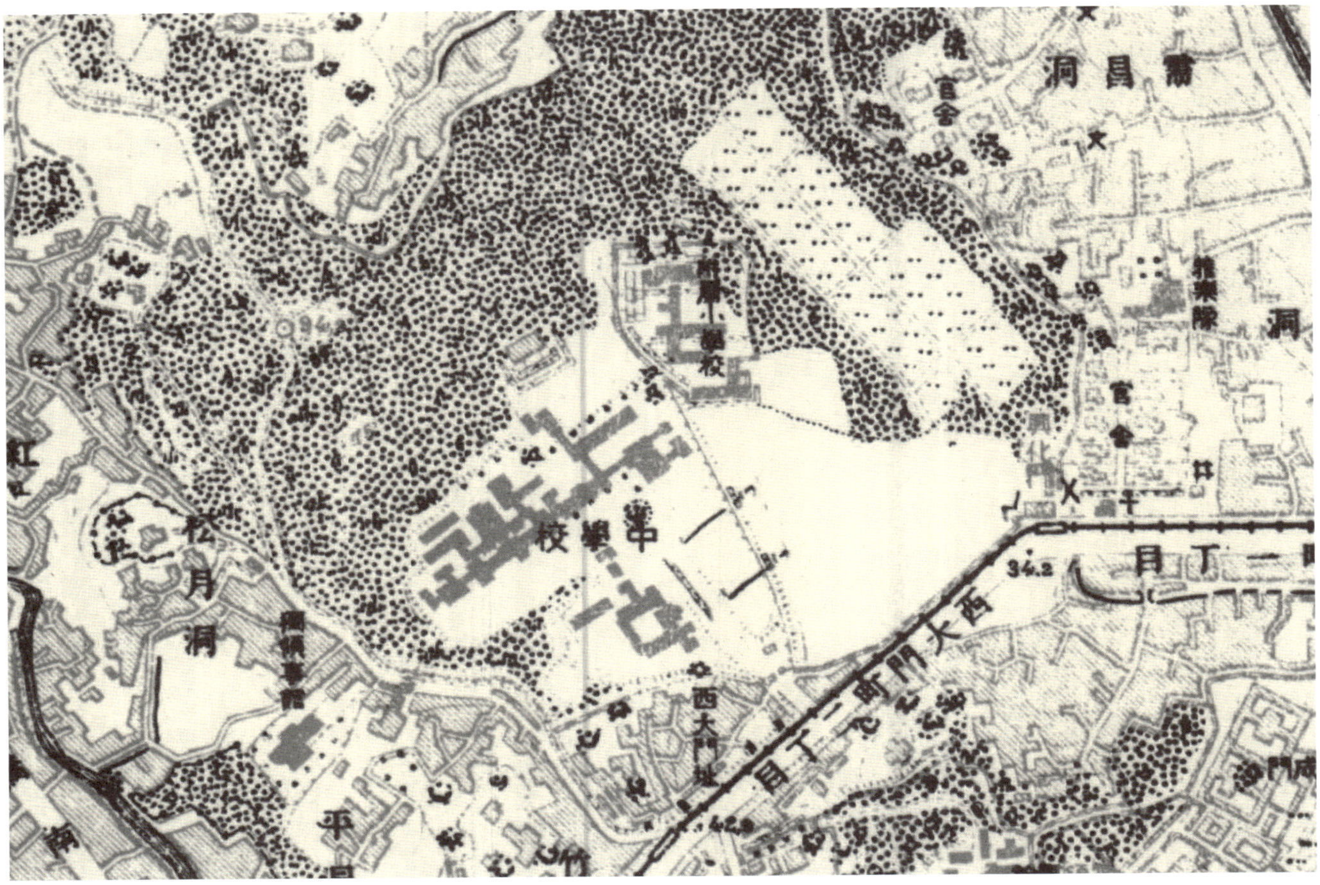

숭정전 일대에 들어선 경성중학교 교사 | 『조선지형도』(부분), 1921, 국립중앙박물관 소장
경성중학교와 전매청 관사 부지 사이에는 부속소학교가 자리하고 있다.

수업용 책상 반입 | 『부흥기념 회원명부』(1933), 일본 국립국회도서관 소장

이와 같은 명성을 지닌 경성중학교에 많은 입학자를 내는 소학교일수록 위상이 높았는데, 당시에는 일출소학교가 재조선 일본인 사회에서 '진학 명문학교' 중 최고의 자리를 차지하였다.[28] 그리고 지방에 있는 소학교 졸업자가 경성중학교에 합격한다는 것은 경성의 소학교 졸업자가 합격하는 것보다 더 큰 영광으로 여겨졌다. 경성중학교 진학 여부는 소학교 졸업생뿐만 아니라 해당 학교 교사에게도 자존심이 걸린 중요한 일이었다. 1920년 3월 28일 경성의 한 여관에서 34세의 아오키靑木라는 소학교 교사가 자살하는 사건이 발생하였다. 그 교사는 자기가 가르친 소학교 졸업생 네 명을 경성중학교에 진학시키려고 함께 경성에 와서 여관에 머물렀다. 그런데 학생 네 명 중 한 명이 입시에서 탈락하자 상심한 끝에 여관에서 자살한 것이다.[29] 학교의 서열화가 빚어낸 안타까운 사례를 보여주는 사건이었다.

경성중학교 다음 서열은 용산중학교였다. 1918년 조선 내 일본인 중학교 가운데 네 번째로 개교한 이 학교에는 일본 군인의 자녀가 많이 다녔다. 군인 중에서도 좌관佐官[30] 급이 많았다. 당시 일본군은 지금의 미8군(용산미군기지) 자리에 주둔하였는데, 그곳에서 이 학교가 가까웠기 때문이다. 용산중학교 학생 사이에서는 부모의 군인 조직 위계가 그대로 투영되어 흥미로운 광경이 연출되곤 하였다. 또한 서울 지역뿐만 아니라 부산의 부산중학교, 상업학교 등의 수준도 상당히 높았으며, 이들 학교의 학생이 이른바 일류 학교에 많이 진학했다. 오늘날에도 이들 학교 졸업생들의 모교에 대한 자부심은 상당히 높다.[31]

학교의 서열화 및 경쟁과 관련하여 많은 '기록'이 남아 있는데, 특히 경성중학교와 용산중학교에 대한 내용이 많다. 용산중학교는 경성중학교와의 계속되는 경쟁 때문에 이른바 '잘나가는 형을 둔 아우와 같은 비애감'을 오랫동안 맛봤다. 용산중학교는 창립 이래 계속하여 '경성중을 따라잡자! 경성중을 능가하자!'라는 마음으로 분투하였다. 또 '우등생 반'을 따로 만들어 운영하는 등 상급학교 진학 면에서 경성중학교를 따라잡기 위해 큰 노력을 기울였고, 실제로 시간이 지나면서 두 학교 간의 격차는 많이 줄어들었다. 하지만 해방 후 폐교될 때까지 만년 2등의 '비애'에서 완전히 벗어날 수는 없었다고 한다. 대신에 용산중학교는 '스포츠 하면 용중龍中'이라고 할 정도로 운동 경기에서는 경성중학교를 능가하여 일제강점기 재조선 일본인 중학교 전체에서 왕좌를 차지하였다. 해방 후에는 옛 용산중학교 교사에서 용산고등학교가 새롭게 출발하였다.[32]

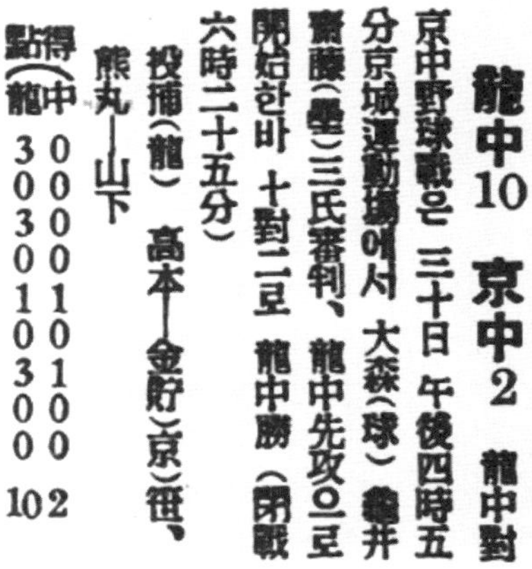
龍中10 京中2

龍中對京中野球戰은 三十日 午後四時五分京城運動場에서 大森(球) 龜井齋藤(壘)三氏審判、龍中先攻으로開始한바 十對二로 龍中勝 (閉戰六時二十五分)

投捕(龍) 高本—金貯(京)田、熊丸—山下

得點										
(中	0	0	0	0	1	0	1	0	0	2
(龍	3	0	3	0	1	0	3	0	0	10

야구전, 용중 10 경중 2로 승리 | 『동아일보』 1936년 5월 2일 자

여자 중학교는 남자 중학교와 비교해 위계 관계가 덜하였지만, 그래도 경성제일고등여학교(경성제일고녀)가 최고의 명문으로 평가되었고, 경성제이고등여학교(제이고녀)가 그 뒤를 이었다. 1944년에는 제삼고등여학교(제삼고녀)도 개교하였다. 제일고녀와 경성중학교 학생은 서로 관심을 주고받는 관계였다고 한다. 제일고녀 학생이 테니스 연습을 하면 경성중학교 학생이 그것을 보기 위해 자주 제일고녀 교문 앞으로 가곤 하였다는 것이다. 한편 제이고녀의 상대는 용산중학교라는 식의 분위기가 형성되기도 하였다고 한다.[33]

28 권숙인, 「'일본 밖 일본': 식민지기 재한 일본인 커뮤니티」, 한국연구재단 선도연구자 지원 2005년 선정 연구 결과물, 65쪽.

29 『매일신보』 1920년 4월 3일 자.

30 좌관은 장관(將官)의 아래, 위관(尉官)의 위에 위치. 대좌(大佐) · 중좌(中佐) · 소좌(少佐)를 총칭한다.

31 최인택, 「일제강점기 부산지역 일본인 사회의 생활사: 경험과 기억의 사례연구」, 『역사와 경계』 52, 2004, 121쪽.

32 『신동아』 2000년 8월호, 「심층취재 – 개교 100년 경기고 신화」.

33 권숙인, 「식민지배기 조선 내 일본인 학교: 회고록을 통해 본 소 · 중학교 경험을 중심으로」, 『사회와 역사』 77, 2008, 68~69쪽.

1.2 경성중학교 안팎의 풍경

경희궁 전각을 학교 건물로 사용

일제강점기 경희궁 전각의 훼철 사항을 정리한 『경성부사京城府史』에 따르면 1910년 경술국치 당시 경희궁 내에 남아 있던 전각은 숭정전·회상전·흥정당·흥화문과 무덕문지, 각 회랑과 황학정뿐이었다.[34] 1911년 6월 26일 경희궁의 모든 토지와 건물이 총독부에 인계되었다.[35] 남은 전각은 경성중학교의 강의실이나 경성중학교 부속 임시소학교 교원양성소教員養成所(1913년 3월)의 교실과 기숙사로 변용되면서 궁궐로서의 면모를 완전히 상실하게 되었다. 1922년 교원양성소가 경성사범학교로 인계되면서 경성중학교에서 운영하던 부설임시소학교 교원양성소와 부속소학교도 폐지되었고, 더 이상 쓸모가 없어진 전각들은 1920~1930년대에 일제에 의해 순차적으로 매각되었다. 이로써 남아 있던 전각이 모두 사라졌다.

〈조선지형도 집성〉에 실린 '대정 10년(1921) 경성(경성서북부)'을 보면 1913년 신축된 경성중학교 건물(교사, 기숙사, 흥화문 주변 건물 등) 외에 숭정전·회상전 일대의 전각과 부속 건물, 황학정, 흥화문이 확인된다. 1936년 〈대경성정도〉에서는 흥화문과 숭정전이 이건되어 사라진 것을 알 수 있다. 회상전 일대는 여전히 '부속소학교'로 표기되어 있지만, 이미 1928년에 일본인 운영 조계사曹鷄寺에 매각되었다. 〈대경성정도〉를 보면 회상전 위치에 새로운 건물이 들어선 것을 확인할 수 있다.

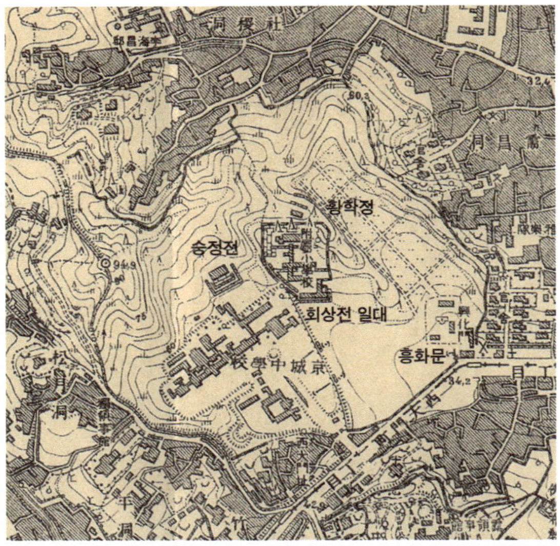

상: 1921년 「조선지형도〈경성〉」(부분)
하: 1936년 「대경성정도」(부분)

・숭정전崇政殿

왕의 집무실이자 정전正殿인 숭정전은 '통감부중학교'가 경희궁 부지에 설립된 1910년부터 1924년까지 경성중학교의 교실·체육관으로 사용되면서 내부가 변경되었다. 1926년에 숭정전은 해체되었고, 전각의 목재는 일본계 사찰인 조계사曹鷄寺(대화정 3정목 26번지, 동국대학교 현 원흥관 일대)에 팔렸다. 이건된 숭정전은 조계사의 본당으로 사용되었는데, 이때 조계사는 대한제국의 평양 행궁인 풍경궁豐慶宮의 황건문皇建門도 옮겨 와서 조계사의 정문으로 썼다.

34 은정태, 「고종 시대의 경희궁: 훼철과 활용을 중심으로」, 『서울학연구』 34, 2009, 99쪽.

35 박성진, 「일제강점기 조선왕조 궁궐건축의 이건과 변용」, 한국예술종합학교 석사학위논문, 2007, 39쪽.

36 『동국70년사』와 『동국대학교 90년지』를 살펴보면 조계사의 전각들 중 상당수가 1970년대까지 학교 시설로 사용된 것을 알 수 있다.

「경성의 신명승新名勝」, 『매일신보』, 1926년 4월 11일 자	저번에 평양 서궁의 황건문을 옮겨다가 지은 부내 대화정 조계사에서는 이번에 또 부내 서궐 안에 잇는 숭졍뎐을 소유자인 경성중학교에 천오백 원을 기부하고 그것을 옮겨다가 그 절 앞에 세우기로 하고 목하 사진과 같이 건축 대다의 공사를 하는 중인데 이로 인하야 경성에 새로운 명승지가 될 터이다.

숭정전은 광복 후 조계사의 소유권이 동국대학교의 전신인 혜화전문학교에 인수·이관되어[36] 강의실 및 선무도장으로 쓰이다가[37] 1974년 1월 유형문화재 제20호로 지정되었다. 동국대학교가 대대적인 시설 확대를 추진하면서 1976년 9월 동국대학교 법당 정각원正覺院으로 옮겨져 현재까지 교내 법당으로 사용 중이다. 경희궁 복원 시 원위치로 이건하려 하였으나 학교 측의 반대와 훼손 우려로 결국 경희궁으로 되돌아오지 못하였다. 숭정전은 내부에 불단을 설치하는 등 불교 의례에 알맞도록 심하게 변형되기도 하였다.

· 회상전會祥殿

숭정전 동북쪽에 위치한 회상전은 왕과 왕비의 침전(정침)이었다. 1911년부터 1921년 3월까지 부속소학교 교원들의 교실 또는 기숙사로 사용되다가 1928년 5월 조계사에 매각되어[38] 부엌庫裡 건물로 사용되다가 1936년 1월 화재로 사라졌다.[39] 다행히 조계사 본당 숭정전은 화재의 피해에서 벗어났다.

· 흥정당興政堂

흥정당은 임금이 정사를 돌보는 편전으로 회상전 바로 남쪽에 위치하였다. 1915년부터 1925년까지 임시소학교 교원양성소 부속단급소학교의 교실로 사용되다가 1928년 3월 경성부 서사헌정 164번지 광운사光雲寺에 매각되어 광운사 부지의 동쪽으로 이건되었고(호텔 그랜드앰배서더서울 맞은편) 1950년대까지 있었다고 하지만[40] 이후 행방은 알려지지 않았다.

· 흥화문興化門

경희궁의 동문東門이자 어가가 출입하는 정문 흥화문은 1915년 새문안로가 확장되면서 종로를 향하는 동향에서 신문로에 면하는 동남향으로 옮겨 터를 잡었다. 1930년까지 경성중학교의 후문이자 통용문으로 사용되다가 1932년 장충동으로 옮겨져 박문사[41] 博文寺(이토 히로부미를 기리는 사당)의 산문山門으로 이용되었다.

「흥화문 이전 장충단으로」, 『동아일보』, 1931년 10월 14일 자	오백여 년 전 유서 기픈 경희궁의 흥화문은 금번 장충단공원 안에 새로 생기는 이등공보태사伊藤公菩苔寺의 정문으로 옮겨가리라 한다. 기우러진 시국의 덧업는 풍상을 격거가며 그동안 서대문정 2정목 2번지 경성중학교의 통용문으로 사용되어 왓다. 그러나 장충단으로 이전을 결정한 흥화문은 방금 이전 준비를 진행하는 중이라 한다.

37 손신영, 「동국대학교 정각원 건물의 역사와 건축적 특징- 경희궁 숭정전과의 관련을 중심으로」, 한국불교학회, 한국불교학 65권 65호, 2013, 97~124쪽.

38 경성부, 『경성부사京城府史』 제1권, 1934, 355쪽.

39 "십사일 오후 여섯시 삼분경에 시내 대화정 삼정목 남산 중복에 있는 조동종의 조계사 고리에서 불이 나서 〈중략〉 불은 삽시간에 퍼서 나가서 고리 사무실과 창고 등 목조가옥 약 백평을 태우고 본당만을 남긴 채 〈후략〉", 『조선일보』 1936년 1월 16일 자, 「조계사대화 방화혐의농후」

40 김동현, 『서울의 궁궐건축』, 시공사, 2002, 240쪽.

41 "1932년에 (장충단)공원 동쪽에 이토 히로부미를 추모하기 위한 사찰을 짓고 그 사찰이 자리 잡은 언덕을 춘무산(春畝山)이라고 불렀다. 이곳에 1932년 8월 9일에 박문사의 건립이 인가되어 이토의 23주기 기일인 1932년 10월 26일에 건축되었다."(황인규, 「경희궁 숭정전과 조동종 조계사 대학선원」, 한국불교학회, 한국불교학 65, 18쪽)

해방 이후 적산사찰 제1호로 지목된 박문사는 불교청년동맹을 거쳐 혜화불교학교의 기숙사가 되었고, 홍화문은 그 입구 역할을 하였다.[42] 대한민국 정부가 수립되면서 박문사 건물이 철거되고, 1959년 그 자리에 국빈 영접을 위한 영빈관迎賓館이 세워지면서(1967년 개관) 홍화문을 정문으로 사용하였다. 1973년 5월에는 신라호텔의 전신 ㈜임피리얼이 영빈관을 인수하면서 신라호텔의 정문이 되었다.[43] 경희궁 복원 사업을 시작되면서 1994년 경희궁지로 옮겨졌다. 이때 홍화문의 원위치는 현재의 구세군회관 빌딩으로 추정되나 원위치로 이전이 불가하여 개양문이 있던 자리(서울고 당시 정문 위치)에 이건되었다. 홍화문은 1974년 1월 서울시 유형문화재 제19호로 지정되었다.

· 황학정黃鶴亭

1899년 궁술 연습을 위해 회상전 북쪽 담장 근처에 건립한 사정射亭 황학정은 경성중학교가 들어서고 나서도 궁술을 연습하는 데 사용되었다. 그러다 1921년 관사 건립과 1922년 사직단의 공원화를 위한 수단으로 사직단 북쪽의 등과정登科亭 옛터로 옮겨졌고(1923년 일반인에게 매각) 해방 후에도 활터로 사용되었다.[44] 1974년 1월에 서울시 지방유형문화재 제25호로 지정되어 현재도 유지되고 있다. 정확한 원위치가 확인되지 않아 아직까지 이전 복원은 불가능한 상태다.

경희궁 잔존 전각의 현황

경희궁 전각	경성중학교 내 용도 (1910~1920년대)	매각·이전 현황 (1920~1930년대)	해방 이후 용도	현재
숭정전	경성중학교 강의실	1926년 3월 조계사 본당	1976년 동국대학교 법당	동국대학교 법당
회상전	임시소학교교원 양성소 교실 및 기숙사	1928년 5월 조계사 고리 (1936년 1월 조계사 화재로 소실)	–	현존하지 않음
흥정당	임시소학교교원 양성소 부속 단급소학교 교실	1928년 3월 광운사	–	현존하지 않음(알려진 바 없음)
흥화문	경성중학교 후문	1931년 박문사 정문	1967년 영빈관 정문 1973년 신라호텔 정문	1988년 현 위치로 이전
황학정	궁술 연습장	1923년 사직단 북측 이전, 궁술 연습장	궁술 연습장	사직공원 북측

42 『세계일보』 2019년 3월 2일 자 ; 박성진, 「일제강점기 조선왕조 궁궐 건축의 이건과 변용」, 한국예술종합학교 석사학위논문, 2007, 57쪽.

43 명지대학교 국제한국학연구소, 『경희궁 영조 훼철 관련 사료 조사 및 활용방안 연구』, 서울특별시, 2004, 56쪽.

44 황학정 편찬위원회, 『황학정 백년사』, 2001, 74쪽 ; 51~56쪽.

경성중학교 교실로 사용된 숭정전 | 국립중앙박물관 소장

해방 후 동국대학교 강의실로 사용된 숭정전 | 『東大七十年史 : 1906~1976』(1976), 동국대학교 중앙도서관 소장

임시소학교교원 교실 및 기숙사로 사용된 회상전 | 국립민속박물관 소장

이전 공사 중인 흥화문 | 『매일신보』 1931년 10월 14일 자

임시소학교교원 단급소학교 교실로 사용된 흥정당 | 『경희사림』(1940), 독립기념관 소장

경성중학교 교사 배치와 사용

〈경중졸업오십주년기념지〉에 실린 소화 2년(1927)~소화 7년(1932년)의 경성중학교 건물 배치도를 보면, 경희궁의 전각은 흥화문(흥화문은 1931년 이건되었기 때문에 이 배치도에는 아직 남아 있다.)만이 남아 있으며, 1910년까지 남아있던 다른 전각은 모두 매각되었음을 알 수 있다. 숭정전이 위치하였던 곳에는 '숭정전종崇政殿踪(숭정전의 자취)'이 표기되어 있다. 경희궁의 정문이었던 흥화문은 경성중학교에서는 후문으로 사용되었고, 학교의 정문은 경희궁의 남문南門인 개양문開陽門 자리에 위치하였다. 정문을 지나면 본관으로 가는 길에 양쪽으로 벚나무길이 펼쳐진다. 등굣길 좌측에는 기숙사가 위치하는데, 1913년에 경성중학교 교사의 완공식이 이루어진 날 이미 건립된 것으로 확인된다.

「경성중학교 낙성식」, 『매일신보』, 1913년 10월 25일 자

> 경성중학교 낙성식은 입사(24일) 오전 열시 동교 교정에서 거행하얏더라. 교문에는 국기를 교차하고 중앙에 낙성식의 편액(널빤지 따위에 글씨를 써서 걸어놓는 액자)을 게揭하엿고 육백 유여의 생도 삼십여 명의 직원은 교내에 정렬하야 〈중략〉 식후(의식이 끝난 후) 일동은 총독을 선두로 기숙사 병식체조를 참관하고 경히 단급 교실을 관하고 본교에 귀하야 각 교실에 진열한 성적품을 순람한 후 총독은 귀저하고 기타 내빈은 강당에서 다과의 향응을 수하고 영시(12시) 30분 퇴출하얏더라.

당시 교내에 기숙사가 있는 학교는 흔치 않았는데, 경성중학교는 예산이나 공간적으로 학교부지 내 기숙사 건설이 가능했던 것으로 보인다.[45] 벚나무길을 지나오면 학교 건물로 3개의 강의실(제1교사와 제2교사는 나란히 서 있고, 뒤쪽으로 제3교사)이 위치한다. 강당·박물실·물리화학실·유도장·검도장이 한데 모여 있는데, 경성중학교 강당에서는 입학식과 선서식 등 교내 행사 외에도 실업학교장 회의, 지리강연회, 조선교육회총회 등[46] 대외적 행사가 열렸다.

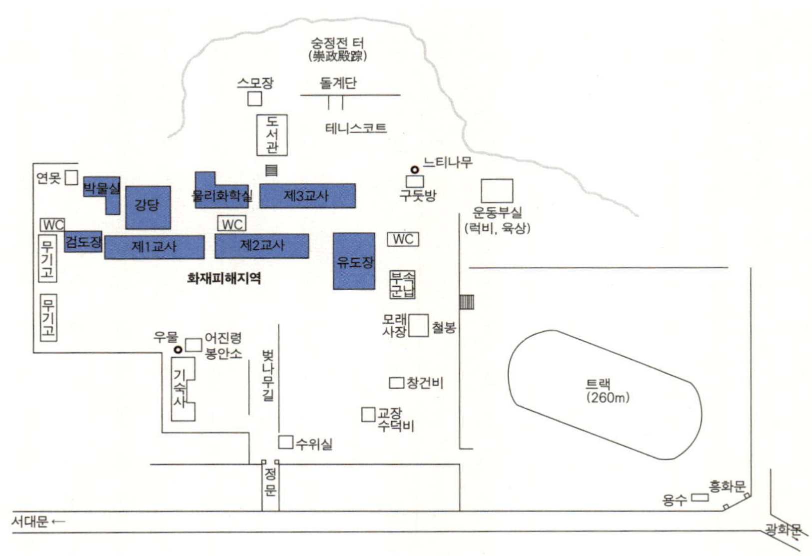

1927~1932년경 경성중학교 부지 및 건물 배치도 | 『仁旺々丘』(경성중학교졸업50주년기념지 제20회, 1982)를 토대로 재작성

45 조선인 학교의 기숙사는 일반적으로 학교부지 바깥에 있었다.

46 "실업학교장회의는 예정과 여히 재작 이십팔일부터 경성중학교 강당에서 개최하얏는대", 『동아일보』 1921년 11월 30일 자 ; "조선교육회 조선이역학회에 공동주최로 경도제국대학 교수 중촌신태랑 씨를 초청하야 십일월이십육일 토요 오후 이시에 경성중학교 강당에서 지리강연회를 개최", 『조선일보』 1932년 11월 25일 자 ; 『조선일보』 1936년 10월 16일 자, 「조선교육회 총회 남총독고사전문」.

「전조선오십구중등교 신교명을 일제발표」, 『동아일보』, 1938년 4월 1일 자	금년에 비로소 창설된 경성사범학교 입학식과 및 선서식은 지난 오일에 신문안 경성중학교에서 거행되엿는바 동 여덜시 삼십 분경에 숭정면 압에서 직원 생도 학부형 및 래빈 일동의 긔념촬영이 잇슨 후 강당에서 입학식을 거행하얏는바 〈중략〉 입학식과 및 선서식은 일로 맛치이고 오후 한 시부터 동 운동장에서 운동회를 개최하고 씨름과 명구의 경긔를 한 후 교장의 발셩으로 만세를 삼창한 후 해산을 하얏는바 〈후략〉

제3교사 뒤쪽으로 계단을 오르면 도서관 건물이 있었으며, 숭정전 터로 가는 길에는 테니스코트와 스모장 등의 소규모 운동장이 있었고, 느티나무 고목을 지나면 럭비나 육상경기가 행해지는 운동부실이 위치하였던 것으로 확인된다. 대한제국기부터 빈터로 남아 있던 곳은 경성중학교의 운동장으로 사용되었는데, 260m 트랙이 있던 것으로 표기되어 있다. 운동장과 운동부실 사이에는 실외 수영장도 있었다. 한 일본인 경성중학교 졸업생이 경성중을 회고하는 기록에는 당시 경성중학교의 모습이 묘사되어 있다.

'경성의 거리의 추억' 모리코 오조오(경성중 졸업생, 전 지바현 계량협회 회장) 구술[47]	내가 배운 경성중학교는 별궁의 하나 경희궁 속에 있었다. 작은 언덕을 배경으로 하고 아래로 층층이 부드러운 검도장, 강당, 우천 체조 경기장이 늘어서 더욱 2층 건물이 2열로 세워져 있었다. 건물 사이에는 화강암으로 조각된 돌계단과 울타리 등 옛 궁전 터가 많다고 생각했다. 교문에 들어서면 건물 세우는 쪽으로 그랜드 가는 오르막의 넓은 도로와 상하 접지 사이의 벚꽃 가로수로 나뉜다. 가로수길의 막다른 곳에는 경중회관, 도서관 곳곳에 그 아래에는 25미터의 수영장이 있다. 위 그랜드 왼쪽에 봉안 전, 그 뒤의 나무들 사이에는 기숙사가 있었다. 〈후략〉

1933년 5월 27일 오후 3시경 경성중학교 제2교사에서 일어난 화재가 크게 번져[48] 경성중학교 교사 대부분이 소실되었다. 〈경중졸업오십주년기념지〉의 경성중학교 건축 배치도에 따르면, 대화재 피해 지역은 학교 본관과 그 일대로 제1·2·3교사와 유도장·검도장·물리화학실·강당·박물실 등인 것으로 확인된다. 이 중에서 유도장과 강당을 제외한 모든 건물이 재로 변하였는데, 기존 건물이 목구조인 데다 화재

경성중학교 정문 | 『부흥기념 회원명부』(1933), 일본 국립국회도서관 소장

47 계량계측 데이터 은행 홈페이지. keiryou-keisoku.co.jp

48 『동아일보』 1933년 5월 28일 자, 「금일오후삼시경 경성중학대화」.

경성중학교 본관 모습 | 『京城繁昌記』, 博文社, 1915

경성중학교 기숙사

경성중학교 수영장

1933년 불에 타 없어진 뒤 1934년 9월 준공한 새 교사 | 『경희사림』(1940), 독립기념관 소장

화재로 불 타는 경성중학교 교사 | 『부흥기념 회원명부』(1933), 일본 국립국회도서관 소장

가 발생하기 얼마 전에 건물에 '벤기칠'을 하고 '기름질'을 쳐서 불이 금방 옆 건물로 번졌다. 이때 소실 가옥 면적은 모두 1500여 평이며, 화재보험액을 제하고 약 17만 원의 손해를 보았다.[49]

대화재 당시인 1933년에는 숭정전과 회상전 등이 모두 매각·이전된 이후였기 때문에 경희궁 전각의 화재 소실은 피할 수 있었다. 발화 원인으로 누전·실화·방화 등 여러 풍설이 돌았는데, 누전은 아닌 것으로 확인되었다. 또 경성중학교 학생들이 입시를 피하기 위해 불을 냈다는 소문도 떠돌았으나[50] 끝내 정확한 이유는 밝혀지지 않았다.

「경중대화의 원인은 시험 기피의 방화?」, 『동아일보』, 1933년 5월 28일 자

근래에 보기 드문 화재로 경성의 경찰대 소방대를 총동원하야 저물어가는 경성의 하늘을 붉게 물들인 경성중학교 화재는 호외기보와 같이 오후 삼시 십분경에 발화하야 강당과 유도장 기숙사를 제외한 전부의 건물을 재로화한 후 동 오시에 진화된 데 대하야는 소관 종로경찰서에서 그 책임의 소재를 분명히 하려고 노력하고 잇다. 〈중략〉 용의자로 동급생 3명과 5년생 5명을 종로서 인치하야 취조를 진행 중인데 들은 바에 의하면 입시 시험을 싫어하는 못된 생각에서 나온 방화의 혐의가 농후하다고 한다.

대화재 피해를 본 건물 중 유도장·신강당·기숙사와 사범 연습과 단급 교실은 타다가 말아서 응급 수리·복구하여 같은 달 말일부터 수업이 시작되었고, 1933년 신교사 건립에 앞서 우선적으로 4만 원을 들여 건평 300평의 특별 교실을 완성하려 한다고 전해졌다.[51] 같은 해 6월부터 23만 원으로 철근 콘크리트 2층 신교사 건립 공사를 2년간 진행하여 1935년 4월 21일에 낙성식을 거행하였다. 이로써 경성의 일본인 중등교육 기관으로서의 면모를 다시 갖추게 되었고, 이때 신축된 건물은 해방 이후 서울중고등학교로까지 이어서 사용하게 되었다.

경성중학교 주변 근대 시설

경성측후소

경희궁의 남은 전각이 모두 매각되어 1930년대에 이르러서는 궁궐의 흔적을 찾아보기 어려워졌다. 한편 1931년 2월 경성중학교의 북서쪽 뒷산으로 경성측후소京城測候所가 이전된다는 기사가 보도되었다. 측후소는 원래 종로 낙원동樂園洞에 위치하였는데, 그 위치가 지형이 낮고 시내 중심인 까닭에 조용하지 못하며 지가地價가 높아서 반대로 지형이 높고 지가가 저렴한 곳으로 옮긴다는 것이었다.

「측후소 이전」, 『동아일보』, 1931년 2월 22일 자

현재 시내 락원동에 잇는 경성측후소는 금년 봄 안으로 시내 경성중학교 뒤산으로 옮기기로 하얏다. 그 리유는 현재의 위치는 지형이 낫고 그다지 조용치 못한 것과 따라서 지가가 몹시 고등한 곳이 필요업는 까닭에 지형이 놉고도 지가가 저렴한 곳을 택하야 옴기는 것이라 한다.

그 위치는 송월동 산2번지 일대로 1929년부터 경성중학교가 송월동에 거주하고 있는 31호 150여 명의 토막민에게 퇴거 조치를 내렸다. 경성중학교 뒤쪽 야산의 낙엽과 나무 등을 채취할 뿐만 아니라 흙을 몹시 파낸다는 것이 이유였다. 토막민들은 이곳이 국유지인 줄만 알았지 경성중학교가 관리하는 줄은 몰랐다고 하였다.[52]

49 『동아일보』 1933년 5월 28일 자, 「손해총액이 십칠만여원」.

50 『동아일보』 1933년 5월 31일 자, 「경중의 화원은 팔구분 방화」.

51 『동아일보』 1933년 5월 30일 자, 「화재후 경중 금일부터 수업」; 『조선일보』 1933년 5월 30일 자, 「금년중복구 경중 예산 벌서 편성」.

52 경성측후소가 위치한 송월동 1번지는 토막민들이 거주하던 곳으로 국유지였다. 경성중학교와는 무관한 곳이다. 그런데도 경성중학교가 개입한 것은 경희궁 궁장은 말할 것도 없고 도성도 일부 허물어져 이곳을 통해 빈민들이 땔감을 구하고 있었기 때문으로 보인다.

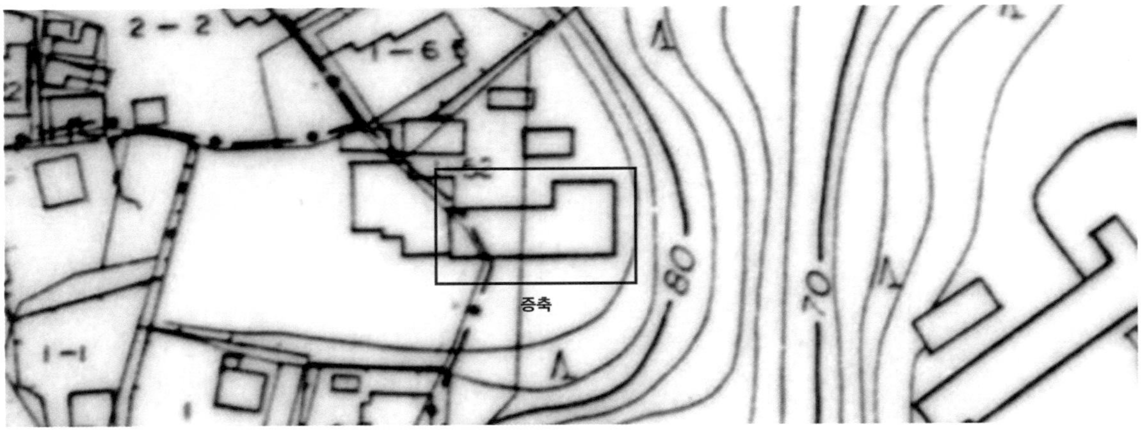

경성측후소 동측으로 증축한 모습 | 「서울특별시도시계획도」(부분), 1980

그 후 1년 동안 철거가 진행되지 못하다가 이듬해 3월부터 서대문경찰서 경관이 나와 토막을 허물거나 주민을 강제 구인하였다. 송월동 토막민들은 경성중학교와 서대문서에 진정서를 제출하는 한편 경기도와 경성부청에 대책 마련을 요구하였다. 경성중학교는 1931년 가을에 다시 토막 철거를 위한 통첩을 내리면서 학교실험실 건축을 이유로 들었지만, 실상은 경성측후소 설치 때문이었다. 이때 토막민의 규모는 170호 800명에 이르렀다. 결국 1932년 4월 170여 호 1400명이 용강면 아현리 도립직업학교 뒷산으로 이주하였다.[53]

「추상 나린 송월동 토막 팔백주민장안지」, 『동아일보』, 1931년 10월 6일 자

가옥철거 문제로 말썽 많던 시내 송월동 토막 170여 호는 동지 주인 경성중학교로부터 오는 10일까지 토막 전부를 철거하고 땅을 내어 놓으라고 최후통첩을 발송했다.(발송받았다.) 그 통첩을 받은 토막민 800여 명은 닥쳐오는 겨울을 집 없이 어찌하느냐고 남녀노약이 서로 붙들고 요새 울음으로 날을 보낸다고 한다.

이와 동시에 송월동에는 1000여 평 크기의 부지에 철근 콘크리트 구조 2층 높이의 '근대 모더니즘' 건축 양식의 측후소 이전 공사가 1932년 11월에 완료되었으며, 참관식 날에는 잠깐 동안 측후소 건물 내부를 일반인에게까지 공개하였다. 경성측후소는 1937년 인천 관측소 기능이 경성으로 이전되면서 1939년경 본관 동쪽으로 증축이 이루어졌다. 1949년 정부수립 이후 국립중앙관상대로 승격되었고, 1982년 중앙기상대로 명칭이 변경되어 1990년에는 기상청으로 승격하였다. 1998년 기상청이 신대방2동으로 이전되고 현재는 '서울기상관측소'로 남아 있는데 건물은 2014년 국가등록문화재 제585호에 지정되었다. 서울 날씨의 관측은 여전히 이곳에서 이루어지고 있다. 흥미로운 것은 기상청에 대한 국민의 불신은 지금이나 예전이나 변함없다는 사실이다. 밤낮없이 일하는 '등대지기'에게 돌아오는 것은 '거짓말쟁이'라는 씁쓸한 비난뿐이라는 기사를 통해 기상청 직원들의 애환을 엿볼 수 있다.[54]

「경성측후소 신청사」, 『동아일보』, 1932년 11월 10일 자

경성의 저 하늘에 바람이 불어오고 저 구름에 비가 싸여온다. 래일은 맑고 치웁다! 그 날그날의 창공과 싸우고 긔압과 더부러 날을 보내는 경성측후소는 이십 년이나 오랜 락원동의 살림살이에서 지난 일일부터 인왕산 기슭 해발 팔십칠미돌의 송월동 마루턱이에 약 일천 평 긔지에다가 내화 벽돌과 철근콩크리트를 겸용하야 평가 85평의 "모던" 청사를 지어 이사를 하얏다. 총공비는 3만 5천 원이다.

방공호

제2차 세계대전이 시작되고 전쟁이 격화되자 일본은 자국 외에 식민지에도 방공호防空壕[55] 를 설치하기 시작하였다. 경성부에서는 1933년 5월 방공계획협의회를 처음 개최하였고, 1937년 4월 〈방공법〉·〈방공하령(8월)〉·〈방공법 조선 시행령(11월)〉이 발포되면서 일본과 동일한 방공법이 적용되었다. 이때부터 중등학교 이상의 학교·회사·공장 등에서 각 특설 방호단의 훈련과 아울러 민간인들을 대상으로 방공 강습과 훈련도 이루어졌다. 경성부 내에서는 광화문사거리, 종로경찰서, 동아일보사 앞에 줄을 치고 첫 방공호 대피 훈련이 이루어졌다.[56]

1940년에는 내무성 계획국에서 〈방공호구축지도요령〉을 발간하여 방공호 축조의 기본 원칙을 제시하고 1941년에는 방공호 전람회를 개최하는 등 본격적인 방공호 축조를 준비하였다. 이 해부터 서울에 본격적으로 방공호 건설이 이루어졌는데, 도심 내에는 경희궁(1944년) 외에도 삼청동·회현동·충정로 등에 축조되었다.[57] 한 구술자에 의하면 경성중학교 부지 내 방공호는 태평양전쟁을 위해 식민지에 위치한 최후의 통치시설로 경희궁 터에 조선총독부 지휘본부와 통신 핵심시설을 두어 본영을 구축하고자 하였던 것으로 짐작된다.

경희궁 방공호 공사에 관한 최준희 구술 기록(2003년 3월 31일)

사전에 방공호를 만드러 공습에서 오는 재해를 미연에 방지하자고 경성부 당국에서는 얼마 전부터 정총대를 동원시켜 방공호 축조를 독려하고 잇는 바 이보다 실제로 손을 거더쥐고 지하실을 만들 사람은 애국 반원들이라 하며 사四일에는 부 당국으로부터 방면훈련부장에게 애국반들은 반마다 하나 이상의 방공호를 축조하여 만일의 경우가 잇슬 경우에 재해 방지에 염려가 업게 하라는 명령을 나리고 잇다. 방면훈련부장은 그 미테 거미줄가티 늘어 잇는 애국반에게 즉시 명령을 전달하여 1만여 애국반이 총동원이 되어 방공호 축조에 착수케 할 터인데 이게 완성되는 날에는 부내에는 1만여 이상의 방공호가 만드러저 철옹성 가튼 방공도시가 될 것으로 기대된다.

경성고등학교 부지 내 방공호[58] 건설 공사는 1944년 겨울부터 시작되었다. 공사를 위해 서대문을 통하

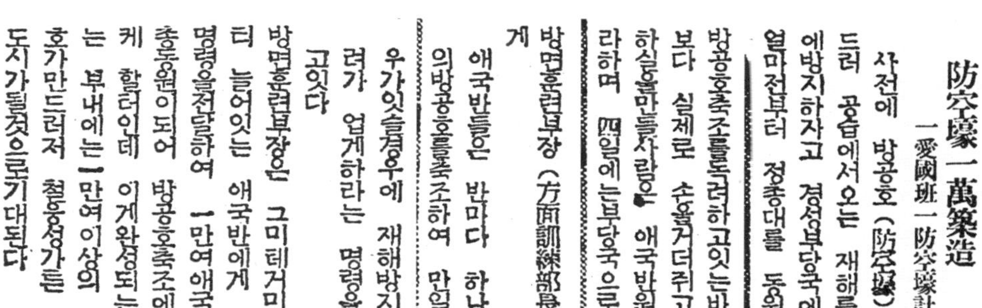
防空壕一萬築造
一愛國班一防空壕計畫
사전에 방공호（防空壕）를만드러 공습에서오는 재해를미연에방지하자고 경성부당국에서는 얼마전부터 정총대를 동원시켜 방공호축조를독려하고잇는바 이보다 실제로 손을거더쥐고 지하실을만들사람은 애국반원들이라하며 四일에는부당국으로부터 방면훈련부장（方面訓練部長）에게
애국반들은 반마다 하나이상의방공호를축조하여 만일의경우가잇슬경우에 재해방지에염려가 업게하라는 명령을나리고잇다
방면훈련부장은 그미테거미줄가티 늘어잇는 애국반에게 즉시 명령을전달하여 一만여애국반이 총동원이되어 방공호축조에착수케 할터인데 이게완성되는날에는 부내에는一만여이상의 방공호가만드러저 철옹성가튼 방공도시가될것으로기대된다

방공호 축조 관련 신문기사 | 『매일신보』 1941년 4월 5일 자, 「방공호 일만축조 애국반 방공호계획」

53 『조선일보』 1929년 3월 5일 자 ; 1930년 4월 23일 자 ; 4월 24일 자 ; 1931년 10월 6일 자 ; 『동아일보』 1931년 10월 9일 자.

54 『동아일보』 1972년 2월 3일 자, 「밤도 없고 낮도 없다 뭍의 등대지기 관상대의 애환」.

55 방공호는 군사적 목적으로 지은 것으로 공중에서 가해지는 폭격을 효과적으로 차단 또는 감쇄시키기 위하여 인위적으로 만든 은폐 및 엄폐된 장소를 일컫는다.(위키백과)

56 『조선일보』 1938년 11월 26일 자, 「제삼일은 대피훈련!」.

57 자료집 「경희궁지 방공호 역사성 규명 심포지엄」, 2019, 75쪽.

58 앞의 자료집, 48~50쪽.

1945년 방공호 주 출입구의 모습 | 국가기록원

방공호 주 출입구 모습 | 『경희궁지 종합정비계획』(종로구청, 2018)

는 전차선이 있는 곳에서 인입선을 만들어 자재를 운반하였는데, 조선총독부 소속 관청인 체신국 사람들이 총동원되어 24시간 교대로 건설을 진행하였다. 이때 경성중학교 학생들과 일부 경복중학교(현 경복고등학교) 학생들도 동원된 것으로 보인다. 건설공사가 완료되기 전에 해방되면서 경희궁 내 방공호는 미완성된 채였으나 6·25전쟁 당시 군인들이 잠시 사용하기도 하였다고 한다.

경희궁 내 방공호는 몇 가지 특징이 눈에 띈다. 먼저 보통 방공호는 높은 층고의 단층으로 구축되는데, 경희궁 방공호는 부분적으로 2층 구조로 이루어져 있다. 경희궁 터가 암반인 까닭에 넓게 파지 못하고 2층으로 구성할 수밖에 없었다고 한다.[59] 또한 2010년 경희궁 방공호를 실측한 결과 동서 길이는 대략 110.8m로 파악되고, 내부 폭은 8~9m, 내부 높이는 5.6~5.8m, 방공호 위를 덮은 성토 높이는 약 8.5m로 조사되었다. 구조는 철근 콘크리트 아치형 터널과 편복도 구조, 붉은 벽돌의 수직벽으로 이루어졌다. 현재 출입구는 한 개이지만, 1970~1980년대 항공사진을 통해 출입구가 두 개였던 것으로 확인되었다. 출입구 위치는 숭정전의 동월랑과 인접한 곳으로 추정되며 내부에 폐콘크리트 덩어리로 막혀 있는 부분은 폐쇄된 출입구의 흔적으로 추정된다. 방공호 내부는 800회선의 자동다이얼 장비와 10개의 장거리 전화 교환대, 60개의 전신교환 및 무선시설이 설치되어 있다.

사실상 본래 목적으로 사용되지 못한 방공호는 해방 이후 서울중·고교 부지의 일부가 되고서도 서울중·고등학교 학생들의 '모험담거리'로만 남아 있었다. 1980년 이후에는 현대그룹에서 이곳을 사용하였다고 하나 자료로 확인하기 어렵고, 별다른 용도로 활용되지 않고 사실상 방치되어 왔다고 할 수 있다. 「경희궁 근린공원 조성 기본계획」(1986)에서는 방공호를 철거하지 않고 '문서보관창고'로 활용할 계획을 세웠고, 서울역사박물관 측에서도 방공호를 근현대 유물을 보관하는 수장고로 활용하는 방안을 검토하였다.[60] 그러나 「경희궁지 종합정비계획」(2013)에서는 경희궁 침전 구역에 설치되어 있는 방공호를 철거하고 부지 발굴조사를 통해 경희궁을 완전히 복원하자는 계획이 수립되었고, 2018년 재정비계획에서는 방공호는 존치한 채로 옛 모습을 재현하는 방안을 모색하는 것으로 수정되었다. 현재 방공호 영상기록 일부와 조명·효과음 연출 등이 준비되어 있으나, 아직까지 뚜렷한 활용 방안은 마련되지 않았다.[61] 방공호에 대한 구체적인 사료수집과 심층조사도 부족한 상황이다.

59 경희궁 방공호 공사에 관한 최준희 구술 기록(2003년 3월 31일).

60 서울특별시, 『경희궁 근린공원 조성 기본계획도집』, 1986 ; 『연합뉴스』 2010년 2월 5일 자, 「경희궁 日 방공호 근대유물 수장고로 활용」.

61 『경희궁 근린공원 조성 기본계획도집』에서는 서울역사박물관의 수장고로 활용하는 방안을 검토하였다.

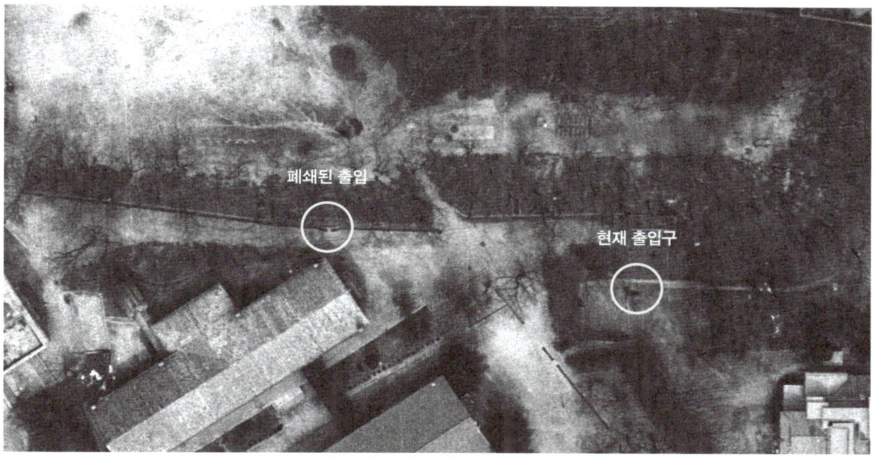

2개의 방공호 출입구 | 서울시,「경희궁지 방공호 역사성 규명 심포지엄」자료집, 2019를 토대로 재작성

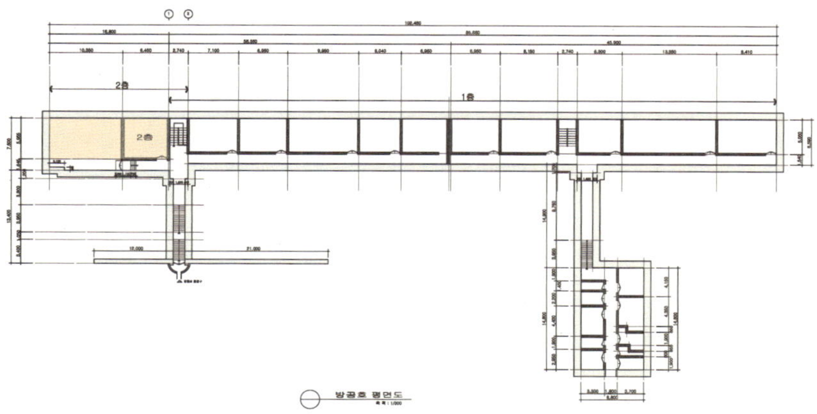

2010년 방공호 실측 평면도

왼쪽 방 2곳은 2층 구조로, 오른쪽 방 10곳은 1층 구조로 되어 있다.

가상 VR 체험을 통해 본 방공호 내부 모습

1.3 경성중학교 사람들

학교생활

경성중학교 동창회지인 『경희慶熙』(서울중학교 교지 '경희1948년 창간'와는 다른 것으로, 동창회지 '경희'는 1969년에 창간하여 1996년까지 발간하였다)에 실린 '경중시대京中時代'에는 경성중학교 졸업생들의 학창 생활에 대한 회고담이 담겨 있다. 동창회지 『경희』에서 언급된 학교 행사로는 수련, 야행군, 극기훈련 등 주로 '훈련'의 형식을 띤 것이 많았다. 이러한 무도武道를 장려하는 '스파르타식' 훈련은 1913년부터 1924년까지 교장을 맡은 시바자키柴崎의 지휘 아래 시행된 것이다. 시바자키 교장의 권위는 절대적이었으며, 그가 그만둔 이후에도 그 권위는 지속되었다.[62] 다음 표는 차은정 박사논문에서 재구성한 것을 바탕으로 다시 정리한 것이다.

경성중학교 학생들의 활동

행사명	시기	장소	내용
조선 총독의 학업 시찰	5월	경성중학교 운동장	일 년 학업의 시작을 알리는 첫 교내 행사로, 조선총독부에 의해 경성중학교가 '식민지 조선의 차세대를 짊어질 인재를 육성하는 곳'임을 확인하는 의례
북한산 등반(北漢山登攀)	–	북한산	시바자키 교장이 북한산 등반을 선언하면 즉흥적으로 진행되었던 행사
한강 수련(漢江水練)	7월 하순	한강	–
수학여행(修学旅行)	–	만주, 개성, 평양, 원산, 내지(일본), 금강산	학년별로 다른 곳으로 수학여행을 갔는데, 하급생의 경우 개성·평양·원산·금강산 등 조선 북부 지역으로, 상급생의 경우 조선 이외의 곳으로 2주간 일정으로 행해짐
노루·토끼사냥	겨울	전곡, 38선 부근, 장충단, 의정부, 동소문 밖, 노량진, 겨울의 설산 등	북한산 등반과 마찬가지로 즉흥적으로 진행된 초겨울 행사로, 학년별로 역할을 나누어 사냥을 한 후에 다음날 숭정전 앞 석단에서 요리해 먹었다고 함(사실은 돼지고기국을 먹었다고 함)
야간 행군(夜行軍)	12월	학교~인천, 수원 왕복, 남한산, 벽제관 등	엄동설한의 야행군으로, '아코기시(赤穂義士)'를 본받고자 하는 결의로 매년 12월에 행해짐
겨울 극기훈련(寒稽古)	겨울	경성중학교 유도장 등	겨울방학이 끝날 즈음 전교생을 대상으로 행해진 검도·유도 겨울훈련으로, 이른 아침에 진행
일주 마라톤	–	삼각산, 인왕산	인왕산 마라톤 때에는 북문 → 성 외곽 → 독립문 → 학교 순서로 일주하였음

출처: 차은정, 「재조귀환자의 후루사토(故郷)와 기억의 정치학: 패전 후 귀국 일본인에 대한 민족지적 연구」, 2014, 243~259쪽을 토대로 정리

한편 경성중학교의 1924년과 1929년 만주행 수학여행을 여정에 따라 구체적으로 구성해 보면, 경성에서 경의선을 이용해 신의주로 이동 → 압록강을 건너 안둥安東·푸순撫順 방문: 안펑선安奉線으로 갈아타고 → 펑톈奉天[63] 방문: 옌징선連京線으로 갈아타고 → 다롄大連, 뤼순旅順을 방문하였다. 1934년 경성중학교의 수학여행 방문지에는 신징新京과 하얼빈이 추가되었다. 신징은 1932년 수립된 만주국의 수도이고[64], 하얼빈은 같은 해 일본이 동청철도東清鐵道를 사들이면서 지배하게 된 지역이었다. 신징과 하얼빈이 수학여행 코스에 포함된 것은 그 후부터라고 볼 수 있다. 만주 지역에 대한 일본의 점령지가 확대되면서 학생의 수학여행지도 확장되었다. 따라서 1934년 경성중학교 만주 수학여행단의 여행 경로는 기존과 달리(경

62 차은정, 「재조귀환자의 후루사토와 기억의 정치학: 패전 후 귀국 일본인에 대한 민족지적 연구」, 서울대 박사학위논문, 2014, 243~259쪽.

63 중국 선양(심양, 瀋陽)의 옛 이름.

64 1932년부터 1945년까지 만주국의 수도였던 창춘시(長春市)의 이름.

성→)안둥[65] →펑톈→푸순→펑톈→신징→하얼빈→펑톈→다롄→뤼순→펑톈→안둥(→경성)으로 보인다.

수학여행 후 작성한 기행문에서는 학생들의 중국인에 대한 멸시와 차별의 시선도 나타난다. 결국 경성중학교 학생들은 만주에서 만주를 느낀 것이 아니라 만주에 전시된 제국 일본을 재인식한 것에 지나지 않았다. 만주 수학여행을 통해 경성중학교 학생들은 스스로가 만주를 무대로 활동할 주역이라 생각하게 된 것이다. 이처럼 경성중학교의 만주 수학여행은 재조선 일본인 학생들을 장차 식민지 경영의 인재로 양성하고자 하는 의도로 시행되었다.[66]

경성중학교의 만주 지역 수학여행 참가율은 1924년에는 4학년 153명 중 120여 명으로 5분의 4 정도였고, 1929년에는 4학년 174명 중 60명으로 3분의 1 정도였다. 참가율이 갈수록 많이 떨어졌는데, 그 주요인은 비용 문제와 연결된다. 1930년대 이후 만주 지역 수학여행 비용을 산출하면 평균 30~40엔円 정도로 추산된다. 1932년 당시 쌀 한 가마니가 17엔이었다는 점을 고려할 때 만주 수학여행 비용이 일본인 학생에게도 적잖은 부담이었음을 짐작할 수 있다. 학생들은 수학여행을 가기 위해서 입학과 동시에 또는 1~2년 전부터 돈을 모으기도 하였다. 매년 적립금 형태로 수학여행비를 학교에 납부하고 부족한 금액은 여행 전에 내는 것이 관례였다.[67] 일본인 학생에게 수학여행 기간은 같은 학교에 다니는 몇 되지 않는 조선인 학생을 학교에서보다 가까이 접촉하는 기회가 되기도 하였다. 다음은 경성중학교 출신의 한 일본인 회고록에 기록된 조선인 학생에 대한 기억이다.

권숙인, 「'일본 밖 일본': 식민지기 재한 일본인 커뮤니티」, 8~9쪽에서 재인용

(만주와 북조선 수학여행에서 돌아오는) 기차에서 우리는 기차가 탈선, 전복할 정도로 난리를 치며 놀았다. 야단법석인 중에도 장 군君은 혼자 조용히 창밖을 내다보고 있었다. 한마디 기념 사인(sign)을 하라고 수첩을 내밀자 미소를 짓더니, "Orae et laborae(기도하라, 그러고 나서 움직여라)"라고 쓱쓱 썼다. 라틴어다. 아무 생각 없이 난리를 치고 있는 우리와는 성숙도가 다르다. 학교 공부 외에 독자적인 교양을 쌓고 있다는 것을 깨닫고 눈이 번쩍 뜨였다. 조선인 중 좋은 가정(출신)에게는 외래자인 일본인이 범접할 수 없는 부분이 있었던 것이다. 나라의 독립을 잃은 민족의 지식층이 지닌 비수悲愁를 장 군의 모습에서 느꼈다.

한편 수학여행을 다녀온 뒤에는 보고회를 열어 다른 학년이나 수학여행을 가지 못한 학생에게 여행지 소식을 들려주기도 하였다.[68]

경성중학교는 스포츠 활동과 관련된 활동이 많았다. 대운동장에는 트랙(260m)이 있고, 검도장·유도장·스모장·스케이트장 외에도 럭비나 육상경기가 이루어지는 운동부실이 있었다. 그만큼 스포츠 활동의 비중이 컸다는 것을 알 수 있다. 경성중학교 운동장에서는 운동회와 조선체육회에서 개최하는 육상대회와 야구대회·축구대회가 열렸고, 무도장에서는 매년 교내 무도대회가 개최되었다. 대외적인 무도대회나 행사도 이루어졌다. 한편 '학교에서 배운 유도를 악용하여 행인을 난타하는 일이 많이'[69] 발생하는 등 스포츠가 폭행으로 이어지는 안타까운 사건들도 있었다.[70]

65 '단둥(丹東)'의 옛 이름.

66 김도연, 「경성중학교의 만주 수학여행」, 한국교원대 석사학위논문, 2017, 14~26쪽.

67 방지선, 「1920~30년대 조선인 중등학교의 일본 · 만주 수학여행」, 『석당논총』 44, 2009, 176쪽 ; 김도연, 앞의 논문, 11~13쪽.

68 사와이 리에(김행원 옮김), 『엄마의 게이죠, 나의 서울』, 신서원, 2000.

69 『조선일보』 1925년 12월 27일 자, 「유경중학생」.

70 "경성중학교의 일인생도들의 조선인에 대한 행악이란 유명하든 것으로 걸핏하면 소위 유도라는 것을 써서 아무나 구타하는 일이 매일가티 잇서온 터인데 금년 봄에도 인쇄직공의 수삼인을 죽첨정 근처에서 란타하야", 『조선일보』 1925년 12월 14일 자, 「빈번한 경중생의 폭행」.

경성중학교 무도장에서 무도대회 개최 | 『조선신문』 1931년 1월 25일 자

유도부 | 일본 국립국회도서관 소장

검도부 | 일본 국립국회도서관 소장

1925년 6월 '4·5년생 20여 명이 시내 죽첨정일정목에 있는 영선루에서 한잔 먹고 흥에 겨워 조선인 행인 4명을 크게 폭행하였다'는 보도기사가 실렸다.[71] 이 외에도 경성중학교 학생과 정동貞洞에 위치한 배재고등보통학교 학생 간의 충돌과 관련된 기사가 자주 등장한다. 두 학교의 거리가 가까워서 자연스럽게 충돌이 잦았을 것으로 짐작된다. 아래 기사를 보아도 단순히 한 사건이 아닌 '역사가 오래된' 일임을 알 수 있다.

「경중생이 배재생을 난타」, 『조선일보』, 1923년 3월 10일 자	시내 뎡동(정동貞洞)에 잇는 사립 배재고등보통학교培材高等普通學校와 동 셔대문뎡(서대문정西大門町에 잇는 경성중학교京城中學校 사이에는 피차 거리가 갓가와셔 학생들이 갓흔 길로 통행을 하게 되는 일이 만흔 까닭으로 자연 학생들이 길에서 만나 연서로 희롱의 말 갓흔 것을 하다가 필경은 충돌이 생기여 재작년에도 학생 사이에 큰 싸홈이 이러나 량편에셔 중상을 당한 사람까지 잇슨 후 량편 학교 당국에서는 극히 주의하야 뒤에는 그러한 일이 업도록 단속을 만히 하엿스나 배재학교의 학생의 말을 들으면 경성중학교 생도들은 일향 회개치 안이하고 전일의 싸호든 감졍으로 배재학생 보기를 원수갓치 하고 그후에도 길에서 배재학생을 만나면 '요보'이니 '바가'이니 하는 욕설을 아모 리유 업시 함부로 함으로 이 꼴을 본 배재학생들은 항상 분함을 견듸지 못하야 시비도 하고 십흔 생각이 업지 안이 하엿스나 원래 학교 당국에셔 엄중히 취톄하는 때문에 다만 무뎌항(무저항) 수의로 그 학생들은 이리거나 져리거나 조곰도 반항을 하지 안이하고 묵묵히 지내오면 〈중략〉 경성중학교 생도 수십 명은 미리부터 류도복을 입고 곤봉을 들고 길 엽헤 매복하야 진영빈의 돌아오기를 기다리다가 마참내 습격을 하야 진영빈을 무수 란타하는 것을 서대문경찰서에서 알고 경관이 달녀가서 해산을 식히는 동시에 피해자는 자긔 집에셔 방금 치료중이라는데 장차 두 학교 사이에는 큰 문데가 이러날 모양이라더라.
「배재생도 '김룡구' 구타 사건」, 『동아일보』, 1924년 3월 27일 자	속담에 아해 싸홈이 어른 싸홈이 된다더니 그와 류사한 일이 잇다. 시내에 잇는 조선인 배재고등보통학교 학생과 경성중학교 학생과의 사이에는 엇던 때 서로 싸홈이 잇슨 이래로 항상 서로 반목 중이더니 지난 이십사일 오후 세 시경에 남대문 파출소 부근에서 배재학교 생도 "김룡구"를 경성중학교 학생이 성군작당이 되어 구타를 하엿는데 그 근처 파출소 순사는 "청년의 혈긔로 그런 것이라고" 설유방송하엿다 한다. 학생 간에 서로 싸호는 일이 간혹 업슬 수는 업지마는 몃 해를 두고 적개심을 가지고 긔회 잇슬 때마다 사람을 두다리는 것은 "그 좁은 섬나라"의 특성을 유감업시 발휘하는 것이나 아닌가. 〈후략〉

71 『조선일보』 1925년 6월 9일 자, 「이취한 일인 중학생 대도에서 작대 폭행」; 『시대일보』 1925년 6월 9일 자, 「난취한 경성중학생 일대 행인을 무고히 작당구타 심야삼경에 서대문통의 활극」.

「경중과 배고 생도 양차 충돌」, 『동아일보』, 1927년 6월 7일 자

전번 금요일 오후에 경성중학교 생도 십여 명이 명동(정동) 배재고등보통학교 압흘 지내가다가 하학하야 집으로 도라가든 배재학생 오십여 명과 충돌되야 한참동안 어우러지어 격투를 한 끄테 량편에 삼사명식의 부상자가 생기고 다시 지난번 월요일에 경성중학교 생도 십여 명이 다시 배재학교 압흘 지내가다가 배재학생과 또 충돌되야 역시 삼명식의 부상자가 생기자 〈중략〉 경성중학과 배재고보 생도의 싸홈은 력사가 오랜 것으로 쉽사리 종식되지 아니하리라더라.

경성중학교에 다닌 조선인

일본인 소학교·중학교·고등여학교에 다니는 조선인 수가 어느 정도였는지를 파악하기 위하여 이들 학교에 다닌 조선인 학생 수와 전년도 대비 증감 수를 아래 표로 정리하였다.

1919~1935년 일본인 학교에 다니는 조선인 학생 수

연도	소학교		중학교		그등여학교		계
	학생 수	전년도비 증감 수	학생 수	전년도비 증감 수	학생 수	전년도비 증감 수	
1919	79	-	-	-	-	-	79
1920	140	61	35	-	7	-	182
1921	206	66	55	20	6	-1	267
1922	327	121	74	19	4	-2	405
1923	496	169	101	27	41	37	638
1924	591	95	129	28	80	39	800
1925	796	205	173	44	218	138	1187
1926	887	91	194	21	341	123	1422
1927	953	66	216	22	436	95	1605
1928	991	38	255	39	471	35	1717
1929	972	-19	266	11	572	101	1810
1930	1034	62	313	47	563	-9	1910
1931	1073	39	340	27	563	0	1976
1932	1157	84	327	-13	565	2	2049
1933	1311	154	322	-5	547	-18	2180
1934	1374	63	324	2	517	-30	2215
1935	1522	148	335	11	520	3	2377

출처: 大野謙一, 『朝鮮教育問題管見』, 조선교육회, 경성, 1936, 380~381쪽을 토대로 정리

1938년 제3차 교육령으로 보통교육기관에 대한 '공학'이 실시되기 이전부터 일본인 소학교와 중학교에 다니는 조선인 학생 수가 조금씩이나마 꾸준히 증가하고 있음을 알 수 있다. 소학교는 1929년에 19명, 중학교는 1932년 13명과 1933년 5명이 각각 감소한 것을 제외하고 매년 증가하였다. 특히 고등여학교에서는 1923년부터 1929년까지 조선인 학생 수가 증가하였다. 조선인의 보통학교 졸업생이 중학교에 진학하기 위해서는 일본인 소학교 졸업생과는 다른 별도의 입학시험을 보기도 하였다.[72] 그러나 일본인

72 稲葉継雄, 「大邱中學校について-在朝鮮 內地人 學校の事例研究」, 『九州大學大學院敎育學研究紀要』 10(통산 53호), 2007. 18쪽.

학교에 다니는 조선인 학생 증가 폭은 그다지 크지 않으며 매년 더 큰 폭으로 확장된 것도 아니었다. 물론 같은 시기 조선인 학교에 다니는 일본인 학생에 비해서는 증가 수가 약간 많았다.

경성의 일본인 중학교인 경성중학교와 용산중학교에 다니는 조선인 재학생 수는 매우 적었으며, '공학'이 실시된 1938년 이후에도 마찬가지였다. 두 학교 전체의 연도별 학생 총수는 1000명 정도였는데 조선인은 그중 3.2~6.3%에 지나지 않았다. 1936년 경성중학교 입학생 합격자 명단을 실은 신문 보도에 따르면 김병준金秉俊[73] 등 4명이었다. 표 〈경성중학교와 용산중학교 재학 조선인 학생 수〉에서 1935년도 조선인 재학생 수 통계는 없으나, 그해 경성중학교 조선인 입학생은 박성배朴性培 등 3명[74] 이었다. 그리고 표에서 1936년 경성중 재학생 수 10명보다 6명이나 적다. 즉 입학생 수보다 재학생 수가 두 배 이상 많았음을 알 수 있다.

경성중학교와 용산중학교 재학 조선인 학생 수 (단위: 명)

연도 / 학교	1922	1926	1929	1931	1932	1933	1934	1936	1937	1938	1940	1941	1942	1943
경성중	9	12	19	31	20	19	15	10	13	13	13	26	32	31
용산중	26	39	32	32	31	24	31	22	24	20	22	22	25	22
총계	35	51	51	63	51	43	46	32	37	33	35	48	57	53

출처: 조선총독부 학무국, 『조선제학교일람』

당시 경성중학교에 입학하는 일은 일본인뿐 아니라 조선인에게도 선망의 대상이었을 것이다. 가장 큰 이유는 경성중학교가 일본인 학교여서라기보다 '조선 최고의 중학교'였기 때문이다. 물론 친일파 같은 조선인이 자녀를 경성중학교 또는 일본인 학교에 보내려고 한 목적은 일반 조선인과 같았다고 볼 수는 없다. 다음은 일제의 기관지인 『매일신보』에서 남작男爵 김춘희金春熙[75] 의 아들이 경성중학교에 합격한 것을 보도한 기사이다. 김춘희의 차남 김교영金敎英이 경성중학교에 그것도 '조선 사람으로서 우수한 성적으로 입학'한 내용을 '자랑거리'로 보도하고 있다. 시험에 응시한 학생은 370명이었으며, 그중 합격자는 206명이었다.

「수험자 중 수위首位로 합격된 김교영 군, 경성중학교에 입학」, 『매일신보』, 1922년 3월 21일 자

> 남작 김춘희金春熙 씨의 차남 교영 군은 유치원을 마치고 서대문 공립심상소학교에 입학하였는데 그 성적이 항상 우등으로 있는 고로 〈중략〉 금년 졸업하고 곧 경성중학교에 입학시험을 보았는데 수험자 삼백칠십 명 중에 합격되어 입학의 허가를 얻은 자는 겨우 이백육 명인데 교영 군은 이백여 명 합격자 중에 제일 수위의 성적으로 합격의 월계관을 얻었다 하니 조선 사람으로 중학교 입학시험에 이와 같은 성적을 발휘한 것은 교영 군으로서 호시라 하겠더라.

73 『조선중앙일보』 1936년 3월 18일 자, 「입시 합격 발표」.

74 『동아일보』 1935년 3월 17일 자, 「금년도 각교(各校) 합격자」.

75 성균관 대사성 · 이조 참판 · 도승지 · 황해도 관찰사 등 조선의 관료로 주요 직위를 두루 거쳤지만 국권이 일본으로 넘어가자 일제에 순응 · 협력하여 여러 훈장을 받음. 남작 작위는 장남 김교신에게 세습.(친일반민족행위진상규명위원회, 『친일반민족행위진상규명 보고서』 IV-4, 현대문화사, 2009)

76 『경향신문』 1966년 4월 29일 자, 「내한 붐 일인관광」.

경성중학교 졸업생 모교 방문

경성중학교 졸업생들은 1950년 9월 처음 개최한 이후 매년 '일본경중회'를 소집하였다. '한일기본조약'이 체결된 이듬해인 1966년부터는 한국 및 '모교' 방문을 실시하였는데, 첫 회에는 경성중학교 출신 동창생 131명이 한국을 찾았다. 이들은 4일 동안 한국에 머무르면서 옛 동창들과 해방 후 20년간 변화한 서울을 구경하였다.[76] 동창생들의 '모교' 방문은 학교 강남 이전 이후에도 이어졌는데, 1969년부터 발간되기 시작한 경성중학교 동창회지『경희』에는 '일본경중회'의 '모교' 방문기가 수록되어 있다. 그들은 추억과 향수를 회고하는 한편 교정이 변해 가는 모습과 강남 이전에 대해 쓸쓸해하기도 했다.

『경희』 2호 방문일시: 1969년, 한국중앙은행의 초청 서울 방문차	"서울 방문 일정에 맞춰서 우리가 배웠던 경성중학교를 방문했습니다. 지금은 건물과 그 외 대부분의 모습이 예전과 달라졌지만, 자연환경은 옛날 그대로여서 회상에 잠겼습니다. 교장은 히로시마사범학교 출신으로 크게 환영해 주었습니다."
『경희』 4호 방문일시: 1973년, 한은동우회의 초청	"具군과 함께 잠시 교장과 회담을 했다. … 내가 '우리를 가르쳤던 시바자키 데쓰키치 교장은 철저한 스파르타 교육으로, 지금 돌이켜보면 당시의 엄격함을 싫어했지만 동시에 감사의 마음이 듭니다. 예를 들어 선생은 … 교복 바지에 주머니가 불필요하다고 하여 없앴고 복장검사를 자주 했습니다'고 했더니 교장이 '그 기풍은 현재 그대로 남아 있습니다. 지금도 교복 바지의 양측에 주머니가 없습니다'고 말하며, 학생 한 명을 불러와 교복 바지를 보여주는데, 역시 주머니가 없었다."
『경희』 9호 방문일시: 1978년, 한국정부로부터 일본 고교교사 초청 서울 방문차	"경성중학교도 내년에는 한강 이남으로 이전되고, 일부 공원이 조성된다고 한다. 옛 경성의 거리도 점점 옛 모습을 잃어간다. 방문할 때마다 쓸쓸함을 느낀다."
『경희』 18호 방문일시: 1987년, 27기 단체 서울여행	"신문로에서 경중의 흔적을 찾았다. 정문에서 본 교사 등은 변하지 않은 것처럼 보이나 거리와 접했던 담은 없어지고 보도에서 직접 운동장으로 들어갈 수 있게 되었다. 경희궁 복원 중의 시민공원으로 일반시민에게 공개되어 있다."

경성중학교를 졸업한 조선인 중에서 해방 후 한국사회의 주요 위치에서 활동한 사람들도 많았다.

경성중학교 졸업생 중 해방 후 한국사회 주요 활동 인물

연번	이름	출생~사망	졸업 회차	주요 인적 사항 및 약력
1	윤일선(尹日善)	1896~1987	제3회	윤보선 사촌, 일본 교토제대 의학부 졸업, 제6대 서울대학교 총장(1956~1961)
2	구용서(具鎔書)	1899~1986	제6회	일본 도쿄상과대학 졸업, 한국은행 초대 총재(1950), 대한석탄공사 총재(1953), 한국산업은행 총재(1954), 상공부장관(1958~1960)
3	노영빈(盧永斌)	1907~1999	제14회	도쿄대학 법과 졸업, 대한화재해상보험 주식회사 사장, 성균관대 법학대학 학장, 서울제일변호사회 초대 회장
4	박두병(朴斗秉)	1910~1973	제17회	경성고등상업학교 졸업, 박승직 상점가의 장남, 동양맥주 주식회사 사장(1947), 대한상공회의소 회장(1967), 두산그룹 창업자
5	민복기(閔復基)	1913~2007	제19회	경성제국대학 법과 졸업, 법무부 장관(1963~1966), 제5·6대 대법원장(1968~1978)
6	이종찬(李鍾贊)	1916~1983	제21회	일본 육군사관학교 졸업, 육군참모총장(1951~1952), 육군대학총장(1953~1960) 국방부장관(1960), 제9·10대 국회의원
7	김정렬(金貞烈)	1917~1992	제23회	일본 육군사관학교 졸업, 초대(1949)·제3대 공군참모총장, 국방부장관(1957~1960), 민주공화당 초대 의장(1963), 반공연맹 이사장(1966), 국무총리(1987~1988)

출처: - 차은정,『재조귀환자의 후루사토(故鄕)와 기억의 정치학: 패전 후 귀국 일본인에 대한 민족지적 연구』, 서울대학교 대학원 인류학과 박사학위논문, 2014. 8. 270~273쪽 표 6-6 〈서울경중회의 주요 회원 명부〉 중에서 추가 조사 및 재정리
- 경성공립중학교 동창회,『부흥기념 회원명부』, 1933
- 한국역사정보통합시스템;『마산일보』, 1962.7.19「최고의 상위(常委) 승인 장성환 장군을 임명」
- 친일반민족행위진상규명위원회,『친일반민족행위진상규명보고서』, 2009

2

서울중고등학교

2.1 해방 이후 서울중고등학교로의 변화

'서울중학교' 개교

해방 후 '옛 일본인 경성중학교'가 되어 버린 그곳에서 일본의 잔재를 없애는 작업을 하고, 1946년 3월 한국 남학생을 위한 새로운 중학교를 개교하였다. 전 경기도 학무과장이었던 김원규가 교장으로 취임하였으며, 3월 1일 첫 입학식에 총 12학급의 학생 552명이 참석하였고, 개교 당시 교사는 34명이었다. 교명은 일본인이 사용하던 '경성중학교'를 그대로 사용하였다. 당시 경성중학교 개교를 보도한 신문기사 제목도 「경성중학 신발족新發足」이나 「경중을 신건新建…」 등이었다.

「경중을 신건新建, 교장에 김원규金元圭씨」, 『자유신문』, 1946년 2월 16일 자

> 우수한 시설을 가지고 재래에 일본인만을 교육하야오든 경성중학이 이번에 우리 동료 자제의 교육기관으로 새출발하게 되어 초대 교장에는 전 경기도 학무과장 김원규 씨가 취임한바 3월 1일부터 개교를 목표로 1·2·3학년생 각 200명씩을 모집하는 중인데, 충원은 2월 22일까지고 시험은 동 24일부터 27일까지에 실시한다.

1947년 학교 이름이 '서울중학교'로 확정되었으나, 당시 신문 자료 등을 보면 1946년부터 1947년에는 경성중학교와 서울중학교라는 이름이 함께 사용되었음을 알 수 있다. 한편 서울중학교는 1951년 12월 '서대문중학교'로 이름을 바꾼 후 1953년 7월 다시 '서울중학교'로 개명하였다.

6·25전쟁과 서울중학교

교육법 제정(1949), 초등학교 의무교육 채택(1950) 등 민주주의 국가로서 교육 기반이 굳혀져 가고 학교도 자리를 잡아 갈 무렵 6·25전쟁이 시작되어 모든 학교가 수업을 중지하였다. 사실상 '무기 휴교'[77]에 들어간 서울중학교는 1951년 부산 보수공원에서 노천 수업을 하고 부산의 신제중·고등학교에서 졸업식을 거행하기도 하였다. 이때 보수동 뒷산은 서울중학교뿐 아니라 전국에서 피난 온 학교들이 천막을 치고 수업을 진행하여 학생들로 붐볐다고 한다. 당시 서울중학교 3학년이던 졸업생이 그 시절 부산 보수공원의 기억을 묘사한 바에 의하면, '서울중학교 부산임시교사' 팻말 아래 피비린내 나는 흙바닥에

앉아 수업을 진행하였으며, 이때 교사진으로는 안병욱·조병화·이성삼·황순원 등이 있었다고 한다.[78]

한편 1951년은 6년제였던 중학과정이 중학교 3년, 고등학교 3년으로 분리되는 시기이기도 하였다. 따라서 서울중학교도 서울중학교와 서울고등학교로 분리되었다. 정부 환도(1953) 이후 10월 1일 학교는 다시 개교되었지만, 해방 이후 학교 건물의 일부를 사용하던 영국 연방군이 여전히 학교의 본관 등을 사용함에 따라 학생들은 강당과 체육관에서 칸막이를 치고 수업을 들어야 하였다.[79] 1955년 4월이 되어서야 영국군은 학교 건물을 서울중고등학교에 인도하고 철수하였고, 서울중고등학교는 개교 후 9년 만에 비로소 온전히 본교를 되찾았다.

京城中學新發足
一·二·三學年生徒募集

경성중학교 신(新)발족 | 『중앙신문』 1946년 2월 27일 자

「서울중학교 교사 인도」, 『경향신문』, 1955년 4월 30일 자

영국 연방군이 오랫동안 사용하고 있던 서울중학교 교사(본관)는 28일 오후 정식으로 서울중학교에 인도되었다. 이날 미 서울기지 사령관은 영국 주둔부대장과 교정에 도열한 고등학교 학생 및 교직원 내빈의 박수를 받으며 교사 인도 표식으로 금빛 열쇠를 김金 서울고등학교 교장 목에 걸어준 다음 서울중학교 앞날의 발전을 축원한다는 인도의 말이 있었는데 동교는 현재까지 영 연방군 수송부대가 사용하고 있었다고 한다.

서울중학교 교사 인도 | 『경향신문』 1955년 4월 30일 자
영국 주둔부대장이 김원규 서울중학교 초대 교장에게 교사 인도 표식 열쇠를 목에 걸어 주고 있다.

신생 학교의 생존 전략

경기·경복중학교 등 '민족학교'로 출발하여 해방 후에도 '명문학교'로 명맥을 이어 간 주변 학교와 달리 서울중학교는 해방 이후 경성중학교에서 새롭게 거듭난 '신흥학교'로서 선생과 학생을 모두 새로 모집해야 하였다. 신흥학교가 금세 유수의 명문교와 어깨를 나란히 할 수 있게 된 것은 초대 김원규 교장의 교육에 대한 열정과 우수 교사 초빙을 위한 노력이 있었기에 가능하였다고 졸업생들은 회고하고 있다.

김원규, 『다시 태어나도 교육자의 길을』, 1998

"(김원규 교장은) 우수 교사 확보책에도 또한 비상하였다. 정보만 얻으면 어디든지 가셨다. 영어과 J선생의 경우 판자촌 산동네를 몇 시간씩 헤매면서 삼고지례를 다하여 모시고야 말았다."

이로써 '국보' 양주동, 시인 조병화, 철학자 안병욱, 국어학자 남광우, 소설가 황순원 등 당대의 내로라하는 인재들이 서울중학교의 초기 교사로 재직하였다. 김원규 교장은 우수 학생 모집에 대한 열정도 굉장하였다. 졸업식 무렵이면 인근 초등학교를 돌아다니며 쓸 만한 재목을 추천받기도 하고 인재가 될 재목으로 보이면 직접 나서서 서울중학교 입학을 권하였다고 한다.

77 『동아일보』 1950년 6월 27일 자, 「국민교 임시휴교」.

78 『경향신문』 1984년 2월 27일 자, 「나의 스승 안병욱 선생님」.

79 서울고등학교 홈페이지. www.seoul.sen.hs.kr

서울중학교 졸업생의 구술에 의하면 서울중학교는 특히 이북 출신의 학생들이 많았다고 하는데, 개교 후 10여 년까지 학생 70~80%가 이북 출신이었다고 한다. 당시 우수한 학생이라면 신생 학교보다는 전통 명문 학교인 경기중학교나 경복중학교로 갔기 때문에 서울중학교에는 상대적으로 이북에서 온 학생들이 많이 들어오게 되었으리라는 것이다.[80]

이북 지역 중에서도 명문 학교인 평양의 제1중, 제2중, 제3중, 광성중, 신의주동중, 해주동중, 원산중, 함흥중 등에 다니던 학생이 대부분이었다. 이 때문에 서울고 학생들 사이에는 이북 사투리가 표준말처럼 통용되다시피 하였다고 한다.[81] 평양고보(평양 제2중) 출신의 김원규 초대 교장을 포함하여 양주동, 안병욱, 황순원, 조영식, 이성삼 등 이북 출신의 선생님들도 많이 초빙되었다.

서울중고등학교는 한때 '신문로 감옥소'라 불릴 정도로 스파르타 교육이 이루어져 많은 졸업생들에게 회자되었다.[82]

서울중고등학교 건축물과 부지의 변화

서울중고등학교 건축물의 변화

해방 이후에도 부지의 기능이 중등교육 기관으로 유지되면서 서울중학교는 경성중학교의 본관을 비롯한 대부분의 건물을 그대로 사용하였는데, 정문 위치와 수위실 그리고 양측으로 길게 뻗어 있는 벚나무 등굣길도 경성중학교 때부터 이어진 것이었다. 본관 및 후관, 강당, 체육관, 대운동장(제1운동장)과 그 위쪽 야외수영장 등의 용도도 그대로 유지되었다. 그러다 점차 서울중고등학교 교정의 모습으로 바뀌었는데, 큰 변화는 도서관 증축과 신관 신축이었다. 이후에도 등굣길 좌측 기숙사 건물을 철거하고(1964년 추정) 정구장을 배치하였고, 뒷산을 개간하여 제3운동장을 배치하였으며, 스모장·유도장 등 일본의 전통 스포츠 활동이 이루어졌던 소규모 야외 운동장을 배구장·농구장으로 용도를 바꾸기도 하였다.

구마모쿠 경중회 단체방한 27기수 구술, 『경희』 9호, 50쪽	일순 삼십 수년을 옛날로 돌아간 듯한 기분이었다. … 뒷산은 개간되었고 신교사가 하나, 그리고 없었던 꽤 넓은 제3운동장이 생겼다. 나는 첫 방한訪韓인데 시대가 변하고 역사가 바뀌었음을 절감했다.

· 도서관 개관 및 증축

1950년대 중반 교육계에서는 학교 도서관의 중요성이 대두되었는데, 당시 교육감직을 동시에 맡고 있던 초대 교장 김원규의 영향으로 서울중학교에도 1956년 12월 150여 명을 수용할 수 있는 도서관이 문을 열었다. 도서관 건물은 야외수영장 북측에 있었는데, 경성중학교 당시 '운동부실' 건물과 동일한 것으로 추정된다(이전 배치도 참고). 1964년 10월에는 100평 정도의 면적을 넓히는 증축공사를 진행하였다. 도서관 내부는 도서관부·서예부·문예부 활동을 위한 방이 따로 마련되어 있었고, 방과 후에도 학교에 남아 공부하기를 원하는 학생들은 도서관에서 공부할 수 있었다.[83]

80 서울중학교 14회 졸업생 구술(2020년 11월 24일).

81 이춘삼, 「언론계 큰 산맥 이룬 '재능의 요람' 한국의 신 인맥 지도 서울고①」, 시사저널 1095호, 2010.

82 『월간조선』 2001년 5월호, 「인물회고 – 서울고 김원규 교장. 서울고를 인재 산실로 만든 김원규 교장의 스파르타식 교육」.

83 앞의 구술.

서울고등학교 본관, 후관, 강당, 체육관(왼쪽 위부터) | 서울특별시, 「정비 복원을 위한 경희궁지 발굴조사 보고서」, 1985

「학교도서관 설치에 적극 노력하자」, 『조선일보』, 1957년 6월 6일 자

우리는 학교 교육이 교실에서 선생의 강의를 듣는 것만으로 정定하다고 생각지 않는다. 교과서에서 습득한 것을 실지實地로 보든가 또는 실험해 보기도 하고 교과서 이외의 다른 참고서를 보아 배운바 지식을 확고 또는 충실히 하여야만 교육의 효과를 나타낼 수 있다고 본다. 그러하기 위해서는 각급 학교마다 여러 종류의 실습실과 적당한 도서관 혹은 도서실을 설치해야 할 것이다. 〈후략〉

· 특별교실 증축 및 신관 건립

1958년에는 본관 및 후관 서측에 위치한 특별교실의 2층 증축공사를 진행하였다. 1974년 서울고 졸업생에 의하면 특별교실에서는 우수생을 위한 수학반 수업이 진행되었다고 한다. 서울중고등학교는 해를 거듭할수록 늘어나는 학생을 충당하기 위해 1960년에 연면적 약 2000㎡의 3층짜리 신관을 건립하게 되는데, 1971년 서울중학교가 폐교되고 고등학교로 전환된 이후에는 고등학교 3학년이 단독으로 신관 건물을 사용하였다.

· 예체능 관련 건물

서울중고등학교는 다른 학교들과 마찬가지로 입시를 위한 국어와 셈본(수학)이 주요 과목이었으나[84], 입학 이후에는 국·영·수만큼이나 예체능 교육을 무척 강조하였던 것으로 보인다. 서울중고등학교 출신 중 문화예술인이 유난히 많은 것은 이 때문이라는 분석도 있다. 이는 교사 건물을 통해서도 짐작해 볼 수 있다. 경성중학교에서 서울중학교로 바뀌면서 음악실·미술실·공작실과 같은 예체능 관련 시설이 독립

84 『경향신문』 1956년 2월 9일 자, 「입시출제비밀실 시내남여중학교 탐방」.

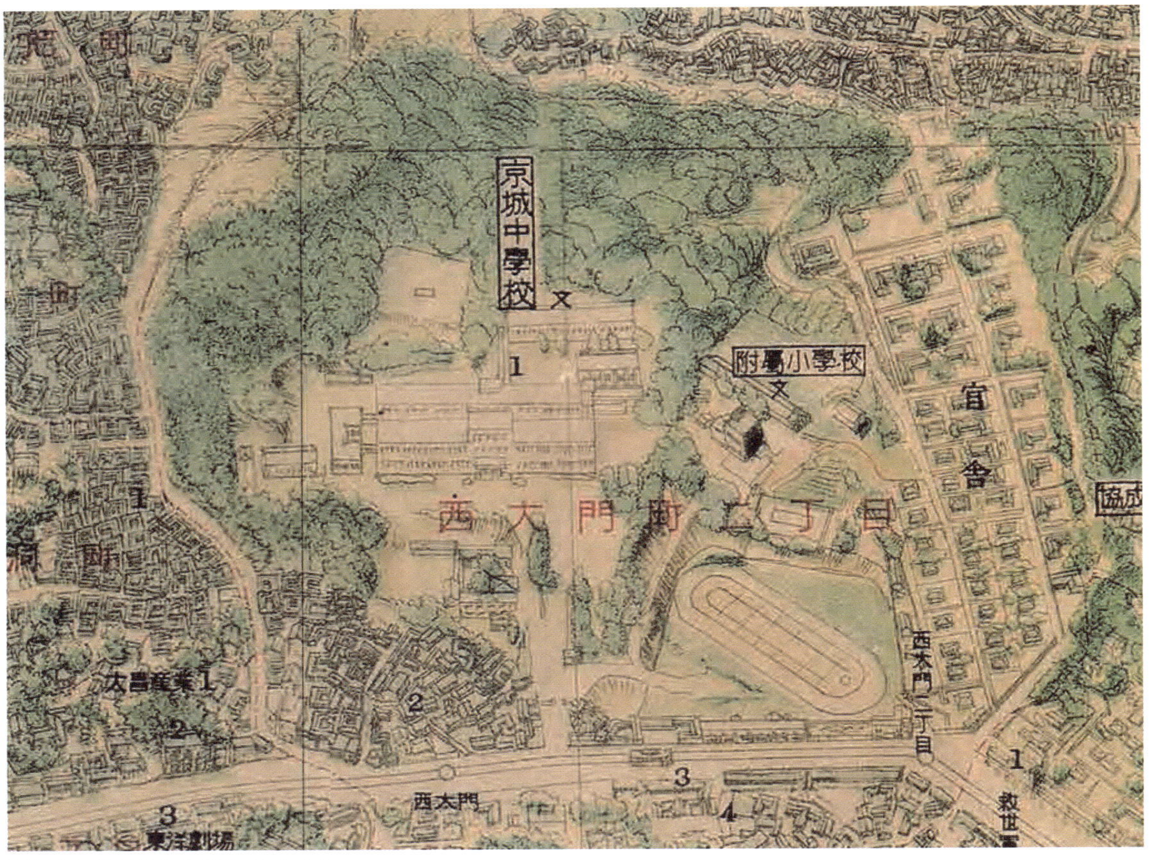

경성중학교 배치도 | 「대경성부대관」(부분), 1936

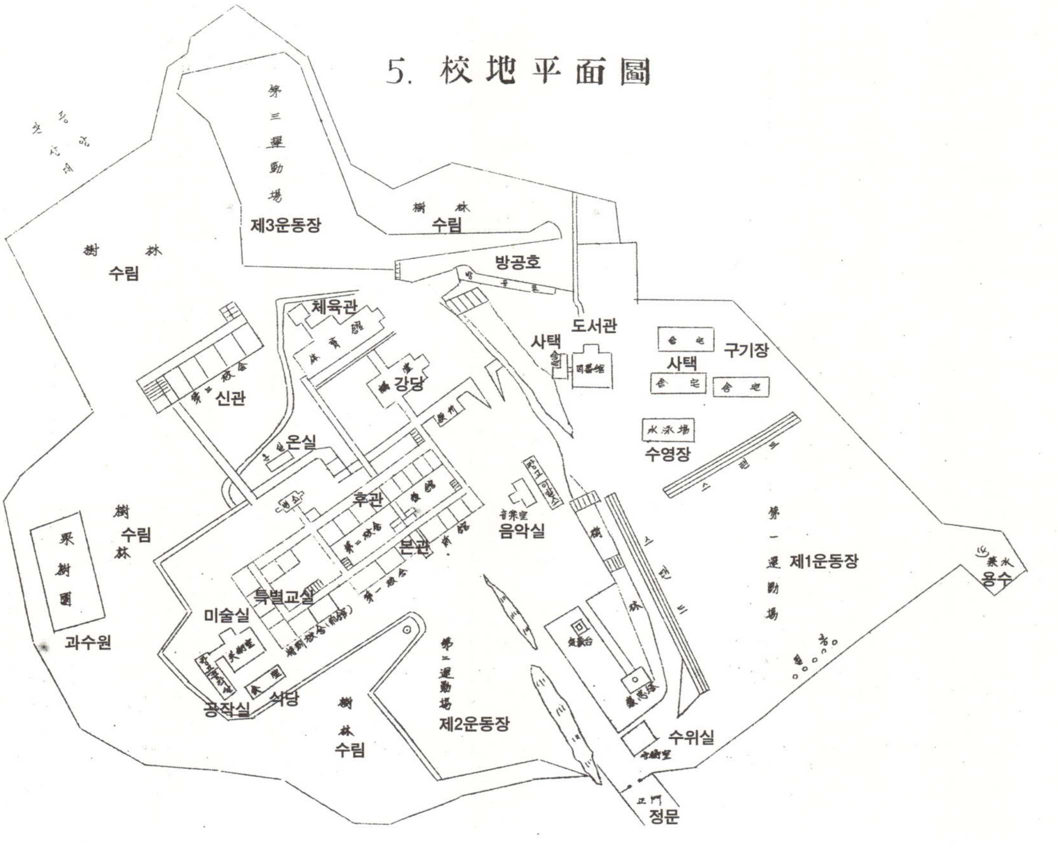

서울고등학교 배치도 | 「서울고등학교 교지평면도」, 1965, 서울고등학교

서울고등학교 도서관, 신관(왼쪽부터) | 서울특별시, 「경희궁 근린공원 조성 기본계획도집」, 1986

된 건물로 마련되었다. 또한 학생들은 수업이 끝나면 과외활동(방과 후 특별활동)을 하고 하교하기를 권장하였기 때문에 연극부나 합창부·밴드부 활동과 같은 예체능 활동이 활성화되었다. 특별활동에서 연습한 것은 매년 열리는 교내 축제인 '경희예술제'에서 선보이기도 하고, 교내외 특별한 행사가 있을 때는 밴드부가 관악을 연주하며 서울 시내(종로, 을지로, 혜화동 등)를 행진하기도 하였다고 한다.[85]
서울중고등학교는 스포츠 활동도 매우 활발했던 것으로 알려져 있는데, 학교에는 독립된 체육관 건물을 비롯하여 여러 규모의 실외 운동장이 있었다. 축구·야구·핸드볼 등 다양한 운동을 할 수 있는 약 2000평 규모의 제1운동장(대운동장), 테니스 코트가 마련되어 있는 제2운동장, 신관 뒤쪽으로 위치했던 제3운동장 등 규모도 종류도 여러 가지였다. 제1운동장 뒤쪽으로는 야외수영장과 구기장도 있었다. 학교에서는 아이스하키와 같이 돈이 많이 드는 스포츠 활동도 지원하였는데 겨울에는 본관과 후관 사이에 작은 얼음판이 생기면 그 위에서 아이스하키 연습을 하였다고 한다. 이 외에도 강당과 체육관 사이 공간에서 전국 탁구대회를 진행하였다.[86]

서울고등학교 26회 졸업생 구술	"입학시험 때 운동장에서 체력장을 치고, 여름에는 수영장에서 전교생이 참가하는 수영대회가 열려요. 겨울에는 동대문 근처에 있는 사설 아이스링크에 가서 스케이트 타고 그걸로 시험도 치고 그랬어요."
서울고등학교 14회 졸업생 총동창회 서사무총장 구술[87]	"서울고에 입학한 학생들은 예체능 분야의 특별활동을 반드시 해야 했습니다. 그것도 예능 분야나 체육 분야 중 하나가 아니라 예능 분야 하나, 체육 분야 하나 이렇게 두 가지를 특별활동으로 반드시 해야 했습니다. 영어와 수학의 중요성을 강조하기는 했지만 영어와 수학만을 위한 교육을 하지는 않았다는 것이죠."

· 그 외 기타 건물

수영장 뒤쪽으로는 교사 사택이 몇 채 있었는데 교장과 교감은 도서관 바로 옆에 있던 일식 기와를 얹은 단독주택에서, 다른 선생님들은 연립주택처럼 긴 건물을 한 칸씩 배정받아 사택으로 사용하였다. 사택은 1965년 배치도에서는 확인되지만 1970년대 사진과 1978년 항공사진에서는 사라진 것으로 보아,

85 서울중학교 14회 졸업생 구술(2020년 11월 24일).

86 앞의 구술.

87 『월간조선』 2001년 5월호, 「인물회고 - 서울고 김원규 교장. 서울고를 인재 산실로 만든 김원규 교장의 스파르타식 교육」.

1970년대부터는 일반 교사를 위한 사택은 교내에 두지 않은 듯하다. 이 밖에 부지 내에는 식당(교직원을 위한 식당으로 추정), 이발소, 온실, 과수원 등도 있었다.

서울중고등학교의 필지 변화

서울중고등학교의 규모는 개교 후 점차 축소되었다. 개교 때 총 3만 8270평이었던 학교 부지가 강남 이전 때에는 총 2만 9787평이 되었으니 30% 정도 축소된 것이다.[88] 서울중고등학교의 필지 변화를 살펴보기 위해 경성중학교 입지시기인 1930년대, 경계부 매도가 이루어지는 1960년대 초기, 1970년대 초기, 1970년대 중후기로 나누어 살펴보았다. 아래 도면을 살펴보면 학교 부지의 주요 건물과 운동장이 위치하던 중앙부는 변동이 없으나 경계부가 조금씩 분할되어 민간 및 공공에 매도된 것을 알 수 있다.

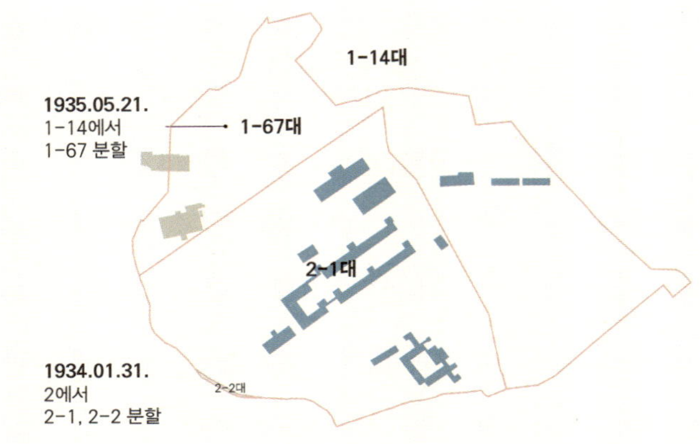

① 1930년대 경성중학교 입지시기(1935년 지적도)

①도면은 1936년 「대경성부대관」과 1947년 항공사진을 참고하여 건물을 작성하였다.[89] 필지는 1934년 본번 2에서 2-1과 2-2로 분할되었고, 1935년 1-14필지에서 1-67필지가 분할되었다. 2-2, 1-67필지는 '국'에서 '경기도지방비'로 소유권이 변경되었다. 이때 1-67필지 위에는 '경성측후소'(1932년 건립, 1939년 증축, 현 국립기상박물관)와 학교 건물이 위치하였다.

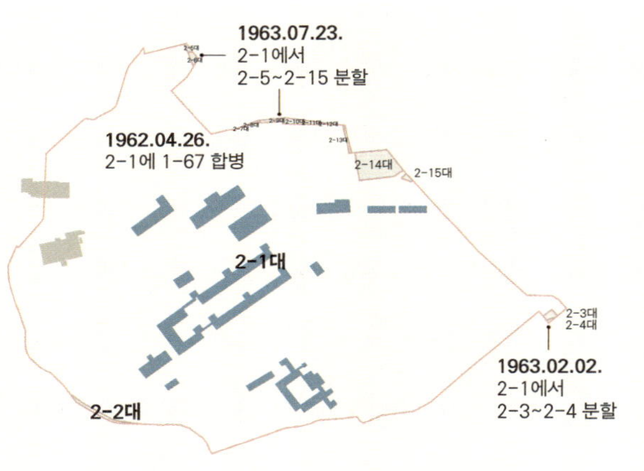

② 1960년대 초기 서울중고등학교 입지시기(1963년 지적선)

②도면은 1962년과 1969년 항공사진, 1965년 서울고등학교 건물 배치도를 참고하여 건물을 표시하였다. 1962년 1-67필지가 2-1에 합병되어 말소되었으며, 1963년 동측 일부(2-3, 2-4)와 북측 경계부(2-5~15)에 소규모 필지들이 분할되어 민간에 매각되었다. 이때 2-14필지는 '대한예수교장로회 샬롬직장선교회 샬롬교회'로 매각되어 1969년 종교 시설이 건립되었다.

88 현 교육청 부지는 서울고 이전과 맞물려 소유권이 넘어간 것이므로, 서울고등학교가 신문로2가에서 이전하기 전 최후의 학교 부지 면적은 3만 2000평 정도가 된다. 개교 당시 규모와 비교하였을 때 16% 이상 축소된 격이다

89 경성중학교는 1933년 대화재로 이전 건물이 대부분 없어지고 1935년 교사를 신축하였으며 해방 이후에도 그 건물을 그대로 사용하였다. 1936년 '대경성부대관'에 나오는 경성중학교의 형태와 배치는 서울중고등학교의 것과 대부분 일치한다(147p 배치도 참고). 이때 1936년 '대경성정도'의 학교 건물 배치가 실제와 다른 것으로 확인되어 위 도면을 작성할 때 참고하지 않았다. 항공사진은 1930년대에 가장 근접한 1947년의 항공사진을 사용하였으며, 1935년부터 1947년 사이 큰 건축물 변화가 없어 참고하여도 무방하다고 판단하였다.

③도면은 1971년 지적선 위에 1969년 항공사진 및 현재(2020년) 기준 GIS를 참고하여 건물을 나타냈다. 1970년 2월 학교 부지의 남동측은 새문안로를 따라 세장형 필지로 분할(2-16~54)되었고, 4월 북측 돌출부의 일부도 소규모 필지로 분할(2-55~65)되어 민간에 매각되었다. 서측으로 2-63과 2-64필지도 2-1에서 분할되었는데, 기존 '중앙기상대(1932 건립)'가 위치한 부지는 2-63으로 분할되어 과학기술처(국유지)로 소유권이 이전되었고, '시립학교 학생 건강관리소'(1968 착공, 현 학교보건진흥원)가 위치한 2-64는 소유권 명칭이 '서울시'에서 '서울시 교육감'으로 변경되었다.

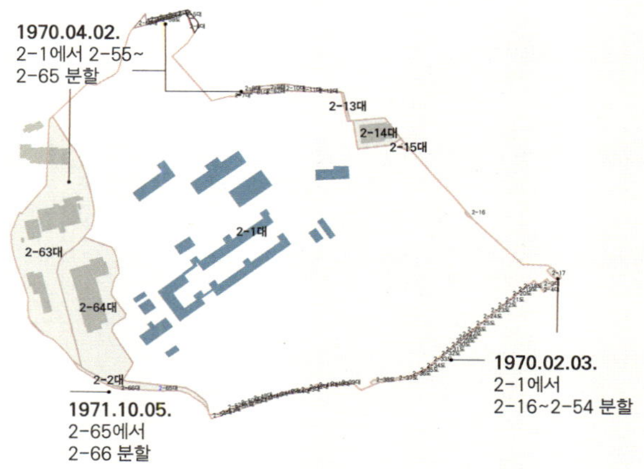

③ 1970년대 초기 서울고등학교 입지시기(1971년 지적선)

④도면은 1970년대 중·후기의 도면으로 1978년 지적선 위에 1978년 항공사진과 현재(2020년) 기준 GIS를 참고하여 건물을 작성하였다. 1975년에는 2-2필지 아래로 2-67과 2-68필지가 신규 등록되었고, 1977년 남서측으로 소규모 필지가 분할(2-70~2-72)되고, 1978년 4월 남동측으로 소규모 필지가 분할(2-73~2-74)되었다. 1978년 12월에는 2-64필지 옆으로 2-77필지(서울시교육위원회 건립 예정 부지)가 분할되고 '서울시교육청' 소유로 변경되었다[이 과정에서 기존 특별교실과 미술실·공작실을 철거하고 식당 및 창고 건물은 존치시켜 '서울시교육위원회'(1979년 착공)에서 사용한 것으로 추정된다].

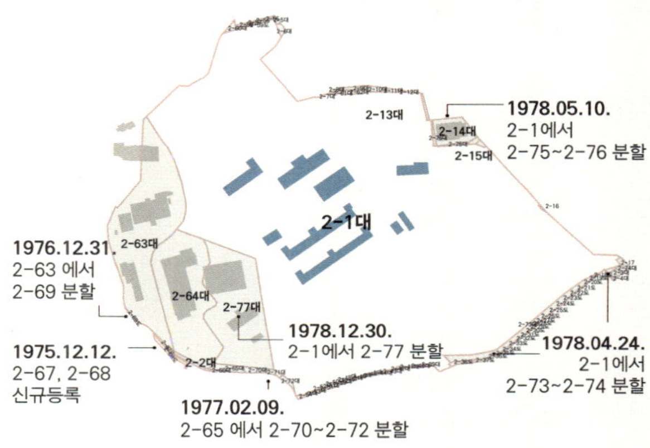

④ 1970년대 중·후기 서울고등학교 입지시기(1978년 지적선)

경희궁지 건축물 이용의 변화

서울시는 1978년 5월 서울고교 부지를 매도할 당시 서측의 2000평은 남겨 두고 3만여 평만 매도하였는데, 1981년 2000평의 부지에 교육청 건물(당시 서울시교육위원회, 이하 시교위)이 들어섰다. 시교위는 1977년도에 이미 서소문에서 여의도 임시청사로 이전한 바 있는데, 당시 서울시청이 여의도 이전을 계획하고 있었기[90] 때문이다. 그러나 여의도청사는 본래 학교 건물로 지어진 데다 때마침 학교 시설 확충이 시급하여 시교위는 학교에 자리를 내어 주고 이적지를 다시 물색해야 하였다. 물색할 당시에는 서

90 서울시는 1969년 여의도 개발 시 시청사 이전 후보지로 1만 5000여 평을 확보하고 있었으나, 안보적인 차원에서 이전이 불가하다는 논쟁 속에 10여 년간 끌어왔다. 그러다가 1980년 강남구 서초동 일대에 2만 2509평을 제1 및 제2 공용 청사 부지로 결정 고시하면서, 이 부지에 서울시청이 들어설 계획이 보도된다(『경향신문』 1986년 4월 28일 자, 「경희궁 시민공원 계획 조성도 확정」).

2020년 서울특별시 교육청

울시청사가 여의도 이전 계획을 바꾸어 강남 이전계획을[91] 세우고 있었기 때문에 그전까지 임시로 머물 곳을 골라 '아직까지 팔지 않고 남겨 둔' 서울고 부지에 신축 중인 '교육연구원빌딩'으로 이전한 것이다.[92] 그러나 서울시청의 강남 이전 계획마저 백지화되면서[93], 시교위는 지금까지 교육청으로 그 자리에 남아 있게 되었다.

한편 1980년에는 경희궁지의 사적 지정이 추진되었다. 서울고 이전 부지 관계자인 서울시와 시교위, 서울고, 현대건설은 경희궁지 유적 보존과 관련하여 문공부와 1980년 6월부터 9월까지 여러 차례 문서를 주고받게 되었다. 문공부 측에서는 '교육 구청 청사 신축으로 인해 일부 유구가 멸실되고 있으며, 잔여 유구를 훼손할 우려가 있으므로 공사를 중지할 것'을 지시하였다. 그러나 신축 공사는 계속 진행되었고, 1981년에 공사가 완료되었다. 한편 교육위원회는 1991년에 개편되어 심의·의결기관인 교육위원회와 행정·집행 기관인 교육청으로 분리되었다.[94] 현재 경희궁지에 위치한 것은 서울특별시 교육청이다.

경성중 신新교사 건립 이후 40여 년간 학교 건물로 사용되었던 건물은 현대건설에 매각된 후 현대인력개발원이 임시 사용하게 되었다. 본관 건물 벽을 보수하여 사용하였는데[95] 체육관은 식당으로, 도서관은 축구단 숙소로 용도에 맞게 일부 개조한 것으로 보인다. 옛 서울고 본관과 강당을 주로 사용한 것으로 확인되는데, 강당에서는 해공 신익희 선생 추도식이나 현대 노사협 촉진대회뿐 아니라 꽃동네 결핵병동 건립을 위한 자선 바자 등 대내외적 행사를 진행하기도 하였다.[96]

91 『동아일보』 1980년 2월 12일 자, 「서울시청 · 교위 · 경찰국 83년까지 강남 이전」.

92 『경향신문』 1978년 10월 20일 자, 「교위청사 옮길 듯」.

93 "수도권 내 인구집중을 억제하기 위해 전역에서 정부 청사, 중부 출자기관 사옥의 신증축을 전면 금지하였다.", 『경향신문』 1982년 5월 12일 자, 「수도권 건축규제 서울시청 · 법원 강남 이전 백지화」.

94 『동아일보』 1991년 3월 27일 자, 「서울시교육청 현판식」.

95 『경향신문』 1982년 4월 22일 자.

96 『매일경제』 1981년 5월 6일 자 ; 『매일경제』 1981년 7월 13일 자 ; 『조선일보』 1984년 4월 7일 자.

97 『매일경제』 1983년 10월 7일 자, 「다채로와진 사내행사 이모저모 단합과 사세 알리는 일석이조 바람」.

현대인력개발원은 운동장도 적극 활용하였다. 당시 기업들은 대외적으로 사세社勢를 과시하고 대내적으로는 단결력을 다지기 위한 각종 스포츠 행사를 진행하였다. 옛 서울고 제1운동장에서는 매주 체육대회를 열어 축구·테니스·배구·소프트볼 등 스포츠 행사를 진행하고, 정주영 회장과 이명박 사장도 특별한 일이 없으면 참석하여 함께하였다고 한다.[97] 서울시 재매입 이후에도 신관 건물은 시립 청소년회관(YMCA가 서울시의 위탁을 받아 운영하였다.)으로 1993년까지 사용하였고, 본관 건물은 서울시립미술관으로 개조하여 2002년까지 사용하였다. 서울시 재매입 당시 남아 있던 건물 10동은 1989년 숭정전 복원을 시작으로 경희궁 복원 계획에 따라 차례로 철거되어 현재는 궁터에 있던 학교 건물 모두가 멸실되었다.

이강근, 「경희궁의 보존과 복원」, 『건축역사연구』 13, 1호 통권 37호, 2004, 105쪽

> 1989년부터 시행된 숭정전 일곽의 발굴조사 결과를 토대로 1993년에는 숭정전·숭정문의 복원이 끝났고, 이어서 숭정전 회랑의 복원과 YMCA 독서실 철거… 〈중략〉 1989년부터 1998년까지 궁터에 지어져 있던 건물을 철거하면서 숭정전 일곽, 자정전 일곽, 태녕전 일곽, 침전 일곽, 금천교 일곽이 차례대로 발굴되었고 이 가운데 발굴조사가 충분히 진행되지 못한 침전 지역을 제외하고는 모든 지역이 복원이라는 이름으로 새로운 건물이 재빠르게 재건되었다.

서울고 건물의 사용과 용도 변화를 파악하기 위해 경성중학교 때부터(신교사 낙성 이후) 1985년 이후 멸실되기까지 살펴보았다. 경성중학교는 1936년 「대경성부대관」을, 서울고는 1962년 항공사진과 1965년 서울고 소장 배치도를, 현대인력개발원 이후는 1985년 「정비 복원을 위한 경희궁지 발굴조사보고서」의 현황 도면과 1980년 이후의 항공사진을 참고하여 시기에 따른 건물의 용도 변화를 정리하였다.
도면은 1985년 단국대학교에서 시행한 「정비 복원을 위한 경희궁지 발굴조사보고서」에서 발굴조사를 위해 기록해 두었던 1985년 당시의 현황으로 현대인력개발원이 사용하였던 건물의 모습을 확인할 수 있다. 건물 및 부지의 변화를 파악하기 쉽도록 도면 번호는 서울고 기준으로 '교사 건물 구역', '제1운동장 주변', '정문 및 제2운동장 주변', '제3운동장 및 주변부'로 나누어 살펴보았다. 6~8 특별교실 및 예능관 건물(신문로2가 2-77 위에 있었던 건물로 1980년 학교 이전 이후 철거되고 그 위에 시교위 건물이 들어섰다.)은 점선으로 나타내었다.

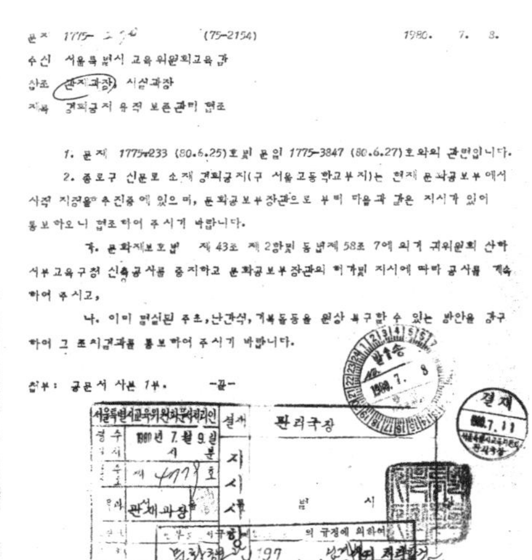

서울특별시

문지 1775- (75-2154) 1980. 7. 8.
수신 서울특별시 교육위원회교육감
참조 관재과장, 시설과장
제목 경희궁지 유적 보존관리 협조

1. 문지 1775-233 (80.6.25)호 및 문입 1775-3847 (80.6.27)호와의 관련입니다.
2. 종로구 신문로 소재 경희궁지(구 서울고등학교부지)는 현재 문화공보부에서 사적 지정을 추진중에 있으며, 문화공보부장관으로 부터 다음과 같은 지시가 있어 통보하오니 협조하여 주시기 바랍니다.
가. 문화재보호법 제43조 제2항및 동법제58조 7에 의거 귀위원회 산하 서부교육구청 신축공사를 중지하고 문화공보부장관의 허가및 지시에 따라 공사를 계속하여 주시고,
나. 이미 멸실된 주초, 난간석, 기복돌등을 원상복구할 수 있는 방안을 강구하여 그 조치결과를 통보하여 주시기 바랍니다.

첨부: 공문서 사본 1부. -끝-

발신: 문화재관리국(1980.7.8.)
수신: 서울특별시 교육위원회 교육감
제목: 경희궁지 유적 보존관리 협조
2-가. 문화재보호법 제43조 제2항 및 동법 제58조 7에 의거 귀 위원회 산하 서부 교육구청 신축공사를 중지하고 문화공보부 장관의 허가 및 지시에 따라 공사를 계속하여 주시고〈후략〉

경희궁지 유적 보존관리 협조문 | 〈서울고등학교재산매각현황철 (3)〉, 국가기록원, 1980년 7월

1980년 서울고등학교 전경 | 국가기록원

10층 높이의 서울시교육위원회가 착공되어 공사 중이다.

1980년 학교 부지 필지 분할 현황 | 1980년 항공사진

서울시교육위원회 건물을 건립하기 위해 서울고 건물 일부를 철거하고 있다.

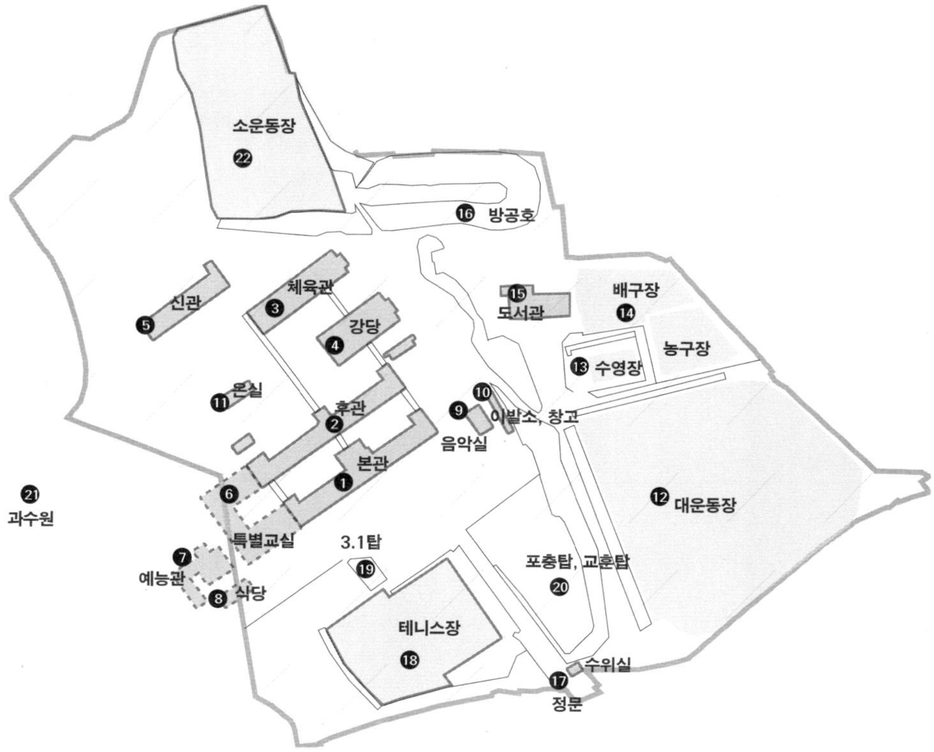

등학교 현황도 | 서울특별시, 『정비 복원을 위한 경희궁지 제2차 발굴조사보고서』, 1987, 31쪽을 토대로 재작성

등학교 시설의 변화 현황

구분(서울고 기준)	번호(도면)	경성중학교	서울고등학교	현대인력개발원	경희궁 공원(서울시)
물 구역	1	본관(1935)	본관	본관	서울시립미술관 본관(~2002)
	2	후관(1935)	후관	후관	1986년 멸실
	3	체육관(1935)	체육관	식당	시립 청소년회관 별관(~1987), 1991년 멸실
	4	강당(1935)	강당	강당	1990년 멸실
	5	–	신관(1960)	신관	시립 청소년회관 본관(~1993), 1993년 멸실
	6	특별교실(1935)	특별교실 증축(1958)	철거·서울시교육위원회(1980~)	서울시교육위원회(현 교육청)
	7	확인 안 됨	예능관(미술실·공작실)		서울시교육위원회(현 교육청)
	8	확인 안 됨	식당	서울시교육위원회 건물로 사용	
	9	확인 안 됨	음악실	이발소	1986년 멸실
	10	부속군납	이발소, 창고	창고	1986년 멸실
	11	확인 안 됨	온실(1971)	온실	1986년 멸실
동장	12	대운동장	대운동장(제1운동장)	대운동장(현대인력개발원)	서울역사박물관(1994~)
	13	수영장	수영장	수영장	
	14	확인 안 됨	사택 3개 및 구기장	사택 철거·구기장(현대인력개발원)	
	15	운동부실	도서관(1956 개관, 1964 증축)	축구단 숙소, 본관 사무실(현대인력개발원)	1994년 멸실
	16	방공호(1944~)	방공호	방공호	방공호
제2운동장 주변	17	정문, 수위실	정문, 수위실	정문, 수위실	흥화문 복원(1988~)
	18	기숙사(~1964)	테니스장(제2운동장)	테니스장(현대인력개발원)	정도 600년 기념관(1994~2016)
	19	신사	신사 철거, 3·1탑	(이전)	–
	20	창건비, 교장 수덕비	포충탑, 교훈탑	(이전)	–
동장 및 주변부	21	무기고	과수원	시립학교 건강관리소(1968~)	시립학교 건강관리소(현 학교보건진흥원)
	22	수림	소운동장(제3운동장)	소운동장	–

서울고등학교 운동장

현재 서울역사박물관이 자리하고 있는 전 서울고등학교 운동장은 경복궁 중건 이후부터 현재 서울역사박물관이 건립되기까지 계속 건물이 들어서지 않은 '빈 공간'으로 남아 있었다. 서울 도심 안에서 이와 같은 대규모의 공간은 당시에도 흔치 않았을 것이다. 일제강점기부터 약 70년간 학교의 운동장으로 쓰인 이곳에서는 교내활동 외에 다양한 대외행사도 열렸다. 지금은 서울역사박물관이 들어서 있어 이전의 공간감이 피부에 와닿지 않지만, 신문 보도자료와 사진 자료를 통해 간접적으로나마 그 시절의 운동장 규모와 위상을 가늠해 볼 수 있다.

시기별 경희궁 터의 변화

시기		현황 및 명칭
대한제국기		빈터(뽕나무공원)
일제강점기		경성중학교 운동장, 경중구장, West Palace Ground
현대기	해방 이후~1980.6.	서울중학교 운동장, 서울고등학교 운동장, 제1운동장, 대운동장
	1980.6.~1985	현대인력개발원 운동장, 현대건설 운동장, 구 서울고 운동장
	1986~	공원화 계획 및 서울시립박물관미술관 건립

대한제국기 빈터

경희궁 터는 대한제국기에 이미 여러 모임과 행사를 위한 장소로 운영되고 있었다.[98] 1908년 권업박람회 장소로 '서대문 경희궁 내'로 선정되기도 했다. 1909년에는 외국에서 여성 교육을 수학하고 귀국한 박에스더를 비롯하여 윤정원·하란사를 환영하기 위한 예식을 거행하였으며, 1910년에는 영국 황제 에드워드 7세의 추도식이 경희궁 내 빈터에서 치러졌다.[99]

1898년 경희궁의 뽕나무 모습 | 홍순민, 『서울풍광』, 청년사, 2009

98 박희용, 「대한제국기 이후 경희궁의 변화과정 연구」, 2017, 83쪽.

99 『황성신문』 1908년 7월 23일 자, 「권업박람회」; 『황성신문』 1909년 5월 5일 자, 「환영회 성황」; 『황성신문』 1910년 5월 20일 자, 「영(英) 황제 예포」.

일제강점기 경성중학교 운동장

경성중학교가 경희궁 내에 설립되면서 빈터를 운동장으로 사용하게 되는데, 주변에는 콘크리트 스탠드(관중석)를 설치하였다. 운동장의 크기는 서울중고등학교 시절의 운동장보다는 작았다고 하는데, 1982년 운동장 크기는 약 4820평(약 1만 5930㎡)이었다. 이곳에서는 경성중학교 학생들의 의례·훈련·운동경기가 진행되었고, 대외행사로 주변 학교와의 대전은 물론 전 조선 축구대회나 미국 팀과의 야구경기 등이 개최되기도 하였다.

경성중학교 강당 수신(修身) 장면과 운동장에서의 체조 장면

"경성중학교는 운동장에서 전조선 제2회 축구대회 첫 막을"

"경성중학교 운동회 개최"

"중등교 야구대회"

"축구전 개막"…

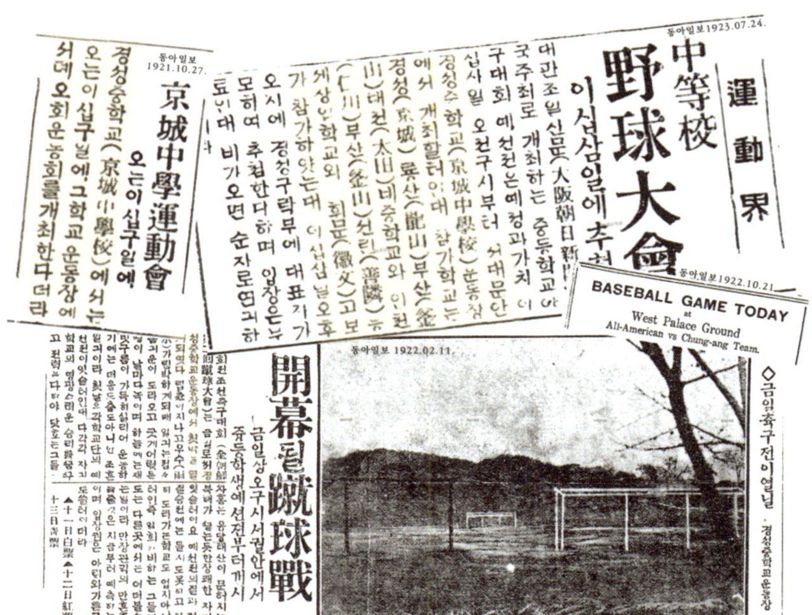

경성중학교 운동장에서 행해지는 경기들

해방 후~1980년 서울중고등학교 운동장

서울중고등학교는 경성중학교의 운동장을 그대로 사용하였는데, 주로 체육대회와 교련시범발표 등 교내 행사가 이루어졌다. 주요한 대외행사로는 전국체육대회 서울선수단 결단식, 서울시-서울고교 자매결연 등이 행해졌다. 그 밖에도 1963년 박정희 대통령 후보의 연설회(3만~6만 명이 모였다.) 등 정치적 활동 무대로도 사용되었다.

"당시 서울 시내에서 서울고등학교가 신일중·고등학교 다음으로 컸어요.
운동장이 엄청나게 컸는데 매주 월요일마다 제1운동장에 나와서 조회를 하고 교가를 불렀어요.
체육활동도 많았어요. 입학시험 때 운동장에서 체력장을 치르고…"

서울고등학교 26회 졸업생 이OO

교련시범행사, 체육대회, 축구하는 모습(왼쪽 위부터 시계 방향으로) | 서울고등학교 26회 졸업앨범

1967년 전국체육대회 서울선수단 결단식 | 서울사진아카이브

1972년 서울시청-서울고교 자매결연식 | 서울사진아카이브

1980~1985년 현대인력개발원 운동장

1980년 서울고등학교 이전 후 현대건설의 소유가 되면서 구 서울고 운동장은 '현대인력개발원 운동장'으로 매우 활발히 사용되었던 것으로 보인다. 현대건설은 운동장에서 매주 그룹사 체육대회를 열어 축구·테니스·배구·소프트볼 경기를 진행하였고, 기업의식·경영쇄신 운동[100] 등 내부 행사를 진행하기도 하였다. 스포츠 행사나 정치적 집회 등 대외 행사도 상당히 활발하였는데, 특히 1983년부터 1985년까지는 전국 규모의 각종 양궁대회가 인력개발원 운동장에서 열렸다. 당시 활약한 선수로는 김진호·김미영·황은희 등이 있다. 1985년 2월에는 12대 총선의 마지막 합동연설회가 진행되어 10만 명을 육박하는 인파가 모이기도 하였다.[101]

제2회 대통령배 전국남녀양궁대회 | KTV 대한뉴스 제1494호, 1984년 6월 22일 제작

제16회 전국남녀 양궁종합선수권대회 | KTV 대한뉴스 제1514호, 1984년 11월 9일 제작

100 『매일경제』 1983년 8월 22일 자, 「업계, 경영쇄신운동 확산」.

101 『조선일보』 1985년 2월 7일 자, 「최대인파 종로·중구 10만 명」.

2.2 서울고등학교의 강남 이전

일제강점기 때부터 이어져 온 한국의 입시 경쟁[102]은 해방 이후 월남민·피난민에다 전쟁 후 '베이비붐 세대'의 등장으로 인한 인구 급증과 경제 성장을 거치면서 더욱 과열되었다. 이른바 '명문' 중학교에 들어가기 위한 입시는 '전쟁'이나 '지옥'에 비유될 정도로 치열하였다. 좋은 중학교에 들어가면 사실상 같은 교장敎場의 고등학교 입학까지 보장된 셈이었고, 이는 좋은 대학교 입학으로까지 이어졌으니 중학교 입시는 출세를 위한 '인생의 최대 관문'으로 여겨진 것이다.[103] 1967년 한 통계에 의하면 서울 시내의 62만 명 국민학교 학생 중 약 30만 명이 과외수업을 받고 있었으며, 사립학교와 일부 공립학교 6학년은 거의 100%에 가까웠다.

과외수업 현황

학년	상중하	합계	한다		안 한다	
		인원(명)	인원(명)	비율(%)	인원(명)	비율(%)
5학년	상	209	159	76	50	24
	중	236	80	34	156	66
	하	155	41	26	114	74
	합계	600	280	47	320	53
6학년	상	173	130	75	43	25
	중	248	117	47	131	53
	하	61	22	36	39	64
	합계	482	269	56	213	44

출처: '서울시교육연구소' 조사, 『동아일보』 1967년 10월 24일 자

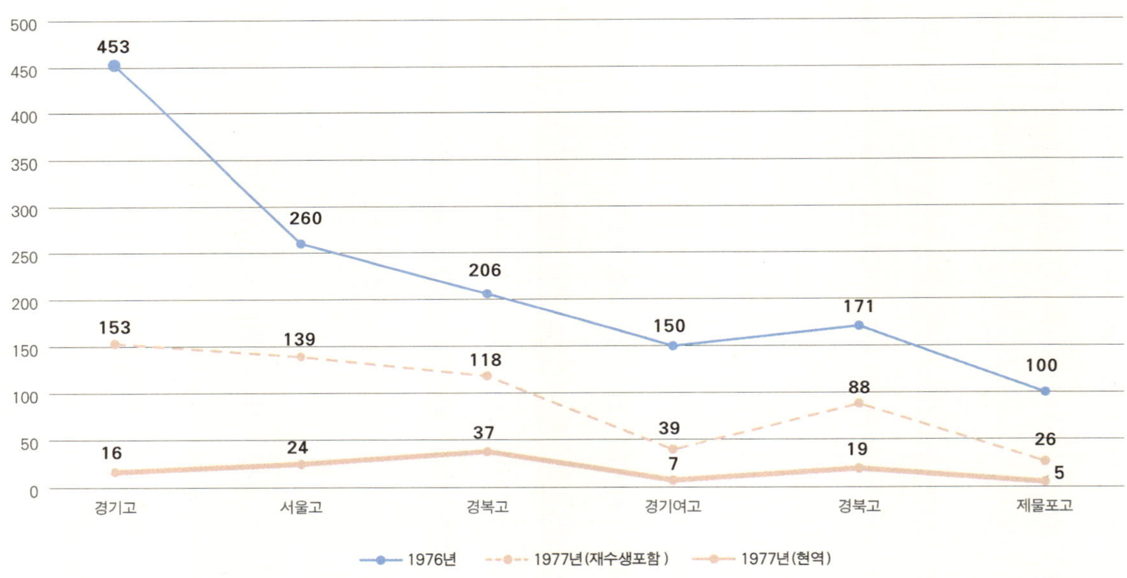

명문고등학교의 고교평준화 이전(1976년)과 이후(1977년) 서울대 입시 결과 | 『동아일보』 1978년 2월 3일 자, 「고교평준화 5년, 새 명문의 등장」을 토대로 작성

102 일제 총독부에서는 1면 1교제 계획을 하달하여 조선인들의 교육열을 자극하고, 보통학교 취학률은 계속 높아져 갔다. 보통학교 입학 아동을 위한 시험공부까지 생겨나기도 하였다.

103 『경향신문』 1964년 11월 6일 자, 「하루 수면 5시간」; 『동아일보』 1967년 10월 24일 자, 「불필요악 과외수업 근하군 살해사건을 계기로 본 그 실태와 처방」; 『조선일보』 1961년 2월 12일 자, 「좁은문 입시진단」.

중학교 무시험 첫 회, 추첨장 앞에서 기다리고 있는 학부모들의 모습 | KTV 대한뉴스 제 712호, 1969년 2월 7일 제작

서울중고등학교는 경기·경복·용산·경동고와 함께 '5대 남자공립학교'[104] 중 하나로 꼽혔기 때문에 국민학생 중에서도 우등생만이 입학할 수 있었다. 서울중학교 학생들이 서울고등학교로 진학할 때는 형식상 시험을 치르긴 하였지만 대부분 그대로 서울고등학교로 진학하였다. 타 중학교에서 서울고등학교로 입학한 학생들도 한 해당 60~70명(1개 반) 정도 되었다고 한다.
입시 경쟁으로 인한 수험생들의 스트레스는 가출과 자살 등 심각한 수준의 사회문제를 양산하였고, 결국 문교부에서는 1968년 7월 15일 "입시지옥을 없애고 학교의 평준화를 기하기 위해 일류 중학을 없앤다"라고 발표하였다.[105] 중학교 입시제도 폐지는 1969년부터 서울·부산·대구·인천·광주·대전 등 10대 도시에서부터 시작하여 1971년에는 전국적으로 확대 적용되었다. 이로써 서울중학교는 20회 졸업식을 마지막으로 1971년 2월 28일 폐교하게 되었다.

그러나 입시열을 가라앉히기 위해 시행한 중학교 평준화는 오히려 '초6병'에서 '중3병'으로 옮겨가 고교 진학 열기를 과열시켰고 서울 종로를 중심으로 고교 입시 준비 학원이 우후죽순처럼 생겨났다. 지나친 경쟁과 사교육 열풍, 지역 및 학교 간 교육격차 등 교육 문제가 심각해지자 문공부에서는 1973년 고등학교 평준화 정책을 확정하고 1974년 서울과 부산지역부터 고교 평준화 정책을 시행하였다. 평준화의 타당성에 대한 찬반 의견은 크게 대립하였는데, 특히 사립학교나 명문 공립학교에서는 동문회를 중심으로 모교가 비명문고로 전락하고 명성을 잃는 것에 대한 우려로 평준화를 반대하였다.

104 배재·양정·휘문·보성·중앙고는 5대 사립학교로 불리었다.(『사대문안 학교들, 강남으로 가다』, 서울역사구술자료집 4, 서울특별시 시사편찬위원회, 2012, 26쪽)

105 『동아일보』 1968년 7월 15일 자, 「중학입시제도 폐지」.

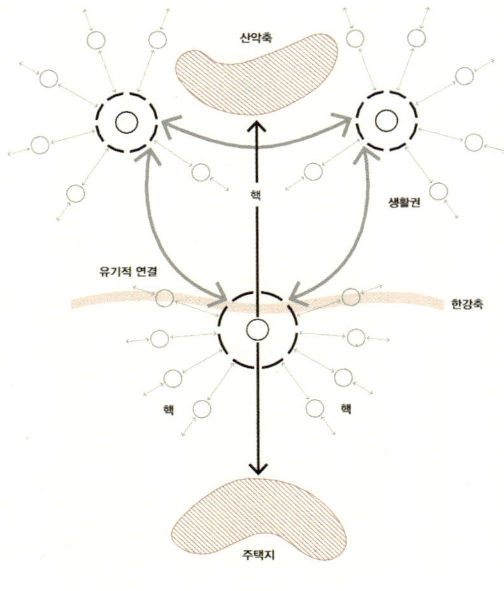

서울시 3핵 도시 구조의 도시공간 구성도 | 서울시 시사편찬위원회, 『사대문안 학교들, 강남으로 가다』, 2012, 36쪽

강남 개발 계획 및 과정

연도	강남 개발 과정 중 주요 내용
1966년	「남서울계획」, 「새서울 백지계획」, 제3교(한남대교) 착공
1968년	「영동지구토지구획정리사업」, 경부고속도로 착공
1971년	공무원아파트 준공, 시영주택단지 건설, 대법원·검찰청 이전
1976년	잠수교 개통, 강남 종합버스터미널 준공, 경기고등학교 이전
1978년	2호선 지하철 공사(1983년 개통)

출처: 서울역사박물관, 『강남 40년, 영동에서 강남으로』, 2011, 16~40쪽

중·고교 평준화 시행 이후 오히려 지방에서의 서울 전입 및 위장 전입이 증가하고 교육열이 과열되는 악순환이 반복되었다. 서울은 교육 외에 모든 분야가 집중되어 있었기 때문에 이로 인한 인구 팽창은 주택 부족이나 도심 교통난 등 도시 문제로도 이어졌다. 특히 1970년대에 이르러서는 이 현상이 매우 심각해졌고, 여기에 안보 문제도 불거져 서울시는 행정구역을 강남으로 확장하고 분산하는 방안을 강구해야 했다.
1966년 '남서울계획'과 '새서울 백지계획'을 시작으로 강남개발에 대한 구상들이 발표되었고, 1977년 4월 서울시는 '서울도시 기본구상'을 발표하면서 서울의 중심 기능을 강북·영등포·영동 등 3개의 핵심지역으로 나누어 기능 분산을 시도하고 1975년 '3핵 도시'를 개편하면서부터 여의도와 강남개발 계획이 본격적으로 시작되었다. 당시 영등포는 개발이 진행된 상황이었으나 강남(영동지구)은 그야말로 황무지 상태로 시민들이 가장 기피하는 곳이었다.[106] 서울시는 강북은 억제하고 강남 개발을 촉진하는 다양한 정책을 폈는데 공무원아파트 건설, 공공기관 이전, 특정시설 제한 및 도심재개발 지구 지정을 통한 강북 억제, 학교 및 고속버스터미널의 강남 이전 등이 그러한 것이었다.[107]

여러 확산 유인책 중에서도 큰 파급력을 발휘한 것이 강북 학교들의 이전이었다. 이때 고등학교와 각종 학원은 종로구와 중구에 밀집되어 있어 시내 교통의 장애 요인이 되어 서울시는 일찍부터 학교·학원의 이전을 발표한 바 있었다. 1978년 '강북 각급 학교의 강남 이전'이라는 박정희 대통령의 지시 사항에 서울시는 서울교육연구소를 임시 설치하고, 본격적으로 학교 시설의 강남 이전을 실천에 옮겼다.

106 "5년 전까지만 해도 평당 300원을 웃돌지 못하던 황무지였다.", 『경향신문』 1978년 1월 12일 자, 「여적」.

107 서울역사박물관, 『강남 40년, 영동에서 강남으로』, 2011, 34쪽.

최태상,
전 경기고 교사,
서울교육위원회
장학관 구술[108]

"그게 서울을 개발하기 시작하면서부터 그렇게 된 거죠. 김현옥 서울시장이 시작한 게 아마 1966년인가 그리 될 거요. 〈중략〉 점점 서울로 인구가 몰려들고 수도로서의 면목을 갖추어 가면서 늘어나는 인구수용이 불가능하니까 여의도와 강남을 개발하기 시작한 게지. 그때 김현옥 시장이 강남개발이라든가 이런 문제에 손을 대면서 평소에 나하고 교육 문제를 의논했는데, 내가 경기고등학교 평교사로 있으면서 김현옥 시장 직속으로 별도의 기구를 두고, 서울 개발과 관련지어 교육을 결부시킨 균형 있는 서울 개발정책을 개발하기 위한 (서울교육)연구소라고 하는 걸 임시로 설치하게 됐죠."

우선 도심의 8개 중·고교를 강남으로 이전하는 계획을 세웠는데 공립학교는 서울시교육위원회가 직접 교사와 부지를 매각해 신축 부지를 확보하는 방식이었으며, 사립학교는 학교 재단에 맡겨 이전할 계획이었다.[109] 서울시는 시가 소유한 구획정리지구 체비지 중 학교 용지를 불하하고 은행융자를 알선하면서 강남 이전계획을 차근차근 실천에 옮겼다. 이 중에서도 공립이었던 경기고등학교와 서울고등학교가 시범 주자였다. 1976년 경기고등학교의 강남 이전을 시작으로 1978년 휘문고·정신여고, 1980년 서울고등학교, 1984년 배재고·배명고·중동고 등 강북 도심 내 주요 고등학교들이 1980년대 말까지 전부 강남으로 이주하였다. 시범 주자들의 성공적인 학교 정착, 강남 지가 상승 등으로 인해 후에는 자발적으로 이사를 하기도 하였다.

김학재, 전 서울시
시설계획과장 구술[110]

"초기 공립학교들이 갈 때는 사업성이나 수지타산을 가지고 이야기하지 않고, 서울시와 교육위원회가 설득하고 어떤 면에서는 강요도 좀 하고 했지요. 〈중략〉 (서울고등학교나 경기고등학교 같은 공립학교)는 서울시가 가지고 있는 땅(학교 부지) 리스트를 보여주고 '이 중에서 골라라. 그리고 땅값은 교육감하고 시장하고 알아서 퉁 치자(맞바꾸자).' 이런 식이지요. 〈중략〉 (1980년대에 들어서면서) 학교의 강남 이전이라는 정책 자체가 우스울 정도로 '기회가 되면 강남으로 가겠다'라거나 '강남이 이렇게 좋아질 줄 알았으면 진작 갈걸. 지금이라도 가자'라는 학교들이 여러 곳 있었어요."

경기고등학교 이전 당시 정부 고관, 정·재계 주요 인사들은 본인의 모교가 이전한다는 것에 강력한 반대를 하였는데, 서울고등학교 역시 재학생과 동문의 반대가 있었다. 경기고와 숙명여고 등 다른 학교의 경우 이전의 협소한 시설에서 더 넓은 부지로 이전한다는 이점이 있었지만, 서울고등학교 부지는 강남 이전 시 더 좁은 부지로 옮겨야 하였기 때문에 학교 측에서도 학생들을 설득하기 어려웠다. 당시 강북 학교들의 평균 면적은 약 5000평으로 1만 평 전후의 면적으로 이전하였으나[111], 서울고등학교는 강북 학교의 면적이 3만 평에 가까웠기 때문이다.

108 『사대문안 학교들, 강남으로 가다』, 서울역사구술자료집 4, 서울특별시 시사편찬위원회, 2012, 75쪽.

109 『동아일보』 1978년 4월 29일 자, 「서울고 · 배재고 · 배명중고 · 창덕여고 · 숙명여중고 연내 강남이전 어려워」.

110 앞의 책, 57~63쪽.

111 앞의 책, 48~49쪽.

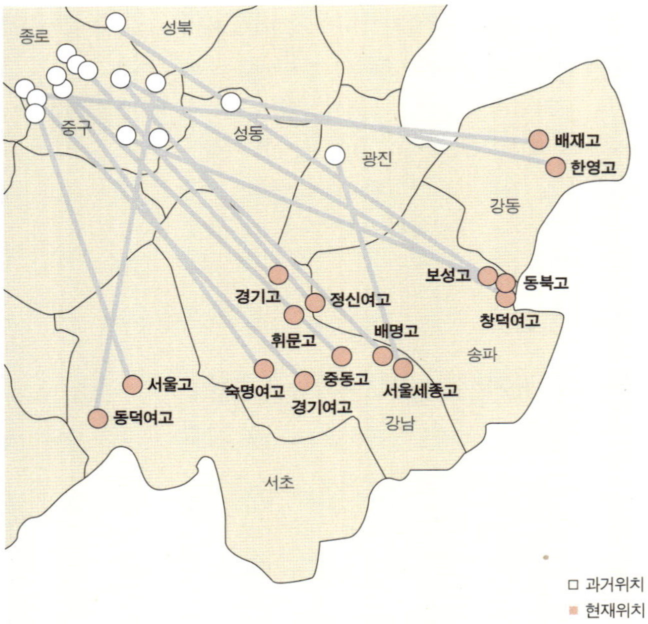

강북 도심에서 강남으로 이전한 중·고등학교 | 서울역사박물관, 『강남 40년, 영동에서 강남으로』, 2011, 38쪽

학교명	이전연도	원주소	이전주소	설립연도
경기고등학교	1976.2.	종로구 화동	강남구 삼성동	1900.10. 공
휘문고등학교	1978.1.	종로구 원서동	강남구 대치동	1906.5. 사
정신여자고등학교	1978.12.	종로구 연지동	송파구 잠실동	1887.6. 사
숙명여자고등학교	1981.3.	종로구 수송동	강남구 도곡동	1906.5. 사
서울고등학교	1980.6.	종로구 신문로2가	서초구 서초동	1946.3. 공
동북고등학교	1980.12.	중구 장충동2가	강동구 둔촌동	1953.6. 사
한영고등학교	1983.4.	성동구 마장동	강동구 상일동	1933.4. 사
배재고등학교	1984.2.	중구 정동	강동구 고덕동	1985.8. 사
배명고등학교	1984.2.	중구 신당동	송파구 삼전동	1934.10. 사
중동고등학교	1984.3.	종로구 수송동	강남구 일원동	1906.4. 사
동덕여자고등학교	1986.2.	동대문구 창신동	서초구 방배동	1908.4. 사
세종고등학교	1987.2.	성동구 군자동	강남구 수서동	1945.5. 사
경기여자고등학교	1988.2.	중구 정동	강남구 개포동	1908.4. 공
창덕여자고등학교	1989.2.	종로구 재동	송파구 방이동	1941.4. 공
보성고등학교	1989.5.	종로구 혜화동	송파구 방이동	1906.9. 사

※1979년 10월 강남구에서 현재의 강동·송파 지역이 강동구로 분리, 1988년 1월 강동구가 강동구·송파구로 강남구가 강남구·서초구로 분리.

서울고등학교 졸업생이자 교사로도 재직한 손경수의 구술에 의하면 학생들은 광화문사거리에서 학교 이전 반대 시위도 하였다고 한다. 그러나 서울고등학교는 서울시 소유의 공립학교였고, 당시 유신체제라는 강력한 정치력과 행정력이 행사되던 시대인 만큼 강남 이전 계획은 시위로 무산될 수 있는 것은 아니었다. 하지만 시위를 통해 '좋은 이적지'를 요구하였고, 이는 어느 정도 받아들여졌다. 학교는 약 115억 원에 매각되었는데, 그중 85억 원으로는 서초동의 부지를 사고 30억 원은 건물을 짓는 데 사용되었다. 마침 서초동 이적지 옆의 땅을 가지고 있던 서울고 동문이 그 땅을 학교에 기부하였고(현 운동장의 야구장 부지로 추정), 이로써 서울고등학교는 마치 '대학교 캠퍼스'와 같은 큰 부지로 이전할 수 있게 되었다. 현재 서초동에 위치한 서울고등학교는 본관 건물이 운동장을 끌어안고 있는 일반적인 학교 배치가 아니라 주요 교사 건물과 운동장이 따로 분리된 배치이다. 이 구조는 이전 경희궁 터라는 큰 규모에 있었기에 가능한 배치였는데, 이를 서초동에서도 비슷하게 구현한 것이다.

손경수,
전 서울고등학교
졸업생 및
교사 구술[112]

"하루는 학생들이 전부 별안간에 운동장으로 나가는 게 아니라 교문으로 몰려나가는 거야. 점심시간에. 직감적으로 떠오르는 게 "이전 반대 데모하러 나가는 거다." 이거지. 그런데 아시다시피 당시 사회 분위기는 그때 그런 일들을 하면 아이들이 다쳐요. 그래서 밥 먹다 말고 슬리퍼 바람으로 제대로 신발도 못 신고, 정문으로 뛰어나가서 정문을 닫은 거야. 못 나가게. 〈중략〉 "이게 반발이 심하구나." 정부가 이걸 안 거지. 그러자 달래는 방법이 무엇이겠느냐. 그래서 교장님 발언이 세진 거지. "우리 부지에 해당하는 부지를 강남에 마련해 달라. 여기보다 훨씬 좋은 교사를 지어 달라." 이런 요청 사항이 들어간 거야."

"115억에 팔았으면 시 교육청으로 그 돈이 갔을 거 아닙니까? 거기서 85억을 들여서 지금 서울고등학교 땅을 산 거야. 2만 7000평이면 굉장히 커요. 그 학교요. 〈중략〉 30억 남았죠. 그걸 가지고 여섯 학교를 지었다고. 5억씩 들여서. 그러니까 얼마나 큰 부지에 얼마나 잘 지었겠는가? 그걸 지어서 준공한 다음 서울 시내 교장 선생님들을 모시고 쭉 돌고 나니까 하시는 말씀이 '이게 고등학교 교사냐, 대학교 교사지? 대단한 학교를 지어 주었네?' 하고 질시의 눈으로 보시더라고."

평준화와 학교 이전으로 큰 변화를 마주한 서울고등학교는 되도록 이전 것을 신축교사로 가져가려 하였다. 서울고등학교는 이전 교내에 있었던 수목을 비롯하여 주추·돌계단·돌거북 등의 이전을 원하였고, 이를 직접 서초동 학교 부지에 가져갔다. 그러나 1980년 6월부터 문공부에서 경희궁지의 사적 지정을 추진 중이니 서울고등학교에서 가지고 간 주추, 난간석, 거북돌 등을 원상 복구하여 달라는 요청이 수차례 있었고,[113] 결국 서울고등학교는 9월 3일 유적물 19점을 원상 복구하였음을 통보하였다. 다만 돌거북은 경희궁 유적지에서 나온 것이 아니라 해방 이후 영국군이 분교에 주둔할 때 학교 교문 통로에 갖다 놓은 것으로 파악되어 경희궁지에 이전하지 않았다.

> 발신: 서울특별시 교육위원회 교육감(1980.7.1.)
> 수신: 서울고등학교장
> 제목: 학교 이전에 따른 유적물 보존 관리 협조
> 1. 구 서울고등학교 부지(종로구 신문로 소재) 내 경희궁지의 사적 지정을 현재 문화공보부에서 추진 중에 있다.
> 2. 동 유적지에 있던 주추, 난간석, 거북돌 등이 멸실되었다는 통보가 있어 지시하니 귀고 이전 시 동 유구를 이전하였다면 조속히 원상 복구하고 그 처리결과를 즉시 보고하시기 바람. 끝.

> 발신: 서울고등학교장 / 수신 : 현대건설 수위실
> 반출증(1980.8.9., 1980.8.11.)
> 정원석 11점(돌기둥 5개, 난간석 4개, 두꺼비 1개, 연봉석 1개)
> 정원식 8점(돌기둥 2개, 주초돌 5개, 난간석 1개)

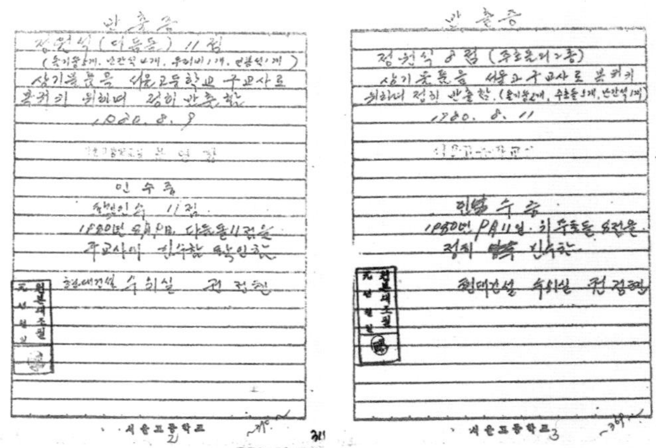

유적물 19점 반출증 및 인수증
〈서울고등학교재산매각현황철〉, 국가기록원, 1980년 8월

학교 측에서는 서울고등학교의 '물리적'인 요소 외에 '정신적'인 요소도 가지고 오려고 노력한 것으로 보인다. 홈커밍데이, 멘토 결연식(입학 시 2박3일 OT에 선배와의 대화 등의 프로그램 진행)과 같이 전통을 잇는 프로그램을 진행하고, 최근에는 음악회·체육대회·등산대회 같은 동문회 모임에 재학생이 참가하거나 재학생 행사에 졸업생들이 참여하는 등 여러 방식으로 소통의 장을 만드는 데 애쓰고 있다. 또 서울고등학교 '역사관' 안에는 옛 경희궁 터에 자리하던 서울고등학교의 기억을 되돌아볼 수 있는 자료들이 보관·전시되어 있다. 이 외에도 교지 '경희', 축제 '경희예술제', '경희'가 등장하는 교가 등은 개교 이래 지금까지 이어져 오고 있으며, 강당 '경희관'과 도서관 '인왕관' 등의 건물 이름에서도 여전히 옛 '경희궁'의 흔적을 찾아볼 수 있다.

손경수, 전 서울고등학교 졸업생 및 교사 구술[114]	"학력은 전 선배들을 못 쫓아가더라도, 전통을 이어주게 하기 위해서 두발이나 복장 이런 거는 후배답게 모습을 갖춰야 하지 않겠느냐. 그래야 선배들이 '아, 우리 후배다.' 이런 감을 갖지 않겠나."

112 『사대문안 학교들, 강남으로 가다』, 서울역사구술자료집 4, 서울특별시 시사편찬위원회, 2012, 133~135쪽.

113 문공부와 서울고등학교는 1980년 6월부터 8월까지 '학교 이전에 따른 유적물 보존 관리 협조' 관련 문서를 수차례 주고받았다.

114 앞의 책, 129쪽.

신문로2가 서울고등학교 전경 | 서울고등학교 소장

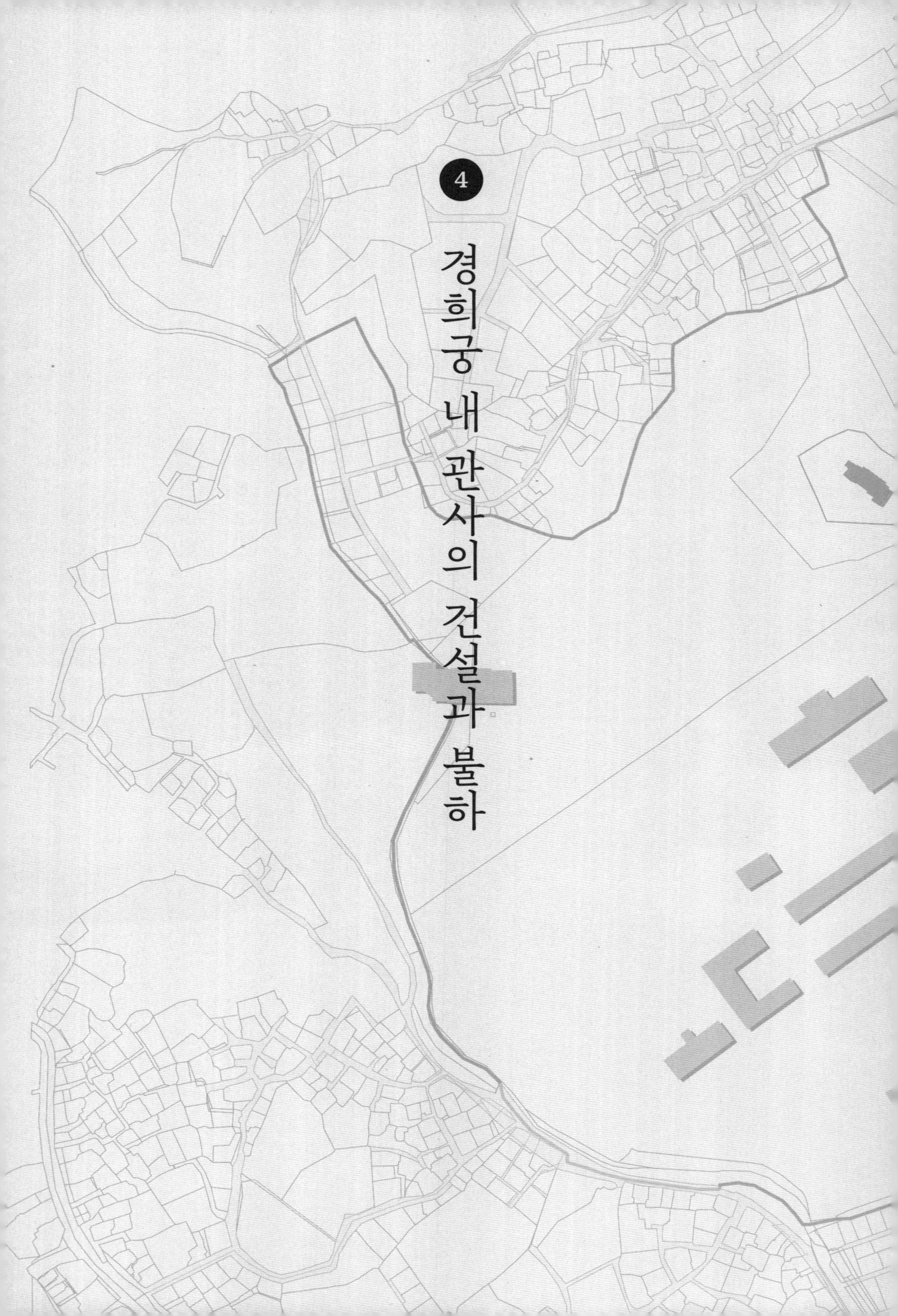

4

경희궁 내 관사의 건설과 불하

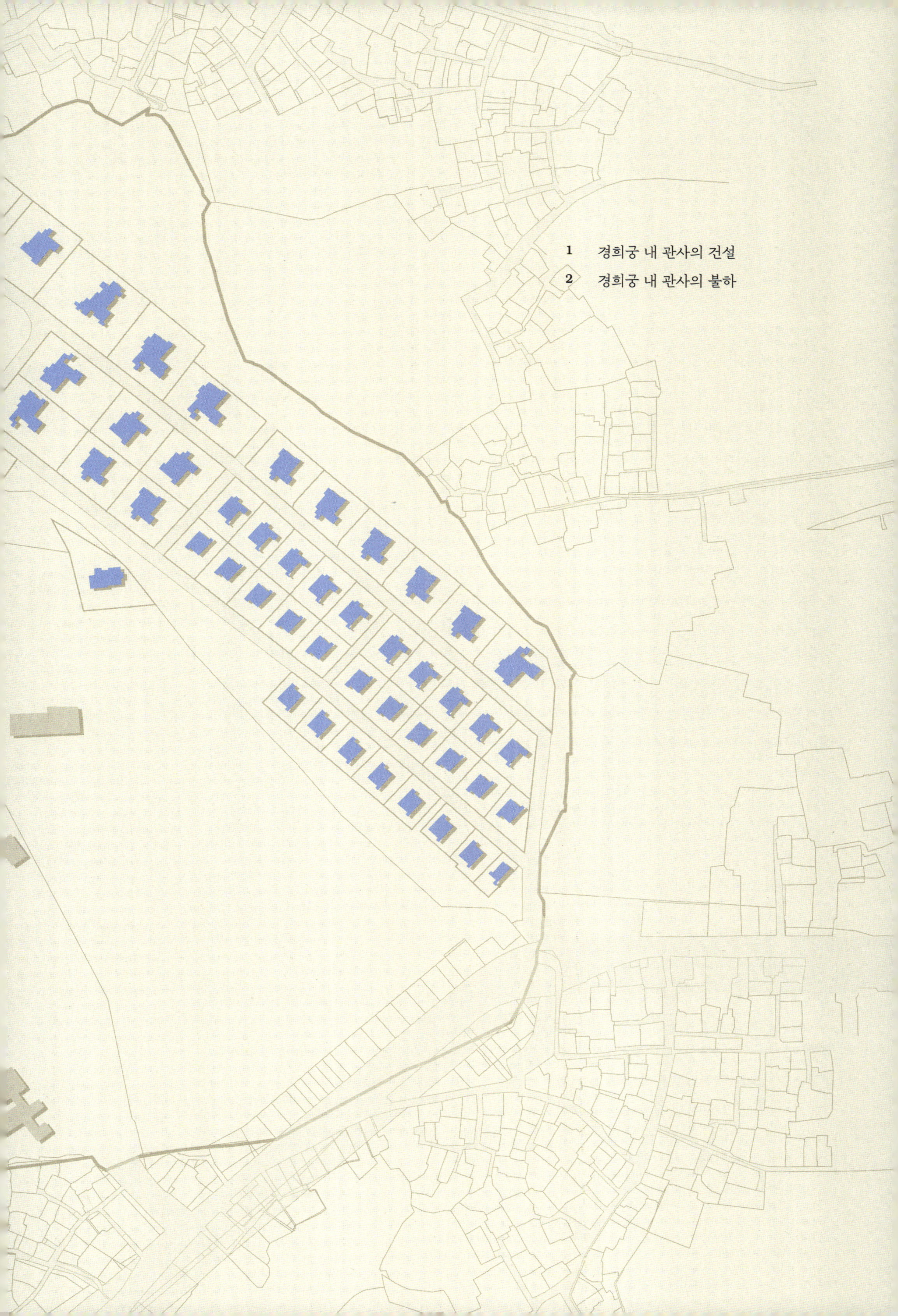
1 경희궁 내 관사의 건설
2 경희궁 내 관사의 불하

1 경희궁 내 관사의 건설

1921년 훼철되어 공터로 남아 있던 경희궁지 내 동측 미개발부지에 관사지가 개발되기 시작하여 1922년 완공되었다. 이 관사지는 광복 이후 일반적으로 전매국 관사지로 알려져 왔다. 하지만 실제로는 반은 전매국 소속이고, 나머지 반은 총독부 본국 소속의 관사지였다. 관사지 계획도면 등에서는 '홍화문 내 관사지'로, 일제강점기 주요 인물 명부 등에서는 대개 '서대문 관사' 또는 '서대문정 관사'로 칭하고 있다. 본 조사에서는 해당 관사지가 기존 경희궁 부지 내에 조성되었다는 것을 주요하게 생각하여 '경희궁 내 관사지'로 칭하였다.

한편 일반적으로 이 지역이 전매국 관사지로 인식된 것은 총독부 본국 소속 관사의 경우 체신국·농림국·학무국·철도국·내무국·경기도·경성여자고등보통학교·경성중학교 등 다양한 소속의 관리들이 거주한 반면 이곳에는 전매국 관리들이 전체의 반을 차지할 만큼 압도적 다수가 거주한 때문으로 여겨진다. 또한 이 관사지가 전적으로 전매국을 위한 것은 아니었으나, 1921년 총독부 외국으로서의 전매국 신설이 관사지 조성의 계기였기 때문에 이 관사지를 전매국과 떼어 놓고 생각할 수 없는 점도 작용한 듯하다. 따라서 이 장에서는 본 관사지의 의미를 정확하게 파악하기 위해 조선총독부의 주요 부서였던 전매국의 연혁과 조직·관련시설 등부터 우선 살펴본다.

1.1 조선총독부 전매국

전매국 연혁

전매국은 국가에서 지정한 물품을 독점적으로 판매하는 관청으로서 일제강점기 철도국·체신국 등과 함께 조선총독부 소속 외국外局 중 하나였으며, 인삼·소금鹽·담배煙草[1]·아편 등 네 상품을 생산·전매하였다. 경술국치 이전에도 인삼의 경우 광무 3년(1899)에 내장원에 삼정과蔘政課를 설치하여 관련 사업을 장악하고 전매를 실시한 바 있으며,[2] 통감부에서는 1907년 경기도 주안에서 천일염을 시험한 후 천일제염은 관에서만 운영하도록 하였다.[3] 경술국치 후 조선총독부에서는 산하에 전매국을 신설하여 통감부로부터 인삼(홍삼)[4] 및 소금(천일염)[5] 업무를 계

1 일본에서는 담배를 주로 연초(煙草 표현한다. 이후 글에서도 고유명 필요시에 연초라는 표현을 혼용하 하겠다.

2 이후 1908년(융희 원년) 삼정사무 내부에서 탁지부 소관으로 이관하 년 7월 홍삼전매법을 제정하고 개 사세국 삼정과를 설치하였으며, 1 년 1월에는 삼정국을 개성에 신설 다.(조선총독부전매국, 『사업개 1938, 전문)

3 통감부에서는 1907년 천일염 제조 을 실시하여 성공하자 동년 10월 ' 인 및 외국인에 의한 천일염전 개 지' 훈령을 발포하여 실질적으로 천 염은 관업으로 운영할 것을 선언하 며, 이후 염무행정은 탁지부 임시재 사국에서 관할하였다. 또한 1909 는 관영천일염전 건설을 개시하면 조전매제인 '관업제염' 방침을 수립 다.(조선총독부전매국, 『조선전매 3권』, 286~288쪽)

4 홍삼 전매가 제도로 확립된 것은 1 년의 홍삼전매법 제정이 시초이며, 1920년 이를 개조한 홍삼전매령이 되었다.(조선총독부전매국, 『조선 사 제1권』, 1936, 서문)

5 소금의 경우 천일염 제염만으로 부 여 일본 및 외국에서 수입하여 왔 이 수입 관리도 전매국에서 담당하 에 실질적으로 전매에 해당하는 것 다.(조선총독부전매국, 『조선전매 1권』, 1936, 1쪽)

6 조선총독부전매국, 『조선총독부전 제1년보 -1921년도』, 1923 ; 조선 부전매국, 『사업개요』, 1938.

7 田中政敬, 「植民地期朝鮮の専売 と塩業」, 『東洋文化研究』, 学習院 東洋文化研究所, 2011, 402~40

연초는 중독성 있는 합법적인 기호품으로, 사치품이기에 제조량이 많지 않은 홍삼이나 단속을 위해 전매 대상으로 삼은 아편과 달리 주요 세수원으로서 전매 대상으로 삼은 경향이 큰 것으로 보인다. 1936년 발행된 『조선전매사』에 의하면 연초의 전매는 일제에 의하여 1904년에는 재정정리되었으며, 장래 팽창할 세출 재원으로 이를 키우기 위함이었다. 이후 1909년 처음으로 연초세법을 제정하였고 1914년에는 연초세령을 제정하였으며 1918년과 1920년 2회에 걸쳐 동령을 개정하였다고 한다. 1921년 연초 전매를 시작한 것은 당면 세입 증가를 도모하고, 장래 폐지될 내선간 관세에 대한 보충재원을 확보하기 위함이었다.(조선총독부전매국, 『조선전매사 제1권』, 1936, 2쪽)

조선총독부 아편 사업은 1919년 6월 제령 제15호 조선아편취체령 발포와 함께 시행되었는데, 그 내용은 아편 제조 허가를 받은 자 외에 양귀비 재배를 엄금하고, 그 재배구역을 경기도·충청북도·전라북도·황해도·강원도·경상남도 등 6도에 한정하며, 제조한 아편은 매년 모두 정부에 납부하고 그 자유판매를 금하는, 즉 전매화하는 것이었다. 더불어 재배 허가 및 일반 단속은 경무국이 주관하며, 수납과 유액채취 지도 및 매도는 재무국이 주관하도록 하고, 유액은 제약회사에 불하되었는데, 1921년 4월 1일 전매국 설치로 인해 재무국 주관이었던 업무를 전매국이 이어받게 된다. 이후 1925년 4월에는 아편 관련 사업을 모두 경무국에 이관시켰다가 다시 1929년 9월에 이르러 아편수납 사무, 모르핀 제조판매업이 다시 전매국으로 환원된다. 이때 인의동 전매지국 내에 아편공장을 설치하였고, 1930년 3월부터 사업을 개시하였다.(조선총독부전매국, 『사업개요』, 1930, 43쪽)

조선총독부전매국, 『조선총독부전매국 제1년보 -1921년도』, 1923, 3쪽.

조선연초전매령은 7월 1일 실시되었다. 또한 전매령 시행 초에는 수요를 충족하기 위해 자가용연초경작을 허가하였으나, 1927년 제정 개정으로 1929년부터는 이를 금지하고 어길 경우 엄벌에 처하였다.(조선총독부전매국, 『조선전매사 제1권』, 1936, 2쪽)

조선총독부전매국, 『조선전매사 제1권』, 1936, 184쪽.

1921년 4월 1일 자 부령 제51호로 전매지국 관할구역이 결정되었고, 각 전매관서는 모두 4월 1일 개청하였다. 동년 6월 증치(增置)된 전매지국 출장소는 7월 1일 개청하였다. 전매지국은 1936년 7월 지방전매국으로 개칭되었다.

조선총독부전매국, 『사업개요』, 1938, 1쪽. 한편 일본 전매국에서는 1922년 현재 담배, 소금, 장뇌를 전매 대상으로 삼고 있다.(전매국, 『전매25년지』, 1922)

조선총독부전매국, 『조선전매사 제1권』, 1936, 3쪽.

조선총독부전매국, 『사업개요』, 1938, 1쪽.

승받아 사업을 시작하였으나,[6] 1912년 3월 31일 행정기구 간소화를 위한 관제 개정으로 전매국은 폐지되고, 관련 업무는 탁지부 사세국司稅局으로 이관되었다.[7] 1921년 세수 증대를 목적으로 담배(연초)의 전매가 결정되자[8] 1921년 3월 30일 칙령 제53호로 조선총독부전매국관제가 공포되고, 4월 1일부로 조선총독부 외국으로서 전매국이 재설치되었다. 전매국 설치와 동시에 재무국 주관이었던 아편의 수납, 유액채취 지도 및 매도도 전매국 소관이 되어[9] 전매국에서는 담배·소금·인삼·아편 등 네 산물의 생산 혹은 전매를 담당하게 된다. 당시 전매국에서 관장하게 된 구체적인 기능은 다음과 같다.[10]

> · 담배의 경작, 조사, 수납, 제조, 판매, 수입, 이입, 수출, 이출, 시험, 감정 및 취체에 관한 사항
> · 소금 제조, 판매, 시험 및 감정에 관한 사항
> · 인삼의 경작·수납, 홍삼의 제조·판매·감정과 인삼 및 홍삼의 시험 취체에 관한 사항
> · 아편의 분석, 감정, 판매 및 배상금의 결정 교부에 관한 사항

1921년 전매국 설치는 담배 전매사업 시행을 위한 것이었기에 전매국 설치일과 같은 날인 1921년 4월 1일에 조선연초전매령도 공포되었다.[11] 전매에는 민간 생산자가 생산한 물품을 모두 정부가 매수하여 민간 판매자에게 위탁 판매하는 방법과 생산·판매를 모두 정부가 담당하는 방법이 있는데, 일본에서 담배 전매사업 초기에 불법 유통의 단속에 애를 먹었던 경험 때문에 조선에서는 곧바로 생산까지 전매국에서 전담하도록 방침을 세웠다.[12]

그러나 조선에서의 연초 전매는 준비기간이 부족하였던 탓에 이를 곧바로 시행하기 위해 기존에 있던 민간의 대형 연초공장 및 관련 시설을 매수하여 사업을 진행하게 되었다. 매수한 회사는 동아연초주식회사·조선연초주식회사·동서상회 등 세 곳이며, 이 중 동아연초주식회사의 경우 경성뿐 아니라 전주·대구·평양에도 분공장이 있었는데, 이들 분공장이 있는 네 도시에 전매지국을 설치하였다.[13]

최종적으로 해방 전 담배·인삼·소금·아편 등 4개 생산물에 대한 전매를 총독부 전매국이 관할하였고, 담배와 인삼(홍삼) 그리고 의약용 아편 및 마약류나 천일염에 대해서는 그 제조도 총독부 전매국에서 전담하였다.[14] 이들 각 사업은 전매 시행 초기에는 어려움도 겪었으나 조선총독부의 강압적인 단속이 수반된 강제 시행으로 대부분 수익을 올리게 되었고, 특히 연초 전매에 의한 수입은 총독부 세입 중 가장 중요한 재원이 되기에 이르러[15] 전매국 사업이 한반도 세입의 일대 재원으로 기능하게 되었다.[16] 그러나 각 생산품의 기존 생산업자 및 판매업자는 전매 실시에 따라 하루아침에 생계 수단을 잃는 등 큰 타격을

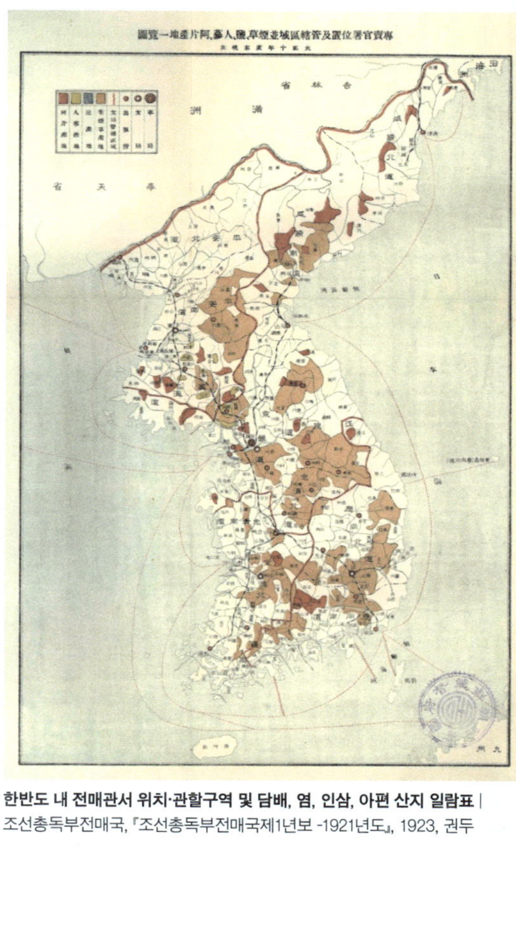

한반도 내 전매관서 위치·관할구역 및 담배, 염, 인삼, 아편 산지 일람표 | 조선총독부전매국, 『조선총독부전매국제1년보 -1921년도』, 1923, 권두

받았고, 전매령을 어겨 제품을 생산·판매할 경우 엄중한 처벌을 받았다. 이를 계기로 전매국 직원과 농민 사이의 충돌이 일어나는 등 심각한 사회 갈등을 빚기도 하였다.

전매국 기관 체계 및 직원 구성

전매국이 신설된 1921년 4월 1일에 훈령 제17호로 전매국사무분장규정도 결정되었는데, 이에 따르면 전매국 기관은 본국과 전매지국 그리고 전매지국 출장소의 3계급으로 구성되었다. 또한 전매국 분과는 서무·사업·제조의 3과로 이루어지며, 이는 본국과 전매지국에 동일하게 적용되었다.[17]

전매국 본국은 경성에 자리하였으며, 전매지국은 동아연초주식회사의 공장들이 자리하였던 경성·전주·대구·평양에 각각 마련되었으며, 각 전매지국에서 주변 지역을 관할하였고, 주요 지역에 전매지국 출장소 및 파출소도 마련되었다.[18] 이후 사업의 확장에 따라 출장소와 파출소의 개수가 증가하여 1938년에 출장소는 37개, 파출소는 121개에 달하였다.[19]

담배 판매는 초기에는 연초원매팔주식회사煙草元賣捌株式會社라는 회사에 위탁하여 운영하였으나, 1931년도부터는 전매국에서 직영하여 판매하게 되면서, 이를 위한 판매소를 전국에 설치하였는데,[20] 1938년에는 판매소가 282개에 달하였다. 이들 출장소·파출소·판매소는 대부분 담배 사업과 관련된 것이었는데, 이는 염업의 경우 천일염 제조가 가능한 서해안 지역에 한정되고 삼업은 개성 지역에 국한된 반면 담배는 비교적 한반도 전체에서 재배된 때문이다.[21]

전매국 본국의 직원은 1921년 신설 당시 총 141명이었다. 이 중 고급 관리는 칙임관급 전매국장 1명, 주임관급 12명, 판임관급 43명 등 모두 56명이었다.[22] 전매지국 소속 관리 등을 합한 전매국 전체 직원은 국장 1명, 주임관급 40명, 판임관급 488명 등 모두 529명에 달하였다.[23]

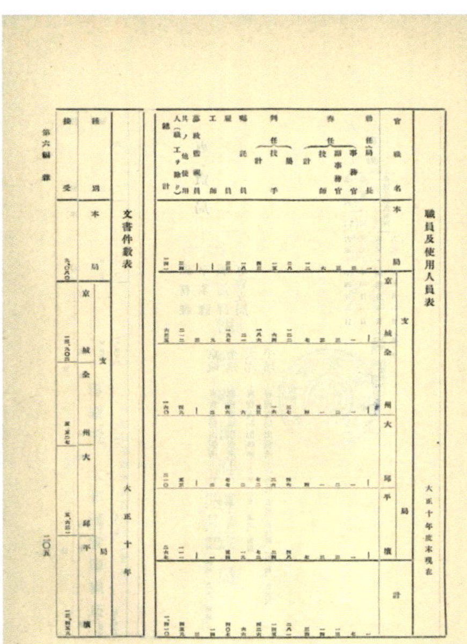
職員及使用人員表

文書件數表

직원 및 사용인원 표 | 조선총독부전매국, 『조선총독부전매국제1년보 -1921년도』, 1923, 205쪽

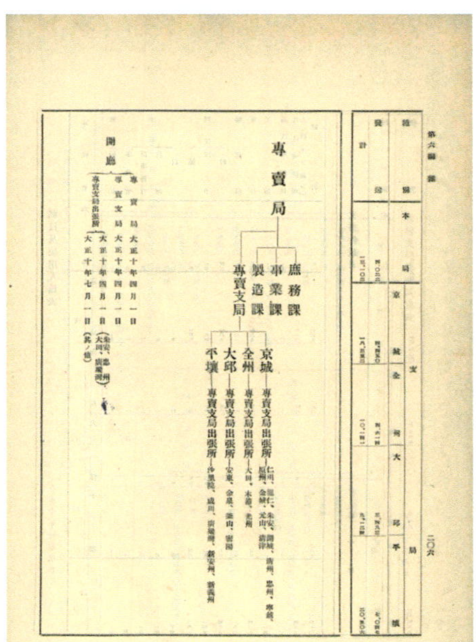

전매국 구성 | 조선총독부전매국, 『조선총독부전매국제1년보 -1921년도』, 1923, 206쪽

17 1911년에 설립되었던 전매국에는 신
에 서무과, 인삼 관련 업무를 담당하
삼정과(蔘政課), 소금 관련 업무를
당하는 염무과(鹽務課)가 있었고 별
로 전매국출장소가 있었다.(「조선총
부급소속관서분과일람(1911년 3월
일 현재)」 중 일부, 『경성부사 제2권
1936, 224~225쪽)

18 전매국 신설 이전 전매과에서도 담배
작(試作), 소금 및 인삼에 관한 사무
을 취급하기 위해 개성·주안·충주·대
광량만에 출장소가 설치되어 있었다.
매국 신설 이후 이들 출장소는 전매
국 출장소로 개편되며, 1921년 시설
시 전매지국 출장소는 개성·주안·충
광양만·인천·용인·주안·개성·청주·충
영월·원주·금성·원산·청진·대전·목포
주·안동·김천·부산·밀양·사리원·성천
안주·신의주 등 26곳에 마련되었다.
편 소금과 인삼에 관한 사무는 담배
성질이 달라 전매국 직속으로 관리할
요성이 대두되어 1925년 이 사업들
관할하는 주안·개성·광량만·남시의
장소는 전매국 직속이 되었다. 이후 전
국 사업의 확대에 따라 출장소도 증설
다.(조선총독부전매국, 『조선전매사
1권』, 1936, 610쪽)

19 조선총독부전매국, 『사업개요』, 193

20 이 판매소는 원래 연초원매팔주식회
가 설치해 둔 영업소 336개를 전용하
다.(조선총독부전매국, 『조선전매사
1권』, 1936, 559~564쪽)

21 1938년 현재 염업 관련 사업소는 본
직할출장소가 3곳, 파출소가 5곳,
전매국 출장소가 8곳(그중 5곳은
겸영), 삼업 관련 사업소는 본국 직할
장소가 1곳 있을 뿐이었다.(조선총독
전매국, 앞의 책, 1938)

22 조선총독부전매국, 『조선총독부전매
제1년보 -1921년도』, 1923, 3쪽.

23 이 중 주임관급은 사무관(7인), 부사
관(16인), 기사(技師, 17인)로 구성
고, 판임관급은 속(屬) 및 기수(技手
구성된다.

경성부 내 전매국의 시설

1921년 전매국의 신설과 더불어 담배 사업을 본격적으로 시행하게 되면서 경성 및 지방 도시에는 전매지국 청사, 동 출장소 청사, 공장, 창고, 관사 등 많은 시설이 필요해졌다. 전술하였듯이 공장은 기본적으로 동아연초주식회사 등 기존의 민간 시설을 전용할 계획이었으나 관영사업을 하는 데 있어 공장의 수리 및 증축을 할 필요도 있었으며, 이 외에 청사·창고·관사 등 여타 건축물들도 대대적인 증설이 필요하였다. 이러한 시설들을 효율적으로 건설하기 위해 총독부 건축과에서는 전매국의 여러 시설에 대한 표준설계도를 작성하여 이들 시설의 건설에 사용하였다.[24]

전매국의 여러 시설은 '별도의 건축 조직이 있는 철도국과 체신국 소속 시설을 제외한 조선총독부 소관 건물들의 신축은 모두 토목부에서 설계하고 건설한다'는 규정에 따라[25] 토목부가 설계하였고, 그 건설비용 역시 총독부 예산으로 계상되어 지출되었다. 또한 이렇게 시설되는 건물들은 조선총독부의 『본부건축표준』에 따라 설계되었다.[26] 소유한 시설물들의 유지·관리 및 보수는 전매국에서 직접 담당하였다.

이후 이 조사에서 제시되는 설계원도는 모두 국가기록원 소장 도면이며, 도판별로 별도 출처를 표시하지 않았다. 또한 도면에 제작연도가 표기되어 있는 경우에만 이를 표시하였다.

조선총독부전매국, 『조선전매사 제1권』, 1936, 817쪽.

제1장 통칙 제1조 '본부 소관 건물의 신축은 철도국 및 체신국에 속하는 것을 제외하고 본 표준에 의해야 한다.'『본부건축표준』, 1916년 11월 본부훈령 제43호.

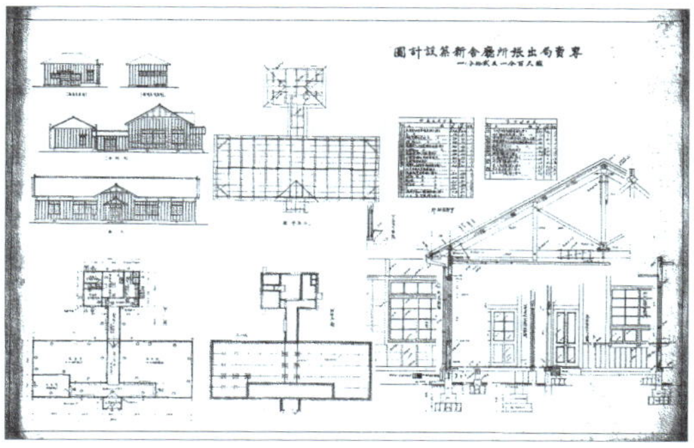

1923년『전매국출장소청사신축설계도』

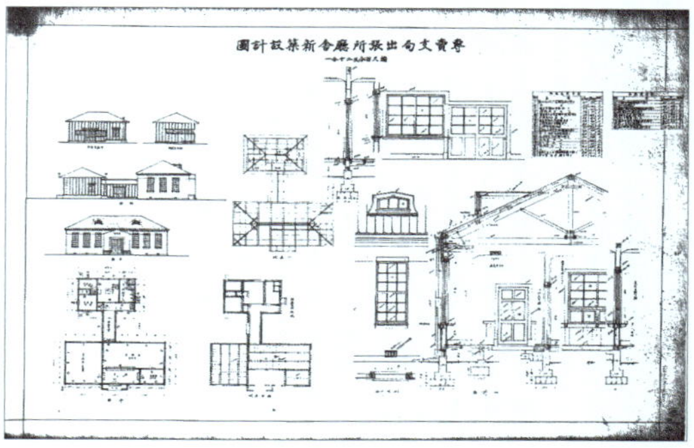

1923년『전매지국출장소청사신축설계도』

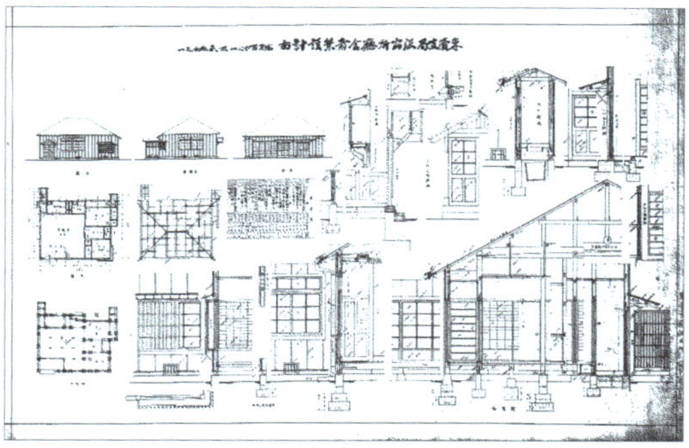

1922년『전매지국파출소청사신축설계도』

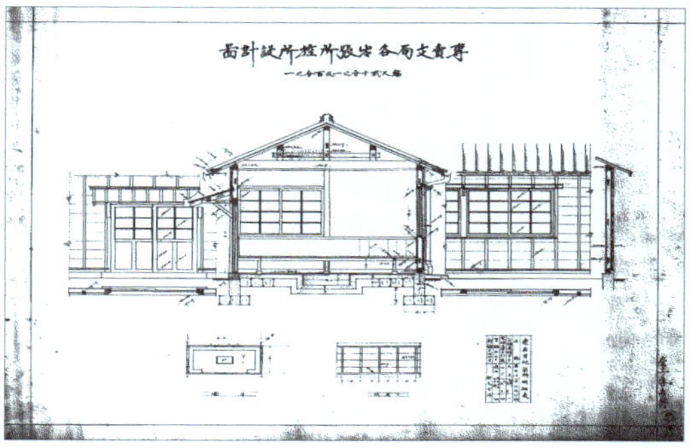

1923년『전매지국출장소공소설계도』

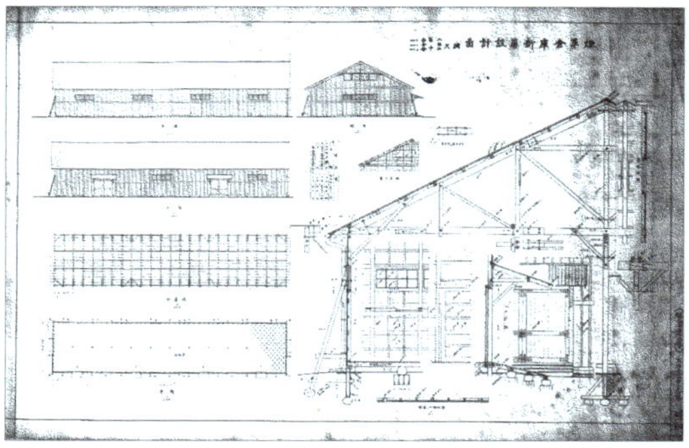

1922년『연초창고신축설계도』

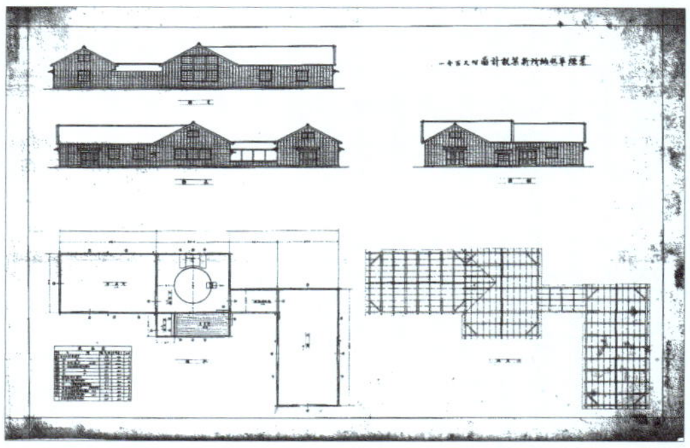

1922년『엽연초수납소신축설계도』

1921년 전매국 신설과 더불어 경성부에는 전매국 본국 및 경성전매지국 관련 시설들이 마련되었다. 시설은 크게 청사·관사·산업시설로 나눌 수 있으며, 전매국 본국 시설로는 전매국청사 및 관사가 있고, 경성전매지국 관련 시설로는 경성전매지국청사와 경성전매지국 소속 공장·창고·관사 등이 있다. 경성부 소재 전매국 시설에 대해서는 『전매국 소유 부동산 일람』[27], 일제강점기 지도 자료, 일제강점기 도면 자료[28] 등을 종합하여 목록을 작성하였으며, 그 목록 및 소재지를 표시한 지도는 아래와 같다.

27 국가기록원 자료

28 일제강점기 도면자료는 모두 국가기 원 자료로써 본 장의 모든 도면에 국가 록원 자료임을 별도로 표시하지 않았다

29 문헌상에서는 대화정으로 기재되어 으나 1936년 대경성정도에서 확인되 위치는 신정으로 확인되어 각 자료의 설명과 주소를 그대로 기재하였다.

서울 소재 전매국 시설 일람

시설 종류	시설명	주소	건립시기	비고	도면
청사	전매국청사(정동)	정동			○
	전매국청사(영락정)	영락정1정목 1(중구 저동1가 1-2)		1929~1940년까지 사용	
	전매국청사(광화문통)	광화문통(종로구 세종로)	1940	1940년~	
	경성전매지국	인의정 112-3(종로구 인의동)		1922년 이후 전용	○
공장 창고	의주통 공장	의주통1정목 71(서대문구 미근동)		원래 조선연초주식회사 공장으로 1922년 전매국에서 매수. 1925년 이전 접속지를 매수하여 건물 증축. 1925년 7월 낙성	○
	인의동 공장	인의정 112-2(종로구 인의동)		원래 동아연초주식회사 공장 1922년 전매국에서 매수	○
	대화정 인쇄공장	신정 1[29] (중구 묵정동)			○
	을지로2가 창고	황금정2정목 179(중구 을지로2가)			
	동대문 밖 창고	상세 위치 미상	1922		○
	봉래동 연초창고	상세 위치 미상	1922~1923	관사지 사이에 있는 것으로 보아 서소문 관사지 근처로 추정	○
	태평통 공장	태평통1정목 14, 15, 16, 17(중구 태평로1가)		원 동아연초 태평통 공장 1922년 폐쇄	
	서대문 공장	서대문정1정목 27(종로구 신문로1가)		원 동서상회 서대문 공장 1922년 폐쇄	
관사	전매국장 관사			원래 동아연초주식회사 사택을 1922년 전매국장 관사로 일부 증축하여 전용함	
	신문로 관사 1	서대문정2정목 1(종로구 신문로2가)			○
	신문로 관사 2	서대문정1정목 29(종로구 신문로1가)			
	연지동 경성전매지국 관사	연지정 193(종로구 연지동)	1922~1923	경성전매지국관사	○
	용인숙사	서대문정2정목 89-1(종로구 신문로2가)			
	봉래정 용인숙사	상세 위치 미상	1922	봉래동창고 부속 숙사	
	동대문 밖 용인숙사	상세 위치 미상	1922	동대문 밖 창고 부속 용인숙사	
	당주동 관사	종로구 당주동 95-2			
	한강로 관사	용산구 한강로2가 187			
	송현동 숙사	종로구 송현동 48-1			
	원남동 독신자숙사	종로구 원남동			
	관사예정지	성동구 신설동 193-149(동대문구 신설동)			
	비고: 인의정 관사	인의정 112-3 or 28(종로구 인의동)	1904~1909	재판소 관사로 설립	○

여러 자료를 토대로 작성한 표로 다양한 시기의 주소명이 혼재되어있다.
따라서 주소작성은 원자료에 명기된 것을 그대로 기재하는 것을 원칙으로 하며, 해방 전 자료의 경우에는 참고를 위해 현재 동명을 괄호 안에 표기하였다.

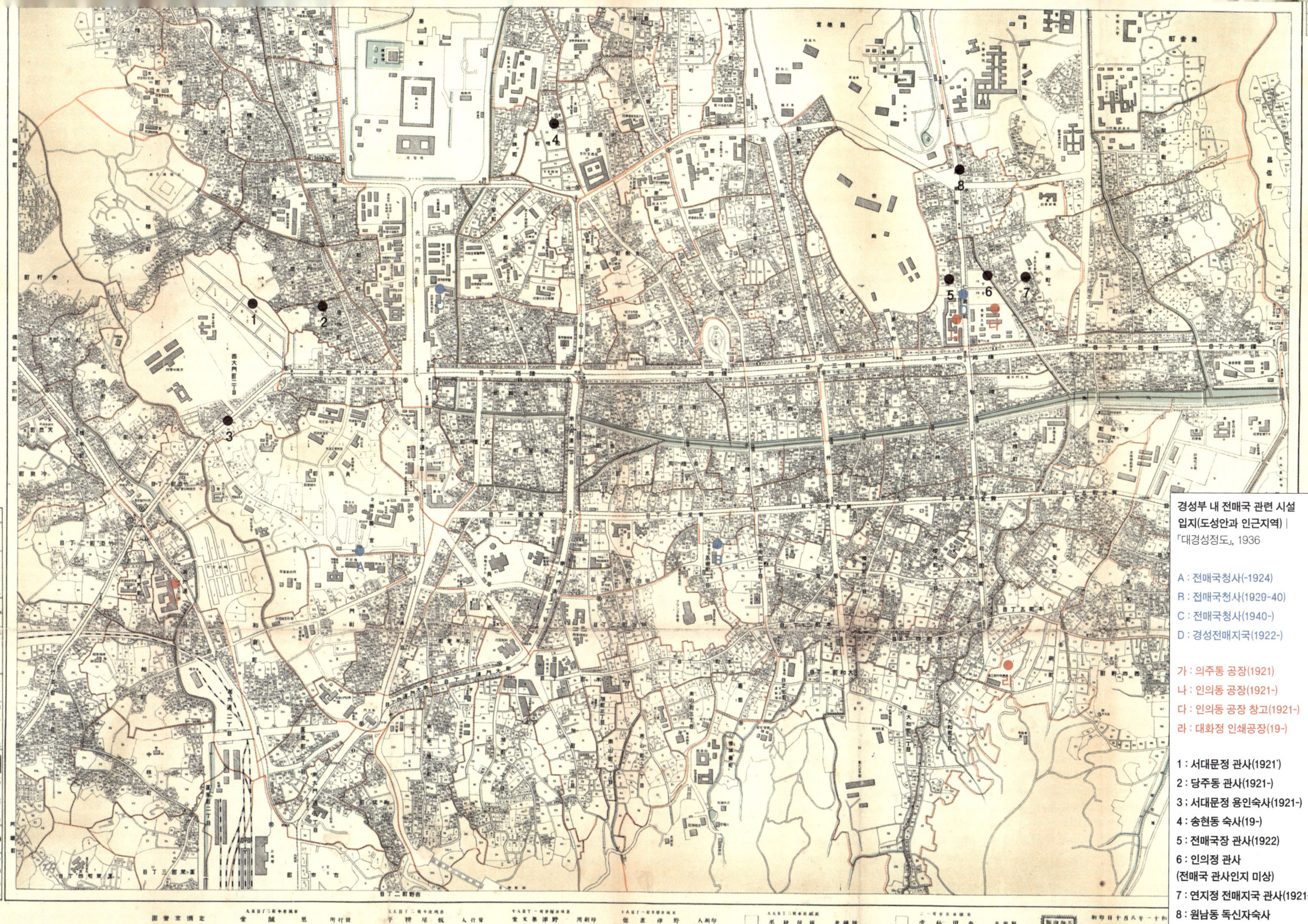

경성부 내 전매국 관련 시설 입지(도성안과 인근지역) | 「대경성정도」, 1936

전매국 청사

1921년 전매국 신설 이후 1924년까지 전매국청사는 정동의 법무국 옆의 건물을 사용하였으나, 이 청사는 1924년 4월 30일 인근의 조선인쇄주식회사에서 발생한 화재로 인하여 없어졌다.[30] 화재 이후 곧바로 전매국에서는 청사 신축 계획을 세웠으나, 이는 공비가 과다하다는 이유로 재무부가 기각하여 실현되지 못하였다.[31] 이후 전매국은 영락정 1번지의 예전 농상공부에서 청사로 사용하였던 건물로 이전하게 된다.

조선에서의 전매사업이 지속적으로 확장되자 전매국에서는 기존의 2층 건물로는 공간이 부족하여 더 큰 규모의 신청사 건립을 추진하였던 것으로 보인다. 1930년대에 들어 광화문 84번지에 있던 법학전문학교와 교섭하여 동 부지에 전매국청사를 건립하기로 결정하였으나, 법학전문학교 측에서 적당한 이전지를 찾지 못하여 사업이 계속 연기되었다.

그러다 법학전문학교의 청량리 이전이 결정되자 4층 모더니즘 양식의 콘크리트조 신청사가 계획되었다. 그러나 이 계획은 중일전쟁 발발 등을 이유로 불급不急 계속사업으로 간주되어 1938년 1월에 돌연 연기가 결정되었는데,[32] 동년 3월에는 또다시 낙찰 사업이 진행되어 예상 공비 27만 6000원으로 시공업체인 시미즈구미淸水組에 낙찰되었고, 당시 1938년 내에 준공할 것이라 보도되었다.[33] 하지만 전시체제 돌입으로 공사는 순조롭게 진행되지 않았던 것으로 보이는데, 실제 전매국청사 준공은 1940년 7월에 가서야 이루어졌다.[34] 그 사이 1939년에는 청사 뒤 별도 강당 건물의 설계도 이루어졌다.

전매국청사가 이전한 자리는 조선시대의 육조거리이자 당시에도 조선총독부와 경성부청을 잇는 경성의 가장 주요 가로인 세종로 변에 자리한 주요한 곳이었다. 결국 청사 이전은 당시 조선 내 전매국의 높은 위상을 보여주는 사건이라 할 수 있다. 이와 함께 1938년 초에 불급사업으로 간주되어 연기되었던 사업이 돌연 두 달 뒤에 번복되어 다시 재개되었다는 사실 역시 전매국의 위상을 보여주는 사건이라 할 수 있다. 신축된 전매국청사는 기존 2층 청사에서 2층이 더 추가된 4층 규모로 지어져 필요하던 공간의 수요를 충족시켰다. 양식적으로는 장식이 적은 모더니즘 양식으로 지어져 당시의 트렌드를 반영한 듯한데, 여기에는 전시하에서 건설비용을 절감하려는 의도도 깔린 것으로 보인다.

30 『동아일보』 1924년 4월 30일 자, 「
일야정동일대의 화해 인쇄회사, 법무
전매국, 토목부, 철도부, 토지개량과,
등토지조사위원회, 광무과 등 관청
소실 화염충천삼시간, 근년 희유의
화」.

31 『동아일보』 1924년 10월 11일 자,
년건축예산」.

32 『동아일보』 1938년 1월 19일 자,
시체제하의 예산안 불급 계속사업은
지」.

33 『동아일보』 1938년 3월 8일 자, 「
국신청 시미즈구미에 낙착」.

34 『동아일보』 1940년 5월 4일 자, 「
국신청사 7월1일에 낙성식」.

영락정 소재 전매국청사 | 조선총독부전매국, 『전매국사업개요』, 1927, 권두

신축 전매국청사 | 조선총독부전매국, 『조선의 전매』, 1941, 권두

공장 및 창고

조선총독부전매국, 『조선전매사 제2권』, 1936, 2~4쪽.

1921년 연초전매령에 따라 전매국에서는 민간의 연초제조회사를 매입하여 전매국 공장으로 전용하였다. 이들 회사의 공장 시설 중 경성에 자리한 것으로는 동아연초주식회사 인의동 공장과 태평통 공장, 조선연초주식회사 의주통 공장, 동서상회 서대문 공장 등 네 곳이었다. 이들 공장에서는 각각 담배의 종류에 따라 이를 분담하여 제작하였으나, 규모가 작은 서대문 공장과 태평통 공장은 1922년 3월과 8월에 각각 폐쇄하고 이후 규모가 큰 인의동 공장과 의주통 공장에서 담배 생산을 하게 된다.[35] 이 두 공장 역시 전매국의 기준에서 설비가 불완전하다 하여 매수 직후 보수 및 확장 공사가 시행되었고, 이후로도 여러 차례의 증축이 이루어졌다.

한편 원재료 혹은 생산된 제품을 보관하기 위한 창고 시설도 경성부 곳곳에 마련되었다. 앞에서 봤듯이 인의동 공장 동측 부지에 대규모 창고 부지가 있었으며, 을지로2가 외에 동대문 밖 창신동 인근과 봉래동 등에 전매국 창고가 있었다. 이들 창고는 비교적 소규모였고, 용인숙사가 함께 마련된 경우도 있었다.

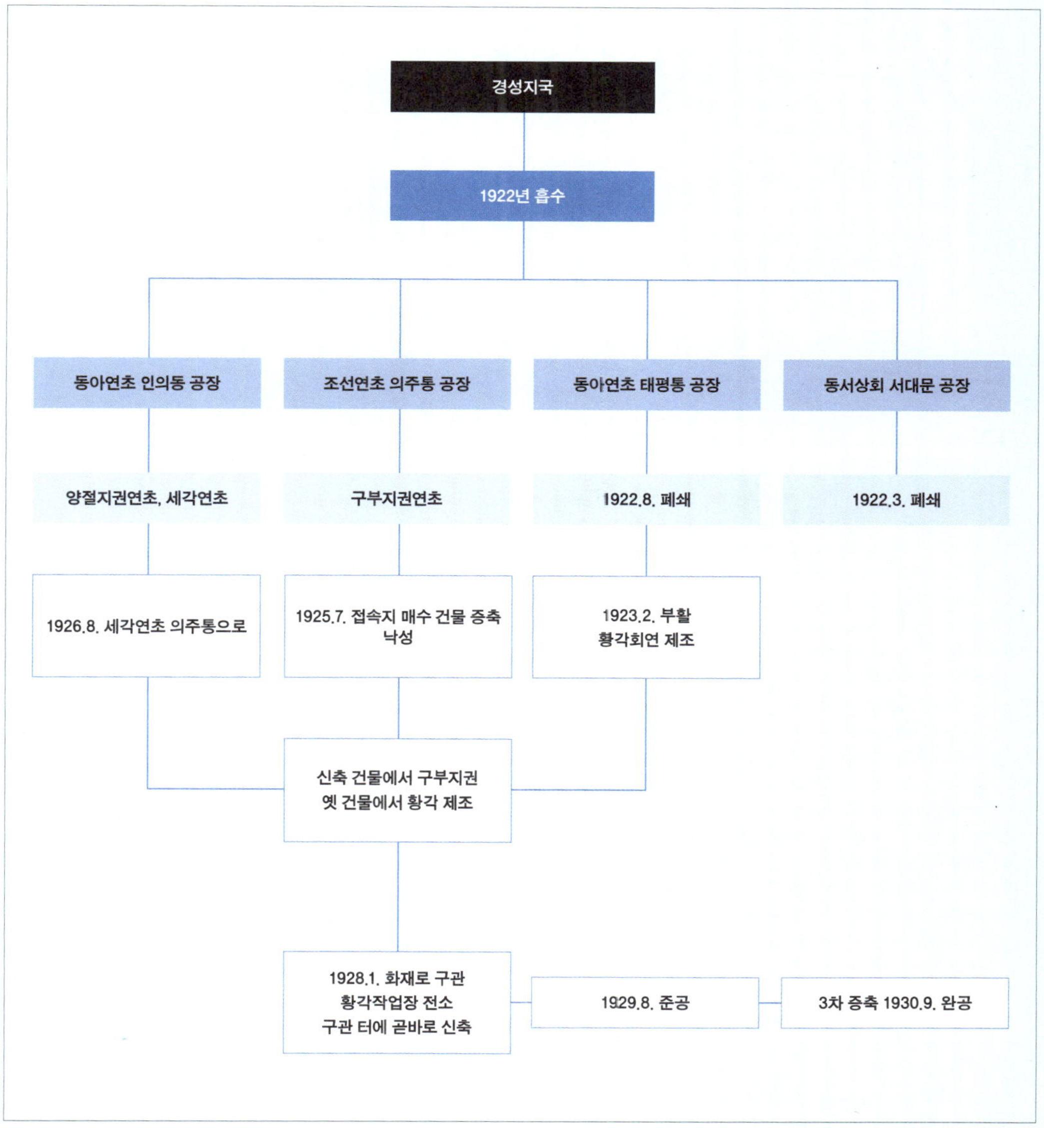

경성지국 연초공장 연혁

조선총독부전매국, 『조선전매사 제2권』, 1936, 2-4쪽을 토대로 구성

· 인의동 공장

인의동 공장 터는 원래 어영청의 부속 공지로, 1904년 일본군이 서울에 입성할 때 주둔지로 제공된 곳이기도 하다. 이후 이 땅에는 동아연초주식회사와 재판소 관사(인의정 28번지)가 들어섰다. 이 땅에는 중간에 남북으로 길이 가로지르고 있어 서측 부지와 동측 부지로 나뉘어 있다. 서측 부지의 북측은 경성전매지국청사가 자리하고 있고 그 남측에 공장 시설이 자리한다. 경성전매지국 청사 북측에는 원 동아연초주식회사 사택(사장 사택으로 추정)이 있는데, 이는 전매국장 관사로 전용되었다. 동측 부지는 경성전매지국 창고로 사용되었으며, 그 북측에 재판소 관사가 자리하고 있다.

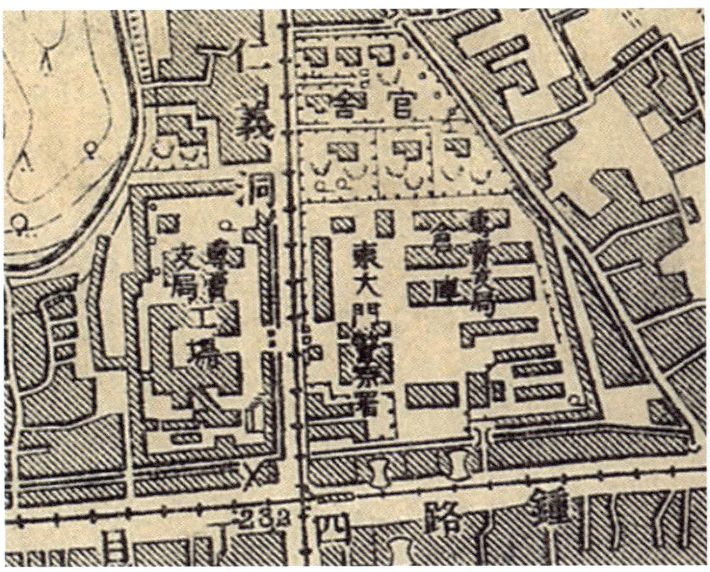

1921년 「조선일만분지일지형도」(부분)

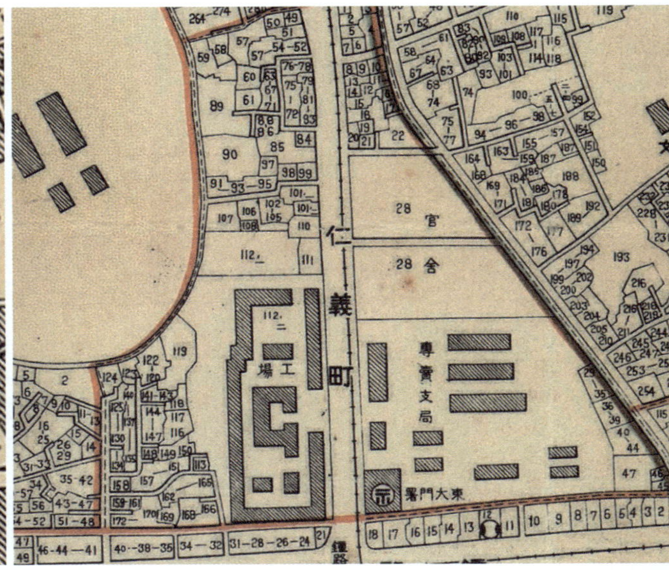

1936년 「대경성정도」(부분)

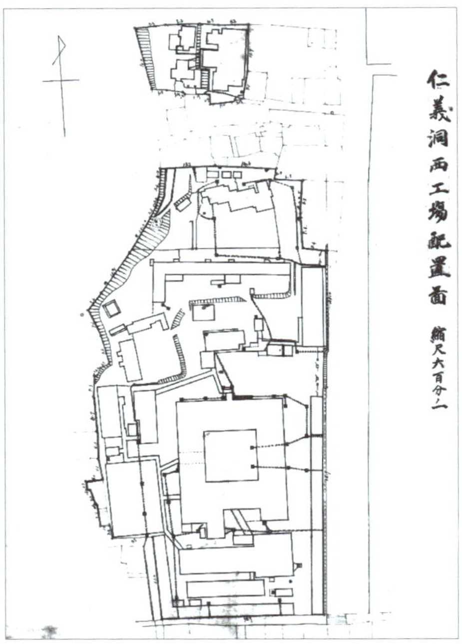

인의동 서측 공장부지 배치도 | 『인의동서공장배치도』

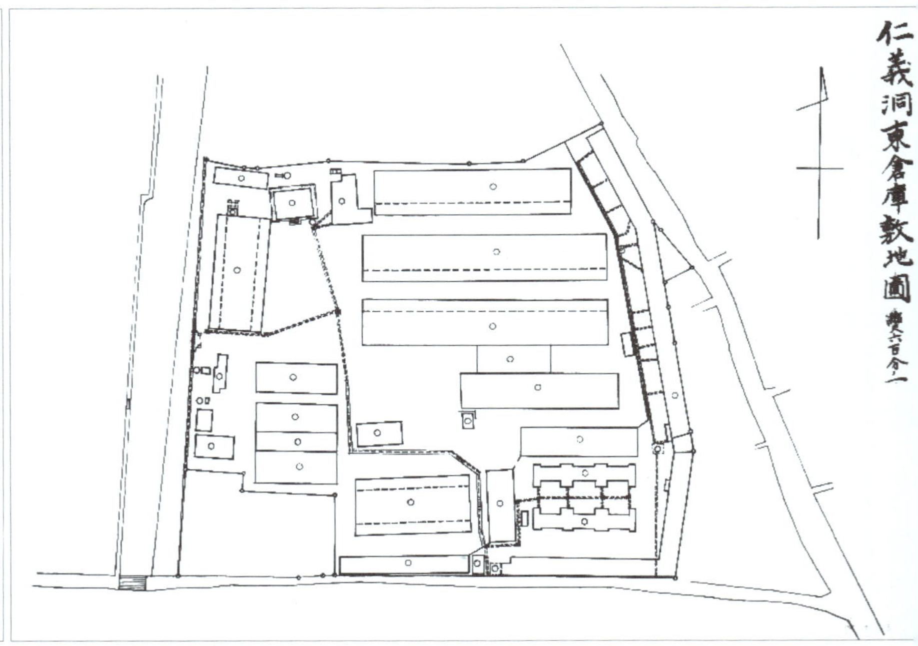

인의동 동측 창고부지 배치도 | 『인의동동창고부지도』, 1924

통 공장 배치도 | 『의주통일정목』

의주통 공장 | 조선총독부전매국, 『전매국사업개요』, 1927

조선총독부전매국, 『조선전매사 제2권』, 1936, 2~4쪽.

조선총독부전매국, 『조선전매사 제1권』, 1936, 196쪽.

· 의주통 공장

의주통 공장 역시 여러 번의 증축을 거쳐 규모를 확장해 나갔다. 공장 매수 후 얼마 지나지 않아 그에 접속한 땅을 추가로 매수하여 구 공장에 붙여서 철근콘크리트조 3층 건물 등을 1925년에 증축하였고, 1928년 1월 공장 화재로 구관이 소실되자 그 터에 철근콘크리트조 3층 본관 및 별관의 복구 공장을 신축하여 1929년 8월 준공하였다. 곧바로 철근콘크리트조 3층 부속건물의 3차 증축 계획을 세워 1930년 9월에 완성하였다.[36] 이러한 일련의 과정은 이 시기 전매국에서 담당한 연초 사업의 확장 일로를 보여주는 것이라 할 수 있다.

· 대화정 인쇄공장

담배 제조에는 담뱃잎을 싸는 포장지가 필수불가결한데, 이를 외주 생산하면 비용이 많이 든다는 이유로 전매국에서는 기존에 민간제조업체가 생산한 담배의 포장지 인쇄만을 하던 경성인쇄소도 매수하여 전속화하였다. 이 공장은 대화정에 자리하고 있었고, 이후 담배 포장지를 생산하였다.[37]

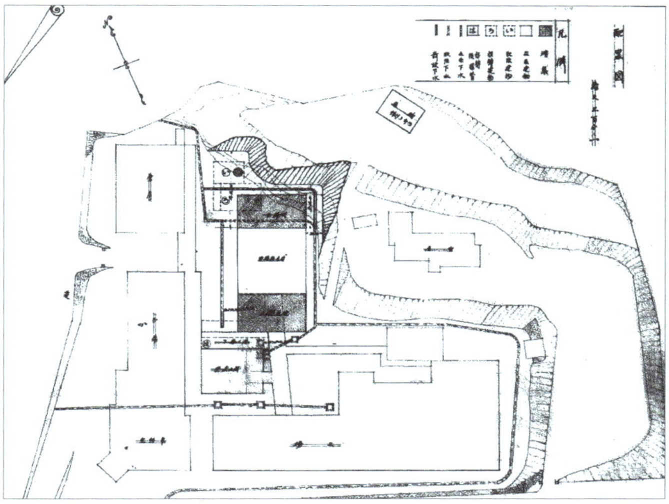

대화정 인쇄공장 배치도 |
『전매국대화정인쇄공장기관실급건조실증축설계도』

· 동대문 밖 창고

동대문 밖 창신동 부근에 존재한 창고로, 창고 건물 8동과 용인숙사 1동으로 이루져 있었다. 1922년 전매국 신설과 동시에 건립된 것으로 보인다.

· 봉래동 연초창고

창고 2동과 용인숙사 1동으로 이루어 있었으며, 이 역시 1922년 전매국 신설과 동시에 건립된 것으로 보이는데, 창고 1동을 신축한 후 1922년에 용인숙사를 신축하였고, 이어 1923년에 창고 1동을 증축하였다.

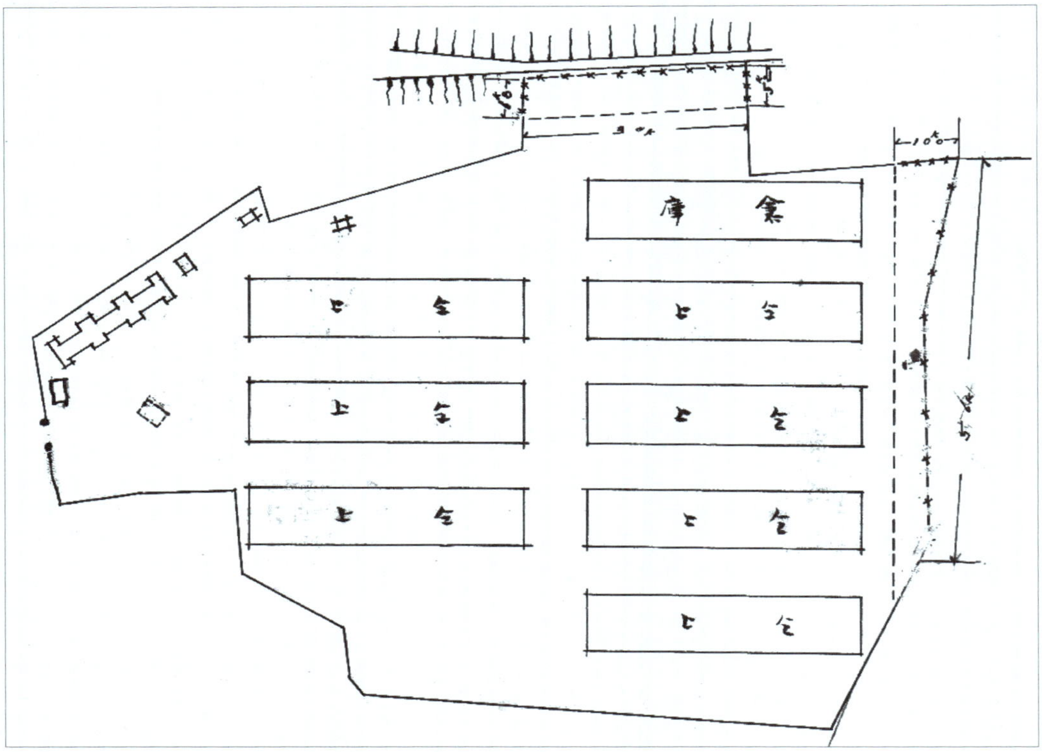

동대문 밖 창고 및 용인숙사 | 『경성전매지국동대문외창고힐소이축공사설계도』, 1923

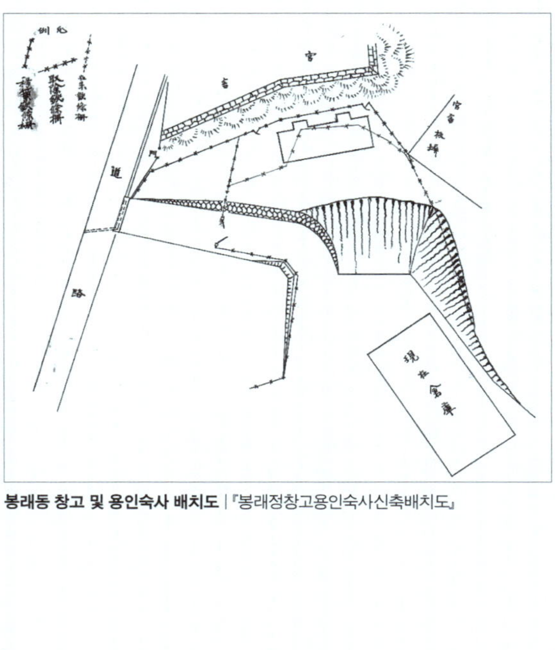

봉래동 창고 및 용인숙사 배치도 | 『봉래정창고용인숙사신축배치도』

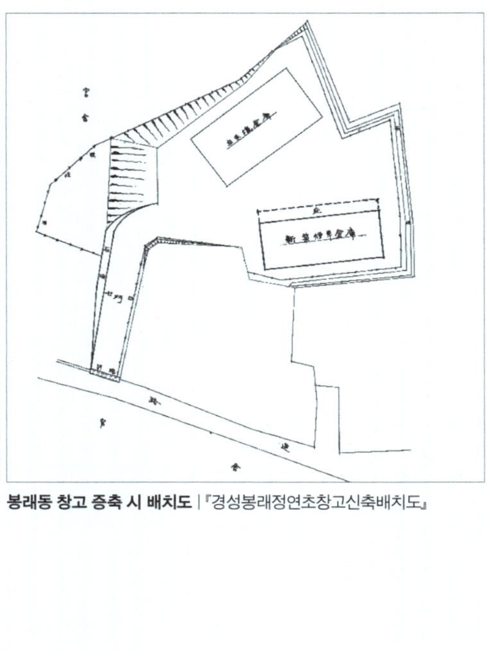

봉래동 창고 증축 시 배치도 | 『경성봉래정연초창고신축배치도』

1.2 일제강점기 관사지 조성 및 특징

경희궁 내 관사지를 살펴보기에 앞서 일제강점기에 조성된 관사지의 특징을 먼저 살펴보고자 한다. 관사官舍란 관에서 관리들을 위해 공급하는 주택을 말한다. 이와 비교하여 민간 회사에서 사원들을 위해 공급하는 주택은 사택社宅이라 하는데, 둘 다 소속 직원들이 안정적으로 주거를 확보하여 업무에 전념할 수 있도록 하는 것을 목적으로 마련된다. 특히 외국이나 오지 등 직원들이 개별적으로 주거 마련이 어려운 경우에 이러한 관사·사택 건설이 더욱 적극적으로 이루어졌다.

근대기 일본인들이 한국에 관사를 건립한 것은 개항장에 일본 공관을 설치하고 외교관을 파견한 19세기 말부터이다. 일본인 철도건설 사업을 시행하거나 군대를 주둔시키면서 관련 숙소도 지어지기 시작하였다. 철도부설에 관해서는 1890년대 후반 경인선 부설에 임하여 철로를 따라 임시주택 형식으로 철도부설 책임자들과 노동자들을 위한 숙사가 지어지기 시작하였으며,[38] 이후로도 철도국에서 전국에 시설되는 철로를 따라 많은 철도국 관사지들을 건설하였다. 서울에서는 1905년 순화동 서대문역 옆에 관사지가 조성되었고,[39] 용산역에 철도국이 들어서면서는 한강로 양옆에 대규모 관사 단지가 마련되었다.[40]

한편 1904년 한일의정서에 의해 일본군이 한반도 내에 주둔할 수 있게 되었으며, 전국의 군 주둔지에는 병영과 함께 장교들의 관사가 건설되었다.[41] 1906년 통감부 설치 이후에는 탁지부 건축소를 통해 식민행정을 위한 기반시설과 함께 일본인 관리들이 사용할 관사가 본격적으로 건설되기 시작하였는데, 특히 서울에는 이러한 통감부 관사가 남산 북측 사면을 중심으로 다수 건설되었다.[42] 경술국치 이후에도 중앙 및 지방 관청 관사, 학교교원 사택, 철도역·철도기지의 철도관사, 군주둔지 육군관사, 조선은행·식산은행 등의 사택, 민간회사나 공장 등의 사택 등 수많은 관사·사택들이 한반도에 지어졌다.

경성부 내의 관사는 1919년에 이르러 1290호에 달하였으며,[43] 4년여 만인 1923년에는 3배에 가까운 3212호까지 늘고, 차지하는 총면적은 6만 2141평에 이르렀다.[44] 그러나 이 수치는 모든 경성부 내 일본인 관리들이 거주할 수 있는 수치에 많이 못 미쳤으며, 관사에 입주하지 못한 관리들은 개인적으로 주거를 확보해야 하였는데, 대부분은 집을 빌려 세를 내고 살았다. 관사에 입주하지 못한 관리에게는 숙사료가 지불되었는데, 관사 입주권과 마찬가지로 이 역시 일본인 관리에게만 지불되는 것이었다.[45] [46] 1920년대 중반 이후 경성을 중심으로 주택난이 심화되면서 주택 임대료가 급등하자 관사 공급에 대한 요구도 높아져 총독부에서는 지속적으로 관사 건설에 힘썼다.

관사주거지의 입지

기존 도시에 새로 지어지는 관사는 도시 내외의 빈 땅에 지어져야 하였기에, 주로 국유지였던 도시 경계의 산자락이나 전통시대 주요 시설이 있던 대형필지 등에 자리하는 경우가 많았다. 경성의 경우 일본영사관이 들어서고 이후 통감부청사가 들어섰던 남산 북사면의 왜성대정 일대, 옛 남별영 자리에 설치된 한국군 주차군사령부 인근, 서소문 밖 그리고 경희궁 및 경복궁 궐내 등에 대규모 관사부지가 마련되었다.[47] 또한 관사는 원칙적으로 일본인 관리에게만 공급되

「철도관사의 과거와 현재」, 『조선과 건축』, 제6권 5집, 1927, 2~11쪽.

김수영, 「해방 이전 건립된 철도관사의 공급방식과 평면 유형의 특성에 관한 연구」, 한양대학교 석사학위논문, 2000, 77쪽.

김수영, 위의 논문, 98쪽.

안성호, 김순일, 「1910년 이전 일식관사의 이식에 관한 연구」, 건축역사연구, 1997.

1906~1907년 사이에는 탁지부, 탁지부를 관장하는 재정고문부 관사 등이 건설되었다. 또 1908~1909년에는 내각의 각 차관관사, 각지 경부관사 등이 건설되었다.(통감부, 『한국재정시설요강』, 1910, 239~256쪽)

『동아일보』 1921년 12월 12일 자.

『동아일보』 1923년 1월 26일 자.

이는 1909년에 제정된 칙령 제392호의 「본부급 소속 관서직원의 숙사료에 관한 건」에 기반하며, '조선총독부 및 그 소속 관서 직원에게는 숙사료를 지급한다. 단 관사에 거주하는 자는 제외한다'라는 규정에 의한다.

한국인 관리는 일본인 관리에 비해 같은 직책일 경우에 급료가 반 정도밖에 되지 않았을 뿐 아니라 주택 복지 측면에서도 그 혜택이 전혀 없어 불평등에 대한 불만이 일제강점기 내내 지속적으로 불거졌다.

김명숙, 「일제시기 경성부 소재 총독부 관사에 관한 연구」, 서울대학교 석사학위논문, 2004, 46쪽.

본정 경찰서장 관사, 광화문우편국장 관사 등이 대표적이다.

었기에 조선인 거주지와 물리적으로 분리된 곳에 자리하는 경우가 많았으며, 또한 일본에서 중세 이래 지배계급이었던 무사들이 전통적으로 선호해 오던 고지대 구릉지, 이른바 야마노테山の手가 관사부지로 선택되는 경우가 많았다.

경성부윤 관사나 정무총감 관저처럼 고급 관사는 환경이 좋은 장소에 독립적으로 지어지는 일도 있으나, 단지를 이루며 여러 동이 함께 지어지는 경우가 가장 일반적이었다. 이 경우 해당 관청의 부지 내에 조성하는 것이 선호되지만, 부지가 부족하거나 주거로 환경이 적합하지 않은 경우 별도의 부지를 마련하여 단지를 조성하기도 하였다. 한편 관사 제공 대상 관리 수가 많지 않은 소규모 관청의 경우 일반적으로 한두 동의 관사를 관내에 부속하여 지었다.[48]

경성부 내 관사 중 상당수는 경술국치 이전 통감부 시절에 건설되었다. 이는 경술국치 이전 개인들이 거주지를 마련하기 쉽지 않은 상황에서 일제가 관사를 적극적으로 건설하여 안정적인 관리의 이주 및 정착을 도모하고자 하였기 때문일 것이다. 이 시기 일본인들은 일본영사관, 그리고 나중에 통감부(경술국치 이후 조선총독부로 전용)가 자리하는 남산 북록 주변의 남촌南村 지역에 주로 모여 살았으며, 관사 역시 이들 주요 관청이 자리한 왜성대정이나 대화정 부근에 많이 분포하였는데, 이 지역의 경우 큰 규모의 필지를 집단적으로 개발하기보다는 작은 필지들이 산재하여 관사 구역을 이루었다. 남촌 외에는 서소문 밖 지역에 철도 관사, 세관 관사, 재판소 관사들이 밀집하여 비교적 집중적인 관사촌을 형성하였다.

현재 건립연도가 밝혀진 경성부 관사 중 경술국치 직후인 1910년대에 건설된 관사는 그 수가 그다지 많지 않으며, 1920년대에 이르러서야 다시 비교적 대규모의 관사지 개발이 시작된다. 이들 관사지는 국유지 혹은 도성 밖의 미개발지에 비교적 대규모로 건설되기도 하였다. 현재 후암동에 해당하는 삼판통에는 영림창 관사지가 건설되었고, 경복궁 서북측 일대에는 조선총독부 청사의 경복궁 이전과 더불어 대규모의 총독부 관사가 조성되었다. 경복궁 관사지는 이후 1940년대까지 지속적으로 증설되는데, 이러한 대규모 관사지 개발은 조선총독부 관리의 증가와 더불어 당시의 주택난에 의해 심각해진 관리들의 주택 문제를 해결하기 위한 것이었다.

대규모 국유지였던 왕실 및 국가시설 내 관사 건설은 경술국치를 전후한 시기부터 이미 이루어졌지만, 궁궐지에서 이루어진 관사 건설은 경희궁이 처음이었다. 이미 경희궁이 많이 훼철되어 공지화되어 있었고 경성중학교가 이전하여 궁궐의 상징성도 약화된 상태라 가능하였을 것으로 추정된다. 이후 경복궁과 숭의묘 등에도 총독부 관사가 지어졌다.

연번	도면표기	주소	조선시대	소속/명칭	건설시기
1	28	남미창정 282	선혜청, 남미창	재판소-총독부	1909
2	39	대화정 1정목 21	남학	총독부	미상
3	12	서대문정 1정목 58	훈련도감/무관학교	총독부	1908~1909
4	12	서대문정 1정목 56	원각사지	총독부	1918~1919
5	20	서소문정 68, 120	태평관, 선혜신창	재판소, 학부-총독부	1908~1909
6	11	수창동 110	내수사	총독부	1911~1915
7	35	영락정 2정목 61	영희전	총독부	1910년경
8	54	인의동 28	어영청	재판소-총독부	1909
9	13	천연정 98	숭의묘(서묘)	총독부	1933
10	14	태평정 1정목 60, 61	서학	총독부	1911~1915
11	-	태평정 1정목 62	명례궁/경선궁	-	1918

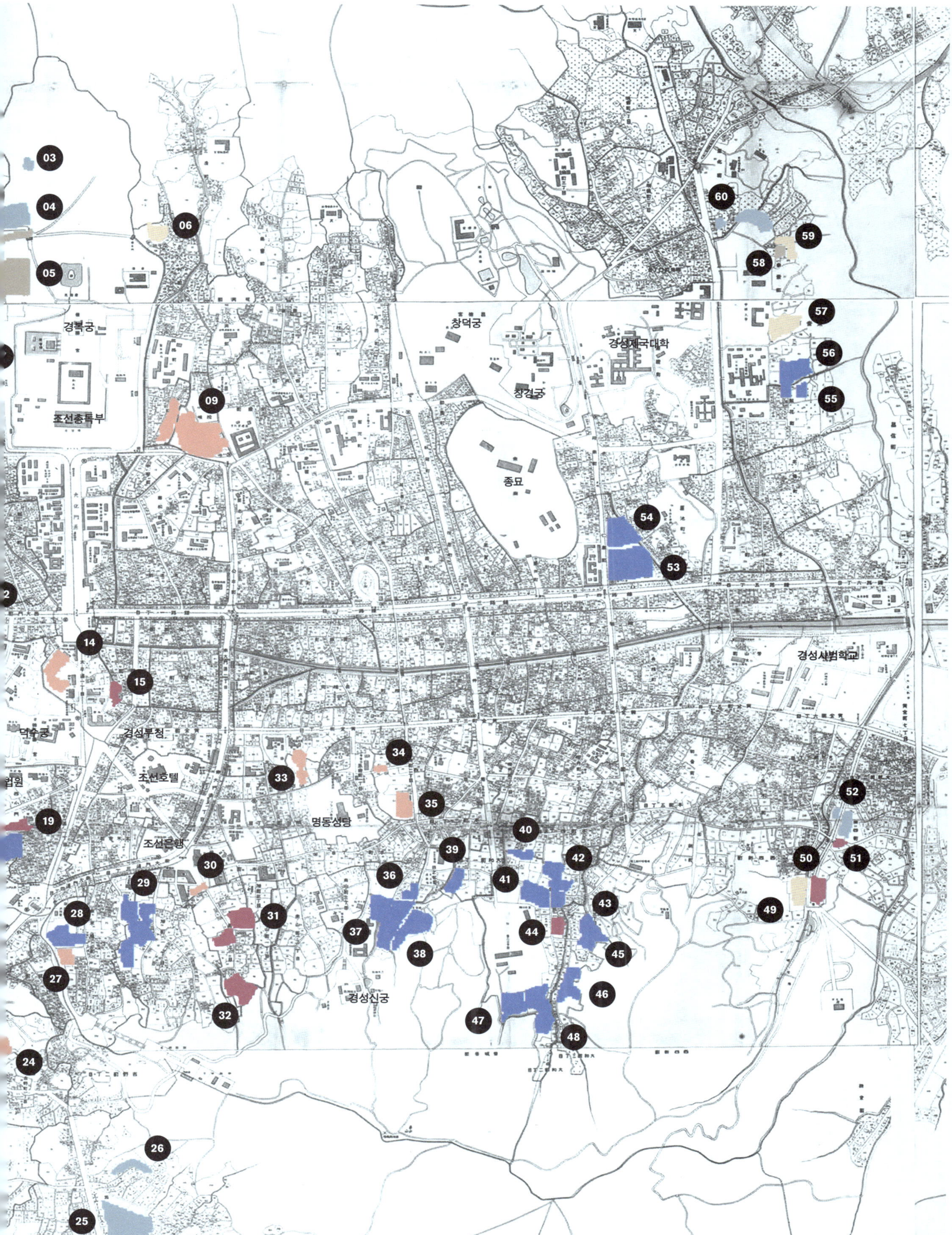

일제강점기 경성부 내에 건립된 총독부 관사지 | 김명숙 논문 12~13p 참고하여 「대경성정도(1936)」위에 재작성

일제강점기 경성부 내에 건립된 총독부 관사지

도면표기	주소	소속/명칭	건설시기
01	청운동15	총독부/대용관사	1942
02	청운동 89-5	총독부	1923
03	광화문통 1	총독부/용인숙사	1926~1929
04	광화문통 1	총독부	1926~1935
05	광화문통 1	총독부/대용관사	1940년대
06	팔판동 115	총독부/용인숙사	1932
07	통의동 7 외	경성부청 경성부윤관사 외	1924
08	통의동 35	동양척식회사	1907~1909
09	송현동 48 사간동 97	식산은행	1918
10	서대문정 2정목 1	총독부 전매국	1922
11	수창동 110	총독부	1911~1915
12	서대문정 1정목 58 서대문정 1정목 56	총독부	1908~1909 1918~1919
13	천연정 98	총독부	1933
14	태평통 1정목 60 태평통 1정목 61	총독부	1911~1915 1918~1919
15	태평통 1정목 31	총독부	미상
16	화천정 1	철도	1905
17	화천정 6, 7	세관→총독부	1907
18	서소문정 58	세관→총독부	1907
19	서소문정 75	동양척식회사	미상
20	서소문정 68, 서소문정 120	재판소, 학부→총독부	1908
21	중림동 324	조선은행	미상
22	봉래정 3정목 35, 53	미상(관사)	1911 이전
23	봉래정 3정목 79	철도	미상
24	고시정 12	철도 철도국장관저 외	1913
25	삼판통 244	조선은행	1921
26	삼판통 산	총독부 영림서	1927
27	남미창정 281	한국은행→조선은행	1911 이전
28	남미창정 282	재판소→총독부	1909
29	남미창정 9 욱정 194	탁지부장관저 탁지부→총독부	1907
30	본정 1정목 52	경성부청 경성부윤관사 외	1911 이전
31	욱정 2정목 18 욱정 2정목 66-72	조선은행	미상
32	욱정 2정목 49	조선은행	미상
33	명치정 3-4	미상(관사)	1911 이전
34	영락정 1정목 88	총독부	1911 이전
35	영락정 2정목 61	총독부	1910~1911
36	수정 49	총독부	1910 이전
37	왜성대정 1, 3, 4, 6	총독부	1910 이전
38	왜성대정 2	총독부	1910 이전
39	대화정 1정목 21	총독부	1910 이전
40	대화정 2정목 13	총독부	1910 이전
41	대화정 2정목 80	정무총감저 외	1910 이전
42	대화정 2정목 19	내부→총독부	1910 이전
43	대화정 2정목 78	총독부	1910 이전
44	대화정 2정목 110	이왕직	미상
45	대화정 3정목 28	체신국	1910 이전
46	대화정 3정목 62	농상공부→총독부	1910 이전
47	대화정 2정목 84	헌병대	1910 이전
48	대화정 2정목 124, 128	총독부	1910 이전
49	서사헌정 187-3	총독부	1934
50	서사헌정 187-2 외	육군	미상
51	동사헌정 31-5	경성사범학교장 관사	미상
52	동사헌정 26-3, 31-1	경성제대 예과	1924
53	인의동 48	동아연초회사 *경술국치 이후 변경	1910 이전
54	인의동 28	재판소-총독부	1909
55	이화동 5	경성고공	1910 이전
56	동숭동 192 동숭동 199 외	경성고공	1910 이전 1910년대
57	동숭동 산2	경성제대 예과	1932
58	동숭동 산2	제대이공학부	1940년대
59	동숭동 산2	경성제대	1933
60	동숭동 1 외	경성제대	1928~1932

관리 관등 및 관사 규모

실제로 『조선과 건축』지에 게재된 관사 평면도를 기반으로 한 관등별 규모를 살펴보면 이 표준과는 다소 다른 것을 알 수 있다. 그러나 『조선과 건축』지에 게재된 관사들의 건립 시기가 명확하지 않아 이 표준이 적용되지 않았을 가능성도 있으며, 대체적인 규모는 이 표준과 크게 다르지 않기 때문에 이 표준은 의미가 있는 것으로 여겨진다. 또한 이 표준은 1936년도에 조선총독부 전매국에서 발간한 『조선전매사』에 전매국 관사 건설의 표준으로 제시된 것으로, 1921~1922년에 걸쳐 건설되었던 전매국 관사는 이 표준에 의거하여 건립되었음을 짐작할 수 있다.

민간 주택과 달리 관사는 거주인의 가족 구성원 수, 재력과 상관없이 관등에 따라 그 규모가 일률적으로 결정된다. 따라서 고등 관리의 경우 필요 이상으로 방이 많은 주택에 거주해야 하거나, 반대로 하등 관리의 경우 가족이 많아 방이 많이 필요함에도 불구하고 소규모의 주택에 살아야 하는 경우가 빈번하게 발생하였다. 일제강점기 관리 등급은 기본적으로 일본 본토의 관등을 따랐는데, 크게 고등관과 하급 직원으로 구분된다. 고등관은 왕이 직접 임명하는 친임관親任官, 칙임관勅任官(1·2등관), 주임관奏任官(3~9등관)과 각 소속장관이 임명하는 판임관判任官(4등급으로 세분)으로 세분된다. 하급 직원에는 고원雇員과 용인傭人이 있으며, 고등관의 주택을 관사라 하는 데 비해 하급 직원의 주택은 숙사宿舍라 부르는 것이 일반적이었다.

1916년 11월에 발표된 조선총독부 훈령 제43호의 『본부건축표준』의 관사 관련 내용에 의하면, 고등관 관사의 건축은 칙임관 관사 2종(갑호 및 을호), 주임관 관사 2종(갑호 및 을호), 판임관 관사 3종(갑호, 을호, 병호) 등 모두 7종으로 분류된다. 아울러 관사의 건평, 부지면적, 기타 설비는 아래 표의 표준에 의한다고 되어 있다.[49] 한편 고원과 용인 등 하급 직원의 숙사는 일반적으로 15평 이하이며, 부엌 한 칸에 방이 한두 칸인 간소한 주택이었다.

조선총독부 『본부건축표준』의 관사 표준

종류		본채 건평제한(평)	부속건물의 종류 및 건평제한(평)	부지면적제한(평)	비고
칙임관 관사	갑호	95	창고 8평 공대소 차부방 10평	800	
	을호	80		700	
주임관 관사	갑호	48	창고 4평	300	
	을호	38		250	
판임관 관사	갑호	26	창고 3평	150	
	을호	22		100	
	병호	17	창고 2평	80	1동 2호 연립

경희궁 일대 관사와 경희궁 내 관사

경희궁 내 관사지 인근에는 다른 관사지들이 자리하여 함께 거대한 관사지를 이루고 있었다. 경희궁 인근 관사지들의 목록 및 배치도는 다음과 같다.

연번	명칭	주소	건립시기	비고
1	구 무관학교 터 관사	서대문정 1정목 58번지	1908~1909년	통감부-총독부 관사
2	내수동 관사	내수동 110번지	1911~1915년	총독부 관사로 추정
3	원각사 터 관사	서대문정 1정목 56번지	1918~1919년	총독부 관사로 추정

· 구 무관학교 터 관사

1908~1909년경 서대문정 1정목 58번지의 구 무관학교 터에 탁지부 건축소에서 설계하여 조성한 관사지로, 통감부 관리를 위해 지어진 것으로 여겨진다. 관사지는 설계 초기에는 9개의 필지로 분할되었고, 중앙에 남북으로 길이 조성되었다. 그 내역은 갑호 3동, 을호 3동, 병호 및 정호 3동(5호) 등 모두 9동 11호였으나,[50] 이후 동북측의 대규모 갑호 관사지를 둘로 나누어 관사지를 하나 더 늘렸다.

북동측의 갑호 관사는 부지와 건물 모두 상당한 규모를 가지고 있어 칙임관급 이상의 관사였을 것으로 보인다. 한편 서측의 갑호 두 동은 동 규모의 관사 중에서는 상당히 예외적인 순서양식 양식의 건물인데, 2층으로 되어 있으며 아르누보풍art nouveau의 외관을 가지고 있었고 러시아식 페치카가 설치되었다. 을호 관사는 단독주택이며, 병호 및 정호 관사는 연립형인 것으로 보인다. 단 제일 동남측 부지의 정호 관사는 대지 제한으로 한 호만 독립적으로 지어진 것으로 보인다.

50 통감부 시절에는 조선총독부에서
한 관사 등급과 다른 기준을 사용
있었다.

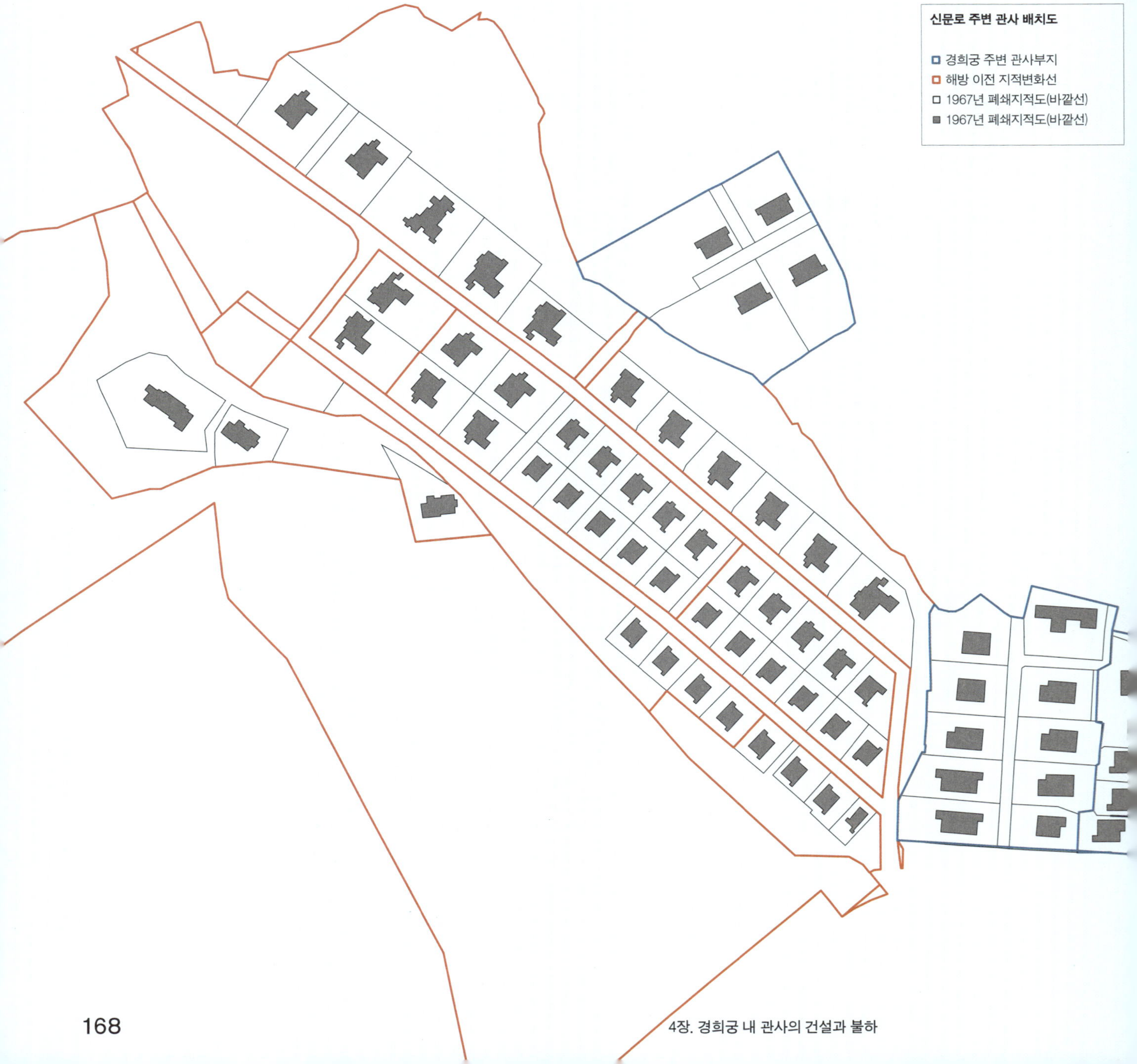

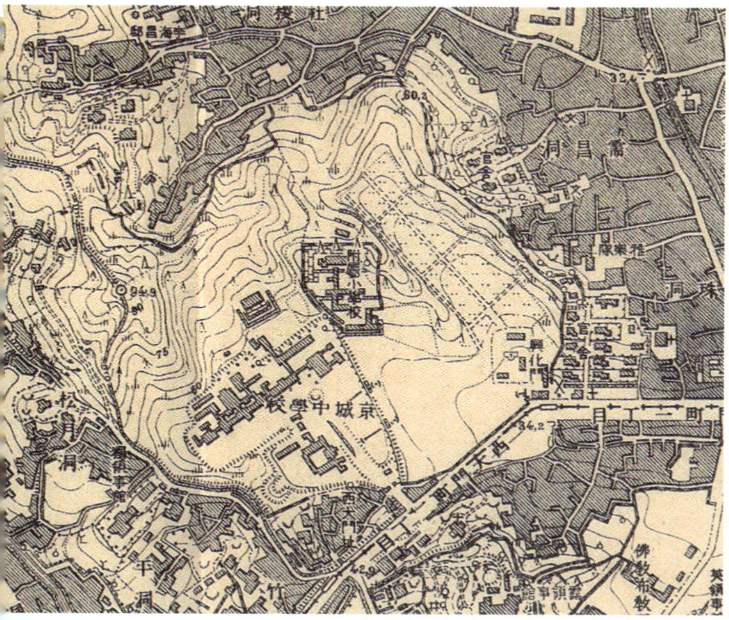

사 터 | 『일만분지일조선지형도』(부분), 1921

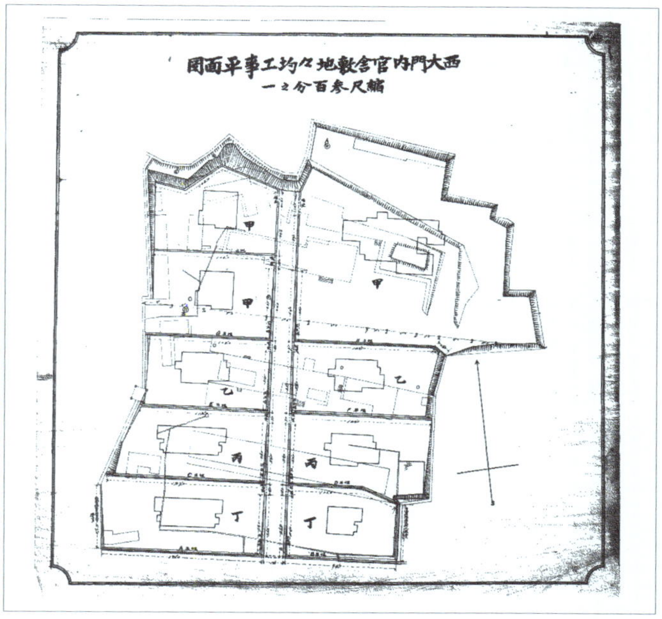

『서대문내관사부지지균공사평면도』

식 2층 갑호관사 입면도 | 『갑호관사도』

완성된 관사지의 모습

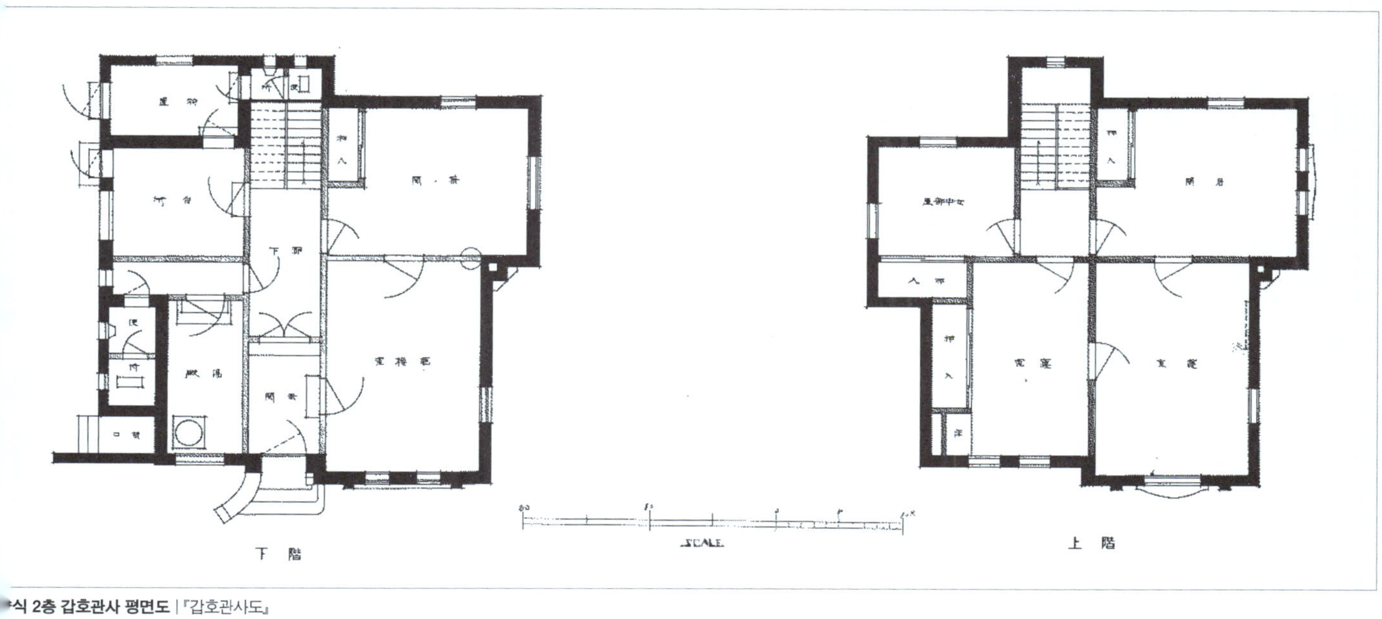

식 2층 갑호관사 평면도 | 『갑호관사도』

· 내수동 관사

내수동 110번지에 자리한 관사지는 1911~1915년 사이에 조성된 것으로 보인다. 1921년도 지도 및 1920년대 초 경희궁 관사 조성 배치도 등에 따르면 이 관사지는 구릉지에 자리하면서 네 필지로 구성되어 있으며, 주임관 을호 관사 정도 되는 것으로 보인다.

· 원각사 터 관사

이 관사지는 1918~1919년 사이 서대문정 1정목 56번지의 원각사 터에 조성된 것으로, 처음에는 당시의 총독부 표준설계안에 따른 판임을호 관사 3동이 남북으로 나란히 지어졌다. 이후 그 북측에 큰 규모의 부지를 조성하여 영락정에 있던 2층 주임관급 관사를 이축하였다.

1923년 동아일보의 기사에 서대문 부근에 59호의 관사가 있다는 내용이 나오는데,[51] 이는 경희궁 내 관사 및 위에서 살펴본 관사들을 합한 호수와 거의 같은 것이다. 이후 1924년 5월에는 당주정 95-2번지에 전매국 관사가 이축되었는데,[52] 그 면적이 38.5평인 것으로 미루어 주임을호급 관사인 것으로 여겨진다. 한편 서대문 2정목 89-1번지의 작은 땅에도 전매국 용인숙사가 지어졌다. 위에서 살펴본 경희궁 주변 관사지들은 거의 대부분 고등관 관사로서 비교적 넓은 부지에 단독으로 지어졌다는 점에서 경희궁 내 관사지와 유사점이 많은데, 이는 이 일대가 고급 관사촌으로 형성되는 데 기여하였을 것으로 여겨진다.

51 『동아일보』 1923년 1월 26일 자.

52 『전매국 관사예정지』, 163쪽.(국가기록원 자료)

내수동 관사 | 『무제 도면』

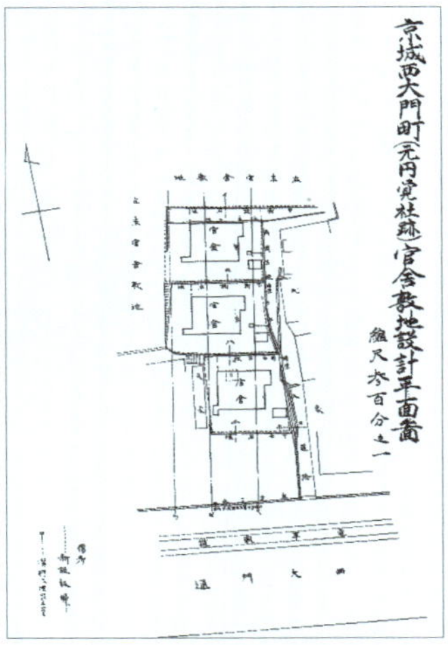

남측의 판임관사 | 『경성서대문정(원원각사적)관사부지설계평면도』

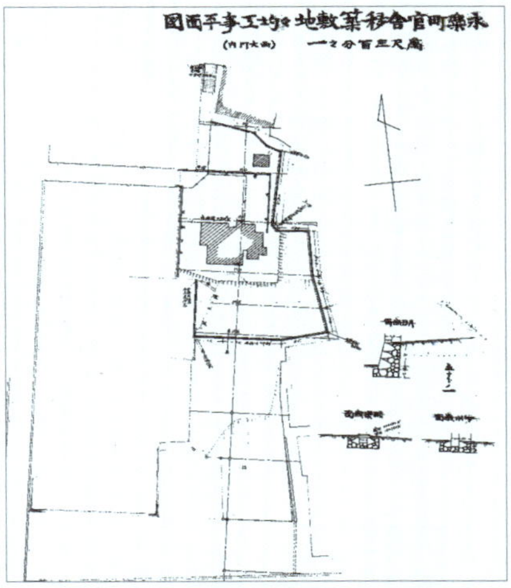

북측의 주임관사 | 『영락정관사이축부지지균공사평면도』

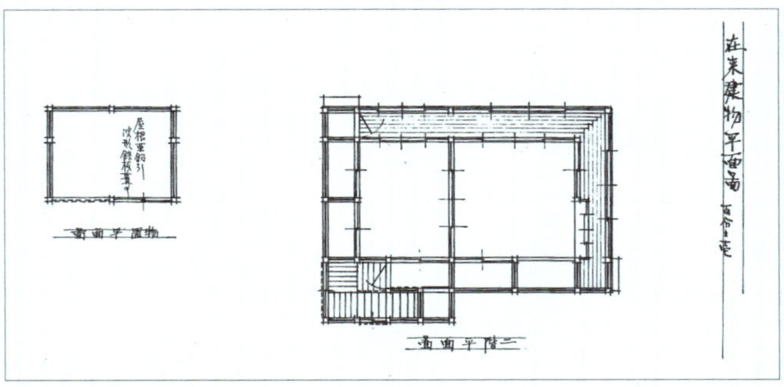

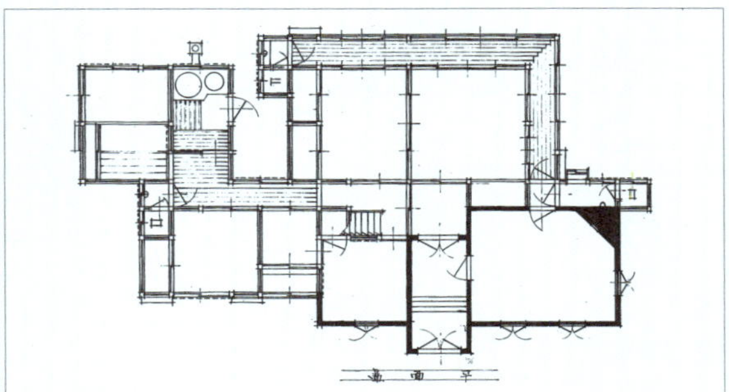

이축된 주임관사 평면 | 『영락정이호관사이축공사설계도』

1.3 경희궁 내 관사지의 조성연혁 및 특징

경희궁 내 관사지의 특징과 위상

경성부 내 관사지와 경희궁 내 관사지

경성부 내 관사지 중 상당수는 남산 주변에 경술국치 이전 통감부 시절 건설된 소규모 관사촌과 1920년대 이르러 다시 개발되기 시작한 대규모 관사지로 양분된다. 경희궁 내 관사지 역시 대표적인 1920년대의 대규모 관사지로서, 국유지였던 경희궁 터를 활용하여 부족한 총독부 관사지와 이 시기 새로 독립한 전매국을 위한 관사지를 확보하고자 한 사례라 할 수 있다. 이곳은 도심에 자리하며, 총독부청사·전매국청사 등과 지척의 거리에 있으면서도, 당시 점점 과밀화되어 환경이 열악해지고 있던 서울 시내에서 녹음에 둘러싸이고 번잡한 거리의 소음에서 차단되어 한적하고 조용한[53] 가히 일등지라 할 수 있는 곳이었다. 실제로 1927년 당시 경희궁 내 전매국 관사에 거주하였던 사업과장 이노우에는 "공지가 매우 넓어서 여유로운 기분으로 지낼 수 있다. 토지가 완만하게 경사져 있어서 습기도 없고, 경성 시내도 내려다볼 수 있고, 서측으로는 소나무숲으로 이어져 있어 경치도 좋다. 관사 장소로서도 매우 적당하다고 생각된다"[54]라며 그 입지를 칭찬하였다.

통감부 시대에 건설되었던 남촌의 관사들이 남산 북사면에 자리하여 채광과 방한 문제 등에 있어 환경적으로 열악하였던 것과 비교하면 이 부지는 전체적으로 남동향을 하고 있어 채광과 방한의 면에서도 좋은 조건을 가지고 있었다. 또한 국유지인 경희궁 땅을 개발함으로써 당시 서울 시내에서 확보하기 어려운 대규모 부지의 확보가 가능하였으며, 단지 자체가 대규모일 뿐 아니라 서측에는 경성중학교, 동측으로는 기타 관사지 등에 둘러싸여 하나의 폐쇄적인 관사촌을 형성할 수 있었다. 관사는 그 특성상 관등에 따라 부지 규모의 상한이 정해져 있어 여타 관사지에 비하여 개별 부지가 크지는 않았으나, 전체 단지의 규모가 크고 삼면이 수목으로 둘러싸여 독립적인 구역을 조성하고 있었기 때문에 전반적으로 환경적 차원에서 여타 관사 단지보다 양호한 조건을 가지는 곳이라 할 수 있다. 즉 경희궁 내 관사지는 경성부 내에 조성된 여타 단지에 비해 상당히 좋은 조건을 가진 곳이었다고 할 수 있는데, 이 관사지의 반을 신설된 전매국 관사가 차지하였다. 이는 당시 총독부가 전매국에 기대하였던 업무의 중요성, 즉 담배 등의 전매사업을 통한 세수의 증대를 크게 기대하고 있었다는 사실을 짐작하게 한다.

앞서 살펴보았듯이 1921년 전매국 신설과 더불어 경성부 내에는 여러 전매국 관련 시설이 마련되었다. 관사 및 숙사 역시 인의동, 경희궁 내, 서대문정 1정목, 연지동, 당주동, 한강로 등 경성부 도처에 마련되었다. 연지동 관사는 경성 전매지국 바로 동측의 연지동 193번지에 지어진 경성전매지국 관사로 1922년 10월경 계획되고 건축되었다. 관사는 주임을호관사 1동, 판임갑호관사 1동, 판임을호관사 2동, 판임병호연립관사 2동(4호) 등 모두 6동 8호로 이루어져 있으며, 관사 규모로 보아 비교적 하급관리들이 거주하였던 것으로 여겨진다.

참고로 인의동 공장창고 부지 바로 위의 28번지에도 관사지가 존재하는데, 이는 1904년에서 1909년 사이에 지어진 재판소 관사지로, 주임급 정도로 추정되는 큰 규모의 관사 4동과 그보다 작은 관사 5동 등 모두 9동으로 구성되어 있다. 이 관사지가 동아연초주식회사가 전매국으로 이관된 이후 어떻게 사용되었는지 확실하지 않으나, 인접 연지동 부지에 경성전매지국 관사를

53 '서대문정 2정목 1번지의 쭉 한정(閒靜) 하게 늘어선 전매국 관사',『경성일보』1932년 11월 27일 자,「전매국 관사에 복면 강도 닥침. 부인을 협박 현금을 강탈 도주. 이번에는 곧바로 체포」.

54 이노우에,「과연 관사입니다」,『조선과 건축』제6집 제5호, 1927년 5월, 68~69쪽.

별도로 건설한 것으로 미루어 지속적으로 재판소 관사로 사용되었을 것으로 생각된다.

이 외에 서대문정 1정목 관사, 당주동 관사, 한강로 관사[55] 등에 대해서는 도면 자료 등을 구할 수 없어 상세한 내역을 알 수 없으나, 필지 규모로 보아 비교적 작은 규모의 관사지였을 것으로 여겨진다. 또한 서대문정 2정목 89-1번지, 봉래정 창고 부지 내, 동대문 밖 창고부지 내, 송현동 등에 용인숙사가 건설되었는데 이들은 규모가 작았다. 또 인의동 공장 부근의 원남동에는 독신자숙사[56]가 건설되기도 하였다.

이들 전매국 관련 관사지들과 비교해 보았을 때 경희궁 내 관사지는 전체 규모도 클 뿐 아니라 주임관사의 비중이 높고, 판임관사도 갑호 및 을호만 존재하며 모두 단독주택으로 이루어져 있는 등, 주로 전매국 본국 고위관료들을 위해 계획된 위계가 비교적 높은 관사지였음을 알 듯하다.

55 1941년에 당시 심각하였던 주택난 완화를 위해 용산역전에 계획된 판임관급 □용관사 11동 21호일 가능성이 높다.(『□산일보』 1940년 4월 6일 자, 「전매국 □원에 낭보, 본년중에 관사 11동을 건설 경성의 주택난 완화」)

56 독신자, 단신부임자들을 위해 건설되었으며, 료(寮)라고도 불린 일종의 기숙□이다. 개별 방 외에 공동 부엌, 식당, □접실, 욕실, 변소 등으로 이루어지는 □이 일반적이다.

인의정 28번지 관사지 | 『인의동관사자일지구호부지』

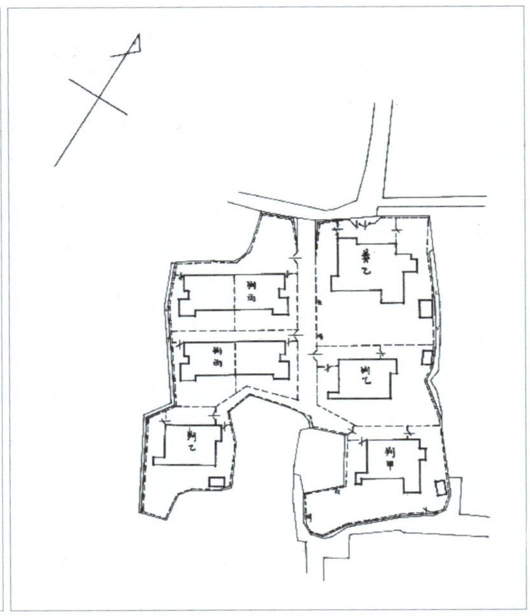

연지동 전매지국 관사지 | 『연지동전매국관사신축공사배치도』, 1922년 10월

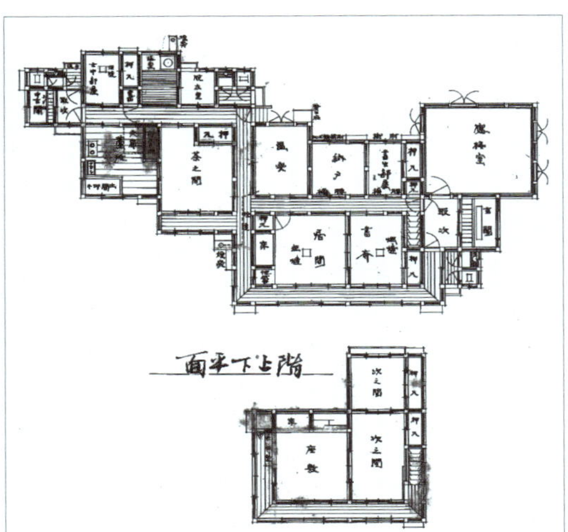

좀 더 작은 규모의 원 동아연초 사택 | 『동아연초회사사택신축설계도』(부분)

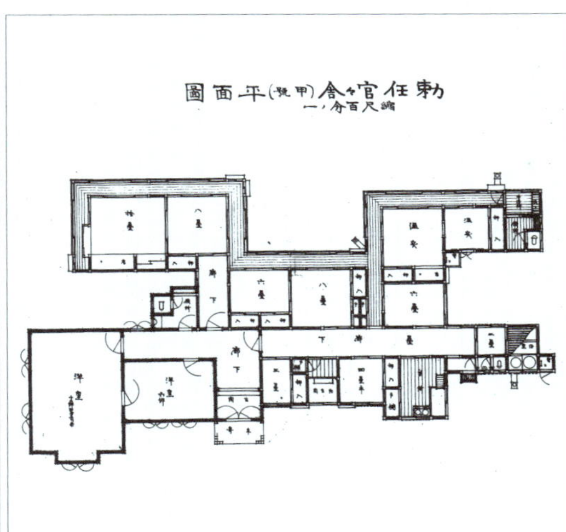

기타 칙임관 관사(비교) | 『칙임관관사(갑호)평면도』

전매국장 관사

전매국장 관사는 1921년 동아연초주식회사 매수 후 인의동 공장 부지 인근에 자리하던 사장 사택으로 추정되는 주택을 전용한 것이다. 사택의 위치는 배치도의 형상으로 보아 공장 및 청사 북측의 112-1번지 필지로 여겨진다. 기존 사택은 중복도형 2층 일식 저택 전면에 서양식 응접실이 붙은 형식이었는데, 전매국장 관사로 사용하면서 서양식 응접실 후면을 일부 개조·증축하여 현관 옆에 서양식 대기실을 마련하였다. 이렇게 증축된 관사의 규모 및 구성은 여타 조선총독부의 칙임관 갑호 관사와 거의 동일한 것으로 보아, 관등에 맞는 규모와 실 구성을 갖추게 하려고 서양실 부분을 증축한 것으로 여겨진다.

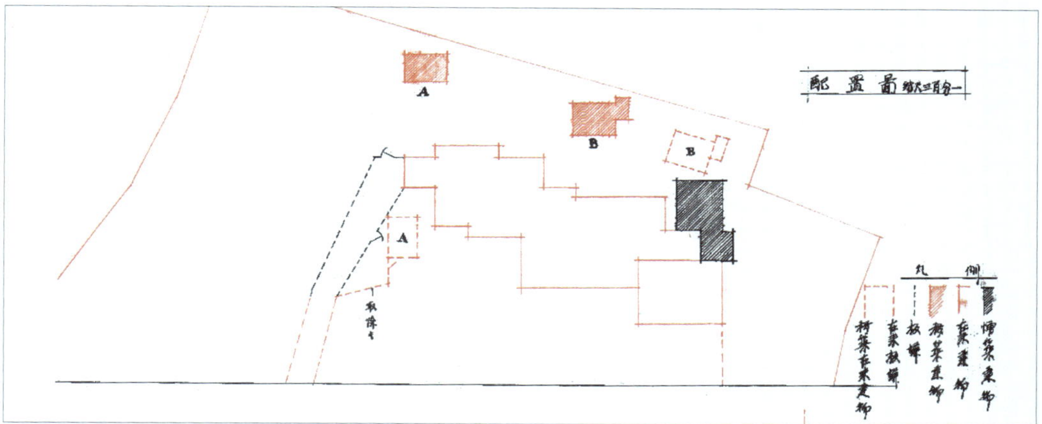

전매국장 관사 배치도 | 『전매국장관사증축공사설계도』(부분), 1922년 4월

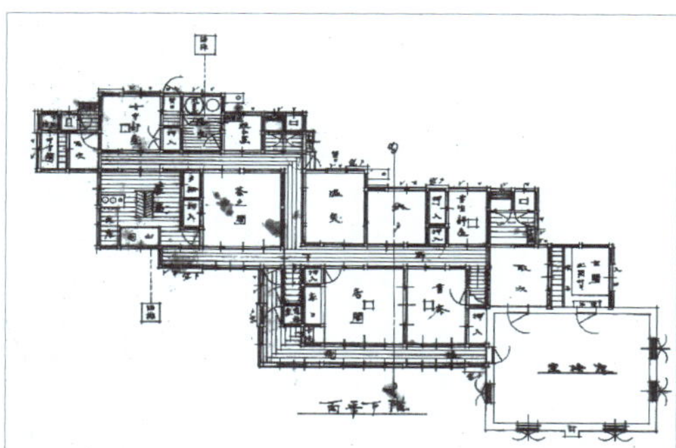

전매국장 관사 변경 전 평면도(1층) | 『동아연초회사사택신축설계도』(부분)

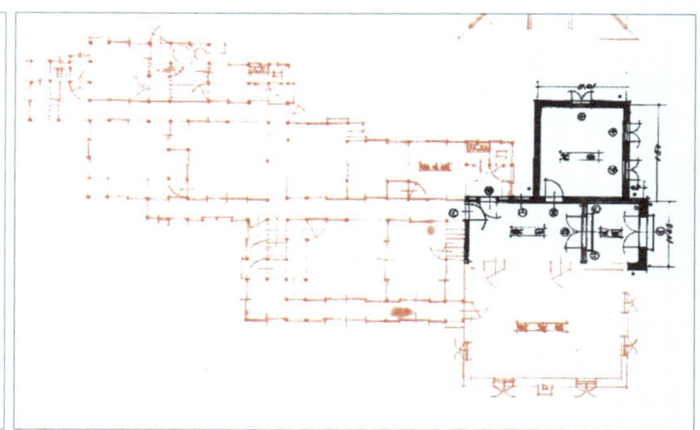

전매국장 관사 변경 평면도 | 『전매국장관사증축공사설계도』(부분), 1922

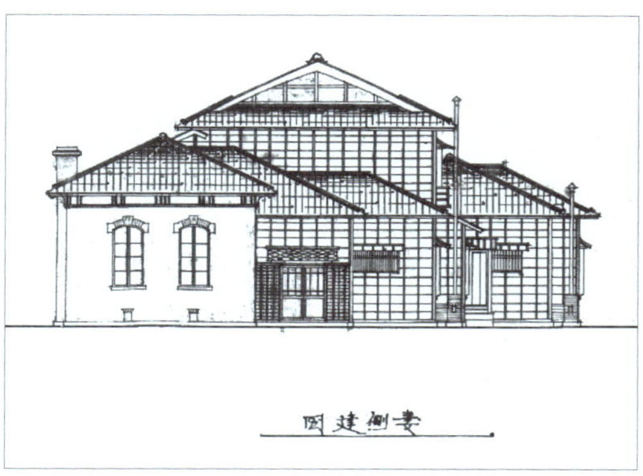

전매국장 관사 변경 전 입면도 | 『동아연초회사사택신축설계도』(부분)

전매국장 관사 변경 전 입면도 | 『전매국장관사증축공사설계도』(부분), 1922

경희궁 관사지 조성 연혁

조성 연혁

경희궁 내 관사지 조성 경과 내용을 기록한 자료는 확인하지 못하였으나 1921년 발행된 지도에 이미 관사부지가 표시되어 있는 것으로 미루어 전매국 신설을 전후하여 관사 건설이 추진되었고, 관사지 부지로 경희궁 땅을 개발하고자 하였음을 알 수 있다. 물론 이 땅에는 전매국뿐 아니라 조선총독부 본부 관사지도 함께 조성되었기에 전매국만을 위하여 개발한 것이라 단언할 수는 없다. 하지만 시기적으로 전매국 신설과 대규모 국유지의 개발이 무관하다고 말할 수도 없다.

경희궁 내 관사부지는 1921년 이전에 최초로 계획되었다. 옛 경희궁 영역 동측 완만한 구릉지에 약 2만 1500평 규모로 북서-남동 방향으로 자리하였다. 중앙과 서측으로는 남북 방향의 길이, 동서 방향으로는 3개의 길이 배치되었다. 1921년 이전에 작성된 것으로 여겨지는 경희궁 관사지 배치도는 총 35개의 필지로 나뉘어 있다. 그중 동측 및 북측의 필지는 대규모로 구획되어 있고, 서남측의 필지는 소규모로 구획되어 있어 관등에 따라 다양한 규모의 필지를 구획한 것을 알 수 있다. 또한 약 절반은 총독부 본부 관리용 관사, 나머지 절반은 전매국 소속 관리용 관사로 할당되었다.

35호의 필지로 나뉘어 있는 최초 계획도 | 『경희궁내관사부지설계평면도』

『매일신보』 1922년 6월 23일 자, 「서대문 관사 낙성」.

표준설계도에 관한 자세한 내용은 다음 장을 참조하길 바란다.

『전매국 관사예정지』(국가기록원 자료 CJA0020283).

1922년 6월 23일 경희궁 내 관사지의 낙성에 관한 신문기사에 따르면[57] 35호가 낙성되어 총독부 및 전매국 관리들이 입주하였다고 되어 있으므로, 1922년 6월 최초에 계획한 만큼의 관사가 실제로 완공되어 총독부 본부와 전매국 관리들이 동시에 입주하였음을 알 수 있다.

최초 계획된 35호의 관사가 완공된 직후 1922년부터 1923년에 걸쳐 10개 남짓의 관사부지가 추가로 마련되었다. 1922년 말에는 부지 남동측 주임갑호관사 1동(전매국) 및 부지 남서측 판임을호 관사 6동(3동 전매국, 3동 총독부) 등 모두 7동을 추가 증설하였고, 곧이어 1923년 1월에는 남서측에 추가 건설되었던 판임을호 관사부지 앞에 새롭게 전매국 판임관사 한 동을 증설할 계획을 세웠다. 이 판임관사 부지는 다른 판임관사 부지에 비해 상당히 작아 표준설계도 적용이 어려워 표준설계평면[58]에 따르지 않고 별도로 설계가 이루어졌다.

1923년 1월에서 8월 사이에 작성된 것으로 여겨지는 『흥화문내총독부관사배치도』에서는 앞서 살펴본 관사부지 외에 남서측의 판임관사 줄 제일 뒤에 부지 하나가 추가로 조성되어 있는 것을 확인할 수 있다. 이어 1923년 8월에는 부지 가장 동북측에 2동의 전매국 주임을호 관사용 부지가 추가로 계획되었다. 이 두 관사는 1923년 11월경 완공된 것으로 추정된다.[59]

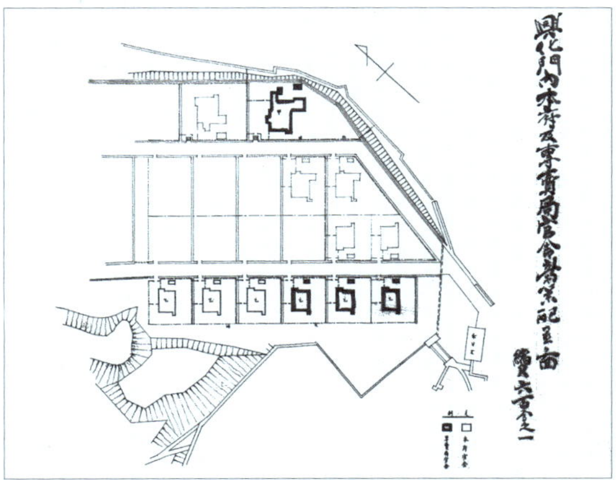

1922년 말(추정) 『흥화문내본부급전매국관사신축배치도』

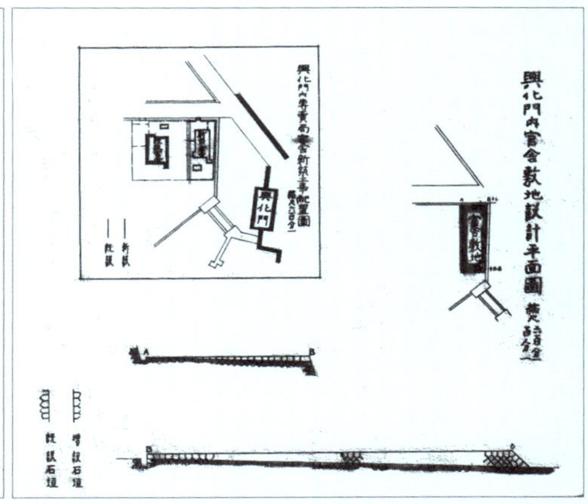

1923년 1월 『흥화문내관사부지설계평면도』

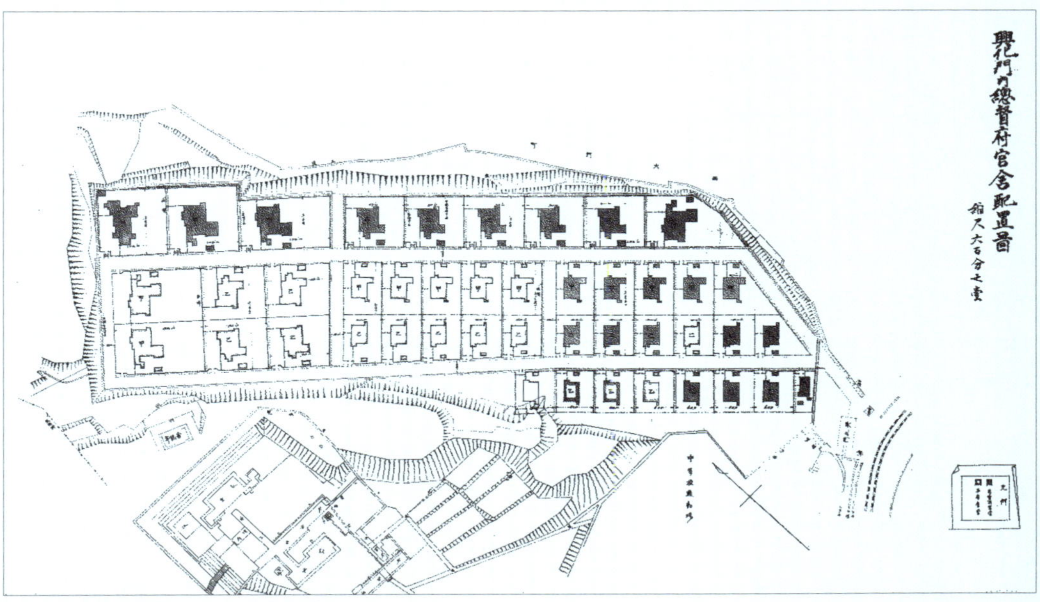

1923년 1~8월(추정) 『흥화문내총독부관사배치도』

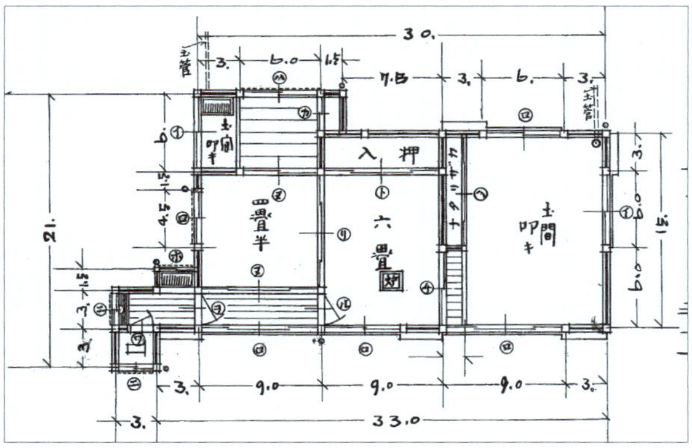

1923년『흥화문내전매국관사신축공사설계도』내 평면도

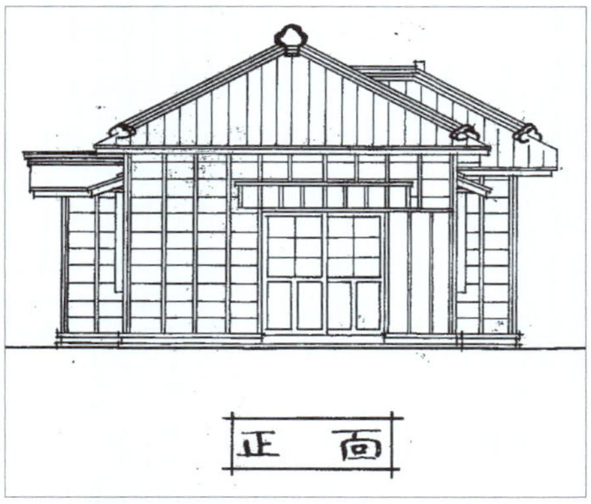

1923년『흥화문내전매국관사신축공사설계도』내 정면도

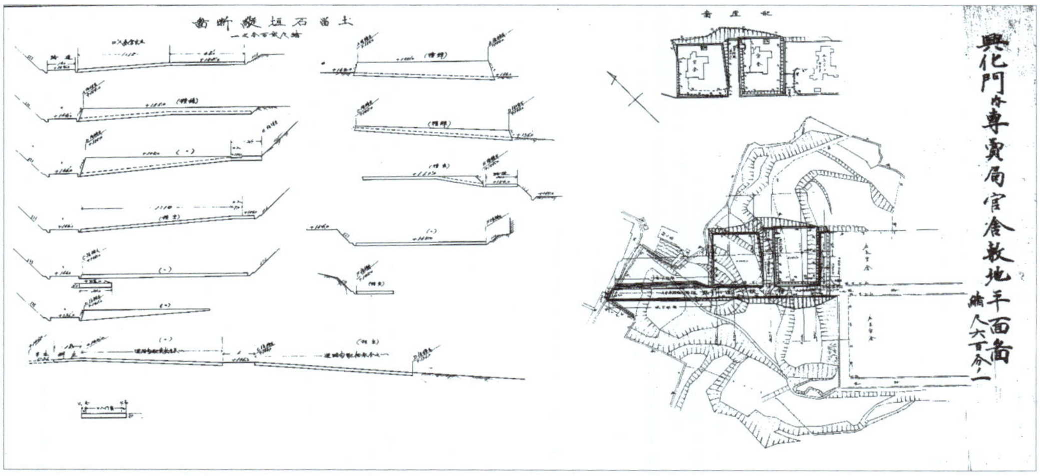

1923년『흥화문내전매국관사부지평면도』내 배치도

1923년부터 1932년 사이에는 서북측 구릉에 관사부지 2개가 추가로 개발되었다.[60] 이 관사부지가 개발된 정확한 시기는 자료를 찾지 못하여 확인하지 못하였으나, 광복 후 1-42번지에 거주하였던 거주자의 구술에 의하면 1922~1923년에 걸쳐 지어진 관사들과는 상당히 다른 모양으로 건설되었다. 이런 점으로 미뤄 볼 때 1920년대 후반에 지어졌을 가능성이 높다.

1920년대 초에 지어진 관사들은 모두 단층집으로 건설되었으나, 이 1-42번지는 2층 규모로 지어졌으며,[61] 필지 규모로 미루어 주임을호 혹은 판임갑호급 관사였을 가능성이 크다. 조선총독부『본부건축표준』제7장「관사」의 제105조에 의하면 관사는 목조 단층 건물로 짓는 것이 원칙이지만 부지 등이 협소할 경우 특별히 2층 건물을 지을 수 있다고 되어 있는데, 이 두 필지에 지어진 관사는 이 규정을 적용한 것으로 보인다.

한편 1934년에 이르러 서쪽 미개발 구릉지 일부에 경성세무감독국 국장관사 1동과 주임관사 2동이 추가적으로 계획되고 이듬해 건설되었다. 이들 중 주임관사 평면은 1920년대 초에 지어진 경희궁 내 관사의 평면과 다른데, 독자적인 설계도가 있기 때문에 표준계획도를 따르지 않고 별도로 계획된 것임을 알 수 있다. 1934년 세무감독국 관사 준공으로 경희궁 내 관사는 총 51동으로 파악되었다.

60 현재 신문로2가 1-41, 1-42번지에 당한다.

61 1-42번지에 거주하였던 구술자의 및 기록에 따라 1-42번지에는 2층 이 지어졌던 것이 확인되었으며, 인 1-41번지도 유사한 형태로 건축되 것으로 추정하였으나 폐쇄건축물 을 확인해 본 결과 단층의 1-42번 는 상이한 규모로 건축되었음을 확 였다. 이 시기의 전매국 관사 표준설 및 총독부 관사 표준설계도의 비교 음 장을 참조하길 바란다.

년
『세무감독국관사신축기타공사설계도』
치도

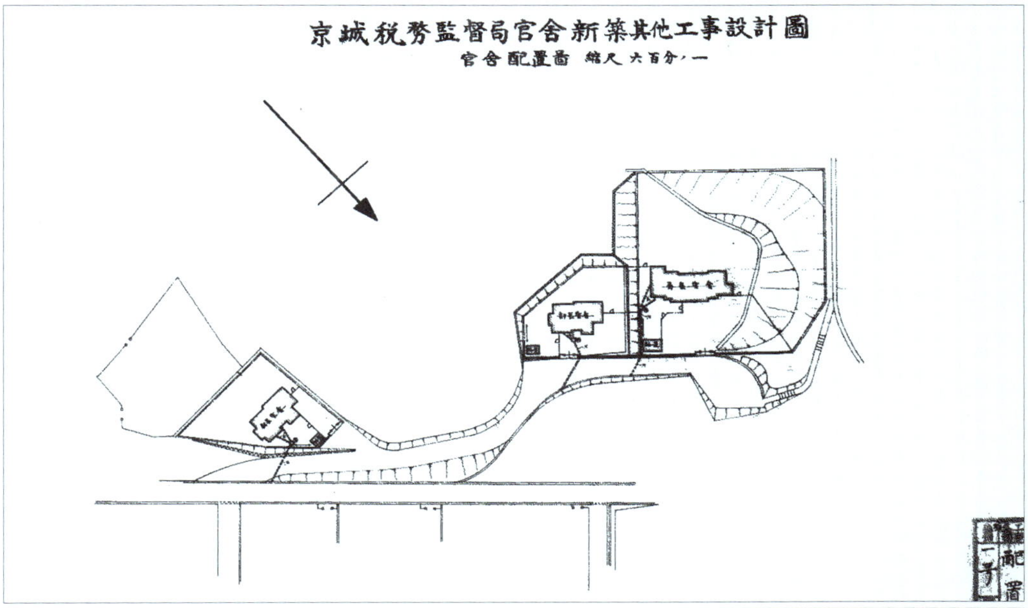

년
『세무감독국관사신축기타공사설계도』
관사 평면도

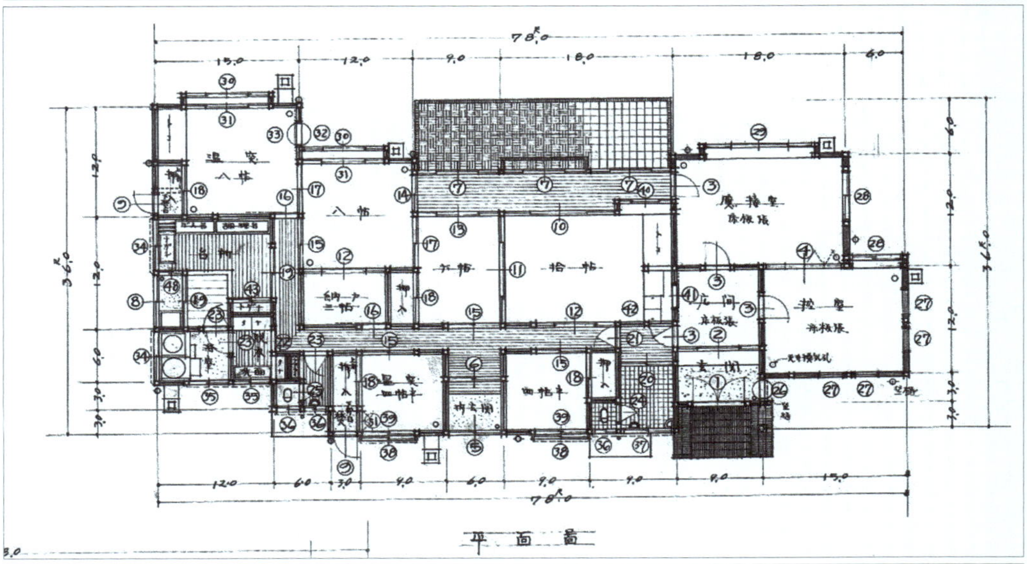

년
『세무감독국관사신축기타공사설계도』
사 평면도

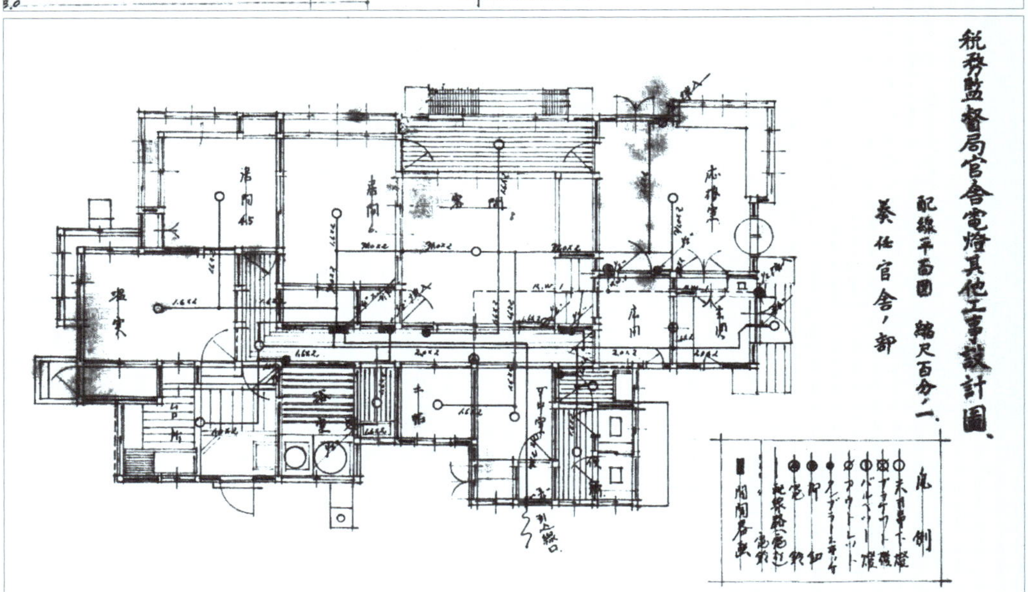

1935년에 작성된 『대경성부대관』을 살펴보면 이 시기 경희궁 내 관사지의 모습을 확인할 수 있는데, 앞에서 살펴보았던 관사지들이 표시되어 있다. 1934년 당시 관사지 배치도를 종합하여 시기별 조성시기를 파악한 배치도는 다음과 같다.

경희궁 관사지의 필지 분할

1921년 처음 관사부지가 계획되었을 당시 이 부지의 주소는 서대문정 1-1번지로, 이는 원래 1번지를 차지하였던 경희궁지를 1918년 10월 11일 경성중학교 부지만 따로 떼어 1-2번지로 분할하면서 형성된 것이다(1927년 3월 23일에 1-2번지는 2-1번지로 변경되었다). 관사부지 형성 이후 1926년 7월 6일에 이르러 1-1번지에서 향후 세무감독국 관사부지가 되는 구릉지 1-14번지가 분필되면서 본 관사부지 1-1번지와 나뉘게 된다. 이어 1932년 9월 10일에 이

1936년 「대경성부대관」(부분)

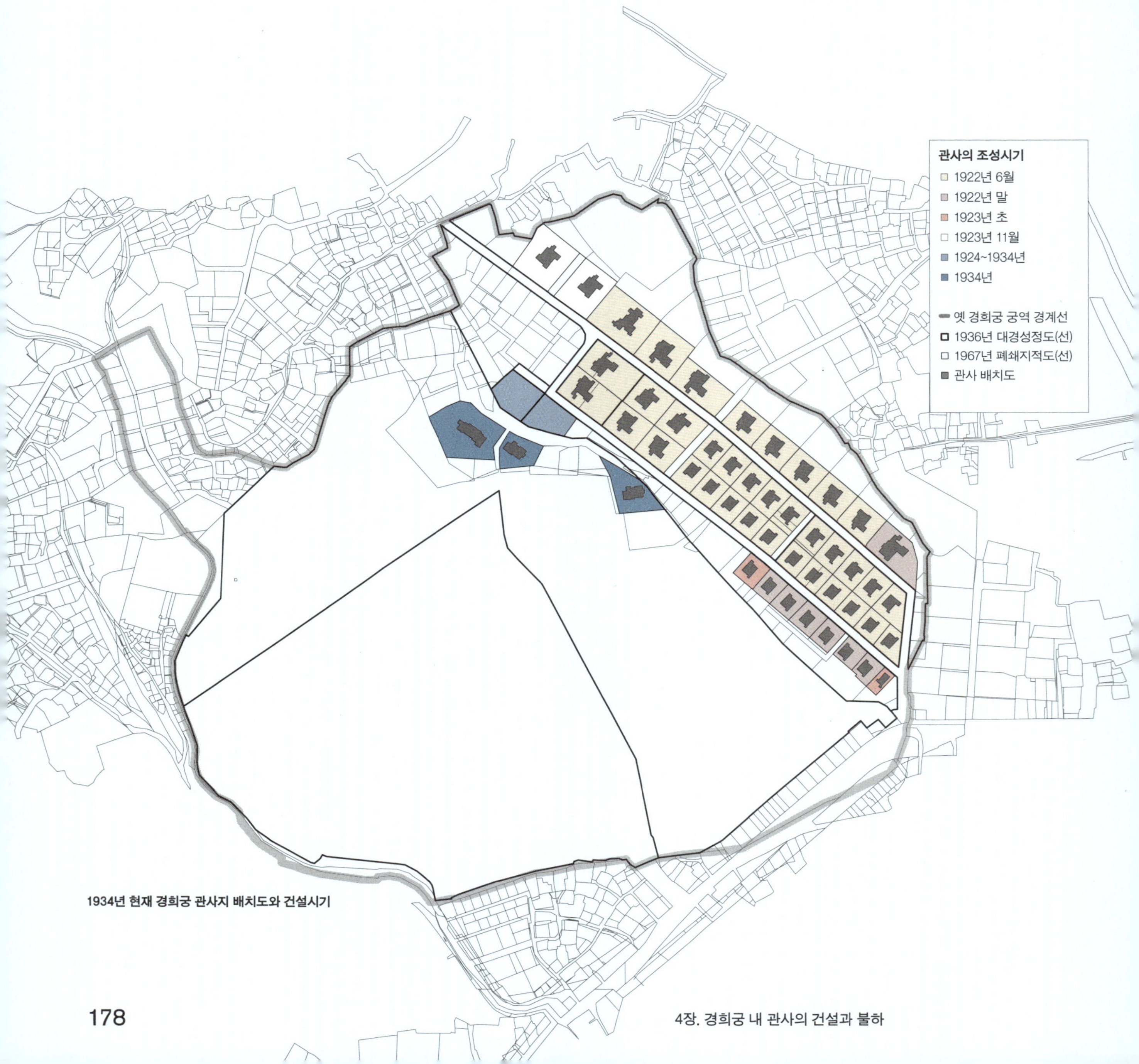

1934년 현재 경희궁 관사지 배치도와 건설시기

르러서는 관사부지를 블록 및 소속(총독부, 전매국 등)에 기반하여 1-1번에서 1-34~1-43번지의 10개 필지로 재분필하였다.

변동일자	변동내역	지번	부지시설
1911.12.3.	사정	1-1	관사지 동측의 언덕 및 전매국 주임급 관사지
1926.7.6.	1-1번에서 분할	1-14	세무감독국 부지
1932.9.10.	1-1번에서 분할	1-34	도로
		1-35	총독부 주임갑 관사지
		1-36	공지(관사지 서북측 부지)
		1-37	공지(옛 흥화문 주변 과소필지)
	1-35번에서 분할	1-38	총독부 주임을 및 판임급 관사지
		1-39	전매국 판임급 관사지
	1-36번에서 분할	1-40	도로
		1-41	추가 관사부지
		1-42	총독부 판임급 관사지
		1-43	총독부 판임급, 전매국 판임·병임급 관사지

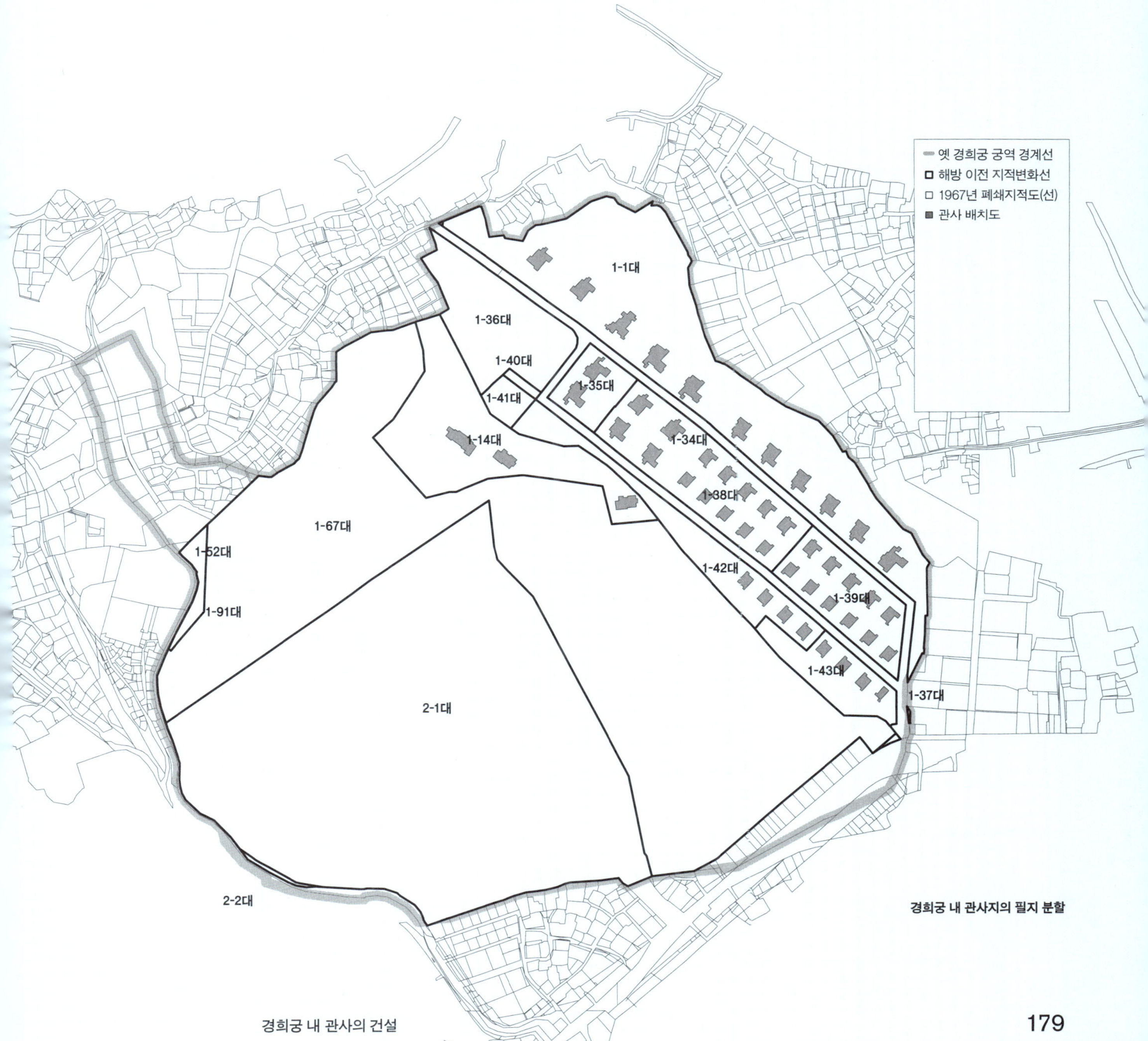

경희궁 내 관사지의 필지 분할

경희궁 내 관사의 소속 및 관등별 배치

경희궁 내 관사지에는 총독부 본부용 관사와 전매국 전용 관사가 함께 지어졌으며, 1934년에는 서측 땅에 별도로 경성세무감독국 고등관 관사 3동이 증설되었다. 1921년 6월에 1차적으로 완공된 35호는 주임관사 갑호(특) 1채, 주임관사 갑호 4채, 주임관사 을호 9채, 판임관사 갑호 10채, 판임관사 을호 11채로 구성되었다.

또한 18채는 전매국, 17채는 총독부용 관사였다. 이 관사들은 총독부 관사와 전매국 관사가 모두 같은 아웃라인을 가지고 있었는데, 이 단지가 건설되기 직전에 전매국 관사의 표준설계도가 작성된 것으로 미루어 모두 이에 따라 건설되었을 것으로 여겨진다.[62] 이후 추가적으로 지어진 관사들에 관해서는 그 소속이 밝혀진 것도 있으나, 밝혀지지 않은 것도 있다. 이후에 지어진 관사들도 대체로 전매국과 총독부를 반반씩 나누어 건설한 것을 알 수 있다. 1934년 현재 경희궁 내 관사지의 관사 등급 구성 및 소속 관서 구성은 다음과 같다.

62 이 시기의 전매국 관사 표준설계도
독부 관사 표준설계도의 비교는 다
을 참조하길 바란다.

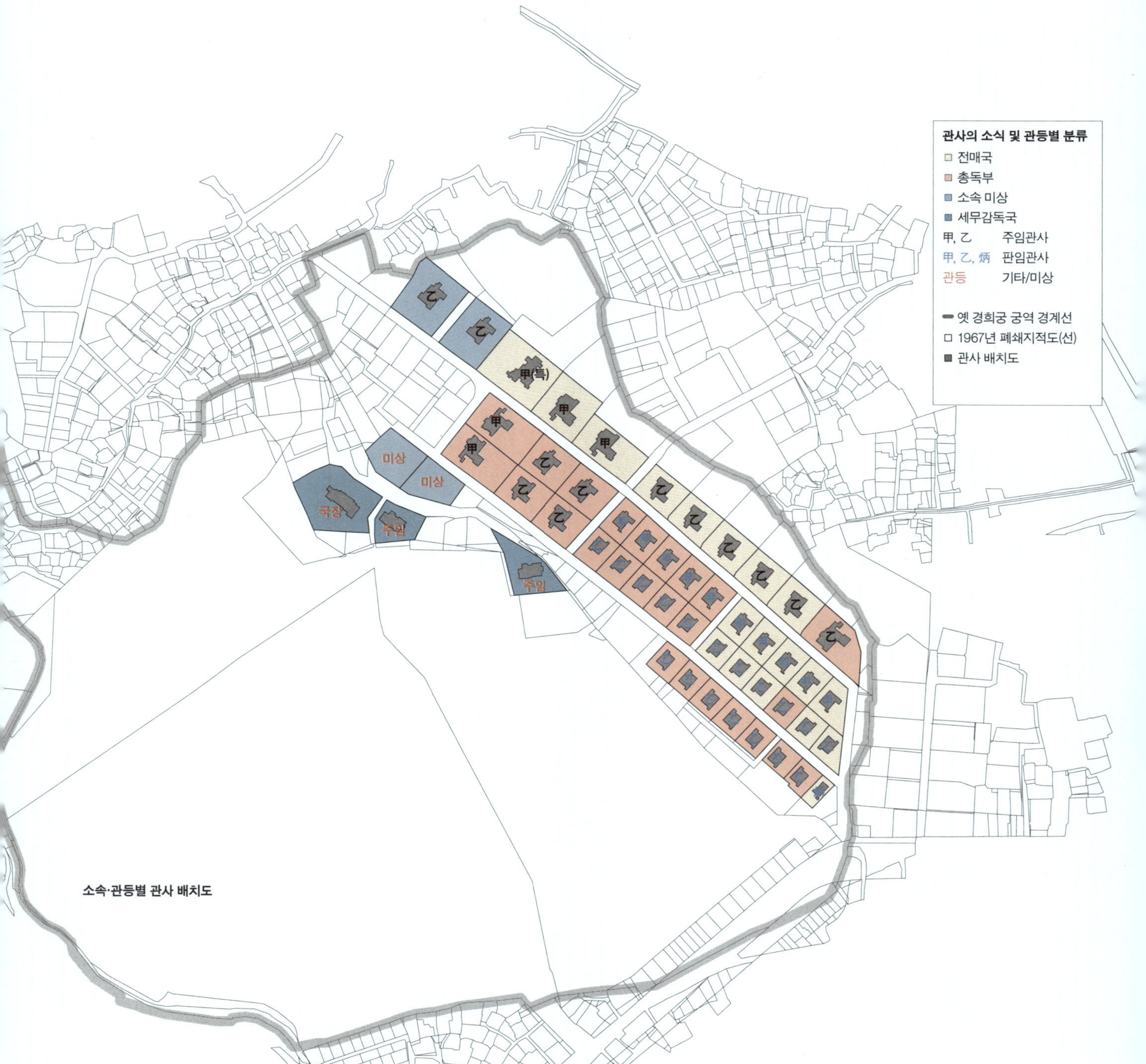

소속·관등별 관사 배치도

· 1922년 낙성 당시 관사 입주자

경희궁 내 관사지는 주임관급 및 판임관급의 고등관 관사로만 이루어진 관사지로서, 1922년 6월 23일 최초 낙성 당시의 입주자는 당시의 신문기사에 따르면[63] 총독부 관사에는 야지마矢島 사회과장, 사와자키澤崎 철도관리과장, 사와澤 사무관이 거주하였다. 또 전매국 측 관사에는 이마무라今村 서무과장, 다카다케高武 사무관, 요시다吉田 부사무관, 우에다上田 · 니시다西田 · 마쓰자키松崎 기사技師 등이 살았다.

전매국 창설 당시 전매국 인원은 국장(칙임급) 1명, 사무관(주임급) 7명, 부사무관(주임급) 14명, 기사(주임급) 11명, 속 299명, 기수 144명 등 모두 476명에 달하였다.[64] 그중 전매지국이 아닌 본국 소속은 국장 1명[65], 사무관 3명, 부사무관 5명, 기사 6명으로 총 15명이다.[66] 이들 가운데 적어도 사무관급 3명 중 2명, 부사무관 5명 중 1명이 경희궁 관사에 거주하였다.

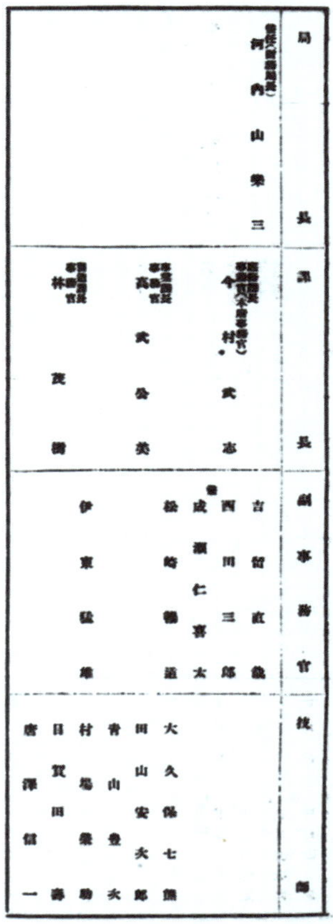

局長	河內山樂三
課長	今村武志, 高武公美, 林茂樹
副事務官	吉留直哉, 西田三郎, 成瀨仁喜太, 松崎鶴, 伊東猛雄
技師	大久保七郎, 田山安夫郎, 青山登久, 村場榮助, 日賀田壽, 唐澤信一

전매국 발족 당시 상급 관리 명단 | 조선총독부전매국, 『조선전매사 제1권』, 1936, 933쪽

전매국 창설 당시 전매국 인원

직급		인원
국장	칙임 1~2등	1
사무관	주임 3~7등	7
부사무관	주임 4~8등	14
기사	주임 3~7등	11
속		299
기수		144
총인원		476

· 1935년 당시 명감을 통해 살펴본 관사 입주자

일제강점기에는 여러 목적으로 각종 명부가 발행되었고, 그 안에는 인물에 대한 여러 정보가 기재되어 있는데, 현재 파악 가능한 명부 중에는 1935년에 발행된 것들이 많다. 1935년 발행 명부를 통해 작성한 당시 서대문 관사에 거주하였던 인물들의 이름, 소속 및 직급, 생년, 출신 학교 등을 정리해 보았다.[67] 그 목록은 다음과 같다.[68]

『매일신보』 1922년 6월 23일 자, 「서대문관사 낙성」.

조선총독부전매국, 『조선전매사 제1권』, 1936, 196쪽.

역대 전매국장은 다음과 같다. 1921년 内山楽三, 1921년 青木戎三, 1925년 水口隆三, 1928년 松本誠, 1931년 土師盛貞, 1932년 菊山嘉男, 1933년 松田正之, 1934년 安井誠一郎.

조선총독부전매국, 『조선전매사 제1권』, 1936, 933쪽. 한편 1935년 3월 31일 당시 전매국 본국 소속 고등관은 국장 1명, 과장 4명, 부사무관 6명, 기사 8명 등 모두 19명이다.

서대문정2 관사, 서대문 전매국 관사 등으로 주소를 기입한 경우에는 경희궁 내 관사를 뜻하는 것이 확실하나, 서대문 관사라고만 되어 있는 경우 서대문정 1정목에 있는 관사를 지칭하고 있을 가능성을 완전히 배제할 수는 없다.

한국역사정보통합시스템 홈페이지를 통해 검색한 결과이며, 출처가 되는 문헌은 다음과 같다. 조선총독부, 『기념표창자명감: 조선총독부 시정 25주년』, 1935 ; 조선신문사, 『조선인사흥신록』, 1935 ; 민중시론사, 『조선공로자명감』, 1935.

일제강점기 각종 명부를 통해 파악한 1935년 현재 경희궁 내 관사 거주 인물

관사	이름	소속	생년	주소	학력
전매국	安井誠一郎	전매국장	1891	서대문 관사	동경제대 법학과
	信原聖	전매국 사업과장	1900	서대문 관사	동경제대 독법과
	森長文	전매국 서무과장	1898	서대문정 전매국 관사	동경제대 법학부
	山地靖之	전매국 제조과장	1902	서대문 관사 36	동경제대 법학부 정치과
	山本義一郎	전매국 염삼과장	1898	전매국 관사	동경제대 법학부 법률과
	佐藤憲三郎	전매국 사업과 기사	1886	서대문정2 관사	삿포로농과대학 농과
	唐澤信一	전매국 기사	1885	서대문정 2정목 관사	동경고등농학교 본과
	瀨渡光雄	전매국 염삼과	1893	서대문2 관사	동경제대
	關口聽	경성전매지국장	1896	서대문 관사	동경제대 법학부
	中山米太郎	경성전매지국 판매과장	1884	서대문2 관사 50	-
	東島傳八	경성전매지국 서무과장	1889	서대문 관사	동경중앙상업학교
	上田一郎	전매국 경성판매소장	1882	서대문 관사	동경부립제일중학교
총독부	井上清	체신국장	1885	서대문 관사	동경제대 정치학과
	橋本左太郎	농림국 수리과장	1878	서대문정 관사	동경제대 농학과
	김동훈	경기도 참여관 겸 도사무관, 산업부장	1886	서대문정 관사	관립한성일어학교
	中村尙武	경기도 경찰부 고등경찰과장	1894	서대문 관사	입명관대학 전문부
	土居寬申	서대문형무소 소장	1882	서대문 관사	동경제대 독법과
	松橋喜代治	조선총독부 이사관, 학무국 관리	1888	서대문정 관사	-
	山口盛	조선총독부 이사관, 농림국 근무	1894	서대문정 2-1관사 21호	시즈오카중학교 졸업.
	山岡敬介	총독부 철도국 기사 겸 철도국 감독과	1897	서대문 관사 39호	동경제대 공학부
	福西正雄	내무국 토목과	1901	서대문 관사 37호	동경제대 공학부 토목공학과
	高本千鷹	경성공립여자고등보통학교장 겸 교사	1880	서대문2 관사	히로시마고등사범학교
	江頭六郎	경성공립중학교 교장	1887	서대문 관사	동경고등사범학교
	加藤正擴	농림국 수리과	1887	서대문 관사	동경제대 농과
	十市德二	경성토목출장소	-	서대문정 관사	-
기타	美座流石	세무감독국장	1891	서대문 관사(세무감독국장 관사 추정)	동경제대 법학부 정치과

명부를 통해서 확인한 1935년 당시 서대문 내 관사 거주자는 전매국 소속 관리가 12명, 기타 총독부 소속 관리가 13명, 세무감독국장 관사에 거주하는 것으로 여겨지는 관리가 1명으로 모두 26명의 인물이 확인되었다. 전매국 소속 직원은 본부 소속의 경우 전매국장, 1명, 과장급 4명, 기사 2명, 직급 미확인 1명 등 8명이며, 경성전매지국 소속은 전매지국장 1명과 과장급 2명 그리고 판매소장 1명이었다.

이로 미루어 전매국 본국 직원뿐 아니라 경성전매지국 소속 관리도 경희궁 내 관사에서 거주하였다는 사실을 알 수 있는데, 이는 경성전매지국 전용의 연지동 관사의 호수가 부족한 때문으로 풀이된다. 특히 1921년 전매국 신설 당시에는 인의동의 전매국장 관사에 거주하였던 전매국장도 경희궁 내 관사에 거주한 사실이 흥미롭다. 한편 전매국 외의 관리에는 체신국, 철도국, 내무국, 농림국, 학무국, 경기도청, 경기도 경찰부, 서대문형무소, 경성토목출장소, 경성중학교, 경성여자고등보통학교 등 내국內局뿐 아니라 철도국 등 외국外局 관리도 있었다.

· 관사지에서의 생활

일제강점기 경희궁 내 관사지와 그 생활에 관한 자료는 거의 없으며, 당대 잡지 및 신문기사 몇몇을 통해 그 단상을 확인할 수 있을 뿐이다. 조선건축회라는 단체가 발간한 잡지 『조선과 건축』 1927년 5월호는 관사와 사택에 대한 특집으로 전매국 소속 관리 3명의 관사에 대한 소감을 싣고 있다. 한 명은 사업과장 이노우에 씨로 주임관사에 거주하였을 것으로 여겨지며, 나머지 두 명은 직급에 대한 언급이 없는 하기와라[69]와 하라다이다. 이들의 발언을 통해 '아주 만족할 만한 주거는 아니지만, 시중의 차가에 비하면 훨씬 훌륭하다'고 생각하고 있음을 알 수 있다. 대체로 여유 있는 공지, 통풍과 채광, 풍부한 녹음 등 주변 환경에 대해서는 만족스러워하였으나 난방에 대해서는 다소 불만을 가지고 있었다.

69 하기와라의 인터뷰 내용은 관사 전반에 대한 평가 등의 이야기로 이루어져 있다.

겨울철 난방은 공통적으로 온돌방을 사용하거나 다다미방의 경우 난로를 사용하고 있음을 알 수 있는데, 이노우에는 '지낼 만하다'고 하면서도 가장 이상적인 온수난방을 사용하지 않은 것을 다소 아쉬워하는 발언을 하였다. 또 하라다는 부속 창고에는 난방 시설이 전혀 없어 이곳에서 보관하는 장아찌(쓰케모노)가 겨울철에 얼어버린다는 점에 불만을 나타내었다.

「조선과 건축(朝鮮と建築)」 제6집 제5호 '관사특집'

「관사이기 때문이다」, 이노우에(총독부 전매국 사업과장) 구술	살기 어떠냐는 질문이 있는데, 관사이기 때문에 좋다 싫다 사치를 말하고 비평하지 않겠다. 보통 차가에 사는 사람들에 비하면 관사 주거는 상당히 행복한 것이라 생각한다. 우리 집은 아이 한 명만 있는 소인수이므로 지금 관사는 넓이는 충분하고 사용하지 않아도 되는 방도 있다. 우리 일본의 생활양식을 근본적으로 연구해 보면 상당히 쓸데없는 점도 있다. 그러나 생활양식은 그리 급하게 바꿀 수 있는 것은 아니므로 관사나 사택같이 아무나 살게 되는 주택은 구조가 너무 하이칼라여도 곤란하므로, 우리들 관사 구조 등은 그냥 충분하다고 생각한다. 이 서대문 관사 설계는 건축과 쪽에서 상당히 고심하였다고 들었는데, 정말 살아 보니 기분이 좋은 건축이다. 엄한기에는 온수난방 등이 제일 좋겠지만, 관사에는 그런 난방설비가 없고, 조금 페치카나 스토브 등으로 덥히면 심하게 추위를 느낄 일도 없다. 그리고 우리들 관사에는 한 칸 온돌이 있으므로 겨울철에 딱히 온수난방 설비가 없더라도 지내지 못할 일 또한 아니다. 건물이나 배치에 대해서는 조금도 부족함을 느끼지 않고, 공지가 매우 넓어서 여유로운 기분으로 있을 수 있다. 토지가 완만하게 경사지가 되어 있어 습기도 없고, 경성 시내도 내려다볼 수 있고, 서측으로는 소나무숲이 이어져 있어 경치도 좋다. 관사 장소로서도 매우 적당하다 생각된다. 지붕 홈통에 떨어지는 우수를 리스린 탱크를 아래에 부착하여 받아서 물뿌리기 등에 사용할 수 있도록 한 점 등도 신경 써서 만들어져 있다. 정말 관사이기 때문이다.
「방한설비가 부족하다」, 하라다(총독부 전매국) 구술	관사 배치나 기타에 대해서 하나하나 따지면 한이 없고, 대체로 시중 차가 등에 비하면 훨씬 우월하며, 배치나 통풍채광 등의 점에서 보아도 매우 고심하여 설계한 흔적을 볼 수 있어, 일단 부족함이 없다고 할 수 있으나, 우리들 관사에 거주하는 자들이 고등관 관사와 판임관 관사를 불문하고 거의 모두 공통적으로 불편을 느끼는 점이 있다. 그것은 뭐냐면 방한설비다. 온돌 설비가 있고 자시키에는 난로를 두므로 일단 거주하기에는 문제가 없으나, 각 관사에 그에 상응하는 창고가 있는데, 이것에 전혀 방한설비가 없으므로, 겨울철이 되면 장아찌건 뭐건 모두 얼어버려서 쓸 수가 없고, 개중에는 욕실에 두면 조금 낫다 하여 욕실 구석에 장아찌를 두는 사람들도 있다고 한다.

중일전쟁 발발 이후에는 시국 대책으로 동네별로 애국반이 결성되었는데, 경희궁 내 관사지에서도 애국반이 조직되어 근로봉사와 거주 지역의 청소 등을 행하였다.

「전매국 관사 거주의 애국반의 근로봉사」, 『동아일보』, 1939년 8월 1일자	종내 서대문정 2정목 전매국 관사의 거주자로 조직된 애국반에서 폐품의 회수, 근로봉사, 기타 국민정신 총동원 운동에 협력하고 잇든 바 이번 다시 매월요일의 오전 6시부터 동 8시까지의 사이에 각자의 도로와 하수의 청소를 실시하기로 결의되어 하기 위생의 철저에 노력하기로 되엇다.

70 일본어를 뜻한다.

71 『조선신문』 1932년 11월 27일 자, 「전매국 관사에 강도」.

일제강점기 한반도 내에서 지배계층이라 할 수 있는 일본인 관리가 모여서 거주하던 관사 단지에는 종종 도둑이 들었다. 1932년 11월 경희궁 내 전매국 관사에서 벌어진 강도 사건은 여러 신문에서 대대적으로 다루었다. 경희궁 내 단지는 특히 고등관 단독 관사로 이루어져 있고 주변이 수풀로 둘러싸여 있어 한적한 분위기였기에 범죄 대상이 되기 쉬웠을 것으로 여겨진다.

「조선신문 "전매국 관사에 강도"」, 『조선일보』, 1932년 11월 27일 자	26일 오전 1시 50분경 부내 종로서 관내인 서대문정 2정목 1번지 전매국 관사 37호의 4 하기와라 엔조萩原圓藏(46) 씨 댁에 1명의 괴한이 뒷문에서 침입, 창고 옆에서 자기 상의와 신발을 벗고 자켓과 검은 바지 복장으로 뒤편 갸쿠마의 유리창을 열고 안에 들어가 먼저 2층에 올라가서 주인의 상의를 입고 모스 직물 보자기로 복면한 뒤 1층에 내려와 여중이 자고 있는 방 하나를 두고 옆방에 장녀 케이코(2세)를 안고 취침 중인 기미코(34) 부인을 불러일으켜 어둠 속에서 단도를 들이대며 국어[70]로 '목숨이 아까우면 돈을 내놔라'고 협박하였다. 〈중략〉 하기와라 씨는 전매국 회계과 근무 부참사인데 항상 출장 등 부재 시에 만일 강도 등이 침입하였을 경우 어떻게 하라고 부인에게 말해 둔 것이 이번 사건에 매우 도움이 된 것을 경찰당국은 깊이 인정하고 있다. 특히 감탄할 만한 것은 기존부터 가족 일원으로 그 내용을 부인에게 전해 들었던 여중 강점순(23)이 강도가 침입하였을 때에 부인으로부터 발로 신호를 받고 바로 급한 것을 고하러 뛰쳐나간 일로, 이 여중의 기전이 크게 칭찬받고 있다.
「노상에 금패류」, 『동아일보』, 1923년 3월 20일 자	작심구일 아츰에 시내 서대문뎡 이뎡목 이번디에 사는 총독부 금촌참사관今村參事官의 집엽헤 다수한 "밀화" 목거리와 "밀화" 단추와 "금패" 단추와 기타 다수한 보물이 떠러저 이리 굴고 저리 구는 것을 마츰 그곳으로 지나가든 데 좌등이라는 일본사람이 발견하고 그 물건을 주어 종로서에 계출하였는대 동서에서는 여러 가지로 사실을 조사한 결과 그 물건은 엇던 도적놈이 남의 물건을 도적하여 가다가 그만 황겁하야 그와 가치 떠러처 바린 것이 판명되엿슴으로 그 피해자에게 상세한 사실을 조사하는 동시에 방금 그 범인을 잡고저 활동 중이라더라

관사지 내에는 전매국 직원만을 위한 전매국원 구락부가 있었으며,[71] 이 구락부는 경찰이 근무하는 파출소와 같은 역할도 겸하였던 것으로 보인다. 또한 1935년 4월에는 관사지 내에 정구장을 조성하였다. 이 정구장은 이후 인근의 경성중학교 운동장과 함께 전매국 운동회가 개최되는 장소로 사용되기도 하였다.

「운동계 동정」, 『동아일보』, 1935년 4월 9일 자	<전략> 전매국 정구부 코-트 개장식 서대문정 이정목 관사에 공사 중이든 바 4월 14일 오전 11시에 개장식을 거행. 〈후략〉
「전매국 운동회 7월 4, 5 양일간」, 『동아일보』, 1936년 7월 1일 자	전매국협회 주최의 제3회 전조선각국대항경투대회는 7월 4, 5일 양일간 오전 9시부터 서대문정 이정목 전매국 코트와 경중운동장을 사용하야 열릴 터인데 본국, 경성, 평양, 전주, 대구의 4지점 등 5팀이 모이어 정구, 야구, 탁구, 궁도 등을 행할 터이다.

2층 관사의 건설

경희궁 관사지 최초 건설 시 계획된 관사는 당시 관사 건설 원칙에 따라 모두 단층 건물이었다. 그러나 이후 증설된 관사의 경우 필지 제약 등에 따라 2층으로 지어진 사례가 더러 있었던 것으로 보인다. 정황상 1950년대에 목조 기와지붕이었던 건물은 일제강점기 관사로 건설되었을 가능성이 크다고 판단할 수 있는데, 경희궁 관사지 중 폐쇄건축물대장상에서 1950년대 등기등재 시점에 목조 기와지붕 2층 건물로 등재되어 있었던 필지는 1-42번지, 1-121번지, 1-155번지 등 3곳이다. 이 3필지 모두 1920년대에 작성된 배치도상에서는 아직 개발되지 않은 필지들이며, 그 이후 시기에 추가적으로 개발된 것으로 여겨진다. 1-42번지는 1층 22평과 2층 8평 등 모두 30여 평이었고, 1-121번지는 1층 22.30평과 2층 8.8평 등 모두 31여 평으로 둘 다 갑호 판임관사였을 것으로 생각된다. 또 1-155번지는 1층 43평과 2층 14평 등 모두 57여 평으로 갑호 주임관사였을 것으로 생각된다.

앞서 언급한 1932년 11월 강도 사건이 있었던 하기와라의 전매국 관사 역시 신문기사에 의하면 2층 집이었고, 또한 기사에 첨부된 관사의 사진을 봐도 2층임을 알 수 있다. 사진을 보면 이 관사는 북측으로 서양식 응접실로 여겨지는 부분이 돌출되어 있는데, 응접실은 주임관사 이상에만 시설되었기 때문에 이 집 역시 주임급 관사였을 것으로 여겨진다. 사료의 한계로 이 관사의 위치를 정확히 파악할 수 없으나 두 가지 가능성을 생각해 볼 수 있다. 하나는 기존에 단층으로 지어진 관사를 2층으로 증축하였을 가능성이다. 다른 하나는 조금 이후 시기에 추가적으로 지으면서 필지 면적을 충분히 확보하지 못해 2층으로 지었을 가능성이다.

이 관사는 사진에서 보이는 출입구와 주변 담장 등의 관계로 보아 블록의 서북측 코너에 자리하여 서측 도로에서 진입하는 형식의 필지였을 것으로 여겨진다. 초창기에 지어진 관사 중 이러한 배치에 맞는 주임관사는 1-96번지와 1-104번지 등 두 필지가 있으나, 모두 표준설계도에 의한 단층 건물로 지어졌으며, 1950년대 당시에도 모두 단층 건물로 건축물대장에 기재되어 있기 때문에 하기와라의 관사는 아닌 것으로 여겨진다. 따라서 이 관사는 이후 시기에 추가적으로 개발한 1-155번지 등의 필지에 지어졌을 가능성이 크다.

강도 피해를 본 하기와라 거주 관사 사진 | 『조선신문』 1932년 11월 27일 자

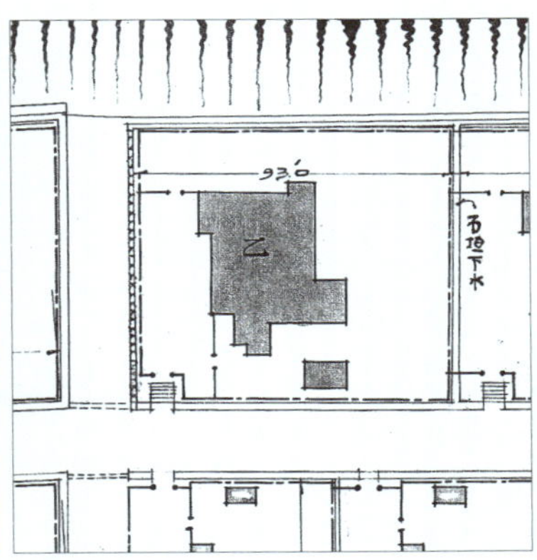

1-96번지 주임을호 관사 배치

1.4 경희궁 내 관사의 건축적 특징

경희궁 내 관사의 일반적 특징

· 건설 주체

일제에 의한 관사는 총독부 설치 이전에는 대부분 통감부의 탁지부 건축소나 임시세관 공사부에 의해 건설되었고, 이는 경술국치 이후 총독부로 이관되어 관리되었다. 대부분의 조선총독부 관련 건축 시설은 총독부 건축조직[72]에서 설계를 담당하였으나, 철도국·체신국·조선은행·식산은행 등 일부 조직에서는 자체적인 건축조직을 가지고 독자적으로 건축업무를 시행하였다. 전매국은 별도의 건축조직을 가지지 않아 총독부 건축조직에서 청사·공장·창고·관사 등 필요 시설에 대한 설계를 담당하였기 때문에, 전매국 관사와 총독부 본부 관사로 이루어진 경희궁 내 관사 역시 총독부 건축조직에서 설계하고, 시공은 하청받은 청부업자가 수행하였다.

· 평면 유형

경희궁 내 관사단지에 지어진 관사는 주임급 관사와 판임급 관사로 이루어져 있으며 모두 단독주택이다. 주임급 관사 이상은 대부분 단독주택으로 지어지지만 판임급 관사는 단독 외에 연립으로 지어지는 경우도 많으며, 고원 및 용인숙사 등은 기본적으로 연립으로 지어진다. 경성부 내에 지어진 판임관사 중에는 연립주택으로 지어지는 경우도 상당수 있었기 때문에[73] 단독주택으로만 이루어지는 경희궁 내 관사지는 비교적 드문 사례라 할 수 있다.

경희궁 내 관사의 평면 유형은 당시 일본에서 유행하던 속복도형 평면[74]을 채용하고 있다. 속복도형 평면이란 근대기 일본에서 전통 일식가옥의 단점을 극복하는 대안으로 발달한 유형으로, 전田자형으로 일컬어지는 전통적 평면의 경우 방이 사방으로 연속되어 프라이버시 침해 및 동선에 문제가 있다는 인식에 따라, 주택 중간에 속복도中廊下를 두어 주요 실들에 진입할 때는 복도를 통하도록 한 주택 평면형을 말한다.

중간 규모의 주택에 주로 사용되는 평면형은 일반적으로 중복도를 기준으로 남측에 주요 실들을 배치하고 북측에는 현관·부엌·화장실·욕실과 사용인들을 위한 방 등 서비스 공간들을 배

72 총독부 내 건축조직의 소속은 시대에 따라 회계국 영선과, 토목국 영선과, 토목국 건축과, 회계과 건축계로 변화하였다. 또한 총독부 건축조직은 철도국 건축조직과 더불어 우수한 건축기술자들의 진출이 가장 많은 곳이었다.(박훈영, 『1910년부터 1945년까지 한국에서 활동한 일본인 건축가의 활동에 관한 연구』, 서울대학교 석사학위논문, 1992, 34쪽)

73 김명숙 논문에 의하면 연립관사는 전국적으로 많이 지어졌으나, 고급 관리의 비율이 높은 경성부의 경우에는 경술국치 이후에는 그다지 많이 지어지지 않았고, 지방의 경우 경술국치 이후에도 상당수 지어졌다고 한다. 또한 1910년대 후반에는 경술국치 이전에 지어진 연립형 관사 주택 일부나 전체를 이전하여 단독형 주택으로 바꾸어 짓는 공사가 시행되기도 하였다.

74 일본에서는 중낭하형(中廊下型)이라 부른다.

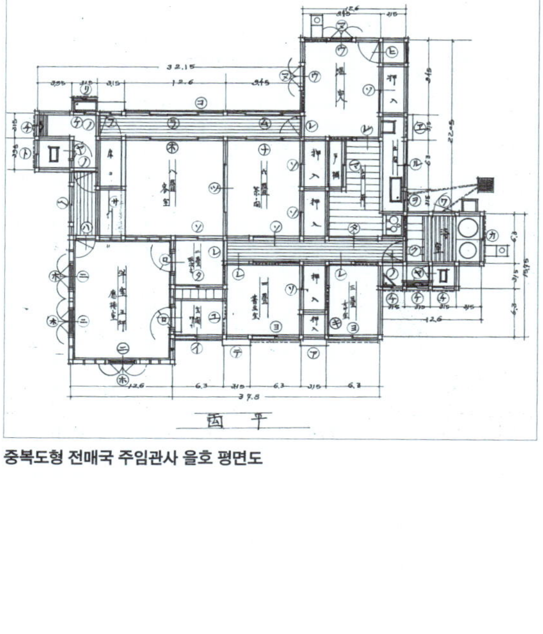

중복도형 전매국 주임관사 을호 평면도

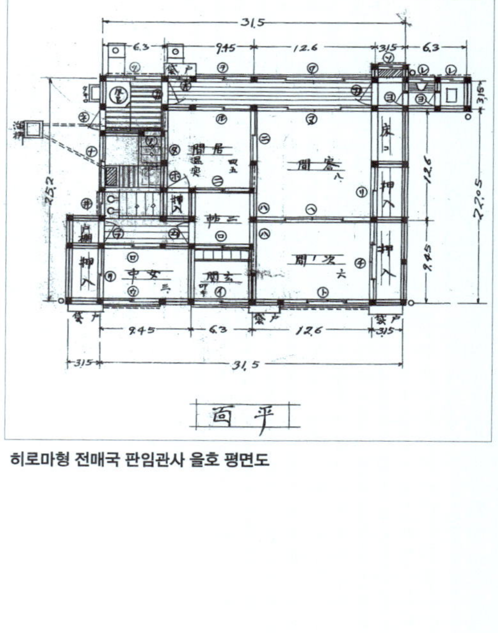

히로마형 전매국 판임관사 을호 평면도

치한다. 이 중복도형 주택은 경술국치 이전에는 많지 않았으나 경술국치 이후에는 관사뿐 아니라 중규모 이상의 민간 일식 가옥의 대표적 평면 형태가 된다. 한편 복도를 형성할 만큼 면적이 크지 않은 20평대 이하 소규모 주택의 경우 작은 홀과 같은 히로마広間라고 불리는 공간에서 각 방으로 진입하게 되는데, 경희궁 내의 판임관사들도 이러한 히로마형에 해당한다.

경희궁 내 관사들은 남측에 면한 방 앞에 한국의 툇마루와 비슷한 엔가와를 두고 있는데, 이 엔가와는 방한을 위해 일제강점기 후기가 되면 베란다나 돌출된 이중창으로 변화하기 때문에, 경희궁 내 관사들은 일제강점기 전반기 일식 가옥의 전형적인 평면 유형을 보여준다고 할 수 있다.

한편 고등관 관사에서는 응접실이나 일본식 객실 등 접객 혹은 남성을 위한 공간의 비율은 높은 반면 가족을 위한 일상거주공간의 비율이 비교적 낮은데, 이 역시 당시 일본 주택의 일반적인 특징을 그대로 보여준다. 이러한 소위 '접객 본위' 평면에 대해서는 당시 일본에서도 '가족 본위' 평면으로 개선해야 한다는 목소리가 높아지고 있었다. 경희궁 내 관사에 거주하던 전매국 관리도 본인이 거주하는 관사의 '접객 본위' 평면에 대해서 비판하는 글을 잡지에 게재한 것으로 미루어 이러한 평면이 당시에도 구시대적 평면형으로 인식되고 있었음을 알 수 있다. 하지만 원래 관사라는 것이 관습이나 체면을 중시하는 관리를 위한 주택이기에 관습적인 평면 구성을 답습한 것으로 보인다.[75]

· 양식

경희궁 내 관사는 기본적으로 일식 목구조이며, 벽은 나무판을 가로로 이어서 붙이는 소위 비늘판벽으로 되어 있다. 전통적인 일식 외관을 기본으로 한 것이다. 다만 주임관사에는 현관 옆에 서양식 응접실이 붙고, 판임관사에는 응접실이 없다. 또 응접실 부분 외벽만은 비늘판벽으로 하지 않고 흙 혹은 회 등을 두껍게 발라 페인트칠을 하여 서양식으로 보이게 하는 소위 오카베大壁 형식을 취하고 있다. 이렇게 일본적인 외관에 일부 서양식 분위기를 가진 부분을 결합한 양식을 일양절충식[76]이라 한다. 한편 경희궁 내 관사들은 모두 한국 전통의 온돌방을 하나씩 가지고 있다. 따라서 주임관사는 한일양절충식, 판임관사는 한일절충식이라 할 수 있을 것이다.

일제강점기 일본인이 지은 관사 및 민간 주택의 양식은 서양식, 일본식, 한일절충식, 일양절충식, 한일양절충식 등으로 나눌 수 있다. 사실 관사에 채용되는 한국적 요소는 온돌방 외에 거의 없기 때문에 한일절충식, 한일양절충식은 각각 일본식과 일양절충식에 온돌방이 도입된 사례라 볼 수 있다. 온돌방은 경술국치 이전 연립관사에는 대부분 설치되지 않았으나, 일제강점기 다른 난방시설을 설치한 고급 관사를 제외하고 주임급 이하 관사에는 하나 이상 거의 설치되었다.

서양식의 경우 통감관저와 총독관저 등 최고급 관사 및 통감부 시기 탁지부 건축소에서 설계한 주임 갑호 관사 외에 거의 찾아볼 수 없는 드문 사례이다. 일본식은 판임관급 중소규모 관사나 고원 및 용인의 소규모 관사에서 주로 사용된다. 주임관급 등 중규모 관사에 가장 흔한 양식이 바로 일양절충식 혹은 온돌방을 도입한 한일양절충식이다.

일양절충식은 원래 근대기 일본 귀족 등 지배계급 저택에서 나타나기 시작한 양식으로, 일본 전통식 주택과 별동의 양관을 병치시키기도 하고 양관과 일식주택을 하나의 건물로 통합하기도 하였다. 한반도에 지어진 관사 중에서도 전자는 지위가 높은 차관·국장 등 칙임관급 대규모

75 이노우에, 「과연 관사입니다」, 『조선고 건축』 제6집 제5호, 1927년 5월, 68쪽

76 일본에서는 화양절충식(和洋折衷式 이라 부른다.

관사에서 주로 사용되며, 후자는 조금 더 지위가 낮은 급의 관사(제국대학 총장관사, 경성부윤 신관사) 등에서 사용되었다. 특히 일식주택의 전면에 서양식 응접실을 덧붙인 유형은 이후 일본의 중류층 이상의 주택에서 일반화되며, 한반도에 지어진 주임관 이상의 고등관 관사에도 대부분 이 유형이 적용되었다. 한반도에 지어진 이러한 일양절충식 관사에서는 일본식 주택 부분은 목조로, 서양식 부분은 오카베식 목조 혹은 벽돌조로 구성하는 것이 대부분이었다. 다만 예외적으로 건물 전체를 벽돌조로 한 사례도 있었다. 또한 순전히 일본식으로 지었다가 추후에 벽돌조로 현관과 응접실로 이루어진 서양식 건물 부분을 증축한 경우도 있었다.

· 전매국 관사 표준설계도

1921년 전매국 신설과 더불어 청사·공장·창고·관사 등 대량의 전매국 시설을 동시에 전국 각지에 건설할 필요가 있어, 총독부 건축조직에서는 이들 시설의 표준설계도를 작성하였다. 이러한 각종 시설의 표준설계도 작성은 전매국뿐 아니라 각종 관 시설에 대해 통감부 시기부터 1920년대까지 활발히 이루어져 온 것이다. 한편 전매국 신설 이전에 이미 염업에서 필요한 현지 종업원 숙사, 즉 현업원숙사 표준설계도가 1918년에 작성된 바 있는데, 전매국 신설 이후에도 현업원숙사는 이 표준설계도에 의해 지어졌다.

전매국 관사 표준설계도 역시 전매국 신설과 더불어 관등별로 작성되었으며, 실제로 경희궁 내 관사지뿐 아니라 지방에 지어진 관사들도 모두 이 표준설계도를 따르고 있다. 그러나 1930년대 이후가 되면 건별로 별도의 설계를 한 전매국 관사 사례들이 나타나기 시작하기 때문에 이 시기에는 더 이상 1920년대 초에 작성된 표준설계도를 따르지 않게 되었음을 짐작할 수 있다.

전매국 관사 표준설계도 목록은 아래와 같으며, 각 건물의 면적은 1916년도 조선총독부 『본부건축표준』과 비교해 보면 대체로 기준을 만족하고 있음을 알 수 있다.

전매국 관사 표준설계도 유형

전매국 관사 표준설계도					조선총독부 건축표준
관급		건설유형	설계 시기	면적(평)	본채 건평 제한(평)
주임관사	갑호(특)	단독	1921	–	없음
	갑호	단독	1921	53.5	48
	을호	단독	1921	39.1	38
판임관사	갑호	단독	1921	28.1	26
	을호	단독	1921	24.2	22
	병호	연립	1921	–	17
현업원숙사			1918		
합숙소			1921	–	–

한편 전매국 전용으로 작성된 표준설계도는 조선총독부 본부 관사를 위해 1918~1922년에 걸쳐 작성된 표준설계도와 거의 동일하여, 기존에 작성된 본부용 표준설계도를 일부 수정하여 만든 것임을 알 수 있다. 확인 가능한 전매국 관사와 유사한 조선총독부 관사 표준설계도는 1918년에서 1920년 사이에 일차적인 설계가 이루어졌고, 주임관사 갑호 및 을호의 경우 전매국 관사 표준설계도 작성 이후인 1922년에 표준설계도가 재작성된 것으로 보인다.

이들 관사는 모두 목구조의 단층 건물인데, 이는 1916년 11월 발표된 조선총독부 『본부건축표준』 제105조의 '관사는 목조 단층 건물로 해야 하지만, 부지 관계에 의해 부득이할 경우 특히 2층 건물로 할 수 있다'는 내용을 따른 것이라 할 수 있다. 한편 이 총독부 관사와 전매국 관사 표준설계도의 양식을 알 수 있는 서양식 응접실의 유무 및 외벽 재료, 온돌방의 유무를 비교한 표는 다음과 같다.

전매국 관사 표준설계도와 유사한 조선총독부 표준설계도

관급		건설유형	소속	설계시기	서양식 응접실	온돌방
주임관사	갑호(특)	단독	전대국	1921	미상	○
	갑호	단독	총독부	1919. 6.	×	×
			전대국	1921	오카베	○
			총독부	1922	서양식 비늘벽	○
	을호	단독	총독부	1919	×	×
			전매국	1921	오카베	○
			총독부	1922(추정)	서양식 비늘벽	○
판임관사	갑호	단독	총독부	1920	×	○
			전매국	1921	×	○
	을호	단독	총독부	1918	×	○
			전매국	1921	×	○
	병호	연립	전매국	1921	×	○
현업원숙사	갑호	연립	전매국	1918	×	○
	을호	연립	전매국	1918	×	○
합숙소			전매국	1921	×	×

판임관사의 경우 총독부와 전매국의 표준설계도가 서양식 응접실 및 온돌방의 유무 외에도 평면형이 똑같아 총독부의 표준설계도를 완전히 그대로 재사용한 것을 알 수 있다. 주임관사의 경우 1919년 총독부 관사에는 서양식 응접실과 온돌방이 없으나, 전매국 관사에는 이것들이 새로 도입되었고, 평면형은 거의 비슷하지만 미묘하게 차이가 있다. 흥미로운 것은 1922년에 총독부 주임관사 표준설계도가 다시 제작된 점인데, 평면형은 전매국의 것과 거의 동일하나 서양식 응접실의 외벽이 전매국 관사는 오카베였던 데 비해 총독부는 서양식 비늘판벽을 사용하고 있다.

전매국 관사 표준설계도 관등별 특징

전매국 관사 표준설계도에 나타나는 실 명칭 및 주요 용도는 다음과 같다.

관사 표준설계도에 나타나는 주요 실명칭

용어	일본식 발음	설명
거간(居間)	이마	가족들의 일상적인 생활 공간이다.
객간(客間), 좌부(座敷), 객실(客室), 응접실(応接室)	가쿠마, 자시키, 가쿠시쓰, 오세쓰시쓰	모두 접객 공간이다. 이 시기에는 일본 전통식 의장(다다미, 도코고마 등)을 갖춘 방의 경우는 가쿠마나 자시키, 서양식 의장의 방을 갖춘 경우는 응접실이라 구분하여 부르는 것이 일반적이었다. 가쿠마는 가장의 생활공간을 겸하기도 한다.
차간(次の間)	쓰기노마	직역하면 '다음 방'이라는 뜻으로, 주요 실에 접해 있는 방을 말하며, 기능이 한정되어 있지는 않다. 혼례 등 큰 행사를 치를 때는 주요 실 사이의 후수마(襖, 맹장지문)을 떼내어 주요 실과 함께 넓은 공간을 형성한다.
다간(茶の間)	자노마	가족들이 식사하거나 담소하는 일상생활 공간이다.
광간(広間)	히로마	넓은 방이나 자시키 등을 뜻하기도 하지만, 전매국 관사 평면도에서 볼 수 있듯이 근대 중규모 주택에서 나타나는 히로마는 현관 뒤에 마련된 홀과 같은 공간을 뜻하는 것이 일반적이다.
토간(土間)	도마	마루, 다다미 등의 바닥면을 따로 깔지 않은 장소. 흙바닥으로 두거나 회반죽 등으로 굳히거나 한다.
여중실(女中室)	조추시쓰	집에서 거주하며 집안일을 돕는 여자 하인인 여중(조추)을 위한 방이다.
서생실(書生室)	쇼세이시쓰	서생이란 다른 사람 집에 기숙하면서 가사를 도우며 공부하는 학생을 말하는데, 이들이 사용하는 서생실은 일반적으로 현관 옆에 마련되었다.
다다미방(畳, たたみ)	다다미	별도로 실명칭을 표기하지 않고 방의 크기만으로 표현하는 방들도 있다. 방의 크기는 다다미의 장수로 표현되며, 6첩(帖)과 8첩 등으로 표현된다. 다다미란 나무판 위에 등심초 줄기를 짜서 만든 매트이며, 지역마다 차이는 있으나 대체로 가로 90㎝에 세로 180㎝의 크기, 즉 반 평의 크기를 가진다.
연측(縁側)	엔가와	한옥의 툇마루처럼 주요 실과 정원 등 외부 공간 사이에 놓이는 긴 복도와 같은 공간을 말한다.
내현관(内玄関)	우치겐칸	규모가 큰 주택에서는 집주인이나 손님이 출입하는 외현관 외에 가족과 하인들이 출입하는 내현관을 별도로 마련한다.
압입(押し入れ, 押入)	오시이레	붙박이 벽장을 말하며, 이불이나 의류 등 가재도구를 수납하는 곳이다. 전매국 관사 평면도를 보면 대부분의 방에 오시이레가 시설되어 있음을 알 수 있다.
상(床), 상간(床の間)	도코, 도코노마	주로 접객 공간인 가쿠마 등의 한 면에 만들어지는 장식 공간으로, 회화·장식품·꽃 등을 장식한다. 도코노마만 있는 경우도 있지만, 더 격식을 차릴 경우 외부 복도에 면하여 쓰케쇼인(付書院)을, 쓰케쇼인과 반대편 옆으로 도코와키(床脇)를 두며, 이 경우 혼토코노마(本床の間)라 한다. 혼토코노마 구성의 경우 도코노마와 도코와키 사이에 기둥을 배치하는데, 이를 도코바시라(床柱)라 하며 주로 옹이가 있는 통나무 등 특이한 목재를 사용한다. 도코와키에는 높이를 달리한 선반을 나란히 둔 지가이다나(違い棚), 그 위에 벽감인 후쿠로토다나(袋戸棚)가 마련된다.

도코노마 구성

· 주임관사 갑호(특)

이 건물은 북측 현관과 히로마, 그 왼쪽의 응접실을 양식으로 시설하였고, 오른쪽에는 일식 중복도형 건물이 자리하고 있다. 서비스 공간으로는 히로마 옆에 서생실이 있고, 그 오른쪽으로 내현관·여중실·부엌·욕실·화장실 등의 서비스 공간이 이어진다. 중복도를 사이에 두고 남측으로는 객실·쓰기노마·온돌·이마가 있는데, 온돌방은 동쪽으로 열려 있고 나머지 세 방은 남향을 하고 앞에 엔가와를 두었다. 서양실 응접실 남측으로는 베란다를 두었으며, 그 옆에 손님용 화장실을 남측으로 돌출시켜 일본식 주택 부분과 분리하고 있다. 접객 공간의 비중이 높고, 서생실·여중실·내현관을 갖추고 있으며, 화장실을 세 개 두어 손님용과 가족용으로 구분하는 등 전형적인 상류층 주택 구성을 가지고 있음을 알 수 있다.

· 주임관사 갑호

주임관사 갑호 역시 서양식 현관 및 응접실과 그 옆의 중복도실 일본식 건물 부분이 결합된 구성을 가진다. 주요 방의 개수와 구성은 주임갑호(특) 관사와 거의 동일하나 응접실·히로마·객실·여중실·복도·엔가와 등의 크기가 더 작고, 전반적으로 더 콤팩트한 구성을 가지고 있다. 주임갑호(특) 관사에서는 동서 방향으로 넓게 건물을 배치하여 응접실이 별도로 돌출하면서 남쪽으로도 열리고 앞에 베란다를 두었으나, 주임갑호의 응접실은 북쪽과 동측으로만 열려 있다. 한편 이 둘이 객실의 구성이나 서생실 및 여중실, 내현관의 존재 등 실 구성에 있어서 동일하다는 사실은 당시 고등 주임관 주택의 요구사항을 반영한 결과임을 보여준다.

한편 주임관사 갑호는 1919년과 1922년 설계의 조선총독부 주임갑호 관사 평면도와 매우 유사한 구성을 가진다. 단 1919년 설계도는 모두 일본식 다다미방과 외관을 가지고 있는 데 반해 전매국 관사에서는 외현관 옆 8조 방이 양실洋室로 표현되어 있으며, 현관 앞에 구루마요세車寄라 불리는 포치가 있고, 이 외현관 및 양실 부분의 입면이 양식으로 처리되어 있다. 또한 전매국 관사에서는 1919년 설계도와 달리 6조 크기 방 하나가 온돌이며, 이 방에 불을 때기 위해 부엌 옆의 흙바닥叩き 공간에 아궁이焚口가 마련되어 있다.

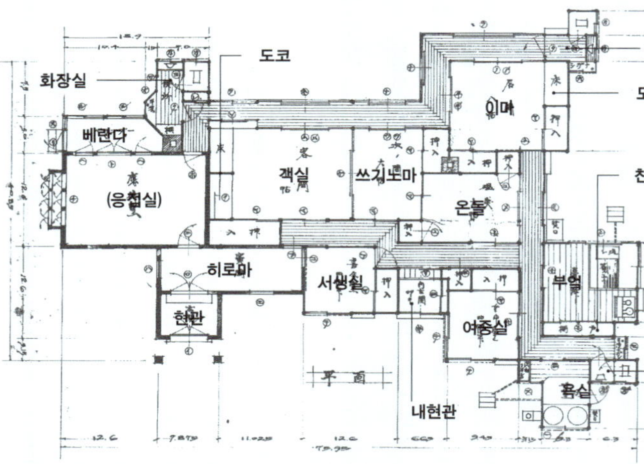

전매국 주임갑호(특) 관사 평면도(아래가 북측) | 주임갑호(특) 주임관사 신축설계도(부분)

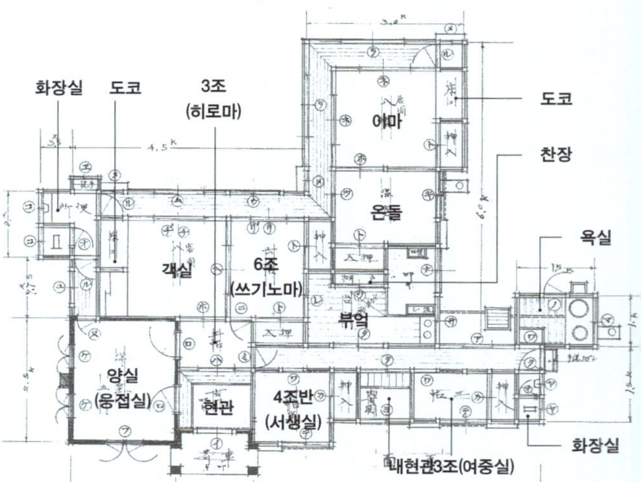

전매국 주임갑호 관사 평면도(아래가 북측) | 주임갑호 관사 평면도

한편 1922년 설계도는 전매국 관사와 유사하게 현관 옆 8조 방이 '응접실'로 지칭되면서 양식으로 지어졌고, 6조 크기 방 하나 역시 온돌방이 되었다. 입면을 보면, 모두 일식 입면으로 지어진 1919년 설계도는 외현관 옆 응접실 부분 지붕 높이가 본채 부분보다 낮은 데 비해 전매국 관사 및 1922년 설계도의 경우 응접실을 양식으로 처리하면서 본채 지붕보다 높여 이 부분의 입면을 강조한 것을 알 수 있다.

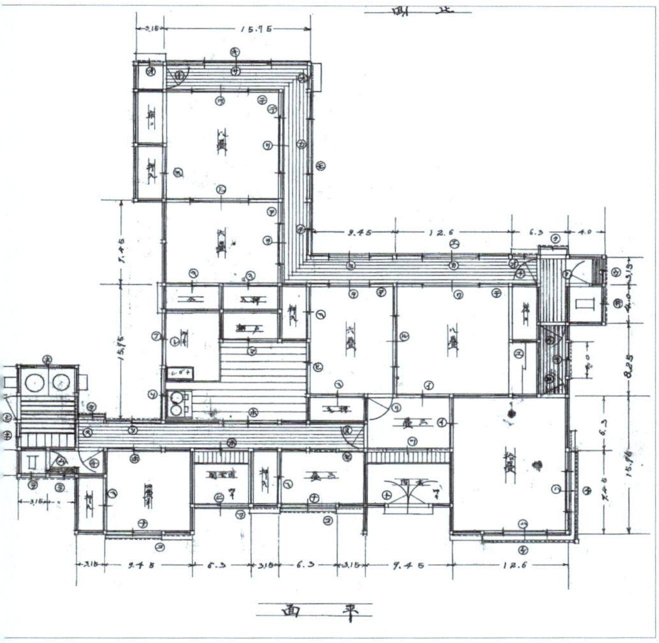

사 갑호 평면도(1919년) | 『주임관(갑호)신축설계도』

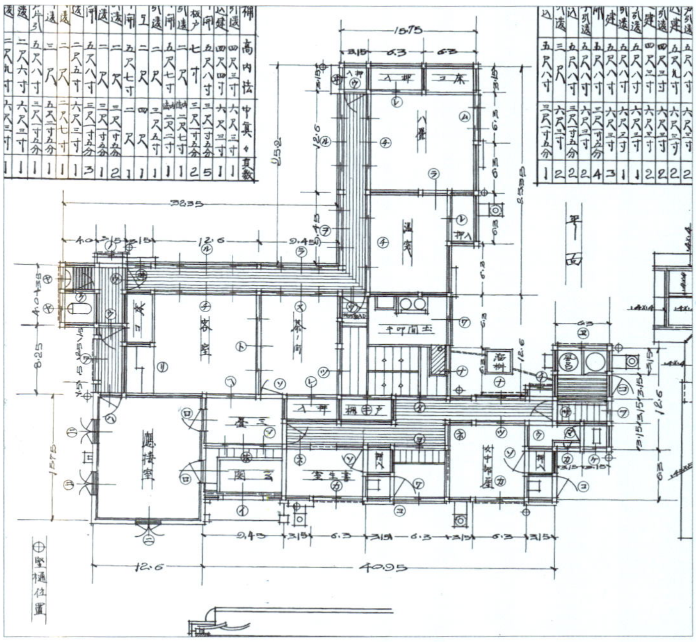

주임관사 갑호 평면도(1922년) | 『갑호주임관관사신축공사설계도』

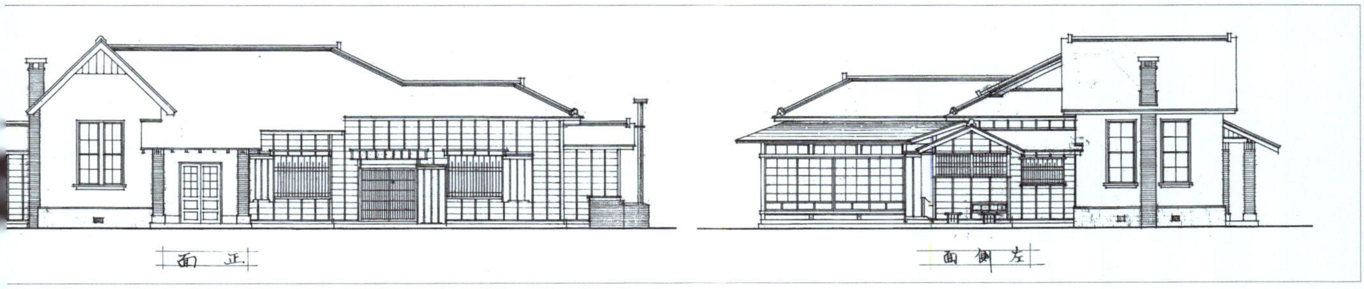

주임관사 갑호 입면도(1921년경) | 『전매국갑호주임관관사신축설계도』(부분)

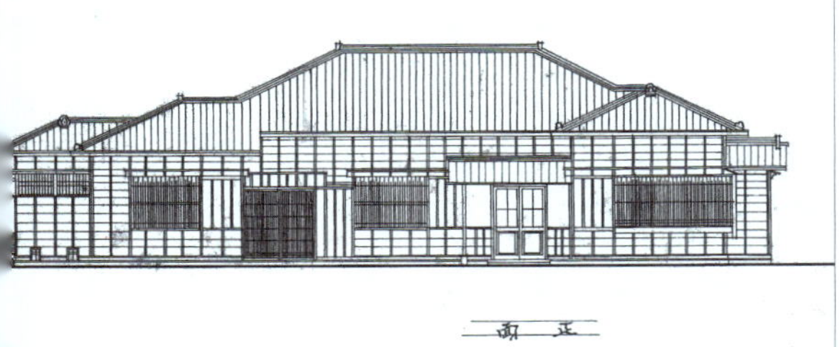

사 갑호 정면도(1919년) | 『주임관(갑호)신축설계도』

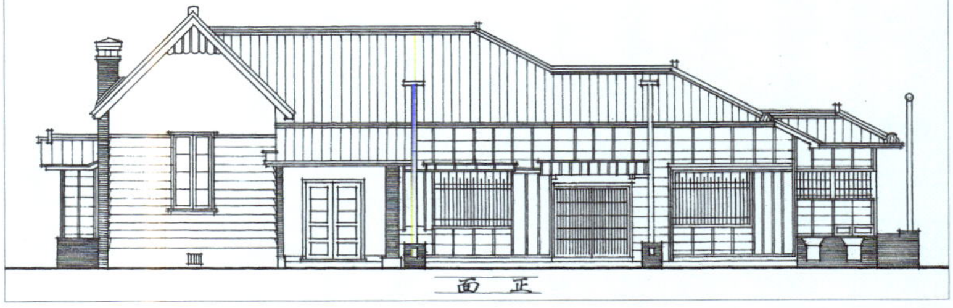

주임관사 갑호 정면도(1922년) | 『갑호주임관관사신축공사설계도』

· 주임관사 을호

주임관사 을호는 주임관사 갑호에 비교해 주요 실이 하나 적으며 별도의 내현관이 존재하지 않는 것 외에는 기본적으로 유사한 구성을 가지고 있다. 주임관사 갑호에서는 남측으로 돌출된 부분에 이마로 표시된 다다미방과 온돌이 이어져 있었고 이마 앞으로도 엔가와가 시설되어 있었으나, 주임관사 을호에서는 온돌방이 하나만 돌출되어 있고 그 주위로는 엔가와가 시설되지 않았다. 그러나 서양식 응접실과 서생실의 존재는 판임급 관사와 다른 주임급 관사의 격을 보여주는 부분이라 할 수 있다.

주임관사 을호는 1919년 총독부 표준평면도와 방의 구성이나 크기·배치가 거의 완전히 동일하다. 차이점은 현관 옆 응접실이 1919년 설계도에서는 다다미방으로 구성되었으며, 입면에서도 일본식 비늘판벽으로 처리되어 있는 점이다. 또한 남측의 6조 크기 방도 전매국 관사에서는 온돌방인 데 비하여 1919년 설계도에서는 다다미방이었다. 이 방을 온돌방으로 바꾸게 되면서 해당 방의 오시이레를 반 칸 정도 줄이고, 그 부분에 아궁이를 시설한 것을 확인할 수 있다.

1922년 설계도의 경우 전매국 관사와 평면구성은 완전히 동일하나 응접실 부분 외벽 처리가 오카베 양식인 전매국 관사와 달리 서양식 비늘판벽 양식으로 되어 있다.

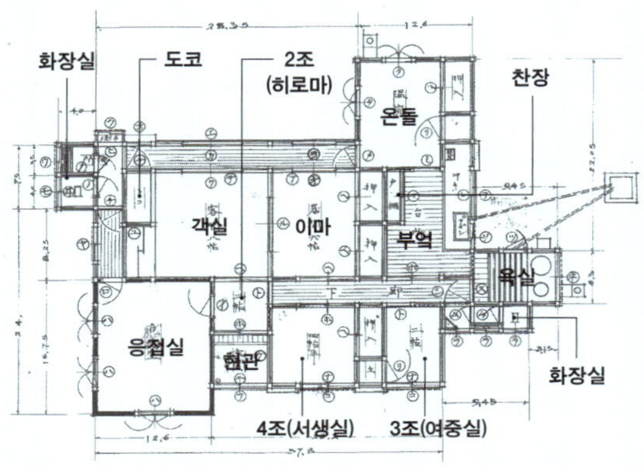

전매국 주임관사 을호 평면도(1921년경) | 『전매국을호주임관관사신축설계도』

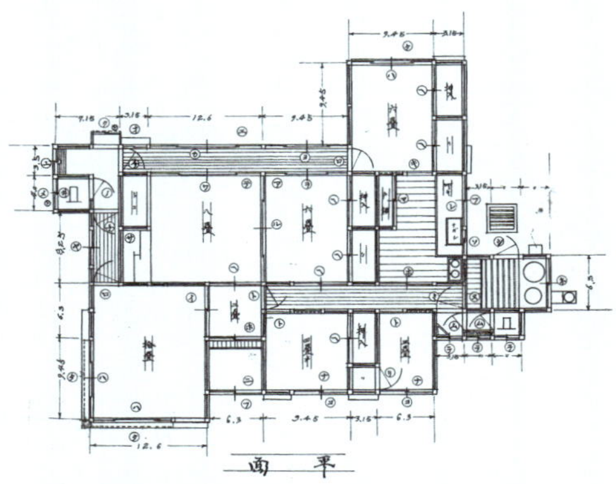
주임관사 을호 평면도(1919년) | 『주임관사(을호)신축설계도』

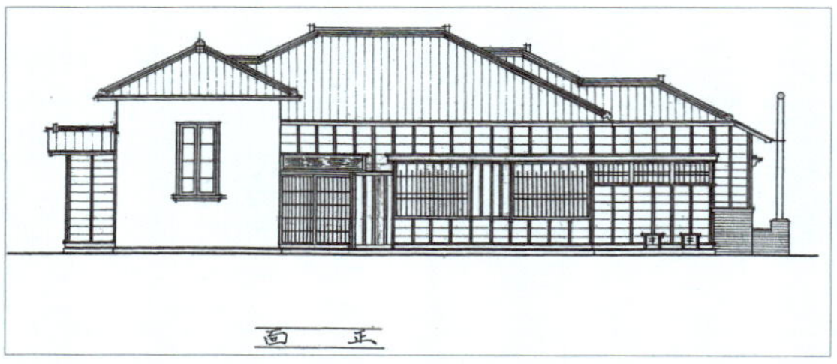
전매국 주임관사 을호 정면도(1921년경) | 『전매국을호주임관관사신축설계도』

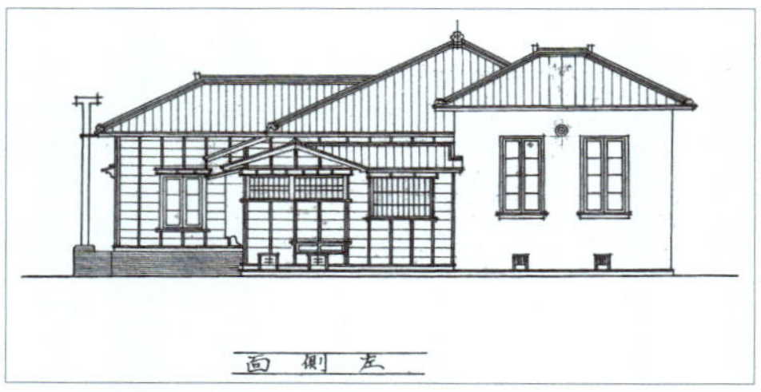
전매국 주임관사 을호 측면도 | 『전매국을호주임관관사신축설계도』

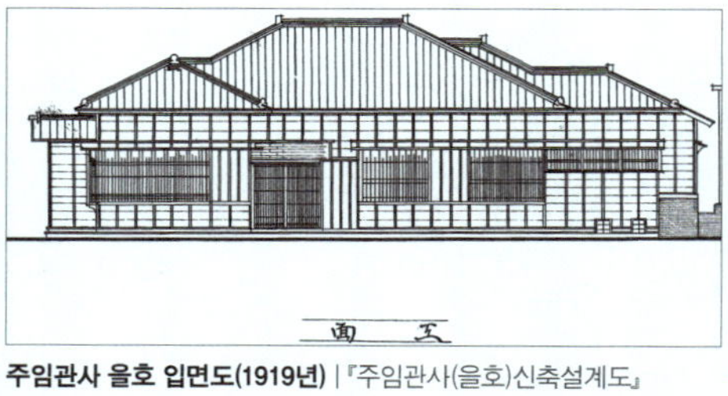
주임관사 을호 입면도(1919년) | 『주임관사(을호)신축설계도』

주임관사 을호 입면도(1922년 추정) | 『주임(을호)관사신축공사설계도』

· 판임관사 갑호

판임관사부터는 서양실 응접실이 사라지면서 서양식 입면을 가진 부분도 함께 사라지고 전체가 일식 비늘판벽 외관의 주택으로 설계되었다. 판임관사 갑호의 주요 실은 객실·쓰기노마·자노마·온돌 등 네 개로, 주임관사 을호의 주요 실 개수와 다르지 않으나 크기는 전반적으로 작게 구성되어 있다. 또한 전체 규모가 작아 긴 중복도가 사라지고 현관 앞의 히로마와 그 옆의 작은 복도에서 각 실로 진입할 수 있도록 되어 있다. 서생실은 없어졌으나 여중실은 마련되어 있어 당시 판임급 관리들도 가사도우미에 해당하는 여중을 일반적으로 고용하고 있었음을 알 수 있다. 또한 1920년에 설계된 총독부 평면도와 완전히 같은 평면 구성을 가지고 있어 별도로 수정을 가하지 않고 기존의 총독부용 관사 설계도를 그대로 전용한 것을 알 수 있다.

· 판임관사 을호

판임관사 을호는 판임관사 갑호와 거의 비슷한 구성을 가지지만 남측으로 돌출되었던 온돌방 하나가 사라지고, 대신 갑호에서 자노마로 기재되었던 다다미방 하나가 온돌방이 되었다. 또한 화장실이 하나 줄어 남서측의 한 개만 남게 되었다. 판임관사 을호 역시 1918년에 작성된 총독부 표준설계도와 평면 및 입면 구성이 완전히 같아 이 설계도를 그대로 차용한 것을 알 수 있다. 다만 이 표준설계도에는 이전 전매과에서 관리하는 염전인 '광양만廣梁灣'이라는 기재가 있는 것으로 미루어 애초에 전매과 관사를 위해 설계된 평면이었던 것으로 여겨진다.

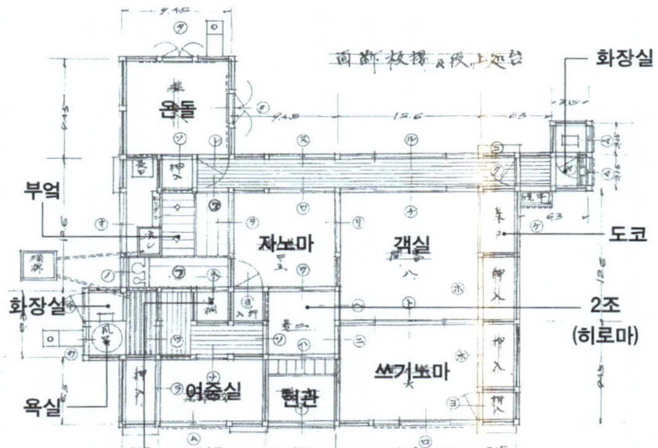

전매국 판임관사 갑호 평면도(1921년경) | 『전매국갑호판임관관사신축설계도』

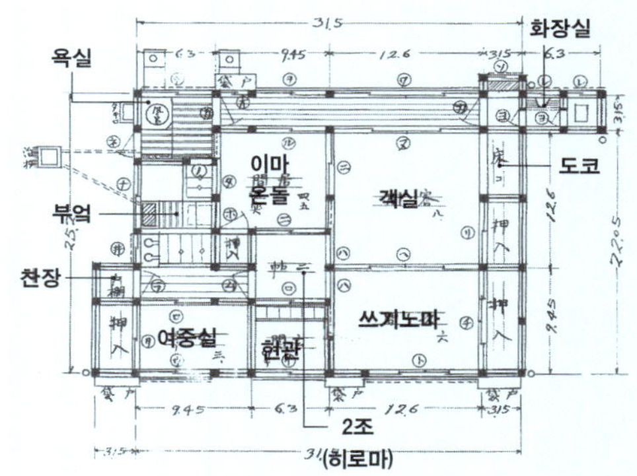

전매국 판임관사 을호 평면도(1921년경) | 『전매국을호판임관관사신축공사설계도』

전매국 판임관사 갑호 입면도 | 『전매국갑호판임관관사신축설계도』

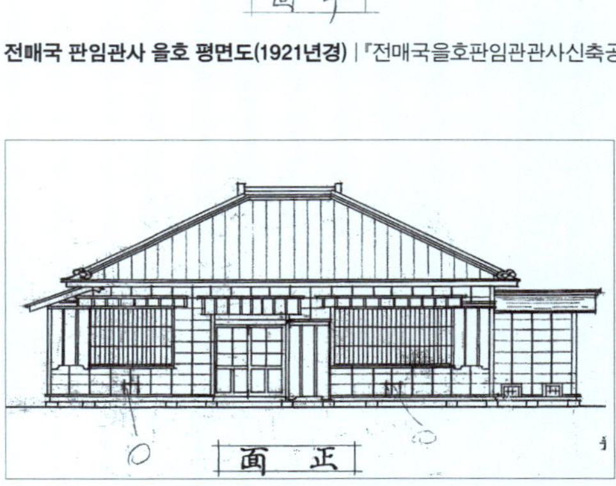
전매국 판임관사 을호 입면도 | 『전매국을호판임관관사신축공사설계도』

· 판임관사 병호

판임관사 병호는 2호 연립형으로 계획되었으며, 실 구성은 판임 을호와 거의 유사하나 여중실이 사라졌다. 이 유형은 경희궁 내 관사부지에는 지어지지 않았다.

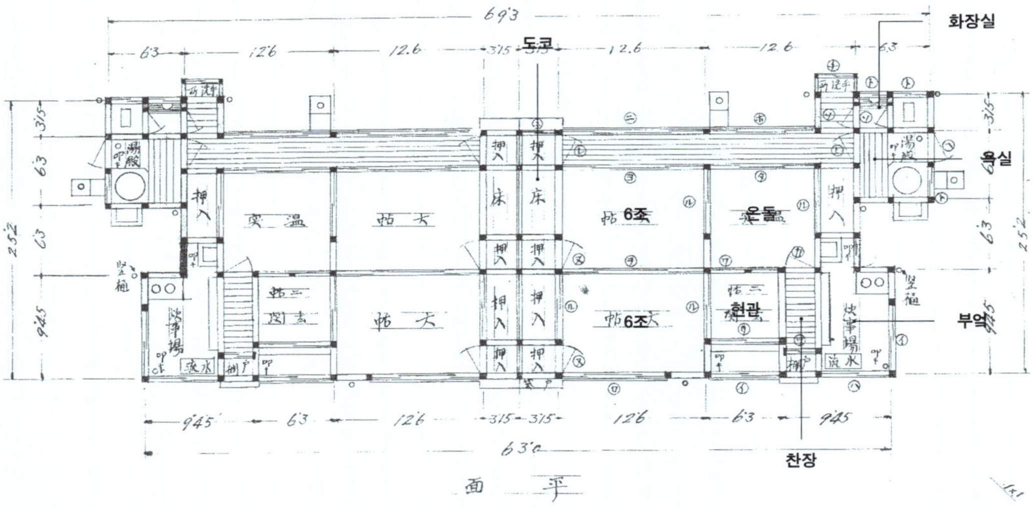

전매국 판임관사 병호 평면도(1921년경
『전매국병호판임관관사신축설계도』

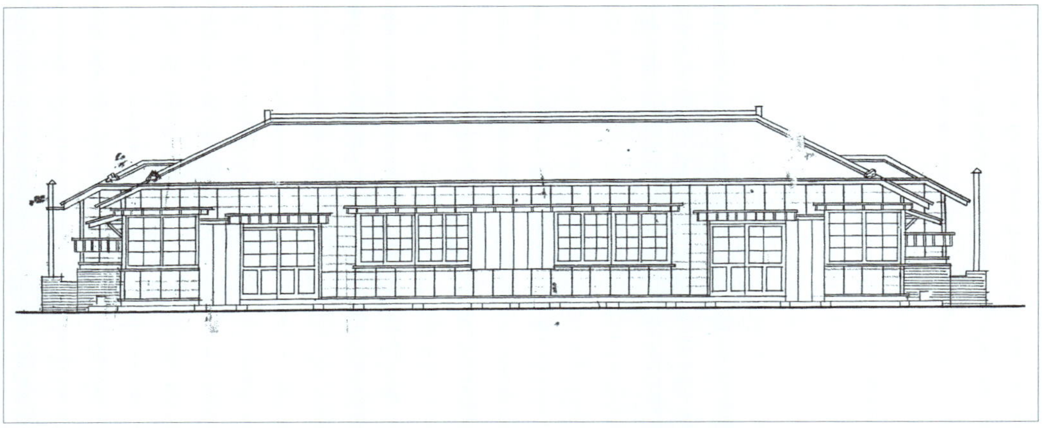

전매국 판임관사 병호 입면도 |
『전매국병호판임관관사신축설계도』

· 현업원숙사 갑호 및 을호

현업원숙사 평면도는 전매과 시절인 1918년에 광양만廣梁灣 염전 현업원을 위해서 마련된 설계도에서 확인 가능하며, 전매국 신설 이후로도 이 설계도가 당분간 그대로 적용되었다. 현업원숙사 갑호와 을호 모두 2호 연립형이며 다다미방 하나, 온돌방 하나와 그 외 현관, 부엌, 화장실로 이루어져 있다. 판임관 관사에 마련되었던 욕실은 별도로 없는 것으로 보아 공동욕장 등을 사용하였을 것으로 추측된다. 판임관 관사에는 한 곳 이상 마련되었던 도코노마도 찾아볼 수 없다.

· 합숙소

1921년에는 전매국용 합숙소 표준설계도도 계획되었다. 합숙소는 6조 혹은 4.5조 크기 다다미방 하나에 오시이레가 딸린 개실 6개와 공동공간(식사 겸 오락실, 취사장, 변소, 욕실)으로 구성된다. 개실 중 측면의 두 개는 오시이레 외에 도코노마도 시설되어 있다. 입면은 일본식 비늘판벽으로 구성되어 있다.

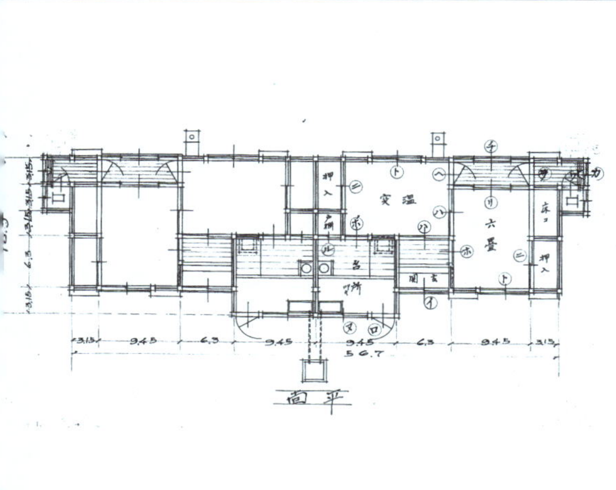

원숙사 갑호 평면도(1918년) | 『갑호현업원숙사신축공사설계도』

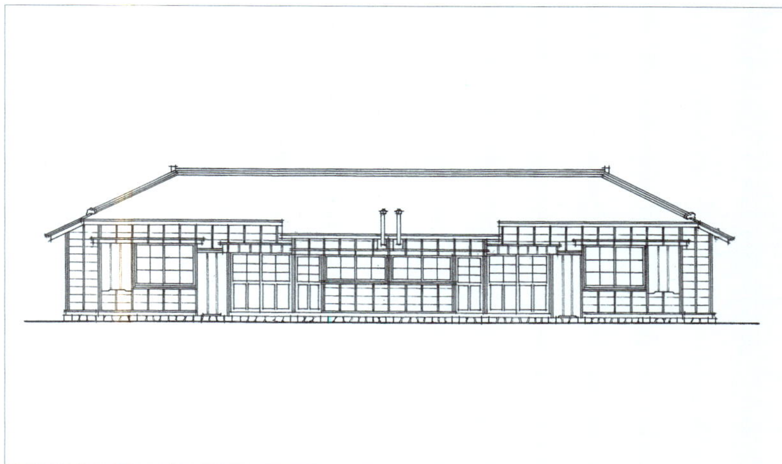

현업원숙사 갑호 입면도(1918년) | 『갑호현업원숙사신축공사설계도』

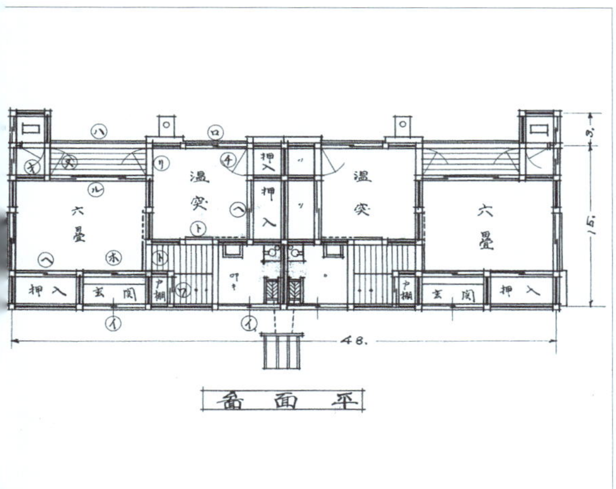

원숙사 을호 평면도(1918년) | 『을호현업원숙사신축설계도』

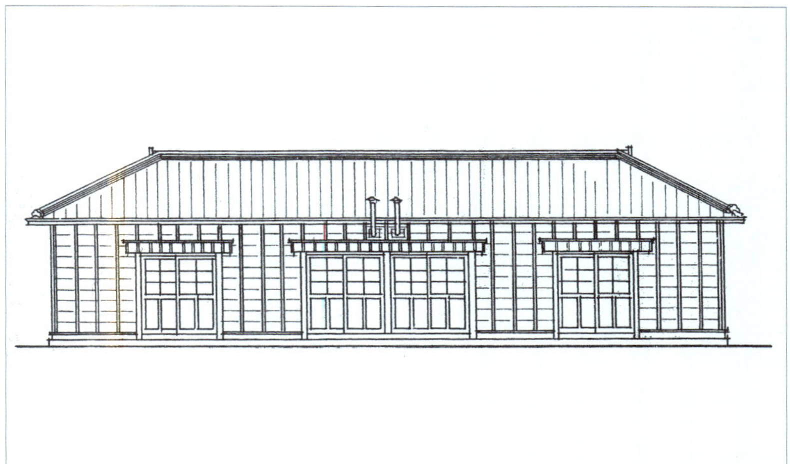

현업원숙사 을호 입면도(1918년) | 『을호현업원숙사신축설계도』

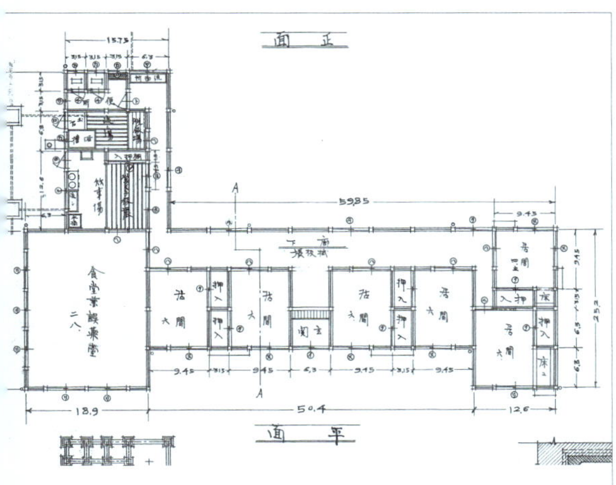

국합숙소 평면도(1921년경) | 『전매국합숙소신축설계도』

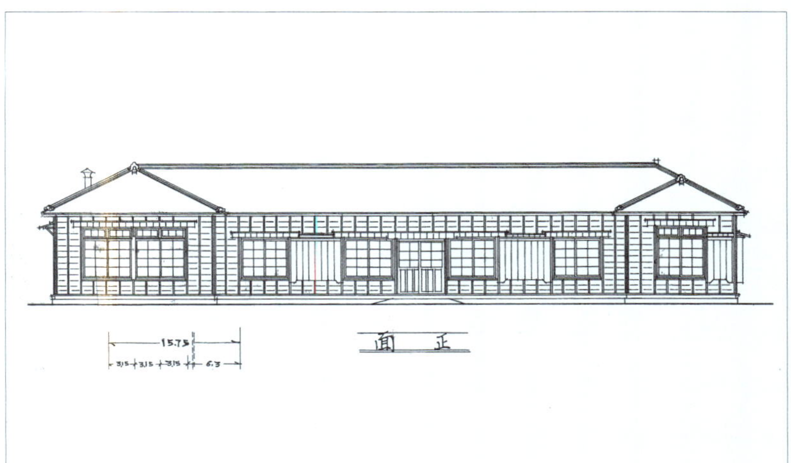

전매국합숙소 입면도(1921년경) | 『전매국합숙소신축설계도』

동시기 표준설계도에 의한 관사 건립

앞에서 살펴본 전매국 관사 표준설계도 및 이와 유사한 총독부 관사 표준설계도는 실제로 1910년대 후반에서 1920년대 초반에 걸쳐 건설된 총독부 및 전매국 관사들에 적용되었다. 경성 태평통(원 명례궁 적) 관사(1918년)에서는 주임관사 을호 평면이, 경성 태평통(원 육군병기창 내) 관사(1918년)에서는 판임관사 을호 평면이, 경복궁 관사에서는 판임관사 갑호 및 을호 평면이 사용되었다.

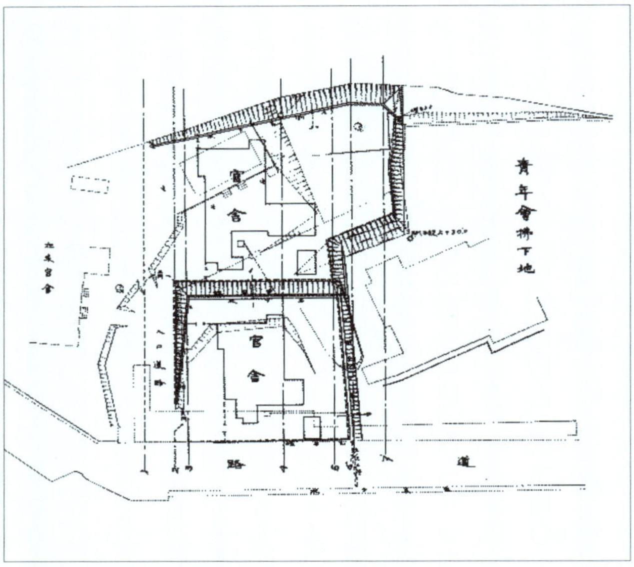

1918년『경성태평통(원 명례궁 적)관사부지설계평면도』

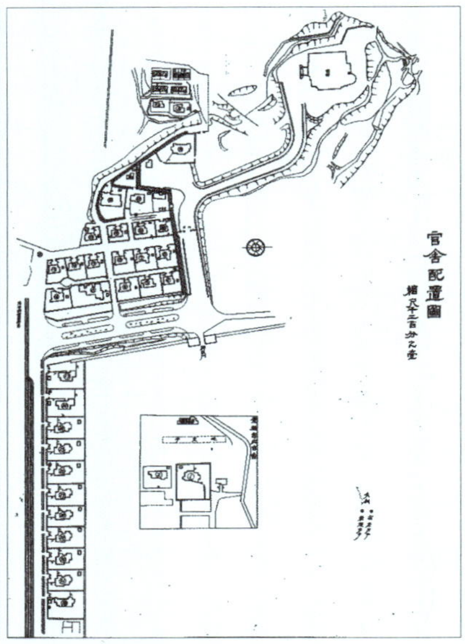

1920년대 초반 경복궁『관사배치도』

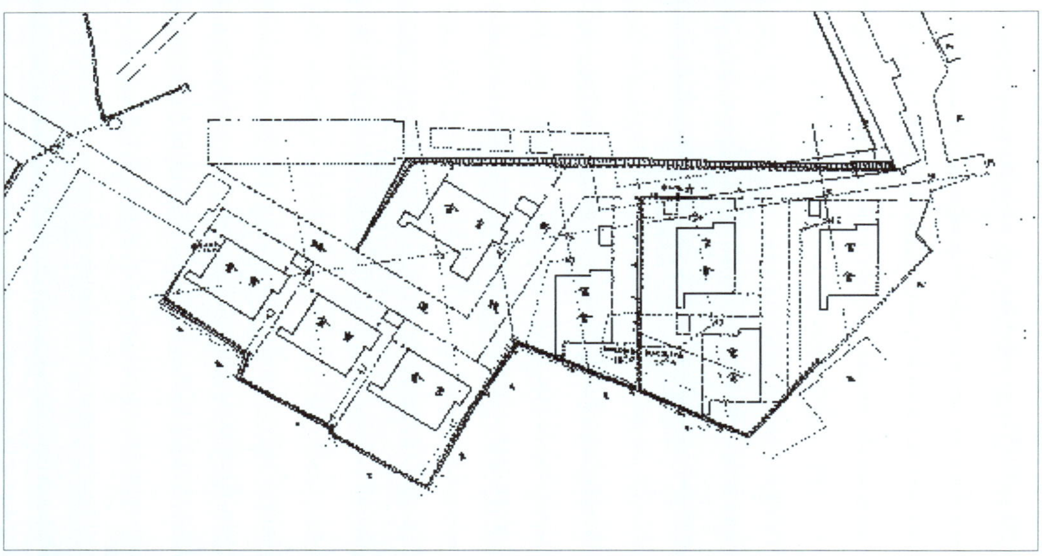

1918년『경성태평통(원 육군병기창 내)관사부지설계평면도』

1.5 경희궁 내 관사의 광복 후 변화

경희궁 내 관사들은 6·25전쟁에 의해 피해를 적게 입어 이후에도 원형을 거의 유지하면서 주택으로 사용되어 온 것으로 보인다. 1951년 3월 16일 신문기사는 전쟁을 겪은 서울에서 일부만 피해를 보았거나 건재한 지역 중 하나로 '서대문2가 관사촌'을 들고 있다. 이 장에서는 기존 관사 거주자 세 팀의 인터뷰를 통해 광복 후 한국인 거주자들이 관사를 어떻게 사용하였는지에 대해서 알아보도록 하겠다.

「적풍 사라진 수도 서울의 실태」, 『동아일보』, 1951년 3월 16일 자

전란 십칠일 동안에 수도는 엇지되엿는지? 혹은 시가지가 전멸되엿스니 혹은 어느 동리가 나마엇스니 여러 가지 추측으로 남하한 시민의 마음을 조리던 '서울시의 실태'를 현지당국에서 들은 바에 의한 시내의 건재 건물 피해건물을 대충 조사해 보면 다음과 갓다(14일 현재) 〈중략〉
▲일부피해 및 건재 동: 효자동, 화동, 삼청동, 제동, 가회동, 안국동, 체부동 및 안암동, 신설동, 서대문2가 관사촌, 감광동, 혜화동, 성북동 〈후략〉

관사뿐 아니라 일본인이 거주하던 가옥들은 광복 후 불하 과정을 거쳐 한국인 소유가 되면서 상당히 오랜 기간 주택으로서의 기능을 유지하였다. 일본인이 거주하던 가옥들은 대부분 다다미방으로 이루어진 일본식 가옥이기에 한국인의 생활양식과 맞지 않는 부분이 있고, 시설의 노후화와 공간의 협소 등으로 인해 대부분 개조나 증축 과정을 겪게 된다. 경희궁 관사지 거주자의 인터뷰를 통해 공통적으로 나타나는 관사 개조 내용은 다음과 같다.

관사의 방은 보통 응접실 등 서양식 방과 온돌방 하나를 제외하고 모두 다다미방으로 시설되어 있으나, 한국인은 마루와 온돌방으로 이루어진 공간에 익숙하였기 때문에 다다미방을 온돌방으로 개조하거나 마루를 시설하여 사용하는 경우가 많았다. 경희궁 내 관사에서도 다다미방을 온돌방으로 개조하여 사용하는 경우가 많았는데, 난방 연료의 변화에 따라 별도의 보일러실을 증축하기도 하였다.

경희궁 내 관사의 화장실은 모두 재래식이었기 때문에 광복 이후 화장실을 수세식으로 변화하거나 혹은 여러 개 있던 화장실 중 일부를 폐쇄하였다. 또한 가족 수가 많아지거나 책상·침대·소파 등 대형가구나 냉장고·세탁기 등 가전사용이 일반화되면서 거주 공간이 부족해질 경우 증축으로 이를 해결하는 경우가 많았다. 보일러실과 차고 등 기존에 없던 공간이 새로 필요해질 경우 이를 증축하기도 하였다. 관사 입면은 서양실 부분을 제외하고 기본적으로 일본식 비늘판벽으로 건설되어 방한 등에 취약하여 입면에 회를 덧칠하는 등 기밀성을 높이는 개조 작업이 이루어지기도 하였다.

거주자들의 관사 사용에 대한 기억

1-105번지

1-105번지 관사는 주임을호 관사로서, 1993년에 재건축되면서 소실되어 현존하지는 않는다. 원 거주자의 인터뷰를 통해 관사 건물 잔존 시절의 생활상을 확인한 결과 다음과 같은 변형이 있었음을 확인할 수 있었다. 이 주택은 1993년 재건축 이전까지도 전체적으로 구조 및 방 구성에 큰 변화가 없었다. 큰 변화는 주택 서북측으로 차고 건물을 새로 지은 것과 건물 서측에 보일러실을 증축한 점이다. 또한 부지 동측의 창고物置 건물에 붙여 방 두 개를 증축하여 기사와 가사도우미 등 고용인들의 방으로 사용하였으며, 이 방들과 담장 사이에는 보일러실과 화장실을 설치하였다. 또한 건물 동측의 빈 공간에 장독대와 취사용 솥 등 한국 식생활에 필요한 시설을 새로 설치하였다.

본채 건물 안에는 화장실이 두 개 있었는데, 그중 남서측 화장실은 수세식으로 고쳐 사용하였다. 다다미방들은 대부분 다다미를 철거하여 장판을 깔아 사용하였고, 새로 바닥난방 시설을 한 방도 있다. 거실로 사용한 기존 객실 방은 난로를 두고 난방을 하였다고 한다. 동남측에 있던 원래 온돌방은 그대로 온돌방으로 사용하였으나 표준설계도와 아궁이 위치가 다른 점으로 미뤄 온돌 수리를 하면서 아궁이 위치를 바꾼 것으로 여겨진다.

입면에서는 창의 위치나 크기 등이 거의 변화를 보이지 않지만, 일본식 비늘판벽이었던 벽면을 평활하게 한 후 푸른빛 혹은 회색빛 계열 페인트칠을 한 것으로 보인다. 또한 창호는 많이 교체한 듯한데, 남쪽 정원 측 엔가와 앞의 미닫이문은 장지문에서 유리미닫이문으로 변경하고 방충망을 추가로 시설한 것으로 보이고, 현관문은 원래 미닫이였으나 여닫이로 변경하였다.

기존 건물 남측 입면 | 김신나 제공

기존 건물 남측 입면 | 김신나 제공

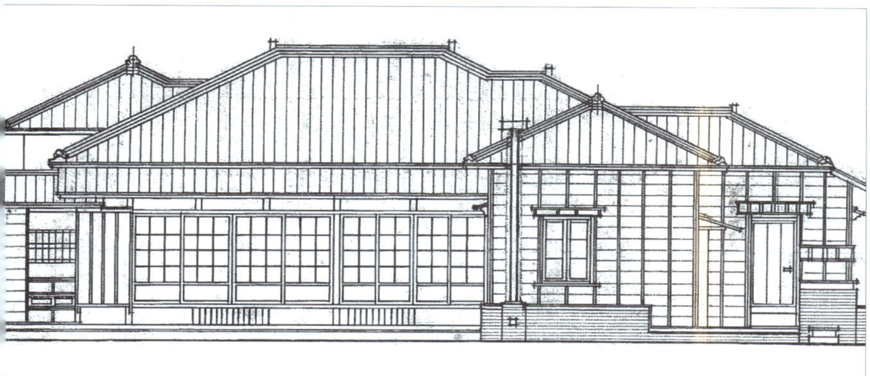

을호 관사 남측 입면도 | 『전매국을호주임관관사신축설계도』

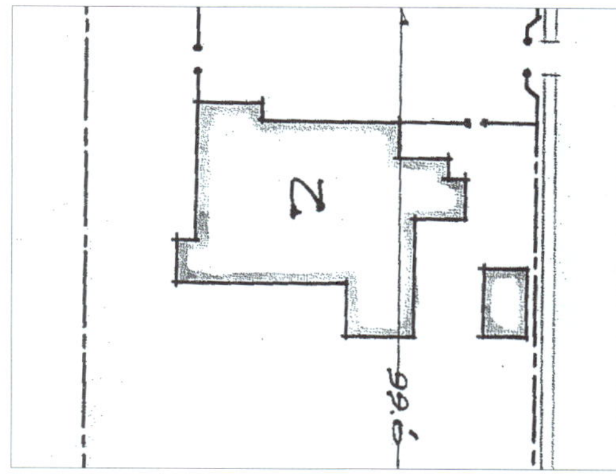

일제강점기 계획도상의 1-105번지 소재 관사 배치도

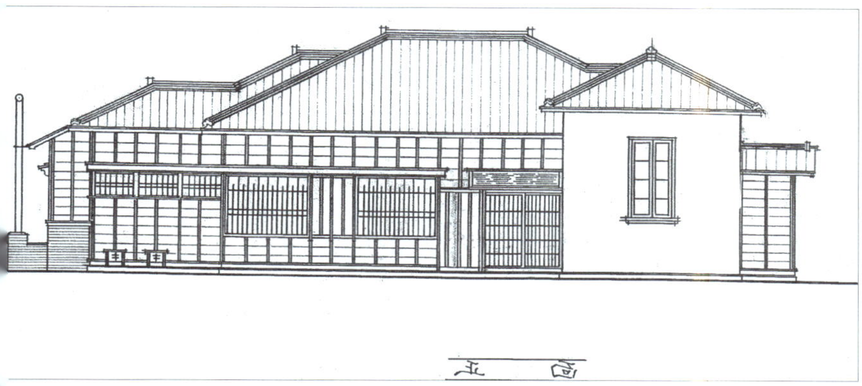

을호 관사 북측 입면도 | 『전매국을호주임관관사신축설계도』

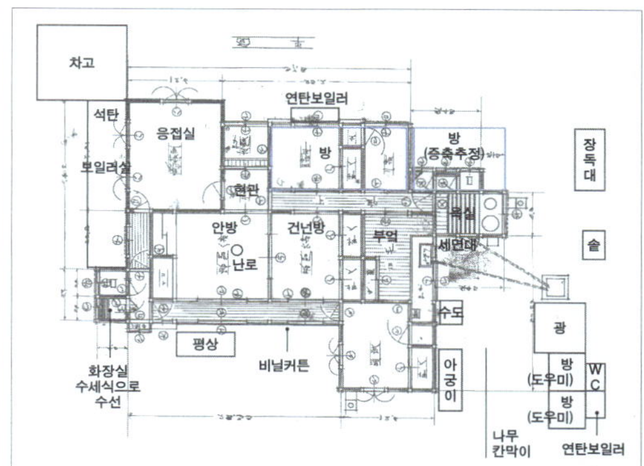

1-105번지 소재 관사 해방 후 사용 상황

건물 남측 입면 | 김신나 제공

북측 응접실 벽 및 창 | 김신나 제공

1-42번지

1-42번지 소재 관사는 관련 배치도 및 평면도를 찾을 수 없어 관사의 규모 및 평면 구성 등을 확인할 수 없으며, 건립 시기도 정확히 파악할 수 없다. 단 기존 거주자의 구술 및 남아 있는 사진을 바탕으로 2층으로 지어진 판임갑호 혹은 주임을호 규모의 관사였을 것으로 추정할 수 있다. 건물은 1965년경 철거되어 현존하지 않는다. 앞에서 언급하였듯이 당시 조선총독부의 관사 건설 지침은 기본적으로 단층이었고, 부득이한 경우 2층을 허락하였기 때문에 드문 사례라 할 수 있으며, 대지가 협소하여 2층으로 지은 것으로 여겨진다.

구술자의 회고에 의하면 평면은 중복도식 평면이며, 건물 북동측 모서리에 현관이 자리하고 현관 바로 앞에 2층으로 올라가는 계단이 있었다. 현관 우측으로는 여중실로 여겨지는 작은 방 하나와 부엌·화장실·욕실 등 서비스 공간이 자리하였던 것 같다. 중복도를 사이에 두고 남측으로는 방 2개가 있었는데, 둘 다 처음에는 다다미방이었으나 이후 온돌방으로 고쳐서 사용하였다고 한다.[77] 또한 2층에도 다다미방이 두 개 있었고, 석유난로로 난방을 하였다고 한다.

여중실로 추정되는 방에는 실제로 가사도우미 아주머니들이 거주하였고, 1층 남향의 주요 실 가운데 하나는 안방, 다른 하나는 할머님 방으로 사용하였다고 한다. 1960년에서 1961년 사이에 건물 서측의 화장실을 리모델링하고 그 옆으로 콘크리트로 증축하였으며, 이후 1965년에 이르러 원 관사 건물을 철거하였다. 건물의 입면은 철거 직전까지도 일본식 비늘판벽을 유지하고 있었던 것을 당시 사진을 통해 확인할 수 있다.

77 구술자는 1층 방도 모두 다다미방
다고 구술하고 있으나, 당시 관사의
례상 둘 중 하나는 처음부터 온돌방
을 것으로 생각된다.

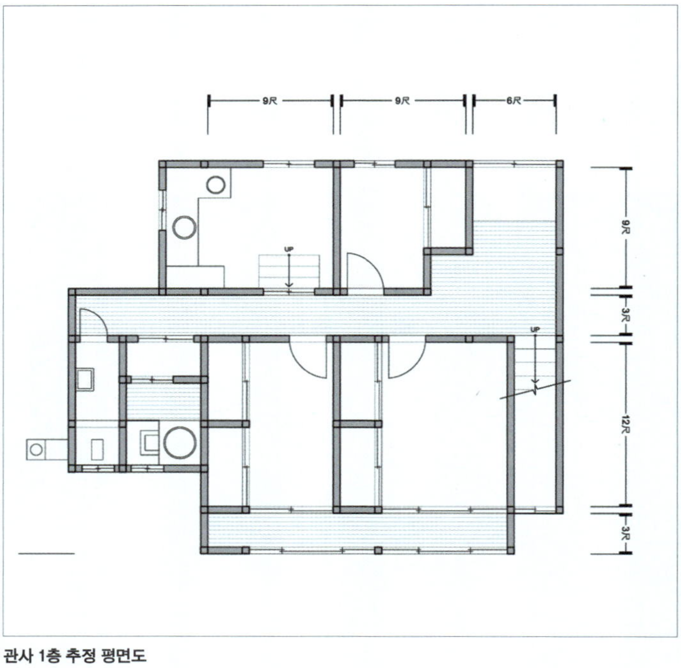

관사 1층 추정 평면도

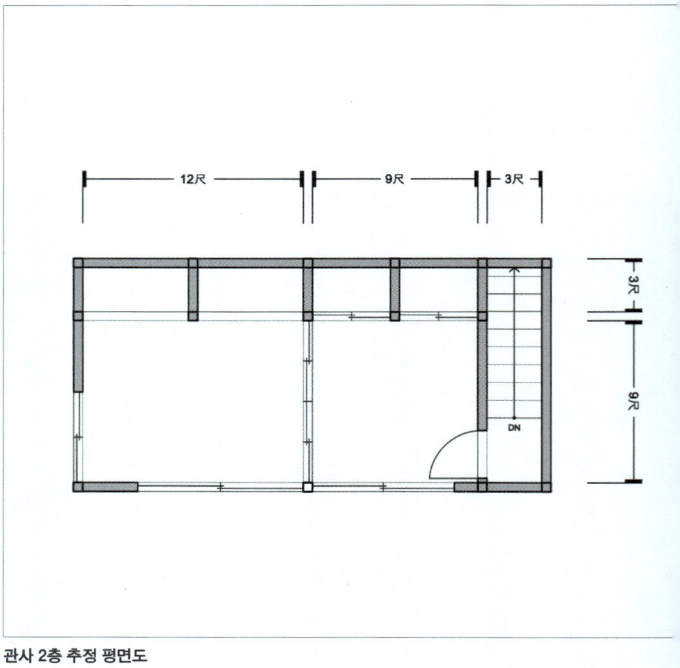

관사 2층 추정 평면도

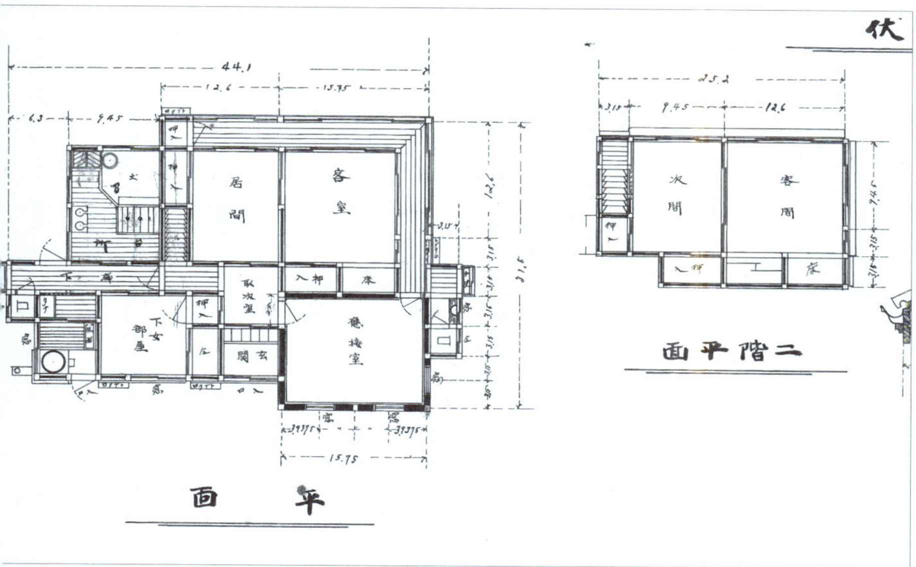

관사 유사 사례 | 『주임관사신축설계도』

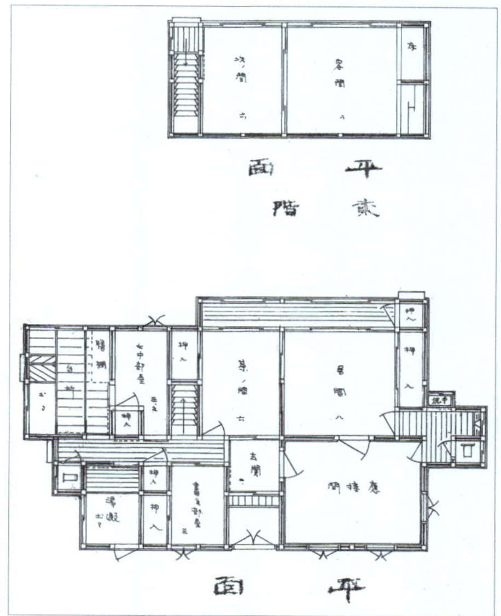

2층 관사 유사 사례 | 『주임관사신축도』

관사 건물의 모습 | 라제건 제공

1-161번지

1-161번지 관사는 주임을호 관사로 2020년 현재 경희궁 내 관사지에서 유일하게 현존하는 관사 건물이다. 현재는 음식점으로 사용되고 있으며, 내부 조사 허락을 받지 못하여 길에서 본 입면과 위에서 찍은 지붕 모양 등을 통해 현황을 파악하였다. 계획 당시 배치도 및 1978년 항공사진과 현재 사진 등을 비교해 봤을 때 건물 본채를 그대로 두고 주변으로 증축한 것을 알 수 있다. 1978년에는 본채의 도로변 돌출부(욕실 부분)를 다소 확장한 것 외에는 거의 예전 건물 규모를 그대로 유지하고 있었으나 현재는 남측 마당 가득 별채가 증축되어 있는데, 이는 음식점으로 사용하면서 나타난 변화일 것으로 보인다.

가로에서 본 입면에서는 기존 본채의 입면 일부가 드러나 있으나, 이 부분은 전술하였듯이 증축된 것으로 추정된다. 처음 건설 당시의 일본식 비늘판벽 입면은 소실된 것으로 여겨지나 상부 경사지붕과 전체 윤곽이 옛 건물의 정취를 남기고 있다. 최초 관사 계획도의 거리변 창고의 경우 1978년에도 창고가 확인되지만, 계획도의 창고보다는 규모가 크기 때문에 증축한 것으로 여겨지며, 현재도 해당 위치에 건물이 들어서 있으나 기존 창고를 증개축한 것인지 철거 후 신축한 것인지는 파악하기 어렵다. 많은 증개축이 일어났으며, 음식점 특성상 내부 구조도 많이 변하였을 것으로 추정되기는 하나 중심 본채 건물이 윤곽을 잘 남기고 있어 구조체 등 건물의 주요 부분은 보존이 잘 되어 있을 것으로 추정된다.

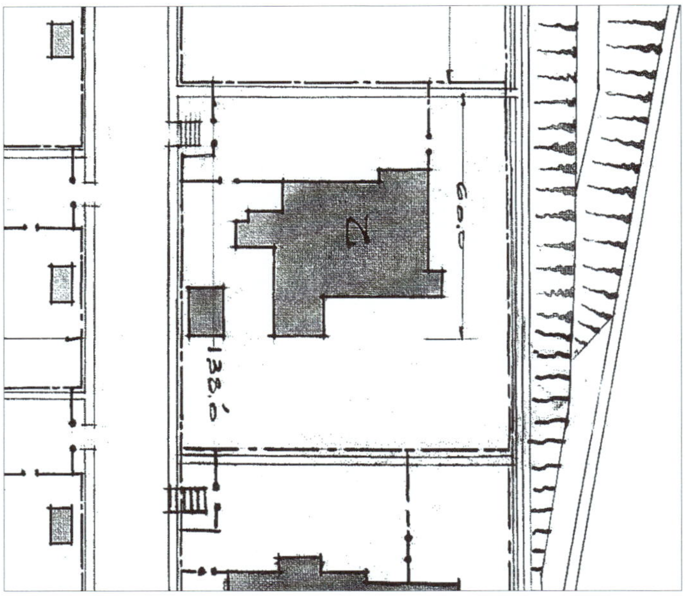

일제강점기 배치계획도

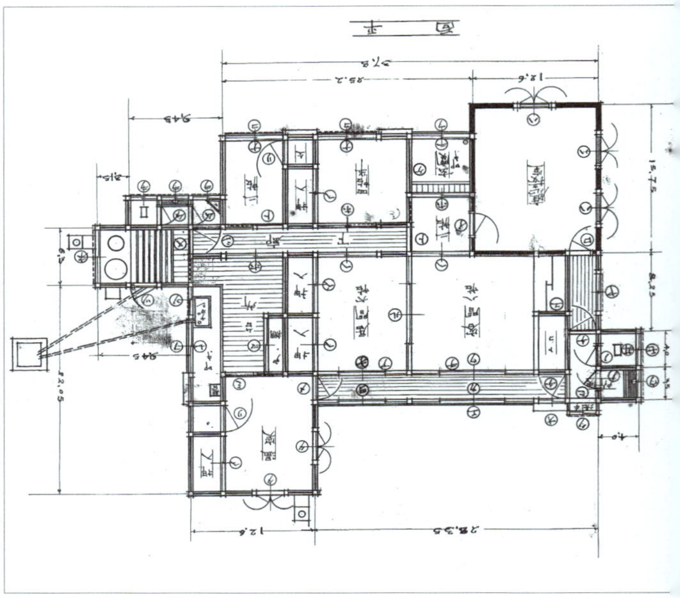

전매국 주임관사 을호 평면도 | 『전매국을호주임관관사신축설계도』

78년 항공사진 | 서울시항공사진서비스

위에서 바라본 모습(2020)

에서 바라본 모습(2020)

길에서 본 입면(2020)

서 본 관사 본채 입면(2020)

길에서 본 관사 본채 입면

2 경희궁 내 관사의 불하

2.1 해방 이후 경희궁 내 관사[78] 의 현황

일제강점기에 건설된 경희궁 내 관사는 일본인 관리들이 떠난 후 한국인 관료들이 거주하였던 것으로 보인다. 해방 이후에도 관사로 이용되었는지는 명확히 기록으로 확인할 수는 없지만, 1950~1960년대에 불하拂下[79] 받은 소유주들이 대부분 공무원인 것[80] 으로 미루어 볼 때 불하 이전까지 관사로 이용되었을 것으로 추정할 수 있다.

일제강점기에는 평평한 부지에 일정한 규모의 필지를 구획하여 표준설계도에 따른 관사를 건축하였다. 그래서인지 신문로2가 1번지에서 경사가 급하거나 장방형 필지구획이 어려운 부지에는 관사가 건설되지 않았다.(우측 도면에 표시된 미개발 관사지 참조) 이 부지들은 해방 이후에 필지가 구획되고 주택이 건설된 것으로 보이며, 이 역시 관사로 이용되었는지 기록으로는 확인하기 어렵다. 다만 국유지에 건설된 이 주택들 또한 다수가 공무원에게 불하된 것으로 보아 해방 이후 잠시 관사로 이용된 것으로 추정된다.

해방 이후 개발된 국유지들은 토지 및 건축물 변화과정이 복잡하게 얽혀 있고, 여러 차례에 걸쳐 소규모로 개발·조성되어 소유관계 또한 복잡하기 때문에 일시에 조성된 총독부 관사들과는 차이가 있다. 따라서 본 조사에서는 표준평면 및 조성과정이 확인되는, 일제강점기 건설된 관사들을 대상으로 그 특성과 불하 과정을 기록하고자 한다.

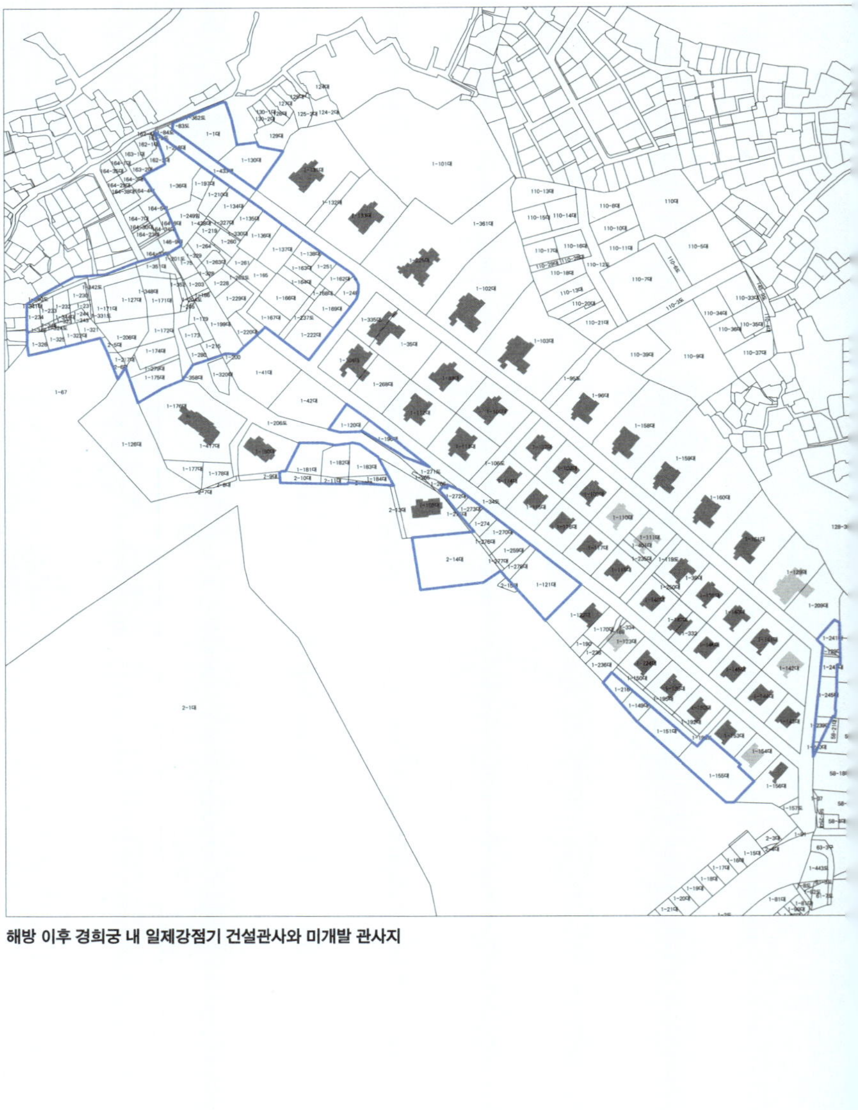

해방 이후 경희궁 내 일제강점기 건설관사와 미개발 관사지

78 해방 이후 경희궁 내 지역의 행정구 이 신문로2가로 변경되어 행정기록 에 동일하게 표기되므로 본 절에서는 희궁 내 관사를 '신문로2가 관사'로 칭 다.

79 국가에서 행정목적으로 사용이 폐지 토지나 건물 등의 재산을 국민에게 피 것을 의미한다.

80 자세한 내용은 신문로2가 관사의 불 에서 확인된 '관사의 초기 소유주' 부 을 참조.

분 나대지로 되어 있는 관사 주변 필지 | 1947년 항공사진, 국토지리정보원

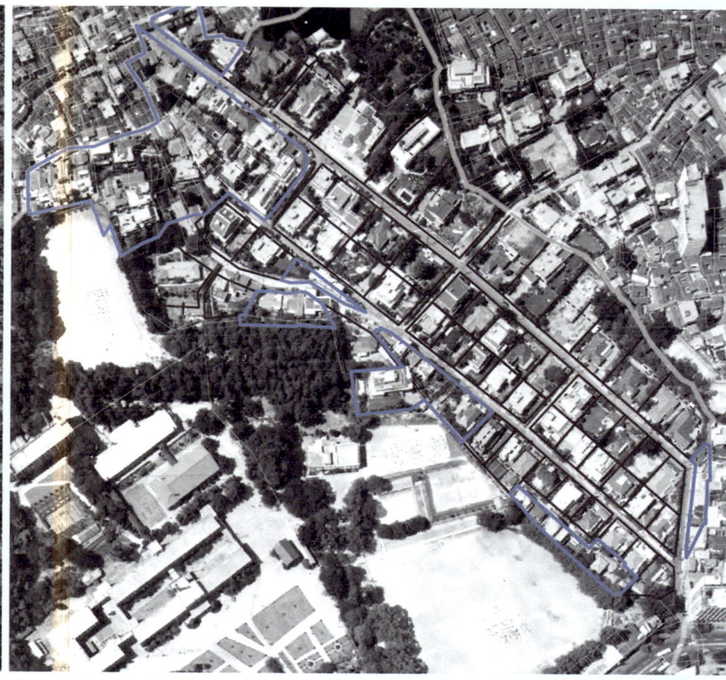

관사 주변 나대지의 개발 완료 후 신문로2가 1번지 일대 | 1974년 항공사진, 서울시항공사진서비스

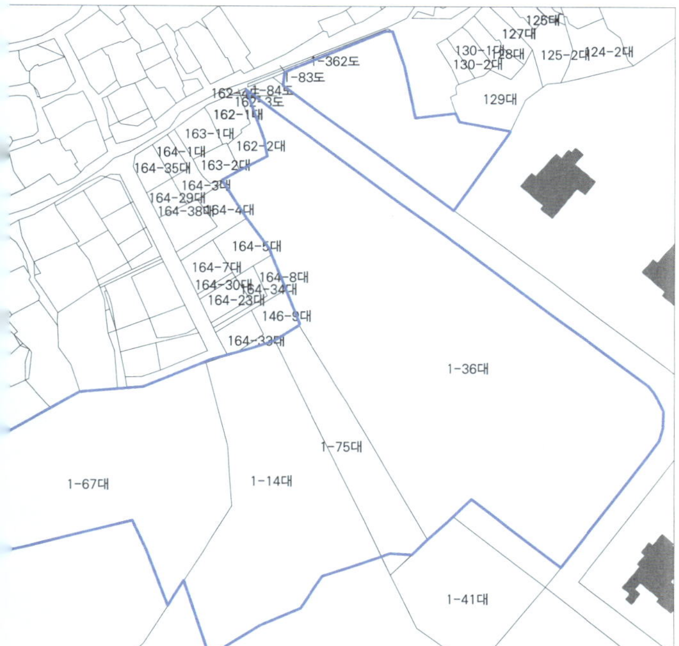

에 위치한 대형필지로 구획되어 있는 1-36번지, 1-75번지, 1-14번지, 1-67번지 |
년 「대경성정도」(부분) ; 1938년 폐쇄지적도

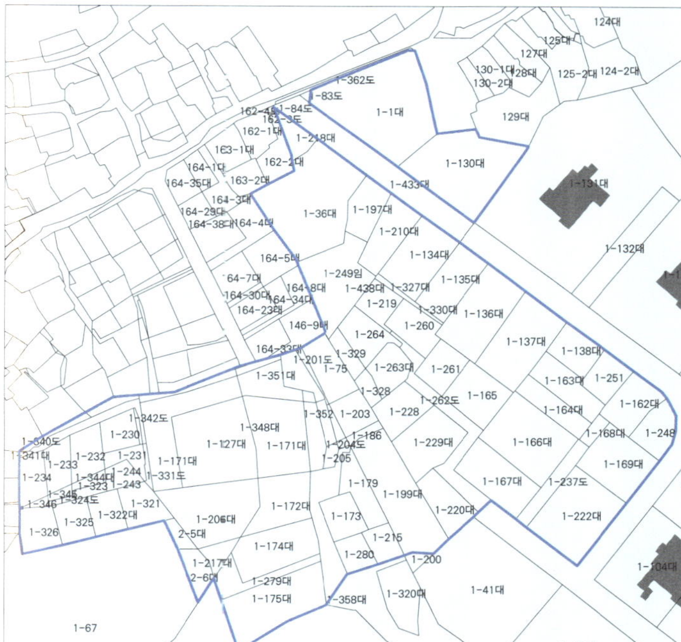

해당 토지들이 1950~1960년에 분할되어 구획이 완료된 모습 | 1967년 폐쇄지적도

신문로2가 관사지는 일제강점기에 이미 구획된 필지임에도 불구하고 오랫동안 공부자료에 등재되지 않고 지적도에도 반영되지 않았다. 1959년 「지번구획입대서울정도」에서도 관사지 내 도로구획 정도만 확인된다. 토지대장과 건축물대장 역시 건설 당시가 아닌 1950~1960년대 불하시점의 건축물과 토지정보를 담고 있다.

불하시점에 등기등재된 신문로2가 관사는 기존 51동의 관사 중에서 6동의 관사가 멸실되어[81] 45동이 남아 있었다. 멸실된 관사의 소속과 관등은 전매국 관사 주임을호 1동, 판임갑호 1동, 판임을호 1동과 총독부 관사 판임갑호 2동, 판임을호 1동이다. 이중 전매국 관사 주임을호 관사였던 1-128번지는 철거 이후 2개의 필지로 분할되면서 동일한 형태의 건물 2동이 신축되어 관사지 내 주택은 총 52동으로 증가하였다.

81 관사의 멸실은 건축물대장에 등재된 건축물 정보와 표준평면안에 기재된 소속 및 관등분류에 따른 건축물의 면적, 주구조, 층수를 비교하여 상이한 건축물을 멸실로 보았다.(다음 페이지 참조)

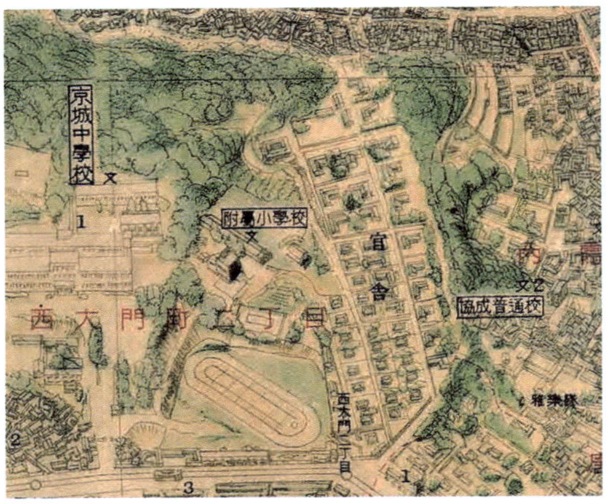

1930년대 후반 신문로2가 관사지 | 「대경성부대관」(부분), 1936

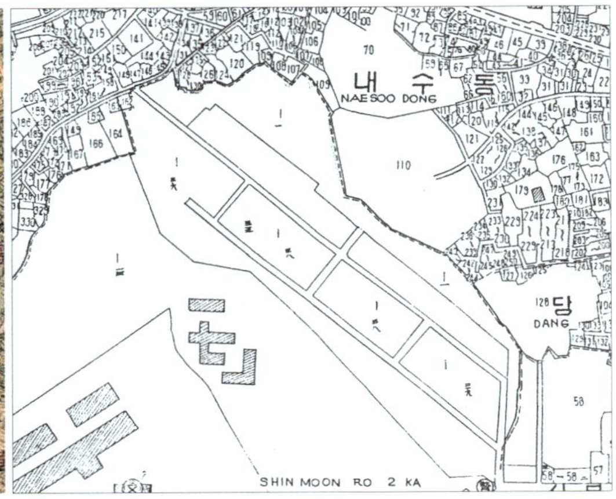

1950년대 후반 신문로2가 관사지 | 「지번구획입대서울정도」(부분), 1959

1954년 지적도 위 일제강점기 당시 관사의 분류 및 관사지 지번 표시

60년대 지적도에 나타난 불하 당시 건축물대장 내역과 일제강점기 표준설계도 급수별 종류 및 면적 비교

번	건축물대장			토지대장	관사 종류	표준 설계도
	건축물면적	주구조	층수	대지면적		
131	(89+3)평	목조와즙(乙)	1/0	1747.8㎡	미상/ 주임을	미상
133	(39.1+3)평	목조와즙(乙)	1/0	1249.6㎡	미상/ 주임을	미상
101	(97.5)평	목조와즙(乙)	1/0	6650.0㎡	전매국/ 주임갑(특)	미상
102	56평	목조와즙(乙)	1/0	1929.3㎡	전매국/ 주임갑	53.5평
103	53평	목조와즙(乙)	1/0	1886.0㎡	전매국/ 주임갑	53.5평
96	42.1평	목조와즙(乙)	1/0	1282.6㎡	전매국/ 주임을	39.1평
58	42평	목조와즙(乙)	1/0	1405.6㎡	전매국/ 주임을	39.1평
59	(39.1+3)평	목조와즙(乙)	1/0	1454.2㎡	전매국/ 주임을	39.1평
60	42평	목조와즙(乙)	1/0	1270.1㎡	전매국/ 주임을	39.1평
61	42평	목조와즙(乙)	1/0	1057.5㎡	전매국/ 주임을	39.1평
28	61.4평/2평	연와조와즙(甲)	1/1	827.3㎡	전매국/ 주임갑	53.5평
209	62평/3평	연와조와즙(甲)	1/1	783.1㎡		
5	53.5평	목조와즙(乙)	1/0	1103.6㎡	총독부/ 주임갑	53.5평
04	56평	목조와즙(乙)	1/0	1057.4㎡	총독부/ 주임갑	53.5평
8	39.3평	목조와즙(乙)	1/0	780.5㎡	총독부/ 주임을	39.1평
05	39평	목조와즙(乙)	1/0	783.8㎡	총독부/ 주임을	39.1평
12	39.21평	목조와즙(乙)	1/0	747.1㎡	총독부/ 주임을	39.1평
13	39평	목조와즙(乙)	1/0	726.9㎡	총독부/ 주임을	39.1평
07	28평	목조와즙(乙)	1/0	474.7㎡	총독부/ 판임갑	28.1평
08	28평	목조와즙(乙)	1/0	484.6㎡	총독부/ 판임갑	28.1평
09	28평	목조와즙(乙)	1/0	484.6㎡	총독부/ 판임갑	28.1평
10	36평 (13+4)평	연와조와즙(甲) 목조와즙(乙)	1/0	484.6㎡	총독부/ 판임갑	28.1평
11	24.81평	석조와즙(甲)	1/0	484.0㎡	총독부/ 판임갑	28.1평
14	24평	목조와즙(乙)	1/0	454.9㎡	총독부/ 판임을	24.2평
15	24평	목조와즙(乙)	1/0	444.6㎡	총독부/ 판임을	24.2평
6	24평	목조와즙(乙)	1/0	421.5㎡	총독부/ 판임을	24.2평

색 부분은 관사 멸실(추정)

지번	건축물대장			토지대장	관사 종류	표준 설계도
	건축물면적	주구조	층수	대지면적		
1-117	24.2평	목조와즙(乙)	1/0	418.2㎡	총독부/ 판임을	24.2평
1-118	24평	목조와즙(乙)	1/0	401.1㎡	총독부/ 판임을	24.2평
1-39	(28.1+1.5)평	목조와즙(乙)	1/0	484.0㎡	전매국/ 판임갑	28.1평
1-139	대장 없음	대장 없음	대장 없음	487.3㎡	전매국/ 판임갑	28.1평
1-140	(28.1+1.3)평	목조와즙(乙)	1/0	487.9㎡	전매국/ 판임갑	28.1평
1-141	(28+1)평	목조와즙(乙)	1/0	473.1㎡	전매국/ 판임갑	28.1평
1-142	63평/10평 9평	연와조와즙(甲) 목조아연즙(甲)	1/0	537.9㎡	전매국/ 판임갑	28.1평
1-143	(24.2+1.5)평	목조와즙(乙)	1/0	384.8㎡	전매국/ 판임을	24.2평
1-144	25.7평	목조와즙(乙)	1/0	398.0㎡	전매국/ 판임을	24.2평
1-145	(24+1)평	목조와즙(乙)	1/0	379.2㎡	총독부/ 판임을	24.2평
1-146	(24.2+7.5)평	목조와즙(乙)	1/0	394.7㎡	전매국/ 판임을	24.2평
1-147	24.2평	목조와즙(乙)	1/0	387.6㎡	전매국/ 판임을	24.2평
1-148	25.7평	목조와즙(乙)	1/0	397.5㎡	전매국/ 판임을	24.2평
1-122	24평	목조와즙(乙)	1/0	552.1㎡	총독부/ 판임을	24.2평
1-123	(33/33/7)평	연와조와즙(甲)	2/1	1421.6㎡	총독부/ 판임을	24.2평
1-124	24평	목조와즙(乙)	1/0	385.8㎡	총독부/ 판임을	24.2평
1-125	26평	-	1/0	408.4㎡	총독부/ 판임을	24.2평
1-152	25.7평	목조와즙(乙)	1/0	360.5㎡	전매국/ 판임을	24.2평
1-153	25.7평	목조와즙(乙)	1/0	336.5㎡	전매국/ 판임을	24.2평
1-154	109.09㎡ 23.87/23.87㎡	목조와즙 연와조와즙	2/0	331.2㎡	전매국/ 판임을	24.2평
1-156	(22.8+2.5)평	목조와즙(乙)	1/0	532.2㎡	전매국/ 판임병	미상
1-41	47.2평	목조와즙(乙)	1/0	855.2㎡	미상/미상	미상
1-42	(22/8)평	목조와즙(乙)	1/0	751.7㎡	미상/미상	미상
1-176	61평 7평	목조와즙(乙) 목조도단즙/ 물치	1/0	1,713.4㎡	세무국/ 미상	미상
1-180	35평	목조와즙(乙)	1/0	636.4㎡	세무국/ 미상	미상
1-185	(35+10)평	목조와즙(乙)	1/0	858.2㎡	세무국/ 미상	미상

2.2 신문로2가 관사의 불하

관사불하 정책

신문로2가의 관사는 해방 이후부터 1960년대까지 일정기간 관사로 사용되었고, 관사의 공용폐지 이후 모든 관사가 개인에게 불하되었다. 이를 확인하기 위해서 국가기록원 자료와 신문기사 등을 수집하였다. 하지만 기업체의 불하가 아닌 개별 주택의 불하는 규모가 작고, 해방 이후 미군정과 자유당집권 등의 시대적 급변기를 거치면서 집권세력에 의한 정책변화, 6·25전쟁으로 인한 행정공백, 부정불하로 인한 공식문서 부재 등 여러 요인으로 인하여 신문로2가 관사 불하에 관한 공식적 자료는 거의 찾아볼 수 없다.

해방 이후 국가재산의 80%에 이를 정도로 높은 비율을 차지하였던 귀속재산은 국가의 재정과 직결되어 있었다. 귀속재산을 처분해야 국가재정을 확보할 수 있었기 때문에 이를 위한 정책도 빠르게 수립되었다. 귀속재산 처분에 관한 정책은 크게 두 시기로 나누어 볼 수 있다. 해방 직후부터 대한민국 정부 수립까지 미군정이 집권하였던 기간(1945년 8월~1948년 8월)과 대한민국 정부 수립 이후부터 이승만 대통령 하야까지의 기간(1948년 8월~1960년 4월)이다.

미군정기 관사불하 정책

2차 대전에서 일본이 패망한 이후 남한에 주둔하게 된 미국은 일본인에 의한 자본의 유출을 막기 위해 1945년 9월 25일 미군정법령 제2호를 통해 패전국재산에 대한 동결 및 이전제한 조치를 취하였다. 그 내용은 일본인의 개인재산에 대해 8월 9일로 소급하여 재산의 매매와 취득을 금지시킨다는 것이었다. 귀속재산에 관한 실질적인 방침을 정하지 못하였으므로 일본인 사유재산에 관해서는 귀속재산 거래를 미군정에 보고하되 60일 이내에 금지명령이 내려지지 않으면 거래가 성립된 것으로 인정한다는 방침을 취하였다.

그러나 한국인의 반발과 현지실정을 인지하게 된 미군정은 1945년 12월 6일 남한 내 모든 공사와 일본인 소유재산을 미군정이 접수한다는 법령 제33호를 공포하고 일체의 귀속재산 거래를 금지하였다.[82] 이어 미군정은 귀속재산을 접수하고 이를 관리할 수 있는 법령을 제정한 뒤 1947년 7월 15일 '소규모의 적산사업장과 가옥불하에 관한 계획'(불하의 상세요건에 관한 지침)을 공포함으로써 본격적으로 불하를 진행하려 하였다. 그러나 해방 이후 귀속재산 처분실적에 따르면 미군정기에 처리된 불하는 극히 소수였다.

82 양정원, 「귀속재산불하를 통한 1
년대 한국산업자본가의 형성에 관
구」, 이화여자대학교 정치외교학과
학위논문, 1996, 25쪽.

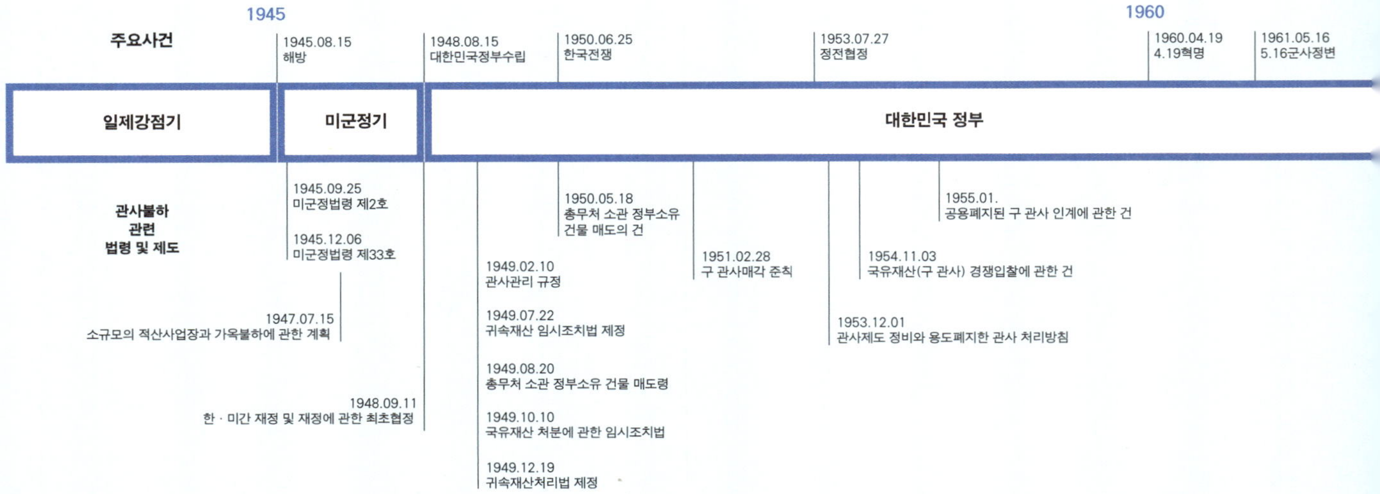

해방 이후 연도별 귀속재산의 처분실적

시기	기업체		부동산		기타		합계	
	건수	계약액(원)	건수	계약액(원)	건수	계약액(원)	건수	계약액(원)
미군정기	513	8477	839	5215	916	2823	2258	1만 6515
1948	407	1만 2086	541	3450	590	1991	1538	1만 7527
1949	107	1391	299	1765	323	836	729	3991
1950	162	7만 4038	731	1만 5990	161	1159만	1054	9만 1186
1951	391	59만 3656	6740	35만 7237	82	6438	7213	95만 7331
1952	359	86만 700	9981	68만 3846	81	1만 7849	10,421	158만 2395
1953	121	314만 2467	3만 9693	263만 8593	320	1만 2225	4만134	579만 3315
1954	233	121만 9071	9만 2735	785만 2064	95	3만 1834	9만3063	910만 2970
1955	165	1153만 250	6만 3717	666만 4319	217	7만 3471	6만4099	1828만 8041
1957	61	403만 7434	3만 6418	281만 299	162	1만 2243	3만6641	685만 75
1958.5.	23	98만 3169	8784	73만 2102	75	3167	8882	171만 8438
합계	2542	2246만 2739	26만 478	2176만 4880	3022	16만 4036	26만6032	4442만 1784

출처: 『재정금융의 회고: 건국십주년업적』, 재무부, 1958, 121쪽 ; 161쪽을 토대로 정리

대한민국 정부 수립 이후 관사불하 정책

대한민국 정부가 수립되고 1948년 9월 11일 '한·미 간 재정 및 재산에 관한 최초협정'(이하 한·미 간 최초협정)[83]을 통해 미군정의 재산과 부채를 한국정부에 이양하고, 미군정청과 과도정부가 제정·시행한 모든 법률과 규칙을 승계하는 협약을 맺었다. 이를 계기로 대한민국 정부가 재산에 관한 모든 권리를 이양받게 되면서 한국정부 차원에서 불하정책을 새로 수립하게 되었다. 정식 법률이 제정되기 전 불하를 금지하는 한시적 법률인 '귀속재산 임시조치법'과 '국유재산처분에 관한 임시조치법'도 제정되었다. 그 사이에 용도폐지된 관사의 불하는 '총무처 소관 정부소유건물 매도령'에 따라 불하할 수 있도록 하였다. 곧 '귀속재산처리법'과 '국유재산법'이 제정되어 임시법은 폐지되었으며, 미군정기의 법 또한 '군정법령폐지에 관한 법률' 시행으로 모두 폐지되어 대한민국의 법률이 정상적으로 작동할 수 있는 기반이 마련되었다.

대한민국과 미국 사이의 재정 및 재산에 관한 최초의 행정협정으로, 1948년 9월 11일 서명되었고, 9월 20일부터 효력이 발생하였다. 국회의 비준을 거쳐 1949년 1월 18일에 공포되었다. 국가기록원 자료(BA0158606).

대한민국 정부 수립 초기 귀속재산 관련 법률

시기	법률	내용
1949.7.22.	-법률 제36호- 귀속재산 임시조치법	귀속재산처리법 제정·시행 전까지 이를 불하하지 못하도록 임시법 제정
1949.8.20.	-대통령령 제173호- 총무처 소관 정부소유건물 매도령[84]	총무처 소관의 건물 중 공무원의 거주용으로 사용하는 부동산 중 공용폐지한 것은 본령에 의해 매도한다는 내용으로 정부소유 관사 중 '공용폐지'한 것은 불하 허용
1949.10.10.	-법률 제58호- 국유재산 처분에 관한 임시조치법	국유재산 중 공무원의 주거용으로 사용하거나 사용하기로 결정된 부동산, 즉 관사는 국유재산법이 제정될 때까지 매도 등의 유사처분을 금지하는 법령이 제정되어 국유재산 중 공용폐지된 관사 매도 금지
1949.12.19.	-법률 제74호- 귀속재산처리법	한·미 간 재정 및 재산에 관한 최초협정 제5조에 의하여 대한민국 정부에 이양된 일체의 재산에 관한 처리에 관한 법령
1950.4.8.	-법률 제122호- 국유재산법	귀속재산 중 국가소유로 분류되는 것은 본 법령으로 처리하여 관사는 이 법령을 따름(공용폐지된 관사의 불하는 '총무처 소관 정부소유건물 매도령'의 규칙을 따름)
1950.4.21.	-법률 제130호- 군정법령 폐지에 관한 법률	미군정기 수립된 법령 폐지

불하에 관한 법률적 토대는 국유재산법으로 마무리되었고, 그 전후로 불하에 관한 지침과 관사불하를 위한 용도폐지에 관련된 방침들도 공고되었다. 우선 관사불하에 관련된 법률이 제정되기 전에는 관사를 기존 공무원들에게 임대하여 거주할 수 있도록 '관사관리규정'[85]이 공고되었다. 국유재산법이 제정된 이후 처음으로 공용폐지된 관사에 대해 일반공매공고가 진행된 '총무처 소관 관사 및 대지 매도의 건'을 통해 서울 내 용도폐지된 관사 286동에 대한 일반경쟁입찰을 진행하였다.

그러나 관사의 첫 입찰이 시작된 지 불과 한 달여 만에 6·25전쟁이 발발하면서 귀속재산업무는 정체되었고, 1951년 전선이 휴전선 부근에서 고착되면서 귀속재산처리가 재개되었다.[86] 1951년 '구 관사매각 준칙'이 발표되어 전쟁 중 관사매각을 추진하였음을 확인할 수 있다. 이 공고문에서는 공용폐지한 관사의 수량과 정확한 대상은 생략되어 그 규모 및 실제 불하 여부에 대해 알 수 없지만 전쟁 중 불하를 진행하고자 하는 의지를 확인할 수 있다.

85 이를 통해 일제강점기부터 이어져 온 관사를 해방 이후에도 관사로 이용하다는 것을 알 수 있다.
86 국가기록원, 『중요 공개기록물 해설 Ⅴ -국세청 · 성업공사 편-』, 재무 2012, 21쪽.
87 국가기록원 자료(BA02000257).
88 국가기록원 자료(BA0158805), p. 에 전문 수록.
89 국가기록원 자료(BA0158892), p. 에 전문 수록.
90 국가기록원 자료(BA0084194), p. 에 전문 수록.
91 국가기록원 자료(BA0185838).
92 국가기록원 자료(BA0084199), p. 에 전문 수록.

대한민국 정부 수립 초기 관사 관리·매각 관련 고시

시기	관사관리·매각 관련(서울 소재) 고시공고	내용
1949.2.10.	-국무총리훈령 제2호- 관사관리규정[87]	재무부 외 14개 부처를 포함하여 정부에 귀속된 관사를 별도 규정이 없는 경우에 총무처에서 관리한다는 것과 중앙청 직원으로 채용된 공무원들이 이 관사에 거주할 수 있도록 규정
1950.5.18.	-총무처공고 제1호- 총무처 소관 관사 및 대지 매도의 건[88]	서울시 소재 총무처 소관 공용폐지된 관사 286동에 대해 일반경쟁입찰 진행
1951.2.28.	-재무부고시 제28호- 구 관사매각 준칙[89]	재무부·총무처 소속이었던 구 관사를 입찰 당시 중앙행정기관에 재직하거나 대부를 받은 자에게 경쟁입찰에 의하여 매각함
1953.12.1.	-국무회의록- 관사제도정비와 용도폐지한 관사 처리방침(안)[90]	1952년 11월 11일 자로 대통령 분부(국무회의) 서울정부관사 40~50동만 제외하고, 이 외에는 방매토록 강구 존치하기로 결정한 관사를 제외한 잔여관사에 대해서는 본 방침에 의하여 즉시 용도를 폐지하고 국유재산법 제6조의 규정과 동법 시행령 제9조의 규정에 의하여 재무부 장관에게 인계
1954.11.3.	-전매청공고 제10호- 국유재산(구 관사) 경쟁입찰에 관한 건[91]	용도폐지된 서울 소재 전매청 관사 매각공고(목록 없음)
1955.1.	공용폐지된 구 관사 인계에 관한 건[92]	전국에 분포된 관사에 대해 단기 4287년(1954년) 2월 24일 자 대통령 각하의 재가로서 관사제도를 정비하고 공용폐지된 구 관사는 국유재산법 제6조의 규정에 의하여 각 관리청장은 재무부 장관에게 인계하도록 되어 있으나 인계절차를 이행하지 않아 혼란을 야기하고 있어 이를 촉진하고자 함

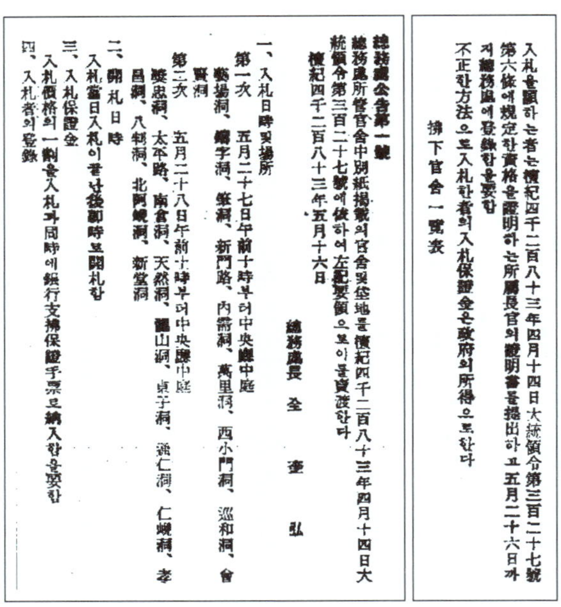
總務處公告第一號
總務處所管官舍中別紙揭載의官舍및垈地를檀紀四千二百八十三年四月十四日大統領令第三百二十七號에依하여左記要領으로이를賣渡한다
檀紀四千二百八十三年五月十六日
總務處長 全 奎 弘
一、入札日時및場所
第一次 五月二十七日午前十時부터中央廳中庭
[illegible]、鑄字洞、筆洞、新門路、內需洞、萬里洞、西小門洞、巡和洞、會賢洞
第二次 五月二十八日午前十時부터中央廳中庭
獎忠洞、太平路、南倉洞、天然洞、[illegible]山洞、[illegible]子洞、通仁洞、仁峴洞、孝昌洞、八判洞、北阿峴洞、新堂洞
二、開札日時
入札當日入札이끝난後卽時로開札함
三、入札保證金
入札價格의一割을入札과同時에銀行支拂保證手票로納入함을要함
四、入札者의登錄
入札을願하는者는檀紀四千二百八十三年四月十四日大統領令第三百二十七號第六條에規定한資格을證明하는所屬長官의證明書를提出하고五月二十六日까지總務處에登錄함을要함
不正한方法으로入札한者의入札保證金은政府의所得으로한다
拂下官舍一覽表

총무처 소관 관사 및 대지매도의 건(총무처 공고1호)

재산의 임대권 및 관리권을 가진 사람이 국가가 재산을 불하할 때 우선적으로 불하받을 수 있는 권리. 또는 국유·공유 재산을 대부받거나 차지한 사람이 수의계약에 따라 우선적으로 그것을 사들이거나 대부받을 수 있는 권리를 뜻한다.(국립국어원 표준국어대사전)

"국유관사는 작년 2월 24일부로 대통령령으로 전국에 산재한 관사를 폐지", 「동아일보」 1955년 2월 3일 자.

길었던 3년간의 전쟁 끝에 1953년 7월 27일 정전협정을 맺고, 수많은 피난민이 곧 서울로 복귀하게 되었다. 서울시 인구변화 추이를 보면 1952년에서 1953년에 30만 명 정도 증가한 것으로 나타난다. 하지만 이는 주민등록인구로 실제로는 더 많았을 것으로 보인다. 1953년 8월 23일 신문기사에 따르면 복귀민을 150만 명으로 추산하고 있다.

해방 이후~1960년의 서울의 인구변화

연도	인구수	연도	인구수	연도	인구수	연도	인구수
1945	90만 1371	1949	141만 8025	1953	101만 416	1957	166만 6005
1946	126만 6057	1950	169만 3224	1954	124만 2880	1958	175만 6406
1947	164만 6902	1951	64만 8432	1955	157만 4868	1959	209만 3969
1948	170만 7522	1952	71만 6865	1956	150만 3865	1960	244만 5402

출처: 「서울시 인구추이(주민등록인구) 통계」, 서울열린데이터광장을 토대로 정리

피난민이 서울로 계속해서 복귀함에 따라 주택부족 문제와 전쟁기간 중 빈집을 무단으로 점유하였던 문제 등이 복잡하게 얽혀 나타나게 되었다. 1950년 5월 15일 개정된 '총무처 소관 정부소유건물 매도령' 및 1951년 2월 28일 '구 관사매각 준칙'에 따르면 중앙행정기관에 재직 중인 자에게 불하하여 연고권[93]을 인정하고 있는데, 1953년 8월 23일 자 신문기사는 '관사불하에 있어서는 연고자의 우선권을 인정하지 않는다'고 전하는 점으로 미뤄 그 사이에 연고권이 폐지된 것을 알 수 있다.

이는 1953년 12월 1일 '관사제도 정비와 용도폐지한 구 관사처리 방침에 관한 건'에서도 확인되는데, 정전협정 이후의 관사불하에서는 연고권을 인정하지 않는 불하를 실시하였을 것으로 추정된다. 1954년 2월 24일 대통령령으로 전국 관사가 폐지[94]되어 공식적으로는 전국의 관사를 연고권을 인정하지 않고 일반공매로 전수매각을 추진한 것으로 보인다. 이러한 결정은 심각한 주택난으로 인한 시민들의 고충을 해결하기 위한 방편이었을 것이다.

문제는 당시 관사 거주민들이었던 공무원과 무단입주자 등은 우선권을 부여받지 못하기에 관사 주택의 수리·관리를 소홀히 하였고, 이에 관사의 훼손 정도가 심각하여 철거 위기에 놓였다는 점이었다. 또 다른 문제는 기존 거주자가 공무원일 경우 경매최고가 낙찰이 일반인에게 되었다고 하더라도 행정처리를 제때 해주지 않는 일이 발생하여 일반인이 실제로 공무원 관사를 낙찰받기 어렵다는 점이었다.

이러한 문제가 발생함에 따라 정부는 다시 연고권을 인정한 관사불하를 진행한 것으로 보인다. 공식적으로 발표된 자료가 많지 않아 연고권 인정에 관하여 변화과정을 명확하게 파악할 수는 없으나 신문보도를 토대로 정리해 보면 1953~1955년에 연고권을 인정치 않은 불하를 진행하였고, 그 이후 연고권을 인정한 관사불하를 진행한 것으로 보인다.

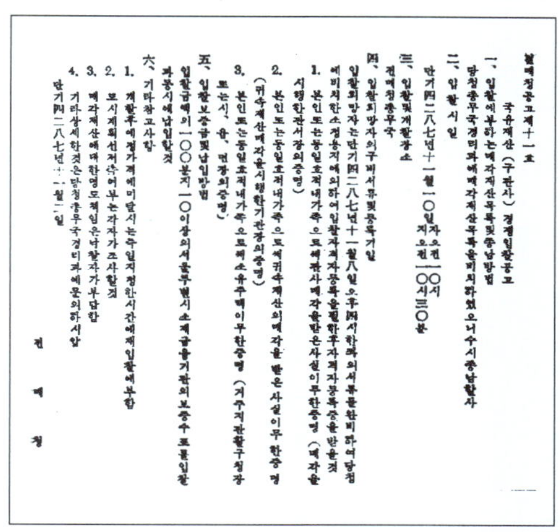
전매청공고제十一호
국유재산 (구관사) 경쟁입찰공고
一、입찰에부하는매각재산목록및응납방법
당청총무국경리과에매각재산목록을비치하였으니수시종람할사
二、입찰시일
단기四二八七년十一월一〇일자오전一〇시 지오전一〇시三〇분
三、입찰및개찰장소
전매청총무국
四、입찰희망자의구비서류및등록기일
입찰희망자는단기四二八七년十一월八일오후四시한좌의서류를완비하여당청에비치한소정용지에의하여입찰자격자등록을필한후자격자등록증을받을것
1. 본인또는동일호적내가족으로써관사매각을받은사실이무한증명 (매각을 시행한관서장의증명)
2. 본인또는동일호적내가족으로써귀속재산의매각을 받은 사실이무 한증 명 (귀속재산매각을시행한기관장의증명)
3. 본인또는동일호적내가족으로써소유주택이무한증명 (거주지관할구청장 또는시、읍、면장의증명)
五、입찰보증금및납입방법
입찰금액의一〇〇분지一〇이상의서울특별시소재금융기관의보증수표를입찰과동시에납입할것
六、기타참고사항
1. 개찰후예정가격에미달시는수입지정한시간에재입찰에부함
2. 도시계획선저촉여부는각자가조사할것
3. 매각재산에대한명도책임은낙찰자가부담함
4. 기타상세한것은당청총무국경리과에문의하사압
단기四二八七년十一월二일
전매청

국유재산(관사) 경쟁입찰에 관한 건(전매청, 서울)

「주택난과 행정삽체」, 『경향신문』, 1953년 8월 23일 자

최근 날이 갈수록 복귀시민들이 연일 증가하고 있어 현재 150만으로 추산되고 있다고 소식통이 전하고 있다. 이에 따라 주택난은 일부 가주들의 모리행위로 말미암아 집 없는 전재민들은 하늘만 쳐다보고 하소연과 서울에 복귀한 것을 후회하고 있는 실정이므로 관계당국의 적절한 시책이 시급히 요청된다. 이러한 환경에서 귀속재산 가옥을 비롯하여 대지와 심지어 공무원 관사를 둘러싸고 쟁탈전이 벌어져 소청사건이 연일 증가되는 현상인데, 이에 대하여 관계당국에서 조속히 주택을 건설하는 등 충분한 대책을 세우는 방법 이외는 별도리가 없을 것으로 일반의 여론이 높다.

1954년도 운크라 계획 중에 주택건설호수는 5500호라고 발표한 바 있으나 완성까지는 상당한 시일을 요할 것이며, 또 서울특별시에만 집중 건설할 것도 아니어서 주택난에 허덕이는 재민들은 환도하자마자 셋방 구하기에 혈안이 되어 있다.

〈중략〉

또한 관사배정 및 유지 문제를 둘러싸고 무단입주자와 추후 배당받은 공무원 사이에 냉전이 계속되고 있다.

서울시내만 해도 일반회계 소속 중앙청 관사 262호를 제외한 특별회계 소속 서울지구의 교통부 1000호, 체신부 100호, 전매청 100호 가운데 각 부처 장·차관에게 배당한 40호는 수리를 완료하여 이미 입주하여 문제가 없으나 나머지 200호는 2급 공무원에게 배당은 하였으나 이미 입주하여 있는 하급공무원과 일반민간인이 명도를 해주지 않을뿐더러 어떤 관사는 풍우를 가릴 수 없을 정도로 파괴당하여 그대로는 도저히 입주할 수 없다는 것이다.

국가재정상 관사 수리비와 유지비를 지출하지 못하는 현재 이대로 방치하면 닥쳐올 겨울에는 완전히 파괴되어 없어질 것이라고 하는데, 관사 불하에 있어서는 연고자의 우선권을 인정하지 않으므로 입주배당 공무원도 수리하려고 하지 않고 심한 자는 남은 방을 비싼 셋방으로 이득을 보는 자도 있는 형편이다. 더욱이 무단입주자를 강제로 축출할 수도 없을 만큼 주택난이 심한 요즈음 관계당국에서 방관태도로 나가다가는 관사는 소멸될 것이므로 불하를 곧 실시하여 수리하도록 하든지 그렇지 못하면 입주자에게 수리비용보상제를 실시하여 귀중한 국유재산을 유지하여야 한다는 것이 일반여론이라고 한다.

「官舍(관사)를 競賣(경매)한다」, 『조선일보』, 1954년 3월 27일 자

재무부에서는 정부관사제도의 정비와 폐지된 구 관사의 처분안을 구상 중이던바 오는 4월 중순부터 관사의 정비와 아울러 폐지되는 관사에 대한 우선권 없는 경매입찰을 실시한다. 전국에 산재한 관사 총 수는 6000동에 달하는데, 대부분을 일반에게 공매처분하고 서울의 40여 동과 각 도에 몇 동씩만을 존속시킬 계획이고, 4월 중순경 제1차로 서울에서 50동의 관사를 '현거주자의 우선권을 전혀 인정치 않는 경매입찰로 일반에 매각'한다.

권력집행적 행정작용을 수반하지 않는 국가의 업무를 수행하는 기관을 뜻하며, 우편·철도·조폐·전매·국유지 및 국유림 사업·인쇄·구매 사업 등을 처리하는 기관들이 있다.

「사건투성이 관사불하」, 『동아일보』, 1954년 6월 22일 자

지난 4월 정부 소유 관사를 불하하라는 대통령 유시에 따라 전국 각처에 있는 약 600동 관사 중 체신부와 교통부 등 현업관청소[95] 관부를 제외한 일반관사의 불하를 진행하는 가운데 재무부 국유재산과 조사에 따르면 현재까지 300건을 처리하였고, 앞으로 100건만 불하하면 일단락을 보게 될 것이라고 한다. 지난 4월부터 시작된 이번 관사불하는 귀속재산 불하와 달리 현거주자에게 우선권 없이 일반공매 입찰로 최고입찰자에게 불하하는 것이고, 현재 거주하는 자가 대부분 공무원이라는 데서 여러 파생적인 문제와 마찰을 일으키고 있다. 심계원 직원거주관사를 상공부 직원이 경락하였다가 우여곡절의 마찰 끝에 낙찰자가 포기한 사건을 비롯하여 조 외무차관 관사를 관할 파출소 순경이 경락하는 과정에 알력을 일으킨 사건 등이 연달아 발생하여 사회의 이목을 집중시키기도 하였다. 정부 소유 관사의 불하 문제는 현 거주자인 공무원의 주거를 위협하는 일방一方 입찰에 참가한 연고 없는 일반인에게는 정부가 공고한 '우선권 없음'이라는 입찰조건 자체에 대하여 의구심을 품게 되어 가고 있다고 한다.

그 실례로서는 현직검사가 거주하고 있는 관사를 공무원 아닌 일반 민간인이 경락하였다가 사세청으로부터 낙찰권 취소통지가 송달되어 결국 앞으로 행정소송에까지 발전될 기세에 있는 사건이 발생하여 주목을 끌고 있다. 문제의 관사는 시내 중구 남창동 282에 있는 윤지선 검사가 거주하고 있는 관사로서 동 관사는 지난 5월 초 서울 사세청에서 불하입찰을 한 결과 현 거주자인 윤 씨는 130여 만 환으로 차찰자가 되고 손이원 씨가 137만 5000환으로 낙찰이 되었다고 한다.

그리하여 손 씨는 5월 3일까지 매매계약을 체결하라는 사세청 지시에 의하여 5월 2일부터 계약체결을 요청하였으나 차일피일 연기된 끝에 6월 10일 자로 낙찰권을 취소한다는 통지가 송달되어 온 것이라고 한다.

「당국이양 꺼리는 탓」, 『동아일보』, 1955년 2월 3일 자

국유관사의 매각처분 사무는 매각처분 대상 3658동 중 불과 6분의 1에 해당하는 635동이 처분되는 지지부진한 상태를 보이고 있다. 국유관사는 작년 2월 24일부로 대통령령으로 전국에 산재한 관사를 폐지하고 국유재산법 제6조의 규정에 의거하여 일반공매에 부치고 있었는데도 불구하고 전기와 같이 매각성적은 지극히 불량하다고 한다. 그런데 국유관사의 공매처분 사무가 이와 같이 부진상태를 나타내고 있는 주요 원인은 관사 각 관리책임자들이 공용으로서 사용이 폐지된 관사를 재무부 장관에게 이양하지 않고 일부러 그 이양사무 절차를 이행하지 않은 데 있다고 한다. 관계당국자의 말에 의하면 동 국유관사의 매각을 추진하기 위하여 현재 국무회의에 국유관사 인계에 관한 조치안을 부의하고 있으며, 동 안이 국무회의에서 의결만 되면 오는 6월 말일까지 아직까지 매각되지 않고 있는 일반회계에 속한 관사 1100동과 특별회계에 속한 관사 1900동을 완전히 매각할 방침이라고 한다.

총무처 소관 정부소유건물 매도령

1949.8.20. 제정 [대통령령 제173호](1950.4.14. 폐지제정[327호], 1950.5.15. 개정[351호])

제1조 총무처 소관의 정부소유건물 중 공무원의 거주의 용에 공하는 건물과 대지 및 그 부속물(以下 物이라 稱한다)로서 **국유재산법 제6조**에 의하여 **행정재산의 용도를 폐지한 것은 본령에 의하여 이를 매도**한다.

국유재산법 제6조
행정재산의 용도를 폐지할 때에는 각 부처의 장은 지체없이 재무부 장관에게 인계하여야 한다. 단, 대통령령이 정하는 바에 의하여 인계함이 부적당하다고 인정할 때에는 예외로 한다.

제2조. 건물매도에 관한 사무는 총무처장이 이를 장리한다.

제3조. 건물매도에 관한 중요 사항에 관하여 총무처장의 자문에 응하기 위하여 건물매도위원회를 설치한다.

제4조. 건물매도위원회는 위원장 1인, 부위원장 4인, 위원 약간인으로 조직한다.
위원장은 총무처장, 부위원장은 총무처차장·재무부차관·법제처차장·기획처차장이 된다.
위원은 관계부처 고급 공무원 중에서 위원장이 위촉한다.

제5조. 건물매도위원회는 아래의 사항에 관하여 총무처장의 자문에 응한다.
1. 매도를 받을 자의 자격의 심사
2. 매도예정가격의 결정
3. 기타 중요한 사항

제6조. **건물원매자는 정부수립 후 공무원으로서 1년 이상 재직하여 매도 당일 중앙행정기관에 근무 중인 자라야 한다.** 단, 본인 또는 동일 세대 내의 1인이 서울 시내에 이미 주택을 소유하거나 귀속주택을 불하계약 또는 임차하고 있는 경우에는 매도를 받지 못한다.
전항에서 **중앙행정기관이라 함은 부(교통부, 체신부 및 재무부 전매국은 제외)·처와 심계원, 고시위원회, 감찰위원회, 외자구매처, 관재청 및 임시외자관리청을 말한다.**

제7조. **건물매도는 경쟁입찰방법에 의한다.**
제1회 입찰의 결과 **최고입찰가격이 정부예정가격에 미달할 때에는 즉시 재입찰을 행한다.**
재입찰의 결과 **최고입찰가격이 정부예정가격에 미달할 때에는 수의계약으로 매도할 수 있다.**
제7조의2. 입찰에 있어서는 입찰보증금을 요한다.
제7조의3. 경쟁입찰에 의한 매수자 결정은 최고입찰자로 하되 당해 건물에 대하여 정규의 입사명령을 받은 자가 입찰에 참가하고 최고입찰가격으로 매수를 원하는 때에는 당해인에게 우선적으로 매도한다.

제8조. 건물매도 예정가격은 2개 이상의 금융기관에 위촉하여 감정한 자료에 의하여 차를 결정한다.

제9조. 매도대금은 일시 전액 현금납부를 원칙으로 한다. 단, 매수인의 사정에 의하여 최고 10년의 기한으로 분할 납입할 수 있다.
전항의 규정에 의하여 매도대금을 분납할 경우에는 제1기 분납금은 매도대금의 10분지 1 이상으로 하여야 한다.
매도대금 납부기간 중 일반물가의 변동이 현저할 때에는 그 이후의 납부금액을 변경할 수 있다.

제10조. 매도건물 소유권의 이전은 매도대금 완납 후에 이를 행한다.

제11조. 매수인이 대금을 정기에 납입하지 아니할 때는 지체없이 1회에 한하여 적당한 기한을 정하여 체납금 납입을 독촉함을 요한다.
전항의 독촉기일까지에 체납금을 납입하지 아니한 때에는 당해 매도계약은 자동적으로 해제되며 다시 개시한다.
전항 계약해제를 당한 자는 이미 납입한 대금 중 재도매도로 인한 정부의 일절손실금을 공제한 잔액을 청구할 수 있다.

제12조. 매수자는 매도대금 완납 전에 당해 건물에 관한 권리를 제3자에게 양도할 수 없다. 단, 총무처장의 승인을 얻었을 때에는 예외로 한다.

제13조. 본령 시행에 필요한 사항은 총리령으로 정할 수 있다.

부칙. 본령은 공포한 날로부터 시행한다.
단기 4282년 8월 20일 대통령령 제173호는 이를 폐지한다.

구 관사매각준칙

1951.2.28. [재무부고시 제28호]

구 관사 매각 준칙을 아래와 여히(같이) 제정 실시한다.
단기 4284년 2월 28일 재무부 장관 최순주

구 관사 매각 준칙

제1조. 본 칙은 총무처 소속이었던 구 관사(대지 및 부속건물을 포함한다. 이하 같다.) 매각에 대하여 이를 적용한다.

제2조. ① **구 관사는 입찰 당시 중앙행정기관에 재직한 자와 대부를 받은 자에게 경쟁입찰에 의하여 이를 매각한다**. 구 관사의 공용폐지 전 이미 국회, 법원, 검찰청, 서울대학, 서울특별시, 경기도 및 형무소, 기타 기관에 사용 승인한 관사에 대하여는 당해 건물에 한하여 입찰 당시 당해 기관에 재직하는 자 및 대부를 받은 자에게 입찰하게 한다. ②제1항에 규정한 중앙행정기관이라 함은 부(교통부, 체신부 및 재무부 전매국을 제외)·처와 심계원, 고시위원회, 감찰위원회, 외자구매처, 임시관재청 및 임시 외자관리청을 말한다.

제3조. 제1회 입찰의 결과 **최고입찰가격이 예정가격에 미달할 때에는 재입찰에 부한다. 재입찰의 결과 최고입찰가격이 예정가격에 미달할 때에는 예정가격 이상으로 수의계약에 의하여 매각한다**.

제4조. 아래에 게재한 자는 일반경쟁입찰에 참가하지 못한다.
1. 허가 없이 입사 거주하는 자
2. 부역자 행위로 인하여 유죄판결을 받은 자
3. 본인 또는 동일세대 내에 있는 가족이 서울특별시 내에 주택을 소유한 자

제5조. 입찰자는 일단 제출한 입찰서의 반환이나 변경 또는 감소를 하지 못한다.

제6조. 아래에 게재한 입찰은 무효로 한다.
1. 입찰 자격 없는 자가 한 입찰
2. 입찰에 관한 조건에 위반한 자

제7조. 입찰자는 입찰 당시 입찰금액의 100분의 10 이상의 보증금을 납부함을 요한다.

제8조. 낙찰자 계약을 체결하지 아니할 때에는 전조에 규정한 보증금은 이를 반환하지 아니한다.

제9조. 제7조에 규정한 보증금은 개찰 후 이를 반환한다. 단, 낙찰자에 대하여는 그 대금의 일부 또는 계약보증금으로 충당할 수 있다.

제10조. ①입찰 당시 당해 건물에 **정식 입사명령을 받은 중앙행정기관에 재직하는 자 및 화(貨)부를 받은 자로서 입찰에 참가하여 당해 건물의 낙찰가격이 제3자 외 최고입찰가격으로 결정되었을 때에 그 가격으로 매수를 신립(신청)하는 경우에는 제2조의 규정에도 불구하고 당해자에게 우선 매각한다.** ②전항의 규정은 공용폐지 전 '국회, 법원, 검찰청, 서울대학, 서울특별시, 경기도 및 형무소, 기타 기관'에 대부한 관사를 그 소속 의원 또는 직원으로서 정식 입사허가를 받았거나 대부(貸付)를 받은 자에게 준용한다. ③전 2항의 규정에 의하여 우선매수를 신립할 경우에는 그 재직, 입사 및 대부에 관한 당해 관청의 증명서를 첨부하여 개찰 전에 제출하여야 한다.

제11조. 매각예정가격은 두 개 이상의 금융기관에 위촉하여 그 감정자료에 의하여 이를 평정(評定)한다.

제12조. ①매각대금은 일시불로 한다. 단, 재무부 장관의 승인을 얻었을 때에는 10년 이내의 기간을 정하여 분납할 수 있다. ②전항 단서에 의하여 분납하는 경우에는 미납가격에 대하여 연 9분(分)에 상당한 금액을 이식(利息=이자)으로 납부하여야 한다. 매각대금을 분납할 경우에 있어서 제1회 분납금은 매각대금의 10분의 1 이상으로 한다.

제13조. 매각 건물의 소유권 이전은 매각대금 및 전조 제2항에 규정한 이식을 완납한 후에 이를 행한다. 소유권 이전에 요하는 비용은 매수(買受)자가 이를 부담한다.

제14조. ①제12조 제1항 회서(回書)의 규정에 의하여 매각대금을 분납하는 경우에 있어서 매수인이 그 약정기한 내에 약정분납대금 및 이식을 납입하지 아니할 때에는 자동적으로 그 건물의 매수계약이 해제된다. ②전항의 규정에 의하여 계약이 해제된 때에는 제1회 불입(拂入)금은 계약보증금으로 간주하여 이를 반환치 아니한다.

제15조. 매수자는 매매대금 및 그 이식을 완납하기 전에 당해 건물에 관한 권리를 제3자에게 양도하지 못한다. 단, 재무부 장관의 승인을 얻었을 때에는 차한(此限)에 부재(不在)한다.

부칙
제16조. 본 칙은 재무부고시의 날로부터 시행한다.

관사제도 정비와 용도폐지한 구 관사 처리 방침에 관한 건

1953.12.1.

관사제도 정비와 용도 폐지한 구 관사 처리 방침(안)

부의안

관사제도 정비와 용도 폐지한 구 관사 처리 방침에 관한 건

1. 관사의 연혁 및 운영 개황

국내 각지에 산지한 전 관사는 일부를 제외하고는 대부분이 거금 30~40년 전 위정 때 건축하였던 목조 가옥으로서 차(此)는 **정부수립 후 즉 단기 4282년 4월과 4284년 2월 각각 공포 실시한 정부 소유 건물 매도령과 구 관사 매각 준칙 등에 의하여 위제가 식민정책상 창설하였던 관사제도는 사실상 폐지한 것이나 다름없었으며**, 따라서 동 구 관사는 국고 수리 불능 등으로 노후가 날로 가속도화하였을 뿐만 아니라 6·25전쟁과 1·4후퇴 등의 동란으로 대부분이 파손상태에 처하여 있으며, 그중 전화를 가장 많이 입은 서울지구에 소재하는 중앙청 구 관사 중 파괴 정도가 근소한 200여 동은 단기 4285년 3월 25일 자 제23차 국무회의에서 분부하신 대통령 각하의 다음과 같은 유시를 받들어

(유시)

관사 수리에 관한 건

「건축연한이 오라지(오래되지) 않은, 즉 노후건물 아닌 관사로서 금후에도 계속적으로 존치시킬 필요가 있는 관사는 용후사정이 허하는 대로 우선적으로 수리하도록 강구하라」

단기 4285년 7월 14일 자로 대통령 각하의 앙재(仰裁)로써 **구 관사 매각 준칙을 폐지하고 우선 공용관사로 부활**하여 각 부처, 국회 및 대법원 등에 정원수와 종래 입사실적 수 등을 참작하여 배정코자 동 배정소를 국무회의에 상정하였으나 단기 4285년 11월 11일 자 국무회의에서 분부하신 대통령 각하의 관사 처리에 대한 다음과 같은 재유시를 받들어

(유시)

서울정부관사에 관한 건

「재서울정부관사는 40~50동가량만 제외하고 기타는 방매토록 연구하여 보라. 방매하기까지의 임시 관리방법은 적의 조치하라」

일단 동 배정 부의안이 보류되었음. 연(然)이나 동절을 맞이한 당시의 관사에 대한 응급관리조치가 화급함에 부득이 기배정계획안대로 각 부처와 국회 및 대법원 등에 단기 4285년 12월 중순항(項) 우선 관사를 인도하고 동 부처장 등으로 하여금 국유재산법 제4조의 규정에 의하여 행정 재산인 공용관사로서 임시관리케 하였던 것이며 금년 7~8월항(項)에는 정부 천도를 계기로 동 배정 관사 중 차관급 이상의 관사 60동가량을 총무처, 국회, 대법원 등에서 각각 국비로 수리하고 잔여관사는 국비수리가 불능함에 동 관사 건물의 파위 응급방지상 재무부 방침으로 입사자의 사비 수리 인증제도를 설치하여 관사 건물의 만전책을 추진 중에 있음

2. 관사의 필요성

관사제도는 원칙적으로 생활조건이 아닌 국가에서는 그다지 필요성을 늦기지(느끼지) 않을 것이나 우리나라와 같이 주택 사정이 특히 곤란한 국가로서는 부득이 관사의 필요성을 늦기며(느끼며) 특히 기 이유로서는 각 기관 책임자의 중한 직무수행상 또는 현업과 주택과의 불가분의 관계를 가진 현업기관 등에 있어서는 절대적으로 관사가 필요하며, 따라서 최소한도 차항 범위 내의 관사제도를 인정하여 유지함이 타당함

3. 관사의 범위 및 유지·관리 방책

관사의 범위는 아래와 여하며 유지·관리 방책은 재무부령으로 정하고자 하는 별지안의 관사관리규정과 동 규정의 관사료 세입으로 차를 유지·관리함

ㄱ. 행정부관사
- 중앙청 차장 이상
- 지방청
- 제1차 소속기관 기관의 장, 차장, 국장
- 제2·3차 부속기관 기관의 장
- 현업기관의 장, 현업과 불가분의 직위자
- 단, 현업과 불가분의 직위자는 일선에 한함

ㄴ. 사법부관사
- 중앙청 행정부관사에 준함
- 지방청 행정부관사에 준함

ㄷ. 입법부관사 행정부관사에 준함

단, 우 관사는 종전실적 또는 예산이 허용되는 범위에서만 인정하며 각년 12월 각 부처에 관리병한 중앙청 관사 중 경무대를 중심으로 한 세종로와 신문로2가 지구에 소재하는 전 관사는 우 관사의 일부로 충당함

4. 존치키로 결정하기 전에 이미 사비로 수리를 가한 관사에 대한 사비 수리 보상

존치키로 결정하기 전에 이미 사비로 수리를 가한 관사의 사비 수리 보상에 대하여는 입사명령에 의한 정식 입사자가 소정의 수리비 지출 보상을 받을 것으로서 수리비 보상 신청이 유한 것에 한하여 차를 국고 보상함

5. 용도폐지한 구 관사의 처리

ㄱ. 구 관사의 인계

중앙청에 있어서는 차장 이상의 관사, 기타에 있어서는 존치키로 결정된 관사를 각각 제외한 잔여관사에 대하여 각 부처장은 본 방침에 의하여 즉시 용도를 폐지하고 국유재산법 제6조의 규정과 동법 시행령 제9조의 규정에 의하여 재무부 장관에게 인계하여야 함

ㄴ. 구 관사의 처분

각 부처장으로부터 구 관사를 인수한 재무부 장관은 국유재산법 제5조의 규정에 의하여 매각처분을 하되 매각방법으로는 **재정법 제57조**의 규정에 의하여 일반경쟁입찰에 의하여 공매함

재정법 제57조
각 중앙관서의 장은 매매, 대차, 청부, 기타의 계약을 할 경우에 있어서는 모두 공고를 하여 경쟁에 부하여야 한다. 단, **각 중앙관서의 장은 대통령령으로 정하는 바에 의하여 지명경쟁 또는 수의계약에 의할 수 있다.**

ㄷ. 매각대금 납부

매각대금은 일시납부를 원칙으로 하며 특수 사정이 유한 것은 국유재산법 13조의 단서의 제정과 동법 시행령 제39조의 규정에 의하여 3년이내의 연납을 할수있음

ㄹ. 매각한 구 관사의 명도

매각한 구 관사의 명도 책임은 관에서 부치 아니함

ㅁ. 매각한 구 관사에 대한 사비 수리 보상

입찰공매 결과

A. 수리를 가한 본인에 낙찰되었을 시는 낙찰금액에서 인증받은 수리비를 공제한 금액으로

B. 만일 수리를 가하지 않은 타인에게 낙찰되었을 시는 낙찰금액에서 인증받은 수리비를 공제하여 수리를 가한 본인에게 직접 보상케 하고 잔여금액으로 각각 매각 계약을 함

(비고)
우 사비 수리보상안은 관재청에서 현재 취급하고 있는 소속재산의 수리비 인증제도를 원용한 것임

공용폐지된 구 관사 인계에 관한 건

1955년 1월

재무부

부의사항

공용폐지된 구 관사 인계에 관한 건

제안 이유

전국에 분포된 전 국유관사는 단기 4287년 2월 24일 자 대통령 각하의 재가로써 **관사제도를 정비하고 공용폐지된 구 관사는 국유재산법 제6조의 규정에 의하여 각 관리청장은 재무부 장관에게 인계토록 되어 있기 때문에 기후 수차에 금하여 인계책을 촉구하였음에도 불구하고 동 인계절차를 이천치 않음으로 인하여 제 혼란을 야기하고 있으매 조감하여 인계책을 촉진코자 함에 인함**

결의 사항

1. **관사제도 정비에 수반하여 용도를 폐지한 구 관사는 관리청별로 당해 소속 전 관사의 목록을 작성하여 단기 4288년 2월 10일까지 총괄청인 재무부 장관에게 인계토록 아래 각항에 의하여 실시한다.**

기(記)

(1) 관사목록의 작성

각 관리청의 장은 비치된 국유재산대장에 의하여 전 관사의 목록을 작성하되 만약 기본 도부의 복구 미완성으로 인하여 조사키 곤란할 경우에는 실태조사를 시행케 하여 목록을 작성한다.

단, 아래에 해당하는 관사는 별도로 분리하여 목록을 작성한다.

A. 관사제도정비요강에 의하여 계속 존치키로 된 군부, 현업기관(교통, 체신부와 전매청)의 업무상 불가피한 관사와 관청 구내에 소재한 관사

B. 중앙직속 기관장, 지방청 관서장, 사법부 소속 관서장의 현업주관사

C. 전각호에 해당하는 관사로서 계속 유지성 여부의 결정은 총괄청인 재무부와 각 관리청 간 합의로써 결정한다.

(2) 매각사무의 취급 한계

매각 처분은 종전대로 일반회계와 특별회계로 구분 시행하되 각 특별회계 소속 관사는 매각사무 시행 전에 국유재산법 시행령 제15조의 규정에 의하여 재무부 장관의 승인을 득하여야 한다.

(3) 매각 처분의 종결

매각대상의 구 관사는 단기 4288년 6월 말일까지 일체 매각하여야 한다.

단, 각 특별회계에 있어서는 처분계획서 사본 1통을 재무부 장관에게 사전 제출하여야 한다.

국유재산법 시행령초

제15조　아래에 게기한 사항에 대하여 소속 부처의 장은 재무부 장관의 승인을 받아 이를 처리하여야 한다.

1. 평정가격 50만 원 이상 물건의 매각에 관한 사항
2. 3000평 이상의 토지 또는 대부료 연액 또는 총액 3만 원 이상 물건의 유상대부 또는 유상 준대부에 관한 사항
3. 국유재산의 교환, 양여, 무상대부 또는 무상 준대부에 관한 사항
4. 계속 대부 또는 계속 준대부로서 본항 제2호에 해당되는 사항
5. 1만 평 이상 토지의 개척이나 수면의 매립 또는 간척을 하게 하는 계약에 관한 사항
6. 토지의 개척이나 수면의 매립 또는 간척 사업에 성공한 부분에 대하여 예약에 의하여 매각, 양여 또는 대부에 관한 사항

전항에 준대부라 함은 행정재산을 용도 또는 목적에 장애가 없는 한도에서 사용 또는 수익시키는 계약을 칭한다.

국유재산법 반초

법 제6조 행정재산의 용도를 폐지할 때에는 각 부처의 장은 지체 없이 재무부 장관에게 인계하여야 한다. 단, 대통령령이 정하는 바에 의하여 인계함이 부적당하다고 인정할 때에는 예외로 한다.

령 제10조 행정재산의 용도를 폐지한 것으로 본법 제6조 단서에 의하여 인계함이 부적당하다고 인정하는 범위는 아래와 여하다.

1. 용도폐지와 동시에 국유재산의 성질을 상실한 것
2. 보통재산으로 종별 변경한 후에 교환할 목적으로 용도를 폐지한 것
3. 선박, 부표(浮標), 부잔교(浮棧橋) 및 부선거(艀船渠)
4. 제24조 내지 제27조의 규정에 의하여 양여하려고 한 것
5. 교환에 의하여 인도할 토지와 동시에 토지에 있는 건물 또는 공작물의 용도를 폐지한 경우의 건물 또는 공작물
6. 재무부 장관과 특히 협정한 것

'공용폐지된 구 관사 인계에 관한 건'과 1955년 2월 3일 자 동아일보 기사, 즉 '전국의 관사를 폐지하였음에도 폐지관사를 재무부 장관에게 이양하는 사무를 처리하지 않아 매각처분 대상 중 6분의 1 정도만이 처분되었다'는 내용을 통해 실제 전국의 관사가 폐지되었음에도 실제 행정절차가 제대로 이루어지지 않았으며, 이 시기에 연고권이 인정되지 않는 관사의 불하는 적극적으로 처리되지 않았음을 알 수 있다.

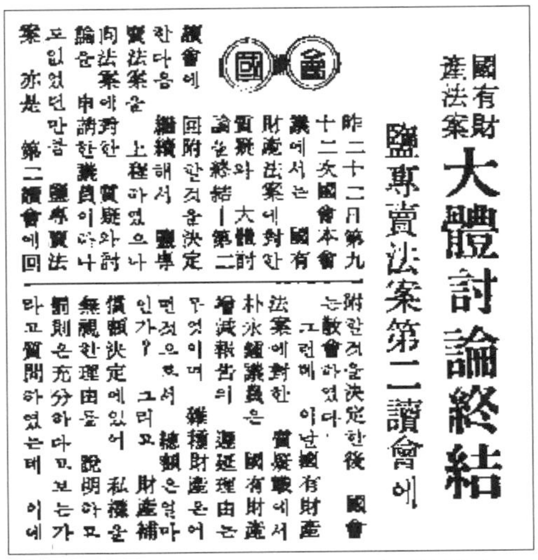
國有財産法案 大體討論終結

鹽專賣法案第二讀會에

昨二十二日第九十二次國會本會議에서는 國有財産法案에 對한 質疑와 大體討論을 終結 第二讀會에 回附할 것을 決定한다음 繼續해서 鹽專賣法案을 上程하였으나

「국유재산법안 대체토론종결」 | 『동아일보』, 1956년 10월 23일 자

'공용폐지된 구 관사 인계에 관한 건' 발표 이후로 공식적인 관사불하를 위한 대상조사는 어느 정도 마쳤을 것으로 보인다. 또한 관사불하는 다시 연고권을 인정하여 기존 거주자에게 불하하였던 것으로 보인다. 1956년 10월 23일 자 기사에서는 당시 관사 수가 방대하여 정부가 전부를 관리하기 어려워 연고자에게 불하하였다고 전해지는데, 연고권 인정 재개 시점은 1955~1956년 중인 것으로 추정된다. 관사의 매각 방법은 일반적으로 공매하도록 되어 있었으나, 재정법 제57조 조항의 '대통령령으로 정하는 바에 의해 지명경쟁 또는 수의계약에 의할 수 있다'는 내용에 따라 수의계약도 가능해졌다.

이러한 법 조항에 따라 실제 수의계약에 의한 불하가 진행된 것이 1961년 3월 7일 자 기사에서 '1954년 7월부터 1960년 9월 말까지 84동의 관사를 수의계약으로 부정불하가 이루어졌다'고 한다. 즉 정부는 관사의 불하를 속히 처리할 수 있었을지는 모르나, 당시 정부의 정책과 실제 시행 사이에 부정부패와 행정시스템 부재 등으로 인한 괴리감이 있던 것으로 보인다.

「관사불하문제 힐난」, 『조선일보』, 1956년 10월 23일 자	<전략> 국유재산법안의 제1 독회 中 ▲윤형남 의원 질의=관사불하가 너무 남행되고 있지 않은가? 불하경위와 건수 및 방법 그리고 잔여 관사 수는? ▲천병규 재무차관 답변=제8조 중의 소속장관의 허가는 가급적이면 남용하지 않을 작정이다. 관사불하의 동기는 잘 모르겠으나 내가 알기로는 방대한 수의 관사를 전부 정부가 관할할 수 없어 연고자에게 불하한 것으로 본다.
「관사불하의 난맥폭로, 시세 등진 엉터리 처분 84건 중 태반을 수의계약으로」, 『조선일보』, 1961년 3월 7일 자	정부는 난맥을 이루고 있는 국유재산의 정리와 부정축재공무원 처리와 관기숙정官紀肅正을 위한 기초자료를 얻기 위하여 고급공무원이 매수한 국유재산(구 관사) 실태를 조사하였다. 6일 관계 소식통에 의하여 밝혀진 동 조사결과에 의하면 4287년(1954년) 7월부터 4293년(1960년) 9월 말까지 서기관급 이상의 공무원으로서 국유재산을 매수한 건수는 태반이 수의계약으로 총 84건인데 각기 그 매수가격과 시세와의 현격한 차이는 물론 주무당국인 재무부가 국유재산의 관리 및 처리를 얼마나 계획성 없이 방만하게 시행하였는가를 여실히 입증하고 있다.

신문로2가 관사의 불하시기

관사 불하정책을 토대로 살펴봤을 때 관사의 불하시기는 1955년 이후에 집중되었을 것으로 짐작된다. 이 중 신문로2가 관사의 불하시기를 좀 더 세밀하게 파악하기 위하여 우선 관련 공문서를 통해 불하공고 내용 및 시기를 확인하였고, 이어 시기별로 작성한 폐쇄지적도를 기반으로 토지대장을 대조하여 토지변동 시기를 파악하였다. 이를 바탕으로 '국國'에서 '개인'으로 소유주가 변동한 것을 '불하'로 간주하여 신문로2가 관사의 불하시기를 파악하였다.

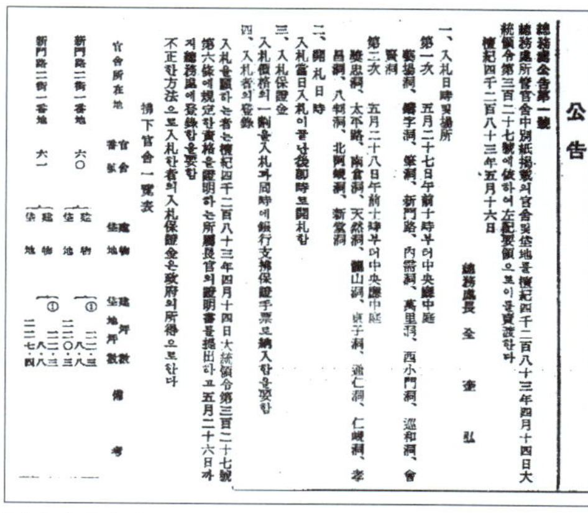
公告

總務處公告第一號

總務處所管官舍中別紙揭載의官舍및垈地를檀紀四千二百八十三年四月十四日大統領令第三百二十七號에依하여左記要領으로이를賣渡함

檀紀四千二百八十三年五月十六日

總務處長 全 奎 弘

一、入札日時및場所

第一次 五月二十七日午前十時부터中央廳中庭

[illegible]洞、[illegible]字洞、[illegible]洞、新門路、內需洞、萬里洞、西小門洞、巡和洞、會賢洞

第二次 五月二十八日午前十時부터中央廳中庭

奬忠洞、太平路、南倉洞、天然洞、[illegible]山洞、[illegible]子洞、通仁洞、仁峴洞、孝昌洞、八判洞、北阿峴洞、新堂洞

二、開札日時

入札當日入札이끝난後即時로開札함

三、入札保證金

入札價格의一割을入札과同時에銀行支拂保證手票로納入함을要함

四、入札者의登錄

入札을願하는者는檀紀四千二百八十三年四月十四日大統領令第三百二十七號第六條에規定한資格을證明하는所屬長官의證明書를提出하고五月二十六日까지總務處에登錄함을要함

不正한方法으로入札한者의入札保證金은政府의所得으로함

拂下官舍一覽表

官舍所在地	官舍番號	建物 垈地	建坪數 垈地坪數	備考
新門路二街一番地	六〇	建物 垈地	① 二二·三 八·八 二二〇·三	
新門路二街一番地	六一	建物 垈地	① 二二·三 八·八 二二七·四	

「관사 및 대지 매도의 건」 | 『관보』, 1950년 5월 18일 자

신문로2가 관사의 최초 불하공고

공문서를 통해서 신문로2가의 관사 매각 공고가 발표된 것은 1950년 5월 18일 '총무처 소관 관사 및 대지 매도의 건'이다. 이를 시작으로 신문로2가 관사의 매각이 본격적으로 시작되었다. 본 공고는 서울 소재 용도폐지된 286동의 관사를 일반공매에 부쳐 불하한다는 내용으로 신문로2가의 관사는 2동만이 포함되어 있었다. 일반인도 참여 가능한 공매였기 때문에 이 공고문에는 관사의 위치(동단위), 대지면적, 건물면적과 관사번호(지번을 대체하여 기재)가 기재되어 있다.

공고문에 나와 있는 관사번호, 대지면적, 건물면적을 폐쇄대장과 비교하여 유추한 결과 60호 관사는 1-113번지, 61호 관사는 1-112번지로 파악되었다. 이때 관보와 대장상 대지면적은 3㎡ 내외의 오차로 거의 차이가 없다. 반면 건물면적은 관보에 약 31.1평, 폐쇄대장에 약 39평으로 기재돼 8평 정도의 오차를 보인다. 이는 공고문상의 오류로 추정된다. 기존 관사의 표준 평면안의 관사 면적으로 30평대는 39평 하나뿐이며, 신문로2가 관사지에서 대지면적이 220평인 대지는 이 두 필지뿐이기 때문이다.

이 추정이 맞는다고 가정하고, 폐쇄대장상 각각 1957년과 1961년인 소유변동일을 통해 두 가지 가능성을 추정해 보았다. 첫째는 매도공고 때 입찰된 사람에게 불하가 되지 않았다는 점이다. 둘째는 해당 소유주에게 매도되었으나 매도공고 이후 한 달 정도 지나 발생한 6·25전쟁으로 인하여 그 기간 중 공식적인 행정절차를 이행하지 못하였으리라는 것이다. 그러나 소유변동일 사이 기간 차이가 커 1950년 매도공고에 따른 불하가 이루어지지 않았을 가능성이 높다.

총무처 소관 관사 및 대지 매도의 건 신문로2가에 해당하는 관사 2동(1950.5.18.)

총무처 소관 관사 및 대지 매도의 건			폐쇄 건축물·토지대장				
관사번호	대지면적	건물면적	지번	대지면적	건물면적	소유변동일	소유주
60호	220.3평(727.3㎡)	22.3평	1-113	726.9㎡	39.21평	1957.6.11.	이○○
		8.8평					
61호	227.4평(750.7㎡)	22.3평	1-112	747.1㎡	39평	1961.8.26.	진○○
		8.8평					

1950~1962년 관사의 불하

1967년 폐쇄지적도를 전산화하여 지적도를 구축하였고, 토지대장 상 분할시기, 면적, 소유주 등을 확인하여 최초 소유주 변화과정을 파악하였다. 본 연구에서 불하의 시기는 소유주가 '국'에서 개인소유로 이전된 1950년부터 1962년까지로 파악되었다. 시기별로 보면 1950년에는 1동, 6·25전쟁 기간인 1951~1953년에는 0동, 1954년 1동, 1955년 2동으로 저조하나 1956년부터는 꾸준히 불하되어 1959년에 12동, 1960년에 11동으로 가장 많이 매각되었고, 1962년을 마지막으로 불하가 완료되었다.

초기 소유주의 구술조사를 통해서 확인된 소유변동 시기는 토지대장에 기재된 내역과 상이한 점이 있다. 우선 1-42번지에 거주하는 김옥라의 구술에 따르면 신문로2가 1-42번지 주택을 매입·이주한 시기는 1954년 봄이다. 하지만 토지대장상에는 1950년 5월 28일로 기재되어 있다.

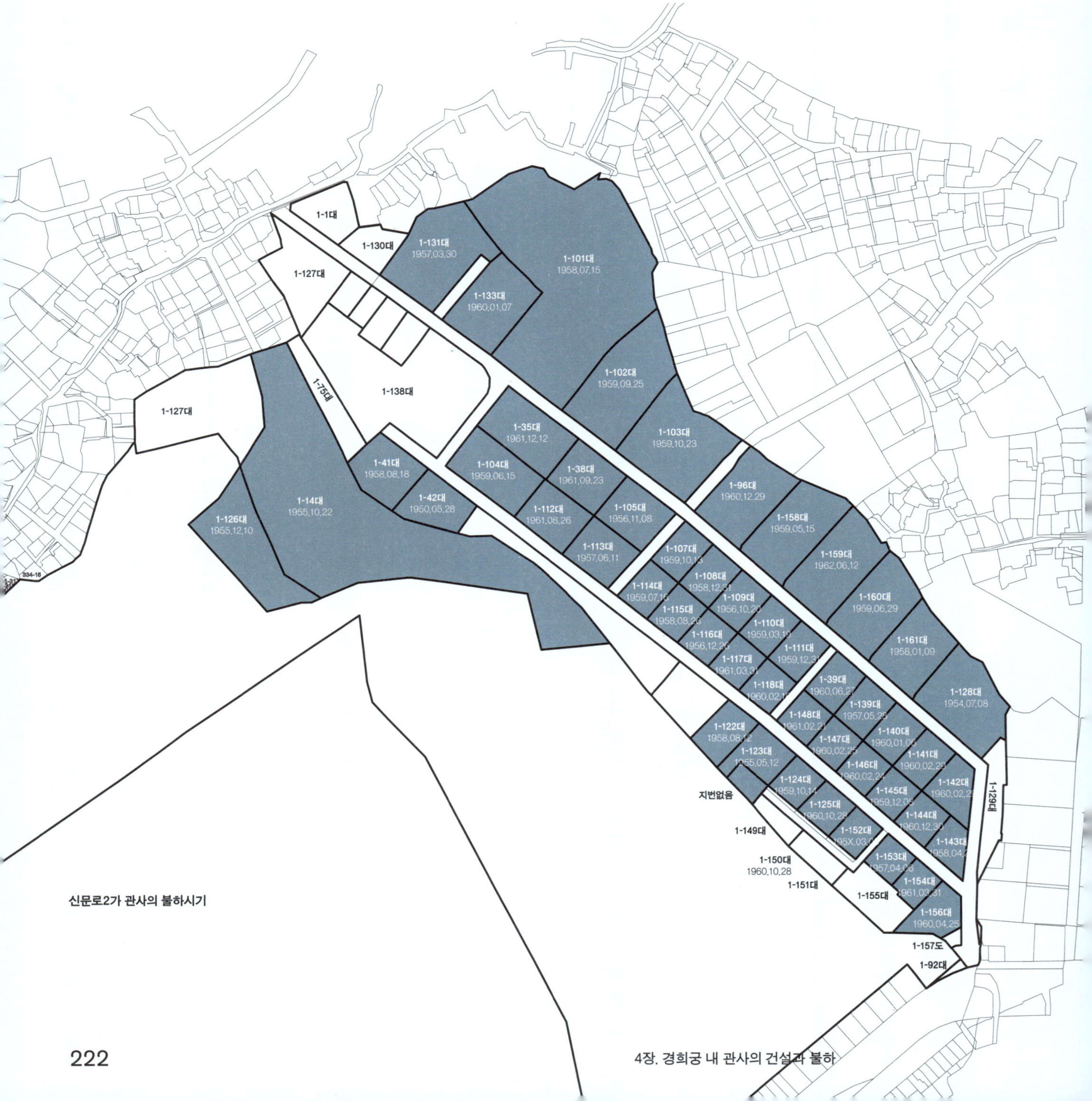

신문로2가 관사의 불하시기

김옥라
(1-42번지, 1954년~현재 거주)
구술

1953년 9월에 부산에서 복귀해 성북동에 한옥을 매입하여 8개월 정도 거주하다가 1954년 이른 봄(2~3월)에 신문로2가 1-42번지로 이주하였어요. 아들 셋 중 두 아들이 여섯 살과 일곱 살로 학교 갈 때가 되어 덕수학교, 경기중, 서울고에 걸어갈 수 있도록 남편이 이곳을 선택하였고요. 원래 전매청 관사였던 이곳을 공무원으로 있던 한국 사람들이 싸게 매입하였고, 돈이 없으니깐 수리를 못 하고 살아서 처음 왔을 때 도깨비가 나올 것 같았다니까요.

또 한 명의 초기 소유주, 즉 1-105번지 소유주인 이호의 며느리 김신나는 "불하 당시 거주하였던 사람들은 모두 돌아가셔서 정확히 시기를 기억하는 분은 없다"라고 증언한다. 대신 소장하고 있는 불하 당시 매입문서를 통해 관련 내용을 확인하였다. 이 중 소유권보존등기가 1956년 11월 8일로, 토지대장상 소유변동일과 동일한 날짜임을 확인할 수 있었다.

전매청장을 지낸 김치영은 1-102번지의 초기 소유주이다. 그는 1955년 11월 21일 경향신문과의 인터뷰를 통해서 본 관사를 '공무원 생활 중 불하받았다'고 전하였다. 1951년부터 1956년까지 전매국장과 전매청장을 역임하면서 이를 불하받았다는 것인데, 토지대장상 소유변동일은 1958년 9월 25일로 기재되어 있다. 인터뷰 기준으로도 3년이나 지난 후에 등기한 것이다.

「전매청장 김치영 씨」, 『경향신문』,
1955년 11월 21일 자

신문로 고급 사택촌으로 청장을 찾으니 580여 평의 광대한 대지에 삼림이 우거진 동산을 배경으로 한 정원에는 양계장 속에서 수십 수의 닭들이 꼬꼬댁대고, 목란 꽃나무에 겨울옷을 입히고 있었다. 목란은 겨울에 가려주지 않으면 죽으니 손수 가마니를 대고 새끼로 매어 준다는 것이다. 공무원 생활 중 불하를 받았다는 동 사택은 40여 년이란 세월을 가진 구옥이기는 하나 매우 아담한 것이었는데 '이 집에 들어와서 작년에 상처를 하였다'고 매우 섭섭한 얼굴을 하면서 추억에 잠기는 것 같았다.

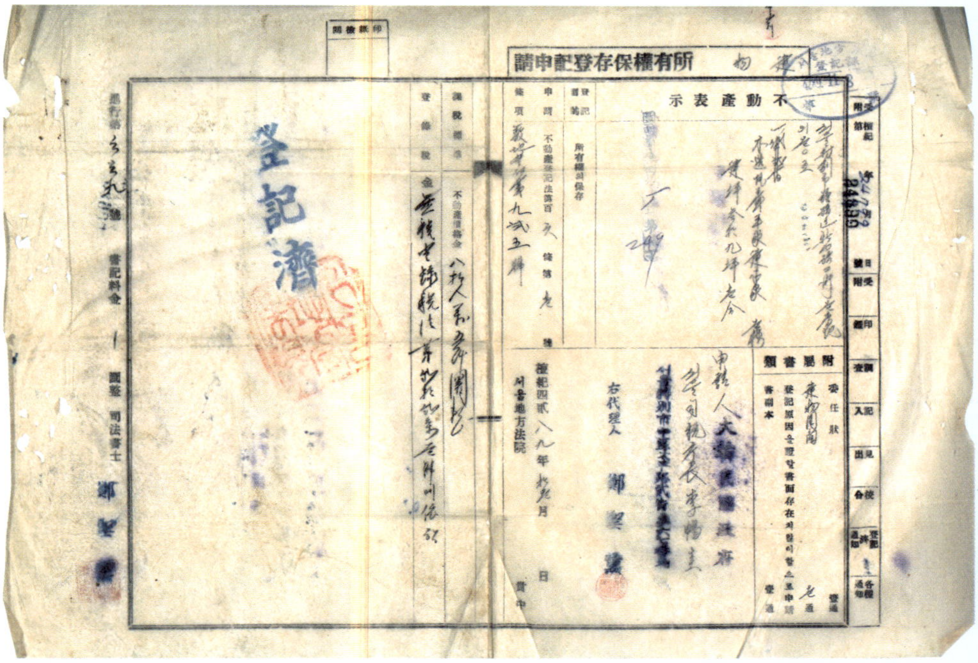
所有權保存登記申請書
不動產表示

소유권보존등기신청
서울지방법원에서 발급한 등기서류로 우측 상부의 도장에 단기 4289년(1956) 11월 8일 날짜가 찍혀 있다.

관사 불하시기와 관련하여 매입문서와 신문기사를 통해 살펴본 불하시기나 토지대장으로 확인되는 소유변동시기와 구술증언 내용에는 상이한 점이 있었다. 확보할 수 있는 자료의 한계 탓에 '시기상의 차이가 발생하는 이유'를 모두 확인하는 것은 불가능하였으나, 이호의 등기문서를 통해 등기등재 시점과 토지대장 시점이 일치하는 것은 확인하였다. 향후 추가적인 구술과 문서 등의 자료를 통해 불하의 시기 및 대상에 대한 명확한 과정을 추적해 볼 필요가 있다.

신문로2가 관사의 초기 소유주

신문로2가 관사의 초기 소유주는 폐쇄토지대장에서 확인한 지번별 최초 소유주의 한자명을 근거로 네이버 뉴스라이브러리[96], 한국사데이터베이스[97], 전매청 직원수첩(1959년)[98], 한국전매사 제2권(1981년)[99]에서 인물정보를 확인하였다. 그 결과 일제강점기에 건설된 관사 대부분의 소유주는 공무원이었으며, 일부는 기업인으로 확인되었다. 공무원 중에서도 전매청[100] 소속 공무원이 특히 많아 전매청 소속 공무원, 전매청 외 공무원, 기업인으로 구분하여 소유주를 파악하였다.

공무원의 경우 고위직은 이력을 쉽게 확인할 수 있으나, 사무관급 이하는 인물검색 자체가 어려울 뿐 아니라 이력의 확인도 쉽지 않아 소유권 이전 시점의 소속으로 전수를 분류하지 못하였다. 또한 불하 당시 직위가 확인되지 않더라도 그 이전 소속 및 직위로 분류하고, 불하시점에 타 기관 공무원으로 진급하였어도 이전에 전매청에 장기간 재직한 경우에는 전매청과의 관련성이 있다고 판단하여 전매청 소속으로 분류하였다. 이 기준으로 초기 소유주를 확인해 본 결과 관사 52동 중 전매청 소속 공무원은 15명, 공무원(검사, 국회의원, 군인 등)은 20명, 기업인은 6명(1명이 두 필지를 불하하여 7동의 관사)으로 확인되었다. 나머지 10명의 소유주는 확인되지 않았다.

96 1920년대부터 1999년까지 된 신문기사를 열람할 수 있는 사 (https://newslibrary.naver.com) 아일보·조선일보·매일경제·한겨 경향신문의 기사열람 서비스를 제 다. 본 조사에서는 인물명(한자)을 하여 나오는 관련 사건, 인사발령 확인하는 주요 자료로 활용하였다.

97 고대부터 현대까지 한국역사의 주 료를 제공하는 사이트(http://db tory.go.kr)로, 본 조사에서는 인 (한자)을 검색하여 나오는 관련 신 료 및 인물자료를 통해 인물의 직업 이·활동 등을 확인하는 주요 자료 용하였다.(옛 전매청 직원 서은석 제

98 1959년 5월 1일 현재 기준 '전매 일반공무원 및 소속외곽체 직원'이 되어 있으며, 본 조사에서는 전매 속 인물의 직위를 확인하는 자료로 하였다.

99 827~863쪽에 1945년 8월 15일 1980년 12월 말까지의 '역대 본 요간부 및 지방관서장 명단'이 수록 있으며, 본 조사에서는 전매청 소 물의 직위를 확인하는 자료로 활용 다.

100 일제강점기의 전매국(專賣局)이 이후에는 관제개편에 의해 전매청 廳)으로 명칭이 변경되었다. 따라 장에서부터는 해방 이후의 명칭인 청(專賣廳)으로 명기한다.

1959년 「전매관서직원록」 | 前 전매청 직원 서은석 제공

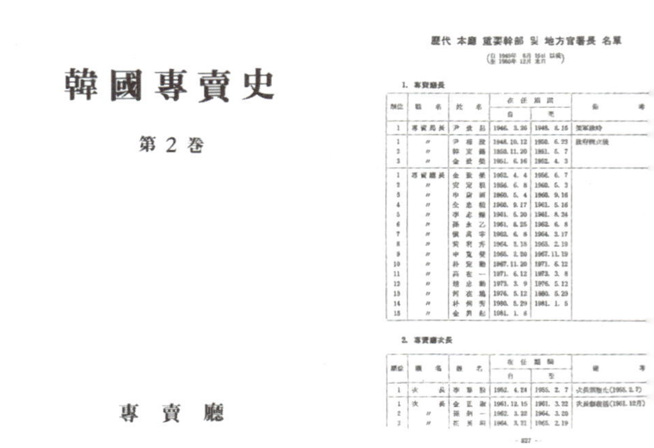

1981년 『한국전매사』 제2권

공무원(전매청 제외)

신문로2가 관사의 최초 소유주 중 전매청 외 공무원은 국회의원, 검사, 공사 사장, 육군 대위, 역대 장·차관, 청장, 국·과장 등 소속과 직위가 다양하였다. 소유권 이전 시점에 현업 공무원이 아니라고 하더라도 이력을 통해 공무원으로 확인된 인물들은 공무원으로 분류하였다. 대표적으로 1-103번지 최초 소유주는 소유권 이전 당시의 소속이 확인되지 않으나 이력상 재무부·상공부 장관을 역임한 것을 확인하였다. 또한 1-35번지 최초 소유주도 소유권 이전 당시에는 변호사로 근무하였으나 이전에 대법관과 심계원장[101]을 역임하였고, 1-112번지 최초 소유주도 소유권 이전 당시 금성중학교 이사장으로 재직 중이었으나 서울대학교 법과대학장으로 근무한 이력이 확인되어 공무원 소속으로 분류하였다.

심계원장은 현재 감사원장과 같은 직위로서, 독립된 헌법기관인 감사원의 전신이 심계원이다.

신문로2가 최초 소유주 중 전매청 외 공무원 목록

지번	소유주	관사등급	토지 면적	소유기간	불하 당시 직위
1-101	조경규	전매국 판임갑호(특)	6650㎡	1958.7.15.~1959.8.3.	제4대 경남 함안 민의원; 자유당 소속
1-103	박희현	전매국 판임갑호	1886㎡	1959.10.23.	전 재무부·상공부 장관
1-176	김봉재	세무감독국 국장	1713.4㎡	1957.2.27.~1960.4.18.	제2대 경남 창원 민의원; 자유당 소속
1-133	박찬홍	소속 미상 주임을호	1249.6㎡	1960.1.7.~1969.11.12.	육군대위
1-35	노진설	총독부 주임갑호	1103.6㎡	1961.12.12.~1966.5.21.	변호사(전 대법관, 심계원장)
1-105	이호	총독부 주임을호	783.8㎡	1956.11.8.~1984.10.6.	법무부 장관
1-112	진승록	총독부 주임을호	747.1㎡	1961.8.26.~1965.11.9.	금성중학교 이사장 (전 서울대 법과대학장)
1-113	이갑식	총독부 주임을호	726.9㎡	1957.6.11.~1964.7.6.	제3대 전남 구례 민의원; 자유당 소속
1-180	최종태	세무감독국 주임	634.4㎡	1955.10.10.~1965.12.4.	사세국 토지수득세과장
1-108	김서일	총독부 판임갑호	484.6㎡	1958.12.31.~1993.4.12.	중앙도량형소장 이사관
1-109	정순오	총독부 판임갑호	484.6㎡	1956.10.20.~1963.10.19.	부흥부기획국 조사과장
1-110	권오병	총독부 판임갑호(멸실)	484.6㎡	1959.3.19.~1973.9.19.	대검찰청 검사
1-107	김창모	총독부 판임갑호	474.7㎡	1959.10.13.~1960.10.11.	행정부 공보처 서기관
1-114	송형래	총독부 판임을호	454.9㎡	1959.7.16.~1959.7.27.	대한공중보건협회 사무총장
1-116	윤옥용	총독부 판임을호	421.5㎡	1956.12.26.~1959.12.23.	보건부 중앙청진료소 기정
1-117	박성행	총독부 판임을호	418.2㎡	1961.3.31.~1961.5.19.	전 재무부 외무과장
1-125	문종철	총독부 판임을호	408.4㎡	1960.10.28.	법제처 제2국장
1-118	채은석	총독부 판임을호	401.1㎡	1960.2.18.~1960.5.12.	국방부 관리과 사무관
1-143	민병권	총독부 판임을호	384.8㎡	1958.4.22.~1972.12.22	제2사단장 부관학교 교장
1-111	이명환	총독부 판임갑호(멸실)	304.7㎡	1959.12.31.~1965.11.9.	서울지검 수원지청검사

※대지면적 넓은 순

이 외에 대부분의 인물은 소유권 이전 당시 공무원으로 확인되었다. 소유주의 직급에 따라 관사의 규모가 구분되는 모습을 보이는데, 공무원·국회의원·장관 등의 고위직 관리들은 대부분 대지면적이 넓은 일제강점기 주임급 관사를 소유한 것으로 나타났다. 특히 1-101번지와 1-103번지는 일제강점기에 점선을 기준으로 뒤편 구릉지 부분은 주택지로 포함되어 있지 않았으나 해방 이후에는 이 구역 전체가 대지로 포함되어 대지면적만 500평 이상이 되었다.
이 필지들은 당시 3선 의원인 조경규와 재무부·상공부 장관을 역임한 박희현이 매입한 것으로 확인되었고, 세무감독국 국장급 관사였던 1-176번지 또한 기존 대지면적이 500평 이상으로 당시 경남 창원 민의원 김봉재가 매입한 것으로 확인되었다. 이들은 고위공무원이었을 뿐만 아니라 정치적으로 유력인물이기도 하였다. 사무관·서기관 등 상대적으로 낮은 직급의 사람들은 대부분 일제강점기 판임급 관사를 매입한 것으로 확인된다. 초기 소유자 중 다양한 소속의 공무원이 많았던 것은 일제강점기 당시 관사 소속 분류와도 공통된 특징이 있다. 기존 총독부 관사는 다양한 부처의 공무원에게, 전매국 관사는 해방 이후에도 전매청 공무원이 거주하다가 그대로 전매청 공무원에게 불하된 것으로 추정해 볼 수 있다.

주요 인물정보

성명	주요 연혁	
김봉재	1910년	경남 마산에서 출생
(金奉才)	1947년	삼진중학교 설립 운영
	1950.5.31.~1954.5.30.	第2대 경남 창원 민의원
	1955년	대한유리공업주식회사 대표이사
	1960.4.29.~1961.5.16.	第5대 경남 창원 민의원
	1966년	경제인구락부 회장
	1969~1980년	중소기업협동조합중앙회 회장
	1990년	별세
노진설	1900년	평남 용강에서 출생
(盧鎭卨)	1920년	평양고등보통학교 졸업
	1928년	일본 메이지대학 법과 졸업
	1928년	평양에서 변호사 개업(정치범 변호)
	1937년	중일전쟁기 정치범으로 수용, 변호사 취소
	1939년	조선변호사 재인가
	1945년	서울고등법원 부장판사
	1946년	대법원 대법관
	1948.5.~1954.4.	국회선거위원회 위원장
	1949.7.22.~1952.9.21.	감찰위원회 위원장
	1952.9.22.~1956.9.30.	심계원장
	1958년~	변호사
	1968년	별세
이호	1914년	경북 영천에서 출생
(李澔)	1930년	경성제2고등보통학교 수료
	1940년	동경제대 법률학과 졸업
	1942년	경성지방법원 검사
	1948년	대검찰청 검사
	1949년	내무부 치안국장(초대)
	1950년	육군본부 민사부장, 계엄 부사령관
	1951년	육군본부 법무감
	1952년	정전위원회 한국대표
	1953.11.18.~1955.9.16.	국방부 차관
	1955.9.16.~1958.2.19.	법무부 장관
	1958년	한일회담 대표
	1960.4.25.~1960.8.19.	내무부 장관
	1967.6.28.~1968.5.21.	내무부 장관
	1968.5.21.~1970.12.20.	법무부 장관
	1971.1.~1973.12.	주일본대사관 대사
	1974년	합동통신 회장
	1975.7.~1981.7.	대한적십자사 총재
	1999년	별세
진승록	1905년	강원도 강릉에서 출생
(陳承祿)	1920년대~	일본 와세다대학 법학부 졸업
	1933년	동경고등상업학교 강사
	1936~1950년	보성전문학교(고려대) 교수
	1950년	서울대학교 법과대 학장
	1952년	고시위원회 위원장
	1957년	금성중학교 설립, 이사장 재직
	1961.7.	간첩 방조 혐의 체포
	1963.6.	형집행정지로 석방
	1978년	대통령 특별사면, 변호사 등록
	1985년	별세
이갑식	1904년	전남 구례에서 출생
(李甲植)	1920~1930년대	부산상업학교 졸업
	1920~1930년대	일본 와세다 상과대학 졸업
	1930~1940년대	조선식산은행 근무
	1930~1940년대	조선기계제작소 이사장 등
	1954.5.31.~1958.5.30.	제3대 전남 구례 민의원
	1958.5.30.~1960.6.15.	제4대 전남 구례 민의원
	1958.9.9.~1959.8.30.	제4대 국회 재정경제위원회 위원장
	1972년	별세

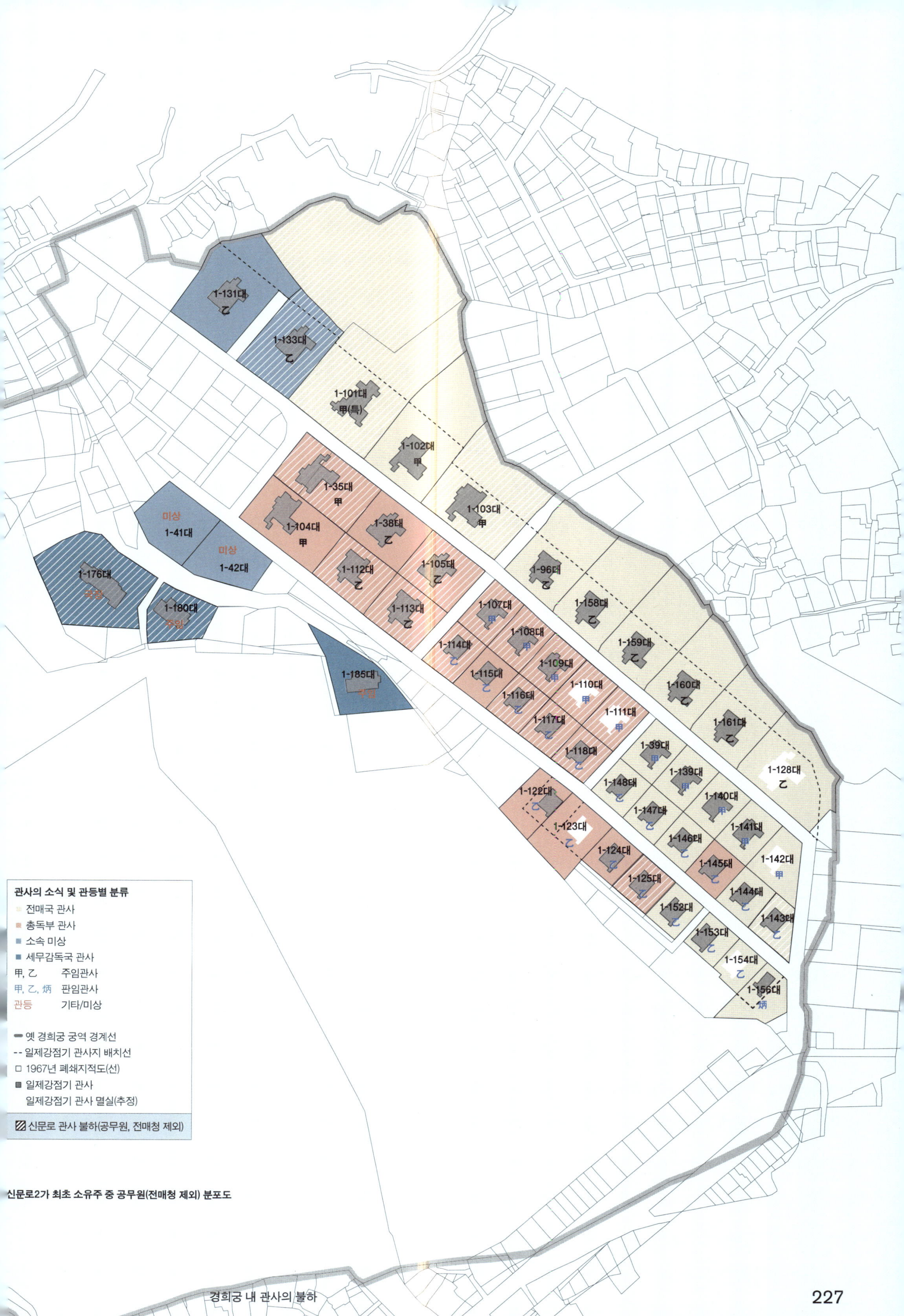

신문로2가 최초 소유주 중 공무원(전매청 제외) 분포도

신문로2가 관사의 부정 불하

신문로2가 관사는 대부분이 공무원들에게 불하되었다. 관사의 불하는 1954년부터 1956년 사이에 연고권을 인정하지 않는 조건으로 일반공매를 진행하였지만 그 외의 기간은 연고권이 인정되어 기존 관사 거주자들에게 우선권이 인정되었기 때문에 대부분은 기존의 거주자들이 불하받았을 것으로 예상된다. 그러나 연고권 인정이라는 혜택이 있음에도 불구하고 수의계약을 이용하여 시세보다 낮은 금액으로 관사를 불하받은 사람들이 무더기로 적발된 것이 한 신문기사를 통해서 공개되었다.

이는 3·15부정선거를 계기로 퇴진하게 된 이승만 정권이 막을 내리고 당시 정권부역자들에 대한 조사의 일환으로 부정축재공무원 처리에 필요한 기초자료를 얻기 위한 실태조사를 통해 밝혀진 것 중 일부이다. 1961년 3월 7일 조선일보에서는 부정 불하자의 목록을 공개하였다. 부정적인 방법으로 불하받은 관사에 관한 기본정보(지역명, 대지·건물면적, 가격)와 불하자의 기본정보(매수자, 소속·직급)를 밝히고 있다. 기사상의 정보 중 대지면적, 건물, 매수자의 정보를 토대로 토지대장 정보를 비교해 본 결과 일치하는 인물들을 중심으로 신문로2가의 관사정보를 확인할 수 있었다.

「관사불하의 난맥 폭로」, 『조선일보』, 1961년 3월 7일 자

"정부는 난맥을 이루고 있는 국유재산의 정리와 부정축재공무원 처리 및 官紀肅正(관기숙정: 문란해진 관청의 규율을 바로잡음)을 위한 기초자료를 얻기 위하여 고급 공무원이 매수한 국유재산(구 관사) 실태를 조사하였다. 6일 관계 소식통에 의하여 밝혀진 동 조사결과에 의하면 4287년 7월부터 4293년 9월 말까지 서기관급 이상의 공무원으로서 국유재산을 매수한 건수는 태반이 수의계약으로 총 84건인데, 각기 그 매수가격과 시세와의 현격한 차이는 물론 주무당국인 재무부가 국유재산의 관리 및 처리를 얼마나 계획성 없이 방만하게 시행하였는가를 여실히 입증하고 있다."

이 기사에서 언급된 신문로2가의 관사 불하자는 총 12명으로, 기사에 나와 있는 정보와 폐쇄토지·건축물대장의 소유주, 토지·건축물 면적을 비교하여 일치하는 사람은 8명으로 확인되었다. 대지·건물면적, 가격, 소속·직급은 다 제각기이지만 특징적인 공통점은 소유기간이 짧다는 것이다. 관사의 불하가 거주용 주택을 구하는 것이 아니라 시중 가격보다 낮게 관사를 불하받아 매도 차액을 남기기 위한 수단이었음을 알 수 있는 대목이다.

이 기사에서 조○○ 의원은 1-101번지를 1406만 환에 불하받은 것으로 나타나는데, 1958년 다른 기사에서 이후 소유자인 김성곤 의원은 4000만 환에 집을 샀다고 언급하고 있다.[102] 복잡한 소유관계 변동이 있지만 불과 10일 만에 2.8배의 차익을 남겼음을 짐작할 수 있다.[103] 이 사례처럼 대부분의 부정불하자는 이와 비슷한 방법으로 시세차익을 남겼을 것으로 추정되며, 이러한 부정축재로 인한 문제는 1960년대 초반 실태조사를 거쳐 크고 작은 처벌로 이어졌다.

102 『동아일보』 1958년 8월 13일 자,
정단상서 유혈소동」. 1-101번지
불하자인 조○○의원으로부터 400
환에 집을 구입하였다는 이야기가
한다.

103 1-101번지는 토지대장의 소유권
일이 1959년8월3일, 금성방직(
김성곤)으로 소유권 이전이 이루
다. 그러나 토지분할 이력을 다시
해 보면 1958년 7월 15일에 불하
불과 10일 만인 7월 25일에 6650
2,673.5㎡를 1-224번지로 분할
다. 1-101번지는 1년 후에 매도된
지, 구두상 계약으로 1-224번지
께 매도된 것인지는 확인은 어려우
마도 조○○ 소유의 대지를 김성곤
부 매입한 것으로 추정된다.

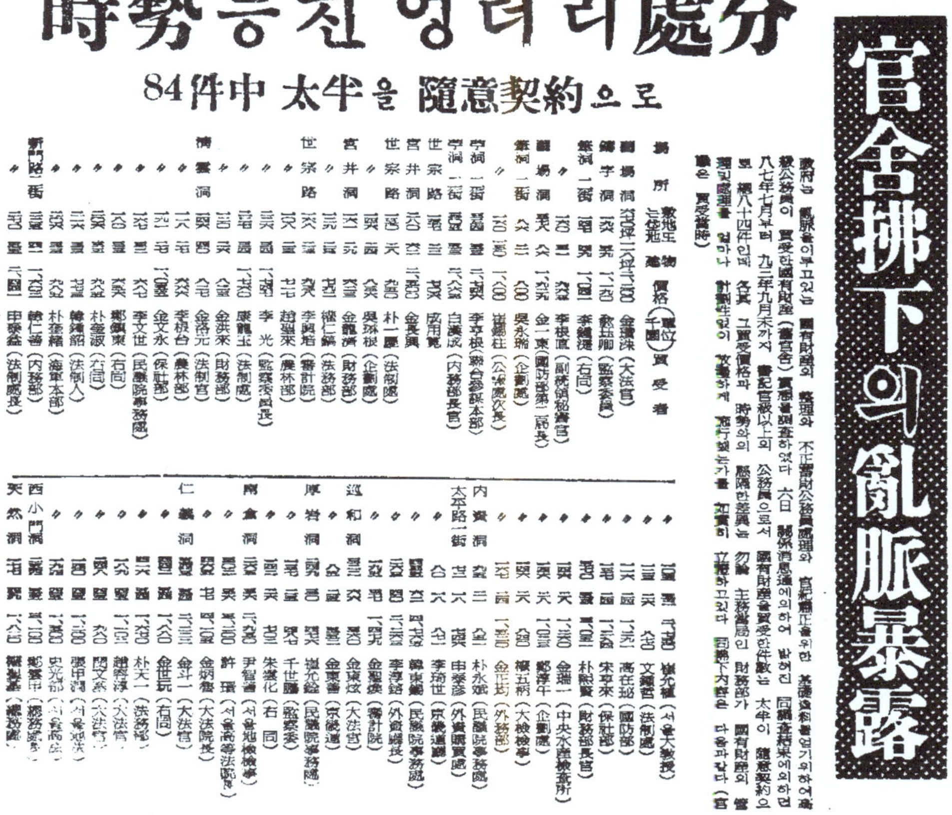

官舍拂下의 亂脈暴露

時勢등진 엉터리處分

84件中 太半을 隨意契約으로

「관사불하의 난맥 폭로」 | 『조선일보』, 1961년 3월 7일 자

사에 기재된 신문로2가 부정불하자 정보 및 폐쇄토지대장 기재 내용

기사 내용 중 신문로2가 부정불하자 목록					토지대장	
면적	건물	가격(천환)	매수자	소속·직급	지번	소유기간
평	41평	1603	한인선	내무부	–	–
평	55평	2441	신태익	법제처장	–	–
평	32평	2750	최윤식	서울대 교수	–	–
평	26평	870	문종철	법제처 제2국장	1-125	1960.10.28.~1960.10.28.
평	24평	1291	고재필	국방부	1-124	1959.10.14.~1960.11.21.
평	24평	1294	송형래	보사부	1-114	1959.7.16.~1959.7.27.
평	32평	3051	박희현	재무부 장관	1-103	1959.10.23.~1959.10.23.
평	28평	1260	김서일	중앙수산검사소	1-108	1958.12.31.~1993.4.12.
평	28평	1023	정순오	기획처	1-109	1959.10.20.~1963.10.19.
평	28평	840	권오병	대검검사	1-110	1959.3.19.~1973.9.19.
평	24평	1520	김정균	외무부	–	–
평	97평	1만 4063	조경규	민의원	1-101	1958.7.15.~1959.8.3.

부분 표시: 토지대장에서 확인된 소유주

전매청 소속 공무원

신문로2가 관사의 최초 소유주 중 전매청 소속 공무원은 15명으로 확인되었다. 소유권 이전 시점에 전매청 소속이 아니라 타 기관 소속 인물이 4명 있으나, 이들은 장기간 전매청에 근무하며 관련성이 깊은 것으로 판단하여 전매청 소속 공무원으로 분류하였다. 소유권 이전 시점에 타 기관 소속 인물은 김치영(조폐공사 사장), 장하정(충주비료 사장), 이면훈(귀속재산소청심의위원), 이태은(조폐공사 이사)이다. 이들은 이전 소속이 전매청 고위직으로 청장·국장·차장 등을 지낸 이후 타 기관으로 승진·전보한 것으로 확인되었다.

그러나 전매청장이었던 김치영은 1955년 11월 21일 자 경향신문과의 인터뷰를 통해서 "전매청장으로 일할 당시 불하받았다"라고 증언하였다. 실제 불하시점과 토지대장에 등재되는 시점 사이에 차이가 있는 것이다. 이 외에 국장급 이하의 인사들은 대다수가 전매관서직원록(1959년)과 한국전매사2권(1981년)에 수록된 역대 본청 중요간부 및 지방관서장 명단에서 확인되었으나 고위급 간부들과는 달리 상세 이력의 변화를 확인하기는 어려워 명단에서 확인되는 직위를 정리하였다. 이러한 한계로 관사등급과 거주자의 직위를 정확히 연결지어 설명하기는 어려우나 대체로 높은 직위일수록 규모가 큰 주임급 관사를 소유하였다. 나름의 기준에 따라 관등별로 관사를 배분한 것으로 보인다.

전매청 소속 공무원이 불하받은 15동의 관사 중 13동은 일제강점기에도 전매국 소속 관사로 확인된다. 해방 이후 총독부는 없어졌지만 일제강점기의 전매국은 전매청으로 기능과 조직이 이어졌다. 관사 거주자도 전매국 일본인 관리에서 전매청 한국인 관리로만 변화되었을 뿐 관사 거주 자격에서 불하까지 총독부 관사와는 별도로 관리되었다.

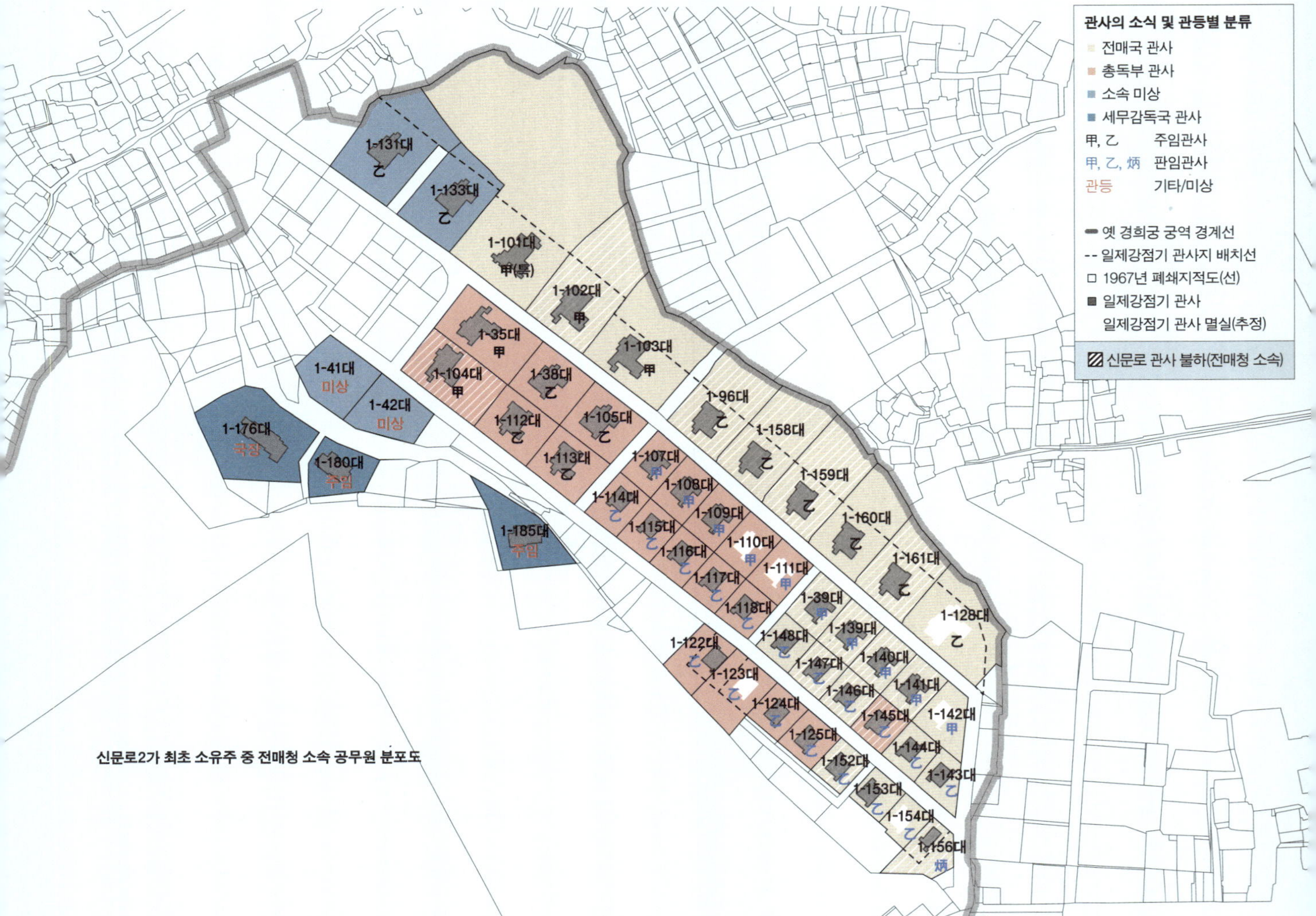

신문로2가 최초 소유주 중 전매청 소속 공무원 분포도

문로2가 최초 소유주 중 전매청 소속 공무원 목록

번	소유주	토지면적	관사등급	소유기간	직위
102	김치영	1929.3㎡	전매국 주임갑호	1958.9.25.~1962.11.7.	조폐공사 사장(전 전매청장)
96	장하정	1282.6㎡	전매국 주임을호	1960.12.29.~1962.10.20.	충주비료 사장(전 전매청 연초국장)
159	이면훈	1454.2㎡	전매국 주임을호	1962.6.12.~1966.4.2.	귀속재산소청심의위원(전 전매청 연초국장)
104	이태은	1057.4㎡	총독부 주임갑호	1959.6.15.~1964.8.15.	조폐공사 이사(전 전매청 차장)
158	이종태	1405.6㎡	전매국 주임을호	1959.5.16.~1964.12.12.	인천지방전매청 이사관
161	고시적	1057.5㎡	전매국 주임을호	1958.1.9.~1962.9.11.	인천지방전매청 생산국장
156	구완회	532.2㎡	전매국 판임병호(멸실)	1960.4.25.~1964.6.5.	부산전매지청장(서기관)
139	이봉희	487.3㎡	전매국 판임갑호	1957.5.28.~1961.11.6.	전매청 염삼국 사업국장
39	정웅섭	484㎡	전매국 판임갑호	1960.6.27.~1963.9.19.	서울지방전매청 총무국장
140	함흥기	487.9㎡	전매국 판임갑호	1960.1.6.~1963.12.20.	전주지방전매청 총무국장
141	김성식	473.1㎡	전매국 판임갑호	1960.2.29.~1964.12.31.	서울지방전매청 생산국 의무관
146	백원기	394.7㎡	전매국 판임을호	1960.2.4.~1963.9.28.	전매청 기획예산담당관
147	이능재	387.6㎡	전매국 판임을호	1960.2.25.~1965.10.28.	전매청 연초국 사무관
145	나성훈	379.2㎡	총독부 판임을호	1959.12.8.~1970.1.19.	-
152	이성권	360.5㎡	전매국 판임을호	1959.3.6. ~1975.4.14.	전매청 총무국 서기관

지면적 넓은 순

인물 정보

명	주요 연혁	
치영(金致榮)	1908년	서울에서 출생
	1920~1930년대	일본 와세다대학 상과 졸업
	1933년	선만척식회사 입사
	1946년	조선실업공사 서무과장
	1948년	대한식량공사 서무부 차장
	1949년	대한식량공사 청산위원회 사무국장
	1951.6.16.~1952.4.3.	전매국장
	1952.4.4.~1956.6.7.	전매청장
	1956.6.8.~1957.6.21.	부흥부 차관
	1958.8.17.~1959.12.14.	한국조폐공사 사장
	1959.12.15.~1960.6.3.	상공부 차관(정부위원)
	1985년	별세
하정(張河鼎)	1911년	서울에서 출생
	1920~1930년대	일본 와세다대학 상과 졸업
	1920~1930년대	미국 버밍햄서던대학 재정학 졸업
	1946.12.24.~1947.8.19.	전매청 서무과장
	1946.2.7.~1947.8.19.	전매청 시설과장
	1947.8.19.~1948.10.25.	대구지방전매청 지방국장
	1948.10.15.~1949.11.3.	전매청 염삼과장(서기관)
	1950.11.20.~1952.4.25.	전매청 염삼과장(서기관)
	1952.4.25.~1952.11.27.	전매청 연초국장(이사관)
	1952.11.22.~1953.7.23.	전매본청국장급(이사관)
	1955.2.24.~	부흥부 기획국장
	1956.12.9.~	대한중공업 부이사장
	1958.3.19.~1960.6.25.	충주비료 사장
	-	동양정기 회장

기업인

신문로2가 관사의 최초 소유주 중 6명이 기업인으로 확인되었다. 어떤 경로를 통해 매입하였는지는 확인되지 않지만, 거주목적으로 주택을 매수한 것으로 보인다. 대표적으로 1-42번지 라익진(동아무역 대표)[104]과 1-148번지 심우섭(세대건설 대표)은 현재까지도 자손들이 거주하고 있다. 1-154번지 임대홍(동아화성공업 대표)은 1980년대 말까지 30년 이상 거주하였고, 1-131번지 조정구(삼부토건 대표), 1-142번지·1-144번지 김형남(일신방직 대표)[105], 1-185번지 성두현(신광기업 대표)은 매수 이후 계속 거주하다가 자택에서 별세하며 소유권이 이전되었다.

최초 소유주인 기업인들은 오래 거주하는 특징을 보임과 동시에 일부는 기존에 불하받은 관사 주변에 매매 물건이 나오면 추가로 매입하는 양상도 보인다. 라익진은 1-42번지 옆의 부지인 1-120번지를 1957년에 매입하여 총 208평 정도의 대지를 확보하였다.[106] 또한 김형남의 아들 김창호가 1-142번지 옆의 부지인 1-141번지를 1973년에 매입하여 약 420평의 부지를 확보하였다. 임대홍은 1-154번지 우측 부지인 1-156번지를 1972년에 미원 명의로 매입하고 그 좌측 부지인 1-153번지를 아들 임창욱이 매입하여 약 360평의 부지를 확보하였다.

104 라익진의 아내인 김옥라는 1-42번 관사를 기존에 거주하였던 공무원을 해 1954년에 매입하였다고 전한다. 글에서 최초 소유주는 토지대장에 근 한 것이므로, 토지대장에 최초 불하자 누락되었을 가능성과 구술자의 기억 오류 가능성 모두 존재한다. 또한 라 진은 기업가이면서 공무원에 재직한 물로 매입 당시 기준으로 기업인으로 류하였다.

105 이미 불하받은 사람들은 불하받지 못 도록 하였던 정책 기조와는 다르게 실 행정에서는 제대로 이행되지 않았음 알 수 있다.

106 김옥라는 공무원이 땅을 매입하라는 유를 하여 기존 관사 옆의 대지를 추 로 매입하였다고 전한다.

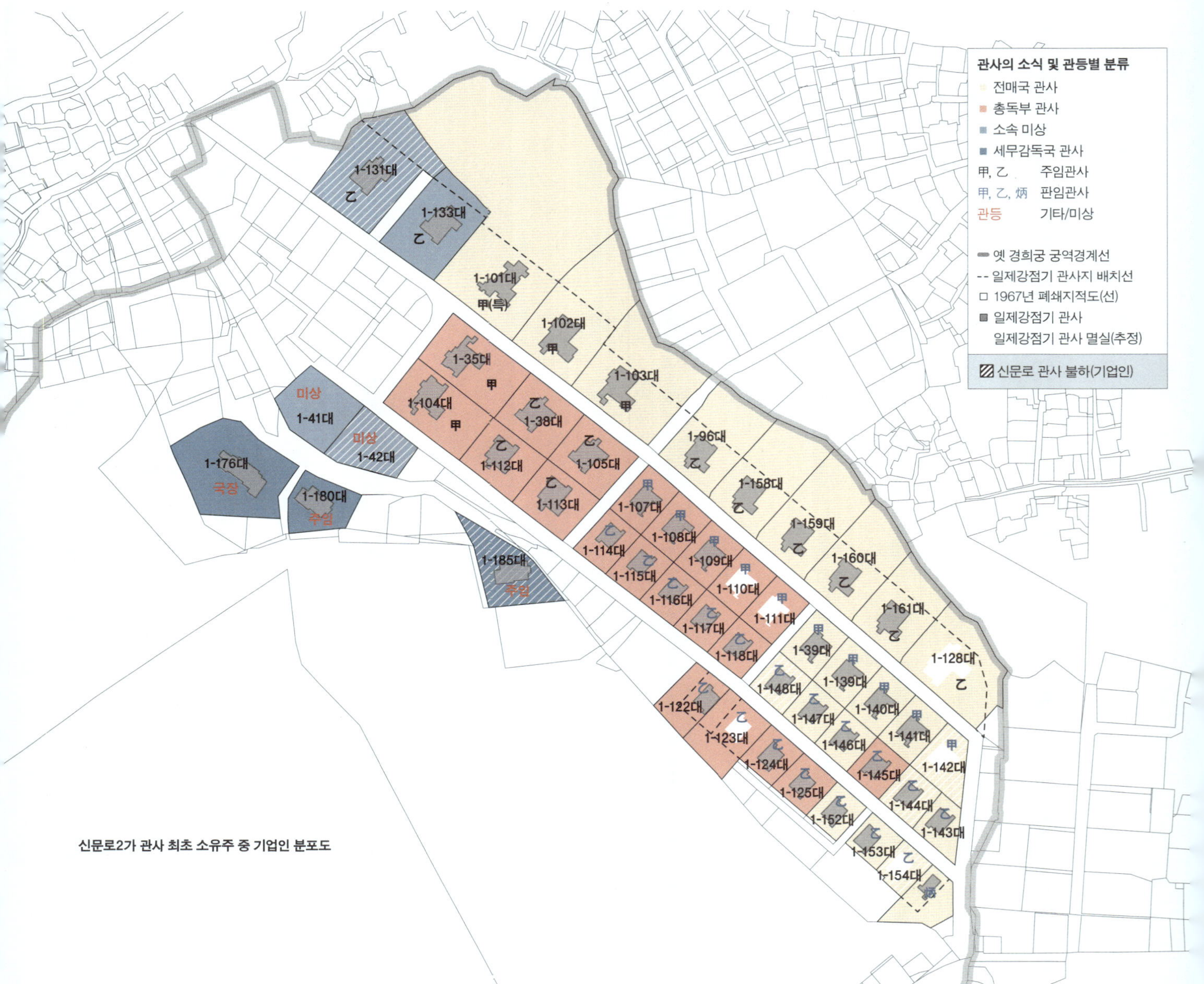

신문로2가 관사 최초 소유주 중 기업인 분포도

문로2가 최초 소유주 중 기업인 목록

번	소유주	토지 면적	관사등급	소유기간	소속
131	조정구	1747.8㎡	소속 미상 주임을호	1957.3.30.~1994.5.16.(1997년까지 아들 소유)	삼부토건
185	성두현	858.2㎡	세무감독국 주임	1956.12.5.~1989.7.3	신광기업
42	라익진	751.7㎡	소속 미상 -	1950.5.28.~1991.2.18.(2020.12. 현재 자손 거주)	동아무역주식회사 (현재는 아들이 동아알루미늄* 운영 *라익진 1988년 설립
120		189.4㎡	나대지	1957.6.14.~1991.2.18.(2020.12. 현재 자손 거주)	
142	김형남	537.9㎡	전매국 판임갑호(멸실)	1957.2.19.~1972.10.25.(2008년까지 아들 소유)	일신방직
44		398.0㎡	전매국 판임을호	1960.12.30.~1974.2.13.	
41	김창호	473.1㎡	–	1973.5.17.~2008.3.31.	
48	심우섭	397.5㎡	전매국 판임을호	1961.2.21.~1983.10.6.(2020.12. 현재 자손 거주)	세대건설
54	임대홍	331.2㎡	전매국 판임을호(멸실)	1961.3.31.~1989.6.21.	동아화성공업(㈜미원 전신)
53	임창욱	336.5㎡	–	1976.6.18.~1988.11.2.	
56	㈜미원	532.2㎡	–	1972.12.20.~1975.12.20.	
	임창욱			1975.12.20.~1988.11.2.	

색 부분: 해당 기업인 및 가족, 기업이 추가로 매입한 신문로2가 관사지 내 주택
지면적 넓은 순

인물 정보

성명	주요 연혁			
조정구	1914년 1931년 1936년 1936년	충남 부여에서 출생 부여공립보통학교 졸업 관립경성공업학교 졸업 경기도청 회계과 근무	1948년 1962년 1981년 1993년	동생 창구·경구와 함께 삼부토건 설립 국내건설면허 1호 획득 제11대 국회의원(비례대표) 별세
라익진	1915년 1920~1930년대 1941년 1941~1945년 1954~1960년 1960.5.6.~1960.6.2. 1960.6.3.~1960.8.23.	전북 김제에서 출생 원평공립보통학교, 대동상업학교 졸업 연희전문학교 상과 졸업 조선식산은행 근무 서울상공회의소 위원, 동아무역 대표 체신부 차관 상공부 차관	1961~1962년 1961년 1962~1989년 1974~1981년 1975~1985년 1988년 1990년	산업은행 총재 금융통화위원 동아무역 운영 한국정보서비스주식회사 회장 서울상공회의소 부회장 동아알루미늄 설립 별세
김형남	1905년 1919년 1924년 1926년 1927년 1930~1933년 1934~1945년 1945년 1951년	평남 평양에서 출생 명신학교 졸업 숭실대학 2년 수료 미국 웨슬레안대학 화학과(3학년 편입) 졸업 미국 프래트 공과대학(4학년 편입) 졸업 대동피혁 설립·운영 목포 3·1서점 운영 전남방직(옛 가네보방직 전남) 관리책임자 임명 전남방직 불하(김형남, 김용주, 이한원 공동)	1956년 1961년 1967년 1972년 1978년	숭실대학 재단이사 일신방직으로 독립하여 재출범 숭실대학 제8대 학장 숭전대학교(옛 숭실대) 초대 총장, 재단이사장 재취임 별세
임대홍	1920년 1930년대 1930~1940년대 1946년 1947년 1956년	전북 정읍에서 출생 이리농림고등학교 졸업 고창군청 공무원 재직 피혁공장 설립 대림상공 설립 동아화성공업 설립	1962년 1965년 1968~1986년 1987년 1997년 2016년	미원으로 회사명 변경 내쇼날플라스틱 사장 미원그룹 회장 미원그룹 명예회장 미원그룹과 세원그룹 대상그룹으로 합병, 창업회장 별세

신문로2가 관사의 불하가격

관사의 불하가격은 공식문서를 통해 확인된 바가 거의 없다. 신문로2가 구술조사를 통해 확인한 것과 신문기사에서 시기별로 확인된 정도가 전부이다. 정확한 가격은 아니지만 해방 이후 물가를 고려하여 관사의 가격 수준을 짐작할 수 있는 참고자료이다.

신문기사에서 확인된 관사의 불하가격

관사의 가격은 불하가 처음으로 시작되었던 1950년대 초반의 예상가격과 실제 낙찰가격이 신문기사에 기재되어 있다. 1950년 1월 7일 자 신문기사는 귀속주택 경매 예상가격을 상급 200만~300만 원, 중급 90만~180만 원, 하급 40만~60만 원으로 추정하였다. 하지만 이는 주택의 상태에 따른 등급으로, 규모 등이 충분히 고려된 가격이 아니었다.

이후 총무처 공고 제1호를 통하여 관사의 경쟁입찰이 진행되었을 당시 신문기사(1950년 5월 30일 자)는 "귀속주택은 평당 3만 원, 심한 예로 시가 150만 원짜리 주택을 3배인 450만 원에 낙찰받기도 하였다"라며 "대개는 은행 사집가격의 2배 이상의 범위에서 낙찰되었다"[107] 라고 보도하였다. 이를 통해 1950년 관사의 불하가격이 평당 3만 원이었음을 추정할 수 있지만, 대지 면적에 대한 언급이 없어 실제 토지가가 반영된 낙찰가를 예측하기 어렵다. 1954년 6월 22일 자 동아일보가 "건평 36.4평인 주임관사가 137만 5000원에 낙찰되었다"라고 보도해 건평 기준 평당 3만 7000원이라는 계산이 나오지만, 이 역시 대지면적이 반영되지 않아 정확한 비교는 어렵다.

아울러 1960년 6월 28일 자 조선일보가 '서대문구 서대문동에 소재한 국립형무관학교 관사가 1957년 대지 192평과 건평 42평에 시가 4000만 원'이라고 한 것을 토대로 당시 기준 서울 시내 관사 평당 시가를 건평 기준 95만 환, 대지 기준 20만 원으로 추정할 수 있다. 그러나 이 역시 1950년대 단행된 화폐개혁으로 화폐가치의 변동이 커 1950~1960년대 불하가격을 단순 비교하기는 어렵다.

107 『경향신문』 1950년 5월 30일 자, 「사불하의 엄청난 낙찰가」

신문기사에서 확인된 관사의 불하가격 및 평당 가격(추정)

1950.1.9. 동아일보	1950.5.30. 경향신문	1954.6.22. 동아일보	1960.6.28. 조선일보
귀산주택 불하 문제	관사불하의 엄청난 낙찰가	사건투성이 관사불하	헐값으로 관사불하
귀속주택의 가격 상급 200만~300만 원 중급 90만~180만 원 하급 40만~60만 원	낙찰가격은 최저 평당 3만 원 시가 150만 원, 3배인 450만 원으로 낙찰	[주임관사, 건평 36.4평] 남창동 282번지 관사 137만 5000원 낙찰	형무관학교관사 대지 192평, 건평 42평 시가 4000만 원 470만 환으로 불하
▼	▼	▼	▼
1950년 1월, 집 한 채 "200만~300만 원" (면적, 위치 기준 없음)	1950년 5월, 건평 기준 평당 "3만 원" (대지면적 확인 안 됨)	1954년 5월, 건평 기준 평당 "3만 7000원" (대지면적 확인 안 됨)	1957년 5월, 건평 기준 평당 "95만 원" 대지 기준 평당 "20만 원"

구술조사에서 확인된 관사의 가격

· 1-42번지

라익진이 당시 매입하였던 관사의 대지면적은 751.2㎡(227.5평)이고, 건물면적은 1층 22평과 2층 8평으로 총 30평이다. 김옥라의 구술대로 가옥을 90만 원에 매수하였다면, 기준연도 1954년에 1-42번지 관사는 대지면적 기준 평당 4000원에 건평 기준 평당 3만 원으로 1954년 6월 22일 자 기사(상기표 참조)에 따른 남창동 주임관사의 건평 기준 평당가격 3만 7000원과 비슷하다.

· 1-105번지

이호가 당시 발급받은 영수증서를 통해 관사의 불하가격을 추정해 보면, 당시 매입하였던 관사의 대지면적은 783.8㎡(237.4평)이고 건물면적은 단층 39평이다. 해당 영수증서에 기재된 관사매입가격을 모두 합하면 164만 6133원이다. 기준연도 1955~1956년에 1-105번지 관사는 대지 기준 평당 6,946원, 건평 기준 4만 2205원이다. 1-42번지보다는 다소 비싸게 나타나지만 대지와 입지 상황을 고려할 때 비슷한 수준으로 확인된다.

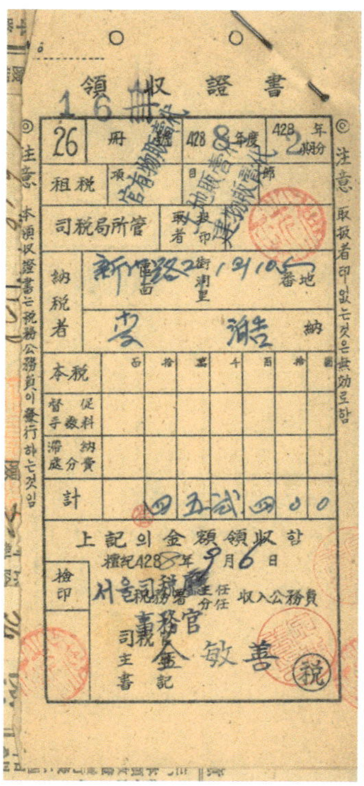

1955년 9월 6일 영수증서, 45만 2400원

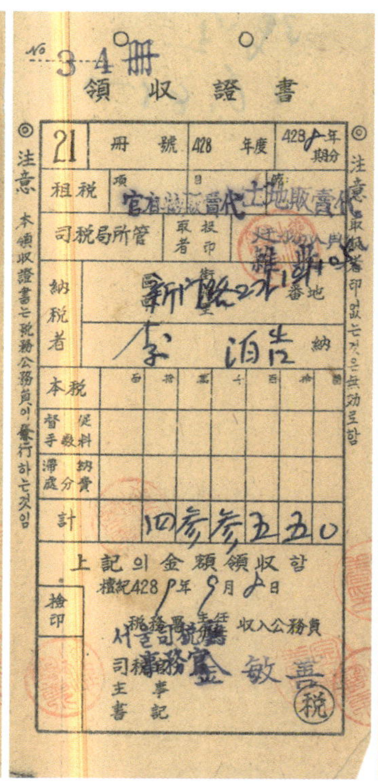

1956년 9월 8일 영수증서, 43만 3550원

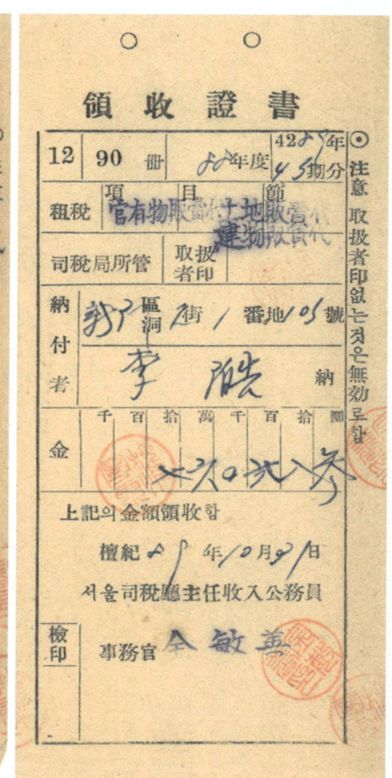

1956년 10월 31일 영수증서, 76만 183원

5 주거지에서 용도복합지역으로의 변화

1 불하 이후, 지역 특성의 변화

2 신문로2가의 건축물 특성 변화

1 불하 이후, 지역 특성의 변화

1.1 고급 단독주택주거지 형성

1950년대 신문로2가 관사지의 초기 소유자 중 다수는 전매청과 기타 기관 공무원들이었지만 기업인들도 상당수 존재하였다. 1960~1970년대를 거치며 기업인들의 유입은 더욱 증가하였는데, 이는 폐쇄토지대장의 소유주 변동 내역이나 거주민들의 구술과 신문기사 등을 통해 확인할 수 있다.

기업인들의 유입은 크게 두 시기로 1950~1960년대 관사의 초기 소유주이거나 초기 소유주에게 매입한 경우와 1970년대 들어 기존 기업인이 거주 필지 주변에 추가로 주택을 매입하거나 새로운 기업인들이 유입된 경우이다.

1950~1960년대에 유입된 기업인들은 초기 소유주인 라익진(동아무역 대표), 김형남(일신방직 대표), 조정구(삼부토건 대표), 임대홍[미원(현 대상그룹) 대표]을 필두로 초기 소유주에게 매입한 김성곤(쌍용 대표), 황규삼(풍성전기 대표), 배현규(한일투자금융 대표), 김동신(금강제화 대표), 서병식(동남갈포벽지 대표), 김신권(한독약품 대표), 정규영(보락향료 대표), 신영술(한국철강 대표), 신춘호[롯데공업(현 농심) 대표], 고홍명(파이롯트 대표), 이건희(당시 삼성 후계자), 최종관(SK 부회장) 등이다. 이건희는 주택을 매입하여 철거한 후 공지 상태인 채로 부지를 계속 소유하였고, 나머지 기업인들은 실제로 거주하였다. 이 당시 이주해 온 기업인들의 대다수가 당시에도 유망한 기업의 대표였으며, 그 기업들의 상당수는 현재까지도 유지되고 있다.

1970년대에 새롭게 이주한 인물로는 김우중(대우 대표)과 김재홍(한승건설 사장)이 있으며, 김우중의 경우 짧게 거주하였음에도 구술자들이 거주이력을 확인해 주기도 하였다.

초기 기업인들이 신문로2가에 자리를 잡은 이후 주택부지를 추가 매입하는 경향은 눈여겨볼 점이었다. 동남갈포벽지·일신방직·미원은 기존 주택부지 옆에 추가로 부지를 매입하여 주택을 확장하였고, 금강제화와 쌍용은 신문로2가 내에 자녀들의 거주지로 부지를 매입하기도 하였다. 그 외에도 1980년대 초반까지 풍성전기, 한독약품, 한국철강, 농심 등의 기업인들이 신문로2가로 유입되었다. 이들 기업인 중에는 1950~1970년대에 이주하여 현재까지도 거주하고 있는 집안도 있다. 대표적으로 라익진, 김성곤, 배현규, 김동신, 서병식의 경우 후손들까지 대대로 거주하여 60~70년 동안 신문로2가의 토박이로 자리 잡고 있다. 김형남과 최종관도 40~50년 동안 거주하였지만, 현재 그 후손들은 이주한 것으로 보인다.

이렇듯 기업인들이 오랫동안 거주하면서 신문로2가는 서울 도심에서 대규모 단독주택 위주의 고급 주거지의 위상을 확립하게 되었다.

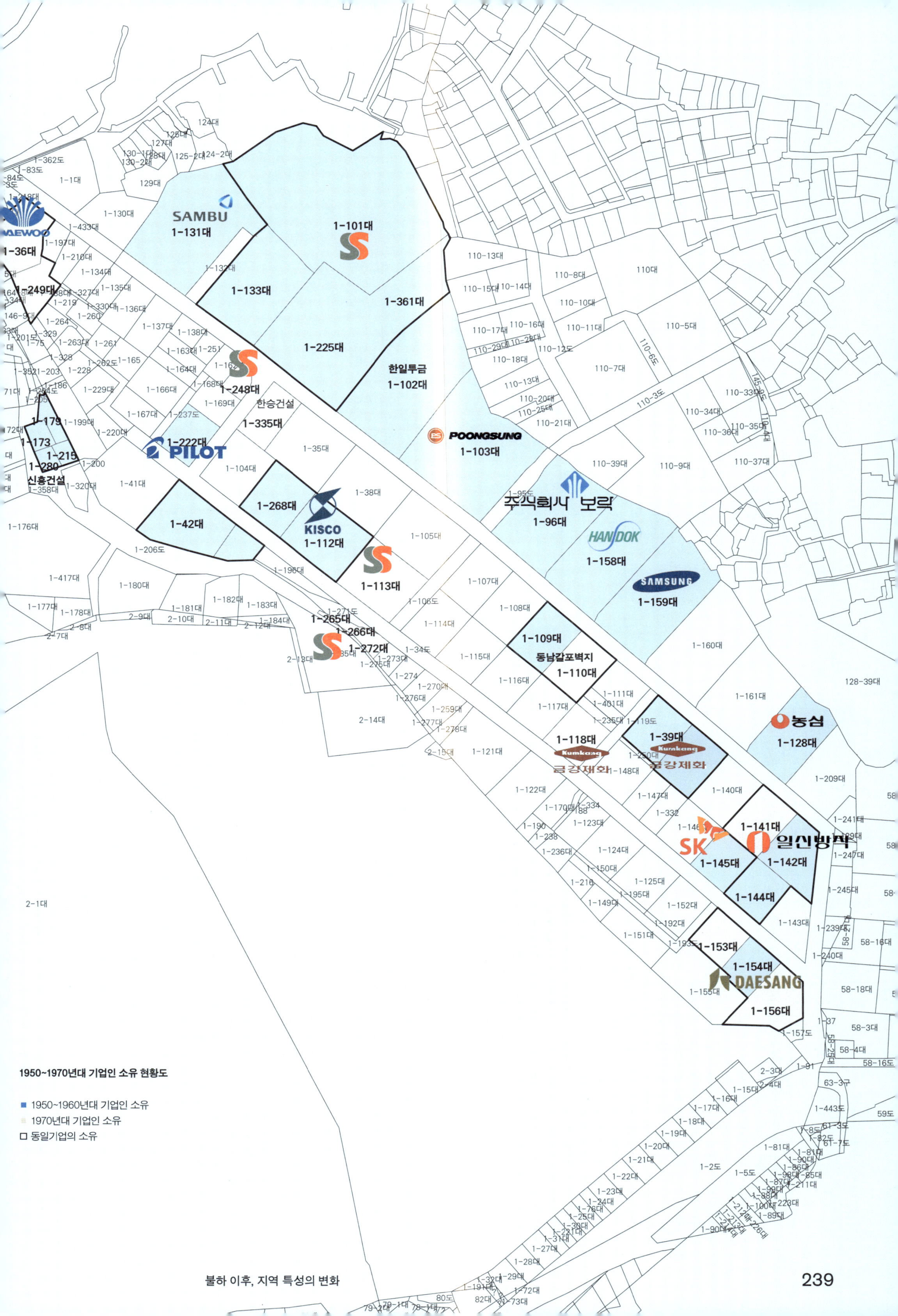

1950~1970년대 기업인 소유 현황도

■ 1950~1960년대 기업인 소유
■ 1970년대 기업인 소유
□ 동일기업의 소유

기업별 소유토지 현황

※토지소유자가 대표 및 직계가족인 경우 해당기업명 기재

신문로2가는 도심에 위치하여 입지적 조건도 훌륭하고, 대규모의 단독주택 필지가 있는 곳이기에 신흥 자본가들이 새로운 고급주택을 짓기에 좋은 조건이었다. 거주자 구술에서는 신문로2가 거주의 주된 이유가 '덕수초등학교 입학'인 경우가 많았다. 중·고교 서열화 시절, '경기중-경기고'라는 명문 코스에 들어서기 위하여 덕수초등학교 입학은 필수적이었다는 것이다.

김옥라
(1-42번지, 1954년~현재 거주) 구술

"여기는 덕수학교 바로 옆에 있잖아요. 또 서울고가 여기 있고, 그담에 경기중학교도 걸어갈 수 있는 거리고, 그래서 여기를 택했다고 그래요."

임원옥
(1-109번지, 1967년~현재 거주) 구술

"우리 시누님이 신문로2가 1번지에 사셨어요. 시누님 아이들이 경기 다니고 성장했으니깐. 덕수초등학교 이사 오라고 해서 집을 구해 놨다가, 저는 여기 1967년도에 이사를 왔거든요. 그때는 이 동네 사람 전부 나이 들고 나는 젊었고. 서른다섯 살인가 왔어요. 그때 아이들 셋이랑 왔는데, 덕수초등학교 진학하겠다고 이 집을 샀어요."

장명순
(1-145번지, 1970~2000년 거주) 구술

"그때는 또 학교 다니느라 그랬지. 덕수국민학교가 난리칠 때야. 그래서 서울로 완전히 이사를 왔어요. 그리고 또 회사, 우리 남편이 맨날 서울 사무실에 오시니깐, 공장은 수원이지만…."

서울중·고등학교 14회 졸업생 구술

"중학교에 입학할 때 학생 구성 중 일류 초등학교가 있었어요. 덕수·미동·회현 이런 곳이 수십 명씩 들어오고, 저는 두 명이나 네 명 들어가는 학교였죠. 덕수가 제일 많이 들어왔던 것 같아요. 덕수는 부잣집 아들이 많이 다녔어요. 부산 피난 시절에도 덕수국민학교는 좋은 학교였지요. 덕수 다니는 아이들이 서울중학교 많이 들어왔어요."

「금金·관력官力의 경쟁터 덕수국민교 문전은 고급차 사태」, 『동아일보』, 1956년 7월 1일 자

한 방울의 휘발유도 생산치 못하는 실정인데도 불구하고 요즘 시내 일류에 속하는 초등학교 교문 앞에는 여전히 아동들의 등하교 시마다 학부형들이 고급 승용차 또는 각종의 차량을 이용하여 아동교육상 중대한 악영향을 미치고 있다. 더욱 이들 차량은 대부분 각 기관에 배속되어 있는 '관용차'(또는 군용차)로서 공공연하게 고관·기관장들의 아동 등하교 시마다 무질서하게 이용되는 것인데, 30일 시내 덕수초등학교 교문 앞에는 무려 30여 대의 차가 아동들의 하교시간을 기다리고 있었다. 〈후략〉

1960년대에 신문로2가로 이주한 기업인들은 대형 필지에 고급주택을 신축하였다. 1963년 1-103번지 황규삼과 1-102번지 배현규의 주택을 시작으로 1964년 1-39번지 김동신, 1966년 1-335번지 김재홍, 1-158번지 김신권, 1967년 1-112번지 신영술, 1-222번지 고홍명, 1-42번지 라익진, 1970년 1-145번지 최종관의 자택까지 고급주택들이 신축되면서 신문로2가는 관사주택과 고급주택들이 혼재된 주거지로 변해 가고 있었다. 라제건의 구술에 따르면 1-103번지 주택의 신축이 연이은 주택 신축의 시작점이 되었다고 한다.

라제건
(1-42번지, 각당복지재단 이사장, 1954년~현재 거주) 구술

"'청와대'라고 불리는 황 사장네가 지어지면서 동네 분위기가 바뀌었어요. 그리고 소위 신흥자본가라는 사람들이 들어온 것입니다."

1960~1970년대 신문이나 건축잡지에는 신문로2가 주택이 종종 등장한다. 이 기사들은 1960~1970년대 서울의 주택 부족으로 인한 사회적 문제 때문에 고급주택에 대한 부정적 인식을 바탕으로 기술된 경우가 많았다.

1970년을 기준으로 서울의 연도별 주택 부족 수는 1965년에 36만 호, 1966년에 39만 호, 1967·1968년에 40만 호, 1969년에 48만 호로 매년 증가하면서[1] 부유층의 호화주택은 사회문제로 인식되었다. 1970년에는 박정희 대통령이 장·차관 등 고위 공무원과 공화당 간부, 국영기업체장들을 향해 '호화스러운 고급주택을 가진 사람들은 자진해서 3개월 안에 처분하라'고 지시[2] 하였을 정도였다.

신문로2가 지역은 1960년대 기업인들의 유입과 고급주택의 건축으로 고급주거지로 자리 잡으면서 지가도 급속히 상승하였다. 1963년 평당 2만 5000원, 1965년 5만 원, 1967년 15만 원으로 매해 가격이 상승하여 1967년에는 제1급 주거지로 격상되었고, 이런 추세는 1970~1980년대까지 이어졌다. 최고지가 주택지 변화는 도심의 전통적 주거지인 효자동·가회동 등을 시작으로 신문로2가와 같은 도심 내에서 고급주거지의 확장으로 이어졌으나, 1980년대 강남개발 이후에는 신흥 고급주거지인 논현동·서초동·방배동 일대로 1급 주거지가 변화되었다.

1 『동아일보』 1970년 9월 5일 자 「주택 모자라는 판에 '호화대형화'」.
2 『동아일보』 1970년 1월 7일 자 「공 호화주택 처분령」.

신문기사를 통해 확인한 1960~1980년대 신문로2가 지가변동

연도	지가	비고
1963년	평당 2만 5000원	전국 주택지대 최고지가, 효자동·명륜동·가회동
1965년	평당 5만 원	전국 주택지대 최고지가, 효자동·명륜동·가회동
1967년	평당 15만 원	전국 주택지대 최고지가, 신문로2가
1979년	평당 50만 원	전국 주택지대 최고지가, 신문로2가
1980.12.10.	평당 80만 원	전국 주택지대 최고지가, 신문로2가
1981.7.10.	평당 100만 원	전국 주택지대 최고지가, 신문로2가
1982.7.27.	평당 120만 원	전국 주택지대 최고지가, 신문로2가
1983.7.12.	평당 128만 원	전국 주택지대 최고지가, 논현동(평당 138만 원)
1984.10.31.	평당 158만 원	전국 주택지대 최고지가, 논현동(평당 158만 원)
1987.7.18.	-	가격 미기재됨
1990.5.1.	평당 399만 원	전국 주택지대 최고지가, 강남구 등 9개 구에 집중(평당 1650만 원)

1.2 주거·상업·업무·문화 복합지대로 변화

1980년대 이후 주거기능의 변화

1960~1970년대 신문로2가로 이주한 주요요인으로 지목되었던 자녀의 교육문제는 1969년 중학교 무시험 진학제도, 1974년 고교평준화 및 학군제 도입, 1976년 이후 도심 내 명문고인 경기고·휘문고·서울고·숙명여고 등의 강남 이전 등으로 큰 변화를 겪게 된다. 강북에 집중되어 있었던 명문고는 1980년대에 대부분 강남으로 이전하였고, 중학교 무시험과 고교평준화 정책으로 인해 강북의 명문 덕수초등학교는 이제 더 이상 명문고 입성을 위하여 필수적으로 진학해야

0년대 호화주택 중과세 정책 변화

:	내용	
'0.1.1. 세법 개정	**제2장(도세) 제4절(취득세) 제112조(세율)** ① 취득세의 세율은 취득물건의 가액 또는 연간 부금액의 1000분의 10으로 한다. 다만, 서울특별시와 부산시에 있어서는 1000분의 20으로 한다.	**제3장(시·군세) 제3절(재산세) 제188조(세율)** 1. 토지: 그 가액의 1000분의 2 2. 가옥 또는 선박 그 가액의 1000분의 3
'3.4.1. 세법 개정	**제2장(도세) 제4절(취득세) 제112조(세율)** ① 취득세의 세율은 취득물건의 가액 또는 연간 부금액의 1000분의 10으로 한다. 다만, 서울특별시와 부산시에 있어서는 1000분의 20으로 한다. ② 대통령령으로 정하는 별장, 골프장, 외국산 고급자동차, 기타 사치성 재산을 취득한 경우의 취득세율은 전항의 세율의 100분의 300으로 한다. ③ 대통령령으로 정하는 대도시 내에서 공장을 신설하기 위하여 사업용 과세물건을 취득한 경우의 취득세율은 제1항의 세율의 100분의 500으로 한다.	**제3장(시·군세) 제3절(재산세) 제188조(세율)** ① 재산세의 세율은 다음 각호에 정하는 바에 의한다. **일반재산** 1 토지: 그 가액의 1000분의 2 이내 2. 사치성 재산 (1)별장: 그 가액의 1000분의 6 이내 (2) 골프장: 그 가액의 1000분의 4 이내 3. 법인의 비업무용 토지: 그 가액의 1000분의 4를 표준세율로 하고…〈후략〉 4. 주택: 그 가액을 다음의 각급으로 구분하여 체차로 각 세율을 적용하여 산출한 금액의 합계액을 세액으로 한다. (1) 2000만 원 이하의 가액, 1000분의 3 (2) 3000만 원 이하의 가액, 1000분의 4 (3) 5000만 원 이하의 가액, 1000분의 5 (4) 5000만 원을 초과하는 가액, 1000분의 6
4.1.14. 생활 안정을 위한 령 긴급조치	**제11조(취득세 세율의 특례)** ① 고급주택, 별장, 골프장, 고급승용차, 비업무용 고급선박 또는 고급오락장을 취득하거나 법인이 비업무용 토지를 취득하는 경우에는 지방세법에 의한 취득세의 세율을 취득가액 또는 연간 부금액의 100분의 15로 한다.	**제16조(재산세 세율의 특례)** ① 지방세법에 의한 재산세의 세율은 광구를 제외하고는 다음 각호에 정하는 바에 의한다(그 가액을 다음 각급으로 구분하여 체차로 각 세율을 적용하여 산출한 금액의 합계액을 그 세액으로 한다). 1. 토지 중 주거용 토지 (1) 100평 이하, 1000분의 2 (2) 100평 초과, 1000분의 5 (3) 200평 초과, 1000분의 10 (4) 300평 초과, 1000분의 30 (5) 500평 초과, 1000분의 50 2. 가옥 중 주택 (1) 500만 원 이하, 1000분의 3 (2) 500만 원 초과, 1000분의 5 (3)1000만 원 초과, 1000분의 10 (4) 2000만 원 초과, 1000분의 30 (5) 3000만 원 초과, 1000분의 50
5.1.1. 세법 개정	**제2장(도세) 제4절(취득세) 제112조(세율)** ① 취득세의 세율은 취득물건의 가액 또는 연간 부금액의 1000분의 10으로 한다. 다만, 서울특별시와 부산시에 있어서는 1000분의 20으로 한다. ② 대통령령으로 정하는 별장, 골프장, 고급주택, 고급오락장, 법인의 비업무용 토지, 고급자동차, 고급선박을 취득한 경우의 취득세율은 제1항의 세율의 100분의 750으로 한다. 별장 등을 구분하여 그 일부를 취득하는 경우에도 또한 같다.	**제3장(시·군세) 제3절(재산세) 제188조(세율)** ① 재산세의 세율은 다음 각호에 정하는 바에 의한다. 토지 중 주거용 토지: 그 면적을 다음 각급으로 구분하여 그 가액에 체차로 각 세율을 적용하여 산출한 금액의 합계액을 그 세액으로 한다. 다만, 농가의 경우에는 1000분의 3으로 한다. (1) 100평 이하, 1000분의 2 (2) 100평 초과, 1000분의 5 (3) 200평 초과, 1000분의 10 (4) 300평 초과, 1000분의 30 (5) 500평 초과, 1000분의 50 2. 가옥 중 주택: 그 가액을 다음의 각급으로 구분하여 체차로 각 세율을 적용하여 산출한 금액의 합계액을 그 세액으로 한다. (1) 500만 원 이하, 1000분의 3 (2) 500만 원 초과, 1000분의 5 (3) 1000만 원 초과, 1000분의 10 (4) 2000만 원 초과, 1000분의 30 (5) 3000만 원 초과, 1000분의 50

하는 학교가 아니었다. 1-105번지 거주자 김신나의 구술을 통해 1970년대 중반 이후에는 덕수 초등학교의 선호도가 줄어들었으며, 또 강남개발이 본격화되면서 아파트가 개발되고 신흥 명문학교가 등장함에 따라 신문로2가의 주거지로써의 선호도는 급격히 떨어지고 있었다.

김신나
(1-105번지, 1975~1993년 거주) 구술

"나는 미국에서 와서 학교에 대해 잘 몰랐어요. 그때는 모두 사립학교를 보낼 때였어요. 그래서 일단 신청을 했죠. 그런데 떨어졌어요. 그래서 덕수를 갔죠. 여기 나가서 육교 하나 건너면 바로 덕수니깐. 그리고 뭐 왕년의 덕수지, 그때는 애들이 많이 없어 가지고…."

신문로2가의 주거지 성격이 변해 간 또 다른 요인으로는 '호화주택 중과세 부과'를 들 수 있다. 대통령 긴급조치 제3호로 1974년 1월 14일에 시행되었는데, 시행목적은 저소득층에 대한 조세 부담을 경감하고 고소득층의 사치성 소비에 대한 조세를 늘려 경제위기에 대응하자는 것이었다. 저소득층의 통행세·주민세 등을 감면해 주는 반면 고소득층의 유류세·주류세·자동차세·취득세·재산세 등을 추가로 조세하는 항목을 포함하고 있다. 감면 항목보다 증가 항목이 많은 점으로 미뤄 고소득층에 대한 증세 목적이 더 컸던 것으로 보인다.

이 조치를 통해서 호화주택에 대한 취득세와 재산세가 증가하여 기존 지방세법 대비 주택 취득세는 2%에서 15%로 늘고 재산세는 토지 일괄 0.2%에서 최대 5%로, 건축물 최대 0.6%에서 5%로 증가하였다. 세율이 낮았던 주택 취득세와 재산세가 대통령 긴급조치 3호를 기점으로 큰 폭으로 상승하였다. 이 조치는 1975년 1월 1일 대통령 긴급조치 제6호「대통령 긴급조치 제3호의 해제조치로 약 1년 만에 해제되었으나, 지방세법 중 취득세·재산세 항목에 반영되어 공식법령으로 안착되었다.

고급주택 중과세 조치로 세금 부담이 커지면서, 대부분 고급주택에 이 입지한 신문로2가의 주택에 대한 선호도는 지속적으로 하락하였으며,[3] 고급주택 중과세 정책 이후 주택매도를 위한 매물이 급격히 증가하기 시작했다.

1960~1970년대 신문기사에 실린 신문로2가의 주택매도 공고

날짜	신문명	매물 내용
1969.4.5.	매일경제	신문로2가, 대지 66평, 건평 40평, 2층, 연와조, 방 7개, 차고, 가격 1200만 원
1969.4.5.	매일경제	신문로2가, 대지 65평, 건평 60평, 2층, 방 8개, 가격 1800만 원
1970.12.26.	매일경제	신문로2가, 대지 70평, 건평 50평, 가격 1200만 원
1974.1.17. 국민생활 안정을 위한 대통령 긴급조치		
1975.3.17.	매일경제	신문로2가 소재, 대지 45평, 건평 45평, 2층, 방 5개, 차고, 제시설 완비, 연탄보일러, 슬래브, 은행 150만 원 포함, 가격 1700만 원 호가
1975.5.19.	매일경제	신문로2가 소재, 서울고등학교 후문, 대지 48평, 건평 75평, 콘크리트 슬래브, 방 8, 지하실 차고, 난방완비, 전망 좋은, 가격 2600만 원 호가
1975.8.11.	매일경제	신문로2가 소재 대지 66.8평, 건평 42평, 2층, 방 6개, 붉은벽돌 슬래브, 기름연탄 겸용 보일러, 가격 절충
1975.8.20.	매일경제	신문로2가 고급주택가 소재, 대지 500평, 건평 100평, 은행 400만 원, 평당 28만 원 호가
1975.12.29.	매일경제	신문로2가 고급주택가, 대지 518평, 무공해지, 평당 23만 원 호가
1976.5.21.	매일경제	신문로2가 소재, 대지 125평, 평당 50만 원 호가
1976.6.3.	매일경제	신문로2가 소재 대지 102평, 건평 127평, 3층 석조, 8500만 원 호가
1976.9.16.	매일경제	신문로2가 소재, 대지 100평, 건평 130평, 8800만 원 호가
1977.9.8.	매일경제	신문로2가 소재, 서울고교 부근, 대지 131평, 건평 476평(5층 및 3층), 2억 원 호가

3 『동아일보』 1974년 01월 19일 「1.14긴급조치 이후 팔사람도 살 도 없다」; 『동아일보』 1975년 05 일 자, 「주택값 내려도 살 사람이 없 『매일경제』 1976년 06월 12일 자, 화, 대형주택 매물 늘어…」.

국민생활 안정을 위한 대통령 긴급조치

1974.1.14. 제정·시행 [대통령 긴급조치 제3호]

제1장 총칙

제1조(목적)

이 긴급조치는 저소득자에 대한 조세부담의 경감 등 국민생활의 안정을 위하여 필요한 조치와 사치성 소비의 억제, 자원의 절약과 개발 및 노·사 간의 협조 강화 등 건전한 국민생활 기풍의 진작을 위하여 필요한 조치를 신속히 취함으로써 격동하는 세계경제의 충격에 따른 국민경제의 위기를 국민의 총화적 참여에 의하여 극복함을 목적으로 한다.

제2장 조세의 특례

조세감면: 제2조(소득세의 감면)
제3조(통행세의 감면)
제10조(주민세의 감면)

조세증가: 제4조(석유류세 세율의 특례)
제5조(주세 세율의 특례)
제6조(물품세 세율의 특례)
제7조(입장세 세율의 특례)
제8호(관세 세율의 특례)
제9조(관세간이세율의 특례)
제12조(취득세의 면세점 인상)
제13조(자동차세 세율의 특례)
제14조(유흥음식세 세율의 특례)
제15조(재산세의 면세점 인상)
제17조(마권세 세율의 특례)

제11조(취득세 세율의 특례)

국민 생활의 안정을 위한 대통령 긴급조치 제11조 제2항 및 제16조 제2항에 의한 재산의 구분 및 범위에 관한 건[대통령령 제7042호]

제2조(고급주택) 긴급조치 제11조 제1항에서 '고급주택'이라 함은 다음 각호의 1에 해당하는 주택과 그 대지를 말한다.

1. 일구의 건축물의 연면적이 100평을 초과하는 것으로서 그 가액이 1000만 원을 초과하는 주거용 건축물
2. 일구의 건축물의 대지면적이 300평을 초과하는 것으로서 그 건축물의 가액이 500만 원을 초과하는 주거용 건축물
3. 일구의 주택에 에레베타, 에스카레타 또는 20평 이상의 풀장 중 1개 이상의 시설이 설치된 주거용 건축물
4. 일구의 건축연면적이 70평을 초과하는 아파트

---

① 고급주택, 별장, 골프장, 고급승용차, 비업무용 고급선박 또는 고급오락장을 취득하거나 법인이 비업무용 토지를 취득하는 경우에는 지방세법에 의한 취득세의 세율을 취득가액 또는 연간 부금액의 100분의 15로 한다.

제16조(재산세 세율의 특례)

1. 토지
   가. 주거용 토지
   그 가액을 다음 각급으로 구분하여 체차로 각 세율을 적용하여 산출한 금액의 합계액을 그 세액으로 한다.
   100평 이하, 1000분의 2 |100평 초과, 1000분의 5 |200평 초과, 1000분의 10 | 300평 초과, 1000분의 30 | 500평 초과, 1000분의 50
   나. 골프장, 별장 또는 고급오락장용 토지: 그 가액의 1000분의 50
   다. 공한지: 그 가액의 1000분의 50
   라. 법인의 비업무용 토지: 그 가액의 1000분의 50
   마. 전 각목 외의 토지: 그 가액의 1000분의 2

2. 가옥
   가. 주택
   그 가액을 다음의 각급으로 구분하여 체차로 각 세율을 적용하여 산출한 금액의 합계액을 그 세액으로 한다.
   500만 원 이하, 1000분의 3 | 500만 원 초과, 1000분의 5 | 1000만 원 초과, 1000분의 30 | 2000만 원 초과, 1000분의 30 | 3000만 원 초과, 1000분의 50
   나. 골프장, 별장 또는 고급오락장용 가옥: 그 가액의 1000분의 50
   다. 전 각목 외의 가옥: 그 가액의 1000분의 3

3. 선박
   가. 비업무용 고급선박: 그 가액의 1000분의 50
   나. 가목 외의 선박: 그 가액의 1000분의 3

제3~7장 생략 끝.

주거·상업·문화·업무 복합지대로의 변화

1970년대 이후 강남육성 정책과 고급주택 중과세 부담으로 신문로2가는 높은 지가와 함께 도심 입지 여건으로 인해 주거기능보다는 도심서비스 기능의 입주 압력이 커졌을 것으로 보인다. 이러한 여건을 반영하듯 신문로2가 지역은 기업인들이 거주하는 고급주거지에서 점차 중심지 기능을 수행하는 복합용도지역으로 변해 갔다. 건축물대장에서 주용도가 주택에서 비주거로 변경되는 시점을 10년 단위로 분석하고, 통관내도[4] 와 언론보도·구술조사·로드뷰 등을 통해 건축물대장에 기록되지 않은 정보를 추가적으로 확인하여 지역의 용도변화 특성을 파악하였다.

위와 같은 유입 분석을 통해 1980년대부터 본격적으로 비주거가 유입되었음을 알 수 있다. 주거지에서 다양한 용도와 기능이 혼재된 지역으로 변해 가는 과정에서 일반적인 상업이나 업무시설이 아닌 특수한 기능들이 입주하게 된다. 특징적으로 나타나는 용도는 대사관, 서적 및 출판 관련 업체, 전시 및 문화시설, 협회·기업 본사 등의 업무시설이다. 비주거로의 용도전환은 1970년대까지 5건, 1980년대부터 11건으로 늘어났다. 이후에도 꾸준히 증가하여 현재는 주거보다 비주거 용도의 비율이 현저히 높다. 지역 내 기능 변화를 반영한 새로운 가로경관이 형성되고 있으며, 현재까지도 신문로2가의 독특한 지역 분위기를 자아내고 있다.

4 신문로2가 지역의 거주자 및 임차 자의 주소, 이름(혹은 회사, 상호명 화번호가 기재된 지도로 정확한 시 기재되어 있지 않으나 건축물대장 문기사 등의 대조를 통해 1980년대 중반에 작성된 지도로 확인되었다 지도를 통해서 1980년대 거주민 인할 수 있을 뿐만 아니라 비주거용 전환된 주택의 상세 용도를 확인할 어 본 절에서 가장 유용하게 사용 료이다.

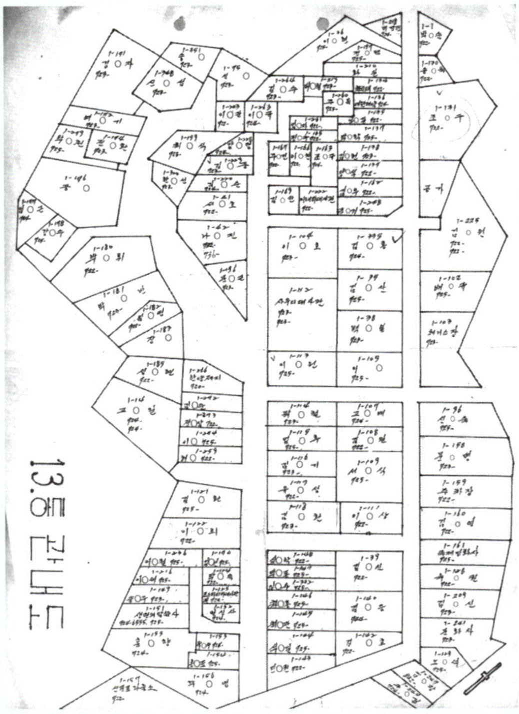

신문로2가 관내도
1981~1984년 추정, 신문로 주부클럽 임원옥 제공

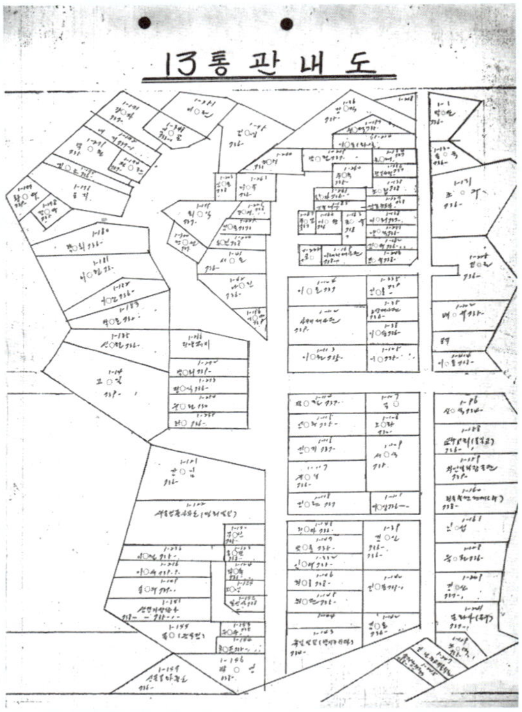

신문로2가 관내도
1985~1986년 추정, 신문로 주부클럽 임원옥 제공

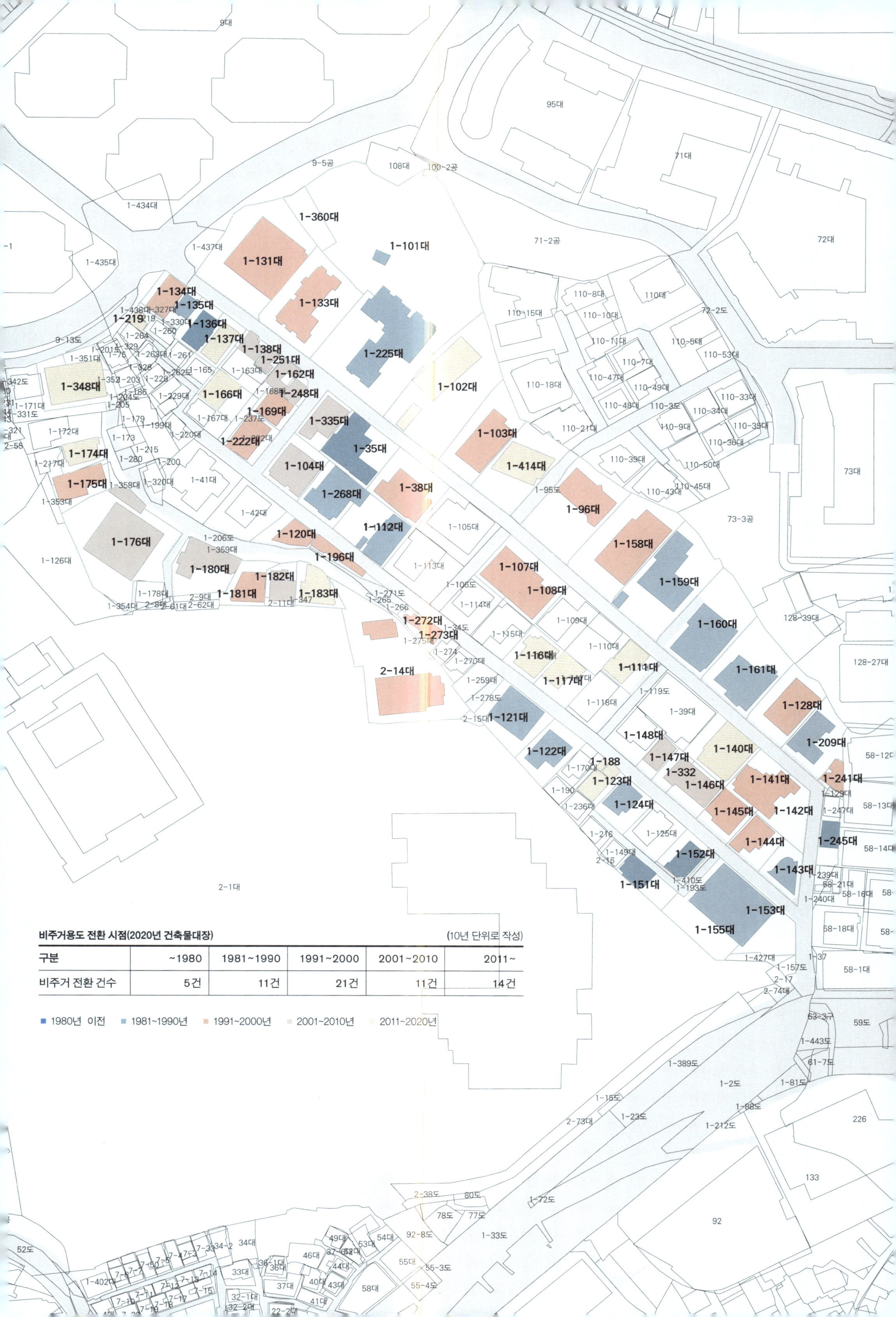

비주거용도 전환 시점(2020년 건축물대장) (10년 단위로 작성)

구분	~1980	1981~1990	1991~2000	2001~2010	2011~
비주거 전환 건수	5건	11건	21건	11건	14건

■ 1980년 이전 ■ 1981~1990년 ■ 1991~2000년 ■ 2001~2010년 ■ 2011~2020년

대사관 입지 현황

대사관과 대사관저의 입주

1980년대 신문로2가는 여러 대사관과 대사관 숙소가 입지하였다. 주한오만대사관저·주한이탈리아대사관·주한코스타리카대사관 등이 임차를 통해 잠시 입주하였으며, 사우디아라비아대사관과 주한체코공화국대사관은 기존 주택을 매입하여 입주하였다. 거주자 구술에서는 비슷한 시기에 대사관이 입주하면서 '경희궁길'이 '대사관길'로 불렸다고도 전한다. 임차하여 입주한 주한오만대사관저와 주한이탈리아·코스타리카대사관이 언제 이전하였는지 정확히 알 수는 없으나 오래 있지는 않았던 것으로 보인다. 부지를 매입하여 입주한 주한사우디아라비아대사관은 2010년경에 용산구 이태원동으로 이주하였으나 아직 토지는 소유하고 있다. 해당 위치는 매장문화재 발굴조사를 실시하였으나, 이후 어떠한 건축행위도 없이 공가 상태로 10여 년간 방치되고 있다. 1994년 입주한 주한체코공화국대사관은 직원숙소 등과 복합적으로 사용하였으나, 협소한 공간 문제로 대사관은 중학동으로 이전하였고, 2018년부터 주한체코공화국문화원과 투자청, 직원숙소 등으로 사용되고 있다.

신문로2가 내 대사관 입지와 변화

지번	명칭	입주시기	변화과정	건축물 준공시기	비고
1-125	주한코스타리카대사관	1981~1984년(추정)	주택 → 주한코스타리카대사관 → 주택	1964.11.(2004년 증축)	(시기 미상) 타 지역 이전
1-222	주한이탈리아대사관	1981~1984년(추정)	주택 → 주한이탈리아대사관 → 업무시설 → 복합문화시설	1967.12.(1991년 증축, 2015년 대수선)	건축자산 1-169로 이전
1-169	주한이탈리아대사관	1985~1986년(추정)	주택 → 주한이탈리아대사관 → 업무시설	1968.12.(1992년 증축)	건축자산(시기 미상) 타 지역
1-112	주한사우디아라비아대사관	1983년	주택 → 주한사우디아라비아대사관 → 공가	1967.8.	2010년 타 지역 이전
1-35	주한오만대사관 관저	1985~1986년(추정)	주택 → 주한오만대사관 → 식당	1967.11.	(시기 미상) 타 지역 이전
1-121	주한체코공화국대사관	1994년	주택 → 주한체코공화국대사관 → 주한체코공화국문화원	1990.12.	기존 건물 리모델링
1-134	주한쿠웨이트대사관	2017년~	실로암교회 → 주한쿠웨이트대사관 → 공실 → 주한파나마대사관	1998.6.(2016년 증축)	운영 중
	주한파나마대사관	2020년~			

1-112번지 옛 주한사우디아라비아대사관(현 공가, 2021)

1-121번지 옛 주한체코공화국대사관(현 주한체코공화국문화원, 2020)

1-35번지 옛 주한오만대사관(현 만석식당, 2020)

1-134번지 옛 주한쿠웨이트대사관(현 주한파나마대사관, 2021)

출판사

신문로2가 일대에는 1980년대부터 생명의말씀사, 한국출판판매, 일신사, 범한서적, 일지사, 일조각 등 유명 출판사들이 자리잡았다. 소공동 등 도심 내에 입지하던 출판사와 서점들이 신문로로 이전한 것이었다. 신문기사에 따르면 1985년경 도심 내 대형 서점들이 강남으로 하나둘씩 이전[5] 하고, 일부는 도심과 가까우면서 재개발구역에서 제외된 신문로2가 일대로 이동한 것으로 보인다.

5 「조선일보」 1985년 4월 9일 자, 「都心(도심) 대형서점들 江南(강남)이전 서둘러」.

1978년 재단법인 한국복음주의선교회(현 재단법인 팀선교회)는 1970년 신축된 3층 주택이 있는 1-151번지를 매입하고 생명의말씀사 본사를 입주시켰다. 기독교 전문서적 생명의말씀사는 1953년 TEAM(The Evangelical Alliance Mission)선교회의 갈필도 선교사가 창립하였으며,

로2가 내 출판사 입지와 변화

	명칭	입주시기	변화과정	건축물 준공시기	비고
51	생명의 말씀사	1980.3.	주택 → 생명의말씀사	1970.4.(1980년 증축)	운영 중
52	일신사	1980.8.	주택 → 소매점 → 일신사 → 일신빌딩(임대)	1980.8.(1991년, 1993년, 2000년 증축)	(시기 미상) 타 지역 이전
0	한국 출판판매	1985~1986년(추정)	주택 → 한국출판판매 → 화봉책박물관 → 한국디자인문화재단 → 마이다스에셋	관사변형 사용(2000년, 2019년 신축)	(시기 미상) 타 지역 이전
22	범한서적	1990.10.	주택 → 대사관 → 범한서적 → 테라스222	1967.12.(1991년, 1997년, 2015년 증축)	(시기 미상) 타 지역 이전
9	일지사	1992년(추정)	주택 → 일지사	1968.12.(1992년 증축)	운영 중
1	사계절 출판사	1992년(추정)	주택 → 사계절출판사 → 에무시네마	1992.9.	2003년 타 지역 이전
5	일조각	2004.12.	주택 → 일조각	2004년	운영 중

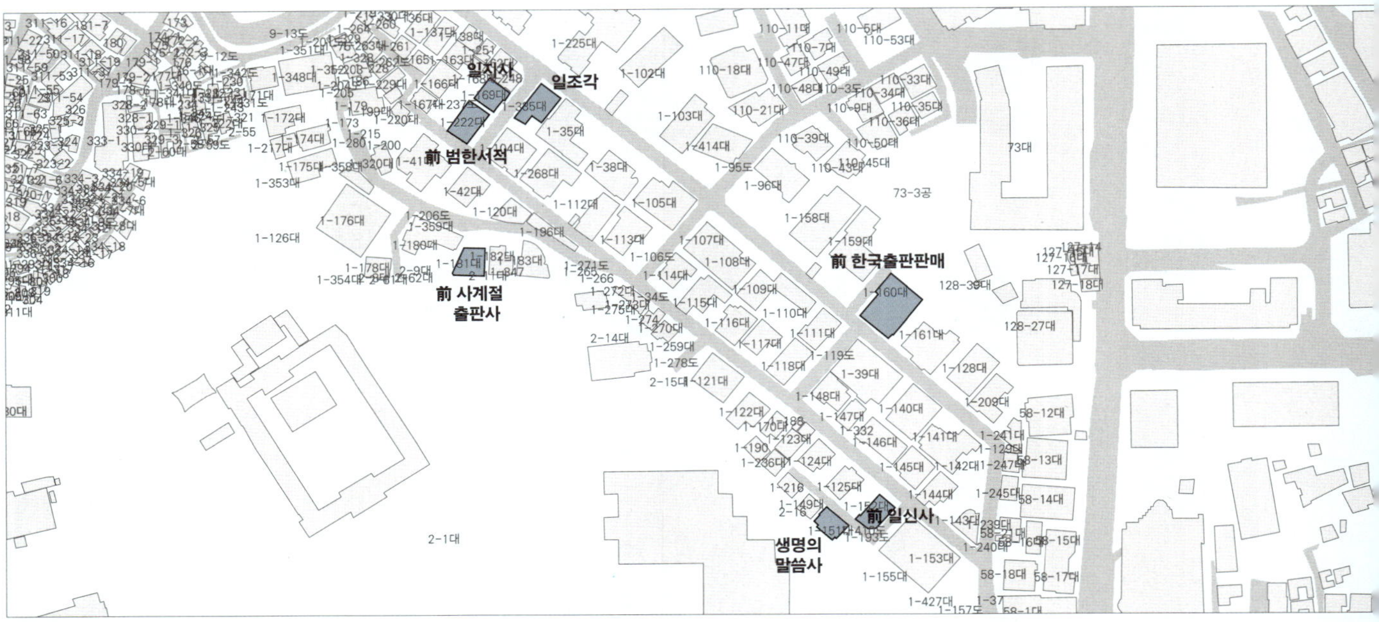

출판사 입지 현황

최근에는 1-145번지에 건물을 신축하고 이전하였다. 인접한 구세군회관 건물에는 비슷한 시기에 들어온 생명의말씀사 광화문점(서점)이 영업하고 있으며, 이곳은 오랫동안 이어온 서점의 역사를 인정받아 '서울미래유산'으로 지정되었다.

1-152번지에 들어선 출판사 일신사(현 일신사빌딩)는 1대 대표 윤광모에서 윤백규로 이어졌으며[6], 건물 지하는 일신사의 책 창고로 이용되다가 레스토랑이 들어섰다.[7]

1-160번지의 한국출판판매㈜(현 화봉문고)는 당시 서린동 토지와 신문로2가의 해당 토지를 대토하여 들어왔다. 한국출판판매주식회사는 수입도서 전문서점으로 교보문고·종로서적과 더불어 '서울 4대 서점'으로 다양한 활동을 해 왔으며[8], 2003년부터는 고서를 전문으로 수집하고 판매하는 화봉문고를 만들었다고 한다.[9] 신문로에서 영업을 지속하다가 관훈동에 화봉책박물관을 개관하였고, 현재 이 자리에는 마이다스에셋자산운용 사옥이 들어서 있다.

1-222번지의 범한서적은 1989년 광화문사거리에서 해당 위치로 이전해 온 것으로 보인다[10]. 기존 테라스형 주택을 서적 소매점으로 용도 변경하여 사용하였다. 서점 전성기라고 일컬어지던 1970년대 외국서적 전문점으로 유명하였던 범한서적과 일본서적 전문점 한국출판판매가 모두 신문로2가로 옮겨온 것이다. 범한서적 대표는 지방자치제가 실시되고 처음으로 실시된 1991년 지방선거에서 종로구 의원으로 출마하기도 하였다.[11] 범한서적 옆 건물에는 일지사가 들어섰는데, 두 건물 모두 테라스형 단독주택으로 1960년대 같은 시기에 같은 양식으로 지어진 건축물로 보인다. 범한서적과 비슷한 시기에(1992년으로 추정) 이전해 온 일지사는 창작그림책·창작집·서예집·화집 등 독창적인 원고를 펴냈고, 특히 한국학 분야의 학술전문서적 출판에 기여한 것으로 알려져 있다.

1-181번지의 사계절 출판사는 1992년경에 입주하여 2010년대 초반까지 운영되었던 사실이 토지대장을 통해 확인된다. 또 공평동에서 일지사와 인접해 있던 일조각이 2004년 신문로2가 1-335번지에 사옥을 신축하여 이전해 왔다. 신문기사에 의하면 1957년부터 써온 종로구 공평동 사옥(공평동 9번지)이 서울시 지정 근대건축물로 보존되기 때문에 이전하였는데,[12] 공교롭

6 『연합뉴스』 1999년 2월 5일 자, 「
계 경영2세들, 속속 경영일선에 나사

7 『문화일보』 2013년 1월 30일 자, 「
객석서 느끼던 황홀, 이젠 꽉 찬 터
오가며 만끽」.

8 『경향신문』 1982년 9월 29일 자,
일까지 서울 4대서점 푸짐한 책잔치

9 『한겨레』 2007년 2월 1일 자, 「새
아 헌책 사들였으니 망하지 않겠소」

10 『동아일보』 1989년 10월 24일 자
화문 30년 붙박이 '범한서적' 경희
편으로 이사」.

11 『연합뉴스』 1991년 3월 8일 자, 「
의회 선거현장」.

12 『동아일보』 2004년 5월 2일 자,
스트셀러 연연 말라' 자존심 지킨
인…한만년 사장」.

1-151번지 옛 생명의말씀사 출판사(2021)

신문로1가 58-1번지 생명의말씀사(2021)

1-152번지 옛 일신사 자리(2009) | 다음로드뷰

1-160번지 옛 한국출판판매 자리(2009) | 다음로드뷰

1-222번지 옛 범한서적(2013) | 다음로드뷰

1-181번지 옛 사계절출판사(2011) | 다음로드뷰

1-169번지 일지사(2020)

1-335번지 일조각(2020)

게도 1-335번지 신축과정에서 매장문화재가 발굴되어 공사가 중단되는 어려움을 겪었다. 일조각은 발굴된 매장문화재를 현지 보존하고 1층 바닥에 유리를 설치하여 시민에게 개방하면서 민간 건축물에서는 보기 드문 매장문화재 개방전시 사례를 만들었다. 일조각은 역사학·어문학 등 다양한 학술서적들을 출판하였고, 일지사와 마찬가지로 한국학 분야의 기념비적 학술서적들을 다수 출판한 것으로 알려져있다.

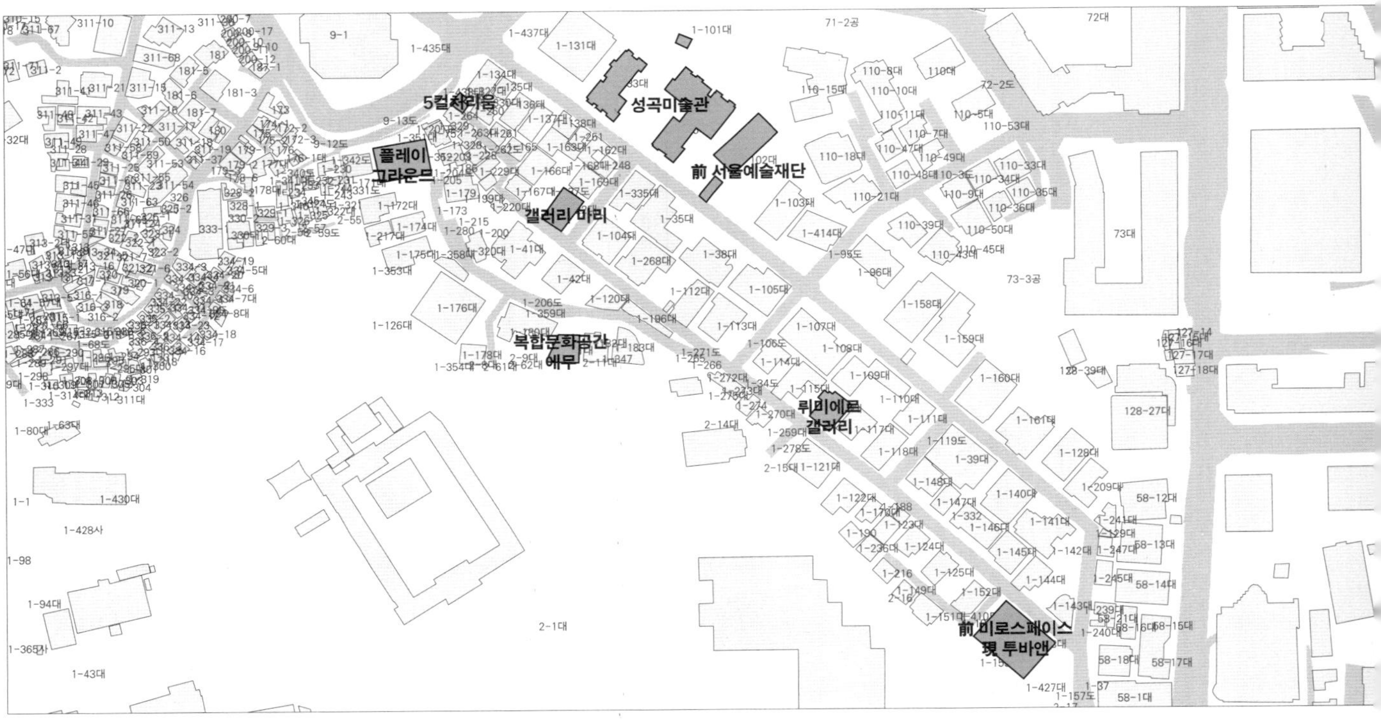

문화시설 입지 현황

미술관·독립영화관 등 특색 있는 문화시설의 입지

신문로2가에는 1995년 입주한 성곡미술관을 시작으로, 미술관·갤러리·독립영화관과 최근 생겨나는 복합문화공간까지 다양한 문화시설이 입지하였다. 신문로2가에 문화시설 입지의 출발점이 된 것은 1-101번지 성곡미술관의 개관이었다. 기존 쌍용 김성곤의 자택에 1995년 2동의 건축물을 신축하여 미술관으로 개관하였다. 성곡미술관은 현대미술 중심의 젊은 신예작가 전시회 개최를 통해 유망작가를 발굴하고 지원하면서 그 입지를 다져갔다. 1990년대 2000여 평의 대지에 모더니즘 형식의 건축물과 널찍한 정원을 갖춰 당시 획기적인 문화공간으로 알려지게 되었고, 현재까지도 그 모습을 유지하고 운영 중이다.

신문로2가 내 문화시설의 입지와 변화

지번	명칭	입주시기	변화과정	건축물 준공시기	비고
1-101 1-133	성곡미술관	1995.11.	주택 → 성곡미술관	1987.12.(1997년 증축)	운영 중
1-153	미로스페이스 인디스페이스	2006.7. 2012.	미로스페이스 → 인디스페이스 → 투바앤	1994.4.(2006년, 2018년 증축 및 대수선)	운영 중
1-116	뤼미에르 갤러리	2007.10.	주택 → 뤼미에르 갤러리	1972.10.(1992년 증축) 2015.10. 신축(2018년 증축)	운영 중
1-181	복합문화공간 에무	2010.10.	주택 → 사계절출판사 → 에무	1992.9.	운영 중
1-102	서울예술재단	2015.4.	주택 → 서울예술재단	1963.12.(현재 신축공사 중)	타 지역 이
1-222	문화복합공간M(갤러리 마리)	2015.7.	주택 → 범한서적 → 문화복합공간M	1967.12.(1991년, 1997년, 2015년 증축)	운영 중
1-348	알레아, 플레이그라운드	2016.11.	주택 → 플레이그라운드	2016.11.	운영 중
1-219	5컬처레움	2019.12.	주택 → 5컬처리움	2019.12.	운영 중

1-101번지 성곡미술관 전경(2020)

신축 이후 뤼미에르 갤러리(2021)

1-102번지 옛 서울예술재단(2017)

서울예술재단 철거 전 내부(2017)

서울예술재단 철거 전 정원(2017)

1-102번지 준공 예정인 건축물 모습

강남구 청담동에서 운영했던 뤼미에르 갤러리는 2007년 신문로2가에 분관을 개장하여 운영을 시작하였다. 기존 건축물을 활용하여 널찍한 마당과 아담한 전시공간이 조화를 이루는 공간이었으나, 2015년에 지하 1층과 지상 5층 규모의 빌딩으로 신축하여 뤼미에르 갤러리뿐만 아니라 추가로 임대공간을 운영하고 있다.

성곡미술관 옆 주택인 1-102번지는 한일투금 회장의 자택으로 50년 이상 주택으로 이용되다가 2015년 서울예술재단의 전시공간으로 변경되었다. 서울예술재단은 주로 젊은 작가들의 작품을 전시하였는데, 성곡미술관과 나란히 위치하고 있어 그 앞길은 미술관 거리의 인상을 주는 곳이었다. 게다가 기존 건축물의 형태를 그대로 살려 이목을 끌었는데, 1960년대 지어진 모더니즘 양식의 이 건축물은 경사지의 대규모 정원과 수영장 등을 갖춘 고급주택이었다. 그러나 2020년 서울예술재단은 체부동으로 이전하고, 기존 건축물은 멸실되어 현재 지하 4층과 지상 6층 규모의 빌딩이 신축되고 있다.

성곡미술관 부지(1-101번지 일대)의 변화

성곡미술관은 옛 경희궁지에 위치한 부지중 가장 규모가 크다. 성곡미술관의 부지 변화는 경희궁지의 훼철과 변화를 담고 있을 뿐만 아니라 현재의 성곡미술관에도 경희궁의 흔적이 남아 있어 이 일대가 경희궁지였음을 상징적으로 보여준다. 현재의 성곡미술관 부지는 조선시대 경희궁 내 춘화정·영취정·광명전이 있었던 자리였으며, 일제강점기에는 신문로2가 내 관사 중 가장 큰 규모인 주임관사 1동과 주임(특)관사 1동이 위치한 자리였다. 해방 이후에는 1958년 조경규 의원이 불하받은 것을 1959년에 쌍용 창업자 김성곤이 매입하여 20년 이상 자택으로 사용하였다. 그가 작고한 이후 1985년에 기존의 주택이 철거되고 지금의 성곡미술관 건물이 준공되었으며, 1995년대에는 성곡미술관을 개관하여 20년 이상 그 자리를 지키며 현재에 이르고 있다.

경희궁 복원배치도(부분)

일제강점기 관사배치도(부분)

1975년 항공사진

1988년 항공사진

2006년 항공사진

2019년 항공사진

성곡미술관 부지 변화

성곡미술관 부지의 전면에는 미술관 건물이 배치되어 있고, 뒤편 구릉지에는 정원이 조성되어 있다. 후면 정원은 경희궁이었을 당시에도 춘화정·영취정 등의 정자가 위치하던 곳으로 추정되며, 정자는 멸실되었으나 구릉지형은 현재까지 유지되고 궁장도 복원되어 있다. 또한 서궐도에 그려진 반월형 연못이 성곡미술관 내에 위치하여 경희궁의 흔적이 현재까지 미약하게나마 남아 있음을 확인해 준다.

성곡미술관 후면부 궁장 복원 부분

누각 위의 봄바람 좋아
섬돌 가에 반달같은 연못 있네.
앉아 물고기 뛰어노는 곳을 보네
조용히 려천 시를 읊네
– 숙종, 「춘화정에서 반달연못을 바라보며」 –

성곡미술관 내 반월형 연못

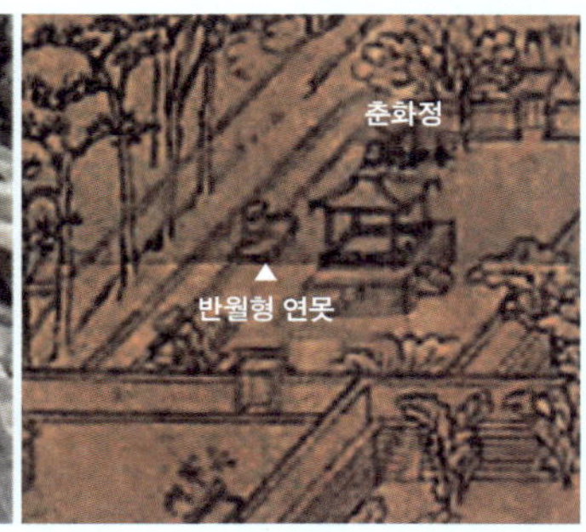

서궐도에 등장하는 반월형 연못

성곡미술관 부지 현황

2012년 경희궁길 초입 1-153번지에 들어선 독립영화상영관 인디스페이스[13], 새문안길에 위치한 씨네큐브와 태평로1가의 스폰지하우스와 함께 광화문 일대 독립영화관의 중심지가 되었다. 그러나 인디스페이스는 2019년 관수동으로 이전하고, 그 자리는 애니메이션 제작회사 투바앤으로 변경되었다. 비록 인디스페이스는 이전하였지만, 2010년 대표의 아들이 1-181에 기존 건물을 리모델링하여 문화복합공간 에무를 개장, 신문로2가 독립영화관의 맥을 이었다. 뒤이어 복합문화공간을 표방한 소규모 전시시설과 카페 등을 함께 운영하는 복합문화공간M, 알레아 플레이그라운드, 5컬처레움 등이 새로이 자리 잡았다. 신문로에서 10년간 거주중인 류○○(35세)는 '동네가 점점 더 예술적으로 변해가고 있다'고 전하였다.[14]

13 『독서신문』 2012년 4월 2일 자, 「독립영화전용관 돌아온다… 광화문 디스페이스'로」.

14 『조선비즈』 2015년 6월 19일 자, 화문 걸어보셨나요] ⑤신문로 新갈 로드가 열린다」.

1-155번지 인디스페이스(2013) | 다음로드뷰

태평로1가 61-21 스폰지하우스(2013) | 다음로드뷰

1-158번지 복합문화공간 에무(2021)

1-222 복합문화공간M(2018)

1-348번지 알레아 플레이그라운드(2021)

1-219번지 5컬처레움(2021)

재단 및 협회

신문로2가에는 각당복지재단, 축구협회, 서울시교원단체총연합회 등 다양한 재단과 협회도 자리 잡고 있다. 이 중 각당복지재단은[15] 동아무역 대표 라익진의 부인 김옥라가 설립하였다. 1-120번지 부지에서 시작하였고, 2010년 재단건물을 신축하여 현재까지 운영하고 있다. 서울시교원단체총연합회[16]가 위치한 1-107번지(토지대장을 통해 1987년에 매입한 것으로 확인되었다)는 1999년 빌딩을 신축하여 현재까지 운영하고 있다.

대한축구협회[17]가 위치한 1-131번지는 1957년부터 삼부토건 창업자 조정구의 주택으로, 1993년 그가 세상을 떠날 때까지 거주한 곳이다. 이후 소유권이 아들에게 이전되었다가 1997년 대한축구협회에서 토지를 매입하여 1999년에 대한축구협회 건물을 준공하였고, 현재까지 그 자리를 유지하고 있다. 대상문화재단[18]은 대상그룹 임대홍이 한 재단으로, 2014년 이후에 옛 메트로신문사 사옥으로 사용되던 1-141번지를 매입하여 이전해 현재까지 운영되고 있다.

15 1986년에 한국자원봉사능력개발연구회로 설립되었고, 1991년에 지금의 각당복지재단 명칭으로 변경되었다. 이 재단은 봉사활동 교육 등 비영리 성격의 재단으로 운영되고 있다.

16 1947년 서울특별시교육회로 설립, 1989년 서울특별시교원단체 연합회, 2006년 서울특별시 교원단체 총연합회로 명칭이 변경되어 현재에 이른다. 이 협회는 서울시 소속 교원의 사회·경제적 지위향상 및 교직의 전문성 확립을 목적으로 설립되어 운영 중이다.

17 1928년 설립된 조선심판협회를 전신으로 하고 있다. 1933년 조선축구협회가 조선심판협회를 계승하여 출범하였으나 1938년 일제에 의해 강제해산 되었다. 해방이후 조선축구협회가 다시 복원되고, 1948년에 대한축구협회로 명칭이 변경되어 현재까지 이어져 오고 있다.

18 1971년에 세림장학회를 설립하였고, 1979년에 세림문화재단, 1989년에 미원문화재단, 1997년에 대상문화재단으로 명칭이 변경되어 현재에 이른다. 이 재단은 경제적인 사정으로 학업을 이어가기 어려운 임씨문중 학생들에게 장학금 지급을 시초로 현재는 인재육성, 학술연구 및 문화예술단체 지원 등 지원범위를 넓혀 운영되고 있다.

신문로2가 내 재단·협회의 입지와 변화

지번	명칭	입주시기	변화과정	건축물 준공시기	비고
1-120	각당복지재단	1986.12.	주택 → 각당복지재단	1964.4.(2010.6. 신축)	운영 중
1-107	서울시교원단체 총연합회	1987.5.	주택 → 서울교총	1971.10.(1999.10. 신축)	운영 중
1-131	축구회관	1999.5.	주택 → 축구회관	1999.5.	운영 중
1-141	메트로신문사	2008.4.	주택(일신방직) → 메트로신문사 → 대상문화재단	1975.12.(1997년, 2010년 증축)	운영 중
	대상문화재단	2014.11.			

1-107번지 서울시교원단체총연합회(2021)

1-131번지 대한축구협회(2021)

1-120번지 각당복지재단(2018)

1-141번지 대상문화재단(2021)

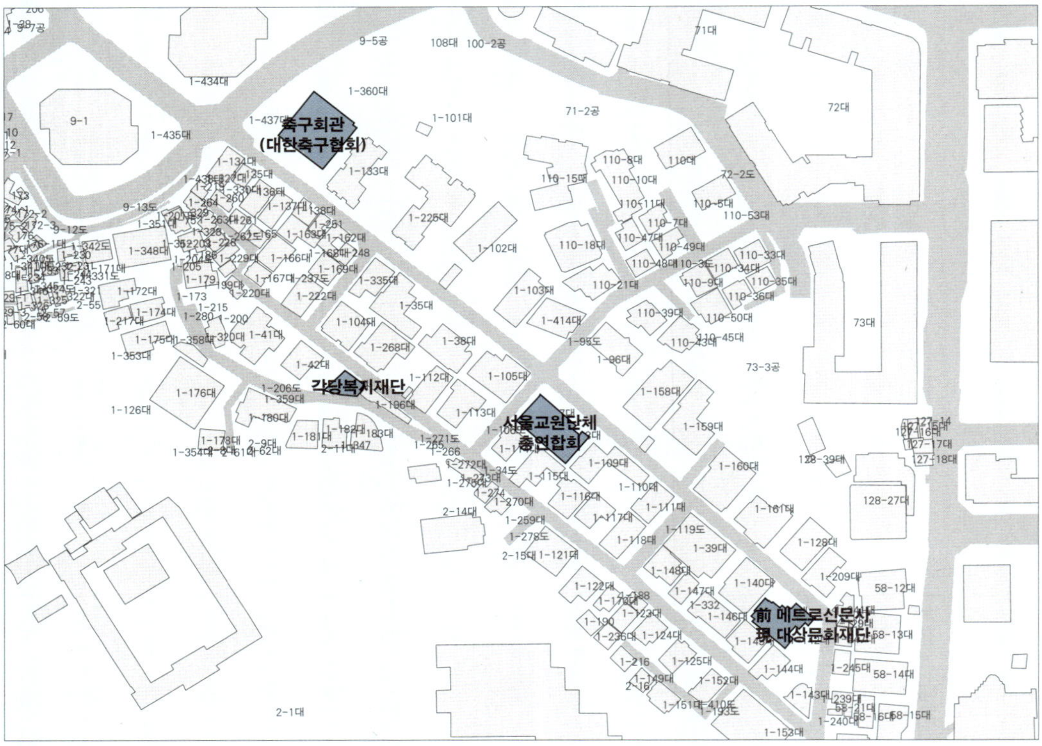

재단 및 협회 입지 현황

기업 및 기업부설 관련

2000년대 이후로 대기업 본사의 부속시설이 입주하기 시작하였다. 대규모 신축을 통해 기업들의 사옥이 입주하였고, 그 흐름은 현재까지도 이어지고 있다. 그 외에도 직장어린이집과 연구소 등 기업 관련 시설들이 입지하였다. 특히 '직장어린이집' 설치 의무가 본격화되면서 대기업 본사가 밀집한 광화문의 주변 지역이라는 입지적 특성으로 대기업 산하 어린이집이 3곳이나 자리 잡았다. 2008년에 개원한 1-104번지 CJ 키즈빌을 시작으로, 2012년에는 1-183번지 교보생명 다솜이어린이집, 2014년에는 1-124번지 현대해상 온마음어린이집이 개원하였다. 본사가 중구 쌍림동에 위치한 CJ는 2011년에 어린이집을 본사 사옥 내로 이전[19]하면서 현재는 교보생명·현대해상 어린이집 2곳만 운영되고 있다.

아산정책연구원은 현대그룹 창업주 정주영을 추모하기 위해 2008년에 아들 정몽준이 설립하였고, 2010년 1-176번지 현 자리에 연구원을 신축하여 개관하였다.[20] 또 현재 세계로컬신문이 입지한 1-158번지는 2013년에 건물이 준공되어 세계일보가 입주[21]한 곳이다. 세계일보는 2020년 용산에 사옥을 신축하여 이전하였다. 현 위치는 1960년대 한독약품 회장의 자택이었다가 1981년 통일교 총재 문선명에게 매도되었다. 1982년 통일교로 소유권이 이전되고, 1998년과 2018년 통일교 계열 재단인 학교법인으로 소유권이 이전되기도 하였으나, 1981년부터 현재까지 통일교가 소유하면서 통일교 산하의 세계일보가 입주하여 사용한 것으로 확인된다.

19 『아시아경제』 2011년 6월 1일 자, 「
직장보육시설 'CJ키즈빌' 개원」.

20 『뉴시스』 2010년 1월 13일 자, 「아
책연구원 신축 개관」.

21 『세계일보』 2013년 7월 25일 자,
립니다] 세계일보 '광화문시대' 엽니

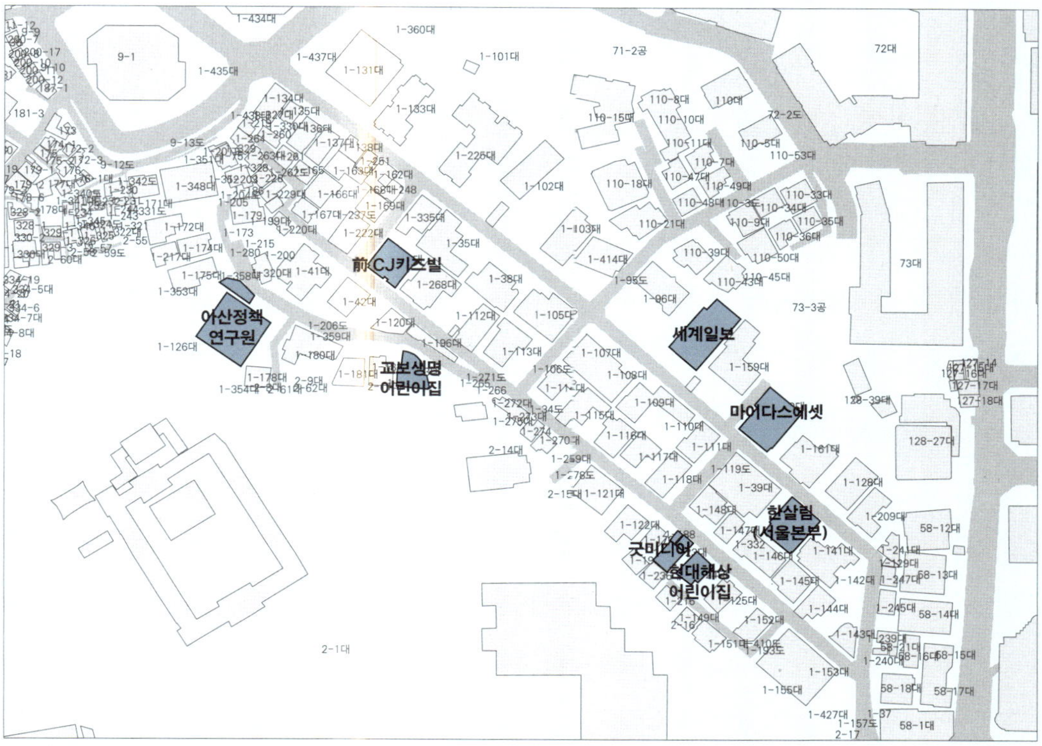

기업 및 기업 관련 입지 현황

『한국경제』 2018년 5월 20일 자, 「"경희궁길이 명당"… 기업들 잇따라 둥지 틀어」.

이 밖에 여의도에 본사가 위치하였던 투자회사 마이에셋은 고객이 밀집한 광화문 주변으로 사옥 이전 계획을 수립하고 1-160번지를 매입하여 사옥 신축 후 2019년에 이전하였고, 강남구 논현동에 본사가 위치하였던 애니메이션 제작업체인 투바앤은 관광객이 유입되는 광화문 지역에 사옥을 이전하여 홍보를 함께할 계획으로 1-155번지를 매입하여 2019년 이전하여 운영하고 있다.[22]

로2가 내 기업관련 시설의 입지와 변화

	명칭	입주시기	변화과정	건축물 준공시기	비고
04	CJ키즈빌	2008.4.	주택 → CJ키즈빌 → 신문로하우스	1964.12.	2011년 타 지역 이전
76	아산정책연구원	2010.1.	주택 → 아산정책연구원	2010.1.	운영 중
83	교보생명 다솜이어린이집	2012.12.	주택 → 교보생명어린이집	2011.11.	운영 중
58	세계일보	2013.7.	주택 → 교수교회 → 세계일보	2011.9.	운영 중
24	현대해상 온마음어린이집	2014.2.	주택 → 현대해상어린이집	2014.2.	운영 중
60	마이다스에셋	2019.4.	주택 → 한국출판판매 → 화봉책박물관 → 한국디자인문화재단 → 마이다스에셋	2019.4.	운영 중
53	투바앤	2019.5.	미로스페이스 → 인디스페이스 → 투바앤	1994.4 (2006년, 2018년 증축 및 대수선	운영 중

신문로2가의 관리현황

경희궁지 주변부 변화 양상

신문로2가 일대는 경희궁지를 제외한 주변부의 상당수가 전면재개발방식의 도시환경정비사업 추진으로 공동주택단지가 되었다. 그 중 경희궁 옛 경계부와 맞닿아 있는 재개발사업으로는 사직1, 내수1, 사직2 도시정비형 재개발사업과 돈의문 재정비촉진사업이 있다. 많은 개발사업 과정에서 다행히도 경희궁 옛 경계부의 지적선은 유지되고 있지만, 그 외 필지들은 대규모로 합필되어 단지화되고 고층의 아파트와 주상복합 건물들이 들어섰다.

신문로2가 주변지역 재개발사업 현황

구분	유형	최초결정일	비고
도렴	도시정비형 재개발사업	1979.7.9.	건설부 고시
적선	도시정비형 재개발사업	1979.7.9.	건설부 고시
신문로2	도시정비형 재개발사업	1983.9.30.	건설부 고시
사직	주거환경개선사업	1993.3.5.	건설부 고시
내수1	도시정비형 재개발사업	1993.3.22.	서울시 고시
사직1	도시정비형 재개발사업	2000.6.27.	서울시 고시
돈의문	재정비촉진사업	2003.11.18.	서울시 고시
사직2	도시정비형 재개발사업	2009.11.19.	서울시 고시

1-104번지 CJ 키즈빌(2009) | 다음로드뷰

1-104번지 신문로하우스(2021)

1-183번지 교보생명 어린이집(2021)

1-124번지 현대해상 어린이집(2021)

경희궁 남측의 돈의문박물관마을은 '돈의문 재정비촉진사업' 추진 과정에서 전면철거 후 근린공원으로 조성되어 서울시에 기부채납될 예정이었으나 지역과 동네의 역사성을 고려하여 철거가 아닌 원형을 유지하는 방향으로 계획이 변경되었다. 결과적으로 경희궁 남측 옛 경계부와 근대 골목길 등의 도시평면을 함께 지킬 수 있었다. 돈의문박물관마을은 도시형태를 보존한 채 2016년 개관하여 현재 서울시가 운영하고 있다. 경희궁 북측 '사직2 도시정비형 재개발사업 구역'은 경희궁에서 가장 지대가 높았던 북측 일부지역을 포함하고 있고, 경희궁지뿐만 아니라 한양도성과도 인접한 구릉 주거지이다. 사직2 구역은 2009년 정비구역 지정 이후 전면철거형 방식으로 주상복합건물을 짓는 내용으로 2012년 사업시행계획 인가를 득하였다.

그러나 해당 지역의 역사문화환경 등을 고려하여 서울시가 2017년 「서울특별시 도시 및 주거환경정비 조례」를 근거로 정비구역을 직권해제하는 한편 조합설립인가를 취소하고, 재개발사업의 대안으로 주민 참여를 통한 물리적·사회문화적·경제적 환경을 개선하는 '관리형 주거환경개선사업'을 추진하였다. 하지만 기존 재개발조합 측의 소송이 장기화되고 2021년 현재 '재개발 직권해제 무효'라는 2심 판결이 대법원에서 확정되면서 서울시와 조합 측이 대안개발을 위한 협의를 진행 중에 있어 현재까지도 지역관리방향을 명확히 설정하지 못하고 있다.

번지 아산정책연구원(2021)

1-158번지 세계로컬신문(2021)

번지 마이다스에셋(2020) | 다음로드뷰

1-155번지 투바앤(2020)

돈의문박물관마을 전경(2020)

사직2구역 모습(2020)

역사문화환경 보호와 지역의 계획적 관리를 위한 지구단위계획 수립 추진

현재 사적 271호로 지정·고시되어 있는 경희궁지의 보호를 위해 문화재법에 의해 역사문화환경보존지역이 설정되어 있고, 이 지역의 관리를 위해 현상변경허용기준이 수립되어 있다. 이 기준은 2008년 최초 고시(문화재청고시 제2008-160호)되었고, 2015년에 변경고시(문화재청고시 제2015-40호)되었다. 2008년 고시된 최초의 현상변경허용기준은 경희궁지의 역사문화환경보존지역 범위가 경희궁 옛 경계를 기준으로 설정되어 있었으나, 2015년 변경된 기준에서는 문화재보호구역 경계로부터 100m 기준이 일률적으로 적용되어 경희궁 옛 영역에 대한 전체적인 관리라는 측면에서는 그 의미가 퇴색하였다고 볼 수 있다.

다만 문화재구역으로부터 100m라는 기준을 일괄적으로 적용하면서 이전에 누락되어 있던 경희궁 북측의 사직동 일대(사직2 도시정비형 재개발구역 일대) 및 '돈의문박물관마을' 주변은 높이 기준이 신설되어 역사문화환경 관리에 긍정적 효과를 기대할 수 있다. 그러나 축구회관과 성곡미술관 등 경희궁 동측 경계부 일대는 오히려 그 범위가 축소되어 건축물 높이 관리 수단이 없어지게 되면서 문화재로서의 경희궁지에 악영향이 우려되는 상황이다. 실제 2015년 이후 경희궁 동측 경계부 일대에서는 신문로2가 1-102번지를 포함한 2건의 신축행위가 발생하였고, 건축자산으로 목록화되어 있던 신문로2가 1-209번지는 신축을 위해 철거되었다. 그뿐만 아니라 경희궁지 일대 가장 넓은 민간 필지인 성곡미술관도 공동주택 건립 등의 개발을 지속적으로 타진하고 있다.

서울시는 사적으로 지정되어 있는 현재의 복원된 경희궁의 보호를 위해 현상변경허용기준을 통해 주변부를 관리하고 있다. 하지만 현상변경허용기준의 주된 내용이 높이 기준에 치중되어 있고, 높이 기준조차 경희궁으로부터의 이격거리에 따른 획일적 기준으로 지역특성을 세밀하게 반영하지 못하여 지역의 계획적 관리에는 한계가 있을 수밖에 없다. 이러한 문제 때문에 서울시는 2018년부터 인접한 문화재와 조화로운 경관을 형성하고, 신문로2가 일대의 지역적 특성을 강화할 수 있는 도시계획적 관리틀로 지구단위계획 수립을 추진하고 있다.

1-209번지 철거 이전(2018)

1-209번지 철거 이후(2020)

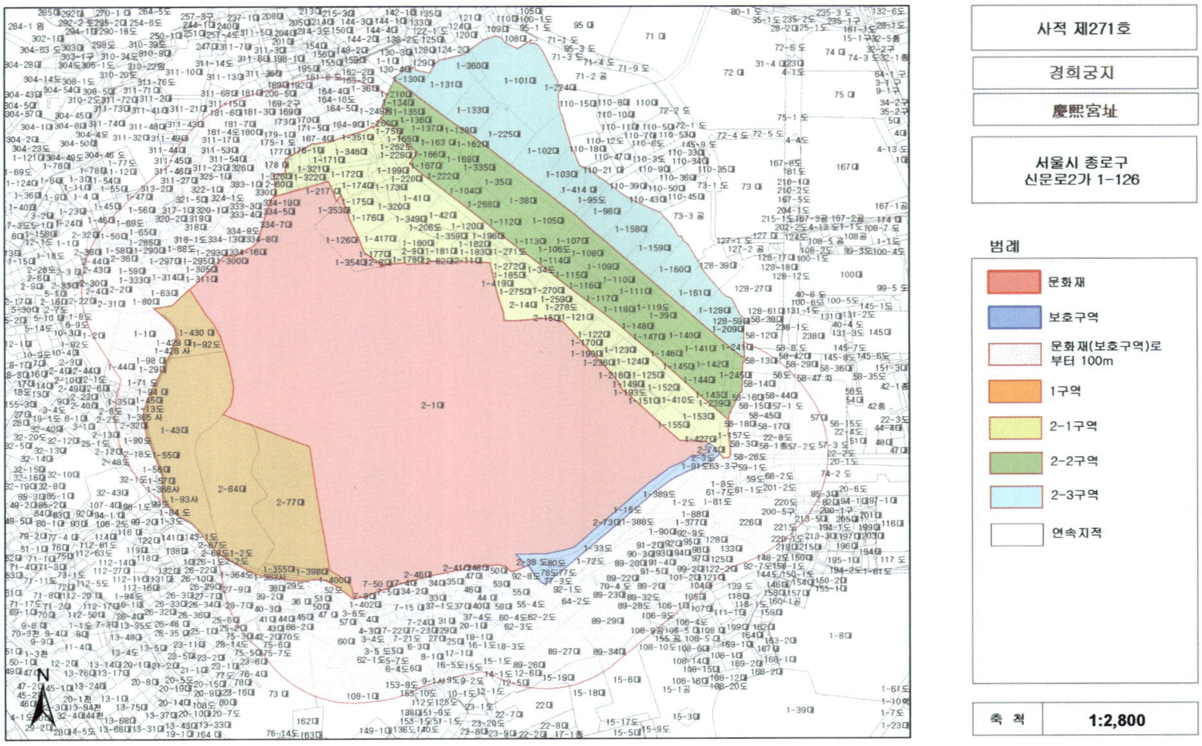

변경 전 현상변경허용기준(2008년 고시)

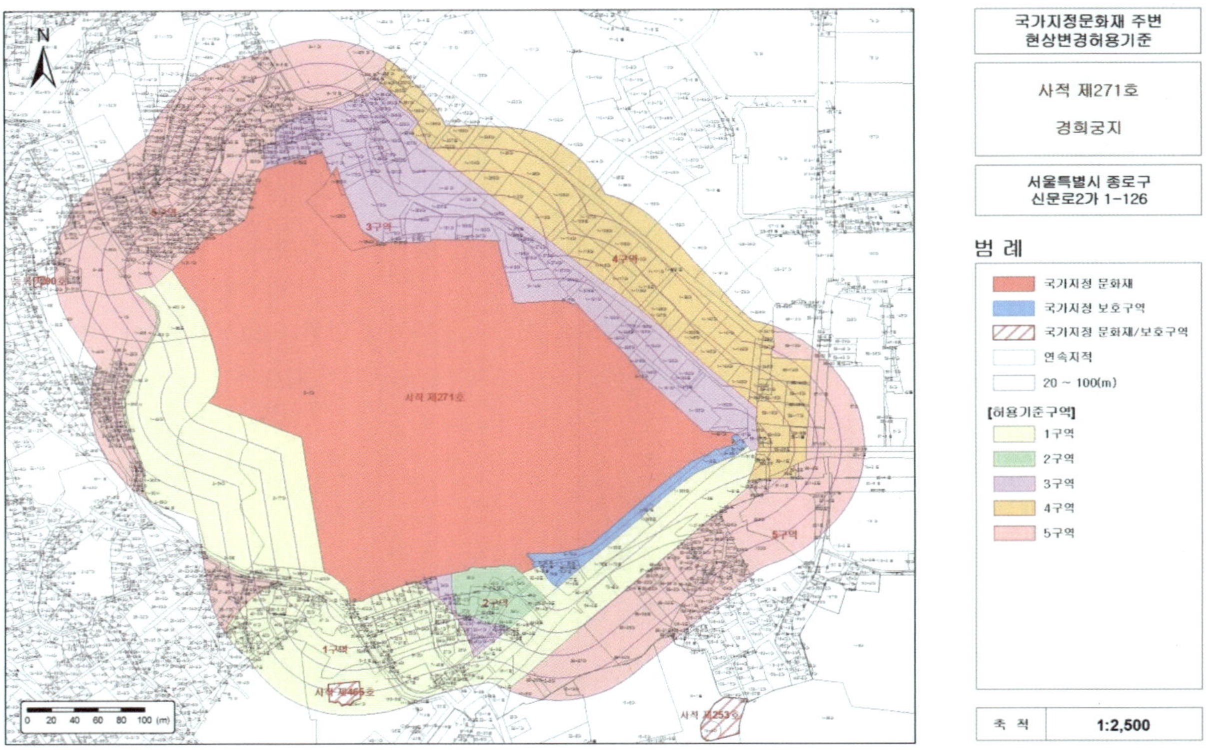

변경 후 현상변경허용기준(2015년 고시)

2015년 이후 경희궁 동측 경계부 일대 건축활동

지번	건축진행	기존 건축물 명칭	신축용도	기존 층수	신축 층수
신문로2가 1-160	신축 완료	한국디자인문화재단	업무시설(마이다스에셋자산운용)	지상 2층, 지하 1층	지상 6층, 지하 4층
신문로2가 1-102	신축 공사 중	서울예술재단	업무시설	지상 2층, 지하 1층	지상 7층, 지하 2층
신문로2가 1-209 외 1필지	철거 완료(신축 예정)	산채향	업무시설	지상 1층, 지하 1층	지상 6층, 지하 4층
신문로2가 1-101 외 4필지	철거 위기(계획 불발)	성곡미술관	공동주택	지상 3층, 지하 1층	지상 13층, 지하 4층

경희궁 주변부 관리현황 종합

경희궁지 종합정비계획

사적으로 지정되어 있는 경희궁지는 「문화재보호법」에 따라 5년마다 종합정비계획을 수립하고 종합적인 보호관리를 추진하여야 한다. 이에 근거하여 2013년과 2018년 종합정비계획을 통해서 경희궁 보전계획 및 단계별 시행계획이 수립·재정비되었다. 그러나 예산 미확보, 세부계획 미비, 관련부서 간 합의 미비 등으로 여전히 계획의 실행력에 한계를 보이고 있다.

구분		[2013년 종합정비계획]	[2018년 종합정비계획]
		경희궁지의 역사, 현황조사, 발굴조사 종합 등 전체적인 내용 정리	2013년 계획에서 부족한 부분 보완 및 실행가능한 단계별 복원 제시
발주처		종로구청	
계획수행처		볕터 건축사사무소	
계획기간		2012년 4월~2013년 1월	2017년 12월~2018년 8월
분야별 원고집필		· 경희궁 역사/건축: 박희용(서울학연구소) · 조경 현황/계획: 강한민(한설그린)	· 경희궁 역사/건축: 박희용(서울학연구소)
계획의 주요 내용	공공기관 이전 / 철거	서울시립미술관 2015년 철거, 서울복지재단 2017년 이전 (장기) 서울역사박물관, 교육청, 기상청 이전계획 수립	(중기) 서울역사박물관, 교육청 이전계획 수립
	디지털 복원	-	고증 및 3D 영상 제작
	방공호	철거 및 발굴조사	문화유산 인정 → 존치 내부보존, 외부철거 → 침전권역 복원
	토지 매입	옛 경계 주변 필지 우선 매입, 공공기관 토지 기관 협의	
	복원범위	· 옛 궁장 전체 복원 · 옛 경희궁 권역 전체 복원 · 흥화문 이전 및 행각 복원 · 편전권역, 침전권역 건물 복원	· 옛 경희궁 권역 전체 복원 (시발굴조사, 고증 등을 통한 장기적 복원 가능 범위 설정) · 흥화문 이전 및 행각 복원 · 편전권역, 침전권역 건물 복원 · 숭의문 권역 개양문 복원, 흥화문 이전 및 복원 등
계획 조감도	단기 및 중기		
	장기	계획도 미수록	

경희궁지 역사문화자산

옛 경희궁 영역 내에는 문화재로 지정되어 복원된 경희궁지 외에도 등록문화재인 측후소와 역사적·생활문화적 가치를 인정받은 서울시 건축자산이나 미래유산이 다수 분포한다. 이들 역사문화자산은 근대기부터 현대까지 다양한 시기에 조성된 것으로, 현재까지 신문로2가 일대에 남아 이 지역의 시간적 깊이를 더하고 있다.

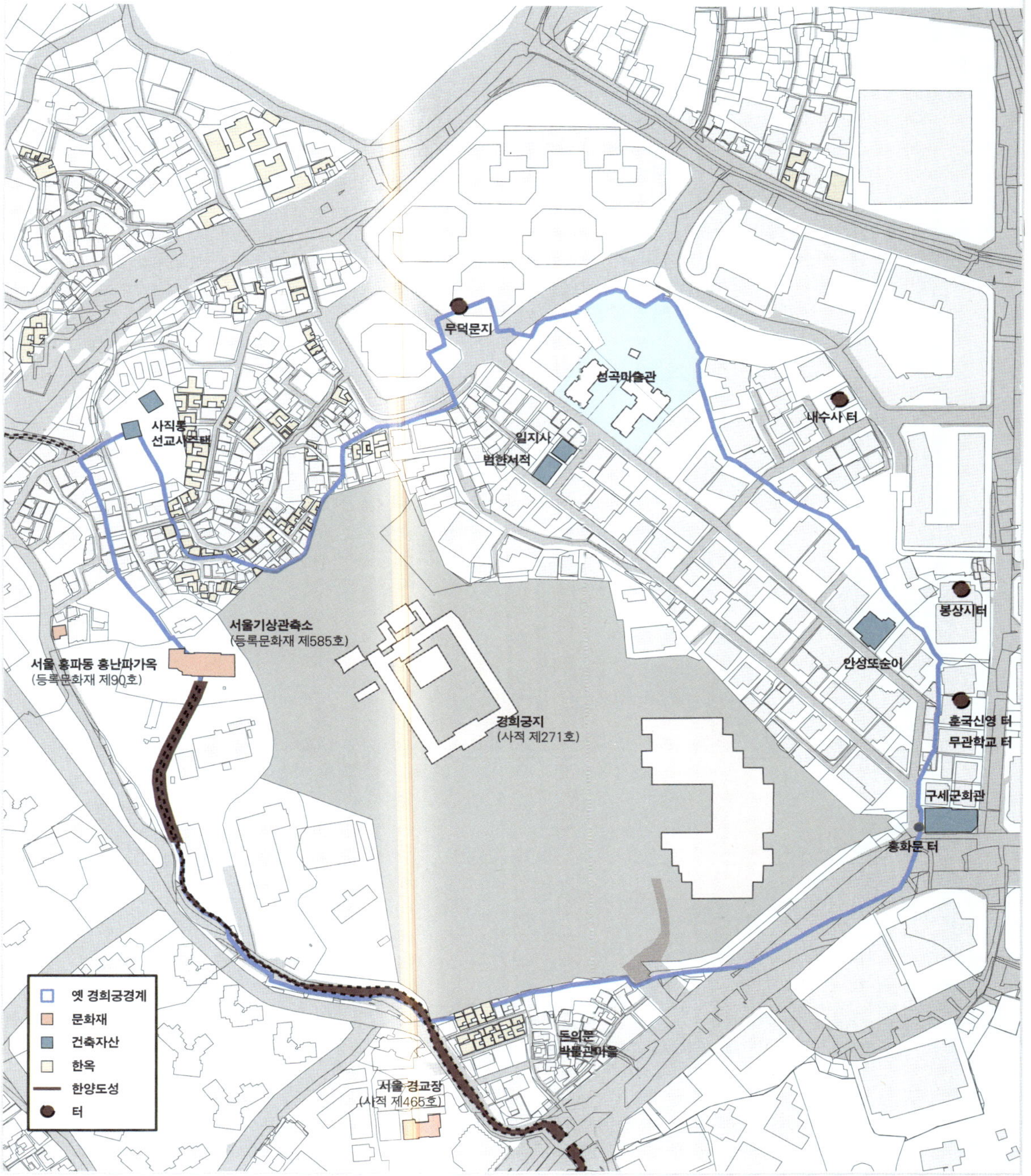

경희궁 일대 역사문화자원 분포

서울기상관측소

구분	국가등록문화재(제585호)
위치	종로구 송월동 1-1번지
건립연도	1932년
가치상세	원통형 매스와 주변 단순 입방체가 결합되어 전체적으로 기하학적 공간이 강조된 모더니즘 건축기법이 잘 표현된 건축물이다. 1930년대 측후소로 건축되어 현재까지 기상관측 용도로 사용되고 있어 우리나라 기상관측 역사를 증명하는 장소로 가치가 있다.

한양도성

구분	사적(제10호)
위치	종로구 신문로2가 1-94번지
건립연도	조선시대
가치상세	조선전기 한양 방위를 위해 축조한 성곽으로, 경희궁은 한양도성 성곽과 궁장이 나란히 지나는 유일한 곳이었다. 현재는 기상청 옆 구릉지 일부만 남아 보존되고 있다.

사직동 선교사주택

구분	건축자산
위치	종로구 사직동 311-32번지
건립연도	1930년대
연면적	1동 275.84㎡, 2동 274.82㎡
규모	지상 2층, 지하 1층
주구조	석조
가치상세	사직동에 1906년부터 자리 잡은 남감리교의 선교기지로서 100여 년간의 역사를 담고 있고, 1930년대 건축된 석조 막돌쌓기 주택 원형이 잘 보존되어 건축적 가치가 높다.

성곡미술관

구분	건축자산
위치	종로구 신문로2가 1-101번지 외 4필지
건립연도	1987년
연면적	2706.09㎡
규모	지상 3층, 지하 1층
주구조	철근콘크리트라멘조
가치상세	경희궁지였음을 알 수 있는 반월형 석조연못 외에 건물 후면부에 조성된 정원의 지형과 옛 궁장이 존치되어 있다.

안성또순이

분	건축자산
치	종로구 신문로2가 1-161번지
립연도	1922년
면적	330.71㎡
고	지상 1층
구조	벽돌구조
치상세	경희궁 터에 건축된 관사로, 외벽이 총독부 관공서에 사용된 스크래치 타일로 마감된 것이 특징적이다.

일지사

구분	건축자산
위치	종로구 신문로2가 1-169번지
건립연도	1968년
연면적	495.86㎡
규모	지상 4층
주구조	철근콘크리트조
가치상세	1960년대 노출콘크리트로 디자인된 주택으로, 노출콘크리트의 윤리성과 조소성이 잘 드러나는 건축물이다.

범한서적

분	건축자산
ㅣ	종로구 신문로2가 1-222번지
연도	1967년
적	860.86㎡
ᄂ	지상 4층, 지하 1층
조	철근콘크리트조
상세	매스의 구성이 1960년대 콘크리트의 조소성을 살리면서 부르탈리즘의 특성을 잘 보여주는 건축물이다.

구세군회관

구분	건축자산
위치	종로구 신문로1가 58-1번지
건립연도	1971년
연면적	6862㎡
규모	지상 9층, 지하 2층
주구조	철근콘크리트조
가치상세	경희궁의 정문인 흥화문이 위치하던 자리로, 수직성을 강조하는 건축양식이 유행하던 1970년대 사무소 건축의 모습이 잘 드러나는 건축물이다.

2 신문로2가의 건축물 특성 변화

2.1 조사개요

조사의 공간범위

신문로2가의 공간적 범위는 경희궁지가 중심이다. 경희궁지를 중심으로 주거지역과 업무시설·공공기관으로 둘러싸여 있는데, 본 조사에서는 주거지역을 중심으로 보았다. 주거지역은 현재의 경희궁 밖 세 군데에 집중되어 있는데, 남쪽은 돈의문박물관마을로 재생된 지역으로서 동민의 거주가 없는 상태이므로 주거지에서 제외된다. 따라서 신문로2가 주거지역은 실질적으로 북쪽과 동쪽 지역에 밀집한 상태이다.

동쪽의 주거지는 일제강점기 때 경희궁의 궁장 안쪽에 건설된 조선총독부 관사지로 당시 도시조직 기반이 그대로 유지된 상태이지만 옛날 관사는 1950년 이후 현대식 주택들로 재건축되어 지금은 관사 시절의 물리적인 경관 형태를 찾아볼 수 없게 되어 버렸다. 관사지 위로 확장된 북측 주거지는 1950년 이후 방갈로식 주택과 간이주택·다세대주택 등이 혼재된 상태로 밀집되어 있으며, 실질적으로는 사직동 지역으로 볼 수 있다. 현재 사직2 재개발 구역으로 지정되어 있기도 하다. 따라서 본 조사는 동측 옛 관사구역을 중심으로 진행하였다.

스페이스 본

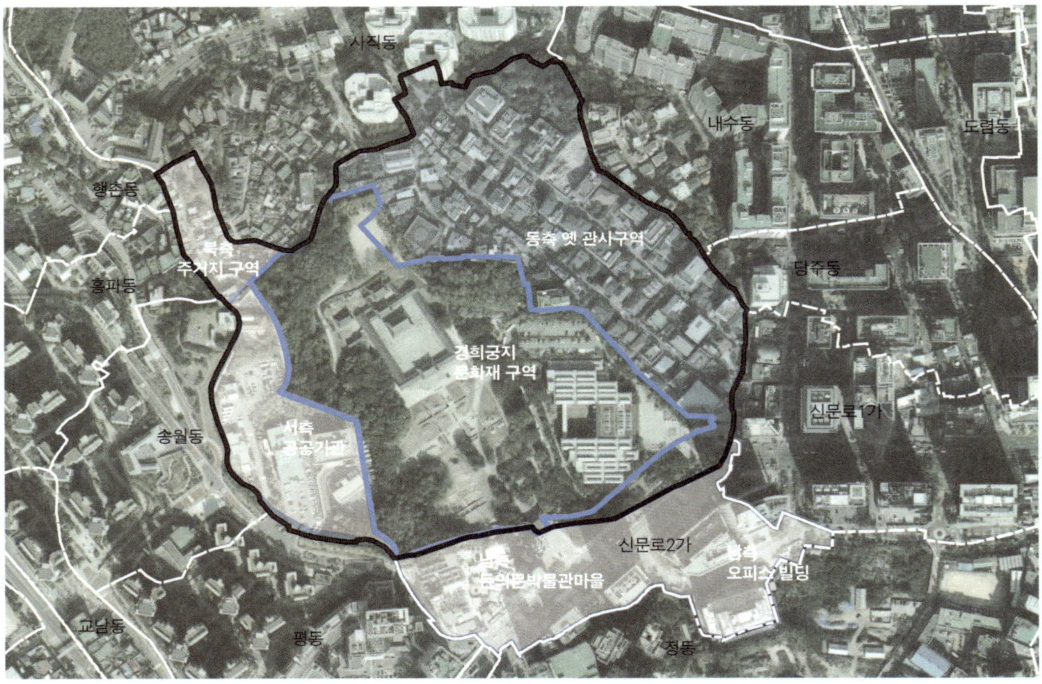

건축물 특성조사의 공간적 범위

조사의 방법 및 과정

신문로2가 골목길의 사진 촬영과 함께 경희궁길, 즉 옛 관사길 일부 구간과 신문로2가 북쪽 경사지에 있는 주거지역의 골목 형태 및 지형을 분석할 수 있도록 3D 스캔으로 측량하여 데이터를 구축하였다. 3D 스캔은 내외부 공간의 현재 상태를 3차원 좌표점으로 측량하여 데이터화함으로써 입체적 공간해석을 용이하게 할 뿐만 아니라 측량 데이터를 토대로 2D 도면 구축 등 2차 자료로 재가공할 수 있다. 현장조사에서 3D 스캔을 자료 구축 데이터로 활용하는 한편 위성항공사진, 3D 지도, 네이버나 구글 등의 지도 서비스를 이용하여 공간정보를 활용함으로써 도시의 형태나 가로경관의 변화를 조사하였다. 이는 물리적인 건축환경을 살피고 건축물의 상태와 주요 특징을 현장에서 찾아낼 수 있는 효과적인 방법이 되었다. 또한 GIS 정보를 활용하거나 건축물대장 등 공부자료를 바탕으로 건축물에 관한 속성자료들을 분석하였다.

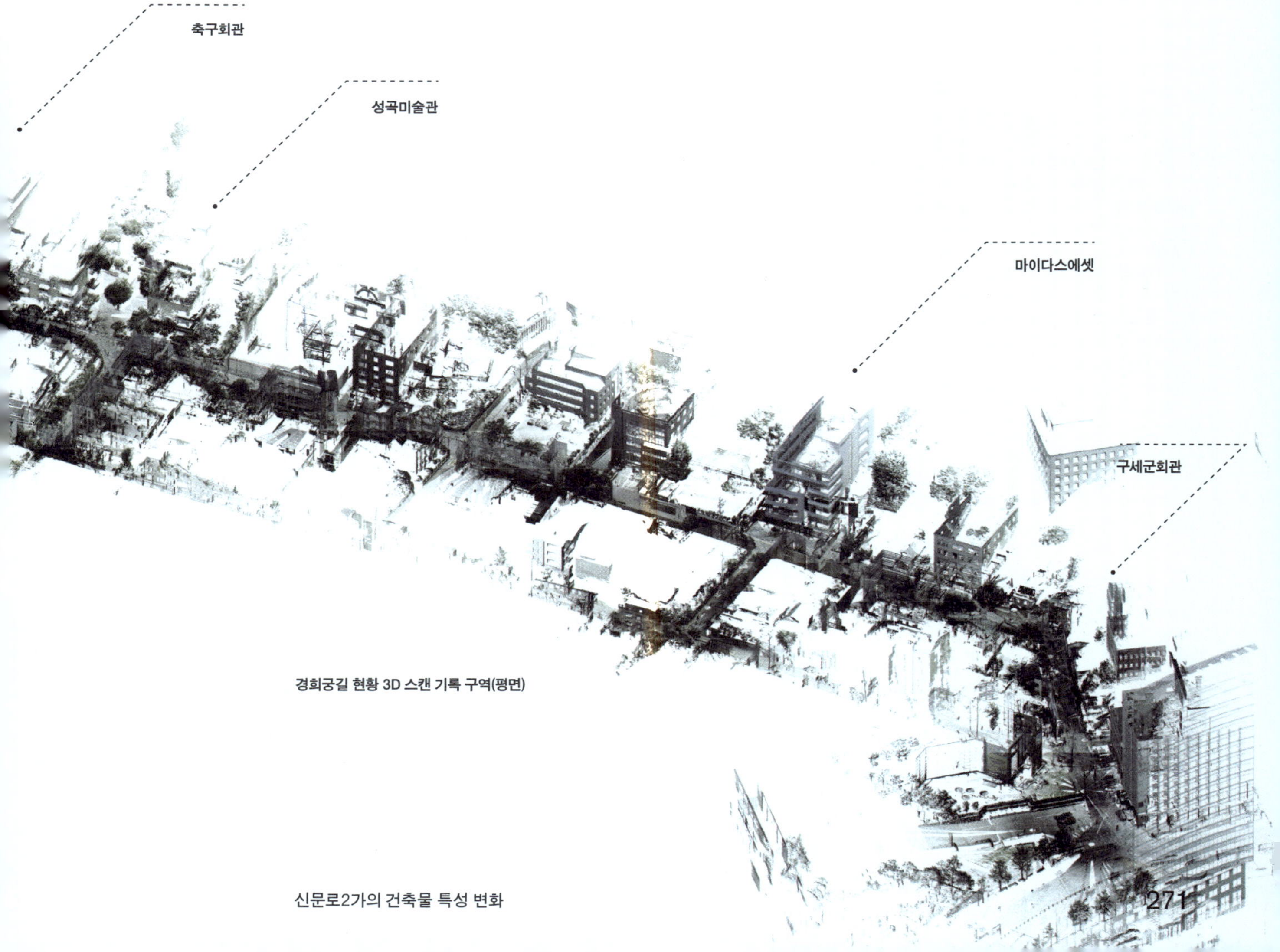

경희궁길 현황 3D 스캔 기록 구역(평면)

주요 가로의 현황

경희궁길 좌측은 옛 관사지의 중심길로 남쪽은 구세군회관 앞으로 새문안로와 연결되고, 북쪽은 축구회관(대한축구협회) 앞을 지나 풍림 스페이스본아파트 1·2단지 사이로 사직로와 연결되며, 동쪽으로는 이 길의 가운데쯤 사거리에서 경희궁2길을 따라 내수동교회를 지나 동쪽 세종대로와 간접적으로 통한다. 지금도 신문로2가 내 중심이 되는 길이다.

대상문화재단(4층), 1975 준공

신문로2가 1-39번지 유적 흔적이 있는 주택(3층), 2017 준공

주택(2층), 2002 준공

김중업의 육일빌딩(4층), 1985 준공

주택(2층), 2005 준공

도토리브라더스(1층), 1957 준공

마라한정식의 대문

마라한정식(1층, 한옥), 1961 준공

따빠마드레(2층), 1961 준공

태성식당(3층), 1970 준공

0m　81m(길모퉁이)　177m(삼거리)

번화한 거리는 아니지만 빌딩이 들어섰고, 1960~1970년대 지은 주택을 활용한 음식점들이 다수 운영되고 있다. 특히 주택 마당의 조경수와 가로수가 어우러져 길을 지나는 동안 도심 속 산책로를 걷는 느낌을 준다. 만석식당의 마당은 잔디와 조경수가 가득한데 과감하게 담장을 허물어 마당을 개방하여 가게를 찾는 손님뿐만 아니라 길을 걷다 쉬어갈 수 있는 공간으로 변화하였다.

특별시 교원단체총연합회(4층), 1999 준공

경희궁뜰 빌라(4층), 1997 준공

만석식당(3층), 1967 준공

내자빌딩(5층), 1993 준공

출판 일조각(3층, 지하층 발굴유적지), 2004 준공

314 HORNET(4층), 1997 준공

다가구단독주택(4층), 1997 준공

벽돌로 지은 건물(2층, 사무소), 1986 준공

이레빌딩(5층, 주한파나마대사관), 1998 준공

경희궁길 우측은 궁장의 안쪽을 따라 관사 터는 높은 단차가 있고, 일부 구간은 궁장을 정비하였다. 좌측(서쪽) 입면은 담장으로 인해 단차가 드러나지 않는 데다가 새로 지으면서 축대가 남아 있지 않고, 동서 방향으로 난 경희궁1길과 2길의 북쪽으로 축대가 남아 있어 관사 터가 계단식으로 정비되었음 알 수 있다. 경희궁길의 남북 양쪽 끝에 일부 축대가 있는데 북쪽은 축구회관 터에 있고, 남쪽은 안성또순이와 (구)산채향이 있던 길가에 남았다.

축구회관(6층), 1999 준공

성곡미술관(3층), 1987 준공

신영빌딩(5층), 1997 준공

성곡미술관(3층), 1987 준공

MIDAS ASSET(6층), 2019 준공

총독부 관사(안성또순이) 터의 길가 축대

안성또순이(총독부 관사), 1920년대 준공

두 식당 건물은 조선총독부 관사의 유적이 남아 있었지만 조사기간이었던 2020년 여름에 완전히 멸실되어 이제 안성또순이 식당 건물만이 유일한 관사유적이 되었다. (구)산채향으로 쓰였던 관사는 길가에서 제일 높은 곳이었다. 불하 이후 진입부를 정비하고, 지하차고를 만들면서 축대가 변형된 상태이다. 관사 터는 아니었지만 사진 15번과 16번은 1960년대 초반에 길과 궁장 내탁부에 단차를 이용해 지은 집이다. 이 길의 북쪽 높은 곳에 성곡미술관이 있으며, 이어서 경사지 아래 축구회관이 있다.

AK(5층), 1990 준공

동락가(2층), 1985 준공

동락가의 길모퉁이 전경

(구)산채향, 1920년대(2020년 멸실) 준공

세계일보(7층, 신문로유적지), 2011 준공

(구)나무가 있는 집(3층, 식당), 1961 준공

종합개발(4층), 1994 준공

주택(2층), 1961 준공

송재한의원((2층), 1962 준공

현장조사 야장(동측 구역)

궁 동쪽 주거지역 남쪽에서 내려다보이는 현재의 모습(2020)

궁 동쪽 주거지역 북쪽에서 본 옛 관사지역의 변화된 모습(2020)

경희궁 북쪽 주거지역의 모습(2020)
사진 왼쪽 아래의 기와지붕이 밀집된 곳에는 1950년대 후반에 간이한옥 4채가 지어졌고, 그 위로 나란하게 배치된 2층짜리 주택 4채는 1965년에 신축한 조적조슬래브 집이다.
이 범위를 제외하고 사진상의 나머지는 사직동에 속한다.

1930년대 한옥이 존치된 북쪽 주거지역의 모습(2020)
보경사 3층 법당에서 내려다볼 수 있는 한옥 지역의 풍경이다. 누수를 막기 위해 기와지붕 위를 우장막으로 덮었다.
길가 입면의 일부는 바뀐 모습이지만 전반적으로 원형이 유지되어 있다고 한다.

2.2 신문로2가의 현황

토지 현황

총독부 관사에서 민간필지로, 개인소유에서 법인소유로, 그리고 주거에서 비주거로 변화되고 있는 신문로2가 동측 일대의 전체 필지 수는 2020년 현재 193개이다. 이 중 국공유지(공공소유)가 39개로 전체 면적 대비 약 18%를 차지하지만, 상당수가 도로로 이용되고 있고 실제 이용 가능한 국공유지는 2곳뿐이다. 경찰청 소유의 1-159번지와 세종로 자치회관(종로구 소유)으로 이용되고 있는 1-122번지이다.

개인과 법인의 토지를 보면 그 수가 각각 114개와 28개로 큰 차이가 있지만, 필지당 평균 규모는 각각 274.4㎡와 843.6㎡로 법인소유 필지 규모가 개인에 비해 3배 이상 크다. 법인소유 필지 중에서는 1-101번지(성곡미술관)가, 개인소유 필지 가운데서는 1-102번지가 규모로는 가장 크다. 그 외 외국인 및 외국공공기관 소유 토지는 9개로 확인되는데, 사우디아라비아 왕국 2개와 주한체코공화국 대사관 2개 그리고 외국 개인 5개 등이다.

	국유지	시·도유지	군유지	개인	법인	종교 단체	외국인·공공기관	일본인·창씨명	합계
(개)	28	4	7	114	28	1	9	2	193
(%)	14.5	2.1	3.6	59.1	14.5	0.5	4.7	1.0	100.0
(㎡)	1만0267.5	240.9	2566.9	3만1285.1	2만3620.3	2120.9	2636.4	53.9	7만2791.9
(%)	14.1	0.3	3.5	43.0	32.5	2.9	3.6	0.1	100.0

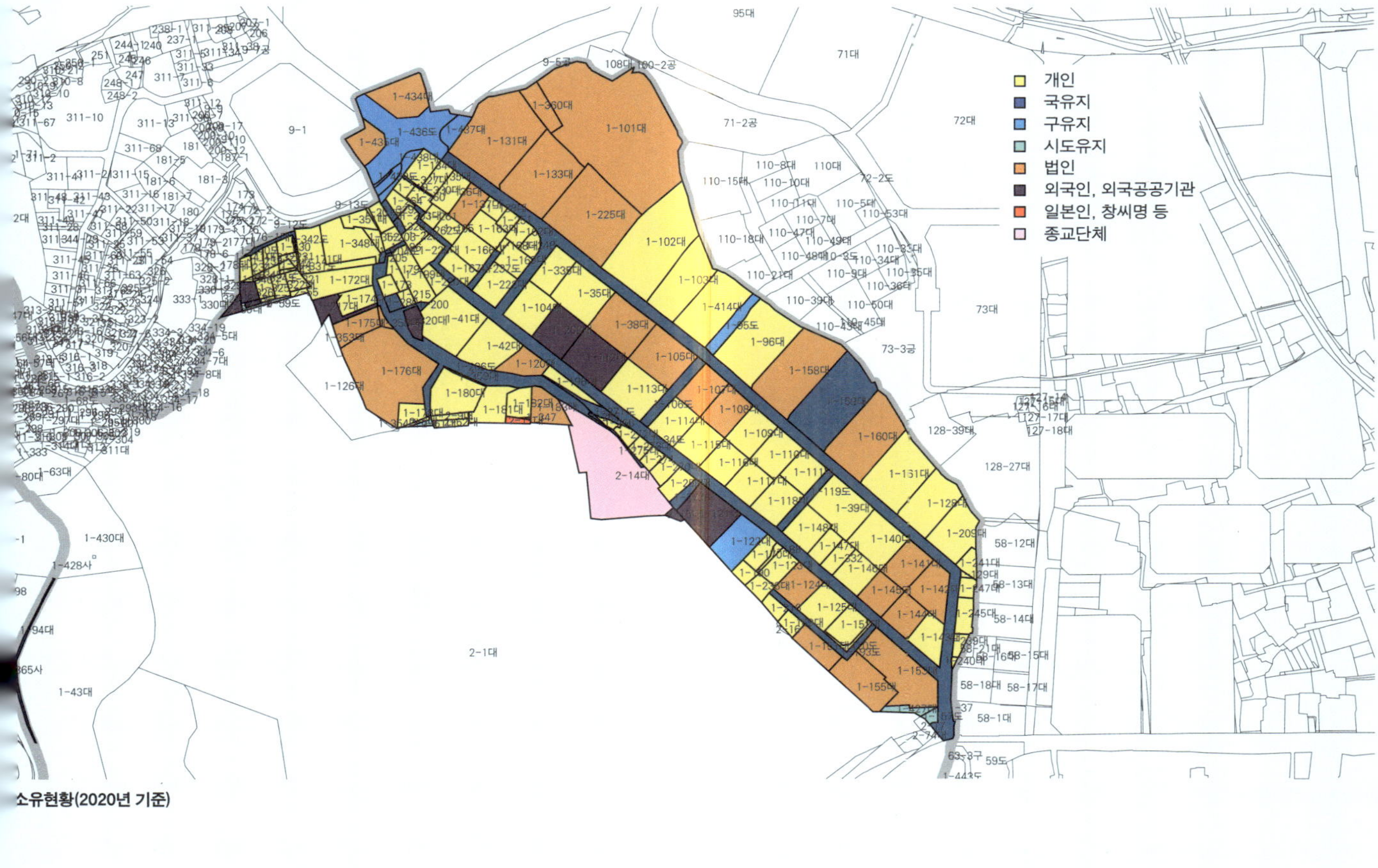

소유현황(2020년 기준)

건축물 현황

건축물의 용도 현황을 보면 전체 110동의 건축물 중 주거용은 56개로 약 50.9%, 근린생활시설은 32개소로 약 29.1%, 그 외 업무시설과 문화 및 집회시설이 약 10% 정도를 차지하고 있다. 신축을 통해 비주거용도 건축물들이 들어서고 있지만 여전히 주택으로 유지되고 있는 건축물이 다수이다. 이처럼 주택들과 새로이 들어서는 다양한 업무·문화·상업시설들이 혼재되면서 이 지역 특유의 경관을 형성하고 있고, 지역단위 서비스와 도심서비스 기능을 수용하고 있다.

구분	단독주택	공동주택	근린생활시설	업무시설	문화 및 집회시설	교육·연구시설	종교시설	기타시설	미확인	합계
수량(동)	49	7	32	7	2	2	2	3	6	1
비율(%)	44.5	6.4	29.1	6.4	1.8	1.8	1.8	2.7	5.5	100

건축물 용도현황(2020년 기준)

신문로2가의 건축물 중 가장 오래된 것은 1920년대의 관사이다. 2020년 현재 단 한 동의 관사만이 남아 있다. 또 1950년대 문화주택 양식의 건축물이 1동 있으며, 같은 시기에 지어진 한옥식 평면의 간이한옥은 사직동 연접지역에 7동이 있다. 현재 1960년대 건축물이 가장 많이 남아 있으며, 이 건축물은 일제강점기 관사가 고급주택으로 재건축된 것들이다. 고급주택의 건축 경향은 1970년대도 이어졌으며, 1980년대부터는 본격적으로 비주거 건축물이 들어서 주거 외 건축물의 비율이 높아졌다. 현재까지 그 양상이 이어지고 있으며, 그중에 상당수가 1990년대 건축물이다.

축시기	전체동수	목조			벽돌·콘크리트조		
		도시한옥	문화주택	간이(한옥)주택	일반주택	일반건축	문화주택
960년대 이전	9	–	1	7	–	–	1(관사)
960년대	32	1	–	–	19	12	–
70년대	11	–	–	–	4	7	–
80년대	10	–	–	–	3	7	–
90년대	23	–	–	–	1	22	–
00년대	6	–	–	–	1	5	–
10년 이후	16	–	–	–	2	14	–
축 중	2	–	–	–	–	2	–
계	109	1	1	7	30	67	1

물 준공시기와 건축구조별 양식 현황(2020년 기준)

관사의 멸실 추이

1920~1930년대에 건설된 신문로2가의 관사는 총 51동으로 확인되었다. 이들 관사는 일제강점기까지 대부분 존치된 것으로 추정된다. 토지구획도 되지 않아 토지대장에도, 건축물대장에도 등재되지 않았던 신문로2가의 관사는 1950년대 민간에 불하되면서 동시에 등기등재되어 그 기록이 남아 있다. 등재 시점 이후의 폐쇄건축물대장 기록으로 관사의 멸실 시점을 확인할 수 있었다. 이를 시기별로 보면 1960년대 이전 7동, 1960년대 23동, 1970년대 8동, 1980년대 4동, 1990년대 7동, 2000년대 1동이 멸실된 것으로 확인된다. 1960년대 이전에 멸실된 것에는 6·25전쟁 때 멸실된 것과 불하인이 건축한 것이 포함되어 있다. 가장 많은 멸실이 일어난 시기는 1960년대로, 기업인들의 유입으로 고급주택이 대거 건축되면서 나타난 현상으로 보인다. 1970년대 이후로도 꾸준히 멸실이 진행되었고, 2020년 현재 1-161번지 관사만이 남아 있다.

관사의 멸실추이

2.3 시기별 건축물의 특성

1920~1950년대 목조주택 건축

신문로2가 총독부 관사지는 1920년대 관사 조성계획에 따라 도시조직이 체계적으로 정비되었고, 물리적인 형태와 규모는 일정한 등급 기준에 따라 건설되었다. 설계도상의 관사 형태는 단층 건물이고, 구조는 목재 비늘판벽과 기와지붕으로 마감되었다. 필지 내 관사는 기본적으로 앞뒤 마당을 두고 있으며, 중·소규모 필지는 건물을 가운데 둬서 마당 폭이 같아지는 배치형태를 보이지만 대형필지의 관사는 남쪽 마당을 더 넓게 확보할 수 있는 배치형태를 보인다. 도로에서 각각의 필지로 진입하는 출입구는 북쪽으로 치우쳐서 담장을 잘라 놓은 표시를 하였다.

1960~1970년대 조적조 단독주택 건축

1950년부터 총독부관사가 불하된 후 관사는 차츰 멸실되었다. 대형필지는 작은 필지로 분할되고, 분할된 필지에 있었던 관사를 대신한 새로운 건축양식으로 주택을 지으면서 가로경관이 크게 달라졌다. 그러나 목조 기와지붕이었던 관사가 사라지고 새로운 건축양식의 주택이 생겨나면서 건축형태와 규모는 물론 층수도 단층에서 2~3층으로 높아졌다. 앞뒤로 마당을 둔 배치에서 북쪽 대지 끝에 건물을 배치하였다. 상대적으로 앞마당이 넓어지고, 담장 북쪽에 있던 대문은 남쪽 또는 모서리에서 출입하도록 만들었다. 대문은 벽돌로 기둥을 세우고 위에 평슬래브 지붕을 씌우고 철제대문을 달았다. 대규모 주택일수록 대문 기둥에 화강석을 붙이거나 기둥형태를 달리하는 등 의장적인 표현을 통해 중후함을 강조하였다. 마당에는 잔디를 심고 정원에 조경수도 심었다. 동서방향의 골목길에서 보면 한쪽은 2~3층 건물이 막고, 한쪽은 담장과 조경수가 펼쳐지는 가로경관을 이루었다.

벽돌을 쌓고 평슬래브 지붕에 난간대를 화려하게 장식한 2~3층 높이의 대규모 주택이 고급주택으로 일반화되었다. 이는 장인조직에 따라 차이를 보이는데 일반적으로 건축사무소에서 설계를 하고 감리한 경우와 소위 집장사 조직이 지은 경우를 비교해 보면 건축 재료와 마감 디테일 등에서 크게 차이를 보였다. 집장사들의 집은 디테일이 간소화되고 주로 붉은 벽돌과 미장마감을 썼다. 반면 건축사무소는 화강석 또는 대리석을 정면부에 붙이고, 처마와 난간은 장식적으로 꾸미고, 슬래브 처마와 벽난로 굴뚝 또는 외벽에 돌출된 벽기둥을 수직으로 뻗게 해서

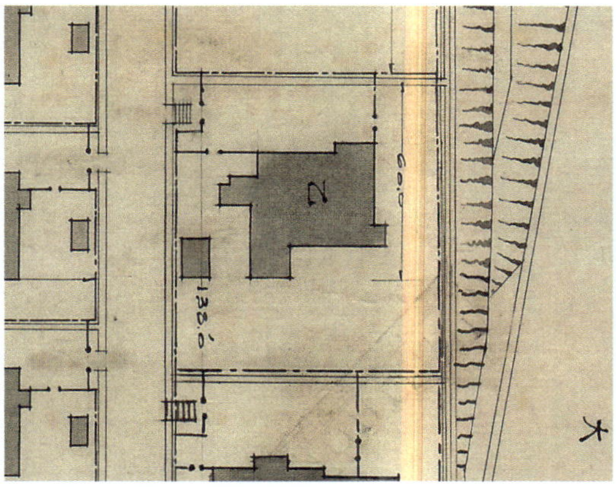

1-161번지 일제강점기 배치계획도(1923)

1-161번지 안성또순이(2020)

1-114번지 주택(1960년 준공)

1-216번지 주택(1964년 준공)

1-167번지 주택(1972년 준공)

1-320번지 주택(1970년 준공)

수직과 수평을 강조한 입면을 보여준다. 특히 1960~1970년대에 지은 주택에서 이와 같은 모습이 많이 나타난다.

1980~1990년대 다가구(다세대)주택 및 소규모 업무시설

4~5층의 다세대·다가구 주택은 북쪽 외곽지역에 분포하지만 전반적으로 그 수요가 많지 않은 주거형태이다. 관사지역 내 연립주택 사례로는 '경희궁뜰'(1-105번지)이 있다. 철근콘크리트 구조에 지하 1층과 지상 4층에 연면적 1868㎡인 현대식 건축물이 들어섰다. 이 시기에 경희궁길은 중층빌딩 건설과 업무시설이 대폭 늘어나 주거지로서의 경관보다는 도심 업무지역과 같은 가로경관으로 바뀌고 있었다.

1-105번지 다세대연립주택 '경희궁뜰'(1997년 준공)

1-103번지 업무시설 '진학빌딩'(1990년 준공)

2000년대 이후

철근·철골 콘크리트구조와 노출콘크리트 기법의 건물도 늘어나고, 형태는 입체적으로 다양해지면서 유리벽으로 마감한 것들이 많아졌다. 1950~1960년대 지은 주택들이 철거되어 얼마 남지 않은 상황이다. 한편 1950~1960년대 지은 주택을 활용해 식당과 업무시설로 운영하는 사례가 늘고 있다. 변경된 용도에 따라 차이가 있지만 식당의 경우는 담장을 헐어서 마당을 드러내고 휴식공간으로 활용하기도 한다.

1-140번지 업무·판매시설 '한살림 서울본부'(2017년 준공)

1-160번지 업무시설 '마이다스에셋'(2019년 준공)

1-180번지 기존주택 → 업무 '휴먼자산운용'(1971년 준공, 2008년 용도변경)

1-117번지 기존주택 → 식당 '177파크'(1966년 준공, 2015년 용도변경)

2.4 1950~1960년대 주택 심화조사

이 기록조사는 1960년대 신문로2가의 현대식 주거공간을 이해하고, 용도 변화에 의한 공간의 변용과 적응에 대한 자료를 구축하는 데 그 의미가 있다. 심화조사를 하였더라도 현재 사용 중인 공간구조와 현상만을 기록한 것이므로 내부공간의 원형을 밝히기는 어렵다. 원형을 찾기 위해서는 실제 거주자를 찾아 생활한 내용을 듣거나 대상과 관련되어 있는 다양한 자료 검토를 이어가야 한다. 그동안 신문로2가에 있는 건물에 대해서는 옛날 관사에 대한 주거공간뿐만 아니라 새로 지은 주택의 공간 및 건축형태에 대해서도 조사가 이루어지지 않았다. 1950~1960년대에 지어진 세 동의 건축물의 실측조사를 통해 일부 주택건물에 대한 기록을 시도하였고, 내부공간에 대한 현황설계도를 그릴 수 있었다. 모두 주거에서 식당으로 용도가 변화된 상태여서 외벽의 구조와 마감을 제외하고 대부분의 내부공간은 원형 모습을 찾을 수 없었다.

심화조사 대상

도토리브라더스(1-248번지)

건축물 기본정보						
사용승인일	대지면적	건축면적	연면적	층수(지상/지하)	주구조	주용도
1957.3.20.	113.4㎡	58.15㎡	64.36㎡	1/1(지하실)	목조와즙	근린생활시설

1-248번지(경희궁길 41)는 경희궁길과 경희궁1길의 교차로 모퉁이에 있는 필지로, 남쪽 경희궁1길에서 1.6m의 단차가 있는 지형이다. 남쪽과 동쪽에 축대를 쌓아서 주택지를 조성하였고, 길가 경계부에 목책 울타리를 둘러서 안전장치를 두었다. 동쪽 길 건너편이 성곡미술관이고, 남쪽 길 건너에 일조각이 위치한다. 서쪽에 붙어 있는 건축물은 일지사 소유이다. 성곡미술관의 일부분과 일조각 빌딩은 옛날 관사촌이었을 때 북쪽 끝에 위치한 관사가 있었던 곳이다. 경희궁1길이 관사지역의 경계가 되는 셈이다.

1-248번지의 모번지는 1932년 1-1번지에서 분할된 1-36번지이다. 1-36번지는 1954년 4월 1-138번지로 분할되었고, 두 달 후인 1954년 6월 다시 1-162번지가 분할된다. 모두 국유지 상태에서 분할되어 불하되었다. 1961년 8월에 사유화된 1-162번지에서 지금의 1-248번지로 분할되는 과정을 거쳐서 필지가 조직되었다. 1954년 이전에 1-36번지에는 주택이 건설되지 않았던 것으로 보인다. 1947년 항공사진(국토지리정보원)에서도 옛날 1-36번지에 해당하는 땅에 건축물이 보이지 않는 것을 확인할 수 있다. 이는 1954년 필지분할 이후 주택건설이 이루어졌음을 짐작하게 하는 대목이다.

1-248번지 도토리브라더스 전경(2020)

1-248번지 주택 상량도리(1957년 4월 20일 상량)

1-248번지 천장구조

천장을 헐어서 내부구조가 드러나 있다. 목구조 기법은 전반적으로 일식가옥에서 보이는 것과 유사하지만 정통적인 결구수법은 아니다. 서까래도 듬성듬성 깔았고, 내벽과 천장을 헐면서 상당수의 지붕 구조재가 제거된 것으로 보인다.

1-248번지 주택은 현재 '도토리브라더스'라는 식당으로 용도가 변경되어 운영 중이다. 이 주택은 1957년 3월에 등기등재되었다. 주택 규모는 17.59평(58.15㎡)으로 현재 모습과 동일한 것을 확인할 수 있다. 또한 지붕의 종도리 밑에는「龜 檀紀四二九○年陰四月貳拾日午時立柱上樑 龍」라는 상량문이 적혀 있어 1957년 5월에 지은 집이라는 것을 알 수 있다.

남쪽 정면부 외벽 밑으로 출입하는 지하실이 있다. 규모는 1.88평(6.20㎡)이고, 깊이는 1.3m로 땅을 파서 만들었는데 지하실 내 층고는 1.7m이다. 천장에 장마루널을 설치하였고, 장선이 남아 있는 것을 보면 원래 상부공간은 마룻바닥으로 된 공간이었음을 추측할 수 있다. 주택에 지하실은 대부분 대청이나 거실 밑에 설치되는 경우가 일반적이다.
이 집의 건축적 특징은 마치 일본식 문화주택처럼 지어졌다는 것이다. 현재 내부는 식당으로 쓰이면서 공간변형이 심해 원래 공간구성에 대해 알아내기가 어렵다. 하지만 지붕구조로 보아 속복도가 있는 형식으로 추정되고, 현관 우측에 남·여 칸으로 구분된 변소(현재 화장실)를 구성하고 있는 수법이 유사한 점이라 할 수 있으며, 나무 기둥에 흙벽을 세우고 외벽은 미장 후 물씻기기법으로 마감하는 등의 수법도 일본식 문화주택과 같은 것이었다.

주택을 지을 당시 이 지역에서는 일본식 관사를 없애고 조적조 기와지붕이나 조적조와 콘크리트 구조에 평슬래브로 지붕을 덮은 대규모 현대식 주택이 유행처럼 지어지기 시작하였으며, 옛날 관사처럼 보이는 문화주택 풍으로 지은 경우는 이 집이 유일한 사례이다. 아직도 주택 외관은 건축 당시 모습을 그대로 간직하고 있으며 상태도 좋다. 하지만 내부공간은 크게 바뀌면서 원형의 주거공간을 이해할 수 없게된 점은 아쉬움으로 남는다.

8번지 식당 내부 모습1

과 주방사이 타일로 마감된 긴 테이블을 놓았다.

번지 식당 내부 모습2

로 썼을 때 마룻바닥으로 꾸몄을 거실자리이다. 건물 내부공간은 모든 벽을 헐어서 한 공간으로 변형돼서 원래 공간을 추측되지 않는다.

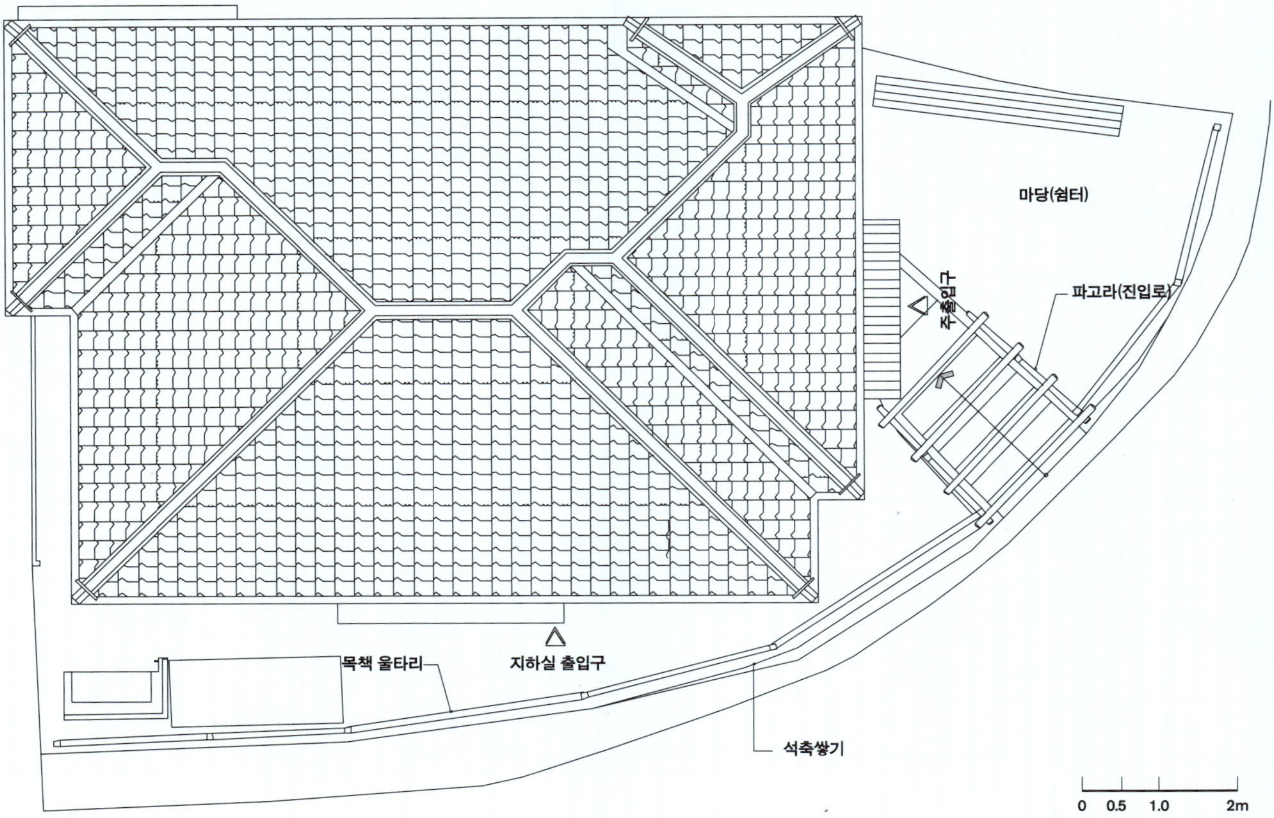

1-248번지 지붕평면도

1-248번지 정면도(남)

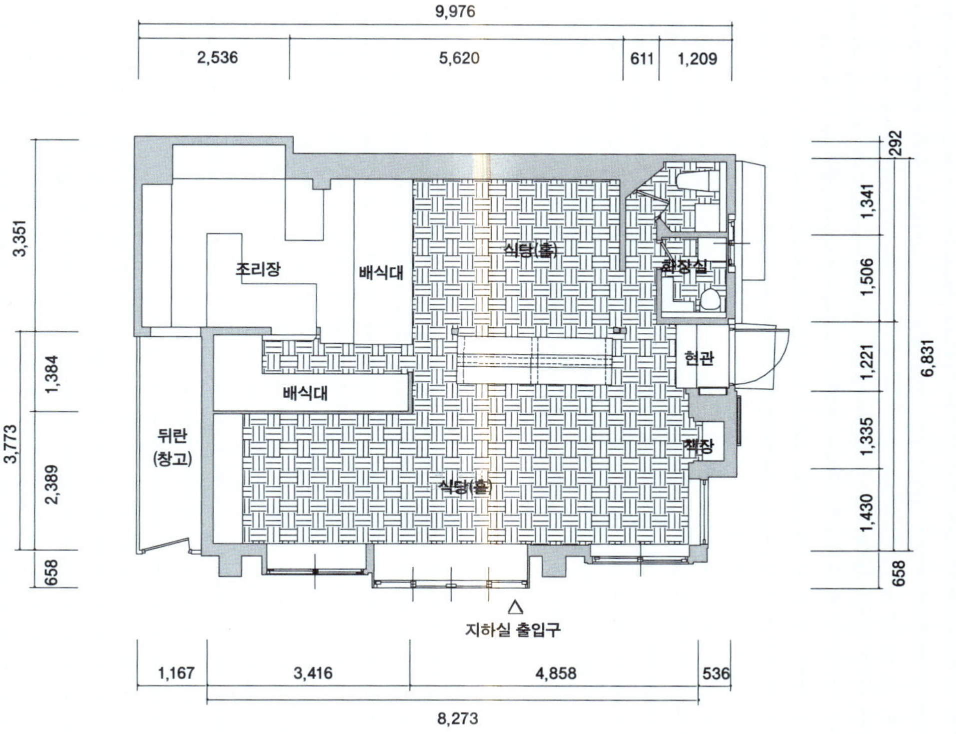

1-248번지 평면도

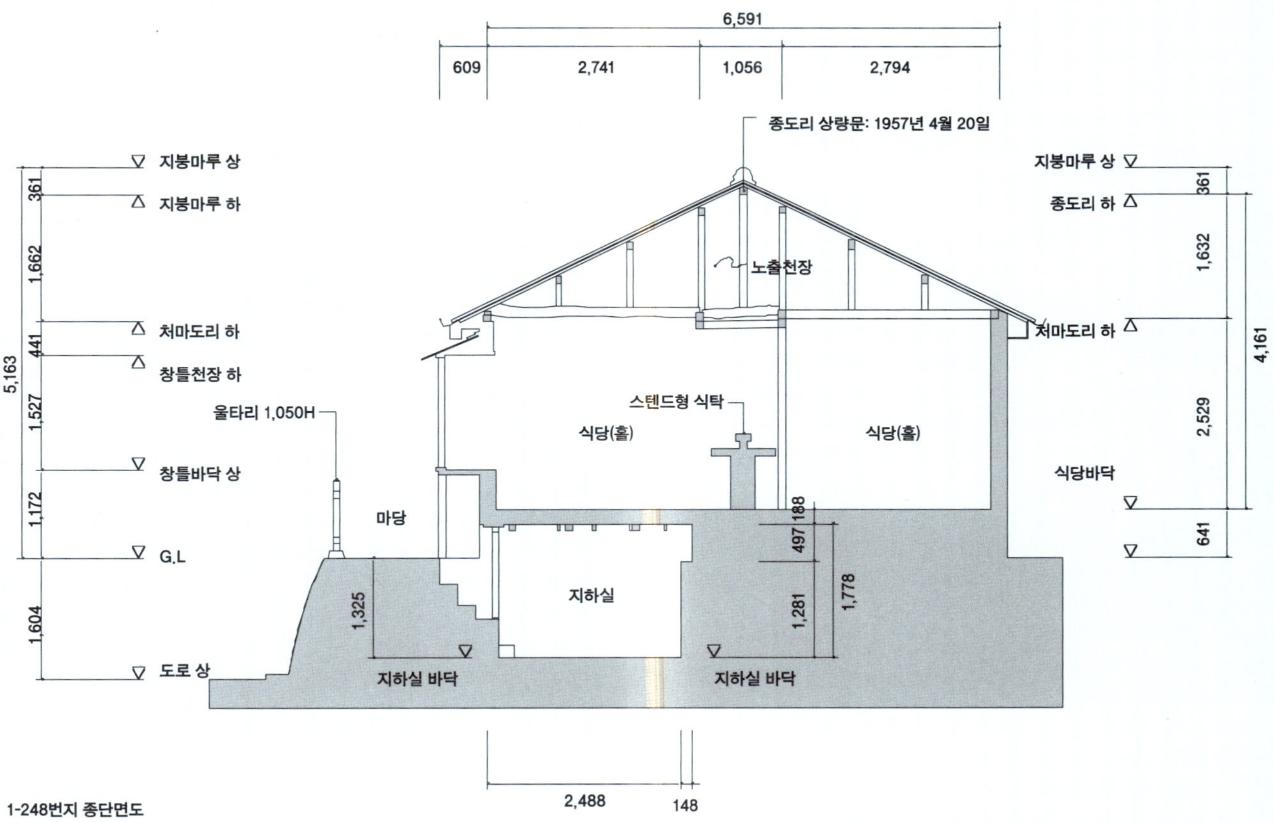

1-248번지 종단면도

따빠마드레(1-251번지)

건축물 기본정보						
사용승인일	대지면적	건축면적	연면적	층수(지상/지하)	주구조	주용도
1961.11.30.	104.5㎡	62.38㎡	116.17㎡	2/0	연와조와즙	근린생활시설

경희궁길가는 1-251번지를 포함하여 식당이 줄지어 있는데 위로부터 '도토리브라더스 - 마라 한정식 - 따빠마드레 - 태성식당'이 줄지어 있다. 그중 따빠마드레는 1-251번지에 있는, 스페인 요리와 맥주 등을 파는 식당이다. 길가 맞은편에 축구회관(대한축구협회, 전시관)이 있고, 북쪽으로 아파트 단지(스페이스 본)와도 가깝다.

ㄷ자 평면으로 된 2층짜리 집은 남쪽에 마당이 생기도록 배치한 남향집으로, 필지와 건물이 동서축으로 길쭉한 모양이다. 평면은 간이한옥처럼 대문을 들어서면 정면에 부엌이 보이고 부엌 우측에 안방·거실·건넌방이 구성되었으며, 거실 뒤편에 2층으로 올라가는 계단이 있다. 2층도 1층과 마찬가지로 거실을 중심으로 양쪽에 방을 둔 평면이었다. 지금은 상업적인 공간으로 바뀌었지만 큰 틀에서 옛날 주거공간이 활용되고 있는 것을 현장에서 볼 수 있었다. 거실은 주방 겸 홀(Hall)로 쓰고 방은 식당(Room)으로 바뀌고, 주방은 안방 뒤쪽으로 배치한 공간구성을 하였으며, 계단 밑 옛날 욕실과 계단 우측에 화장실을 추가해서 남자·여자용으로 분리하였다. 2층은 천장을 모두 제거함으로써 공간이 확장되어 보이게 하고, 지붕구조를 그대로 노출시켜 의장적인 요소로 활용하고 있다. 건축물대장상의 기록에 따르면 주택이 근린생활시설(일반음식점)로 용도가 변경된 시점은 2008년 12월이다.

1-251번지 따빠마드레 전경(2020)

이 주택 건물은 1961년 11월에 지었는데, 규모는 1층 62.38㎡(18.87평)와 2층 53.79㎡(17.59평)이었고, 구운벽돌을 쌓은 연와조 위에 목조 지붕틀을 짜고, 시멘트기와를 덮은 구조방식이었다. 이러한 구조방식은 1960년대 주택에서 일반적으로 볼 수 있는 형식이다. 도시한옥과 유사한 평면구성으로, 건축재료와 지붕구조가 간소화된 2층짜리 간이한옥으로 발전된 형태이다. 이와 같은 평면을 기반으로 거실 부분이 확장되면서 마당 쪽으로 돌출되는 형태로 발전된 모습은 바로 옆집(1-138번지, 태성식당)을 통해서 비교할 수 있다. 주로 집장사라고 하는 장인조직이 짓는 경우가 많았으며, 서울의 대규모 주택 밀집지역에서도 쉽게 찾아볼 수 있는 모습이다.

1-251번지 2층 식당

1-251번지 1층 진입부

1-251번지 2층 테라스

1-251번지 1층 홀

1-251번지 2층 홀

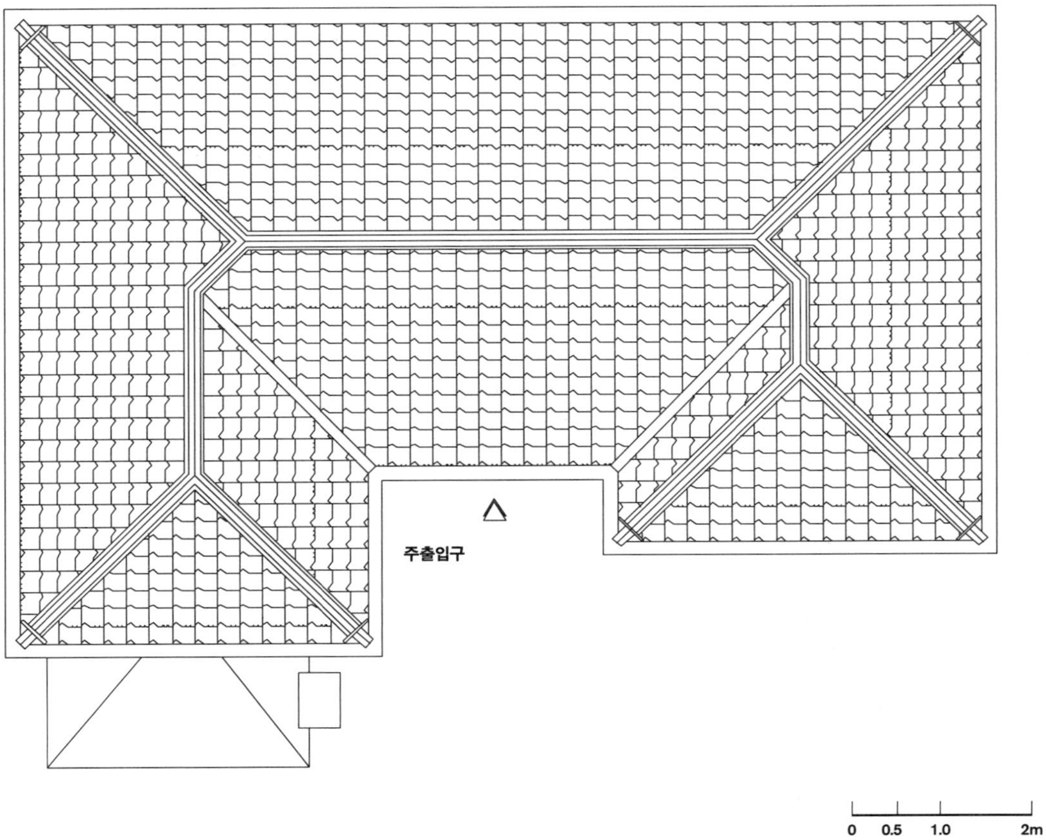

1-261번지 지붕평면도

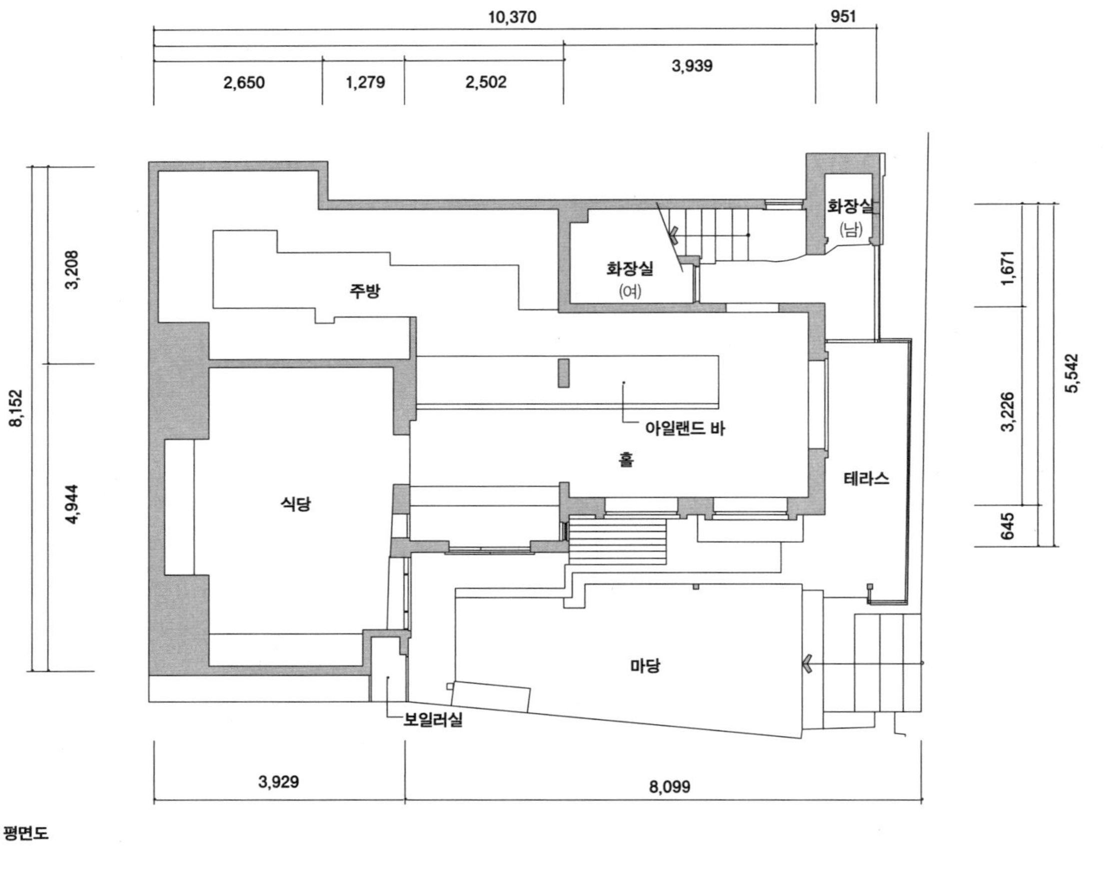

1-261번지 1층 평면도

1-261번지 정면도(남)

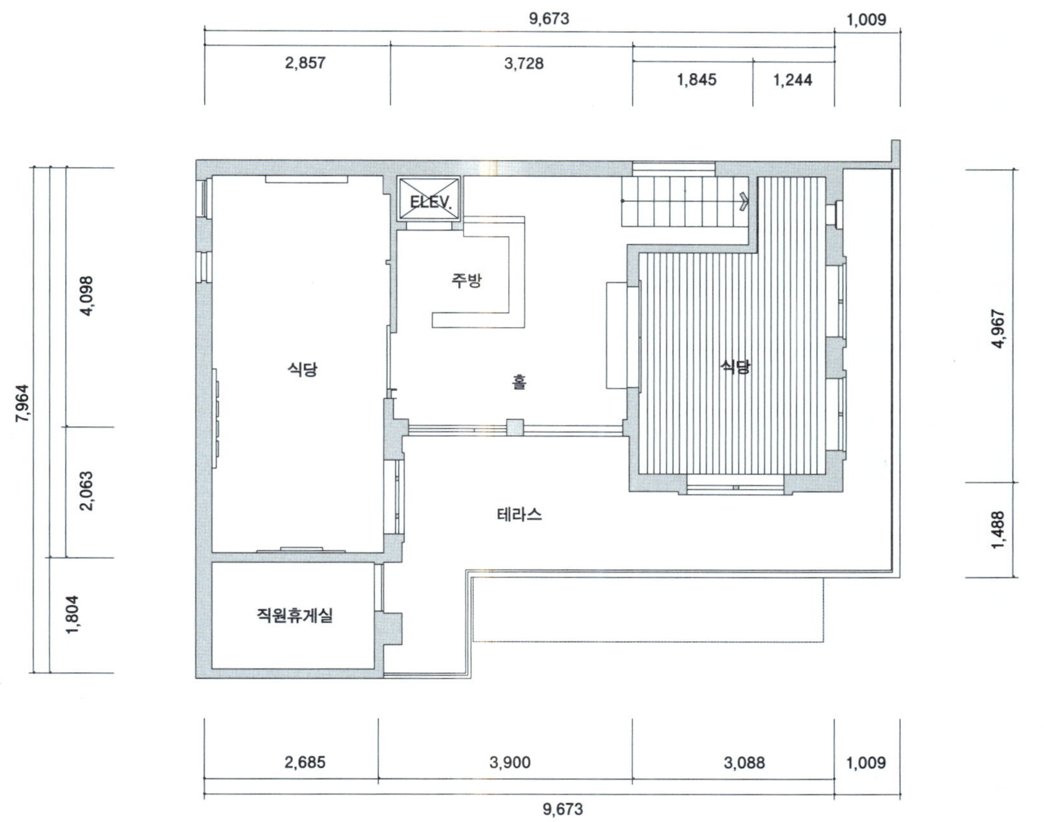

1-261번지 2층 평면도

1-261번지 측면도(동)

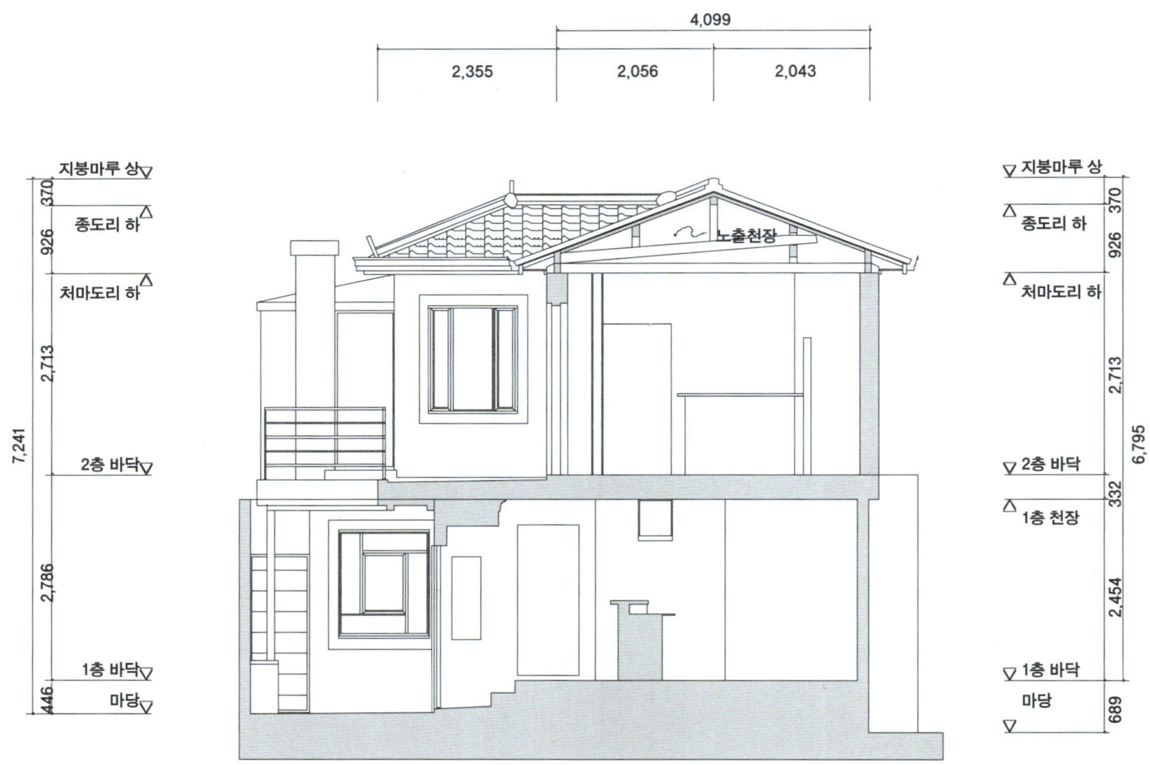

1-261번지 종단면도

만석식당(1-35번지)

건축물 기본정보						
사용승인일	대지면적	건축면적	연면적	층수(지상/지하)	주구조	주용도
1967.12.4.	113.4㎡	335.9㎡	952.55㎡	3/1	연와조슬래브	근린생활시설

일제강점기에 조성된 관사 중 1-35번지는 총독부 관사지에 해당된다. 1-35번지는 1960년대까지 기존 일식관사주택이 유지되다가 1966년에 필지가 분할되어 1-335번지 현재에 이르게 되며, 마지막 필지분할 후 새 주택을 건설하게 된다. 정부로부터 필지불하를 받은 것이 1954년 5월이었다. 당시 단층으로 된 53.5평짜리 기와를 덮은 목조주택으로 된 관사가 있었다. 옛날 관사배치도에 그려진 것을 보면 총독부관사 중에서 대형에 속하였다는 것을 알 수 있다.

이 관사는 1966년 12월 23일 멸실되었다. 그리고 새 주택은 1967년 11월에 지하 1층과 지상 3층 규모의 '연와조평옥개', 즉 벽돌구조에 평슬래브 지붕으로 된 현대식 대규모 저택이 건설되었다. 마당 밑에 있는 작은 지하실도 그때 지어졌고 수위실로 썼다. 관리대장에 기록되어 있지 않지만 거주자의 증언에 따르면 한때 오만대사관저르 활용되었다고 하며, 그다음 '두마'라는 고급 한정식 식당으로 오랫동안 운용되었다고 한다. 현재 식당 주인이 2016년부터 '만석장'을 시작으로 '만석식당'과 카페를 함께 운영 중에 있다.

1-35번지 만석식당 전경(2020)

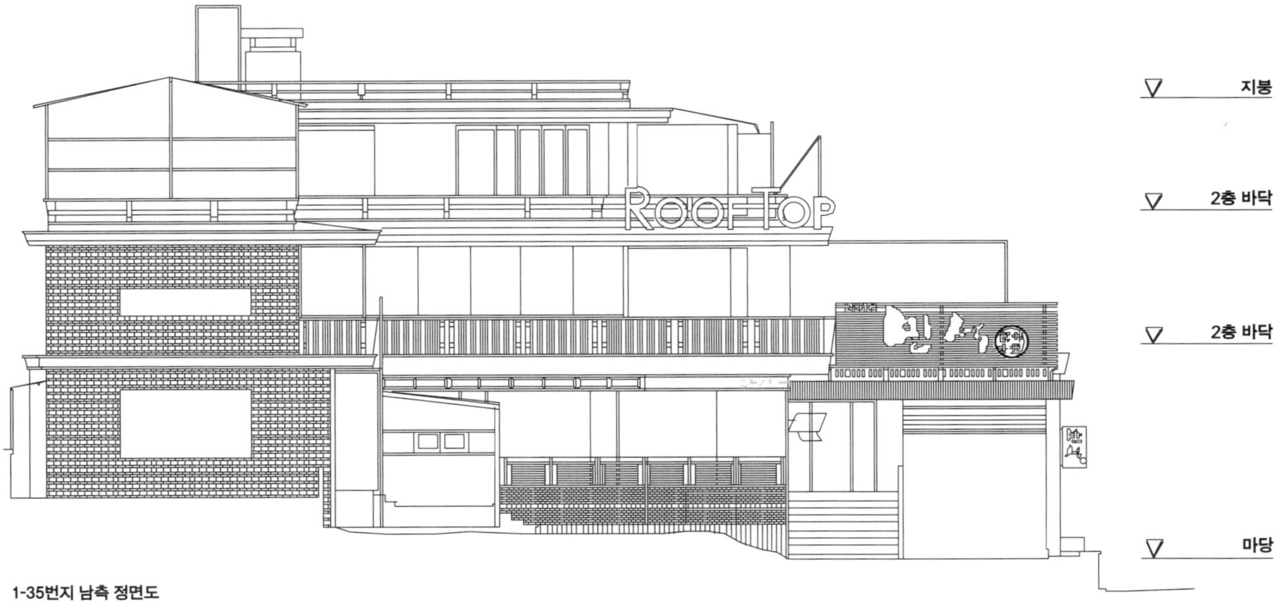

1-35번지 남측 정면도

1층 평면은 건물 2동이 분리된 것처럼 나누어졌고, 2층 바닥 슬래브부터 한 구조로 이어진다. 마당 서쪽 부분을 별관이라 부르고 2층 구조이며, 북쪽이 본관으로 3층 구조다. 본관의 지하실 면적은 1층 바닥과 거의 같은 크기로 만들어졌다. 중앙에 넓은 홀이 있고 사방으로 작은 5~6개의 별실로 나눠져 있다. 진입 계단과 연결된 복도와 복도 양쪽 끝에 화장실과 작은 창고가 각각 배치되어 있고, 중앙 홀 안쪽에 계단으로 이어진 홀과 2개의 방은 중앙 홀보다 높게 만들어졌다. 현재 지하실은 어둡고 습하며 내부시설이 모두 철거된 상태로 비워져 있지만, 이전에는 식당에서 노래방을 운영하였던 공간이라고 한다.

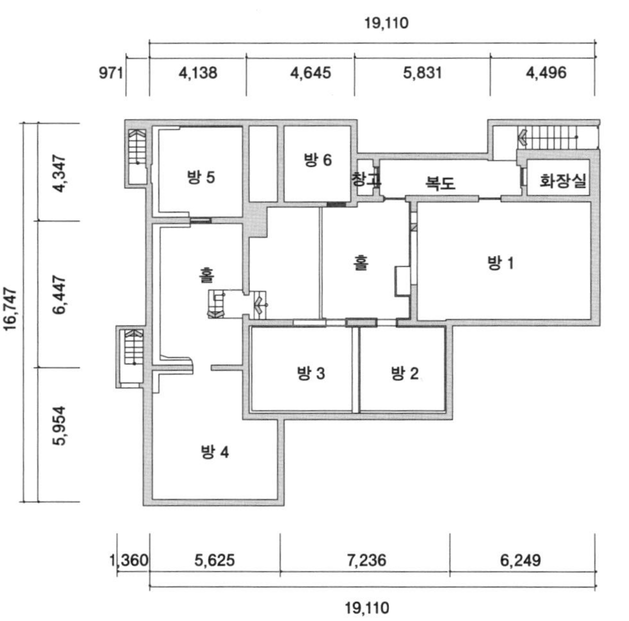

1-35번지 지하실 평면

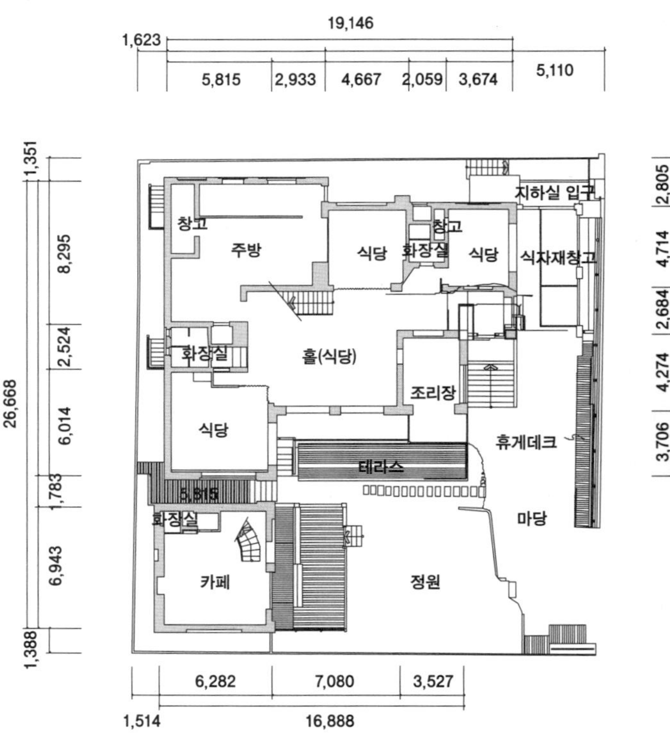

1-35번지 1층 평면도

본관 1층에서 경희궁길 쪽으로 돌출된 차고는 외벽에 장식쌓기로 된 개구부와 옥상정원을 계획하였고, 난간대와 화분을 콘크리트로 시공해서 외관을 꾸몄다. 차고 천장에 옥상으로 돌출된 사각형 박스 안에 원형의 구멍을 뚫어서 천창을 만들었다. 2층과 3층 테라스에도 천창을 장식적인 요소로 썼으며, 모든 처마에 장식적인 콘크리트 난간을 사용하였는데, 고급스러운 솜씨가 가미되어 있다. 주변의 주택에서 보이는 난간은 대부분 생략적이고 간결한 측면이 있지만, 이 주택의 경우는 보다 장식적이다. 이렇게 적극적으로 장식화한 경우 대부분은 당시 건축사사무실에서 주택설계와 감리를 맡았다. 이 주택의 건축주는 건설사를 운영하였다고 하며, 그 사택으로 지은 것이라고 하였다.

본관 1층은 주방과 조리장·식당·홀·화장실로 구성되어 있으며, 홀에서 마당과 테라스로 통하는 문이 설치되어 있다. 2층과 3층을 연결하는 수직동선은 홀 중앙부터 직선형 계단으로 연결된다. 계단 폭이 넓게 만들어졌다. 1층과 2층은 한정식 메뉴의 식당이고 덤웨이터를 통해 조리된 음식이 운반된다. 3층은 카페와 옥상 휴게공간이다.

별관은 마당 정원에서 연결되며 마당 쪽으로 철재 틀로 된 유리벽을 덧달아 전실로 확장하였다. 내부에는 2층을 연결하는 수직동선인 나선형계단이 설치되어 있다. 1층과 2층 모두 카페 휴게공간이며, 옥상은 가설지붕을 설치해서 복합적인 휴게공간으로 활용하고 있다. 본관 2층에서도 별관으로 통하는 문이 설치되어 있다. 연결된 2층 테라스는 유리벽과 냉난방설비를 갖춰 내부공간에서 휴식을 취할 수 있도록 하였다. 마당 정원에는 잔디와 큰 조경수가 식재되어 있고, 정원과 식당 진입부에 목재 데크를 만들고 파라솔 테이블과 의자를 놓아서 휴식공간으로 제공하고 있다.

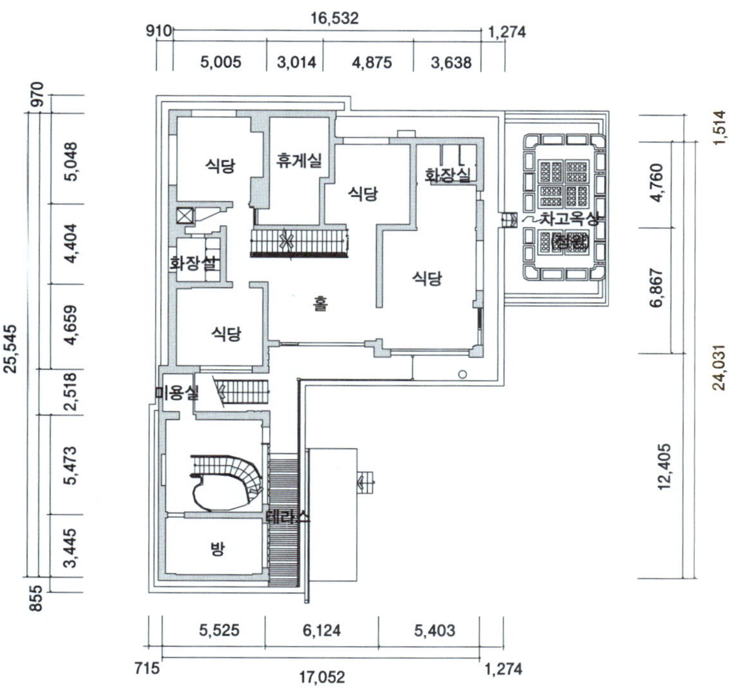

1-35번지 2층 평면도

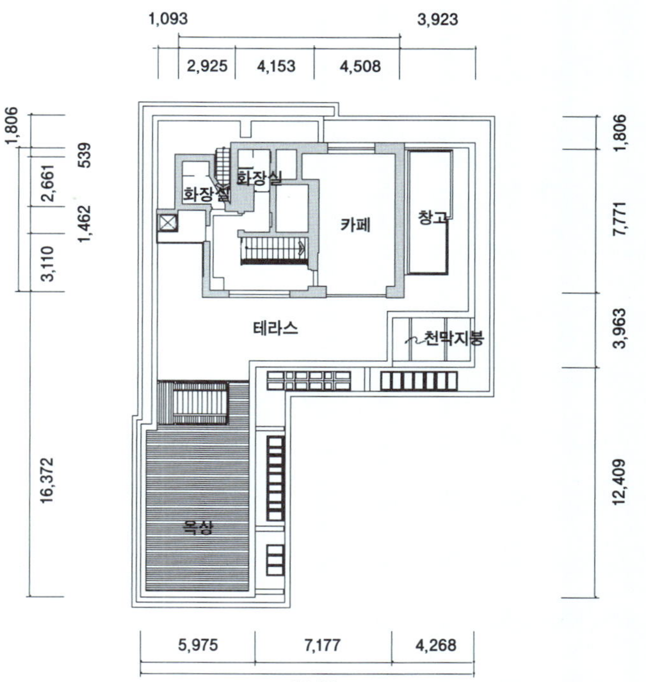

1-35번지 3층 평면도

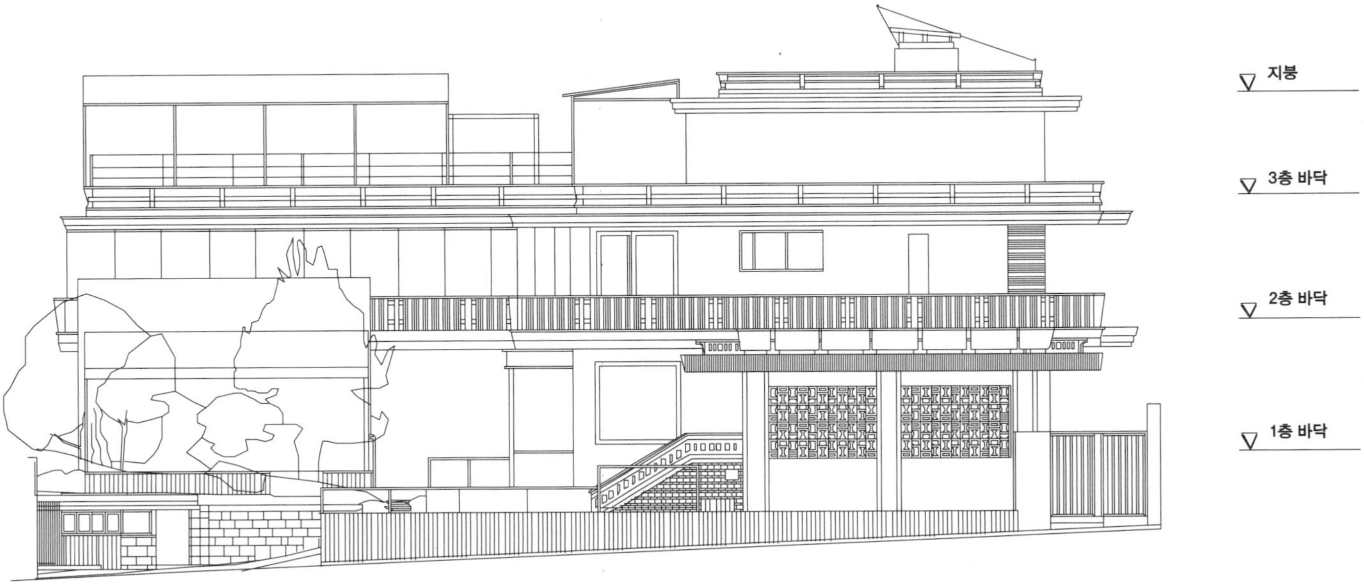

1-35번지 동측 측면도

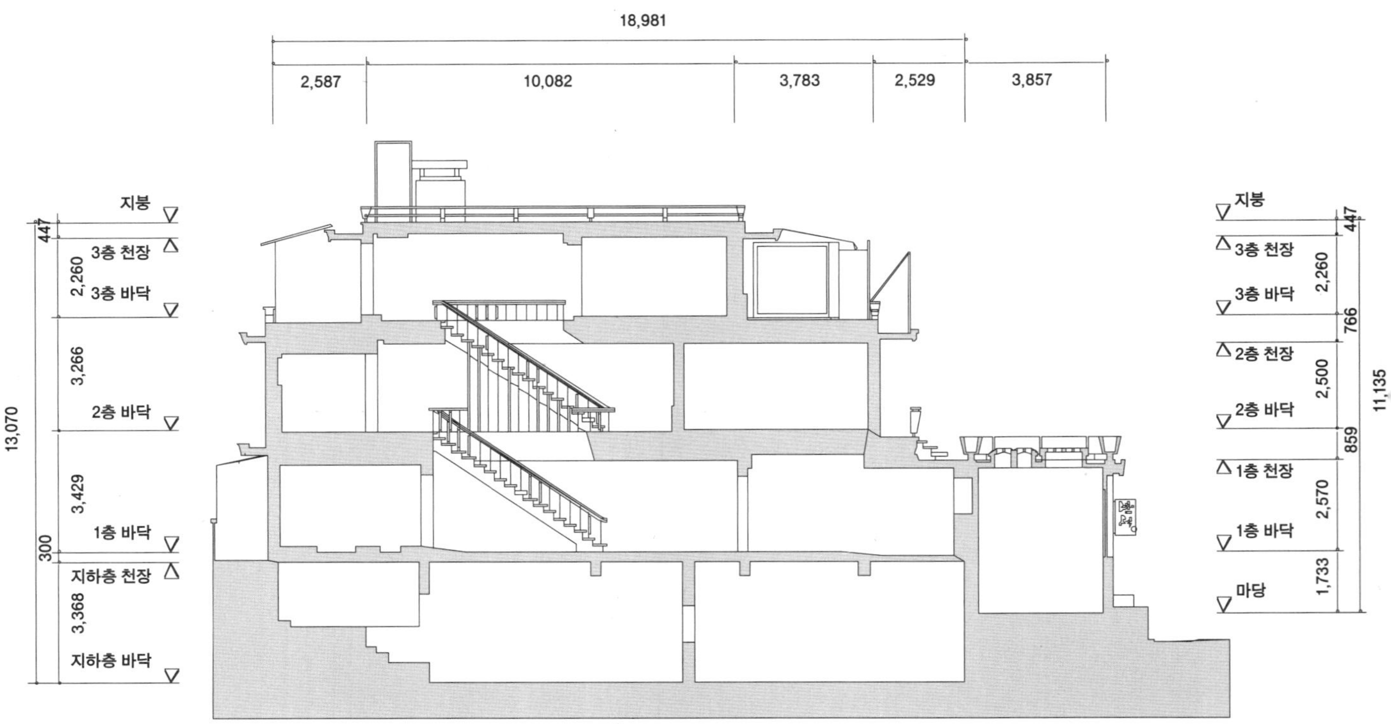

1-35번지 본관 단면

5번지 만석식당 1층 홀

5번지 주차장 위 옥상정원

1-35번지 별관 카페 2층

5번지 외벽장식

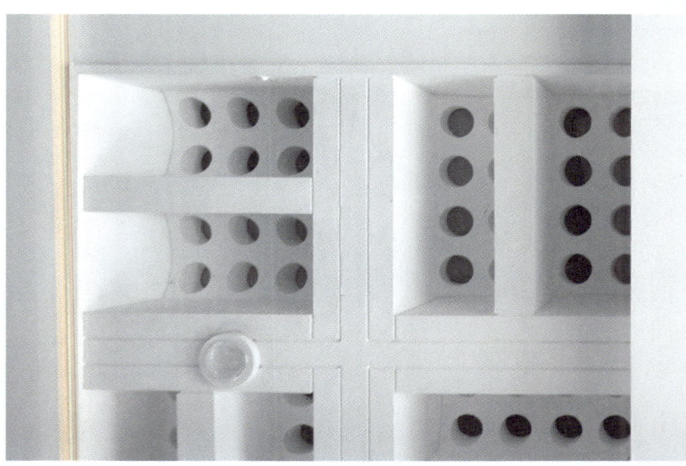

1-35번지 천정장식

1-35번지 마당에서 본 별관과 본관

1-35번지 별관 옥상식당

1-35번지 별관 옥상식당

번지 본관 2층 테라스 채광창

1-35번지 주차장 위 옥상정원

신문로2가 내 1960~1970년대 주택건축

1-35(1967년)

1-112, 1-268(1967년)

1-125(1964년)

1-125(1964년)

1-167(1972년)

1-196(1967년)

1-147(1966년)

1-170(1965년)

1-220(1964년)

1-151(1970년)

1-175(1967년)

1-245(1962년)

1-251(1961년)

1-115(1966년)

1-169(1968년)

1-42(1967년)

1-141(1975년)

1-173(1965년)

1-113(1965년)

1-148(1963년)

1-180(1971년)

1-166(1975년)

1-216(1964년)

1-222(1967년)

1-247(1961년)

1-320(1970년)

불하 이후 1960~1970년대 관사는 차츰 멸실되고 새로운 건축양식의 주택이 건설되었다. 주택 건축양식의 대부분은 조적벽 콘크리트 슬래브 구조로 된 것이며, 단층보다 2층 규모의 주택이 주를 이루었다. 당시 주변지역은 방갈로식 경사지붕으로 지은 2층 집이 유행하였지만, 이와 달리 신문로2가 주택은 평슬래브 형태로 단순한 반면 전통적인 주거공간을 탈피하여 서양식 주거공간을 도입하였으며, 외관형태에 의장적 의미를 담아내고자 하였다.

관사지역 내 주택건설에서는 크게 두 방식의 흐름을 파악할 수 있다. 하나는 건축청부업을 등록한 소규모 기술조직으로 소위 '집장사'라 일컬어지는 조직에 의해 주택이 건설되는 경우이다. 다른 하나는 건축사사무소에서 주택을 설계하고 전문 건설사가 시공을 맡으며 설계자가 공사를 감리하는 방식이었다. 전자보다는 후자가 일반적인 건설방식이었다.

이때 건축가들의 활동으로 고급주택이 생산되었는데, 이는 대형필지와 건축주의 경제력이 뒷받침된 결과였다. 당시 이 지역에서 활동한 건축가로는 주민들을 통해 가장 많이 거론된 '유 사장'이 있으며, 그 외에 건축잡지 등을 통해 안영배와 원정수도 확인된다. 1960~1970년대에 신문로2가에서 활동한 건축가들의 주택건축을 살펴보기로 한다.

유 사장

유 사장에 대해서는 그의 성씨가 '유'라는 것과 사위 유규성이 건축설계 활동을 하였으며, 유 사장은 관사지역 내 여러 집을 지었다는 증언이 전부이다.[23] 유 사장은 설계자인지 시공자인지 명확하지 않지만, 유 사장과 같이 활동한 사위 유규성에 관한 건축활동 일부는 찾아볼 수 있었다. 유규성은 범양종합건축연구소를 운영하였고, 1970~1980년대 활동에 관해서는 3건의 작품이 잡지에 소개되었다. 1973년과 1983년 작품에서 처마에 원형 환기창을 뚫은 의장기법이 나타났다. 1973년 한남동 S씨 주택의 2층 난간대와 박공지붕 같은 외관형태와 벽돌쌓기 수법의 분절을 통해 설계자의 의도를 표현하였고, 1975년 작품은 태양열을 고려한 주택을 제안한 것이었다. 1983년 청담동 L씨 주택은 원형 거실을 중심으로 주부의 편익을 고려하고, 자녀들의 생활공간을 배려해 넓은 테라스를 둠으로써 바깥과 소통을 꾀하는 한편 색과 질감으로 내외부 공간이 편안함을 느끼도록 유도하였다.

23 1-42번지 주인 라제건(54)의 증언
제건은 어릴적 자택을 지은 사람이
사장'이라고 기억하고, 관사지역 내
집을 지었으며 2층 베란다(콘크리
내민 처마) 밑을 동그란 구멍으로
놓는 것이 특징이라 구술하였다. 1
번지 외에 1-109번지와 1-113번
택을 지목해 유 사장이 지은 것이라
다. 그러나 1-35번지는 현재 만석
으로 쓰고 있는 주택인데 1967년
사를 철거하고 지었던 당시의 것이
현재 사용자에 의해 건설조직이 다
파악하였고, 1-109번지는 1966
관사를 철거하고 이듬해 주택을 신
였던 사실이 있으나 2004년 전부
하고 2005년에 장학건설이 신축
이므로 유 사장의 건축양식을 살펴
없게 되었다. 1-113번지는 1965
관사를 멸실하고 당시 지은 주택이
에 이른다. 1973년에 현재 소유자
유권이 이전되었다. 건물에 대해서
장과 조경 때문에 골목길에서 주택
드러나지 않고 항공사진만으로 유
의 건축관을 알아보기란 쉽지 않은
다.

유규성의 주택건축

위치	대지면적(㎡)	건축면적(㎡)	건축구조	비고
용산구 한남동	1623	565.99	벽돌 및 콘크리트조	1973년 12호
-	-	-	벽돌 및 콘크리트조	1975년 11호
강남구 청담동	764.68	324.24	조적조	1983년 9호

안영배

1960년대 초기 작품 중 하나가 신문로 O씨 주택이다. 평면계획에서 응접실은 손님 방문이 없을 때 가족의 활용도를 높이기 위해 식당 홀과 연결되도록 벽 없이 트인 공간을 만들고, 현관도 식당 홀과 통하도록 계획하였다. 식당 홀이 대청마루 같은 기능을 하게 된 셈이다. 이런 방식은 당시로는 보기 드문 새로운 시도였다. 두 공간은 2층 계단을 사이에 두고 각각의 영역이 구획된다. 일반적으로 계단은 현관과 바로 이어지는 경우가 많은데, 그러면 상하층에 있는 가족 사이의 유대가 멀어지는 단점이 있다. 반면 이 주택은 계단을 중앙에 배치함으로써 동선이 길어지는 대신 가족 간의 유대감을 높이고자 하였다. 당시 일반주택 평면구조와 비교해도 일반적인 것은 아니었다.[24]

배형민·우동선·최원준, 목천건축아카이브 한국현대건축의 기록2 『안영배 구술집』, 마티, 2013. 건축가 안영배는 1932년 황해도 연백에서 태어났다. 1958년 서울대학교 건축공학과와 동대학원을 졸업하였다. 1950년대 중반부터 종합건축연구소, 한국산업은행 ICA주택 기술실 등에서 일하였다. 1961년 ICA 후원으로 미국 미시건대학과 워싱턴대학에서 수학하였다. 1959년에 「국회의사당 설계경기(남산)」 2위에 입상하였으며, 1968년 여의도에 세원진 「국회의사당 설계경기」에서 1위에 입상해 설계에 참여하였다. 서울대학교, 경희대학교, 서울시립대학교에 재직하면서 여러 후학들을 양성하였다.

이 주택의 위치는 명확하지 않으나 구술집에 수록된 배치도에 비추어 보면 정황상 1-114번지로 추정되는데, 건축 당시 건축주는 오정환이었고 1960년 9월 20일 자로 신축허가를 받았다. 오정환은 1963년 다른 사람에게 집을 팔았다. 이후 서너 차례 소유권 이전이 있었지만 증개축에 관한 기록은 없다. 그러나 현재 배치상의 모습이 배치도와 유사한 측면이 있지만 2층 부분은 증축되어 있고, 외벽에 미장마감 등으로 원형이 파악되지 않아 더 검증이 필요한 상태이다.

신문로 O씨 댁 남쪽 입면 사진(1960) | 안영배, 『새로운 주택』, 보진재, 1964

북쪽 골목길 입면

북서쪽 입면

원정수

건축가 원정수가 설계한 신문로 C씨 댁은 1-145번지 최종관 주택을 지칭한다.[25] 옛날 목조관사는 1969년 말 전부 멸실되고, 1970년 11월 연와조 슬래브 구조의 지하 1층에 지상 2층 규모의 주택을 신축하였는데, 이 주택을 설계한 건축가가 원정수였다.[26] 옥상층은 우진각지붕 모양을 하지만 상부가 비워진 평슬래브 형태이다. 2층 통로인 계단이 현관에서 직접 통하는 방식으로 안영배의 신문로 O씨 주택과 비교된다. 지하층은 차가 경사로를 통하지 않고 직접 주차할 수 있도록 깊이를 맞추었다. 2층은 남쪽 면과 서쪽 면의 공간을 줄여 넓은 베란다를 계획해서 외부공간의 활용도를 높였다. 특히 남쪽 모서리의 기둥은 온전히 지붕만을 받치는 구조물이 되게 해서 외관의 육중한 느낌을 피하고 외형을 보다 다채롭고 경쾌한 느낌을 갖게 한다.

이 주택은 2000년에 소유권 이전이 있었고 개방된 옥상 부분을 지붕으로 연장해서 덮었고, 2층 베란다를 내부공간으로 확장하였다. 공간의 확장은 근린생활시설 용도를 변경하기 위해서였으며[27] 지상은 일반음식점, 지하층은 노래방이 운영되었다가 2018년 재단법인 팀선교회로 소유권이 이전된 후 1970년 주택은 완전히 사라지고 2020년 현재 5층 빌딩이 준공을 앞두고 있다.

25 이 건축작품은 월간 공간(SPAC
1971년 3월호 원정수·지순(일양건
편에 있는 주택 가운데 하나로 연희
씨 댁, 자하문 P씨 댁, 서대문 K씨 댁
판동 K씨 댁, 안암동 L씨 댁, 연희
씨 댁, 연희동 U씨 댁 등 모두 8편이
개되었다.

26 건축가 원정수는 1934년생으로 1
년 서울대학교 건축학과를 졸업하
며, 1963년부터 인하대학교 건축
과 교수를 지냈다. 한국은행 본점,
공과대학 마스터플랜, 태평로 삼성
등의 주요 작품이 있다. 한국은행
은 부인이자 한국 최초의 여성 건축
지순과 함께 1987년 작업을 하였고
울시 건축상을 수상하였다.

27 다음 로드뷰를 참고하면 2012년
2018년까지 미당(味堂)이라는 한
식당으로 운용되었다.

신문로 C씨 주택(신문로2가 1-145번지, 1970년) | 원정수, 지순, 「집」, 간삼종합건축사사무소, 2014

2층 베란다 및 1층 서쪽 기둥

신문로2가 1-145번지(1978년 항공사진)

신문로2가 1-145번지(2018년 항공사진)

물 관리대장에 기재된 신문로2가 내 설계, 감리, 시공 관련 정보

	설계, 감리	시공	비고
38	종합건축사사무소 신일.정.신우	(주)다우종합건설	1993, 내자빌딩
9	스페이스에이건축사사무소	(주)장학건설	2017
1	(주)종합건축사 이웨스	(주)대양건설	1998, 경희팔레스빌리지
4	차신균	박춘민	2001, 보경사
9	(주)건축사사무소효자	(주)야놀자씨앤디	2020, 대신자산신탁주식회사
01	홍산건축건축사사무소	(주)마루건설	1987, 성곡미술관
04	다우건축사사무소	(주)엠마오 건설건축사사무소	2016, 신문로하우스
05	서전종합건축사(주)	(주)진도종합건설	1997, 경희궁뜰
07	(주)아키피아건축사사무소	(주)예문종합건설	1999, 서울교원회관
09	(주)디엔에이엔지니어링종합건축	(주)장학건설	2005
11	이주철	김성환	2018, (주)신환
15	김형수	함규환	–
16	DNI건축사사무소	(주)미래토건	2015
20	(주)종합건축사사무소 온고당	(주)예간종합건설	2010, 각당복지재단
24	(주)피에이건축사사무소	(주)서우산업개발	2014, (주)현대해상화재보험
28	종합건축사(주) 아인	(주)신우건설산업	1997, 신영빌딩
31	반도원종합건축(설계), 현대건설주식회사(감리)	(주)신한	1999, 축구회관
33	홍산건축사사무소	(주)명성건설	1987, 성곡미술관
34	김헌수	정윤집	1998, 이레빌딩
36	대연건축사사무소	(주)세대건설산업	1997
37	(주)지디에스코리아건축사사무소	(주)이각건설	2018, (주)314호넷
40	스페이스에이건축사사무소	(주)장학건설	2017, (주)엠엔알/한살림
49	예일환경건축사사무소	김정호	1994
53	환경스페이스5	영동건설	1994, (주)투바앤
60	안병근	(주)주원제이종건	2000, 신축 후 2017멸실(2019신축, 아이다스에셋)
65	심기섭	김화수	1996
71	(주)코리아이엔씨건축사사무소(설계), 허건축사사무소(감리)	(주)코리아이엔씨건설	2019, 새문집
74	건축사사무소도리건축	(주)경석종합건설	2020
76	(주)아이아크건축사사무소	(주)현대건설	2010, 아산정책연구소
78	조재호	고영환	2002, 경희궁파크(고영환)
82	청송건축사사무소	김화수	1995, 경희궁의 숲
33	(주)시형종합건축사사무소	(주)하우텍시엔알건설	2012, (주)교보생명보험 직장보육시설
19	건축사사무소크레파스(설계), 이길호건축사사무소(감리)		2019, 5Cultureum빌딩
41	씨밀레건축사사무소	김라이	2006, 나무가있는집(식당, 김라이)
60	강태봉	박종식	1994
65	윤영희	이근원	1995, 낙연문화재단
74	종합건축사사무소 장건축(설계), (주)신진엔건축사사무소(감리)	양동용	1993
85	건축사사무소우리공간	예림건설	2004, (주)일조각
48	(주)건축사사무소태아건축	(주)선우산업	2016, 그린앤빌딩

6 신문로 2가의 경관기록

신문로2가의 경관기록은 높은 지점에서 내려다본 지역의
경관 사진, 길에서 바라본 가로경관 사진, 개별 건축물 사진을 주로 담았다.
경관 사진 중 일부는 과거 사진과 동일한 구도로 촬영하여
현재와 비교할 수 있도록 기록하였다.

신문로2가 지역의 19세기 말~20세기 초에 기록된 사진을 바탕으로 2020년 현재 동일한 구도에서 경관을 기록하여 100여 년의 시간 동안 신문로2의 변화를 사진으로 담았다. 사진의 구도는 뒤편에 펼쳐진 인왕산 능선을 중심으로 맞춰 촬영하였고, 시점 등의 오차는 존재하나 신문로2가 지역 내 특정 지점의 과거와 현재를 담은 것에 의미가 있다.

1910년 전후 경성중학교 전경(미감리회아카이브 GCAH 소장)

2020년 경희궁 전경

1895년 흥화문 주변(미의회도서관 소장)

2020년 서울역사박물관 일대

ROOFTOP
HIDDEN
coffee/wine/w
일방통
COFFE
HIDDEN TABLE & ROOFTOP
반석
착한가격
6500원
가정식
백반
매주 월
11:30

Mgd

돈까스
백반

심플리 커피
궁 게스트하우스
복합문화공간 에무

3
2

마라
41-1

에무
emu
ROOFTOPCAFE
SImPLy COFFEE
경희궁1가길

한살림서울

축구회관 KFA

천천히

citi
HYOSUNG

사람이 보이면,
일단 멈춤!!

7

신문로 2가 사람들

그때 신문로는 일본식 집들이 아주 정갈하게 잘 서 있고 골목에 사람은 없었지요.

6·25 전쟁 때 서울역사박물관 있는 자리에서 피난용 GM트럭이 온다고 통지가 왔어요

정부의 변화로 인해 여기에 주민이 바뀌거나 한 적은 없었어요.

이 집은 본래 일본 전매청 관사인데, 그때 공무원으로 있던 한국 사람에게 싸게 구입한 거예요.

거리에서 사람을 당최 볼 수가 없었어요. 1954년에 왔을 때도 누가 누구인지 모르겠고,

집 뒤편의 방공호는 일제강점기 일본사람이 뚫어 놓은 거예요.

신문로 주민들은 1차 1960년대 후반, 2차 1990년대 이렇게 손들이 두 번 바뀌었죠.

저는 주민들이 바뀌는 과정이 서울의 역사에서 굉장히 의미가 크다고 생각해요.

언덕에 아카시아가 많이 있었어요. 우리 집에서 보면 아카시아 나무만 위에 많이 있고,

1960년대 동네는 집 구조도, 생긴 것도 다 비슷했어요.

라익진 일가

신문로2가 1-42번지

故라익진 일가는 현재 신문로에서 가장 오래 거주한 집안이다. 주요 구술자인 라익진의 부인 김옥라는 1918년 강원도 간성에서 태어나 감리교신학교와 일본 도시샤대학을 졸업한 후 걸스카우트 운동을 전개하였고 세계감리교여선교회 회장 등을 거치며 활발한 봉사활동을 한 인물로, 현재 103세로 서울생활문화자료조사 참여자 중 최고령 구술자이다. 그는 1954년 자녀들의 교육을 위해 남편 라익진과 함께 성북동에서 신문로2가 1-42번지로 이주하여 현재까지 거주하고 있는 '신문로의 대모代母' 같은 인물이다. 특히 그녀는 1930년대 시험과 학업을 위해 신문로 관사 골목을 지나다니며 전매청 관사의 모습과 풍경을 이야기해 주어 조사에 큰 도움이 되었다. 라익진의 4남 라제건은 신문로에서 출생하였으며, 신문로에 애정 어린 시선을 가지고 주변을 심도 있게 관찰한 그의 기억을 통해 주민들의 시기별 변화와 유행하던 주택 양식과 거주공간 개축 과정에 대해 자세히 파악할 수 있었다. 라익진 일가는 현재 자택의 일부 공간을 할애해 우리나라 최초의 자원봉사자 전문양성기관인 (재)각당복지재단을 세우고 지역사회에서 모범적인 역할을 하고 있다.

주요 거주자

이름	생몰연도	가족관계	거주 시기	직업
라익진	1915~1990		1954~1990	체신부·상공부 차관 산업은행 총재 등
유금례	1894~1977	라익진의 어머니	1954~1977	
김옥라 (구술자)	1918~	라익진의 부인	1954~현재	한국걸스카우트 간사장 세계감리교여성연합회 회장 각당복지재단 설립 현재 명예이사장
라제민	1947~	라익진의 장남	1954~1965, 1970~1974	
라제훈	1949~	라익진의 차남	1954~1976	
라제관	1953~	라익진의 3남	1954~1980	
라제건 (구술자)	1954~	라익진의 4남	1954~1989, 2007~현재	각당복지재단 이사장 ㈜동아알루미늄 대표
오혜련	1959~	라제건의 부인	1984~1989 2007~현재	

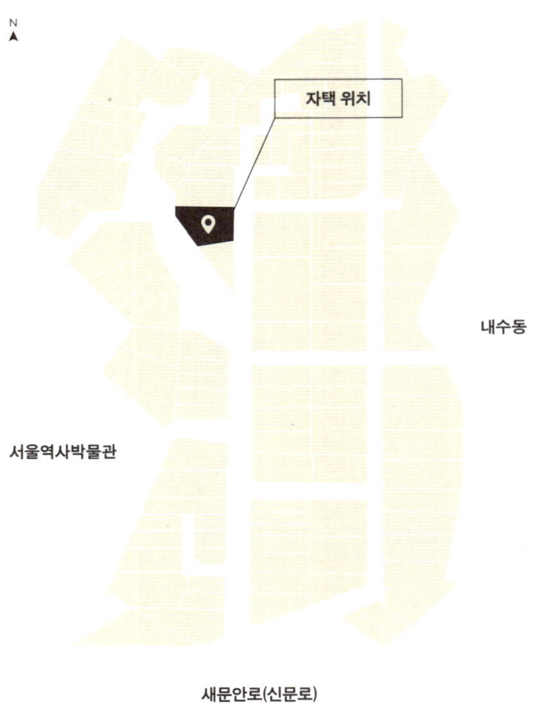

1

신문로의 첫인상과 정착 배경

1.1 신문로의 첫인상

김옥라가 신문로와 처음 인연을 가지게 된 시기는 1930년대까지 올라간다. 김옥라는 1930년대 초반 경희궁 자리에 위치한 경성중학교(현 서울고등학교)에서 전문학교 검정시험에 응시하였다. 그뿐 아니라 1936년 경성부 죽첨정(현재 서대문구 충정로)에 있는 감리교신학대학교에 재학하면서 주말마다 파송된 체부동교회로 갈 때 신문로 길을 이용하기도 하였다. 당시 김옥라가 기억하는 신문로 골목은 일본식 집들이 줄지어 있는 '사람이 없는 조용하고 정갈한 거리'였다. 얼마나 조용한지 김옥라는 신문로를 지날 때마다 책을 꺼내서 읽었다고 한다.

» **신문로의 첫 기억**

1930년대 초반 검정시험을 보러 올 때는 경성중학교에만 왔지, 신문로2가에는 관심이 없었어요. 버스 타고 경성중학교 앞에 내려서 농구실인가? 거기서 시험을 봤어요.. 김옥라

» **1930년대 신문로 풍경**

신문로는 내가 언제부터 관계가 있는가 하면, 내가 1937년 감리교신학대학교에 입학을 했어요. 신학교에서는 예과 1학년부터 2년 동안 학생들을 다른 교회에 파송을 해요. 그때 파송을 받은 교회가 체부동이었어요. 죽첨정에서 체부동교회를 가려면 서대문 네거리를 거쳐 이 길(신문로)을 지나요. 그때 이 길은 너무 조용했어요. 일본식 집들이 아주 정갈하게 잘 서 있고 사람은 없었지요. 지금 서울역사박물관이 있는 자리에는 파출소가 있었어요. 지금 스페이스본아파트가 있는 곳은 조그마한 한옥들이 따닥따닥 붙어 있었고요. 거기에 미장원도 있었고 양장점도 있어서 살기 편했어요. 그때는 내가 여기 와서 살 인연이라는 걸 꿈에도 생각을 못 했죠. 김옥라

» **서대문로와 신문로 풍경**

지금 서대문역에서 독립문사거리까지는 먹을 것 파는 가게도 있고, 커피점도 있고, 문방구도 있고, 우체국도 있고 그랬어요. 그곳은 학생들이 나와서 쇼핑하는 곳이에요. 신문로에는 상점이 거의 없었어요. 김옥라

1.2 신문로 이전 주거

1945년 광복이 되자 김옥라는 은사 고봉경의 권유로 미군정청에 취직해 체부동에서 자취를 시작하였다. 김옥라는 군정청에

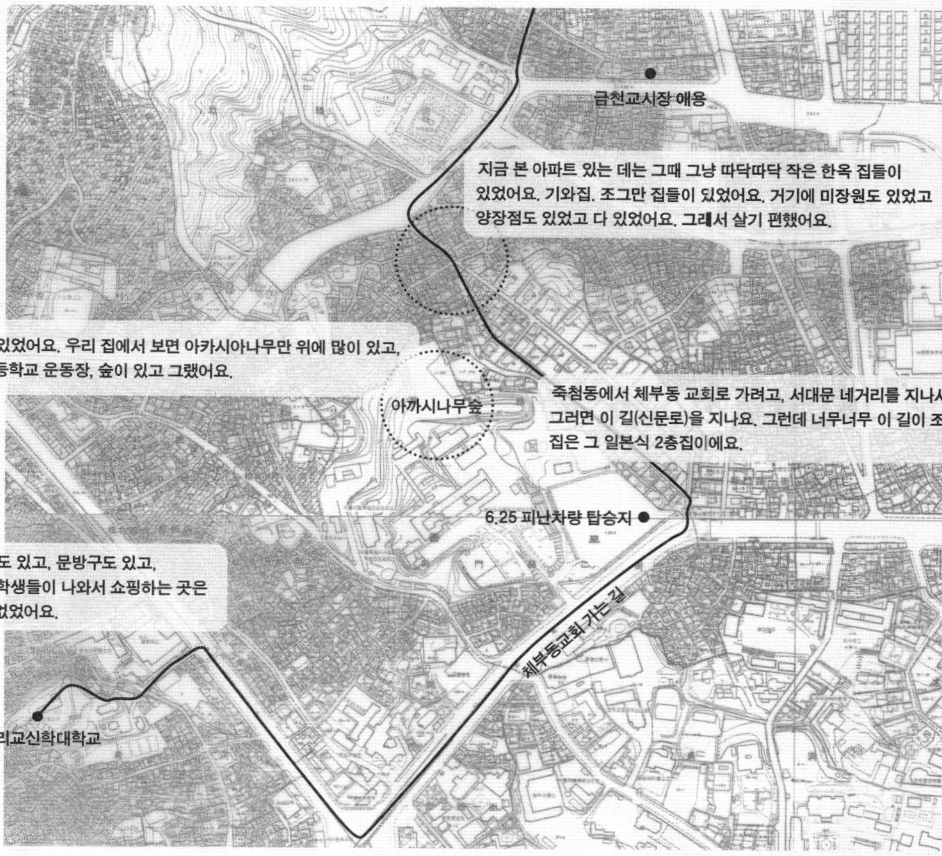

다니던 도중 1947년 라익진과 혼인해 세종로 1번지 32호의 관사에서 신혼생활을 시작하였다. 하지만 얼마 뒤 6·25전쟁이 발발하자 김옥라 가족은 서대문 쪽으로 피난, 가회동의 지인 집에서 짧게 대피하다 3년간 부산 피난 생활을 거쳐야만 하였다. 1953년 9월 서울로 돌아온 김옥라 가족은 폭격의 흔적으로 참담한 세종로 관사로는 돌아가고 싶지 않았고, 급한 대로 성북동의 작은 한옥을 수리해서 거주하였다.[1]

» **결혼 후 세종로 관사 거주**

내 남편은 일제강점기 때 전북 익산에 있는 식산은행에서 근무를 했어요. 거기서 근무하다가 해방이 되니까 서울로 올라왔어요. 올라와서 살 집을 구해야 하니까, 청와대 앞에 관사가 있는 걸 알고 제일 작은 관사를 대여해 시어머니와 같이 입주했어요. 내가 결혼을 하면서 거기로 들어갔어요. 김옥라

» **세종로 관사의 위치와 크기**

경복궁 돌담과 신무문이 마주 보이는 경무대(청와대) 정문 석축 아래로 아담한 관사 5, 6채가 있었다. 그중 작은 집인 대지 80평에 건평 24평의 세종로 1번지 32호가 우리가 어머니를 모시고 신혼생활을 한 집이었다.
김옥라 구술채록 『날마다 아름다운 죽음을 살고 싶다』 중

1. 김옥라 외 2인, 『날마다 아름다운 죽음을 살고 싶다』, 청강문화산업대학교, 2016, 128쪽.

» **6·25전쟁 이후 성북동 한옥 거주**

우리는 1953년 부산에서 올라왔어요. 그런데 경복궁이 폭격 맞을 때 그 여파로 세종로 관사까지 엉망이 돼서 6·25전쟁 후에는 그 집에 들어갈 수가 없게 됐어요. 그래서 남편이 성북동에다가 한옥을 하나 마련해서 1953년 9월부터 겨울까지 거기서 났어요. 김옥라

1.3 신문로 정착

성북동에서 겨울을 보낸 김옥라 가족은 이듬해인 1954년 지금의 신문로 자택으로 이주하였다. 라익진 가족이 신문로를 선택하게 된 이유는 다름 아닌 아이들의 학교 진학 문제 때문이었다. 신문로는 당시 '일류 학교'라고 불리는 덕수초등학교와 가까웠고, 서울고등학교·경기고등학교와 같은 명문 중·고등학교와도 가까웠기 때문에 라익진은 신문로로 이주하였다. 당시 신문로 1-42번지의 관사에는 공무원 가족이 살고 있었는데, 집이 매우 낡아 김옥라의 눈에는 '도깨비가 나올 것 같은 집'이었다.

» **이주 계기**

성북동 한옥에서 8개월을 살다가 큰아이가 국민학교 들어갈 나이가 되니 아이들의 학교에 대해 이 양반(남편)이 생각을 했어요. 여기는 덕수학교가 바로 옆에 있잖아요. 또 서울고등학교가 있고, 경기중학교도 걸어갈 수 있는 거리고, 그래서 여기를 택했다고 해요. 김옥라

세종로 관사 1-32호 | 김옥라 제공

» **신문로 관사와 주변의 첫인상**

이 집은 본래 일본 전매청 관사인데, 그때 공무원으로 있던 한국 사람에게 싸게 구입한 거예요. 그런데 돈이 없으니까 수리를 못 했어요. 우리가 와서 볼 적에는 방 하나에 난로를 놓고 밥도 하고 찌개도 하고, 그렇게 쓰고 있었어요. 다른 방은 전부 너무너무 허술해서 도깨비가 나올 것 같았어요. 다다미는 아니었어요. 온돌방이었죠.

우리 집 길목의 집들보다 반대편 길목의 집이 좀 더 컸어요. 처음에 우리 집은 나무들이 있는 높은 동산에 일본식 집 한 채만 있었어요. 당시 서울고등학교 뒷산이죠. 서울고등학교가 여기까지 있었으니까.

거리에서 사람을 당최 볼 수가 없었어요. 1954년에 왔을 때도 누가 누구인지 모르겠고, 이 골목의 관사는 둘만 있었어요. 우리 집이랑 우리 윗집이랑. 그런데 시간이 흐르면서 집들이 하나하나 수리가 됐어요. 김옥라

» **자택의 이전 주인**

예전 주인은 공무원이었는데, 두서넛 식구가 수리도 못 하고 살고 있었어요. 처음에 와 보니까 높은 동산 위에 헐어빠진 집이 하나만 있어서 내가 정떨어져 싫다고 할 정도였어요. 그런데 다른 어른들이 집터가 좋다고 해서 전 주인에게 그 당시 돈으로 90만 원을 주고 샀어요. 그때가 1954년 3월인가, 2월인가 그때 이사 와서 여태까지 살고 있어요. 김옥라

『동아일보』 1959년 7월 1일 자

「金(금)·官力(관력)의 경쟁터
덕수국민교 문전은 고급차 사태」

金·官力의 競爭터

德壽國民校門前은高級車沙汰

한 방울의 휘발유도 생산치 못하는 실정인데도 불구하고 요즘 시내 一류(?)에 속하는 초등학교 교문 앞에는 여전히 아동들의 하교 시마다 학부형들의 고급 승용차 또는 각종의 차량이 이용되어 아동교육상 중대한 악영향을 끼치고 있다. 더욱이 이들 차량은 각 기관에 배속되어 있는 "관용차"(또는 군용차)로서 공공연하게 고관·기관장들의 아동 등하교 시마다 무질서하게 이용되는 것인데, 30일 시내 덕수국민학교 교문 앞에는 무려 30여 대의 차가 아동들의 하교시간을 기다리고 있었다.

현대사와 신문로

서울은 해방부터 6·25전쟁, 민주화운동까지 현대사의 굵직한 사

건 속의 중심 지역이었다. 신문로 지역도 예외일 수는 없었다. 구술자 중 가장 연장자인 김옥라는 신문로에 거주하면서 4·19혁명과 5·16군사정변 등 다양한 사건을 경험하였다. 그의 구술에 따르면 6·25전쟁 당시 부산으로 피난하기 위한 트럭이 현재 서울역사박물관 자리에 정차하였다고 한다. 또한 4·19혁명 당시 김옥라는 국제걸스카우트대회 참석차 아테네에 있었지만, 큰아들이 부친 전보를 통해 당시 상황을 생생하게 들을 수 있었다. 5·16군사정변 때 신문로는 총소리가 들릴 만큼 현장과 가까운 위치였지만, 정치적 격동에 주민이 바뀌거나 하는 큰 변화는 없었다고 한다.

» **6·25전쟁 피난길**

6·25전쟁 처음에는 피난을 못 가서 여름 3개월 동안 공산당 맛을 톡톡히 봤죠. 9·28 서울 수복할 때까지 세종로 관사에서 살았어요. 1·4후퇴 때 피난할 때는 내가 공무원이니깐 피난 차량을 탈 수 있었죠. 서울역사박물관 있는 자리에서 피난 트럭이 떠났어요. 박물관 앞에 GM트럭이 온다고 통지가 왔는데, 남편은 서울을 수호해야 한다고 못 가게 해서 시어머니하고 나하고만 아기 하나씩 업고 트럭에 탔죠. 그러고 부산 갔는데 사흘이 걸렸어요. 왜 사흘이 걸렸냐면, 차가 못 가는 거예요. 조금 이따가 아이들이 똥 마려워, 오줌 마려워하고, 또 차가 많아서. 김옥라

» **4·19혁명**

그때 나는 희랍에 걸스카우트대회가 있어서 회원국을 방문하느라 18일에 서울을 떠났어요. 홍콩에서 하룻밤 자고 호텔에 신문이 배달됐는데, 거기에 서울에서 맙(mob)이 일어났다고 쓰여 있었어요. 그래서 걱정을 하면서 4월 25일에 로마에 도착했어요. 거기 신문에는 큰, 전면 대자 특보로 이승만 대통령 하야, 이기붕 가정 자살 소식이 실렸는데 얼마나 놀랐는지 몰라요. 그리고 그리스에서 대사 부부가 "서울에서 중·고등학교 아이들까지 거리로 나왔고, 거리에서는 무차별 총격을 했다"고 했어요. 근데 그때 큰아들이 경기중학교에 입학을 한 해였어요. 너무너무 놀랐죠.

큰아들이 국제전보에 깨알같이 글씨를 써서 편지를 보냈어요. 그걸 다 읽고 나서 '아들이 괜찮구나' 하고 마음을 놓고 회의에 참석했죠. 그 애가 편지에 여기저기서 총소리가 나는 얘기를 다 썼었어요. 김옥라

» **5·16군사정변**

5·16 때는 새벽에 남편이 일어나서 라디오를 틀더라고요. 근데 밖에서 "꽝꽝" 하고 총소리가 나요. 그래서 깜짝 놀라 라디오에서 무슨 얘기를 하는지 들으려고 일어나 앉았어요. 근데 박정희 씨가 벌써 방송국을 점령해서 방송으로 얘기를 하더라고요. 지금 너무 혼란스러워서 사회를 개혁하기 위해서 자기네들이 일어났다고.

5·16 당시 남편이 상공부 장관이었기 때문에, 매우 놀랐죠. 하지만 이 지역에 큰 변화는 없었어요. 정부의 변화로 인해 여기에 주민이 바뀌거나 한 적은 없었어요. 김옥라

거주공간

라익진 가족은 1954년부터 현재까지 모두 두 차례 거주공간을 개축하였다. 처음 라익진 일가가 이주하였을 당시에는 아직 관사가 남아 있었다. 1935년쯤 지어진 것으로 추정되는 이 관사는 신문로의 다른 관사들보다 비교적 늦게 지어진 편으로, 이 지역의 관사와 다른 특이점이 많다. 먼저 단층이 아닌 2층으로 지어졌다. 당시 조선총독부의 관사 건설 지침은 기본적으로 단층이었고, 신문로의 다른 관사들도 단층인 것에 비해 2층으로 지어진 것은 드문 사례라고 할 수 있다. 또한 자택의 옆에 방공호가 남아 있는데, 신문로 관사 중 방공호가 설치된 집도 여기가 유일하다.

3.1 1960년대 이전의 자택

1차 개축은 1959년에 일본식 욕실을 헐고 그곳에 양식으로 온돌방, 거실, 욕실을 추가하여 실내로 연결하면서 시작하였다. 이후 증축한 곳에 모여 살며 1966년부터 1968년까지 증축부와 관사를 개축한 부분을 연결하여 현재의 자택 형태를 갖게 되었다. 대지는 옆 1-120번지를 사들여 확장하였다. 김옥라의 구술에 따르면, 한 번에 공사를 진행하는 것이 아니라 먼저 정원에 시멘트벽돌을 만들어 쌓아 놓는 등 준비를 하였다고 한다. 라제건은 1차 개축 전 관사 형태의 자택과 1차 개축 이후 자택을 자세히 기억하여 상세히 구술해 주었다. 개축 이전의 난방 형태는 1·2층이 각각 달랐다. 1층은 다다미방을 온돌로 고쳐 사용하였지만, 2층은 다다미방이 그대로 있어 석유난로를 사용하였다고 한다. 또한 방마다 오시이레가 있는 등 일본식 건축 양식이 많이 남아 있었다.

» **1층 거주공간**

방이 세 개였어요. 다다미방을 온돌로 리모델링한 것 같아요. 1층에 방이 두 개가 있었고, 그다음 마루랑 현관이 있고, 현관 바로 앞에 조그만 방이 하나 더 있었어요. 현관 마루에 연결된 2층 계단이 있었고, 미닫이문 형태로 돼 있었어요. 1층 복도 전면에 유리창을 달아서 꼭 아파트 앞의 발코니처럼 돼 있었고요. 일식집 료칸처럼 문이 네 쪽이었어요. 문들은 직사각 모양으로 살들이 있고, 일 년에 한 번씩은 한지를 뜯어내고 풀을 쑤어 다시 붙여야 했죠. 방마다 오시이레가 하나씩 다 있었어요. 라제건

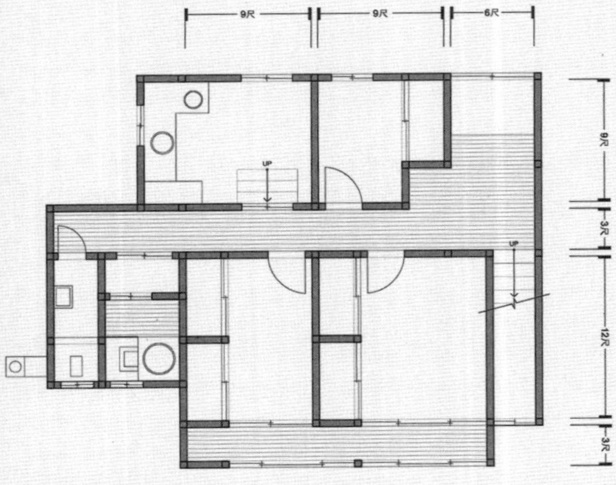

관사 1층 추정 평면도

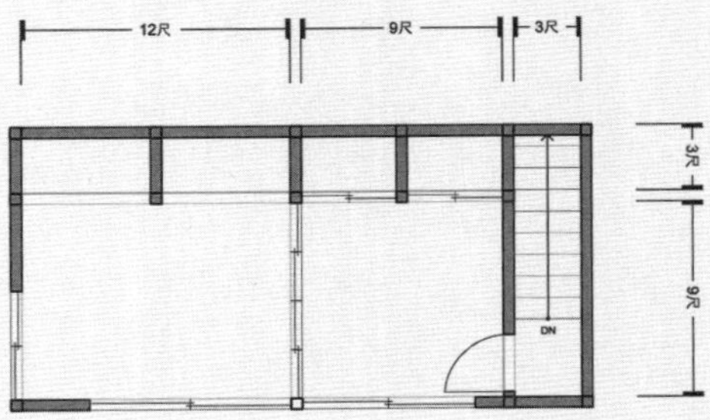

관사 2층 추정 평면도

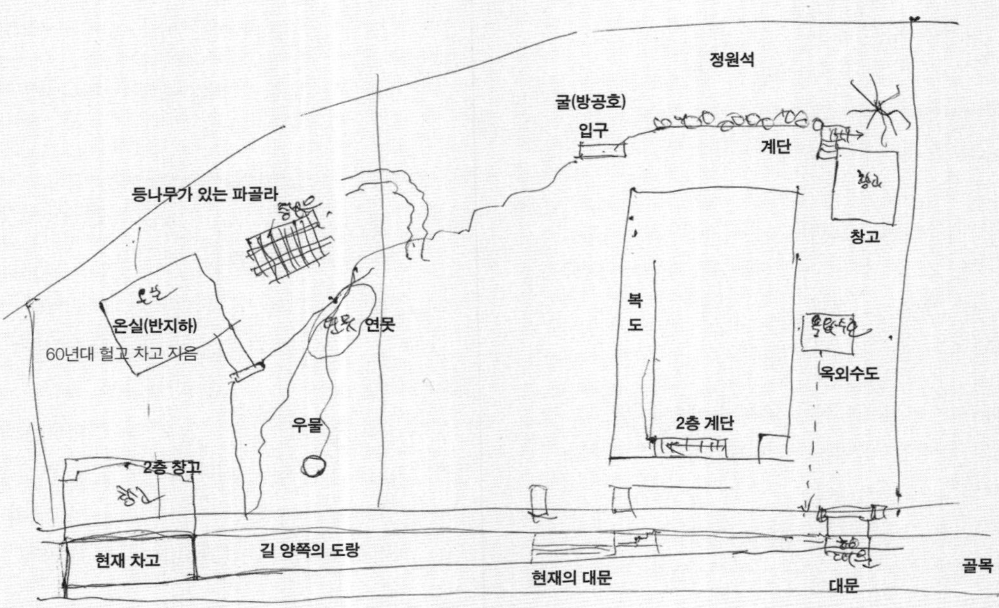

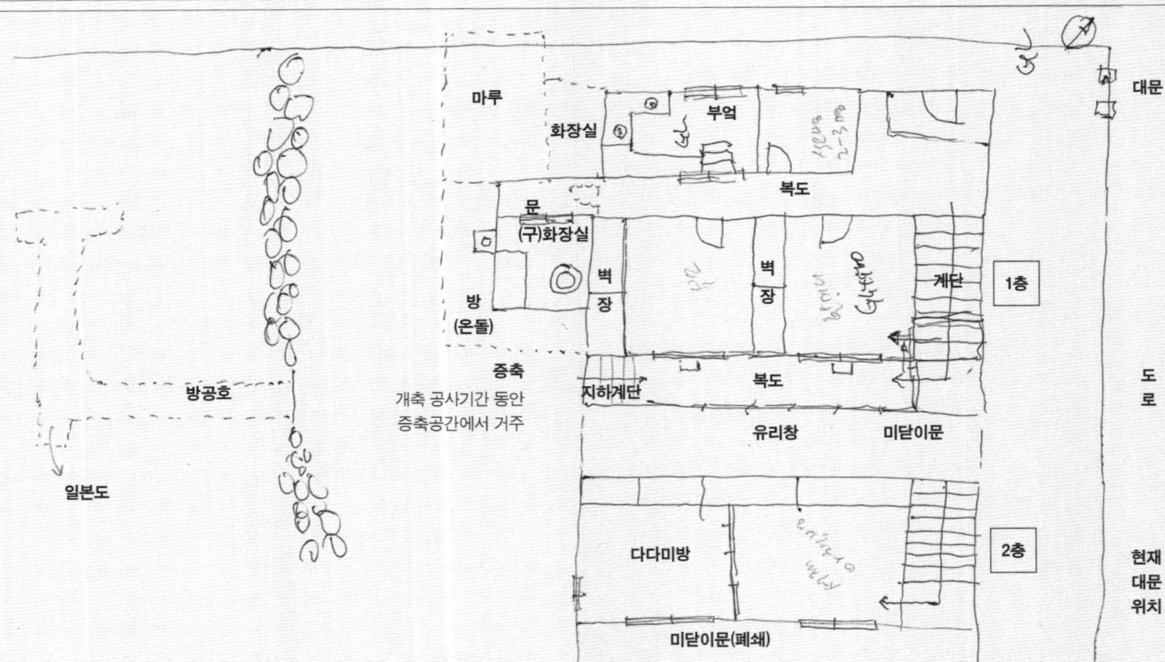

라제건이 그린 1·2층 평면도와 배치도

» **2층 거주공간**

2층은 통창이 아니고 바닥에서 40cm 정도 떠 있었던 것 같아요. 유리창으로 돼 있었고요. 반면 아래층 창은 완전히 바닥까지 통창이었죠. 2층은 전부 다다미방이었어요. 난방도 안 돼 있으니까 석유난로를 겨울에 하나 피웠죠. 그래서 어머니가 난로 위 주전자에 귤껍질 같은 걸 넣고 차를 끓이시곤 했어요. 라제건

» **자택 내부 자재**

집안의 벽 마감은 회칠로 돼 있었는지 튼튼하지는 않았어요. 두께가 5㎜ 정도여서 손으로 떼어도 떨어지는 재질이었어요. 대나무 같은 데다가 노끈을 엮은 그런 재료 양쪽에 회칠을 한 방식이었죠. 그러니까 방 벽이 얇죠.

5~6월 즈음 흐린 날에는 기둥에서 날개 달린 개미들이 나온 적이 몇 번 있었어요. 2층 올라가는 곳이 다 나무기둥이었는데, 거기에 가득 날개 달린 개미가 붙어 있으니까 놀랐었죠. 보통 때는 안 나오다 날씨가 이상한 날에 나왔어요. 라제건

» **화장실**

화장실은 고치기 전에 틀림없이 수세식이 아니었는데, 옛날 화장실을 쓴 기억은 없어요. 제가 어리던 1차 증축할 때 아버지가 수세식 변기를 포함한 욕실을 지으셨죠. 그래도 주물로 만들어 밖에서 불을 때던 일본식 욕조는 기억이 납니다. 라제건

» **부엌**

부엌의 아궁이는 난방을 위한 것이 아니라 음식 조리를 위한 아궁이였어요. 부엌은 한옥처럼 훅 내려가서 신발 신고 들어가는 곳이었죠. 라제건

» **각 방의 용도와 주요 거주인들**

부모님은 부엌에서 마주 보는 방을 쓰셨고, 할머니는 그 방의 왼쪽 방을 쓰셨고, 저희는 할머니 방에 가서 자기도 했죠. 2층에는 아버지 서재가 있어서 서류가 잔뜩 있었고, 저녁이 되면 제가 2층에 많이 갔어요. 왜냐면 거기 석유난로가 있고 차도 한잔 먹을 수 있었으니까, 거의 거실처럼 사용했어요. 부엌 옆 방은 요즘 아파트의 문간방처럼 조그마한 곳으로 소도구들이 있었고, 실질적으로는 도와주시는 아주머니들이 거주하셨어요. 라제건

1950년대 후반~1960년대 초반 자택 전경 | 라제건 제공

» **옥외 수도**

대문에서 쭉 들어가면 옥외 수도가 있었어요. 그곳은 할머니께서 김장을 담그거나 메주콩을 씻거나 게장을 담그거나 하시는 용도로 사용하셨어요. 라제건

» **창고 겸 바깥 부엌, 온실**

옥외 수도 안쪽에는 아버님이 작은 창고를 지으셨어요. 창고 겸 바깥 부엌으로, 거기에 커다란 가마솥을 놓고 메주콩을 삶기도 하셨죠. 창고로 올라오는 계단이 있어서 계단을 올라가면 언덕 절개면을 지지하는 정원석들이 있었어요. 그 끝에는 방공호가 있었고요. 제가 어렸을 때는 마당 동남쪽이 언덕으로 돼 있었는데, 그곳에 아버님께서 반지하 온실을 설치하셨죠. 온실 옆 언덕에는 등나무가 올려져 있는 파골라가 있었고, 거기서 종종 파티도 하셨었어요. 등나무 아래쪽에는 연못이 있었고, 옆에는 언덕을 올라가는 길이 정원석으로 돼 있었어요. 1960년대 초 온실을 헐고 그 자리에 차고를 지으셨어요. 라제건

» **정원 주변 과실수**

나무에 대해서는 거의 기억이 없어요. 제가 한 네댓 살 무렵에 아버지께서 은행나무를 두 그루 심으셨는데, 하나는 현재 각당복지재단 쪽에 있었고 하나는 언덕 뒤쪽 편에 심었어요. 그 외에 뒤뜰에 감나무가 있었는데, 그건 일제시대부터 있었는지 아니면 아버지가 심었는지는 모르겠어요. 그것 외에 다른 나무는 없었어요. 라제건

» **담과 대문**

옛날 담은 전부 다 시멘트벽돌로 된 담이었어요. 담 위쪽이 삿갓처럼 올라가 있고, 대문은 나무였죠. 라제건

3.2 방공호와 우물

현재 자택에는 일제강점기 관사의 흔적인 방공호가 남아 있다. 방공호는 다른 신문로 관사에는 없는 특이점이라 할 수 있는데, 이는 부지가 언덕에 위치하였고, 경희궁 터와도 가까이 붙어 있었기 때문인 것으로 추정된다. 즉 일제강점기 때 관사를 조성하기 위해 언덕을 깎아 다지면서 절개된 서쪽에는 방공호를, 평평하게 다진 대지에는 관사를 짓고 남쪽으로는 마당과 연못정원 등을 조성한 것으로 보인다.[2] 1937년 11월 18일 일본칙령 제661호 방공법 조선시행령 이후 서울에도 여러 방공호가 지어졌다. 따라서 과거 이 부지의 관사가 1935년 무렵 지어졌으며,[3] 경희궁 터의 방공호가 1942년에 준공된 것을 볼 때 두 방공호는 비슷한 시기에 비슷한 목적으로 지어진 것으로 추정할 수 있다. 라제건의 구술에 따르면 방공호 안에는 비단으로 싸인 장검이

2. 서울특별시 종로구 문화공보과 편, 『경희궁지 종합정비계획』, 2018, 247쪽.
3. 김명숙, 『日帝時期 京城府 所在 總督府 官舍에 關한 硏究』, 서울대학교 건축학과 석사학위논문, 2004 참조.

현재의 방공호 내부

현재의 방공호 입구

있었다고 한다. 또한 다른 신문로 관사에 공통적으로 나타나는 우물도 2010년까지 존재하였다고 한다.

» **방공호**

집 뒤편의 방공호는 일제강점기 일본사람이 뚫어 놓은 거예요. 집마다 있는 것은 아니었을 거예요. 다른 집은 평지고 우리만 언덕에 위치하니까요. 방공호 벽면은 아주 노후된 화강석 같은 것으로 되어 있는데, 손으로 하면 슬슬 부서지지만, 곡괭이는 아무리 쪼아도 안 들어가요.

방공호 귀퉁이에 조금 꺾이면서 파진 곳이 있었어요. 거기에 비단에 싸인 일본도가 있어서 형이 그걸 소재로 글을 써서 전국 글짓기대회에서 상을 타기도 했어요.

저희 집과 저희 집 앞 아카시아나무(아까시나무) 있는 곳은 동네 아이들이 뛰어노는 곳이었어요. 술래잡기를 하는데 동네에 누가 새로 왔다고 하면 그 아이를 술래 시키고 모두 굴 속으로 들어가면 그 아이는 울면서 가곤 했어요. 라제건

» **우물**

지금 각당복지재단 자리에 굉장히 좋은 우물이 있었어요. 꽤 깊어서 펌프가 아니라 우물처럼 길어냈어요. 그래서 2010년 강당을 지을 때 그 물을 쓰려고 파이프를 연결해서 지하실에 물탱크를 설치했었어요. 그런데 지하실을 파 버리니까 우물물이 마르더라고요. 그래서 완전히 못 쓰게 됐어요. 그전에는 우물물로 마당에 물주고 밖에 길 청소하던 생각이 나요. 라제건

3.3 1차 개축과정

1차 개축을 위해 가족들이 임시로 거주할 수 있도록 서쪽에 방과 화장실을 추가로 증축한 후 그곳에서 생활하면서 천천히 기존 집을 고쳐 나갔다. 김옥라의 구술에 따르면 개축 도중 4·19 혁명 이후에는 남편인 라익진이 체신부 차관이 되는 바람에 '정부 돈을 쓴다'는 의심을 받을까 봐 1차 개축만 하고 그만두었다가, 몇 년 후에 다시 시작하였다고 한다. 또한 바로 옆 부지인 1-120번지를 구입해 동산을 깎아서 마당을 확장하였다. 김옥라 가족은 당시 이 동네에서 주로 활동하던 솜씨 좋은 건축가 '유 사장'에게 개축을 맡겼다. 유 사장은 당시 유행하던 현대적인 양옥으로 집을 개축하였다.

» **1차 개축 과정**

한꺼번에 많은 돈을 들일 수는 없으니까 조금씩 벽돌도 찍고 문고리도 사고 하면서 10년간 진행했어요. 4·19혁명이 나기 전 해에 집수리를 시작했는데, 그때 남편이 체신부 차관이 됐거든요. 4·19가 나니까 혹시나 무슨 정부 돈을 받아서 하는 게 아닌가 의심을 받을까 봐 그만뒀어요. 그래서 1966년부터 제대로 지었죠. 김옥라

1959년에 서양식 방과 화장실을 지었습니다. 1954년 봄에 이사를 오셨고, 그로부터 5년 정도 사시다가 화장실 쪽 일부를 증축하신 거죠. 옛날 나무집 옆에 콘크리트로 신식 집을 하나 만들어 붙였어요. 라제건

증축한 집으로 옮겨 살면서 옛날 집을 다 헐었죠. 1959년에 증축된 방이 지금 저희 어머니가 쓰시는 방이에요. 옛날 화장실을 헐어내서 방을 두 개 만들고, 복도 쪽에 출입문을 만들었어요. 한 6~7년 간격을 두고 두 번에 걸쳐 지었어요. 그렇지 않으면 어디 나가 살아야 하니까요. 라제건

» **1-120번지의 구입과 동산 개조**

1-42번지와 윗길 사이에 조그마한 삼각형 땅이 있었어요. 처음에는 1-42번지에서만 살았는데, 서울시에서 1-120번지와 그 옆에 붙은 삼각형 땅을 사라고 했어요. 거기는 커다란 아카시아가 있는 언덕이라 동네 아이들 놀이터였어요. 하지만 아버지는 삼각형 땅은 너무 좁고 언덕이어서 그대로 공원으로 만들어서 주민들이 이용하는 게 좋겠다고 생각하셨어요. 그래서 1957년에 1-42번의 언덕과 1-120번지 땅만 구입하셨어요. 라제건

우리는 집 앞 동산에 관심이 많아 남편이 일꾼을 전라도에서 고용해 공사를 시작했어요. 동산이 높아서 흙을 파내는데, 너무너무 많아서 몇십 트럭이 나갔어요. 그러느라 집수리는 생각도 못 했죠. 나중에야 집을 개축하려고 아이들 아버지가 조금씩 조금씩 한 10년간 준비를 했어요. 시멘트벽돌을 미리 찍어서 마당에 쌓아 놓고, 외국 출장 갔다 올 적에는 문고리 같은 부자재도 미리 사 오곤 했죠. 김옥라

» **차고**

온실이 있던 자리에는 온실을 헐고 차고를 2층으로 지었어요. 오랫동안 2층은 창고로, 1층은 차고로 쓰다가 재단 사무실로 개조해 2010년 재단 건물을 지을 때까지 사용했죠. 라제건

1차 개축 후 마당에서 라익진과 그의 어머니 | 김옥라 제공

개축을 위한 관사 철거 | 김옥라 제공

3.4 2010년 각당복지재단 건물 신축

라제건의 구술에 따르면 1950~1960년대 주민들은 이 지역이 경희궁 터라는 사실을 잘 몰랐다고 한다. 1980년대 서울고등학교가 이전하고, 경희궁이 재조명되면서 비로소 이 지역이 경희궁지에 들어간다는 사실을 알게 되었다. 경희궁 터 복원 작업이 시작되면서 신문로2가는 신축이나 증축을 하는 데 제약을 받았다. 라제건의 구술에 따르면 2차 개축 시기에 여기가 경희궁 터라는 사실이 주목되어 문화재청에서 건축 허가를 쉽게 내주지 않아 고생했다고 한다. 2006년에 단열과 창호 등 주택을 개·보수할 때는 외관 외에는 손을 댈 수 없었고, 2007년 말에 이르러서야 건축규제가 풀려 2010년에 각당복지재단 건물을 신축할 수 있었다. 이는 2008년 경희궁 주변 현황변경허용기준(문화재청고시 제2008-160호)이 세분화되면서 높이 기준이 일부 변경되는데, 그 이후에야 유구조사를 거쳐 차고와 창고를 헐고 재단 사무실을 신축할 수 있었다는 얘기이다.

『경향신문』 1977년 11월 7일자

「古宮(고궁)·官公署(관공서) 주변 韓屋(한옥)밀집지대 建築物(건축물) 높이 대폭 規制(규제)」

서울시는 7일 고궁 주변과 관공서 주변 한옥밀집지역 등에 대한 건축물의 높이를 대폭 규제키로 했다. 서울시는 이에 따라 1차로 중앙청 주변과 창덕궁 주변 일대에선 높이 10m 이상의 건물은 짓지 못하도록 건축물의 고도를 대폭 제한했다. 서울시는 이들 지역에 대한 건축물의 고도제한조치와 함께 덕수궁·경희궁·종묘·비원 주변과 종로구 계동·명륜동 등 우리 고유의 한옥이 밀집돼 있는 지역에 대한 현지조사와 측량이 끝나는 대로 그 지역 실정에 알맞게 고도제한조치를 취하기로 했다.

» **경희궁 터의 재조명과 건축제한**

여기가 궁터였다는 사실이 밝혀지면서 지금의 경희궁이 지어지고, 서울역사박물관이 지어졌죠. 당시에 저희 집도 문화재청으로부터 경희궁 터에 속한다는 내용의 공문을 받았어요. 이 동네는 유적지이니 건축물을 지으면 안 된다고. 어느 정도였냐면 성곡미술관이 장애인용 램프를 만들려고 했는데도 허가를 못 받았어요.

2007년 12월쯤 건축제한이 풀렸어요. 그래서 우리 집 길까지는 3층, 가운데 집들은 5층, 그 건너 집들은 7층, 이렇게 건축제한이 풀렸어요. 그때부터 건물이 많이 들어서기 시작했죠. 라제건

4

신문로의 거주민과 건축의 변화

신문로에서 태어나 현재까지 거주하고 있는 라제건은 신문로 주민들의 변화에 대해 자세히 설명해 주었다. 그의 구술에 따르면 1950년대 신문로2가는 중산층이 주로 거주하였고, 1960년대부터 본격적으로 신흥 자본가나 정·재계 인사들이 거주하기 시작하였다고 한다. 하지만 1970년대 후반부터 1980년대 초 강남이 발전하면서 신흥 자본가들은 강남으로 대거 이주하였고, 1960년대 지어진 노후한 주택이 있는 신문로2가에 입주하려는 자본가는 없었다. 따라서 1980년대 후반에는 주택 대신 대사관이나 기업이 신문로2가에 들어서기 시작하였다. 라제건은 1980년대

3차 외관 개·보수 이후 현재의 자택 전경

신문로 주민의 변화에 대해 서울고등학교의 이전과 경희궁의 재발견보다는 강남의 개발을 주요 원인으로 꼽았다.
시대에 따라 주민들이 바뀌기는 했지만, 그는 이동 전 서울특별시 부시장과 한덕수 국무총리 등 교류하던 이웃들이나 기억에 남는 동네 풍경에 대해 자세히 서술해 주었다. 특히 풍성전기 황규삼 사장의 자택은 동네 아이들이 '청와대'라고 부를 만큼 크고 좋은 집이었다고 한다.

4.1 거주민의 변화

1960년대 이전에 신문로2가에 살던 사람들 중에는 쌍용그룹의 김성곤과 삼부토건의 조정구 두 집이 가장 대지가 넓었고, 그 외에는 중산층이 많이 거주하였다. 하지만 1960년대 이르러 풍성전기 황규삼, 한일투금 배현규, SK 최종관, 동남갈포벽지 서병식과 같은 기업가들이 많이 유입되었다. 그러다 1970년대 강남이 개발되면서 주민들이 강남으로 이주하기 시작하였고, 1980년대에 이르면 1960년대에 살았던 주민들은 거의 남아 있지 않았다고 한다. 이후 신문로 집들은 거주보다는 대사관과 사무실 같은 기능으로 바뀌었다.

» **1960년대 이전 신문로 거주 주민의 특성**

1960년대 이전에 원래 여기 살던 사람들은 중산층 정도였던 걸로 기억해요. 지금 러시아 무역대표부가 들어와 있는 자리는 어느 학교 교장선생님이 살고 계셨고, 그 근처도 소위 보통사람들이 살았죠. 이 동네는 쌍용 김성곤 회장님이 살던, 지금 성곡미술관 자리가 제일 컸어요. 어렸을 때 그 집에도 자주 놀러 가고, 겨울에는 거기 언덕에서 눈썰매도 타고 놀았어요. 또 지금 축구회관 자리에 삼부토건의 조 회장님이 사셨는데, 거기도 집이 굉장히 컸어요. 그러니까 큰 집들은 쌍용과 삼부토건 두 분이 약간 토박이처럼 살고 있었고, 그러고 신흥부자 황 사장님이 들어왔고. 또 옆에 배 사장님이란 분까지 네 집이 그 골목을 차지하고 있었던 거죠. 라제건

» **1960년대 풍성전기 황규삼 자택**

1963년도께 1-103번지와 1-414번지가 한 필지로 아주 큰 집이었는데, 당시 거기에 처음으로 아주 현대식 집이 지어졌죠. 지붕을 파란 기와를 구워 올렸고 동파이프로 온돌을 했다고 해서 사람들이 그 집을 청와대라고 불렀어요. 주인이 황 씨인데, 소문에는 증권으로 돈을 굉장히 많이 벌었다고 동네에 회자가 됐었어요. 라제건

» **1970년대 주요 신문로 거주민**

1-109번지는 갈포벽지를 만드는 집이에요. 신문로 초입에는 서울대학병원의 정형외과 의사가 사셨고, 교육부 장관도 신문로에 사셨어요. 초입에서 우리 집 골목으로 올라오는 길에는 SK의 셋째 아드님이 살았어요. 김옥라

현재 러시아 무역대표부 뒤에 최 사장님, 한덕수 국무총리 장인이시던 분이 사셨어요. 한덕수 국무총리가 최 사장님 딸 과외를 해줬죠. 한덕수 국무총리는 사계절 출판사(현재 카페 에무) 밑에 사셨는데, 아버님은 평범한 분이었어요. 여기서 오래 살았죠.

이동 서울특별시 부시장 아버님이신 이호라는 분하고, 김성곤 회장님하고, 저희 아버님하고 아침 산책을 많이 하셨어요. 그러면 세 분이 키가 제각각이라 멀리서 보면 어른하고 애하고 같이 오는 것 같았어요. 라제건

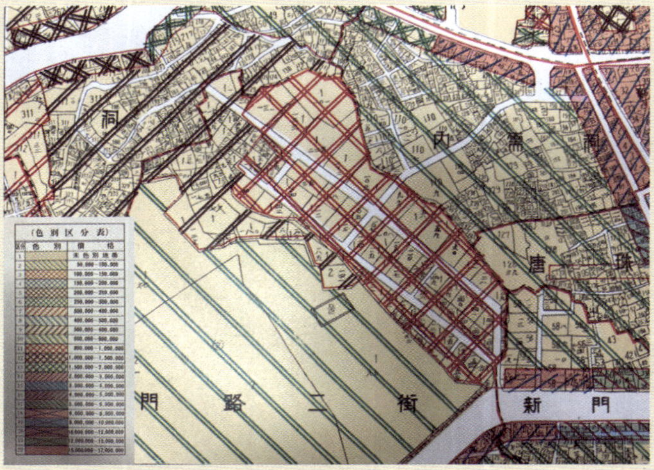

1981년 서울특별시(강북) 지가색별도 신문로 지역

「경향신문」 1983년 7월 12일 자

「도시 땅값 1년 새 12% 올랐다」

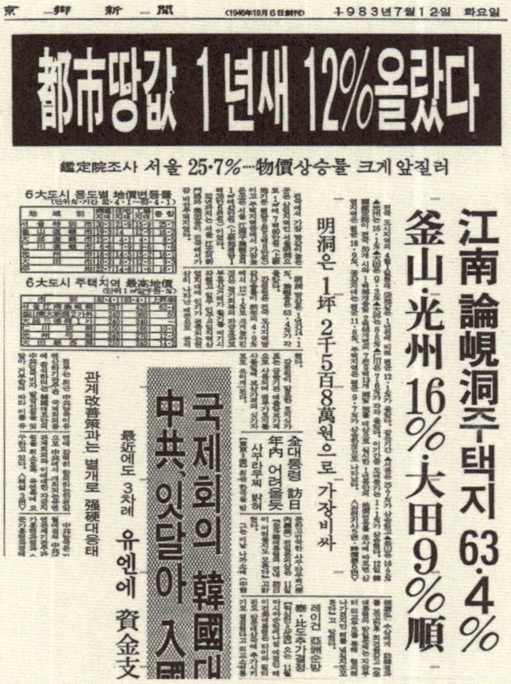

京鄕新聞 1983年7月12日 화요일

都市땅값 1년새 12%올랐다

鑑定院조사 서울 25·7%…物價상승률 크게 앞질러

江南 論峴洞주택지 63·4%

釜山·光州 16%·大田 9%順

明洞은 1坪 2千5百8萬원으로 가장 비싸

6대 도시 주택가로서 가장 비싼 곳은 서울의 논현동(학동공원 남측 주택지)으로 전년도의 ㎡당 25만 7000원에서 42만 원으로 63·4%의 상승을 보였다. 지금까지 주택지로서 최고가를 형성했던 곳은 종로구 신문로와 중구 장충동이었으나 올해부터는 단연 강남구 논현동이 최고가를 형성했다. 신문로와 장충동은 ㎡당 39만 원으로 조사됐다.

현재 러시아 무역대표부 자리에는 서 사장님(서상호)이 사셨는데, 굉장히 잘 지은 집이었어요. 서 사장님은 건축업에 종사하셨던 것 같아요. 그 집을 팔지 않고, 집을 부수고 연립주택처럼 지어서 무역대표부에 통세를 준 거죠. 저는 1970년대 서 사장님네 아들하고도 놀았고, 대각선의 파이롯트 사장집 딸하고도 놀았죠. 라제건

» **1980년대 강남 개발로 인한 주민의 변화**

결국 신문로 주민들은 1차 1960년대 후반, 2차, 이렇게 손들이 두 번씩 바뀌었죠. 현재에는 그 시절 주민들은 별로 남아 있지 않아요. 저는 주민들이 바뀌는 과정이 서울의 역사에서 굉장히 의미가 크다고 생각해요.

1950년대 여기 사는 사람들은 북촌에 사는 분들처럼 조선시대부터 이어온 부자는 아니었어요. 1950년대 이후 신흥 자본가라 할 수 있는 사람들이 신문로로 쭉 몰려들어 왔고, 1970년대 초에 딱 멈춰 버리죠. 그렇게 손이 한 번씩 바뀌고, 그다음에 삼청동 그리고 평창동 순으로 고급 주택들이 이어졌죠.

1970년대 강남이 개발되면서 여기 있는 분들이 그쪽으로 빠져나가기 시작했어요. 1960년대 밀물처럼 들어오던 주민들이 빠져나가는 기간은 그리 길지 않았던 것 같아요, 그리고 그 이후부터 주택의 용도가 하나씩 바뀌기 시작한 거죠. 끝까지 남은 집이 저희와 이동 총장님 댁이었습니다.

신문로보다는 삼청동이 훨씬 규모가 크고, 삼청동보다는 면적으론 평창동이 훨씬 규모가 크고, 장충동은 조금 작죠. 이곳들이 현대식 주택들이 자리를 잡는 하나의 축이라고 생각해요. 또 반포아파트에서부터 강남으로 아파트촌들이 생겨가는 현상이 1973~1974년부터 시작해서 1980년대 사이에 다 이루어진 거예요.

1968년 주택복권 광고 문구가 '주택복권 당첨되면 집 한 채'였어요. 그 당시 100만 원이면 집을 살 수 있었던 거죠. 그런데 그때 저희 집 가격이 1억이라고 했어요. 여기 집 한 채 가격이 주택 100채를 살 수 있는 것이었어요. 집이 시대에 따라서 가치가 바뀌어 나가는 거죠. 1980년대 중반 정도 되면 1960년대 말에 지어진, 20년 된 집에 들어오려고 하는 부자는 별로 없었던 것 같아요. 그러면서 빠져나간 집들은 주택으로 이어지지 않고, 주로 대사관이나 상점가로 바뀌었죠. 라제건

이와 같은 사실은 1981년 서울시 지가를 정리한 도판이나 신문 기사에서 확인할 수 있는데, 1981년 서울시 신문로의 평당 땅값은 80만 원에서 100만 원으로, ㎡로 환산하면 26만~33만 원으로 1983년 기사와 유사한 금액임을 알 수 있다. 라제건의 구술처럼 서울시의 최고가 주택지를 자랑하던 신문로는 강남의 개발로 1983년 그 위세를 논현동에 내어주게 되었다.

4.2 주택 양식의 변화

김옥라 가족의 집을 개축한 유 사장은 1950~1960년대 신문로2가의 주택 신축을 주도한 건축가로, 신문로2가의 주택 개축을 많이 맡아 당시 동네의 집들이 거의 비슷비슷해졌다고 한다. 구술에 따르면, 유 사장은 일본의 대학에서 건축을 전공한 유학파로, 사위 유규성 또한 한양대학교 건축학과를 나와 건축업에 종사하였다. 유 사장은 자신의 전담팀을 갖고 있었으며, 자신만의 독특한 방식을 고수하였다고 한다. 이로 인해 1차 신축 당시 저렴한 가격에 집을 지으려는 라익진과 갈등을 빚기도 하였으며, 동남갈포벽지 서병식의 자택(1-109번지)을 신축할 때도 수정이 많아 완공까지 3년이나 걸렸다고 한다. 1970년대에 이르러 주택의 용도가 바뀌기 시작하면서 임대를 위한 연립주택 같은 건축양식이 동네에 많이 지어졌다.

» **건축가 유 사장**

건축하는 이가 유 씨라고 해. 우리는 그냥 유 사장이라 불렀어요. 이 집 전에 우리 집을 지었어요. 그때 그이가 이런 식으로 집을 지어서 이 동네의 집들이 많이 똑같아졌죠. 한 집이 집을 고치니까 좋거든? 그러니까 딴 집에서 우리 집도 하라고 해서 다들 그렇게들 많이 지었죠. 건축 스타일이 아주 독특했어요. 김옥라

유 사장은 당시 자기의 직할 팀을 가지고 있었어요. 목수·배관·석공·미장·전기공사 팀 등 적어도 다섯 가지 정도의 기능공을 데리고 있었는데, 굉장히 우수했어요. 그래서 지금 저희 집을 수리할 엄두를 못 내요. 요즘 미장공들이 "도대체 이걸 어떻게 한 거야?"라고 물을 정도로 튼튼하게 지었어요. 라제건

» **유 사장이 지은 신문로2가 주택**

유 사장만의 건축 방식이 있었어요. 제일 원형이 남아 있는 집이 아이디얼미싱집이었던, 일조각 바로 밑의 음식점 만석장이에요. 그 집은 외형을 고치지 않았어요. 라제건

처음 우리 집은 유 사장님이 지었어요. 이 동네 집을 다 그분이 지어서 비슷한 집이 많아요. 길 건너에 김성곤 회장의 따님이 사는데, 그 집과 비슷하게 우리 집을 지었어요.

유 사장님은 일본에서 건축과를 나오신 분인데, 굉장히 꼼꼼하시고 아주 착실하셨어요. 우리보다 나이가 훨씬 많았어요. 작품을 만든다고, 저녁에 와 보면 일꾼들이 삐뚤게 해 놓았다고 온종일 지은 집을 다시 헐어요. 그래서 3년 만에 집 짓고 이사했어요. 우리뿐만 아니라 동네 집도 다 그렇게 했어요. 지금 사는 집을 짓기 전에 수리를 한 적이 있었는데, 그때 유 사장의 아들이 와서 해줬어요. 아들도 한양대학교 건축과를 나왔어요. 임원옥

우리 집을 지은 사람은 유 씨 할아버지인데, 이 동네를 다 지었어요. 내가 만났을 때는 이미 나이를 많이 먹었었어요. 집을 야무지게 지어요. 너무 야물게 해서 보름이면 깨는 것을 한 달 걸리고, 집 하나는 단단하게 지었어요. 그 시대에 양심적으로 지으신 분이죠. 김의정(김성곤의 차녀)

» **유 사장의 건축양식**

유 사장은 슬래브를 꼭 두 단으로 했어요. 그리고 2층 베란다는 콘크리트로 해서 노란색을 칠했어요. 또 나무를 버섯기둥처럼 조각하는데, 너무 비싸니까 아버님이 못 한다고 하시고 일본 출장을 가셨어요. 그랬더니 다음 날 유 사장 팀들이 딴 것은 다 치워 버리고 조각만 하는 거예요. 아버님이 열흘 만에 돌아오시니까 공사 진행된 것은 그거밖에 없죠. 아버님은 이 비싼 것을 왜 해야 하느냐고 따졌는데, 그 양반은 집이 자기 작품인 거죠.

지금도 2층 거실에는 유 사장의 흔적이 남아 있어요. 2층 올라가는 계단이 느티나무 통나무로 돼 있는데, 그것도 유 사장이 만들었어요. 여기 원래는 동으로 주물을 떠서 직사각형 모양으로 해 가지고 나무 끝 마구리를 다 박았거든요. 그런데 저희 아버님은 돈이 없잖아요. 그래서 동판을 넓게 따서 사각형이 되도록 이렇게 접어서 볼트로 고정시켰어요. 그런 식으로 타협한 흔적들이 있죠. 라제건

파이프를 보면 벽돌 안에 녹이 안 나게 하려고 빨간 칠을 해 놨어요. 우리는 이미 지어 놓은 집에 들어갔는데, 수리하려고 보니까 너무 단단하게 지어 놓아서 벽을 못 깨고 간 사람도 있었어요. 김의정

1960년대는 거의 대부분 평지붕이죠. 황 사장네 집만 'ㅅ'자 지붕이었는데, 2층 집에 짙은 초록색 기와가 지붕에 얹어져 있는 그런 집이었어요. 지금도 이 동네에 돌을 쪼아 붙여 놓은 형태의 집이 두 집 정도가 남아 있어요. 저희 집 현관 벽이랑 만석장(식당)도 통돌을 깎은 벽이 남아 있죠. 라제건

» **1960년대 신문로2가 주택양식**

1960년대 동네는 집 구조도 다 비슷하고, 생긴 것도 다 비슷하고, 재료들도 다 비슷하고, 마감도 다 비슷했어요. 그게 1960년대 후반의 모델들이라 할 수 있죠. 배 사장네, 한독약품 그 집도 그때 지어졌고, 아이디얼미싱집, 갈포벽지 집도 그맘때 지어졌어요. 라제건

» **1970년대 이후 신문로2가 주택양식**

유 사장의 건축양식은 1970년대부터는 끝이라고 봐야죠. 그다음부터는 손이 넘어가죠. 옛날 서울고등학교와 담장을 맞댔던 곳의 조그만 집들이나 돈의문박물관에 있었던 집들, 아산정책연구원 뒤에 있는 집들이 1970년대 후반부터 1980년대 초반의 이 동네 스타일인 것 같아요. 연립주택 같은 스타일이죠. 라제건

유 사장 건축 디테일의 흔적

골목은 일제시대 때와 거의 비슷할 거예요. 반면 축구회관 쪽 여러 골목길은 다 없어졌죠. 거기는 옛날에 정원미용실이 있었는데, 길이 복잡했거든요. 지금 스페이스본이 들어오면서 구불구불한 골목과 언덕길을 많이 메웠어요.
대신 아산정책연구원 뒤쪽으로 올라가면 그 구불구불한 골목길이 아직도 남아 있어요. 라제건

5

신문로의 풍경과 생활

5.1 신문로 풍경

김옥라의 구술에 따르면 신문로는 아까시나무가 많은 조용한 주택가였다. 서울고등학교 주변에도 아까시나무가 많았지만, 자택 앞에도 큰 아까시나무가 1980년대 초반까지 있었다고 한다. 일제강점기 경희궁의 방공호를 가리고 궁의 기를 차단하기 위해 많이 심었다고 알려진 아까시나무는 1994년 경희궁 복원공사를 시작하면서 대부분 벌목하였다. 라제건은 어릴 적 대문과 골목 사이에는 작은 도랑이 있어 콘크리트로 된 작은 다리가 있어 넘어 다녔다고 한다. 이것은 1960년대에 길 포장을 하며 덮였고, 골목에는 일제강점기 관사의 흔적으로 견치석으로 쌓은 담장이 줄지어 있었다. 현재에는 음식점 안성또순이 옆과 성곡미술관 전면부에 견치석 담장의 흔적이 일부 남아 있다.

» **신문로 골목과 도랑**

길 양쪽에 작은 도랑이 있었어요. 작은 폭으로. 각 집 입구는 거기다 콘크리트판을 얹어 가지고, 다리를 통해서 다녔어요. 도랑은 장마철 폭우도 감당할 수 있는 우수용 배수로였는데, 오수와 구분되어 있지는 않았어요. 그때 하수관이 따로 있었을 것 같지는 않은데, 열려 있던 걸로 기억을 해요. 물이 그렇게 깨끗하지는 않았어요. 물이 흐르는 데가 아니죠. 그냥 드라이죠. 라제건

» **일제시대 관사의 흔적(견치석)**

성곡미술관의 한쪽 벽이 옛날 벽인데, 견치석을 그대로 남겨뒀어요. 그 위에 담이 있었죠. 저희 집도 저희 뒷벽이 아직도 견치석이에요. 일본에 가면 이런 양식이 많이 보이는데, 이건 일제시대 흔적이라 할 수 있죠. 라제건

» **아까시나무**

아카시아나무가 많이 있었어요. 우리 집에서 보면 아카시아나무만 위에 많이 있고, 올라가서 보면 서울고등학교 운동장과 숲이 있고 그랬어요. 우리 집 앞 공터에도 아카시아나무가 크게 있었어요. 김옥라

우리 집 앞에는 거대한 아카시아가 이렇게 언덕배기에 있었어요. 어느 날 봤더니 톱으로 슬금슬금 베고 아주 좁은 3층 집이 지어졌어요. 동네 아이들의 놀이터가 없어진 거죠. 그 집은 아직 그대로 있어요. 라제건

» **전차와 학생들**

지금 역사박물관 앞에 내가 걸스카우트 활동을 하고 올 때면 (서울고 학생들이) 버스 기다리느라 새까맣게 차를 기다리고 서 있는 모습을 많이 봤어요. 김옥라

5.2 생필품 구입 등

김옥라는 1960~1970년대는 금천교시장과 남대문시장을 주로 이용하였다고 구술하였다. 특히 금천교시장은 신문로 주민들이

자주 이용하였고, 식재료뿐만 아니라 시어머니의 의복을 살 때도 이용하였다고 한다. 라제건은 어릴 적 바라본 신문로의 재미있는 생활의 일화에 대해 단편적으로 이야기해 주었는데, 샬롬장로교회 앞에 구멍가게가 있었다는 것도 그중 하나다. 또 당시 신문로 근처에는 제대로 된 상점이 없어 생활편의를 지원하는 굴뚝 청소하는 사람, 숯 장수, 유기 닦는 장수 등과 미제 아줌마, 찹쌀떡 장수 등 많은 종류의 행상이 다녔다고 한다. 1960~1970년대 신문로 주변의 뉴욕제과라는 빵집은 갓 구운 식빵과 우유를 배달해 주었다는 얘기도 들려줬다.

» **금천교시장**

퇴근길에 금천교시장에 들러서 장을 많이 봤어요. 자동차 있는 사람들은 남대문시장을 이용하기도 했죠. 금천교시장에는 웬만한 건 다 있었어요. 지금은 작아졌지만 그때는 조금 더 컸어요. 우리 아들들도 시어머니 따라서 금천교시장 가서 장을 보기도 했죠. 거기에는 떡볶이 가게도 있었고, 과일 가게도 있었고, 조그만 실 같은 것을 파는 잡화상도 있었어요. 김옥라

축구회관 근처가 예전에는 굉장히 복잡했죠. 거기서 길 건너면 세종로 성당 있었고, 그 옆 골목으로 가면 배화여고가 있었고, 그 길을 건너가면 금천교시장이 있었어요. 아마 동네 사람들이 장 보러 그 길로 자주 다녔을 거예요. 라제건

» **남대문시장**

추석이나 아이들 생일 같은 날이면 남대문시장에 갔어요. 거기 가면 지게꾼이 쭉 있어요. 그럼 장을 다 보면 지게꾼에게 가서 이걸 좀 짊어져 달라고 하면 지게꾼이 내가 장 본 것을 옮겨줘요. 나도 걸어서 오고요. 중요한 손님이 오면 남편에게 차를 빌려서 차로 이동했어요. 김옥라

» **동네의 가게**

어릴 때 샬롬장로교회 앞에 조그만 구멍가게가 있었어요. 언덕 편에 조그맣게 있는데, 딱지도 팔고 구슬도 팔고 껌도 팔았어요. 약간의 문방구 비슷했어요. 초등학교 3학년 때까지는 아이스케키 장수도 있었어요. 그때 이 동네에 가게가 별로 없었어요. 라제건

» **동네 행상**

동네에 "찹쌀떡 사려~ 찹쌀떡 사려~" 하고 외치면서 찹쌀떡 장수가 지나다녔어요. 그래서 우리가 찹쌀떡 사서 먹기도 했어요.

트럭에 두부와 채소를 싣고 와서 팔았어요. 한 1980년, 1990년대까지 그런 트럭이 왔었어요. 김옥라

» **굴뚝 청소부, 숯 장수**

어릴 때는 지금처럼 쇼핑하러 돌아다니는 게 아니라 집에 오는 경우가 많았어요. 굴뚝 청소하는 사람도 있었어요. 징을 치면서 동네를 돌아다녔어요. 끝 부분에 솔 같은 게 달린 대를 어깨에 메고 다녔죠. 또 숯 장수도 있었어요. 주로 할머니께서 사셨는데, 싸리를 엮은 둥그런 통에 참나무 숯이 채워져 있었죠. 할머니가 숯 장수를 못 믿으셔서 꼭 숯통을 열어봤어요. 그러면 가운데는 참숯이 아니라 잡나무 숯인 거예요. 숯 장수에게 뭐라 하시면 그 사람은 어쩔 수 없다고 하고 그랬죠. 1960년대 초까지 계속 되었던 것 같아요. 라제건

» **놋그릇 닦는 사람**

가을이 되면 꼭 놋그릇 닦는 사람이 리어카를 끌고 동네를 돌았어요. 9월 정도 되면 할머니께서 놋그릇을 오시레에서 꺼내 그 사람에게 맡겼어요. 리어카에는 솔이 있는 모터가 조그맣게 매달려 있어서, 거기에 광약을 발라 온종일 "왱왱" 하면서 놋그릇을 닦아요. 닦은 그릇들은 겨울에 쓰고 봄이 되면 다시 오시레 안으로 들여놓죠. 놋그릇 닦는 장수는 정기적으로 왔었어요. 라제건

» **굴비·젓갈 장수**

굴비 파는 사람이 늘 있었어요. 젓갈은 김장철에 매년 사셨고, 할머니께서 굴비를 좋아하셔서 단골이 있었죠. 굴비 장수가 찾아오면, 할머니께서는 꼭 타박 한 번 하시고 나서야 사세요. 라제건

» **미제 아줌마**

미제 아줌마도 있었죠. 항상 물건을 보자기로 싸서 이 동네에도 많이 다니셨죠. 제일 좋았던 것 중에는 코코아가루 그리고 허쉬, 그거 있으면 할머니께 사 달라고 졸랐어요. 라제건

» **우유 배달**

우유도 따듯하게 해서 배달해 줬어요. 사이다병 같은 파란 병에 우유를 담아서 코르크 마개로 막아 아침에 대문 밑에다 넣어 줬어요. 설탕을 넣어서 달달하고 따뜻했어요. 라제건

» **뉴욕제과의 식빵 배달**

1950년대 중·후반 포시즌호텔 전에 금강제화가 있던 자리에 뉴욕제과가 있었어요. 거기서 식빵을 배달해 줬어요. 뉴욕제과의 하늘색 유니폼을 입은 여자 점원이 오후가 되면 식빵을 구워서 집에 갖다 줬어요. 저희 집에 와서 받을 때까지 따끈따끈했죠. 라제건

» **의복 마련**

아들들은 교복 입히고, 남편은 정장 입고, 나는 양장점에 가서 맞춰 입기도 했었어요. 명동에 있는 양장점에서 까만 원피스를 해 입은 생각도 나요. 시어머니는 한복을 입으시니까, 금천교시장의 한복 하는 집에도 어머님 생신이면 치마저고리 해서 드렸죠. 김옥라

우리 집만 1990년대까지 옛날 관사형태 그대로 있었어요.

집이 엄청 추우니까 마루에 물을 갖다 놓으면 밤새 얼어요.

남편은 신문로를 자기 고향처럼 생각하니까 여기서 살고 싶어 하더라고요.

신문로 골목은 일본 관리들 중 과장급이 살던 관사 길이었거든요.

우리 남편은 신문로에서 청와대까지 자전거를 타고 다녔어요

우리 집도 경희궁 안에 들어가요. 여기가 왕자가 태어난 자리라고 했거든요.

정원에는 일본식 탑이 있었어요.

대문에서 현관까지 은행나무 네 그루가 줄지어 있었어요.

강남이 개발되면서 사람들이 하나둘씩 떠나가고,

우리 집만 그 옛날 모습대로인 채 우리가 사는 거죠.

당시 건물세가 2만 얼마였어요. 건물이 형편없으니까.

동네에는 친구들이 많이 없었어요. 그래서 저는 딴 데서 놀았어요

이동 일가

신문로2가 1-105번지

신문로2가 1-105번지에 거주한 故이동 일가는 신문로와 인연이 깊다. 이동의 부친 이호는 법무부 장관과 내무부 장관 등을 역임한 인물로, 1956년에 이 집을 구입하여 자녀들을 양육하였다. 그의 장남 이동은 대통령비서실 행정관과 서울특별시 부시장을 지낸 인물로, 그 역시 아버지로부터 신문로 자택을 물려받아 이곳에서 자녀들을 성장시켰다. 잠시 연로한 부모님의 간호를 위해 이곳을 떠나 살기도 하였지만, 이동에게 신문로는 고향과 같은 곳이었다. 이곳에서 이동 일가는 두 세대를 이어 자녀들을 기르며 총 50여 년을 보냈다. 주변에 우후죽순처럼

고급 양옥이 들어서며 변해갔지만, 이동 가족은 1990년대 중반까지 일제강점기의 관사에서 그대로 생활하였다. 불편을 감수하고 오랜 세월 관사에 거주한 일가족 덕택에 현재는 사라진 일제강점기 전매청 관사의 모습을 본 조사에서 파악할 수 있었다.

이동의 부인 김신나와 차남 이창이 구술 인터뷰에 참여하였다. 김신나는 초대 국립중앙박물관장인 김재원(1909~1990)의 차녀로, 어린 시절 예장동 일본식 관사에서 성장한 덕택에 신문로 전매청 관사의 공간 경험을 정확히 기억하고 있었다. 그는 신문로 거주 당시 서울특별시 동부병원의 소아과 과장으로 재직하면서, '현대화'와는 거기가 먼 관사 생활을 이어가며 자녀를 양육하였다. 김신나의 차남 이창은 1975년생으로, 고려병원(현 강북삼성병원)에서 태어나 신문로2가에서 유소년기를 보냈다. 오래전 젊은 새댁이 겪은 생활의 고충과 어린아이의 눈으로 바라본 신문로2가의 모습 그리고 1980~1990년대에는 경험하기 어려운 일본식 옛날 목조 관사의 생활을 그들의 이야기를 통해 생생히 기록할 수 있었다.

주요 거주자

이름	생몰연도	가족관계	거주 시기	직업
이호	1914~1997	이동의 부친	1956~1970년대 초반	법무부 장관, 내무부 장관
이동	1941~2018	본인	1956~1967(1차) 1975~1993(2차) 2002~2011(3차)	대통령비서실 행정관 서울특별시 부시장 서울시립대학교 총장
김신나 (구술자)	1943~	부인	1975~1993(1차) 2002~2011(2차)	동부서울시립병원 소아과 과장
이승	1971~	장남	1975~1993	미국 구글 연구원
이창 (구술자)	1975~	차남	1975~1993	서울연구원 연구위원
이향	1978~	장녀	1978~1993	건축가

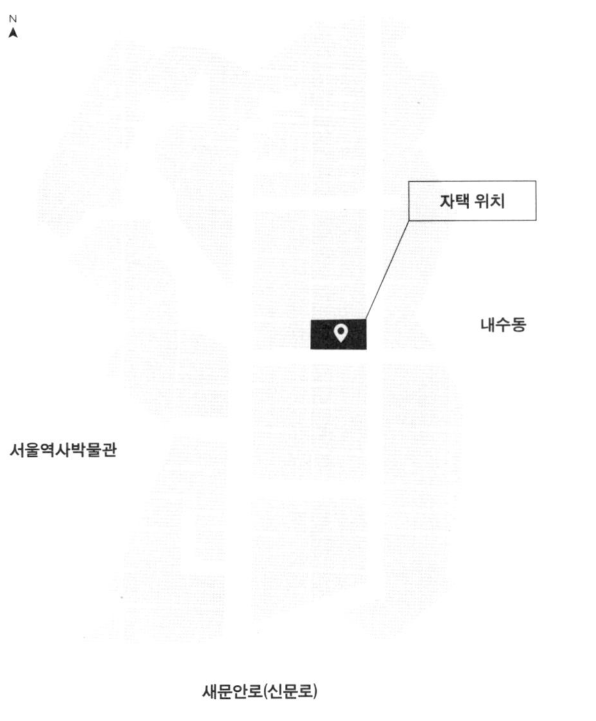

1 신문로 정착

1.1 정착시기와 배경

영천 갑부로 유명한 이인석李璘錫은 해방 이후 토지개혁과 대구 10·1사건으로 영천의 생활기반을 잃고 신문로와 인접한 사직동 181번지로 이사했다.[1] 이인석에게는 이활·이홍·이택·이호 등 4명의 아들이 있었고, 그중 고려중앙학원 이사장을 지낸 이활이 부모님과 함께 거주하였다.

돈암동에 거주하던 이호가 신문로로 이주하게 된 배경은 부모님 댁과 가까운 곳으로 이주한 것으로 보인다. 당시 법무부 장관이었던 이호는 1956년 신문로 관사를 불하받았고, 6남매 자녀 모두 신문로에서 성장시킨 후에 1970년대 초반 관사를 떠났다.

이후 이호의 장남 이동은 미국 유학 후 잠시 연희동에서 거주하다 1975년 비어 있던 신문로 관사로 아내 김신나와 장남을 데리고 들어왔다. 1993년 노후한 관사에서 더 이상 살기 어려워지자 가옥을 떠나 양친이 거주하는 연희동으로 이주하였다. 부지는 주식회사 진도에 매매되었고, 현재의 신문로 빌라가 세워졌다. 2002년 어머니가 작고한 후 이동은 다시 신문로로 이주해 신문로 빌라에서 2011년까지 거주하였다. 두 세대를 이어가며 자녀들을 성장시킨 이동 일가에게 신문로2가 1-105번지는 뜻깊은 장소였다.

» **이호의 아버지**

> 우리 시할아버님이 해방 이후에 지금의 스페이스본 뒤쪽의 한옥으로 이사를 오셨어요. 사직단 바로 맞은편에 있는 꽤 큰 집이었던 것 같아요. 거기서 시할머님이 돌아가셨다고 들었어요. 김신나

» **이호의 거주배경**

> 원래 신문로에는 일제시대에 일본 관리들이 살았어요. 할아버지(이호)께서는 그 당시 돈암동에서 사시다가 공직을 맡으시면서 신문로에 들어오게 되고, 불하받으신 것으로 알고 있어요. 이창

» **이호의 가족들**

> 두 내외와 아버지 형제들도 같이 사신 거죠. 아버지 형제들이 많아요. 막내 삼촌하고는 열일곱 살 차이가 나요. 그러니까 제가 볼 때는 할아버지 할머니께서 아버지 밑의 삼촌들하고 1974년 바로 이전까지 사신 거 같아요. 이창

1. 한국사데이터베이스 - 근현대인물자료, 청현문화재단, 『우리가 이래서 사는가 보다』, 2015.

서사토 제 호
단기 4288년 5월 12일

서울사세청

이호 귀하

구관사 처분에 수반한 4288년도 화재보험 가입의 건
좌기 재산에 대한 수제의 건 매매 계약서 제2조의 규정
에 의한 화재보험에 가업하고져 내(1~5차)
하오 5시 한 화재보험 가입금 23,751환정을 지참하시
고 당청 세무국 토지수득세과로 출두하시압

서울특별시 종로구 신문로2가 1-105번지
대지 237평 1동, 지상물 39평 1동

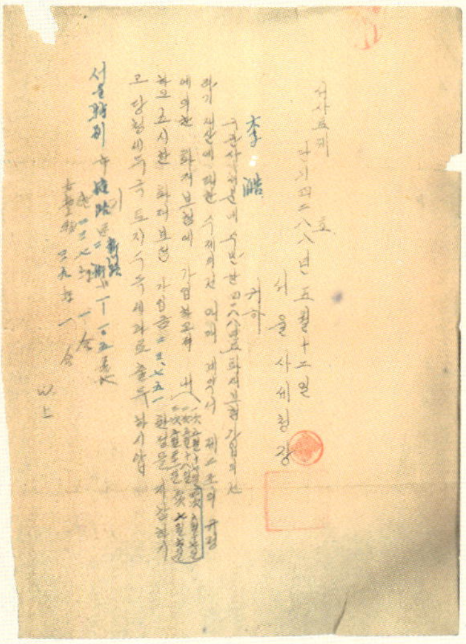

1955년 구 관사 처분 관련 화재보험 가입 문서 | 김신나 제공

» **이동의 신문로 거주와 가족들**

나는 미국에서 1974년 12월에 왔어요. 처음에는 신문로가 아니라 연희동으로 들어왔어요. 왜냐면 우리 시어머니가 신문로 집을 비워 두고 연희동에 2층 양옥의 새집으로 가셨거든요. 거기서 몇 달 있다가 1975년 4월에 신문로로 들어와 1993년 연희동으로 이사 갈 때까지 살았지요. 2002년에 우리 시어머니가 돌아가시고 비워 뒀던 빌라로 다시 왔어요. 그리고 9년을 더 살고 2011년에 거길 떠났어요.

미국에서 큰아이가 1971년에 태어나서 함께 한국으로 들어왔어요. 1975년에 둘째 창이가 신문로 고려병원에서 태어났고, 1978년에 우리 딸도 고려병원에서 태어났어요. 그리고 내가 1983년인가 1984년인가부터 일을(서울동부시립병원) 시작했어요. 김신나

1.2 구입과정

김신나가 보관해 온 문서들을 살펴보면, 관사 구입에 관한 몇 가지 단서들을 확인할 수 있다. 토지대장상 신문로2가 1-105번지 토지의 소유권 이전은 1956년 이호로 되어 있으나, 그보다 이전에 관사 불하과정이 진행된 것으로 여겨진다. 단기 4288년(1955)에 이미 1-105번지에 거주하는 이호에게 관사 처분에 따라 화재보험에 가입하라는 공문이 발송되었고, 단기 4288~4289년 서울사세청에 관유물판매대를 여러 차례 납부한 영수증으로 미루어 보아, 단기 4288년에 불하가 확정되고 판매대금을 분할 납부한 후 최종 토지소유권 이전은 1956년에 완성된 것으로 판단된다.

구 관사매각준칙(재무부고시 제28호, 1952. 2. 28.) 12·13조에 따르면 매각대금은 일시불로 납부하는 것이 원칙이지만 재무부장관의 승인을 얻었을 때는 10년 이내의 기간을 정하여 분납할 수 있고, 매각 건물의 소유권 이전은 매각대금을 완료한 후에 할 수 있다. 이 조항에 근거해 보아도 이호는 1954년에 관사를 불하받고, 매각대금을 분납한 후 1956년에 소유권 이전을 마쳤을 것으로 판단된다. 소유권보존등기신청 문서에 적힌 날짜도 분납금을 완납한 이후인 1956년 11월 8일로 되어 있으며, 이 날짜는 토지대장에 나타난 등기일과 동일하다. 또한 1-42번지에 거주한 김옥라가 "대지면적 227평의 가옥을 1954년에 남편 라익진이 90만 원에 매매했다"라고 구술한 점으로 미루어 보아,

영수증서 세부내용

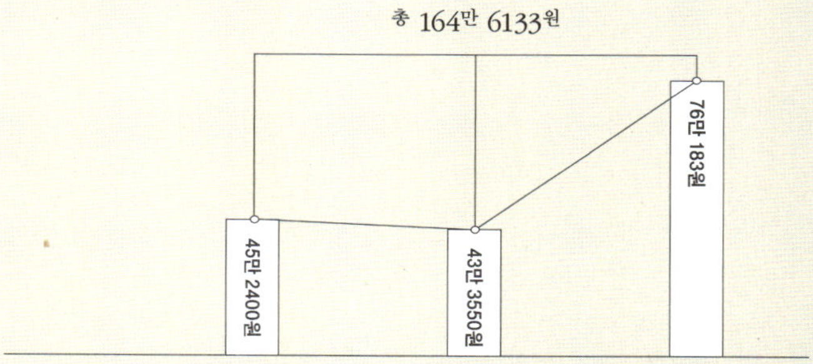

연도·일자 분기	4288년 9월 6일 2분기	4289년 9월 8일 ○분기	4289년 10월 31일 4·5분기
조세	관유물판매대(토지판매대, 건물판매대)		
납세자	신문로2가 1의 105, 이호		

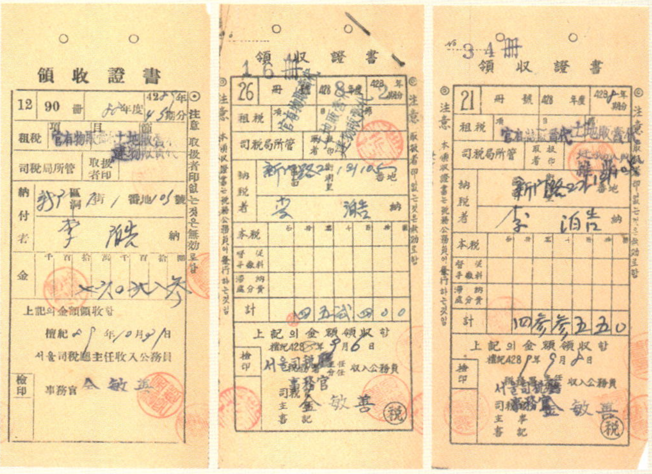

4288~4289년 영수증서 | 김신나 제공

1-42번지보다 상대적으로 평지에 위치한 1-105번지의 경우 그보다 비싼 가격인 164만 원에 매매되었다는 점이 이해된다.

『국민일보』 1993년 3월 19일 자

너무 清廉해 "별난 사람"

신임 서울市 지하철본부장 李棟씨

公私구분·소신… 公僕귀감

業者 안만나기·출장비반납등 逸話 유명

부친이 물려준 34평韓屋 퇴임후에 補修

「너무 청렴해 "별난 사람"
신임 서울시 지하철본부장 이동 씨」

…李 본부장은 신문로2가 1의 105번지 건평 34평의 낡은 한옥에서 생활하고 있다. 이 집은 법무부 장관과 대한적십자사 총재를 지낸 부친 이호 씨(89)로부터 물려받은 것으로, 주위에서는 보수나 재건축을 권유하고 있으나 이 본부장은 공직에서 물러난 이후 손보겠다며 그대로 사용하고 있다.

2

거주공간

이동의 다섯 식구는 아버지 이호로부터 물려받은 관사에서 거주하였다. 이호가 거주하던 시절에 차고와 보일러실, 동측 담 밑의 창고와 연결된 방 2개, 본채에 방 1개를 증축한 것 외에는 큰 개축 없이 사용하였다. 공직자는 청렴하고 소박하게 생활해야 한다는 신념을 지닌 이동은 고위 공무원에 재직하면서 70년이 넘은 목조 관사에 그대로 거주한 것이다.

» **이호 거주 시절 확장과 수리**

내 기억으로는 대문으로 들어와 왼쪽 첫 번째 방, 그러니까 우리 큰아들이 쓴 방은 우리 어머니가 덧대셨다는 거 같아요. 남편 형제들이 많았으니 방이 부족하죠. 재래식 화장실을 수세식으로 오래전에 고쳤다고 하시더라고요. 김신나

» **이동, 오래된 목조 관사에 거주**

내가 신문로 집에 들어갈 때 그 동네 다른 집들은 이미 다 고쳤어요. 배현규 씨(한일투금 회장, 1961~1991년 거주 추정)네, 권오병 씨(문교부 장관, 1959~1973년 거주)네 모두 고친 집이에요. 우리 집만 끝까지 옛날 형태 그대로 있었어요.

우리 남편이 공무원이어서 집을 고칠 생각을 안 했어요. 그 당시 한창 개발하기 시작한 강남에도 가기 싫고. 그래서 고생은 내가 혼자 했지요. 겨울이면 집이 엄청 추우니까 마루에 물을 갖다 놓으면 밤새 얼어요. 외풍이 심해서…. 김신나

2.1 관사 내부 공간

오랫동안 큰 개축 없이 관사에 거주한 이동 일가의 기억은 건축가로 활동하는 막내딸의 솜씨로 건축물을 도면화할 수 있었다. 대지면적 237평에 건축면적 39평의 단층 건물로, 본채에는 방 4개와 거실·응접실·부엌·화장실·욕실·보일러실이 있었으며, 부속 건물에는 차고 외에 창고와 방 2개가 있는 별채가 있었다. 대문도 일본식 목조 형태였으며, 내부 공간에도 다다미나 오시레 등 일본식 집의 흔적이 그대로 남아 있었다. 또한 화장실도 화장실과 욕실이 분리되어 있는 일본식 형태였다고 한다.

» **일본 관리의 관사**

신문로 골목은 일본 관리들 중 과장급이 살던 관사 길이었거든요. 그래서 일본식 현관이 있고, 1층이고, 기와집이었어요. 김신나

» **가옥 규모와 구조**

땅은 237평이고, 건물 면적은 한 40평밖에 안 됐어요. 정원이 커서 애들이 얼마나 잘 놀았는데요. 거기서 세 아이가 아주 잘 컸어요. 어떤 때는 아이들 친구들이 한 스무 명씩 와서 놀고. 광 옆에 방이 두 개가 있었어요. 여기는 기사하고 아줌마들이 쓰는 방이에요. 앞에는 목조 가림판 같은 게 있었어요. 시아버님이 장관도 하셨으니까 손님들도 많았죠. 비서들도 있었고. 응접실은 완전히 서양식이었어요. 소파와 피아노가 있는 서재이고, 손님 접대하는 곳이죠. 안방에서는 밥도 먹고 자기도 하고 다 했죠. 침대를 안 썼으니까. 응접실에서 뒷마당으로 면해 있는 창문은 유리문이었고, 안방과 건넌방에서 앞마당으로 난 미닫이문은 나무틀에 창호지를 바른 문이어서 볕 좋은 가을날에 창호지를 새로 바르곤 했어요. 풀 쑤고 아이들도 돕고요. 미닫이문을 열고 복도에 나가면 유리창 문이 마당으로 가는 길이고요. 그러니까 마당이 담으로 둘러싸인 안전한 아이들 놀이터였어요. 세 아이의 친구들이 모여 섞여 놀곤 했습니다. 김신나

욕실하고 화장실이 분리돼 있었죠. 제가 화장실이라고 하는 것은 수세식 변기만 있는 곳이고요. 거실에서 복도로 나가 붙어 있었고, 욕실은 부엌 옆에 있었어요. 이창

1978년 평상에서 가족 사진 | 김신나 제공

2.2 난방

일본식 관사로 난방시설이 제대로 갖춰져 있지 않아 이동 일가는 석탄과 연탄보일러, 석유난로 등 3~4가지의 난방 형태를 함께 사용하였다. 이것으로도 건물의 외풍을 막을 수 없어 비닐로 된 커튼을 치고 살았으며, 겨울이면 실내의 물이 얼곤 하였다고 한다. 집 난방의 변화를 설명하면서 김신나는 "엄청 추웠다"라거나 "이 집의 키워드는 춥다"라고 하면서 당시 목조 관사 생활의 어려움을 토로하였다.

» **석탄보일러**

내 기억에 한 방은 다다미였던 것 같은데 우리가 고친 거 같아요. 기름보일러가 있었는데 1970년도 초에는 기름값이 엄청 비싸서 못 썼어요. 그래서 이걸 석탄보일러로 바꿨어요. 보일러 위에 붙어 있는 통에 조개탄을 넣으면 그게 내려가면서 타요. 아줌마들이 너무 힘들어서 못 하겠다고 해서 내가 다 했어요. 겨울이면 며칠에 한 번씩 통에다가 부어요. 조개탄이 얼마나 무거운지. 그리고 라디에이터가 응접실하고 큰아들 방에 있었고, 둘째 아들 방과 마당에 있는 창고 옆 두 방이 연탄보일러였어요. 김신나

1989년 거실 모습 | 김신나 제공

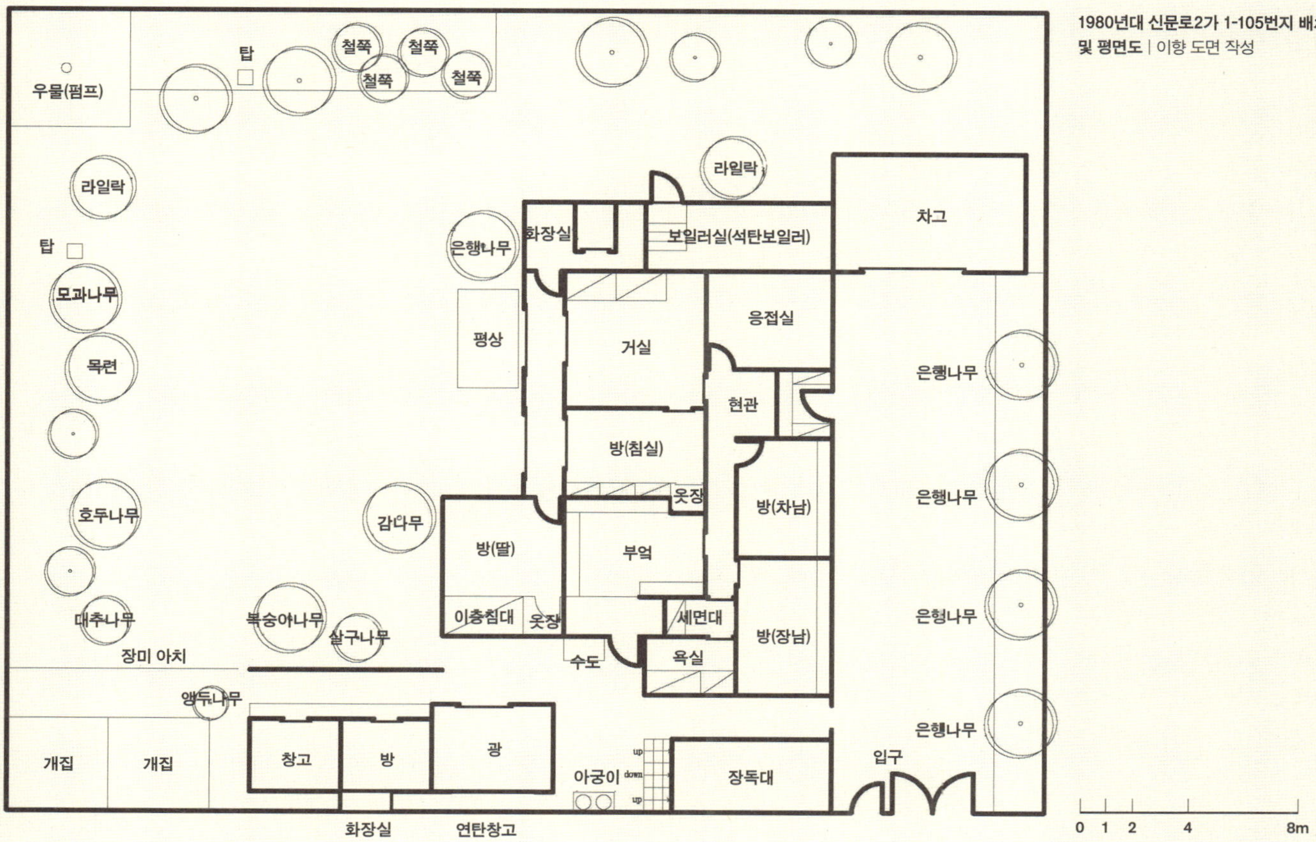

1980년대 신문로2가 1-105번지 배치도 및 평면도 | 이향 도면 작성

1978년 6월 정원에서의 모임 | 김신나 제공

» **추위, 모기, 쥐**

엄청 추웠어요. 이 집을 생각하면 '춥다', '키워드는 춥다'예요. 그래서 거실에는 석유난로를 놓았어요. 그래도 추워서 방마다 비닐로 만든 커튼을 쳤어요. 그렇게라도 하지 않으면 거실에 물이 다 얼어요. 집이 오래되니깐 지붕이 내려앉아서 집이 기울어지고 틈새가 생겨서 외풍이 심했어요.

도시가스로 난방은 못 했어요. 집이 오래되니깐 파이프가 다 썩었어요. 그래서 수도관도 맨날 터졌어요. 집 전체를 다 고쳐야 하니까 어쩔 수 없이 임시방편으로 고무테이프를 감거나 한 번은 씹던 껌을 틈새에 밀어넣고 테이프로 감았던 일도 있었을 만큼 땜빵하면서 살았어요. 김신나

너무 낡아서 쥐가 엄청 많았어요. 누워 있으면 천장 위에서 '사각사각' 하는 소리가 굉장히 크게 들리고, 밤이면 쥐들이 천장에서 달리기하는 소리도 들렸어요. 마당이 크니까 모기도 많았고요. 그다음에 물이 새고, 연탄가스 새고, 문도 잘 안 닫히고, 바닥에서는 습기가 차서 올라오고, 하여튼 문제가 많았어요. 엄청 춥고요. 추워서 옷을 많이 입고 살아야 했죠. 이창

2.3 관사 외부 공간

대지면적에 비해 건축면적이 작아 정원의 면적이 상대적으로 넓었다. 대문에서 집의 현관으로 진입하면 네 그루의 은행나무가 줄지어 있는 것이 인상적이었다고 한다. 정원에는 일본식 탑이 남아 있었으며 한쪽에는 우물이 있었는데, 이것은 관사의 흔적으로 집마다 1개씩 있었다. 감·대추·호두·복숭아 등 과실수도 많았으며, 수국 등 꽃들도 많은 잘 가꿔진 정원이었다. 김신나의 시어머니는 화훼에 관심이 많아 장독대 옆에 장미꽃밭을 만들기도 하였고, 정원으로 향한 방 앞에는 온실을 설치하기도 하였다.

» **정원**

정원에 화단도 깊고 높게 돼서 경사면에 돌이 쌓여 있었어요. 대문 옆에 꽤 깊은 차고가 있었어요. 차고 옆으로 엄청 커다란 은행나무가 네 그루 있었고요. 이창

» **장미꽃밭**

마당이 좋았어요. 장독대 근처에 우리 어머니가 펜스를 해놓고 장미꽃밭을 만들어 아끼셨어요. 근데 우리 애들이 크면서 마당 잔디에서 자전거를 탔거든요. 잔디 망친다고 어머니께 혼났죠. 김신나

» **온실**

우리 어머니가 만드신 온실이 있었어요. 그런데 내가 온실을 관리할 수 없으니깐 온실 지붕을 없애고 모래를 채워서 애들을 모래밭에서 놀게 했죠. 김신나

» **과실수**

담을 벗어나는 대추나무가 있었는데, 대추가 빨갛게 엄청 많이 열리잖아요. 그걸 흔들면 대추가 마당으로 많이 떨어지지만 밖으로도 나간단 말이에요. 대추가 떨어지면 멀리서부터 대추 주우려고 사람들이 오는 거예요. 그럼 사람들이 주워 가기 전에 얼른 나가서 주워야 해요. 이창

호두나무, 복숭아나무, 감나무, 앵두나무뿐 아니라 딸기도 있었어요. 사람들이 대추를 따먹으려다가 신발짝이 담 넘어 날아오기도 했어요. 복숭아, 앵두, 감도 맛있긴 했지만 벌레가 많이 꼈어요. 애들은 따 먹는 재미에 신나했지요. 김신나

1979년 정원에서 아이들과 만든 눈사람 | 김신나 제공
뒤에 일본식 탑이 보인다.

» **탑**

정원에 탑이 있었어요. 큰 것은 아닌데, 어린 저보다는 훨씬 컸죠. 수국에 가려서 안 보이다가 나중에 탑을 발견했어요. 이창

» **우물**

우물이 마당 한쪽 구석에 있었어요. 우리가 갔을 때는 우물을 직접 사용하지는 않고 우물에 펌프를 해 놓아 애들이 그걸 가지고 놀았죠. 물은 그렇게 고생시키지 않았어요. 부엌 앞에 수도가 따로 있었고요. 근데 결혼 전 살던 예장동 관사에서는 지대가 조금 높아 수돗물이 잘 안 나오기도 했는데, 우물이 뒷마당이었던 남산 기슭에 있어서 거기 물을 길어서 목욕을 했어요. 김신나

» **은행잎 수거**

그때는 쓰레기를 아저씨들이 수레로 수거했어요. 아저씨가 동네를 몇 시에 지나가면 사람들이 와서 거기다 쓰레기를 버렸어요. 우리 집은 은행나무가 많아서 가을이 되면 나뭇잎이 쌓이는데 그때는 함부로 태우면 안 됐어요. 근데 그 당시 은행나무로 만드는 약이 있어서(징코민) 사람들이 은행잎을 수거해 갔어요. 내가 쓰레기 수레 끄는 아저씨한테 수거해 달라고 돈을 더 주면 오후에 우리 집에 와요. 내가 그동안 모은 은행잎을 대문까지 갖다 놓으면 아저씨들이 가져갔어요. 또 은행잎들이 지붕에 쌓이면 홈통이 막혀요. 그래서 1년에 한 번은 사람이 올라가서 홈통을 다 파야 해요. 그런 게 다 일이죠. 김신나

» **차고**

결혼해서 신문로 살 때는 우리 남편이 청와대까지 자전거를 타고 다녔어요. 우리 집은 차가 없어서 차고로 쓰지는 않고 오래된 시아버님 책들을 보관하는 창고로 썼어요. 김신나

» **장독대와 옥외수도**

장독대는 높아서 층계가 있었어요. 장독대에 올라가면 대림집(앞집 1-414번지)이 보이는 거예요. 된장 등이 담긴 장독이 많이 있었어요. 수도도 밖에 있었고요. 거기서 빨래도 하고…. 이창

» **아궁이**

무쇠솥이 있는 아궁이가 밖에 있었어요. 일하는 아줌마가 그 솥에 보리쌀로 개밥을 한 솥씩 끓였어요. 김신나

3

빌라 신축

이동 일가는 1993년 택지초과소유부담금이 높아지자 대지가 넓은 오래된 관사를 더 이상 유지하기가 어려웠다. 초기 계획은 건축가 김원에게 설계를 의뢰하고 다세대 주택을 건설하는 것이었으나 토목공사가 진행되면서 옆집과 분쟁이 발생하여 중단하였다가 결국 주식회사 진도에 팔았고, 진도에서 그 자리에 신문로 빌라를 신축하였다. 김신나의 구술에 따르면 신축 후 바로 거주하려고 하였지만, 양친의 건강이 나빠져 1993년 양친이 거주하는 연희동으로 이주하였다. 이동 일가는 2002년까지 연희동에서 거주하다 양친이 작고한 후 현재의 신문로 빌라로 이주하여 9년 동안 거주하였다.

『한겨레』 1994년 1월 6일 자

「택지초과소유부담금 대폭 인상
3월부터 주택부속토지 7%, 나대지 11%로」

올해부터 서울 등 6대 도시의 택지초과소유부담금 부과율이 택지 종류에 따라 4~6%에서 7~11%로 높아진다. 건설부는 5일 택지소유상한에 관한 법률규정에 따라 초과소유부담금의 부과율이 오는 3월 2일부터 이렇게 바뀐다고 밝혔다. 〈중략〉 건설부는 부과율의 이런 변동으로 지난해 3906억 원이던 부담금 부과액이 올해는 6000억 원 이상으로 늘어날 것으로 내다보고 있다. 택지초과소유부담금은 서울 등 6대 도시에 택지를 갖고 있는 법인과 가구당 소유상한인 200평 이상을 갖고 있는 개인에게 물린다.

» **땅만 넓은 오래된 집**

나라에서 200평이 넘는 집을 가진 사람은 토지초과소유부담금을 내라는 법을 만들었어요. 이 헌 집이 있는 땅 때문에 엄청난 세금을 내야 했어요. 그러니까 사람들이 땅의 반을 팔고 나머지 반에는 기존 집을 헐고 새로 집을 지으라고 조언하기도 했어요. 근데 그 사람(이동)은 1950년대부터 이 집에서 살았으니까 그렇게 하기가 싫은 거예요. 안 하고 버티다가 세금을 낼 수가 없어서 집을 지을 생각을 했죠.

처음에는 김원 건축가에게 설계를 의뢰했는데 중간에 일이 틀어지고 다시 진도에다 팔 때 내 지분은 안 팔고 대신 빌라를 한 채 받았어요. 남편은 신문로를 자기 고향처럼 생각하니까 여기서 살고 싶어 하더라고요. 그래서 10년 만에 다시 돌아와서 한 9년을 더 살았어요.

연희동으로 가기 전, 옛날 집에서 살 때 하루는 내가 아는 사람이 지나가는데 우리 집이 어디냐고 묻더라고요. "저게 우리 집이다"라고 했더니 그 사람의 첫 마디가 "설마 저 헌 집이 너네 집이냐"라고 하더라고요. 그러니까 다른 사람에게는 형편없이 허름해 보였던 거지요. 들어가 사는 사람은 몰라도요. 그때 재산세나 토지세가 많이 나오는데, 건물세가 2만 얼마예요. 건물이 형편없으니까. 우리 친정아버지가 "부잣집에 시집보낸 줄 알았는데 건물세 2만 얼마가 뭐냐"라고 농담을 하시더라고요. 김신나

신문로의 이웃과 주변 현황

4.1 동네친구와 놀이장소

1970년대 신문로는 부촌으로 공무원과 기업 대표들이 거주하는 곳이었다. 김신나의 구술에 따르면 고급 주택들이 많았고, 담이 높아 이웃에 누가 사는지 잘 모르는 동네였다고 한다. 이창 또한 아이들이 적어 동네 친구가 거의 없었으며, 근처에 아이들이 놀 만한 곳도 없었다고 구술하였다. 당시 이동 일가족은 신문로2가에 거주하는 다른 가족에 비해 비교적 젊은 편에 속해 자녀들 또래의 친구들은 없는 편이었다. 또한 안정적인 고급 주거지였기 때문에 공원과 놀이터 등은 없었고, 사직동·당주동 골목에서 놀거나 잠시 주택가에 생긴 공터와 한때 테니스장으로 활용된 곳에서 놀기도 하였다.

» **세종유치원과 동네 친구들**

유치원은 세종 천주교성당에 부속되어 있던 세종유치원에 다녔어요. 그런데 동네 친구들이면 유치원에서도 보고 동네에서도 봐야 하는데, 동네에는 친구들이 많이 없었어요. 그래서 저는 딴 데서 놀았어요. 주로 놀던 곳은 사직공원 쪽에도 많이 가고, 골목골목에서도 놀고, 저희 집 옆 골목에 있는 공터에서도 놀았어요.

내수동 교회 근처에 큰 마당이 있는 집이 있어요. 거기에 극동그룹의 회장이 살았어요. 그 댁 아들하고 저하고 중학교를 같이 다녀서 계동에 있는 중앙중학교에 걸어서 등교했는데, 제 친구가 차를 타고 지나가다가 저를 만나서 태워 주기도 했어요.

성곡미술관 앞집에 아버지가 쌍용그룹 다니는 친구가 살았는데, 그 친구하고 저하고 초등학교부터 고등학교까지 동창이고, 공부도 잘했어요.

신문로2가 1-128, 여기는 육씨 댁이었어요. 저보다 한 살 많은 형이 살았는데, 정말 현대적인 양옥이었어요. 집이 참 좋다고 생각했었죠. 이창

» **동네 놀이장소**

주로 골목이죠. 신문로 저희 집 옆 골목에서도 많이 놀았어요. 골목에서 그냥 공 던지고 놀고…. 이창

4.2 신문로에서의 이웃들

신문로2가에 오래 산 덕택에 주변 이웃들을 알기는 하였지만, 공직자답게 비교적 조용하게 살기를 바란 이동의 영향으로 김

흔들리는 山河 (129)
朴敬洙 作
崔榮林 畫

『동아일보』, 1970년 8월 11일 자, 「흔들리는 山河(산하)(129)」에 나온 1970년대 신문로2가의 내용

이기붕(李起鵬) 국회의장 집 앞을 지나 서울고교를 지나 신문로 파출소에서 서울의 부자들은 모두 그곳에 모여 산다는 궁성 같은 집들이 좌우로 늘어선 그 길로 질러서 가자 사직공원은 이내였다.

1993년 5월 5일 이사가는 날 대문 앞에서 | 김신나 제공

신나도 이웃집을 자주 드나들면서 교류하지는 않았다. 남쪽으로는 '광화문 곰'으로 불리는 고성일이 거주하였고, 옆집에는 쌍용 김성곤 회장의 둘째 딸이 분가해 살고 있었으며, 앞집은 대림의 이준용 회장 댁이었다. 그 외에도 문교부 장관 권오병, SK 최종관 사장, 한독약품 회장 등이 살았고, 통일교와 체코·사우디아라비아·오만대사관 등이 신문로2가에 터를 잡았다. 특히 이동일가는 라익진 일가와 친하게 지냈으며, 신문로에서 한국갤럽을 운영하는 박무익 회장과도 친분이 있었다.

» **기억에 남는 이웃들**

우리 집 건너편 3층 집에 '광화문 곰'이라는 부동산업자가 살았어요. 이 근처에 땅이 많고, 당시에 차가 네 대나 있었어요. 그 때문에 우리 애들이 왜 우리 집은 차가 없냐고 그러기도 했어요.

라익진 씨네와 우리 집은 친했어요. 그 사모님은 나이가 많으신데 우리를 항상 궁금해하셨을 거예요. 라익진 씨가 무역협회에서 부회장을 지냈는데 우리 큰아버님 이활 씨가 무역협회 회장을 지내셨으니까요. 그래서 우리 남편도 알고, 김옥라 여사와도 친하고 그랬죠. 김신나

한국갤럽을 처음 만든 박무익 회장과 아버님이 친분이 있으셨어요. 근데 이분이 신문로에 사신 건 아니고, 신문로1가 고려빌딩에 사무실이 있었어요. 그분하고는 같은 헬스클럽에 다니신 걸로 알고 있어요. 이 동네는 서로 달걀 주고받고 하는 그런 동네는 아니에요. 이창

권오병 씨라고 문교부장관으로 일하시던 분이 여기 살았어요. 금강제화 집이 있었고, 덕수제과 집도 신문로 골목 올라오는 중간쯤에 있었고, SK 최종관 씨가 여기 살고…. 지금 아토 카페 하는 곳이 일신방직 집이고, 근처에 조그마한 구멍가게가 하나 있었고요. 우리 집 맞은 편 조금 위쪽으로 배현규 회장 댁, 바로 맞은 편은 대림회장 댁인데, 대림은 나중에 들어왔어요. 지금 세계일보 자리에 문선명 측의 세계교수협회라는 간판을 단 건물도 있었고, 옛 경찰청장 관사도 있었지요. 그 사람들은 대개 강남이 개발되면서 나갔어요. 강남이 개발되면서 하나둘씩 떠나가고, 우리 집만 그 옛날 모습대로인 채 우리가 사는 거죠. 그리고 이탈리아와 체코 대사관도 있었어요. 김신나

1979년 정원에서의 가족 사진 | 김신나 제공

왼쪽부터 김신나의 부친 김재원(초대 국립박물관장), 모친 이채희, 김신나이며, 뒤편에 부동산업자 고성일의 집이 보인다.

4.3 신문로 주변 풍경과 상점

신문로2가 주거지는 고급 주택이 즐비한 조용한 동네로서 상점이나 병원 같은 생활편의시설은 거의 없고, 대부분은 광화문과 신문로1가의 상권을 이용하였다. 1975년에 태어난 이창은 광화문의 유명한 음식점이었던 미리내와 덕수제과, 당시 가요계 거물들의 기획사였던 동아기획과 동아기획이 운영하는 박지영레코드에 대해 자세히 구술해 주었다. 그에 따르면 신문로 관사지 초입에 있는 욱일빌딩 지하에 동아기획 연습실이 있어 전인권과 최성원 등 당시 유명한 가수들이 드나들었다고 한다. 김신나는 당시 신문로2가 초입에 있던 유명한 표구점 문화사에 대해서도 이야기해 주었다.

» **동네 구멍가게**

가게는 신문로 골목 들어오면서 조그만 것 하나가 있었어요. 구멍가게 같은 거요. 다른 가게는 내수동으로 넘어가면 좀 있었지요. 친구네가 하던 농협에서는 쌀도 팔고, 식료품도 팔고, 채소도 팔고 다 팔았죠. 이창

지금 스페이스본 자리에는 자그마한 한옥들이 있었어요. 거기에 가면 조그만 가게, 미장원 이런 것들이 있고…. 김신나

» **동아기획과 박지영레코드**

입구 쪽 삼각형 건물에 박시우치과라고 있었어요. 거기 지하에 전인권과 최성원 등 소위 엄청난 뮤지션들의 기획사인 동아기획이 있었어요. 학교에 가다가 보면 검은 자동차가 탁 서는데, 거기서 전인권이나 최성원이 나오고, 담배 탁 피우고….

박지영레코드라고, 지금은 없지만 그때는 덕수초 쪽으로 가는 길에 있었어요. 거기가 동아기획사에서 하는 레코드 가게인데, 거기로 카세트테이프 사러 가곤 했죠. 거기 가 보면 '김현식 귀하'나 '최성원 귀하' 이렇게 적힌 편지가 오는 거예요. 그것 자체가 저는 신기했죠. 이창

» **미리내분식**

미리내는 친구네 분식집이었어요. 옛날 고려쇼핑 근처 큰 골목에 있었어요. 그 집 아이가 덕수를 다녀서 덕수 애들이 많이 갔어요. 떡볶이도 팔고, 김밥도 있고, 국수 같은 것도 있고, 뭔가 많았어요. 그리고 그렇게 허름한 데가 아니었어요. 나름 괜찮은 곳이었죠. 이창

» **덕수제과**

새문안교회 근처에 덕수제과가 있는데, 곰보빵·팥빵·크림빵 같은 아주 평범한 빵들을 팔았죠. 이창

» **과학사**

세종유치원에서 나와서 효자동으로 가는 골목에 과학사라고, 조립하는 장난감들 파는 데가 있었어요. 우리 아이들이 그걸 많이 샀죠. 김신나

표구전문점 문화사의 내력과 이동

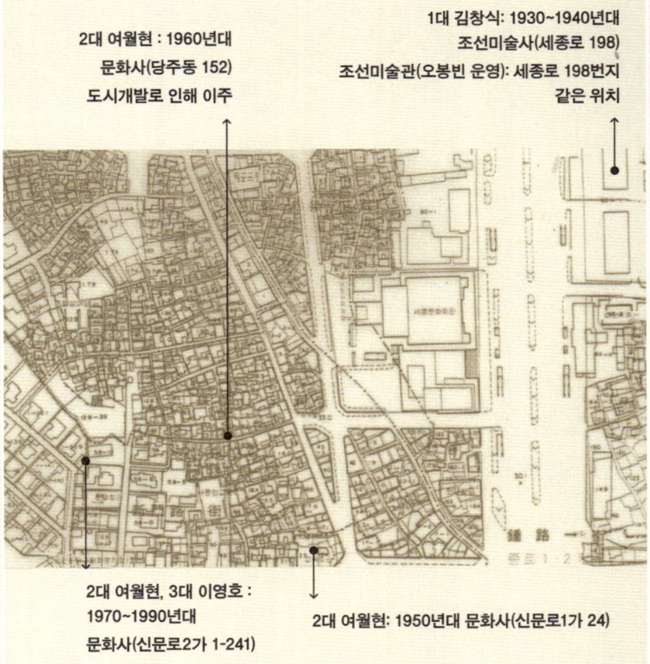

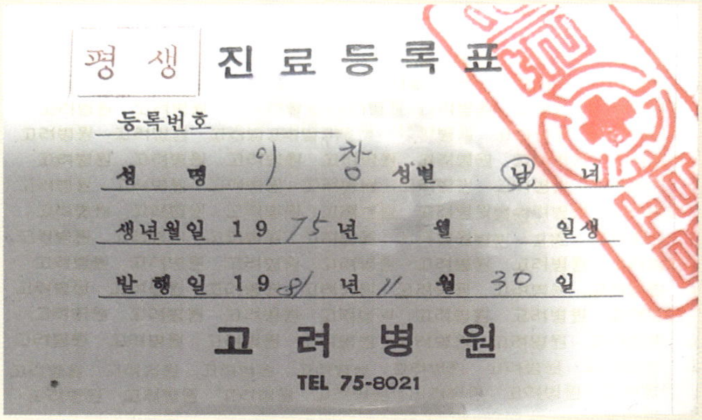
평생 진료등록표
등록번호
성명 이 창 성별 남 녀
생년월일 19 75 년 월 일생
발행일 19 81 년 11 월 30 일
고려병원
TEL 75-8021

이창의 고려병원 진료등록표 | 김신나 제공

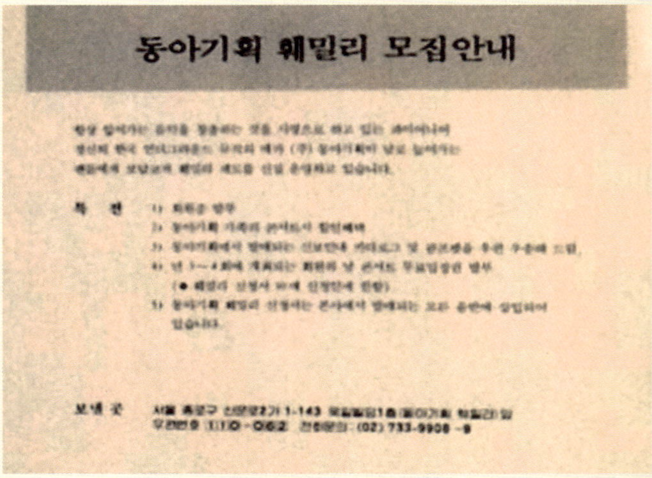
동아기획 훼밀리 모집안내

동아기획 훼밀리 모집 안내문

동아기획의 주소가 신문로2가 1-143 욱일빌딩 1층으로 적혀 있다.

1970년대에서 1990년까지 신문로2가 241에는 일제강점기 끊어진 전통 표구의 명맥을 이은 명인 김창식의 제자 여월현(1950년대 초반~1984년 운영)과 이영호(1984년 이후 운영)가 운영하는 표구집 '문화사'가 있었다. 김창식이 개업한 문화사는 인사동의 박당표구사와 함께 일제강점기부터 이어진 표구사로서 문화사는 주로 광화문을 기반으로 사업을 펼쳤고, 박당표구사는 인사동과 종로를 기반으로 작업을 하였다.[2] 일제강점기 세종로에서 조선미술관을 운영한 오봉빈과 함께 표구작업을 많이 하였고, 1930년대 세종로에서 해방 이후 신문로1가와 당주동을 거쳐 1970년대 신문로2가 1-241번지로 옮겨왔다. 도시개발에 따라 점차 점포는 광화문에서 신문로 안쪽으로 밀려났다.

» **표구집 문화사**

입구 근처에 문화사라고 표구집이 하나 있었어요. 그게 유명한 표구집이라고 친정아버지가 이야기하시더라고요. 여기쯤 있었을 거예요. 구멍가게(제일식품으로 추정)에서 조금 더 가서 문화사라고 표구를 잘하는 집인데, 그래서 사람들이 많이 찾아오곤 했죠. 김신나

이동 가족이 거주하던 시기의 경희궁 터는 서울고등학교가 이전하고 한동안 공터로 남아 있었다. 서울고등학교의 이전이 결정되어 1978년 현대그룹이 부지를 매입하였지만 아무것도 추진하지 못하고 경희궁 터는 1980년 9월 1일 사적 제271호로 지정되었다. 1985년 서울시가 재매입하여 1988년 경희궁 복원 공사를 진행할 때까지 경희궁 터는 한동안 빈 곳으로 남아 있었다. 학교가 떠난 황폐한 경희궁 터는 음산한 곳으로, 아이들은 물론 어른들도 꺼리는 공간으로 주민들에게 인식되었다. 당시에 신문로 관사지가 경희궁 터였다는 사실을 주민들 대부분이 알지 못하던 상황이었다. 하지만 서울시와 관계된 이동 일가는 자택을 비롯한 신문로 관사지와 서울고등학교 자리가 경희궁 터라는 역사적 내용을 알고 있었다.

» **경희궁 옛터의 인식**

경희궁 뒷산은 안 갔어요. 거기는 제 느낌에 무서운 곳이었어요. 옛날만 하더라도 지금처럼 예쁜 곳이 아니라 군인들이 서 있었고, 그냥 가는 데가 아니었어요. 가지도 않았지만, 가는 곳도 아니었어요. 이창

우리 집도 경희궁 안에 들어가요. 여기가 왕자가 태어난 자리라고 했거든요. 두 아이가 고려병원에서 태어났지만 여기 궁터에서 낳았죠. 김신나

2. 김산호, 『한국 근현대 표구기술의 변천 과정』, 용인대학교, 2005 14,24쪽. 내용 정리.

우리는 서울역사박물관과 인연이 많아요. 또 우리 남편은 역사를 좋아했어요. 도시계획 전공이니까. 1970년대부터 알았죠. 일본사람들이 궁터 일부분을 관사지로 만들었고, 이곳도 경희궁 터에 들어간다는 것을요. 김신나

신문로에서의 생활

5.1 살림살이와 가족행사

김신나가 신문로에 거주하기 시작할 무렵에는 육아로 잠시 의사활동을 못 하였지만, 막내가 초등학교에 들어가고 성장한 후에는 동부서울시립병원에 재직하였다. 육아와 살림을 도와주는 가사도우미가 비정기적으로 상주하기도 하였으나 김신나는 거의 대부분 살림살이와 직장생활을 병행하며 지냈다. 형제자매와 친인척이 많은 대가족의 며느리로서 가족행사의 준비는 김신나의 몫이었으나 어릴 적 집안에서 배운 요리솜씨로 신선로·도미요리·갈비 등이 있는 상차림도 해낼 수 있었다. 주말이면 북한산에 오르거나 도심의 유명한 장소들을 아이들과 함께 구경 다니며 즐기기도 하였다.

» **가사도우미**

도와주는 사람이 있기도 하고 없기도 하고 그랬어요. 내가 한국에 온 얼마 동안은 일을 못 하고, 우리 막내가 국민학교 들어가서부터 일을 했어요. 그때는 집 비우고 못 나가니까 사람을 두기도 했어요. 그 사람들은 아랫방에서 자면서 같이 사는 거죠. 김신나

» **제사, 생신 등 가족행사**

차례는 우리 시아버님의 큰형님이신 이활 씨 댁 종암동에서 지냈어요. 우리도 그곳으로 다 가서 차례 지내고 제사 지내다가 1997년 아버님이 돌아가신 후에는 연희동 집 2층에서 살면서 어머니를 모셨는데, 그 연희동에서 사는 5년 동안 아버님 기제사와 설·추석 차례 모두 지냈고요. 그래서 인사동에서 놋그릇 사고, 제사 전날부터 놋그릇 닦아 놓고, 닭 삶고, 셋째 동서한테 편육 해 오라고 하고, 전 부치고, 나물 하고 다 했죠. 열심히 했어요. 남편 형제들과 조카들이 참석했지요. 2002년 신문로에 다시 돌아온 후에도 두 분 제사와 차례를 내가 했습니다.

시어머님 생신에 어머님 형제자매 여덟에서 열 분 정도 모시고 상을 많이 차렸어요. 그때는 토요일에도 일을 했으니까 보통은 일요일 점심에 모이시는 거죠. 그러면 새벽 서너 시에 일어나서 도미를 튀기고, 신선로를 하고, 갈비도 하고, 새벽에 노량진시장에 가서 회도 사고…. 몇 주 전부터 머릿속에는 메뉴에서부터 준비할 것들이 왔다 갔다 하죠. 동서 한둘이 와서 같이 하거나 나 혼자도 많이 했죠. 김신나

『한겨레』 1990년 6월 7일 자

「명문 덕수국교 문닫을 위기」

88년의 전통을 지닌 덕수국민학교가 도시개발에 밀려 존폐위기에 놓여 있다. 〈진천규 기자〉

명문 덕수국교 문닫을 위기

개발 활발…취학아동 격감

서울 도심 한복판에 자리한 덕수국민학교(중구 정동 1-4)가 도시개발에 밀려 문을 닫게 될 위기에 놓였다.

50~60년대 최고의 명문을 자랑하던 덕수국민학교는 69년 중학교 입시가 없어지고 학구제가 실시된 뒤로 줄곧 취학아동이 감소해온 데다 최근 몇년 사이 주변 신문로 일대가 도심재개발지구로 개발되면서 머잖아 빌딩 숲에 둘러싸일 운명에 처해 있다.

덕수국교는 전성기이던 60년대 한때는 69학급 4천8백여명이 북적대던 콩나물 시루같던 학교였다. 그무렵 1~3학년은 3부제, 4~5학년은 2부제 수업을 하고 6학년만 겨우 정상수업을 할 정도로 학부모들로부터 대단한 인기를 끌었다.

그러나 이 학교는 취학지역인 세종로·신문로·태평로·교남동·소공동·종로1~2가 일대의 인구가 급격히 줄어듦에 따라 현재 재학생 7백39명, 교사 20명인 미니학교로 전락돼 폐교위기에까지 몰린 것이다.

학생수는 88년 8백1명, 89년 7백93명으로 지금도 계속 줄어들고 있으며 학급수도 88년 20개반에서 올해는 1~2학년 2개반, 3~6학년 3개반 등 16개반으로 줄어들었다.

덕수국교의 폐교문제는 70년대 이후 명문교인 수송국교를 비롯 종로·남대문·영희국교 등 도심의 오래된 학교들이 잇따라 문을 닫으면서 가능성이 점쳐져 오다가 2년 전부터 맞은편의 경기여고가 이전하고 이 일대에 대한 재개발 사업승인과 함께 토지매입 등이 본격화되면서 집중거론되기 시작했다.

두 자매를 이 학교에 보내고 있는 주민 이길상(41·종로구 신문로1가 81-3)씨는 "학교가 없어진다는 얘기가 끈질기게 나돌아 학부모들이 불안해 하고 있다"고 말했다.

신승평 교장은 "지난 3월 부임하자마자 폐교문제와 관련, 학부모와 졸업생들의 항의가 빗발쳐 시교위에 공식 문의한 결과 폐교계획이 없다는 회답을 받고 학부모들에게 통보했으나 잘 믿으려하지 않는 것같다"고 말했다.

"시범학교 지정…주민 이용시설 설치를"

신 교장은 또 "작은 학교라고 무조건 없앨 것이 아니라 20학급 안팎의 소규모 학교를 육성 발전시켜야 한다"며 "오랜 전통과 역사를 지닌 덕수국교를 시범학교로 지정해 낡은 건물을 새로짓고 운동장 지하에 지역주민들도 이용할 수 있는 실내수영장, 급식소 등 최신 시설을 설치해 줄 것"을 지난 3월 시교위에 건의했다고 밝혔다.

한편 서울시는 최근 도심공동화현상을 막기위해 재개발사업 때 주거복합건물로 건축허가를 내주고 있어 재개발사업계획 여부에 따라 취학아동 감소문제가 풀릴 가능성도 있다.

덕수국교는 1912년 개교한 이래 지금까지 3만3천1백27명의 졸업생을 배출했으며, 3천2백20평 부지에 운동장 1천6백6평과 41년에 개축된 교사 3동이 있다. 〈오룡 기자〉

서울 도심 한복판에 자리한 덕수국민학교(중구 정동 1-4)가 도시개발에 밀려 문을 닫게 될 위기에 놓였다.

1950~1960년대 최고의 명문을 자랑하던 덕수국민학교는 1969년 중학교 입시가 없어지고 학구제가 실시된 뒤로 줄곧 취학아동이 감소해 온 데다 최근 몇 년 사이 주변 신문로 일대가 도심재개발지구로 개발되면서 머잖아 빌딩의 숲에 둘러싸일 운명에 처해 있다.

덕수국교는 전성기이던 1960년대 한때는 69학급 4800여 명이 북적대던 콩나물시루 같던 학교였다. 그 무렵 1~3학년은 3부제, 4~5학년은 2부제 수업을 하고 6학년만 겨우 정상수업을 할 정도로 학부모들로부터 대단한 인기를 끌었다.

그러나 이 학교는 취학지역인 세종로·신문로·태평로·교남동·소공동·종로1~2가 일대의 인구가 급격히 줄어듦에 따라 현재 재학생 739명에 교사 20명인 미니학교로 전락해 폐교위기에까지 몰린 것이다. 학생 수는 1988년 801명, 1989년 793명으로 지금도 계속 줄어들고 있으며 학급수도 1988년 20개 반에서 올해는 1~2학년 2개 반, 3~6학년 3개 반 등 16개 반으로 줄어들었다. 〈후략〉

요리는 전 국립박물관 관장을 하셨던 최순우 씨 부인한테 많이 배웠어요. 우리 아버지가 초대 국립중앙박물관장인 김재원 박사세요. 그래서 외국 사람, 대사관 대사들, 학자들과 교류가 많아서 자주 그분들을 집으로 초대했어요. 최순우 씨 부인이 개성 분인데 음식을 잘하셨어요. 그분이 오셔서 우리 어머니를 도와주시고, 우리 세 딸을 가르쳐 줬어요. 서빙도 하고, 요리도 하고…. 김신나

» **가족 외출과 외식**

신문로에서 북한산 승가사와 대성문에 가기도 하고, 더 멀리 대남문 등도 거의 주말마다 갔어요. 아이들이 크면서는 안 가려고 해서 둘이서 다녔어요. 아이들이 아주 어릴 때는 청계천과 고궁 그리고 동대문 밖 동묘나 황학동 시장 등을 데리고 다니면서 보여주기도 하고 그랬죠.

외식은 갈 데가 많지는 않았는데, 플라자호텔 뒤 중국식 만둣집 취영루와 아서원도 잘 갔고, 냉면집은 을지로2가의 헐리다가 만 을지면옥을 남편이 좋아했어요. 비원 앞에 홍어 삭힌 거 파는 데 가기도 했고요. 김신나

» **명절의 일화**

1980년대만 하더라도 뇌물이 오가던 때인데요. 저희 아버지가 서울시에 있었으니까 추석 같은 명절 근처에는 형사들이 오토바이를 타고 와 집 앞에서 장기를 둬요. 누가 명절 선물 들고 오면 잡으려고요. "저 사람들은 뭐냐"고 여쭤보면 절대 나가지 말라고 했던 기억이 있네요. 이창

5.2 생필품 구입

김신나의 구술에 따르면, 생필품은 주로 금천교시장과 고려쇼핑(고려슈퍼)을 이용하였다. 금천교시장은 적선동 현대빌딩 앞에서 사직공원 앞에 형성된 시장으로, 1968년 사직터널이 개통되기 이전에는 꽤 큰 규모를 자랑하였다. 체부동·사직동·옥인동 일대뿐 아니라 자하문 밖으로 재래시장이 없어 자하문 밖 사람들도 통인시장과 더불어 금천교시장을 이용하였고, 내자동·적선동·신문로 등에 이르기까지 이용되면서 상권의 중심을 이루었다. 한때 금천교시장은 장시간(오후 4~5시, 저녁식사를 준비할 시간)이면 발 디딜 틈이 없을 정도로 붐볐다고 한다. 그러나 1967년 사직터널과 사직로 확장공사 이후로 시장규모가 크게 줄면서 점차 쇠퇴하였다.[3]

» **금천교시장**

통인시장 못 가서 금천교시장이 있었어요. 닭 사러 가려면 금천교시장을 가야 했지요. 그때는 냉동 닭이 없을 때라 생닭을 샀거든요. 김신나

3. 서울역사박물관 편, 『서촌-사람들의 삶과 일상 2』, 서울역사박물관, 215~218쪽.

» **고려쇼핑**

물건을 들고 와야 하니까 금천교시장은 가끔 갔고, 고려슈퍼를 많이 갔어요. 거기가 지금하고 다르지 않았지만, 그때만 해도 굉장히 현대적인 분위기였죠. 1980년대에 오토바이로 배달이 왔어요. 이창

고려슈퍼에 일주일에 한 번씩 가서 장을 봤어요. 일을 하니까 날마다 못 가고, 그러니까 직원이 "혹시 장사하세요?"라고 물어보더라고요. 아이스크림도 많이 사고 뭘 많이 사니까. 김신나

» **의복 구입**

그때는 양복 티켓이 있었어요. 그걸로 가끔 맞추기도 했지만, 옷을 여러 벌 갖고 있는 사람이 아니었어요. 시청 다닐 때는 잠바만 입은 사람이에요.

우리 애들이 키가 커서 이태원에 가서 자주 사 입었어요. 그때는 보세옷이라고 이태원에는 미국식, 그러니까 사이즈가 큰 옷들이 많았어요. 이태원에서 내 옷도 사고 피자집에 가서 피자도 먹고, 햄버거도 먹고….

그때 명동에 크리스티나하고 오리지날 리라는 의상실이 있었어요. 거기 가끔 가고, 스커트나 블라우스 같은 것은 이태원에 가서 샀고…. 김신나

5.3 자녀교육

이동의 자녀들은 모두 세종유치원과 덕수초등학교에 진학하였다. 1950~1960년대 초반 '일류 학교'로서 학구제 열풍을 일으켰던 덕수초등학교도 1980년대 들어서자 경기·경복 등 사립학교에 밀려 폐교 위기에 처하였다. 자녀 3명이 모두 덕수초등학교에 다니고 있었기 때문에 이동은 지인을 통해 덕수초등학교 폐교를 막았다고 한다. 이동의 세 자녀는 덕수초등학교에 재학하면서 학생회 임원 같은 교내활동과 방과 후 입시 공부보다는 미술·음악·서예와 같은 다양한 활동을 경험했는데, 신문로 근처에는 학원들이 없고 또래의 동네친구들도 거의 없어서 대부분 방문교사를 통해 배워야 하였다.

» **유치원**

세종유치원이라고 성당에서 수녀님이 하는 유치원이 있었어요. 거기를 한 아이가 2년씩 6년을 다녔죠. 난 천주교 신자는 아니지만 집에서 가까워서…. 첫애는 그냥 들어가고, 둘째와 셋째는 지원자가 많아 제비뽑기로 붙어서 6년을 다녔어요. 6년을 다니니까 수녀님들하고 친해져서 집에도 몇 분이 오시고 잘 지냈어요. 김신나

» **국민학교 입학**

그때는 모두 사립학교를 보낼 때였어요. 경기, 경복, 리라, 숭의 등등…. 경기와 경복이 유명했죠. 그중에서도 경기가 제일 유명했고요. 그래서 큰아이 때 경기에 원서를 냈는데 떨어져서 덕수를 갔죠. 이후 둘째와 셋째는 사립학교는 기웃거리지 않고 덕수로 갔습니다.

그때는 덕수가 학생들 숫자가 많지 않아서 국가가 학교 땅을 쓰려고 학교를 없애려고 했어요. 그걸 우리 남편이 나서서 살렸어요. 이리저리 애써 살린 덕에 지금도 덕수는 건재합니다. 김신나

» **학부모 생활**

우리 큰애가 덕수초에서 학생회장을 했어요. 그러니까 엄마들도 다 같이 뭘 해야죠. 덕수에서는 여름방학에 아이들을 교정에서 하룻밤 재우는 프로그램을 했어요. 그래서 아이들 햄버거를 해 주려고 고기 패티를 만들어 부치고 덕수제과에서 햄버거빵을 수백 개 미리 주문하고 그랬죠. 하지만 학년 초에 담임 선생님께 인사하러 가는 일 외에는 별로 잘 드나들지 않았어요. 그 당시 한동안 학부모들의 학교 출입을 금지한 적도 있었고요.
언젠가 선생님 한 분이 결핵에 걸렸다는 이야기를 듣고 전 학생들이 결핵검사를 하도록 서울시에 요청해 실시했던 일도 생각나네요. 김신나

» **과외활동**

큰아이는 수학 선생님이 따로 왔고, 그 외에는 별로 안 다녔어요. 그때는 자율학습을 해서 10시나 11시에 끝났어요. 큰아이와 둘째는 늦게까지 학교에서 자율학습을 하고 셋째는 동네 독서실에 다녀서 꼭두새벽에 독서실까지 데리러 다니던 생각이 납니다.

아이들이 초등학교 다닐 때는 피아노 선생님이 집으로 오셨고, 미술 선생님도 오고 그랬어요. 미술 선생님이 "음악을 듣고 그림으로 표현해 봐라"거나 "마당에서 그려 봐라" 하는 식으로 가르쳤고, 가끔 고궁에도 가서 그리기도 하고요. 김신나

여기가 학원도 없고, 아이들끼리 모여서 뭘 하고 그런 분위기가 아니었어요.

서예를 했어요. 서예학원은 효남 박병규 선생님이라고, 그분 동생이 아버지하고 건축가 동기였어요. 그래서 셋 다 보낸 거죠. 덕수초 친구들도 조금 다녀서 걔네들하고 학원에서 만나서 끝나면 같이 놀고 그랬죠. 이창

제가 초등학교 2학년 때 덕수초등학교 앞에서 덕수당을 개업했어요.

옛날에는 여기에 불광동같이 먼 곳으로 나가는 전체 버스정류장이 있었어요.

건물을 짓고 나서 2~3년 정도는 우리 건물이 광화문에서 제일 높은 고층 빌딩이었어요.

어머님께서 빵으로 돈을 번다기보다는 먹고 싶은 사람들 먹을 수 있게끔
싼 가격에 줘야 한다는 신조가 있으셨죠.

이전 집은 굉장히 허름한 목조주택이라, 도저히 개조해서 살 수가 없었어요.

신문로2가의 첫인상은 '서울시내 한복판에 이렇게 깨끗하고 조용한 주거지가 없다'는 거였어요.

여기는 부촌이라 프라이버시가 세서 주민끼리 자주 왕래하는 경우는 없었어요.

2000년 전후로 큰 건물들이 들어서기 시작하니까, 사람들이 다 강남으로 갔죠.

신문로2가 초입에 대한민국에서 알아주는 유명한 한식집이 있었어요.

덕수제과

신문로1가 1-31번지(덕수제과)
신문로2가 1-111번지(자택)

덕수제과는 30년 가까이 영업한 광화문의 대표적 빵집이었다. 덕수제과 창업주 이봉상(1921~2012)은 1961년 덕수초등학교 근처에서 덕수당을 개업하면서 신문로에 첫발을 디뎠다. 1963년 신문로1가 1-31번지로 옮겨 덕수제과를 개업하고 1995년까지 운영하였다. 덕수제과는 버스정류장과 마주하고 있고, 신문로2가와도 가까워 신문로 주민들과 인근 학생들이 자주 이용하는 빵집이었다. 덕수제과 5층 건물을 지은 후 경제적으로 안정을 찾은 이봉상은 1977년 신문로2가 1-111번지로 이사하고 2000년까지 거주하였다. 이봉상의 장남이자 구술자 이광석은 덕수제과의 2대 사장이다. 그는 대학 졸업 후 1995년 덕수제과를 폐업할 때까지 부모님과 제과점을 운영하였다. 그가 이야기해 준 덕수제과의 운영방식, 주력 제품, 공간구조를 통해 신문로를 오가며 덕수제과를 이용하던 사람들의 모습을 유추해 볼 수 있었다.

주요 거주자

이름	생몰연도	가족관계	거주 시기	직업
이봉상	1921~2012		1977~2000	덕수제과 창업주
이광석 (구술자)	1953~	이봉상의 장남	1977~2000	덕수제과 2대 사장, 경희대학교 조리학과 명예교수

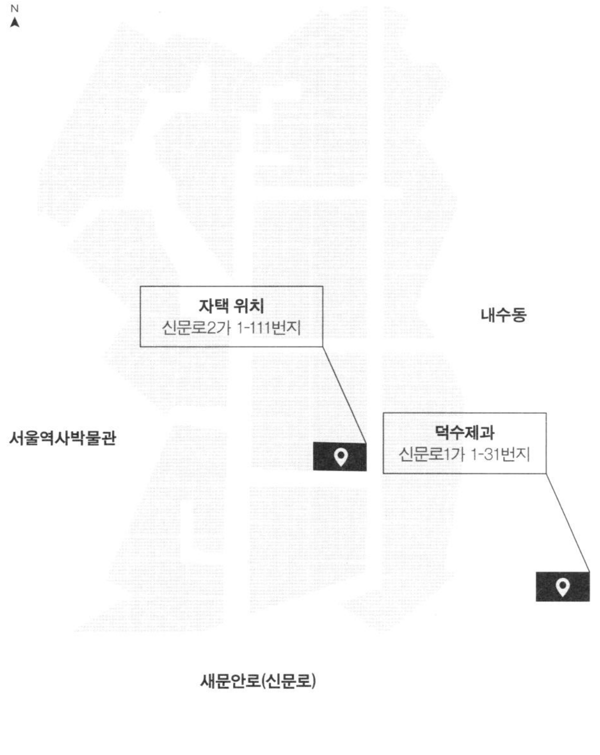

덕수제과의 개업과 운영

덕수제과 창업주 이봉상은 본래 평양 출신으로 일제강점기 고향에서 사탕제조법을 배운 기술자였다고 한다. 6·25전쟁 1·4후퇴 때 월남한 이봉상은 거제도 포로수용소 앞에서 처음 빵집을 시작하였고, 잠시 북아현동의 사탕도매상을 거쳐 1961년 덕수초등학교 부근에서 빵집 덕수당을 개업하면서 본격적으로 제과업에 발을 들였다. 그는 2년 동안 덕수당을 운영하였고, 1963년 신문로1가 1-31번지 부지에 건물을 신축하여 덕수제과를 개업하였다.

이광석의 구술에 따르면 신문로1가를 덕수제과 부지로 정한 이유는 상권이 좋았고, 당시 지관의 조언을 받아서였다고 한다. 덕수제과는 당시 사람들의 '만남의 광장'이자 김종익 제과명장 등 '빵의 달인'들이 거쳐 간 제과점의 절대강자였다.[1] 그러나 2대 사장이었던 이광석이 경희대 조리학과 교수로 임용되어 빵집 운영이 힘들어졌고, 빵집 운영의 전반을 담당하였던 어머니의 건강이 나빠져 1995년 폐업하였다.

1.1 개업과 이전

» **초기 덕수당**

처음 아버지께서는 거제도 포로수용소 앞에서 청자당이라는 빵집을 하셨어요. 거기서 결혼하시고 1953년부터 1956년까지 서대문 북아현동에서 사탕 도매상을 하셨죠. 그러다 제가 초등학교 2학년 때 덕수초등학교 앞에서 덕수당을 개업했어요. 덕수당은 덕수초등학교와 덕수궁 근처에 있어서 덕수당이라고 이름 지은 것 같아요. 그 당시에는 빵집이 무슨 당, 무슨 옥 등을 많이 썼거든요.

» **덕수제과의 개업**

덕수당이 잘되어 1963년에 신문로1가 1-31번지 부지에 건물을 신축할 수 있었어요. 덕수제과는 1965년에 개업했어요. 그 자리를 선택한 이유는 여기가 상권이 좋잖아요. 옛날에는 여기가 불광동같이 먼 곳으로 나가는 전체 버스정류장이었어요. 모든 버스가 가게 앞에 섰으니 빵집이 잘 될 수밖에 없었던 거지요. 그 당시에는 변두리에 나가면 좋은 품질의 빵이 없으니까, 케이크도 여기서 사서 가곤 했죠.

1. 『한겨레』 2007년 4월 30일 자, 「[이사람] "오늘 아침에도 아버님께 혼났어요" 빵집의 전설 '덕수제과' 대잇는 이광석 교수」

1965년 개업식 첫 판매 사진 | 이광석 제공

1965년 개업식 사진 | 이광석 제공

개업식 당일 덕수제과 건물 옥상에서 | 이광석 제공

» **이전 계기**

사실 아버님의 빵 기술 자체는 별로셨지만, 사탕 기술은 굉장히 뛰어나셔서 북아현동에서 사탕도매상을 1953년부터 1956년까지 했었죠. 내가 덕수초등학교 2학년 때 덕수당을 개업했어요. 그래서 초등학교 1학년 때까지 미동초등학교를 다니다가 2학년부터는 덕수초등학교를 다니게 됐죠.

부모님이 결혼할 때부터 장사를 하셨잖아요. 장사하시는 분들 80~90퍼센트는 불교나 지관을 잘 믿으시죠. 그래서 부지를 선택하실 때도 지관을 부르셨어요. 덕수제과 땅을 살 때도, 우리가 사기 1~2년 전에 불이 났다고 하는 것 같아요. 불난 터가 좋다고 해서 덥석 사셨다고 들었어요.

» **덕수제과의 영업기간과 폐업**

덕수제과는 1963년부터 1995년까지 운영했어요. 저는 대학 졸업 후 빵집 경영에 바로 투입됐었죠. 하지만 2년 정도 운영하다 보니, 경영을 너무 모른다 싶어서 미국으로 유학을 갔다 왔고, 1990년에 경희대 제과제빵학과의 교수 발령을 받았어요. 저는 채용된 뒤에도 제과제빵을 학문으로 정착시킨 다음에 다시 빵집을 해야겠다 생각해서 빵집을 계속 운영했어요. 그러니까 맨날 새벽에 빵집을 갔다가, 오후부터 야간까지 학교를 가서 수업하고 집에 오면 밤 열두 시가 넘어요. 그래서 어머님이 거의 가게를 봐주셨는데, 그러다 탈이 나셨어요. 덕수제과를 접을까 생각했는데 어머님께서 '내가 견딜 수 있을 때까지는 하겠다'고 하셔서 5년 정도 더 영업했죠.

1.2 덕수제과의 운영

덕수제과는 매장 바로 앞에 버스정류장이 있었고, 여러 명문 학교들과 가까운 거리에 있었기 때문에 손님이 매우 많았다. 구술자의 구술에 따르면 직원이 많을 때는 스물다섯 명까지 있었으며, 일류 기술자가 되려면 무조건 덕수제과를 거쳐야 하였을 만큼 장사가 매우 잘됐다고 한다. 손님은 근방의 학생들이 주를 이루었고, 신문로2가 주민들도 종종 이용하였다고 한다. 덕수제과를 자주 들른 학생들 중에는 결혼 후 자식과 함께 와서 인사하는 경우도 있었다고 한다.

» **직원**

그 당시에는 지금과는 달리 기술자를 고용하는 형태였어요. 그때 덕수제과 출신 기술자라고 하면 어디서든지 환영했어요. 우리 기술자 출신으로 명장도 있고, 그 당시 최고 일류 기술자다 하면 무조건 덕수제과를 거쳐야 했어요. 그래서 한때는 사람들이 우리 집에서 근무하려고 줄을 섰었어요.

직원들은 평균 스무 명 가까이 있었던 것 같아요. 서빙하는 직원과 빵을 생산하는 남자직원들까지요. 옛날에는 직원들이 전부 숙식을 했기 때문에 그분들 식사를 담당하시는 아주머니와 세탁을 전담하는 아주머니가 한 분 계셨고, 빨래하는 아주머니 역시 한 분 계셨어요. 직원이 제일 많을 때는 스물다섯 명 정도 있었던 것 같아요. 나중에는 숙소가 모자라서 옥상에 방을 만들어 남자들이 쓰게 했죠.

» **주요 손님**

신문로 초입에 사셨던 민병권 국토부 장관님이 단골이셨어요. 아마 김석원 회장님도 왔을 거예요. 저희 가게 있던 곳 주변 학교를 보면 덕수초, 경기여고, 서울고, 이화여고 등 당시 거의 최고 수준의 학교였잖아요. 그러다 보니 학구열이 높은 사람들이 상당히 많이 가게에 왔죠. 그중에는 유학 가시고 이민 가신 분들도 많아요. 한국에 잠시 왔다가 옛날 생각이 나서 오신 분들도 많았거든요. 그분들이 자기는 여기 오면 추억에 젖는다며 '계속 가게를 운영해 달라'고 하는 경우도 있었어요.

후배 교수가 덕수초등학교를 나왔는데, 내가 덕수제과 아들이라고 하니까 자기가 덕수당 시절에 소보로빵을 집어먹다가 아버님한테 파리채로 맞았다고 하더라고요. 본인이 하도 빵을 많이 사 먹어서 덕수제과 재산의 10분의 1은 자기 재산이라고, 그만큼 많이 왔었다고 하더라고요.

1970년대 덕수제과 전경 | 조승환, 『한국 빵·과자문화사』, 대한제과협회, 2004, 94쪽.

이광석은 1963년 덕수제과 건물을 신축할 당시 광화문 근방에 덕수제과보다 높은 건물이 없었다고 기억한다. 덕수제과 주변에는 광화문사거리의 크라운제과와 국제극장 옆 국제제과 등 여러 빵집이 존재하였지만, 버스정류장이 덕수제과 바로 앞에 있어 지리적 여건이 좋아 빵이 매우 잘 팔렸다고 한다. 이봉상 가족은 개업 초기에는 매장 4층에서 거주하다가 건물 뒤편(현 고려주차장 자리)에 한옥에서 거주하였다. 덕수제과 건물은 1층이 빵 판매매장, 2층이 테이블, 3층이 단체룸, 4층이 직원들 숙소 겸 식당, 5층이 공장으로 구성된 하나의 건물이었다. 3층 단체실에서는 미팅이나 약혼식 같은 작은 예식도 진행하였다고 한다.

» **영업장 뒤의 거주공간**

신문로2가로 이사 오기 전에 우리는 덕수제과 건물 뒤에 가정집에서 살았어요. 지금 고려주차장 일부가 옛날에 저희 집이었어요. 70평 정도 됐었어요. 집을 철거할 때 아버님과 교류가 있으신 일본인 한 분이 기와지붕과 대들보를 보고 가져가고 싶다고까지 했던 오래된 한옥이었지요.

» **덕수제과 건물**

건물을 짓고 나서 2~3년간은 우리 건물이 광화문에서 제일 높은 고층 빌딩이었어요. 덕수제과 옥상에 가면, 시민회관인가요? 그 건물이 멀리서 보였죠. 건물은 처음부터 저희가 지은 저희 소유였어요. 건축해 주신 분은 유명한 분은 아니었던 것 같아요. 그 당시 돈이 좀 모자랐는데, 건축 자재는 을지로에서 건축도매상을 하시던 큰아버님이 무한정으로 공급해 주셨죠. 그 당시만 해도 덕수제과 건물은 5층 높이에 엘리베이터가 있는 최신식 건물이었어요.

1990년 덕수제과의 전경(위)과 1층 로비(아래) | <제과제빵> 1990년 5월호 | 비앤씨월드제공

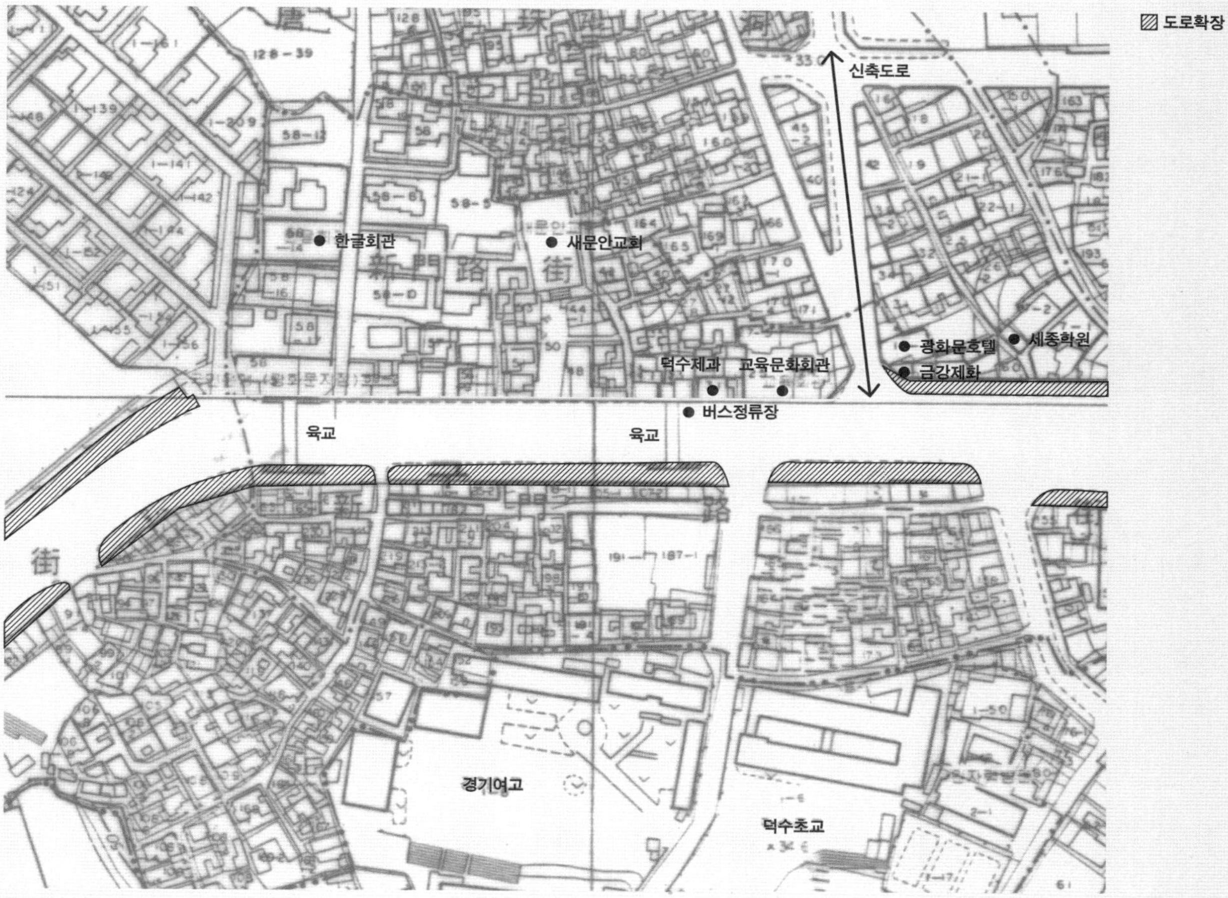

덕수제과의 주변과 육교 | 1980년 도시계획도

» **매장 전경과 인테리어**

제가 국민학교 6학년 때 덕수제과 건물을 지었어요. 그때 건물 4층에 집을 장만했어요. 직원 숙소와 식당 등이 다 있고, 방 두 개로 해서 부모님 방과 아이들 방이 있었죠. 나중에는 1층부터 3층까지가 빵집이었고, 4층은 직원들 숙소 겸 식당, 5층은 공장으로 썼어요. 1층은 판매장이고, 2층에는 앉아서 먹을 수 있는 테이블이 놓였고, 3층 단체실에서는 대학생들 미팅이나 약혼식까지도 했었어요.

» **약혼식과 미팅**

약혼식은 주로 어머님이 주도하셨어요. 어머님께서 '빵집에 와서 약혼식을 할 정도면 경제적으로 어려움이 있는 분들이니까, 너무 비싸게 받지 말라'고 하셔서, 1인당 음료 1개에 케이크 2조각만 제공하는 것으로 했는데, 그러면 당시 돈으로 2500~3000원 정도 들었던 것 같아요. 그런 식으로 30명 정도, 많으면 45명까지의 약혼식을 많이 했었죠.

나중에 폐업하기 전에 '덕수제과에서 약혼식을 한 뒤 결혼도 해서 낳은 아이입니다'라며 아이까지 데리고 온 사람도 있었어요. 약혼식을 참 많이 했어요.

대학생들의 미팅 같은 경우는 음료 하나에 빵 하나로 해서 두세 시간 정도 진행했어요. 매장이 42평으로 실평수가 38평 정도 됐었으니까, 학생들 미팅한다고 하면 한 80명까지도 들어갔어요.

» **덕수제과 주변 빵집**

빵집이 광화문사거리에 크라운제과, 그리고 1980년쯤에는 파리바게트가 생겼어요. 국제극장 바로 옆에 국제제과, 종로1가 쪽에 무과수제과도 생겼고요. 하지만 저희 매장 근처에는 다른 빵집이 없었어요. 또 가게 앞에 버스정거장이 있어 교통이 워낙 좋다 보니 장사가 잘돼서 하루에 빵을 세 번씩 구웠어요.

» **덕수제과 주변의 분식집**

주변에 기억나는 상점은 대성학원과 미리내분식 정도예요. 지금은 많이 변했어요. 신문로는 주거지역이라 그 주변이 특별하게 활성화되지 않은 것 같아요. 미리내분식이랑 다른 분식집들이 당주동 골목에 있었거든요. 여기 학생들이 무지 많아서, 분식집이 정말 잘됐어요. 그중에 제일 잘된 게 미리내였죠.

덕수제과는 '빵은 누구나 쉽게 먹어야 한다'는 신조 때문에 가격을 쉽게 올리지 않았다. 이광석의 구술에 따르면 덕수제과의 주력 제품은 단팥빵과 모찌떡 그리고 카스텔라였다. 덕수제과의 빵에 들어가는 팥은 건물 뒤편 한옥에서 직접 만들었기 때문에 맛이 좋다고 소문이 자자했다고 한다. 또한 모찌떡과 카스텔라도 결혼식 답례품으로 잘 나가는 주력제품 중 하나였다.

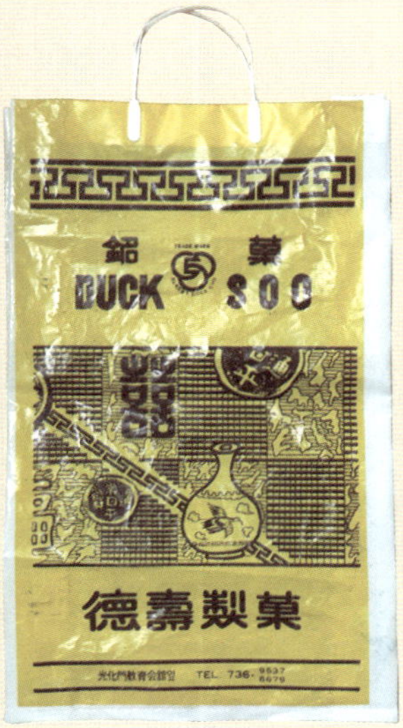

덕수제과 포장지 | 이광석 제공

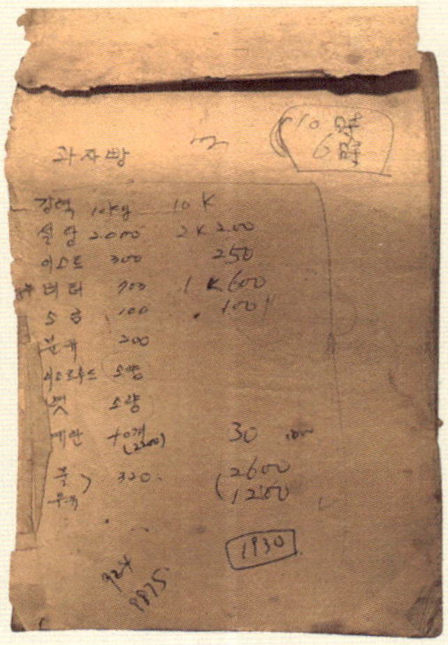

덕수제과 판매 빵의 레시피 | 이광석 제공

월간 『제과제빵』 1990년 5월호 [업소탐방] 덕수제과

덕수제과에서 현재 생산해 내고 있는 제품 수는 150여 종. 그리 많은 수는 아니나 우선 제품 하나하나에 정성을 다할 생각이라는데, 특히 케이크류는 손님에게 가장 인기 있는 제품으로 즉석 판매보다는 주문판매가 많다고 한다. 하루 400여 명에 이르는 손님 구성비에 있어서는 젊은 층보다는 중년층 고객이, 유동고객보다는 단골손님이 많다고 하는데, 단골손님이 전체의 40%를 차지한다고 한다.

여름에는 빙수도 매우 잘 팔려 어떤 때는 하루 200그릇이 넘게 팔리기도 하였다. 빵이 워낙 많이 판매되어 재료 조달도 시장에서 대량구매하거나 직거래를 주로 이용하였다.

» **재료 조달**

사라다빵이나 고로케를 만드려면 야채나 과일을 엄청나게 많이 사야 했어요. 워낙 많이 쓰기 때문에 주로 가락시장에서 사고, 시간이 안 되면 경동시장이나 중앙시장에서 짝으로 사 왔어요. 서대문 넘어서 불광동 시장도 가고, 영천시장은 가끔 갔어요. 품목별로 가는 시장이 있었어요. 팥은 중앙시장, 과일은 경동시장, 야채와 고기는 가락시장을 많이 이용했죠.

크리스마스 때 계란을 1톤 트럭으로 두 트럭을 썼어요. 3~4일에 소화하는 양이 그렇게 많았기 때문에, 우리는 시장 아니면 직거래를 했어요. 생크림 같은 경우도 우리는 롯데삼강 본사에서 직접 계약했어요.

» **가격과 주력 제품**

저희가 끝까지 고수했던 부분이 가격이에요. 강남에서 1500원 받는 빵도 그 당시에 800원 받았어요. '빵으로 돈을 번다기보다는 먹고 싶은 사람들 먹을 수 있게끔 싼값에 줘야 한다'는 것이 어머님의 신조이셨죠. 당시 제일 잘 팔린 빵은 모찌떡이고, 앙금빵도 잘 나갔어요. 저희는 팥을 저희가 직접 만들었거든요. 건물 뒤편의 집에서 큰 솥하고 가스 불에 팥을 쑤는 시스템을 만들었어요. 그래서 덕수제과 앙꼬빵이 진짜 맛있다고 소문이 났죠. 소보루와 앙금빵은 늘 많이 팔렸던 것 같아요. 모찌떡은 주로 결혼식 답례품이었죠. 그때 결혼식 답례품으로는 모찌떡하고 카스텔라가 있었는데, 조금 돈 있는 사람들은 카스텔라를 하고, 약간 경제적으로 어려우면 모찌떡으로 맞춰서 대량으로 주문이 들어왔죠.

1990년 덕수제과의 포장 진열품 | 〈제과제빵〉 1990년 5월호 | 비앤씨월드제공

1990년 덕수제과 1층(위)과 2층(아래)의 객석 | 〈제과제빵〉 1990년 5월호 | 비앤씨월드제공

» **빙수**

빵집은 여름에는 너무 더워서 장사가 잘 안 돼요. 여름의 수익을 그나마 보완해 주는 게 빙수였죠. 제일 많이 팔아본 날이 하루 200그릇 이상 된 것 같아요. 그 정도면 주문을 받고 얼음을 가는 게 아니라 얼음을 계속 갈아야 하죠. 종류는 두 가지, 팥빙수와 과일빙수를 팔았는데, 거기에 들어가는 팥도 우리가 직접 다 만들었어요.

신문로2가에서의 생활

이봉상은 1977년부터 2000년까지 신문로2가 1-111번지에 거주하였다. 이광석의 구술에 따르면 기존의 주택이 너무 낡아 신축하였는데, 당시 호화주택 기준에 걸리지 않도록 단층으로 건축면적 79평으로 건축하였다. 건축공사는 덕수제과 건물을 지을 때와 마찬가지로 을지로에서 건축 자재 도매상을 하는 큰아버지의 도움을 많이 받았다고 한다. 구술자는 신문로2가의 첫인상을 '시내 한복판에 있는 별세계 같은 곳'이라 표현하였다. 하지만 그만큼 조용하고 깨끗했던 신문로2가는 거주자들이 점차 강남으로 이주하고, 사무실이나 대사관·음식점 등이 들어서기 시작하면서 매우 소란스러워졌다고 한다. 따라서 2000년에는 이광석의 가족도 신문로2가를 떠나게 된다.

» **거주 계기**

덕수당 할 때하고 당주동에서는 저희가 세를 살았어요. 그다음에 북아현동에서 잠깐 살았는데, 계속 교통비를 들여가며 움직이다 보니까 가까운 신문로가 좋았어요. 또 원래 부모님께서 덕수제과 부지를 선택하실 때도 지관을 부르셨는데, 그분이 1-111번지와 표구집(문화사, 1-241번지) 땅을 사면 덕수제과도 잘 되고 모든 가정이 다 잘된다고 하신 적도 있었죠.

» **자택 신축**

저희는 집을 신축해서 들어갔어요. 이전 집은 굉장히 허름한 목조주택이라 도저히 개조해서 살 수가 없었어요. 우물은 없었고, 연못은 있었는데, 그건 우리가 인위적으로 만든 거였어요. 기억나는 건 거기 아주 오래된 대추나무가 큰 게 있었어요. 근데 풍수상 앞에 대추나무가 있으면 안 좋다고 해서 베어 버린 게 생각나요. 내부는 전혀 기억이 없어요.

당시 큰아버님이 을지로에서 건축 자재 도매상을 하셨어요. 그래서 돈이 좀 부족했는데도 '동생 집은 튼튼하게 지어야 한다'며 지원을 많이 해주셨죠. 제 사촌 형님이 건축과를 나와서 형님 친구가 설계를 했죠. 이름은 모르겠고 민 씨였던 걸로 기억해요. 그때 바닥을 다 대리석으로 만들이었어요. 당시 롯데호텔 지은 사람들을 불러서 짓기도 하고, 이 동네가 부자동네라 여기 집들이랑 비슷하게 지었죠. 우리는 지인을 통해서 했기 때문에, 한 군데에 다 맡긴 게 아니라 파트별로 각자 사람들을 불러 도급제로 했지요.

» **자택 전경**

집은 단층이었어요. 지상의 방은 저와 막내 여동생, 부모님이 사용했고요. 지하가 있어서 지하의 주차장 옆방은 남동생이 썼어요. 단층에 지하로 지을 수밖에 없었던 이유는, 당시 건평 80평이 넘으면 호화주택으로 걸렸어요. 그 때문에 지하까지 합해서 79평이었어요. 그래서 거실 천장이 굉장히 높았어요. 화장실은 부모님 방 안에 하나, 저와 여동생 방 사이에 하나 있어서 양쪽 방에서 들어갈 수 있게 만들었어요. 창고는 전부 다 지하에 있었어요. 지하 방도 창문이 반지하처럼 지상으로 살짝 나와 있었어요. 지하는 밖에서 따로 들어가기도 했죠.

» **친했던 이웃들**

신문로 초입에 사셨던 국수를 좋아하시는 민 장관님 댁에 어머님과 국수를 먹으러 갔던 기억이 나기도 합니다.
이 동네에 사는 덕수초등학교 동창들이 많았고, 대부분은 중고등학교 동창이기도 해요. 결혼 후에도 연락이 되어 아이들끼리 집을 왕래하며 지낸 친구도 기억이 납니다.

» **동네 풍경**

저희 집 맞은편이 경찰청 사택이고, 뒷집이 동남갈포벽지. 여기는 부촌이라 프라이버시가 강해서 서로 자주 왕래하는 경우는 거의 없었어요. 처음에 대사관이 세 개인가 있었는데, 코스타리카대사관은 기억이 안 나고 사우디아라비아대사관이랑 러시아대사관은 기억이 나요.

저는 가게가 큰길 쪽에 있어서 이용하는 골목이 따로 있었어요. 또 1-145번지 부근에, 그 당시에 유명한 한식집이 있어서 밤에는 많은 고급 차들과 기사들이 있었던 게 기억납니다.

» **신문로2가 인상**

신문로2가의 첫인상은 '서울 시내 한복판에 이렇게 깨끗하고 조용한 주거지가 없다'는 거였어요. 그 점이 최고였죠. 또 우리 같은 경우는 사업장하고 가까워 최고의 거주지였죠. 그런데 점점 시간이 흐르면서 그 조용하던 동네 분위기가 다 사라졌어요. 일단 차량 교통이 너무 많았고, 원래는 모두 주택이었는데 사무실들이 들어서기 시작했던 것이었지요. 게다가 2000년 전후부터 큰 건물들이 들어서기 시작하고, 여기 살던 사람들은 다 강남으로 갔죠.

옛날 광화문에 부자가 차 씨, 현 씨, 오 씨 세 집안이 있었어요.

저희는 1945년 겨울에 남한으로 넘어왔죠. 지금까지 신문로 근처에서만 살았어요.

할아버지께서 신문로 땅을 사셨고, 저희 아버지께서 건물을 지으셨고, 나는 거기서 슈퍼를 한 거죠.

고려슈퍼는 한국의 초창기 슈퍼 중 하나라고 할 수 있어요.

한 곳에 여러 메이커의 상품이 있는 슈퍼의 개념이 거의 처음 도입된 거죠.

한때 우리가 서울에서 커피 판매량이 신세계백화점보다도 많았어요.
우리나라 유통업계에서 1·3주 일요일 휴점을 제가 제일 먼저 했어요.

우리는 가격제한 없이 전부 배달을 해 줬어요. 주로 근처였기 때문에 들고 뛰는 게 많았어요.

손님은 주로 정부종합청사 직원이고, 보험회사에서도 시상식용 상품을 많이 사갔어요.

신문로2가에는 이북에서부터 아시던 분들이 근처에 많이 살았어요.

고려슈퍼

신문로1가 1-24번지(고려슈퍼)
신문로2가 1-125번지(자택)

고려슈퍼의 창업주 오세영(1944~)은 1945년 평양 출신 조부 오경숙(1890~1975)을 따라 신문로1가 24번지 한옥에 정착하였다. 오랫동안 신문로1가에서 생활기반의 터를 잡아 오다가 1986년 지금의 신문로2가 1-125번지로 이주하여 2020년까지 거주하였다. 그는 신문로1가에서 인근 주민이 애용하던 초창기 슈퍼인 '고려슈퍼'를 1973년 개점하여 30년 넘게 운영하였다. 오세영은 신문로에서 집안의 경제적 기반을 다졌고, 이곳에서 거주하였으며, 인근의 새문안교회를 장기간 출석하면서 다방면에서 신문로와 밀접하게 관계하며 지냈다. 그는 신문로1·2가의 시기별 모습과 당시로서는 현대적 판매점인 고려슈퍼의 운영체계와 전략, 판매물품, 주요 이용 고객 등에 대해 자세히 이야기해 주었다.

주요 거주자

이름	생몰연도	가족관계	거주 시기	직업
오경숙	1890~1975		1945~1975 (신문로1가 1-24)	홍사단 단우, 사업가
오형근	1917~1985	오경숙의 차남	1945~1985 (신문로1가 1-24)	사업가
오세영 (구술자)	1944~	오형근의 장남	1945~1985 (신문로1가 1-24) 1986~2020 (신문로2가 1-125)	사업가 (고려슈퍼 창업주)

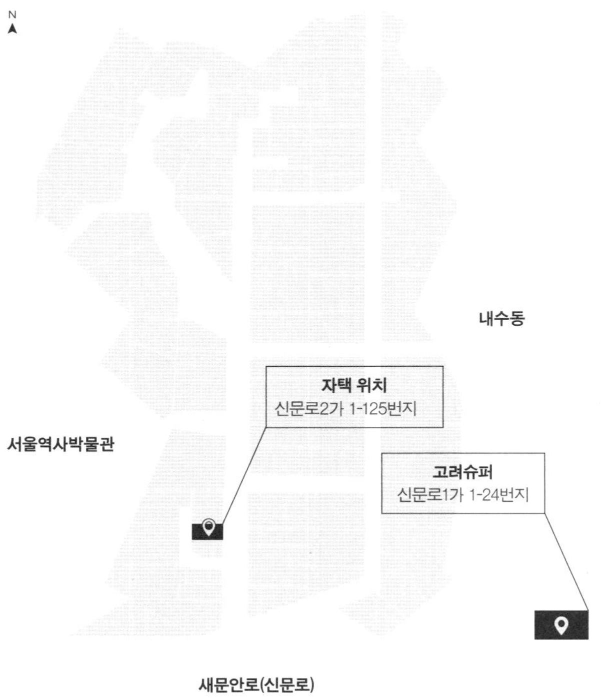

신문로1가 정착과정

오세영의 조부 오경숙은 평양에서 1919년 '대성사'라는 양말공장을 개업하였다. 1922년 지인 김동원·김병연의 권유로 홍사단에 가입하였고, 1930년대 수양동우회 사건으로 1937년 옥고를 치렀다. 일본의 감시와 탄압으로 공장운영이 어렵게 되자 공장을 싼값에 미쓰비시 회사에 처분하고 신문로1가 23번지 일대의 토지와 한옥을 구입하여 신문로에 정착하였다. 평양에서는 공장을 운영하면서 생계를 유지하였지만, 경제기반이 없는 서울에서는 건물을 임대하여 생활을 유지하려는 의도로 도심과 가까운 신문로에 터를 잡은 것이다. 그 후로 오경숙은 신문로1가 토지를 조금씩 구입하여 확장하였다. 구술에 따르면 신문로 일대 토지를 많이 구입하자 오경숙 집안은 '광화문 3대 부자'라는 별명을 얻기도 하였다고 한다.

» **광화문 3대 부자**

> 옛날에 광화문에 부자가 차 씨, 현 씨, 오 씨 세 집이 있었어요. 오 씨는 우리 집이죠. 현 씨는 바로 길 건너, 경기여고 들어가는 땅이 다 그 집 땅이었어요. 차 씨는 신문로 포시즌 호텔 땅이 다 그 집 소유였어요. 그 두 집은 지금 뭐하는지 모르지만, 저희는 여기서 오랫동안 살고 있죠.

오경숙이 구입한 한옥 중 신문로1가 23번지는 1910년대 민대식의 소유였다가 1921년 일제강점기의 유명한 요릿집 명월관의 대표 안순환의 자택으로 쓰이던 곳이다. 이후 1944년 오경숙은 이 일대의 한옥을 구입하여 거주하였다. 이북 출신 동향 지인들보다 비교적 일찍 서울에 정착한 까닭에 홍사단 단우나 친구들에게 거처를 내어주기도 하였다. 1946년에는 조선민주당 재건사업을 하던 김병연을 도와 자택의 사랑채를 무상 제공해 조선민주당 재건사무소로 활용하기도 하였다고 한다. 한옥의 일부는 건물 신축 때 은평으로 옮겨졌고, 현재 숙박업소 '인수당'으로 활용되고 있다.

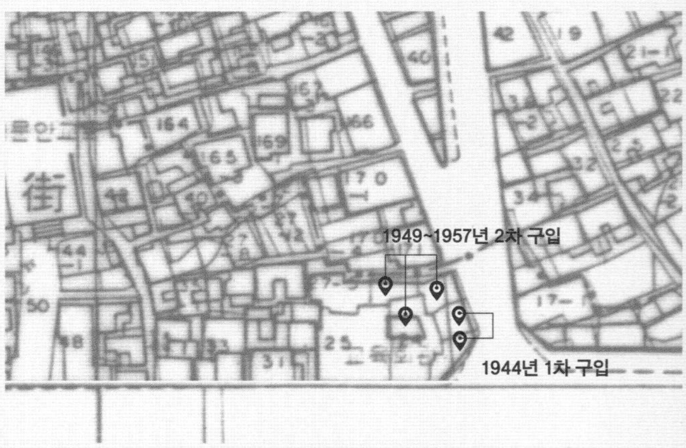

오경숙 일가의 신문로1가 일대 토지 구입(1940~1950년대)

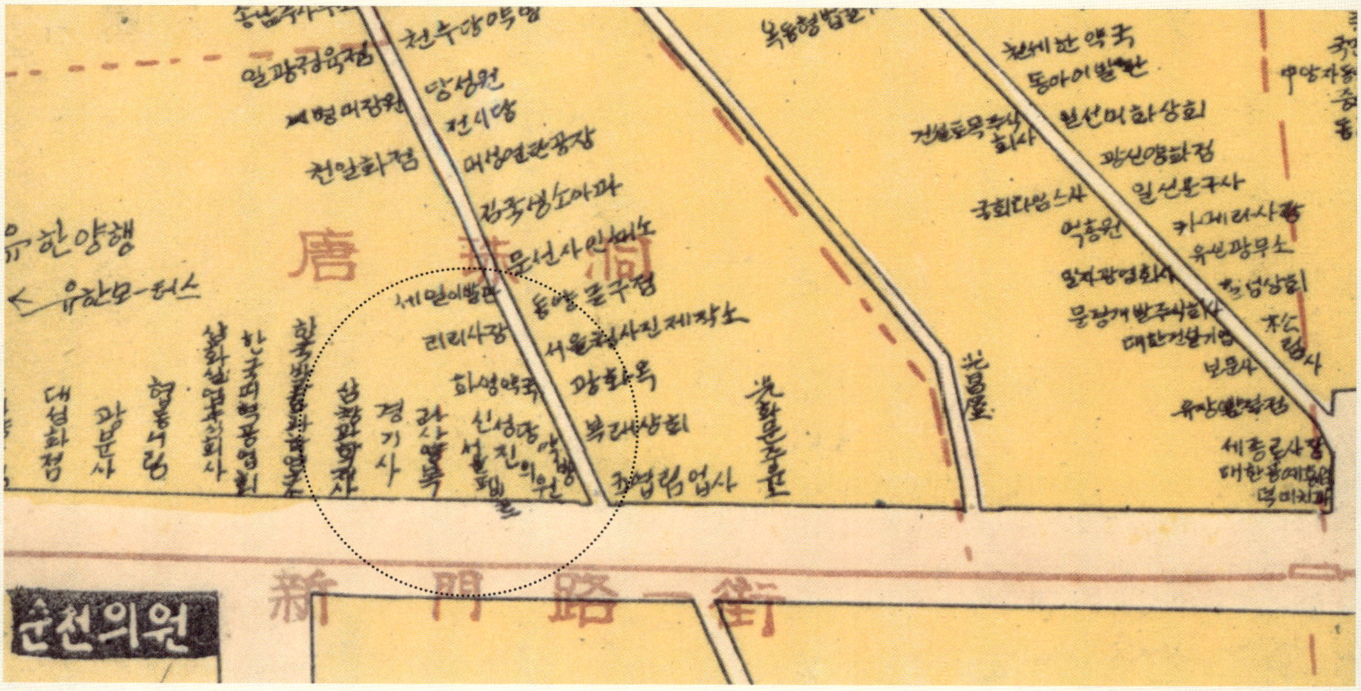

1955년 상계약도(부분)

신문로1가 22~23번지 일대(원 표시)에 약방·양복점 등의 상점이 들어서 있다.

『경향신문』 1986년 11월 19일 자

「청년운동 반세기」

그러나 혈기방장하고 배짱만 크다고 해서 일이 성사되는 법은 아니므로 문봉제 일행은 날이 새기를 기다려 신문로의 어느 사랑채에 기숙 중인 조선민주당 간부를 찾아갔다. 스스럼없이 지도편달을 청해 볼 대상은 '대동강물을 함께 마신' 어른들뿐이었기 때문이다. 그러나 조민당 간부들의 처음 반응은 냉소와 호통이었다. 김병연 정치부장은 〈후략〉

» **신문로1가 정착 계기**

저희는 1945년 겨울에 남한으로 넘어왔죠. 지금까지 신문로 근처에서만 살았어요. 원래는 할아버지가 평양에서 양말공장을 했어요. 할아버님은 흥사단 단우였는데, 수양동우회 사건으로 고초를 겪으셨어요. 그때 미쓰비시 회사에서 팔라고 해서 억지로 싼값에 공장을 팔고, 더 이상 평양에서 살 수 없다고 생각하고 서울로 내려 오셨어요.

할아버지께서 우리가 이제 이북에서 이남으로 가는데, 신문로가 시내에서 가까우니 조그마한 건물을 사서 가게를 임대할 수도 있고 안채에서 살 수도 있다고 말씀하셨대요. 처음 정착한 기와집도 바깥채는 양장점에 임대를 주고 안채는 살림집으로 사용했어요. 공장을 판 돈으로 신문로에 정착해서 옆의 땅을 조금씩 조금씩 사신 거죠. 그래서 이 인근에서 계속 살다가 1986년에 신문로2가 주택가로 이사 왔죠.

» **신문로 토박이**

내가 이 동네에 얼마나 오래 살았는지, 어느 날 덕수초에서 전화가 왔어요. 학교 운영위원회 임원을 좀 맡아 달라고요. 동창만 임원을 할 수 있는데, 아무리 찾아도 이 동네에 사는 사람이 나밖에 없다고 하면서요.

» **신문로1가 1-24번지의 건물 신축 과정**

신문로1가 24번지에서 살다가 6·25전쟁이 나서 부산으로 피난을 갔다가 다시 돌아와서 살았어요. 헌 집이었죠. 들리는 얘기로는 이승만 대통령이 여기를 지나가시다가 우리 집을 보고 '아니, 광화문에 이렇게 낡아 빠진 집이 있었냐'며 헐라고 하셨나 봐요. 그래서 1958년에 산업은행 융자까지 알선받아서 건물을 지었어요.

1958년에 지금 커피빈 5층 건물을 지었고, 1968년에 그 옆에 12층 건물을 지었어요. 고려빌딩은 아버지가 지으신 거예요. 할아버지께서 신문로 땅을 사셨고, 저희 아버지께서 건물을 지으셨고, 나는 거기서 슈퍼를 한 거죠. 한 30년 정도 슈퍼 영업을 했어요. 원래 지금 커피빈이 있는 건물이 한옥 기와집이었어요. 지금 그 한옥은 1967년에 은평뉴타운으로 옮겨서 인수당으로 남아 있어요. 이 인근에서 계속 살다가 1986년에 신문로2가 코스타리카대사관이 있던 자리로 이사왔었어요.

2

고려슈퍼의 개업과 운영

2.1 고려슈퍼의 개업

고려슈퍼 개업식 사진 | 오세영 제공

개점 11주년 행사 | 오세영 제공

고려슈퍼 개업식 광고지 | 오세영 제공

산업화 시대에 이르러 교통의 발전과 소비시장의 팽창, 제조업과 서비스업의 발전 등은 유통 기구의 확장과 발전을 낳았다. 1970년대에 이르러 백화점 및 슈퍼업계의 체인화와 중소상인연쇄점의 체인화 등으로 공산품 도매유통에 체인 본부도 가세하였고, 상설시장의 도매기능은 크게 위축되었다.[1] 1968년 6월 1일 한국 최초의 슈퍼마켓인 뉴서울슈퍼가 중림동에서 개장하였는데, 박정희 대통령이 직접 개업식에 참여하여 쇼핑을 할 정도로 국민들의 주목을 받았다. 뉴서울슈퍼는 6000여 평의 매장을 가지고 1일 최고 출입인원이 1만여 명, 구매자가 6000여 명에 이르는 대형 슈퍼마켓이었다.[2] 1973년 개업한 고려슈퍼는 이러한 초창기 슈퍼마켓 점포 중 하나로, 당시 시대적 흐름의 한 가운데에 있었다고 할 수 있다. 오세영은 약품수입상을 하다가 신문로 근처에 슈퍼마켓이 없어서 불편하다는 아내의 권유로 고려슈퍼를 개업하였다고 한다.

» **고려슈퍼의 개업**

1973년 11월 6일에 개장했어요. 원래 나는 약품수입상을 했어요. 그때 결혼을 했는데, 우리 집사람이 요새 슈퍼라는 것이 있다고 하더라고요. 자기가 가봤더니 굉장히 좋다고 해서, 당시 명동의 코스모스백화점에 같이 가 봤어요. 갔더니 현금을 내고 턱턱 사가고, 괜찮은 점이 많더라고요. 또 우리 집사람이 시집와서 보니까 여기 시장도 없고, 슈퍼 같은 거 있으면 좋겠다고 해서 시작했어요. 그 이후로 34년을 운영했어요.

한국에서 제일 먼저 만들어진 슈퍼는 서울역에 있던 '뉴서울슈퍼'라고 일반적으로 얘기를 하죠. 지금 고려슈퍼 자리에 1호라고 써 있는 것은, 같은 자리에서 슈퍼를 지속한 것이 우리가 1호라는 거죠. 시간순으로 하면 우리가 7, 8호점 정도 될 겁니다. 저희는 한국의 초창기 슈퍼 중 하나라고 할 수 있는데, 확실한 것은 한자리에서 죽 슈퍼를 운영한 것은 우리밖에는 없습니다.

1. 서울시정개발연구원, 『서울 20세기 생활·문화변천사』, 264쪽.
2. 한국마케팅연구원, 「경영에 실패한 최초이자 최대의 슈퍼 마아켓, 「뉴서울 슈퍼」」 『마케팅』 5(5), 1971, 24쪽.

2.2 고려슈퍼의 운영

고려슈퍼는 당시 슈퍼마켓의 직거래 시스템을 처음 적용해 중간 거래자가 아닌 직접 물류거래를 하여 소비자들에게 좋은 가격으로 상품을 제공하였다. 또한 고려슈퍼는 배달 시스템과 상품권 등이 활성화되어 있어 신문로 인근 주민들과 주변 사무실의 사무원들이 많이 이용하였다고 한다. 사무실이 인근에 위치하여 커피가 많이 팔려 한때는 커피 판매량이 신세계백화점보다도 많았다고 한다. 또한 스낵 분식코너, 액세서리, 포장된 선물세트 등 생필품 외에도 다양한 품목들을 판매하였다.

고려슈퍼 자리의 안내문

» **배달 시스템**

우리는 전부 배달을 해 줬어요. 차량이나 자전거도 이용했지만, 주로 근처였기 때문에 들고 뛰는 게 많았어요. 나도 직접 들고 뛰었었죠. 배달 서비스에 가격제한은 없었어요. 배달해 달라고 하면 그냥 배달해 줬어요. 신문로 주택가에서는 전화 배달이 많았어요. 배달해서 가져가면 현금을 받았죠. 물론 외상도 했고요. 당시만 해도 신용카드 같은 건 없던 시절이니까요.

생필품 사러 주로 고려쇼핑을 많이 갔어요. 매장 자체는 지금과 다르지 않았어요. 그때는 굉장히 현대적이었죠. 또 1980년대에 오토바이 타고 배달을 해 줬어요. 이창

『매일경제』, 1974년 3월 9일 자

「단축될 유통 단계—무르익는 서울시의 슈퍼체인」

유통체계의 복잡성을 탈피해서 단일화시켜 저렴한 가격으로 소비자들에게 공급하기 위한 슈퍼체인화 작업이 무르익어 가고 있다. 서울시가 연차계획으로 서두르고 있는 200개 시장 내의 슈퍼마키트 설치안은 이미 세부계획작업에 들어가 올해 안으로 30개의 슈퍼마키트가 시장 내에 들어서게 됐다.
서울시는 현재 각 시장에서 판매하고 있는 각종 생활필수품이 ①생산자 ②대리점 ③도매상 ④중간도매상 ⑤소매상을 거쳐 소비자들에게 판매되고 있는 5단계 유통구조를 ▲생산자(생산공장) ▲슈퍼체인본부 ▲소매상을 거쳐 소비자들에게 직접 판매할 수 있게 개선하면 중간마진을 5%에서 10%선까지 싼값으로 소비자들에게 공급해 줄 수 있다는 계산이다.
이 같은 슈퍼마키트체인 방법을 통해 각종 생활필수품이 거래케 됨으로써 중간상인들의 물량 매점매석 등을 막을 수 있으며, 가격 조작과 물량의 품귀현상으로 빚어지는 잡음을 제거하고 물가안정의 효율을 기할 수 있다는 이야기다. 〈후략〉

고려슈퍼 전단지 | 오세영 제공

신문로의 고려슈퍼 건물 | 『서울건설』, 서울특별시, 1978년

고려슈퍼의 매장 내부 전경 | 오세영 제공

» **직거래 운영 체계**

저희는 저희가 직거래로 물건 구입을 했죠. 그 당시만 하더라도 유통구조가 브랜드에서 슈퍼를 통해 소비자에게 판매하는 구조가 아니었어요. 중간대리점을 통해야만 했죠. 그래서 물가가 비싸지니까, 정부가 물가를 잡으려고 중간단계를 없애는 슈퍼를 장려했어요. 그래서 ㈜진로와 거래를 처음 텄어요. 그걸 시작으로 회사를 찾아가서 직거래를 시작했어요. 대리점을 안 거치니까 소비자 가격이 싸지죠. 그때 한 곳에 여러 메이커가 있는 슈퍼의 개념이 거의 처음 도입된 거죠. 그래서 한때는 서울에서 생필품 판매 1위도 했었어요.

사무실에 앉아 있으면, 거래처 사람들의 발걸음 소리가 들려요. 큰 기업들은 신발 소리가 저벅저벅(발소리가 무겁고 크다는 뜻의 의성어) 소리가 나요. 원래 대리점 하고만 했었는데 슈퍼와도 거래해 준다고 저벅저벅 걸어오는 거죠. 작은 기업들은 조심조심 오는 경우가 많았죠.

» **영업시간**

9시 개점에 21시 폐점이었어요. 내가 한 가지 자랑스럽게 생각하는 것은 우리나라 유통업계에서 1·3주 일요일 휴점을 제가 제일 먼저 했어요. 그러다가 1980년대에는 최초로 매주 일요일에 휴점을 했어요. 광화문이 오피스지구이기 때문에 일요일에는 손님이 별로 없었어요.

» **상품권**

상품권도 우리가 제일 먼저 시작했죠. 상품권, 일요일 휴무, 브랜드 간 직거래 모두 저희가 먼저 선도적으로 시작했어요. 쿠폰이나 적립금은 아직 없던 시절이었죠.

» **주요 판매 품목과 손님**

그 당시에는 정육이라든가 설탕, 커피, 하이타이(세탁세제) 등 생필품이 주요 판매 품목이었죠. 매장은 120평 정도에 불과했지만, 그 당시에는 대규모 점포였거든요. 우리는 한때 서울에서 커피 판매량이 신세계백화점보다도 많았어요. 매출이 많으니까 동서식품에서 회사 중역들이 찾아오기도 했죠.

손님은 주로 정부종합청사하고, 보험회사에서 시상식용 상품을 많이 사 갔어요. 이 근처에 보험회사가 굉장히 많잖아요. 보험회사에서 연말이면 우수사원한테 주는 선물을 우리한테서 많이 샀죠.

» **시식코너와 분식코너**

분식코너도 있었는데, 그건 우리가 직영을 못 했어요. 시식코너는 메이커에서 고용한 판촉 직원이 운영했죠.

3

신문로2가 정착과정

3.1 신문로2가 거주민들의 관계망

오세영 일가는 1945년 평양에서 신문로1가로 건너와 현재까지 신문로에 거주하고 있다. 따라서 이후 신문로2가로 이주해 온 북한 출신 주민들과도 교류가 있었다. 신문로2가 1-125번지의 집도 당시 신문로2가 1-247번지에 거주하던, 어머니와 동향 사람이었던 김동선의 추천으로 구입하였다. 구술에 따르면 김동선의 어머니가 오세영의 조부 오경숙과 매우 가까운 사이라고 하며, 같은 새문안교회 교인이었던 최춘근(1-146)도 동향 지인으로, 신문로 거주 이전부터 교류가 있었다고 한다.

» **신문로2가 거주 계기**

신문로2가 한국광고연구소 자리에 김동선 교수라는 분이 사셨어요(1-247). 그분 어머니랑 우리 어머니랑 고향이 같아요. 김동선 교수 어머니가 소개해서 그 집을 우리가 샀어요. 그분이 우리 할아버지보고 오라버니라고 그랬어요. 그런데 신문로1가 재개발이 오래 걸려서 신문로1가에 그냥 살다가 우리 아버님이 1985년에 돌아가신 후에 1986년에 이사했어요. 그리고 작년에 우리 어머니가 돌아가셔서 금년(2020년) 10월에 건너편으로 이사를 했죠.

원래 신문로2가 1-125번지 우리 집에는 한양건설 김선환 회장님이 사셨어요. 그분이 자기 손주까지 살라고 집을 굉장히 튼튼하게 지었어요. 그런데 그분이 방배동으로 이사 가고, 우리가 그 건물을 살 때는 코스타리카대사관이 임대하고 있었어요. 일 년 후에 대사관이 나가면서 우리가 들어왔어요.

» **이북 출신 주민들**

우리는 신문로2가 집을 미리 사두었다가 나중에 입주했어요. 우리 할아버지와 아버지께서 신문로1가에 계셔서 그러셨는지 모르겠지만, 이북에서부터 아시던 분들이 근처에 많이 살았어요. 김동선 씨네도 동향 사람이고, 또 바로 옆에 최춘근 씨라고 피혁공장 하시던 분이 계셨는데, 그분도 동향이었어요.

» **신문로2가의 혼맥**

최종관 씨는 선경 집(SK) 셋째였고(1-145), 석세일 씨는 서울대 정형외과 교수시죠(1-144). 신문로2가에 사시던 일신방직 김형남 이사장님(1-142)의 사위가 석세일 교수예요. 김형남 씨 사모님이 우리 어머니랑 아주 친했어요. 곽 장군네 따님(곽응철, 1-114)이 김동선 씨의 조카며느리세요. 이승원 씨는 김성곤 씨 둘째 사위시고, 아직도 신문로에 사시죠.

» **주변 이웃들**

범한서적 자리는 원래 파이롯트만년필 집(1-222)이었는데, 범한이 광화문네거리에 있는 건물을 팔아서 이 건물을 샀죠. 한덕수 국무총리는 아버지가 한택선 씨죠(1-320). 허열 씨네(1-259)도 오래 살았고. 지금 세계일보 자리(1-158)가 옛날 한독약품 김신권 씨네 집이었어요.

3.2 새문안교회와 신문로2가

오세영은 새문안교회 교인 출신으로, 신문로2가 새문안교회에 다니는 교인들과의 관계망에 대해 구술해 주었다. 신문로2가의 새문안교회 교인들은 주로 신문로2가 초입에 살던 주민들로, 새문안교회에서 결혼식을 할 정도로 새문안교회와 깊은 인연을 가지고 있었다. 또한 신문로2가 1-145번지에 거주하던 SK그룹

신문로2가 1-125 거주 시기 | 오세영 제공

의 장명순은 신문로2가 58-18번지 제일식품의 주인을 전도하여 같이 새문안교회에 다니기도 하였다.

» **신문로2가의 새문안교회 교인들**

저희 집 바로 옆에 사셨던 최춘근 씨 아들 최준홍이 저와 덕수초등학교 동기동창이에요(1-146). 최춘근 씨 댁은 우리와 이북에서부터 알아서 잘 알고 지냈죠. 심우섭 씨(1-148) 아들도 저하고 덕수초등학교 동창이에요. 세대건설 대표셨고, 지금 새문안교회 있기 전의 건물을 건설했어요. 우리보다 오래전부터 신문로2가에 사셨던 집이에요. 일신방직 김형남 사장님 아들로 김창호·김용호가 있는데, 새문안교회를 같이 다녔어요. SK그룹 장명순 여사는 친정어머니와 같이 살아서, 같이 새문안교회에 왔어요. 오세영

김형남 사장님의 사모님이 새문안교회 우관실 권사세요. 신문로 초입에서 제일식품을 운영했던 이기일 사장도 내가 새문안교회로 인도해서 같이 다녔어요. 장명순

1950년대 신문로 새문안교회

새문안교회 부속인 새문안유치원은 1929년 5월 1일 '신문내유치원新門內幼稚園'이라는 이름으로 개원하였다. 새문안유치원은 세종로 성당의 세종로 유치원과 함께 신문로 주민들이 자주 이용하는 아동교육기관 중 하나였다. 구술에 따르면 신문로2가 거주했던 SK그룹 최종관의 자식들도 큰아이들은 새문안유치원을, 작은아이들 진학 시기에는 새문안유치원이 없어져 YMCA유치원을 보냈다고 한다. 조선일보 1962년 2월 13일 자의 기사를 살펴보면, 당시 입학금 5000환과 월 2900환을 내면 누구나 새문안유치원에 입학할 수 있었다. 당시 새문안유치원 원아들은 영어, 노래, 그림그리기, 무용 등 다양한 활동을 통해 협동심과 사회생활을 익혔다.[3]

현재의 신문로2가 1-125번지에서 구술자 | 오세영 제공

» **새문안교회 유치원**

우리 애들 모두 새문안교회 주일학교 출신이에요. 위의 아이들은 새문안교회 유치원에 다녔고, 밑의 아이들은 새문안유치원이 없어져서 YMCA 유치원에 보냈어요. 여기 동네 아이들은 새문안유치원 혹은 YMCA로 다녔던 것 같아요. 장명순

저는 유치원을 안 다녔어요. 당시 어머니가 새문안교회에 있는 새문안유치원에 한 번 데려가셨는데, 가고 싶지 않아서 안 다니고 싶다고 했던 생각이 나요. 지금 새문안교회 바로 옆에 새문안유치원이 있었어요. 라제건

3. 『조선일보』 1962년 2월 13일 자, 「우리나라의 유치원」

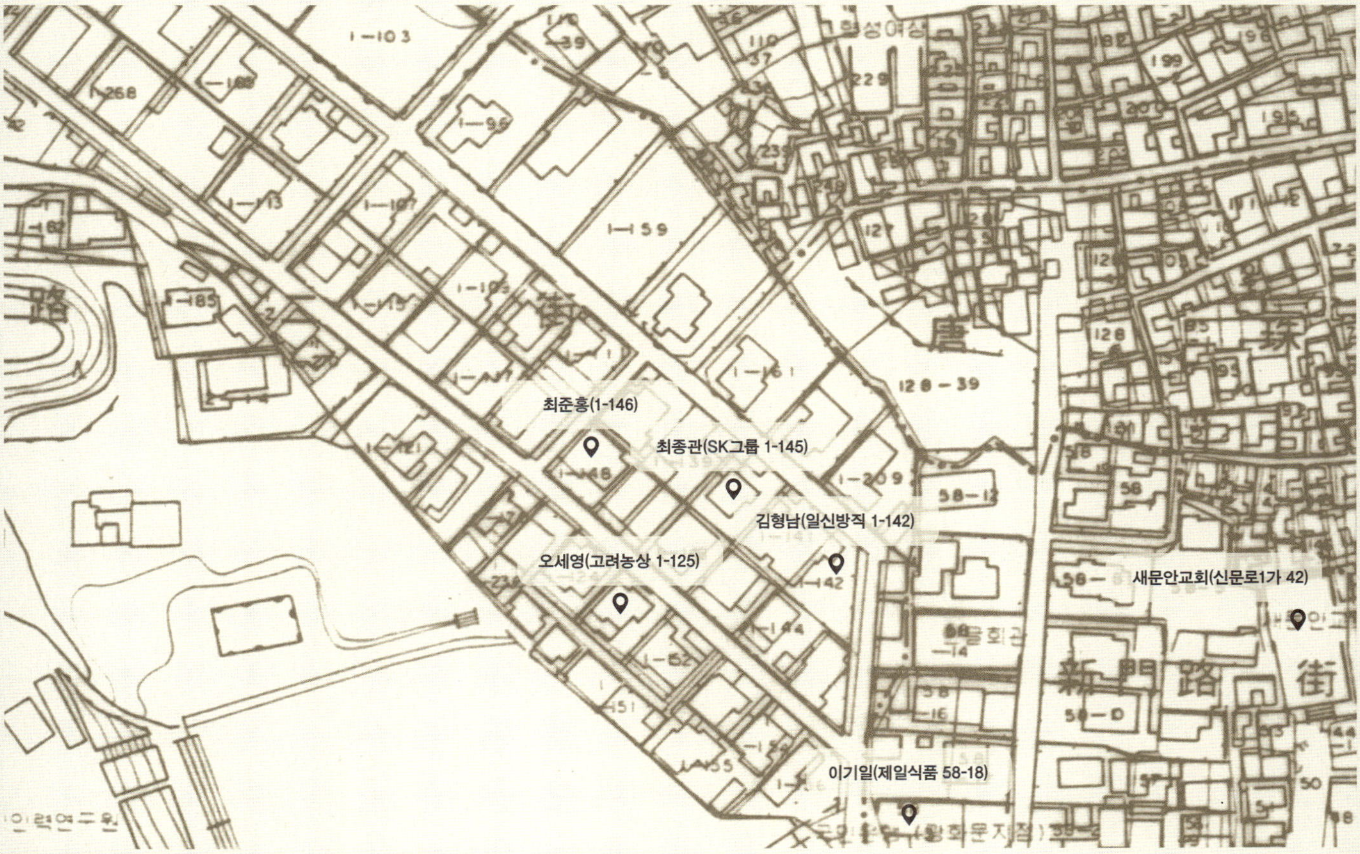

신문로2가의 새문안교회 교인들

내가 어린 시절을 여기서 보내서, 이 동네를 잘 아니까 여기서 부동산을 시작한 거죠.

내수동의 우물은 내가 어렸을 때부터 있었어요. 조선시대부터 있었는지도 몰라요.

서울고에서 공을 차고 놀다가 목이 마르면 그 자리의 우물에서 물을 먹었어요.

파출소 앞에 큰 느티나무가 있었어요. 경찰의 날에 고목제를 지냈죠.

옛날에는 목련빌딩 자리가 논이었어요.

전차가 서대문으로 언덕을 올라가지 못해서 어린애들도 따라갈 정도였죠.

광화문 곰이라고, 고성일과 그 형제들이 신문로에 살았어요.

당시 이소라와 김현식 등이 소속된 동아기획의 연습실이 박시우치과 건물 지하에 있었어요.

원래 장원은 종로구청 앞에 있었는데, 요정의 시초라고 할 수 있죠.

안한수

내수동 110-12번지

신문로에서 부동산을 오랫동안 운영한 안한수는 신문로2가의 고급주택 가운데 90% 이상의 매매를 담당했을 정도로 신문로2가 주택의 상황을 꿰뚫고 있는 지역의 산증인이다. 전북 진안에서 출생한 그는 공무원인 아버지를 따라 1960년대 초반 내수동 110-12번지에서 5년 정도 거주하면서 신문로와 연을 맺었다. 성인이 된 후 다시 신문로를 기반으로 부동산 중개업을 개업하였고, 어릴 적부터 신문로에 산 덕택에 폐쇄적인 신문로2가 주택지의 사람들에게 신임을 얻어 사업을 원활히 진행할 수 있었다. 그를 통해 다른 구술자에게서 듣지 못한 신문로의 오래된 우물과 고목에 대한 이야기를 들을 수 있었으며, 그동안 가려진 고목과 우물의 내력을 밝혀낼 수 있었다.

주요 거주자

이름	가옥 위치 사업장 위치	거주 시기	정착 배경
안한수	내수동 110-12 신문로-내수동 부근	1960년대 초반 (5년 정도 거주)	부친의 근무지

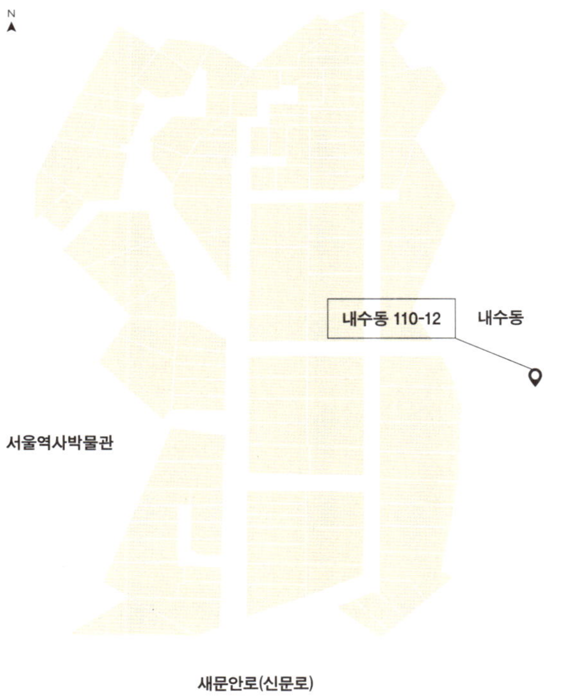

1

신문로의 풍경

안한수는 1960년대 초반 내수동에 거주하였으며, 1976년부터 신문로2가에서 부동산 중개업을 하였기 때문에 신문로의 오래된 지형지물에 대해 자세히 기억하고 있었다. 구술자에 따르면 신문로파출소는 현재 자리가 아니라 서울역사박물관 입구 쪽에 위치하였다. 파출소 앞에는 100년 이상 된 것으로 추정되는 느티나무가 있었다. 고목에서 주민들은 1년에 한 번씩 경찰의 날(10월 21일)에 고목제를 지냈다고 하며, 신문로파출소 앞의 고목은 파출소가 자리를 옮기면서 벌목되었다. 또한 구술자는 어릴 적 이용한 경험이 있는 내수동의 우물에 대해 말해 주었고, 현재 10평 남짓한 국유지에 남아 있는 모습도 확인할 수 있었다. 이 우물은 인근 내수동 110-5번지가 발굴을 통해 내수사 터임이 밝혀지면서 내수사의 우물로 추정할 수 있는 귀중한 유적이다.

1.1 고목과 우물

» **고목과 고목제**

파출소 뒤에 있던 고목에서 고목제를 지냈어요. 고목은 느티나무였는데, 파출소 옮기고서 그걸 베었어요. 내가 파출소 자리를 중개해 옮겨 줘서 기억하고 있어요. 파출소를 옮긴 후 이전 땅을 서울시에 환납한 다음 서울역사박물관이 들어오면서 잘라 버렸어요. 안한수

파출소 앞에 큰 미루나무가 있었어요. 경찰의 날에 고목제를 지냈죠. 옛날에는 파출소가 서울역사박물관 광장 있는 쪽에 있었는데, 들어오는 입구 쪽에 큰 고목나무가 있었어요. 수십 년을 해마다 경찰의 날에 맞춰서 고목제를 지냈죠. 그런데 어느 날 바람이 불어서 가지가 부러지고. 파출소가 없어질 때 베어졌어요. 그때가 아마 서울고 이전 한참 후였을 거예요. 이기일

» **내수동 우물**

내수동의 우물은 내가 어렸을 때부터 있었어요. 아마 100년도 넘게, 조선시대부터 있었는지도 몰라요. 이 우물이 신문로에서 제일 오래된 우물이에요. 옛날에는 저 윗집에서도 내려와서 물을 떠서 먹곤 했어요.

이 우물 있는 곳이 국가땅이에요. 옛날에는 내수동교회 자리가 다 단독주택이라, 거기 살던 사람들 모두 여기 우물을 썼어요.

» **서울역사박물관 앞 우물**

옛날 서울역사박물관 자리에는 서울고등학교의 '브로크담'이 있었어요. 그 안에서 공을 차고 놀고 목이 마르면 그 자리의 우물에서 물을 먹었어요. 그런데 지금은 경희궁 복원을 한다고 해서 옛날 모습이 다 사라져서 없어요.

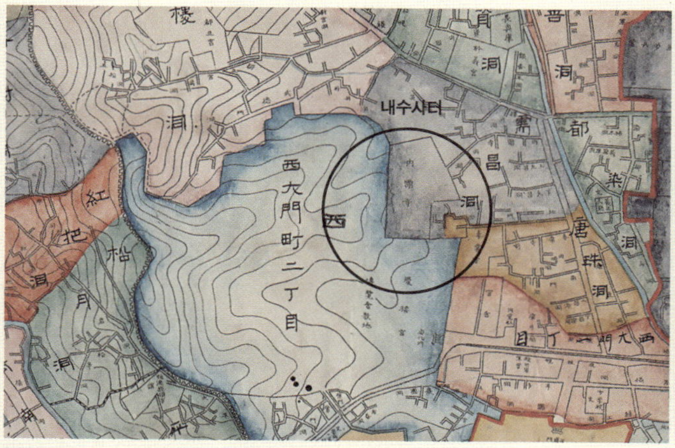

1911년 경성시가도 위 내수사 위치

현재 우물 모습

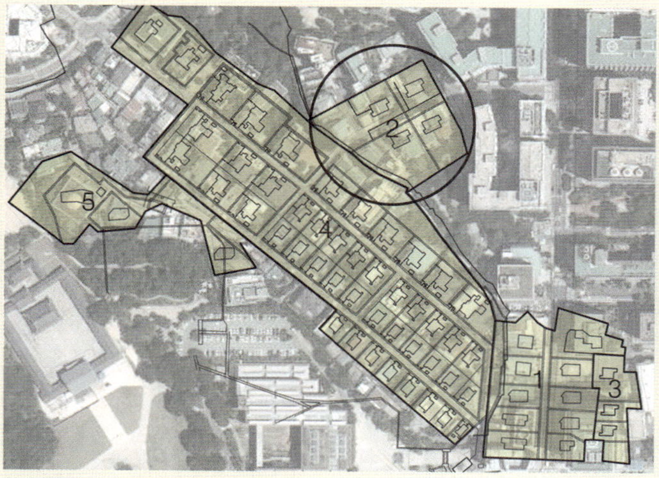

현재 항공사진 위 관사 배치(우물위치 표시)

우물 내부

내부에는 우물을 쌓은 장대석이 보인다

「채색 서궐도」에 보이는 고목의 위치(추정)

『동아일보』 1927년 7월 30일 자

「需昌洞(수창동) 內需司(내수사) 勳喆李(훈철리) 四八一洞昌需(사팔일동창수)【者解正(자해정)】」

수창동내수사는 업서진지오래입니다 오즉녯대문이남어잇고 녯현판이달려잇슬뿐입니다 내수사안움물이야참으로 유명하지요 체징(滯症)잇는사람이이동리와서얼마를지내면 약먹을것업시 속이시원하다함니다

내수라는것은 궐네에서 소용되는 쌀 포목 다른잡색물관과 남녀노비까지마튼데드랍니다 우리는 후생이라 녯일을자세히는몰으나 구실하나를다니드라도 내수사가무던히움푹한데드랍니다 만사가(滄桑)이라 내수사는 대문이나마 남엇습니다마는자최도차질수업게된데가 얼마인지몰으지요

대신집큰잔치에는 장악원에서악공이나오고 내수사에서교자가나왓섯지요

태평시절조흔때에 내수사 장악원이어대가든지조흔짝이드랍니다 명동잇는동양척식회사집이 장악원 터인대 자최나있습니까그러나 내수사대문이 알음이잇다하면 남어잇는 그한이 오작하겟습나까 물은어느때든지 새물이라 이한저한몰으겟지요 물까지한이잇스면 먹어선들시원하겟습니가

내수동 110-5번지 발굴사진 | (재)수도문물연구원

서울고등학교 안의 우물 흔적 | 서울포토앨범
1986년 경희궁 공원을 개원하면서 사람들이 우물을 내려다보고 있다.

1.2 신문로의 음식점

1990년대 이후 신문로2가에는 유명한 음식점이 많이 들어섰다. 구술자는 요정의 원조 격인 음식점 「향원」에 대해서도 구술해 주었다. 「향원」의 원래 이름은 「장원」으로, 1958년 종로구 청진동에서 개업하였으며, 박정희 대통령과 정주영 등 정·재계 인사들이 자주 찾는 음식점이었다. 「장원」은 1991년 신문로2가 1번지로 이주하여 「향원」으로 개명하고 2003년까지 운영하였고, 이후에는 건물이 헐리고 부지는 도로가 되었다. 또한 신문로2가 1-145번지 SK 최종관이 거주하던 곳에는 「향원」 출신 직원이 개업한 「미당」이 2003년부터 2018년까지 존재하였다. 신문로2가에 들어온 음식점들은 주로 목이 좋은 초입 자리를 차지하였는데, 안한수는 원래 고성일의 소유였던 1-161번지를 「안성또순이」에 중개해 주기도 하였다.

1990~2000년대 신문로2가의 주요 음식점

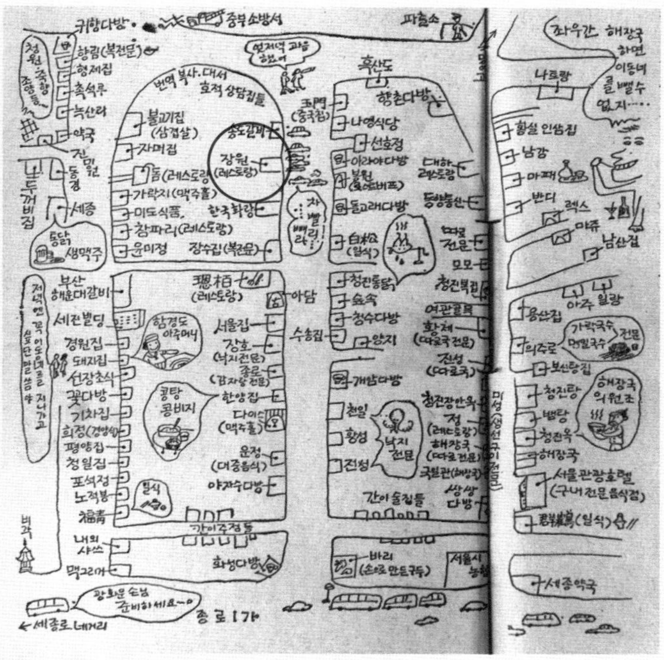

장원이 표시된 청진동 골목지도 | 『선데이 서울』, 1978년 10월 8일 자
장원 앞에서 자동차가 즐비한 모습이 그려져 있다.

» **향원, 미당**

향원은 저 밑에 있던 방석집이에요. 축구회관 빌딩 옆에 있었는데 지금은 헐려서 도로로 나갔죠. 그리고 명칭이 향원과 장원 두 개로 불렸어요. 장원에서 향원으로 바뀌었다가 장원으로 다시 바뀐 거죠.

원래 장원은 종로구청 앞에 있었는데, 요정의 시초라고 할 수 있죠. 장원의 직원이 최종관 씨네 집 터에서 미당을 차렸는데, 최근 양평으로 이사갔어요. 오세영

1-145번지 부근에 대한민국에서 알아주는 유명한 한식집이 있었어요(미당). 국회의원은 물론이고 유명한 분들이 자주 오곤 했죠. 그래서 밤에 보면 고급 차들과 기사들이 가게 앞에 대기하고 있었어요. 서울에서 꽤 알아주는 한정식집이었어요. 이광석

» **신문로의 음식점**

요 근래 제일 비싸게 판 집이 옛날 더덕집(1-241번지)이에요. 그 집을 제일 비싸게 받았어요. 지금의 '나무가 있는 집'요. 그게 평당 6000만 원으로, 최근 판매한 집 중에 가장 비쌌어요.

현재 안성또순이(1-161번지) 땅은 원래 고성일 씨 땅이었어요. 거기 관사는 헐고 다시 지은 거나 다름없어요. 지붕에서 비가 새니까 대부분 수리하고, 내부구조도 자기가 생활할 수 있게끔 공간을 다 터 버렸어요. 그래서 옛날 모습은 찾아보기 힘들죠.

『경향신문』 1991년 9월 21일 자

「미모·화술 뛰어난 광주 출신 주정순 씨가 58년 개업 한때 종업원 1백여 명…룸살롱·호텔에 밀려 사양길」

현대정치사의 무대를 주무른 여야의 정객·고위공무원·재계거물·원로기자들 치고 이곳을 모르는 사람이 없을 만큼 비밀화합장소로 애용됐던 장원의 폐업은 그동안 한국정치의 대표적 특성이 되다시피 한 「밀실정치」가 막을 내리고 있다는 상징성 때문에 더욱 세관의 관심을 끌고 있다.
…주 씨에게서 요리와 운영을 배워 독립한 마담만도 20여 명에 이르는 등 장원은 서울시내 대형 한정식집의 원조 격으로 이름을 날렸다. 그러나 30년 동안 번성하던 장원은 시대의 변화를 따라가지 못해 경영난을 겪게 됐고, 지난 1987년 주 씨가 20억여 원의 사채를 빌려 쓴 영신상호신용금고가 도산하는 바람에 은행에 압류된 뒤 작년 8월 B건설로 소유권이 넘어가고 말았다.
…2년여의 방황 끝에 최근 신문로의 주택가에 세를 얻어 「향원」이라는 한정식집을 다시 시작한 주 씨는 "요즘도 옛날의 정리를 잊지 않고 찾아주는 정치인들이 많다"면서 "정치인들의 호쾌한 술버릇이나 숨은 에피소드조차 「절대금기」"라며 입을 다물었다.

1.3 동아기획과 박지영레코드

안한수의 구술에 따르면 1980년대 후반~1990년대 초반까지 현 욱일빌딩(1-143번지) 지하에 동아기획사가 있었다. 동아기획이 사업을 확장하자 현재 내수동 킹스팰리스 자리로 동아기획 사무실을 구술자가 직접 중개해 주었다고 한다. 또한 1978년부터 1982년까지 동아기획은 신문로에서 '박지영레코드'라는 음반가게도 운영하였다.

» 박지영레코드, 동아기획

> 내가 킹스팰리스 자리를 박지영에게 중개해 줬어요. 그 사람은 전인권 같은 가수를 많이 발굴한 사람으로, 당시 이소라와 김현식 그리고 들국화 같은 그룹 자체가 한창 잘나갔을 때였어요. 박시우치과 건물 지하에 연습실이 있었어요.

> 박시우치과 건물 지하에 동아기획 연습실이 있었어요. 학교 가는 길에 검은 자동차가 그 자리에 서면 전인권과 최성원이 차에서 나와서 담배를 피우고 그랬던 기억이 나요. 이창

> 덕수국민학교 쪽으로 가다 보면, 박지영레코드라고 있었어요. 거기가 동아기획사에서 하는 레코드 가게인데. 카세트테이프도 많이 샀었어요. 그 길로 가다 보면 큰 봉투에 우편물이 오는 걸 볼 수 있었어요. 김현식 귀하, 최성원 귀하라고 쓰여 우편물들이 그쪽으로 오는 거죠. 너무 신기했어요. 이창

신문로의 사람들

안한수는 1976년 구세군회관 근처에서 부동산 중개업을 시작하였다. 신문로2가는 정·재계 유명 인사들이 많이 거주하였기 때문에 어렸을 때부터 안면이 있었던 지역주민들이 구술자에게 부동산 매매를 부탁하였다고 한다. 따라서 안한수는 신문로2가에 살았던 유명인들을 비롯해 기억에 남는 주택, 가장 비싸게 매매된 주택 등에 대해 상세히 구술해 주었다. 안한수는 한일투금 배현규, 동아기획 김영, 범한서적 등 신문로에 거주하던 유명인들의 주택을 매매 또는 중개해 주었다.

» 신문로의 주민들

> 범한서적이 신문로1가에 위치하다가 흥국생명 본사가 들어서자 이쪽으로 이사 왔어요. 내가 이쪽에 사무실을 얻어주고 이전할 때 다시 건물을 팔아주고 평창동에 자리를 얻어 줬어요.

> 김영 사장이 IMF가 와서 연습실을 유지하지 못했어요. 그래서 내가 연습실을 팔아줬어요.

> 배현규 회장님이 여기서 살고 계시다가 돌아가시고 사모님 앞으로 명의를 돌려줬어요. 사모님이 신문로 땅을 나한테 팔아 달라고 부탁했는데 내가 팔지를 못하고, 막내딸 소유가 됐어요. 지금도 막내딸 소유예요. 만석집, 거기는 아이디얼 미싱 회장님 막내딸 소유죠. 동남갈포벽지 회장님은 신문로에 오래 사셨죠.

» 부동산 중개업

> 나는 여기서 1960년 초반부터 산 것 같아요. 내수동 110-12에서 5년 정도 살았어요. 이후 아버지 따라 지방으로 내려갔다가 다시 군대 다녀와서 이곳에서 부동산 중개업을 시작했어요. 원래 부동산은 구세군빌딩 뒤에 있었어요. 스물일곱 살부터 했으니까, 1974~1975년에 시작한 것 같아요.

> 부동산 영업은 여기서 쭉 했어요. 내가 어린 시절을 여기서 보내서 이 동네를 잘 아니까 여기서 부동산을 시작한 거죠. 옛날에는 목련빌딩 자리가 논이었어요. 그때는 전차가 서대문으로 올라가지 못해서 어린애들도 따라갈 정도였죠.

> 1960년대 신문로2가는 빨간 기와집, 퇴색된 기와집, 다 그런 집들이었어요. 옛날 일신방직 회장 댁이었던, 지금 대상문화재단 건물(1-142번지)이 오래된 건물 중 하나예요. 일부분은 그대로 남겨서 예전의 빨간 지붕이 그대로 있어요.

> 성곡미술관 부지는 임야예요. 건물 지은 곳은 대지, 공원으로 돼 있는 건 임야죠. 거기가 다 연결이 돼 있어요. 진학사는 원래 대림건설 회장님 댁이었어요. 그런데 부지가 너무 커서 나눠 판 거예요. 그래서 가운데가 뻥 뚫렸죠. 덕수제과 이봉상 씨는 돌아가시고, 그 집을 금강제화 아들이 구입하는 걸 내가 중개했어요.

1970년대에서 1990년대 초반까지 신문로2가에는 '광화문 곰'이라는 별명을 가진 부동산업자 고성일이 거주하였다. 고성일은 북한에서 넘어와 명동 사채시장을 장악하고 사람들 사이에서 '38따라지'로 불렸다. 고성일은 1960년대 중반부터 서울과 수도권 등지의 주요 토지를 다수 사들여 당시에는 "고성일의 땅을 밟지 않고는 서울로 들어올 수 없다"라는 말이 돌 정도로 땅이 많았다고 한다.[1] 고성일은 신문로2가에 자신뿐만 아니라 형제들의 명의로 많은 땅을 소유하였지만, 1990년대 초반 사업에 실패하면서 대부분을 매각하였다.

1. 조선비즈 2014.10.24, [한국의 큰손들]② "서울 들어가려면 '광화문 곰'의 땅을 안 밟을 수 없다"

» **광화문 곰 '고성일'**

광화문 곰이라고, 고성일과 그 형제들이 신문로에 살았어요. 광화문이 거의 다 그 양반 땅이었죠. 지금 서울시 교육연합 땅도 원래는 고성일 씨 땅이에요. 그 땅도 내가 중개했어요. 안성또순이도, 주한체코공화국대사관 자리도 그 양반 땅이었어요.

고성일의 큰아들이 1980년대 중반에 용산 시외버스터미널 땅을 다 샀었어요. 그때 시외버스터미널이 다 그집 땅이었어요. 그리고 강남에 있는 대모산도 이 사람 땅이었어요. 강남 대모산에 유명한 샘터를 다 처분했죠.

신문로2가 고성일 소유 토지

번지	소유기간	소유자	비고
1-121	1964~1994	고성일	(현)주한체코공화국 대사관
1-146	1963~1965	고성일	
1-276	1963~1995	고성일	
1-161	1989~1993	고성배	(현)안성또순이
1-407	1978~1984	고성배	
1-263	1969~1991	고성철(형제 추정)	

『경향신문』 1991년 8월 18일 자

「'광화문 곰' 다시 재주부린다
증시 '큰손' 고성일은 누구인가」

황해도 연백이 고향인 고 씨는 광복 직후 월남, 남대문시장에서 수입염료장사로 떼돈을 번 뒤 부동산에 손을 대 엄청난 돈을 모은 것으로 알려졌다. 서울 광화문·여의도·개포동·수유동 일대에 방대한 규모의 땅을 소유하고 있으며, 이 중 수유동 땅 1만 7000여 평을 현 통일연수원 부지로 희사하기도 했다. 〈중략〉 1978년부터 증시에 본격적으로 뛰어든 고 씨는 초기에 주식시장지를 펼쳐놓고 한 페이지 전부를 매입하는 등 「물량떼기」를 주특기로 삼아왔다. 별칭인 「광화문 곰」은 이러한 고 씨의 우직함에서 비롯됐다. 〈후략〉

동아기획 연습실이 있었던 육일빌딩(세모 모양 건물)

최초의 주한체코공화국대사관은 이태원에 위치했어요.

체코슬로바키아가 두 국가로 나뉘었을 때, 슬로바키아공화국은 한남동으로 옮겼고,
체코공화국은 기존 건물에 머물다 새로운 대사관 건물을 찾아야 했죠.

대사관이 입주했을 때, 여섯 개의 분리된 세대공간이 있었어요.
저희는 1994년 5월 17일에 신문로의 건물을 매입했어요.

초기 대사관에는 외교관을 위한 주거공간과 영사 업무부서가 있었어요.

신문로를 대사관으로 선택한 이유는 대한민국 정부청사, 외교부와
가까웠기 때문입니다. 이곳은 서울 행정의 중심지이니까요.

대사관을 운영하기에 현실적인 문제가 많았어요. 그래서 대사관은 중학동으로 이전했어요.

향후 이 건물을 대사관으로 변경하고,
문화원·투자청·관광청·대사관저와 한곳에 같이 두는 계획도 있어요.

우리는 한국과 체코공화국의 외교 수교를 기념하기 위해
외부 담장에 야외 전시회를 개최하고 있어요.

신문로는 서울에서 사람들이 천천히 돌아다니는 몇 안 되는 지역 중 하나죠.

주한체코공화국 대사관

신문로2가 1-121번지

1980~1990년대 신문로2가에는 각국의 대사관과 외교기관이 입주하기 시작하였다. 체코공화국의 외교기관은 현재까지 남아 있는 대표적 외교기관 중 하나이다. 한국과 체코공화국은 1993년 1월 1일 정식 외교관계를 수립하였고, 1994년 주한체코공화국대사관이 신문로2가 1-121번지에 설립되었다. 초기에는 대사관·직원 숙소 등의 기능으로 이용하였으나, 점차 대사업무가 증가하면서 주한체코공화국대사관은 2018년 중학동으로 이전하였다. 서울역사박물관과 인접한 덕택에 주한체코공화국대사관은 기획전시와 문화·교육·행사 등 박물관과 문화적 교류를 활발히 이어가고 있으며, 2011년 '체코인 브라즈의 서울방문'이라는 기획전시를 열기도 하였다. 2021년에는 국제교류전 '나무인형의 비밀-체코 마리오네트' 전시를 준비하고 있다.

구스타브 슬라메취카(Gustav Slamečka) 제5대 주한체코공화국대사가 인터뷰에 참여하였다. 체코공화국 교통부 장관과 재무부 고문 등을 역임한 그는 2019년부터 현재까지 주한체코공화국대사로 부임해 있다. 그는 전임자들에게 들은, 주한체코공화국대사관이 신문로2가에 입주하게 된 경위와 대사관의 건물 구조나 각 가구의 사용 용도 그리고 거주자들과 신문로2가의 인상에 대해 구술해 주었다. 더불어 주한체코공화국문화원장 미하엘라 리(Michaela Lee)와 주한체코공화국대사관의 직원도 동석하여 문화원과 대사관의 관계성, 체코공화국 외교부의 문화협력활동에 대해 설명해 주었다.

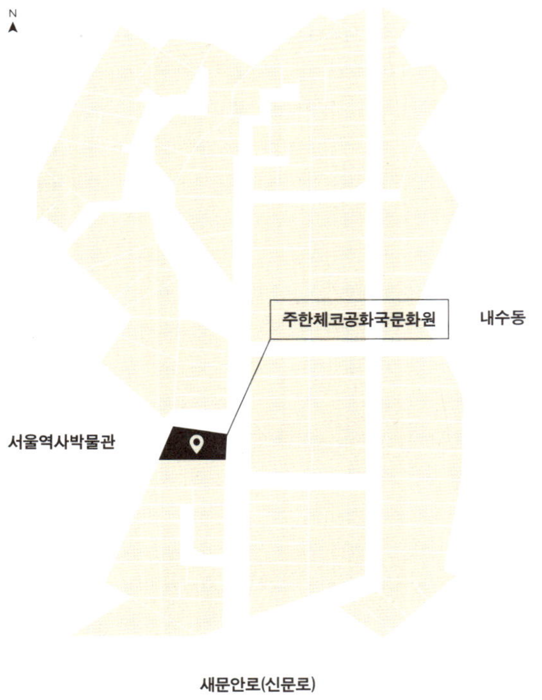

1

신문로2가 입지 배경

1990년 3월 22일 한국과 체코슬로바키아연방이 정식 외교관계를 체결하고 그해 6월 13일 이태원에 최초의 주한체코슬로바키아연방대사관을 개설하였다. 1993년 체코슬로바키아가 체코공화국와 슬로바키아공화국로 분리되면서 두 국가는 별도의 대사관이 필요하게 되었다. 주한슬로바키아공화국대사관은 분리하기 직전 매입한 한남동으로 이주하였고, 주한체코공화국대사관은 이태원에 잠시 머물다 1994년 5월 17일 신문로2가 1-121번지의 건물을 매입하여 신문로2가에 첫발을 들이게 되었다. 체코공화국대사에 따르면 신문로2가로 대사관 부지를 선택한 이유는 대한민국 정부청사와 가까웠고, 인근에 다양한 문화시설이 위치해 생활의 편의성이 높았기 때문이라고 한다.

» **주한체코슬로바키아연방대사관의 분리**

최초의 주한체코공화국대사관은 이태원에 위치했어요. 그곳은 주한태국대사관과 가까웠죠. 체코슬로바키아연방이 두 국가로 나뉘었을 때, 체코공화국와 슬로바키아공화국 간에 대사관 건물과 거주지를 분배하기로 합의했습니다. 그래서 그 당시 건물은 체코공화국이 사용하고, 슬로바키아공화국은 분리하기 직전 구입한 한남동으로 대사관을 이전했습니다. 유엔빌리지 옆이에요.

하지만 주한체코공화국대사관과 주한슬로바키아공화국대사관에는 사람이 몇 명 없었고, 대사관이 크지 않았기 때문에 분할 이후에도 주한체코공화국대사관은 한남동 지역에서 여전히 기능을 하고 있었습니다. 하지만 그 후에 체코공화국이 대사관에 새로운 직책을 신설하기로 하면서, 새로운 장소를 찾아야 했죠. 그래서 저희는 1994년 5월 17일에 이 건물을 매입했습니다.

『매일경제』 1993년 1월 20일 자

「체코·슬로바키아 분리 업무 '따로따로' 옆 건물에 새 사무실」

금년 1월 1일부터 구 체코슬로바키아공화국연방이 체코와 슬로바키아 두 나라로 분리·독립됨에 따라 주한체코슬로바키아대사관도 두 나라 대사관으로 분리·독립해 업무를 개시.

기존의 대사관 사무실을 주한체코공화국대사관이 사용하고 슬로바키아대사관은 옆 건물에 사무실을 임시로 마련, 업무에 들어갔으나 기존 대사관 재산에 대해서는 아직 완전한 분리가 안 된 상태.

구 연방의 주한대사인 슬로바키아 출신이었던 모라베크 씨는 슬로바키아 주한대사로, 구 연방의 참사였던 바링카 씨는 체코의 대리대사역으로 임명을 받은 데 이어 구 연방 대사관 직원들도 출신지별로 나누어진 상태라고.

» **대사관의 분리와 신문로 입주**

신문로를 대사관으로 선택한 주된 이유는 (대한민국) 외교부와 거리상 근접한, 아주 편리한 위치에 있었기 때문이었습니다. 다른 대한민국 정부 청사도 가까웠습니다. 이곳은 서울 행정의 중심지이니까요.

처음 대사관이 위치한 두 곳은 이태원이었습니다. 그곳에도 많은 대사관이 있기는 하지만, 제 전임자들은 이 지역을 역사적인 중요성을 가진 편의성이 높은 장소로 생각했습니다. 그래서 신문로로 옮기기로 결정했습니다. 이 지역에는 식당이 있고, 상점이 있고, 문화생활을 즐길 수 있는 곳이 있었어요. 제 전임자는 대사관이 주변에 있는 문화기관들과 협력하는 것이 좋다고 생각했습니다.

1990년대 초(추정) 주한체코공화국대사관 전경 | 주한체코공화국대사관 제공

2

대사관 건물

2.1 구입 과정

주한체코공화국대사관은 1994년 5월 17일에 신문로2가 1-121 번지의 건물을 매입하였다. 주한체코공화국대사관은 한 개인에게 건물과 토지를 구입하였는데, 토지대장을 확인해 보면 해당 부지의 이전 주인은 '광화문 곰'이라 불리는 유명한 부동산업자 고성일이었다. 건물은 1990년 12월 31일에 신축된 건물로, 연립주택 형식으로 지어졌다. 구술에 따르면 대사관이 입주할 당시에는 총 6가구의 분리된 거주공간이 있는 주거용 건물이었다고 한다. 현재 대사관 건물은 내부를 수리하였으나 외관은 크게 바꾸지 않은 채 유지하고 있다.

1993년 12월에 촬영한 주한체코공화국대사관 전경 | 주한체코공화국대사관 제공

» **건물 구입 과정**

대사관 이전에는 완전히 100% 주거용 건물이었어요. 한 사람에게 매입했다고 알고 있어요. 한 사람이 계약서에 서명했어요. 그 사람이 건물주였는지, 대리인인지 모르지만 체코공화국과 개인 한 명 사이에서 계약을 했어요.

» **당시 건물의 외관**

1993년도의 모습과 지금을 비교하면 외관상으로 큰 차이가 없어요. 담장과 대문, 보안 시설 설치 외에는 거의 동일합니다. 이 건물이 지어진 정확한 날짜는 알 수 없지만, 분명히 1980년대 후반이나 1990년대 초일 것 같아요. 현재까지 40년 정도 됐죠. 아마 40년 이상일 겁니다.

1990년대 초반(추정) 대사관 앞 신문로 거리 | 주한체코공화국대사관 제공

2.2 대사관의 구조

주한체코공화국대사관은 원래 주거용 건물로 지하까지 포함하여 총 4개의 층으로 구성되어 있었으며, 1층부터 3층까지 각각 2가구씩 6가구의 거주공간이 있었다. 대사관으로 사용하기 위해 외관을 제외하고 내부는 일부 수리를 하였고, 주거공간과 업무공간으로 분리하여 사용하였다. 지붕이 박공 형태라서 3층 한 가구의 면적이 다른 층보다는 약간 작지만 대신 옥상테라스가 있어서 주변 전망을 감상하기에 좋다고 한다.

» **각 가구의 용도와 개축**

이 건물은 구입 당시 주거용 건물이었습니다. 구입 당시 이 건물에는 6가구의 거주공간이 있었죠. 그리고 저희는 기본적으로 건물 외관을 크게 바꾸지 않았습니다. 하지만 내부를 수리했죠.

초기에 대사관에는 외교관을 위한 주거공간과 영사 업무부서가 있었습니다. 그래서 우리는 기본적으로 건물 내부를 대사관의 필요에 맞게 벽을 허물거나 특정 시설을 제거했어요.

» **각 가구의 구조**

대사관이 입주했을 때 여섯 개의 분리된 가구공간이 있었어요. 그래서 저희는 아직도 별도의 전기요금과 가스요금을 내고 있어요. 유일하게 수도요금만 하나의 청구서를 받고 있죠. 지금도 주거공간으로 돼 있고, 건물과 토지가 체코공화국 소유입니다.

건물을 절반으로 자르면 마치 데칼코마니처럼(대칭적으로) 나누어지는 형태입니다. 제일 위층의 두 방은 다른 층의 방보다 작아서 100~120㎡정도입니다. 그리고 1층과 2층에 있는 방이 조금 더 커서 약 130㎡죠.

건물은 실제로 지하까지 포함하면 총 4개 층으로 돼 있습니다. 1층에는 두 가구가 있었고, 2층에도 두 가구, 3층에도 두 가구, 그리고 4층은 옥상이에요. 또 지붕 때문에 실제로 3층 아파트의 크기는 작지만 두 개의 큰 테라스가 있어요. 테라스에서는 궁과 마당의 멋진 전망을 볼 수 있어요.

2.3 대사관의 이전

초기 신문로2가 주한체코공화국대사관 건물에는 대사관과 직원숙소가 있었으나 주차공간이 협소하고 내부공간도 좁아 대사관 기능은 2018년 중학동에 위치한 더케이트윈타워로 이전하였다. 대사관이 이전한 공간에는 주한체코공화국문화원과 체코투자청이 들어왔다. 주한체코공화국대사의 구술에 따르면 체코공화국 외교부는 이 건물을 재건축해서 대사관의 기능을 회복하고, 문화원·투자청·관광청·대사관저를 한곳에 두는 계획을 세우고 있다고 한다. 또한 체코공화국이 한국인들에게 더 친숙하게 다가갈 수 있도록 일부를 대중에게 개방하려는 계획도 가지고 있다.

» **대사관의 이전 사유**

우리는 영사 업무를 제공하는 좋은 장소도 있습니다. 영사 업무는 꽤 중요하죠. 물론 한국인들은 체코에 가기 위해 여행 비자가 필요 없지만, 장기 체류 비자나 학생 비자 신청이 많습니다. 그래서 원활한 영사 업무를 위한 새로운 장소를 찾아야 했던 것도 이전 이유입니다.

특히 이 건물은 주차가 아주 어려워요. 대사관이 여기에 있을 때는 주차가 가장 문젯거리였죠. 외부에 주차공간이 하나 있고, 물론 내부에 차고가 있었지만 몇 대밖에 주차할 수 없었어요. 그래서 사람들을 초대할 수 없었죠. 이곳에서 대사관을 운영하기에 현실적인 문제가 많았어요.

» **향후 대사관 건물의 활용 계획**

실제로 이 건물을 철거하고 환경친화적이고 현대 기술을 결합한 완전히 새로운 건물을 다시 짓는 것이 어떨까 하는 계획이 있어요. 제 개인적인 목표죠. 왜냐면 이 장소가 아주 큰 가치와 잠재성을 가지고 있고, 대중을 위해 일부 개방할 수 있다고 생각하기 때문입니다. 그렇게 된다면 체코공화국을 사람들에게 아주 좋은 방식으로 소개할 수 있다고 생각합니다.

제가 추진하려고 하는 아이디어는 이 건물의 목적을 대사관으로 변경하고, 한곳에 문화원, 투자청, 관광청, 대사관저를 두는 거예요. 하지만 분명히 기존 건물에서는 이렇게 하기가 어려울 거예요. 기존 빌딩에는 많은 기술적인 결함이 있어요. 이 건물은 오래되고, 난방 등 기술적인 문제들이 많아요.

자원의 측면에서도 (사무실이 한 곳에 모여 있는 것이) 더 나아요. 만약 이곳에 일부 개방된 공간이 있어서 전시를 한다면, 체코공화국관광청이나 주한체코공화국문화원의 자원을 결합할 수 있죠. 그리고 정말 체코공화국을 대표할 수 있을 거예요. 하지만 지금은 분리돼 있어요. 사무실이 모두 이곳에 있고 일상적으로 연락할 수 있다면 정보교환이 훨씬 쉬울 거예요. 그래서 저는 본국에 주한체코공화국대사관이 미래에 이전할 장소에 대해 얘기하면서 이런 이유를 보고했어요.

주한체코공화국문화원(구 주한체코공화국대사관) 담장에 전시된 '체코공화국의 여성 영웅들'

2.4 문화기관과의 협력

주한체코공화국문화원은 한국 국민에게 체코공화국의 문화를 알리기 위해 노력하고 있다. 문화원 담장에는 항상 체코공화국의 역사와 인물, 풍경에 관련된 실외 전시가 설치되어 있다. 2021년에는 네 번의 야외 전시회를 개최할 계획도 가지고 있다. 앞서서도 서울역사박물관과의 다양한 협업을 통해 체코공화국문화와 관련된 전시 기획을 진행하였다. 2011년 야로슬라프 올샤 주한체코공화국대사는 한국 관련 기록물 15점을 서울역사박물관에 기증하여 「1901년 체코인 브라즈의 서울방문」 기획전에 전시되기도 하였다. 2014~2015년에는 체코공화국의 수도 프라하를 테마로 서울과 프라하 간의 상호 전시를 기획하였다. 2016년에는 체코공화국 인형극을 소개하는 전시를 기획하여 서울역사박물관에서 인형극의 다양한 종류들을 직접 시연할 수 있는 체험 공간을 마련하기도 하였다. 그리고 2021년에는 체코국립흐루딤인형극박물관과 주한체코공화국문화원, 서울역사박물관이 협업하여 「나무 인형의 비밀」 기획전이 개최될 예정이다.

『동아일보』 2011년 8월 20일 자

만세운동 보도 신문 등 15점 올샤 대사 역사박물관 기증

서울역사박물관은 야로슬라프 올샤 주한 체코공화국 대사가 직접 수집해 소장하던 자료를 16일 기증받았다고 밝혔다. 3·1운동이 일어난 지 17일 만인 1919년 3월 18일 만세운동을 보도한 신문 '덴니크', 1901년 5월 서울을 방문해 사진으로 당시 모습을 기록한 여행가 브라즈의 일대기, 일제의 식민지가 된 조선의 실상을 그려낸 소설 '한국인 청년 남석' 등이다.

이들 자료는 올샤 대사가 한국대사로 내정된 직후 프라하 도서관과 고서점을 찾아다니며 수집한 것들로, 4월 13일부터 6월 12일까지 서울역사박물관이 주최한 '1901년 체코인 브라즈의 서울방문' 특별전에 전시되었다.

올샤 주한체코공화국 대사가 기증한 유물로 기획한 『1901년 체코인 브라즈의 서울방문』의 사진

2014년 서울역사박물관과 협력한 기획전시 「프라하-유럽 중앙의 요새」(좌)
2021년 서울역사박물관과 협력한 기획전시 「나무인형의 비밀」(우)

» **대중을 위한 공간 개방**

제가 대사로 한국에 오기 전에 본국에서 대사관 건물 재건축 계획을 들었어요. 계획상 주한체코공화국문화원을 비롯해 관광청과 투자청 그리고 사람들을 위한 공간들로 구성됐죠. 하지만 체코공화국에 관한 전시회처럼 대중을 위해 열려 있는 공간은 없었어요. 그래서 본국에 제가 이곳에서 주위를 둘러보고 무엇을 해야 할지 생각할 수 있을 때까지 기다려 달라고 부탁했습니다. 제가 이곳에 와서 이 장소와 지역을 걸으며 분위기를 느끼다 보니, 원래 계획대로 재건축 공사를 하면 정말 안타까울 것이라는 결론에 이르렀어요.

우리는 작년에 한국과 체코공화국의 외교 수교를 기념하기 위해 외부 담장에서 야외 전시회를 가졌습니다. 올해는 총 네 번의 전시회를 할 예정이에요. 우리가 전시 패널을 밖에 두었을 때 사람들이 시간을 들여 둘러볼지 궁금합니다. 정보를 읽기 위한 QR코드도 있어요.

3

신문로2가의 인상과 주변 대사관

3.1 신문로2가의 인상

구술자는 2017년에 신문로2가의 주한체코공화국대사관을 처음 방문하였다. 당시 그는 건물과 대사관이 인상적이지 않다고 생각했지만, 대사로 근무하면서 신문로2가의 역사적인 중요성을 알게 되었다고 한다. 그는 신문로2가를 '분주하고 바쁜 서울에서 사람들이 천천히 돌아다니는 몇 안 되는 지역'이라고 보았다. 신문로2가는 사람들이 자연스럽게 천천히 움직이면서 주변을 돌아보고 마음의 휴식을 취하기 때문에, 사람들에게 체코공화국을 알리는 데 매우 좋은 공간이라고 생각하였다. 따라서 향후 주한체코공화국대사관을 다시 이곳에 옮겨올 생각도 갖고 있다고 한다.

» **신문로2가의 풍경과 인상**

저는 대사로 부임하기 1년 반 전에 서울을 둘러보러 왔었습니다. 그리고 당연히 제 목표 중 하나는 옛날 대사관 건물을 보는 것이었죠. 솔직히 제가 이 동네에 잠시 머무르며 건물을 보고 지역을 둘러봤을 때 '건물과 대사관이 그렇게 인상적이지 않다'고 생각했어요. 하지만 대사로서 이곳에 와서 서울에서 시간을 더 많이 보내면서 옛 서울의 궁들과 건축물을 이해했고, 그제야 이 장소의 역사적 중요성을 깨달았죠.

저는 이곳을 여러 번 왔었어요. 제가 관찰한 한 가지 사실이자 제가 이 지역을 좋아하는 이유는 여기가 서울에서 사람들이 천천히 돌아다니는 몇 안 되는 지역 중 하나라는 것이에요. 서울은 아주 분주하고 바쁜 도시로 사람들은 항상 서두르고, 어디나 교통량이 많고, 소음이 있죠. 하지만 이 지역에서는 사람들이 아주 자연스럽게 속도를 늦추고 주변을 돌아보게 됩니다. 사람들이 마음의 휴식을 취하죠.

담장에서 야외 전시회를 하면, 사람들이 그곳에 멈춰서는 것을 볼 수 있는데, 그 부분이 좋다고 생각해요. 다른 장소였다면 사람들이 시간을 들이지 않았겠죠. 그래서 저에게 이곳은 아주 중요한 곳이에요. 사실 대사관을 다시 이곳으로 들이는 것의 큰 잠재성을 보고 있어요. 사람들에게 개방된 공간을 가지는 것도요.

3.2 신문로2가의 다른 대사관들

1970~1980년대 신문로2가는 주민들이 강남으로 이주하고, 그 자리에는 대사관이 입주하기 시작하였다. 1974년 주한사우디아라비아대사관을 시작으로, 신문로2가에는 이탈리아와 오만 등 여러 대사관이 들어섰다. 신문로에서 오랫동안 부동산을 운영하는 안한수는 대사관이 많이 입주하게 된 이유를 '신문로2가 가까이에 외교부가 위치해 있었고, 경찰청 관사가 있어 보안이 좋았기 때문'으로 보았다. 신문로2가에는 다양한 국가의 대사관들이 자리하였지만, 주한체코공화국대사의 구술에 따르면 주로 유럽 국가의 대사관들과 교류하였고, 주변 대사관들과의 협력이나 교류는 적었다고 한다. 현재는 주한러시아 무역대표부와 주한체코공화국문화원이 신문로에 입지하여 지역과 상생하고 있다.

» **신문로2가의 대사관**

외교부와 가까운 위치라 다른 대사관들도 있었죠. 그리고 특히 덕수궁 주변에 대사관들이 많았습니다. 덕수궁은 실제로 가장 중요한 대사관들로 둘러싸여 있었어요. 하지만 이 지역에는 이제 대사관이 많지 않죠.

대사관이 많은 이유는 위치가 좋고 조용하고, 경찰서 관사가 바로 옆에 있어 보안이 좋아서 그런 것 같아요. 맨 처음에 들어온 대사관이 사우디아라비아이고 코스타리카는 잠깐 있다 갔어요. 들어왔다 금방 나간 대사관들이 많았어요. 주한체코공화국대사관은 원래 고성일 씨 땅을 매입한 거예요.
안한수

» **신문로2가의 대사관**

저희 집도 대사관이랑 에피소드가 있는데, 저희가 빌라로 바꾸기 전에 우크라이나에서 저희 집 자리에 대사관을 짓고 싶다고 팔라고 제안한 적이 있어요. 그래서 팔려고 했는데, 결국에는 못 팔았죠. 이창

» **다른 대사관과의 교류**

주변 대사관과의 교류는 없었던 것 같습니다. 저희가 가장 빈번하게 연락하는 곳은 유럽연합(EU) 내 있는 다른 유럽 국가들의 대사관입니다. 대부분 실무자 수준에서 연락해요. 우리는 정기적으로 각국 대표들을 만나고 사안을 논의합니다. 그리고 양국 간에도 대사들이 공식적·비공식적으로 서로 방문하기도 하죠.

솔직하게 말해서 사우디아라비아나 오만 또는 코스타리카 국가와 연락을 주고받는 일은 아마도 개인적인 차원일 거예요. 일반적으로 공식적인 관계는 가지고 있지 않습니다. 다른 대사관과의 거리상 근접성이 저희가 대사관을 이전한 이유는 아닙니다. 이곳으로 이전한 이유는 대한민국 정부와의 근접성 때문입니다.

저는 개인적으로 오만대사관을 방문했는데요. 그 이유는 오만대사가 외교관 단장이었기 때문이에요. 그 외에는 국가에 애도를 표하거나 공식적인 무언가를 해야 하는 아주 특별한 경우일 거예요.

» **주한코스타리카대사관**

코스타리카는 나라가 작으니까 한국에 대사관을 유지하지 못했어요. 그래서 일본대사관이 한국대사관을 겸임하면서 철수했어요. 오세영

코스타리카대사관이 우리 바로 앞집이라 우리 집에 자주 놀러왔어요. 담소도 나누고, 서로 선물도 주고받았죠. 장명순

» **주한사우디아라비아대사관**

한때 중동건설 붐이 일었을 때는 사우디아라비아대사관 앞에 사람들 줄이 엄청 길었어요. 라제건

신문로2가의 대사관들

신문로의 대사관

대사관	위치	기간	비고
주한이탈리아대사관	1-222	1980년대~?	임대
주한사우디아라비아대사관	1-112	1983~2009	매매
주한오만대사관	1-35	1980년대 중반	임대
주한코스타리카대사관	1-125	1981~1984(추정)	임대
주한체코공화국대사관	1-121	1994~2018	매매
주한체코공화국문화원		2018~현재	
주한러시아 무역대표부	1-41	1997~2020(추정)	임대
주한쿠웨이트대사관	1-134	2017~2020	
주한파나마대사관		현재	

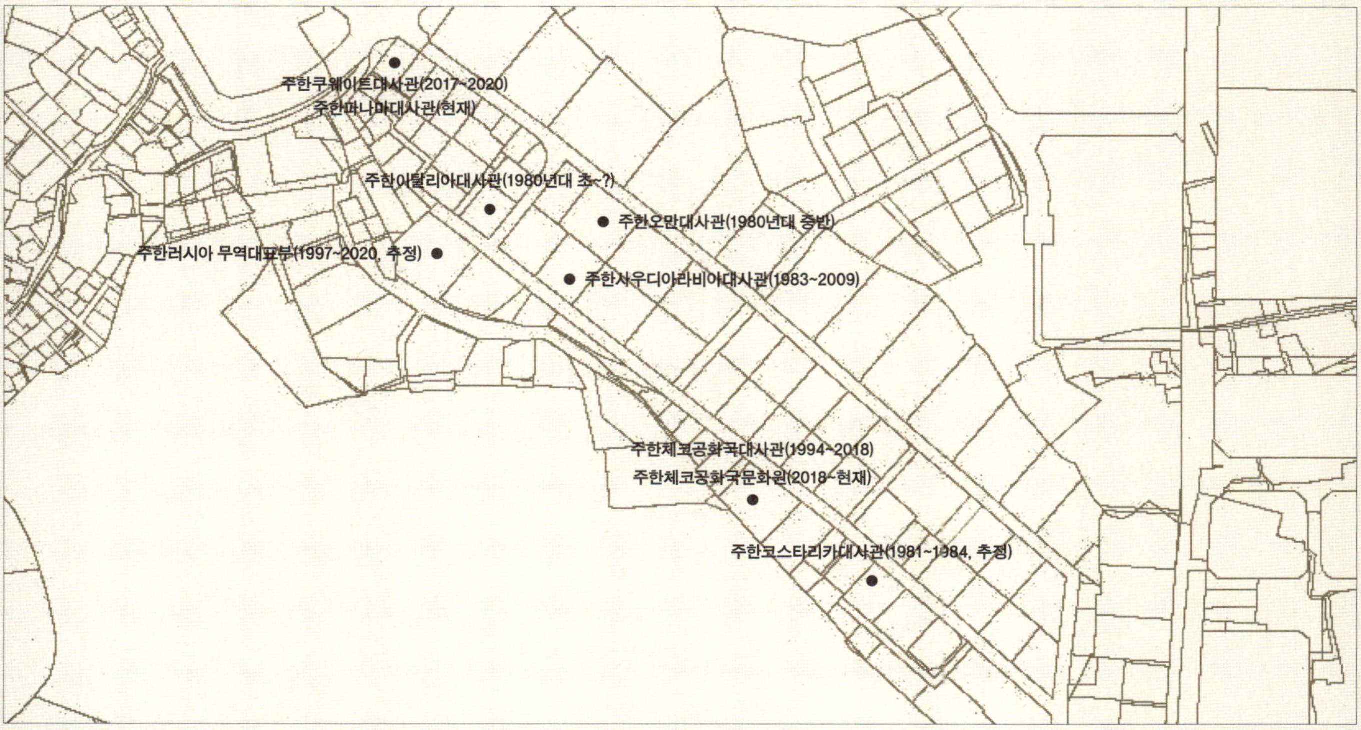

신문로2가의 대사관 위치도

신문로2가의 어머니들이 우리들의 회원이었죠.

신문로 주부클럽이니까. 신문로2가 주민만 참여했어요.

무슨 부인, 무슨 부인해서 이름표를 다 달아줬어요. 한 달에 한 번씩 모였어요.

점심만 먹는 게 아니고, 다도회나 다른 강의 등을 했었죠.

코스타리카대사관 앞이랑 사우디아라비아대사관 앞에 경비초소를 만들었어요.

김장독 하나에 김치를 담아서 장독째로 몇 해를 파출소에 갖다 줬어요.

회비 걷어서 군부대 위문 다니고. 그걸 오랫동안 했어요.

동네에 반상회가 열리면서 주부클럽은 없애고, 원하는 사람이 모여 주부장학회를 만들었어요.

동네 어려운 학생들에게 장학금을 주자고 해서 우리가 매년 장학금을 줬어요.

이제 주민들이 떠나고 주부클럽을 지속하기가 어려워
장학금 잔고를 각당복지재단에 전부 기부했어요.

신문로 주부클럽

신문로 주부클럽은 신문로 내 유일한 지역 커뮤니티이다. 신문로에서 가장 오래 거주했던 김옥라 각당복지재단 명예이사장의 구술에 따르면, 1960년대 초반에 김옥라와 쌍용그룹 김성곤의 부인 김미희를 주축으로 신문로 주민들의 친목도모를 위해 주부들이 서로의 집에서 식사모임을 가지면서 시작되었다. 초창기 서른 명 가까이 모였던 신문로 주부클럽은 이웃 간의 교류와 더불어 다도·요리 강습 등의 생활

교육도 함께 이루어졌으며 지역사회를 위한 파출소 김치 지원, 군대 위문, 봉사활동 등 사회활동으로 범위가 확대되었다. 1970년대 후반 새마을운동과 반상회가 의무적으로 시행되자 중복적 성격의 주부클럽을 1985년 해체하고, '신문로 주부장학회'로 변경하여 신문로 주변 어려운 학생들에게 장학금을 지원하는 사업으로 지속하였다. 주부장학회는 신문로를 떠난 주민까지도 참여하면서 25년 가까이 운영하였으나 운영진의 고령화와 신문로 실거주자의 감소 등으로 2009년 해체되었다. 고급주거지에 거주하는 소위 '사모님'들의 모임인 '신문로 주부클럽'은 일반 사교모임과 달리 지역사회를 위한 봉사와 나눔을 실천한 모범적인 지역모임이었다.

신문로 주부클럽의 구술자

김옥라 신문로2가 1-42 거주

신문로의 '대모' 격인 김옥라는 신문로에서 가장 오래 산 최고령 구술자이자 지역사회 모임을 이끈 주역이다. 그는 주부클럽 창설 멤버 가운데 한 사람으로, 신문로 주부클럽과 주부장학회 회장을 여러 번 지낸 것은 물론 장학금 초기자금 마련에도 크게 공헌하였다. 김옥라는 초기 주부클럽의 창설 과정과 전반적인 역사에 대해 구술해 주었다.

장명순 신문로2가 1-145 거주

장명순은 SK그룹 부회장 최종관의 부인이다. 그는 수원에서 거주하다 자녀들의 덕수초등학교 진학을 위해 1969년 신문로2가 1-145번지로 이주해 자택을 신축하고 2001년까지 거주하였다. 이주 이후에도 장명순은 신문로2가 주부들과 오랫동안 원활한 관계를 유지하였다. 주부클럽 활동에 있어서도 주부클럽 회장을 지내며 동네에 경비초소를 세우는 등 적극적으로 참여하였다.

임원옥 신문로2가 1-109 거주

임원옥은 동남갈포벽지 서병식 회장의 부인으로, 자녀들의 덕수초등학교 진학을 위해 1962년 신문로2가 1-109번지를 구입하고 신축 후 1967년에 이주하여 현재까지 거주하고 있다. 그는 이주 당시 신문로2가 1번지에 살던 시누이의 권유로 신문로 주부클럽에 가입하였고, 오랜 기간 주부클럽과 장학회에서 활동하였다. 장학회의 마지막 회계담당자로서 신문로 주부클럽의 사진과 회계자료를 박물관에 제공하고, 주부클럽의 봉사활동과 장학회에 대해 구술해 주었다.

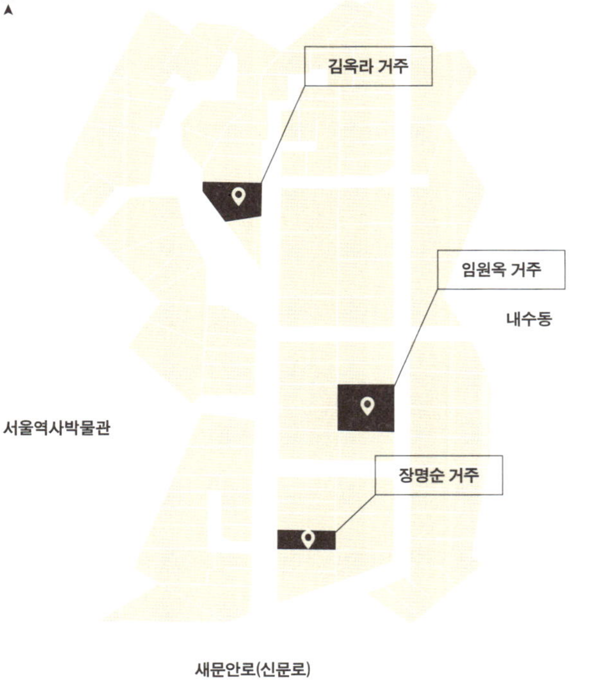

1

신문로 주부클럽

1.1 창설 경위

김옥라의 구술에 따르면, 주부클럽이 처음 창설된 시기는 4·19 혁명 이후인 1960년대 초반이었다. 당시 정·재계 유명 인사들이 거주했던 신문로는 거주민들 간의 교류가 적었다고 한다. 그래서 김옥라와 신문로의 부인들은 당시 동네에서 가장 영향력 있던 쌍용그룹의 김미희를 찾아가 마을에 주부클럽을 만들자고 제안하였고, 김미희가 이를 수락하여 쌍용그룹의 자택에서 첫 식사모임을 가지면서 '신문로 주부클럽'이 창설되었다. 신문로 주부클럽은 첫 모임에 서른 명 가까이 모였을 만큼 규모가 큰 동네 커뮤니티였다. 처음에는 한 달에 한 번씩 서로의 집에서 식사를 하는 것으로 시작하였다. 특히 초대 회장을 지낸 김미희는 자택에 초대할 때는 다도회나 강의 등 다양한 교육과 행사를 기획하여 주부클럽 운영의 중심이 되었다고 한다.

신문로 주부클럽 회원들

» 주부클럽의 창설

4·19 지나서 1960년대 초에 서울역사박물관 근처 현재 현대해상어린이집 자리에 사는 부인이 나한테 와서 우리 동네가 참 아름답고 좋은데, 누가 누가 사는지 서로 좀 알았으면 좋겠다고 그래요. 그래서 우리가 쌍용 김미희 씨네 집에 가서 김미희 씨에게 클럽을 만들어서 동네 사람들끼리 서로 알고 지냈으면 좋겠다고 하니까 김미희 씨가 좋다고, 우리 집에서 처음으로 점심을 차릴 테니까 소집을 하라고 하더라고요. 그래서 우리가 전부 김미희 씨 집에 몇 시까지 모이라고 초대편지를 써서 보냈더니 서른 명 가까이 모였어요. 김옥라

» 초대 회장 김미희

신문로2가의 어머니들, 우리가 회원이었죠. 신문로 주부클럽 1대 회장은 김미희 회장, 김미희 여사가 50년 전에 주부클럽을 시작했어요. 회장은 돌아가면서 했는데, 나도 회장을 했어요. 장명순

김미희 회장 댁에서 모임이 많아서, 그 집에서 점심을 많이 먹었어요. 하지만 그냥 점심만 먹는 게 아니고, 다도회나 다른 강의 등을 했었죠. 한 달에 한 번 모이는데 이벤트를 꼭 만드셨어요. 장명순

김미희 여사님은 모임에 가면 점심도 주시고, 다과도 주시고, 떡도 집에서 직접 만드셨어요. 다도도 하자고 하셔서 같이 다도도 했죠. 다도 재료도 직접 사서 썼어요. 또 화로를 무쇠로 디자인해 만들어서 다 하나씩 사 갖기도 했어요. 임원옥

1.2 주요 회원

초기 20~30명 모였던 주부클럽은 한 달에 한 번씩 돌아가면서 서로의 집에서 식사하는 것으로 시작되었다. 신문로 주민이면 누구나 가입할 수 있었고, 서울대학교 정형외과 석세일 교수와 한일투금·대림산업·대원제약·한독약품 부인 등 신문로에 거주하는 다양한 정·재계 인사들의 부인이 모였다. 모인 신문로 주부들은 자신의 이름 대신 남편의 이름을 이름표로 달아 서로 'ㅇㅇㅇ 부인'이라고 불렀는데, 대내외적으로 남편 이름이 익숙하고 외우기 쉬웠기 때문이었다. 신문로 주부클럽은 신문로 주민 간의 친목을 도모하였는데, 1980년대 후반 신문로에 여러 대사관이 들어서면서 외국인들이 많아지자 외국인 부인을 위한 초청 자리를 마련하기도 하였다.

» 가입 경로

나는 우리 시누님이 신문로에 사셨는데 클럽에 오라고 하셔서 참석했던 것 같아요. 내가 이사 왔을 때는 주부클럽이 이미 있었어요. 1-143번지에 민병권 국토부 장관이 사셨는데, 그분의 부인도 이미 가입해 있었어요. 임원옥

» 주요 회원

주로 나온 집을 꼽아 보면 성곡(1-133, 225)이랑 배현규(1-102)도 하셨죠. 대림도 참여했고요. 서울대 정형외과 석세일 교수 부인(1-144)도 꼭 참여했어요. 대원제약 부인도 열심히 참여했어요. 장명순

신문로 주부클럽이니까, 신문로2가 주민만 참여했어요. 신문로2가 양방향 골목의 사람들까지만 모이는데, 초입에 사는 MBC 이환의 사장 부인은 꼭 나왔던 것 같아요. 월 1회 모이고 스무 명 정도는 안 빠지고 꼭 나왔어요. 다른 모임을 각자 하는 건 있겠지만, 우린 여기서 50년을 했으니까 기억에 많이 남죠. 장명순

우리 신문로 사람의 모임을 주부클럽이라고 했어요. 조각가 선생 부인도 꼭 나왔어요. 1-190번지에 사는 세무서장 부인이 홍 씨인데, 이분도 주부클럽에 꼭 나왔어요. 마지막에 회계를 맡은 사람이 임원옥 여사였어요. 장명순

» 모임 주기와 시간

문패에 남편 이름이 써 있으니까, 남편 이름으로 부르면 서로를 쉽게 파악할 수 있을 것 같아서 라익진 부인, 김성곤 부인, 무슨 부인, 무슨 부인 해서 이름표를 해서 다 달아줬어요. 한 달에 한 번씩 모였어요. 김옥라

옛날에 김성곤 씨 부인 김미희 여사께서 성곡미술관 자리에서 사셨는데, 주부클럽이 시작되고부터 만나게 됐죠. 그전에는 김옥라 선생님 위주로 모였는데, 김미희 여사님께 말씀을 드려서 집을 오픈했어요. 가면 식사도 주시고, 와인 마시는 법도 배웠어요. 사람들이 많아서 그 집이 가득 찼었어요. 임원옥

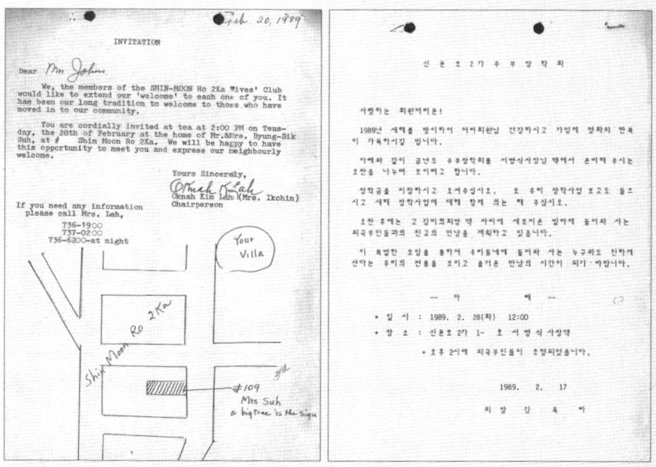
Feb. 20, 1989

INVITATION

Dear Mrs Johns

We, the members of the SHIN-MOON Ro 2Ka Wives' Club would like to extend our 'welcome' to each one of you. It has been our long tradition to welcome to those who have moved in to our community.

You are cordially invited at tea at 2:00 PM on Teusday, the 28th of February at the home of Mr.&Mrs. Byung-Sik Suh, at # Shin Moon Ro 2Ka. We will be happy to have this opportunity to meet you and express our neighbourly welcome.

Yours Sincerely,
Oknah Kim Lah (Mrs. Ikchin)
Chairperson

If you need any information please call Mrs. Lah,
736-1900
737-0200
736-6200-at night

신문로 2가 주부장학회

사랑하는 회원여러분!

1989년 새해를 맞이하여 여러회원님 건강하시고 가정에 평화와 만복이 가득하시길 빕니다.

예년과 같이 금년도 주부장학회를 서병식사장님 댁에서 준비해 주시는 오찬을 나누며 모이려고 합니다.

장학금을 지참하시고 오셔주십시오. 또 우리 장학사업 보고도 들으시고 새해 장학사업에 대해 함께 의논 해 주십시오.

오찬 후에는 고 김미희회장 댁 자리에 새로지은 빌라에 들어와 사는 외국부인들과의 친교의 만남을 계획하고 있읍니다.

이 특별한 모임을 통하여 우리동네에 들어와 사는 누구와도 친하게 산다는 우리의 전통을 보이고 즐거운 만남의 시간이 되기 바랍니다.

-- 아 래 --

• 일 시 : 1989. 2. 28(화) 12:00
• 장 소 : 신문로 2가 1- 호 서병식 사장댁
• 오후 2시에 외국부인들이 초청되었읍니다.

1989. 2. 17

회장 김 옥 라

1989년 외국인 부인을 위한 모임과 초청장

1.3 주부클럽 활동

신문로 주부클럽은 단순한 모임이 아니라 지역사회 전반에 걸쳐 다양한 활동을 하였다. 1977~1984년도의 회계장부를 살펴보면 매달 파출소 보조와 방범대 보조를 지원하였고, 요리·다도·운동 등 교양 강의를 같이 듣기도 하였다. 또한 지역활동에 한정하지 않고 다양한 봉사활동을 전개하였다. 구술에 따르면 신문로 주부클럽은 동네에 경비초소를 설치하거나, 파출소와 월남전 참전군대에 김치를 기부하거나, 가족이 없는 군부대 병정들의 생일선물을 보내거나, 가난한 입원환자에게 수혈대금을 지원하고, 수재민 기부에도 적극적으로 참여하는 등 다양한 자선활동을 벌였다. 또 1977년 9월부터는 지역 학생들에게 장학금을 주는 장학회 기금을 마련하기도 하였다.

주부클럽에서 주부장학회로 약 50년간 이어진 활동은 2009년으로 끝이 났지만, 그동안의 지출서류와 공문 그리고 편지 한 장 한 장을 소중히 간직해 온 10여 개의 문서철과 지출내역서 등을 통해 기억에 의존하지 못한 많은 활동 정보를 파악할 수 있었다.

신문로 주부클럽 주요 지출 내역(1977~1984)

지출 내역	날짜	상세	지출금액(원)
강의	1977.1.26.	유계완(요리) 강사비	2만
	1978.4.18.	유재두(운동) 강사비	2만
	1981.3.11.	쉐라톤 호텔 요리사 강사비	4만
	1981.6.12.	이기열(요리) 강사비	3만
	1982.10.11.	강사비(운동)	3만
	1982.9.11.	예지원 원장 강영숙(다도) 강사비	3만
기부, 봉사	1977.11.22.	극빈 환자촌 방문	10만
	1979.11.8.	군인 야식대	3만
	1979.12.12.	동회 이웃돕기	5만
	1982.4.25.	불우이웃돕기(장례비)	5만
	1982.9.16.	독립기념관기금모금운동 안내장	8740
	1986.9.20.	불우이웃돕기 성금 기탁	20만
지역활동	1978.5.12.	지역 야유회(음식, 상품, 수고비)	7만 4930
	1973.11.4.	동회 김장비	10만
	1979.7.19.	동회 휴가비	5만
	1977.1.~	파출소·방범대 보조	각 1만 5000
	1977.1.~	주민 문병, 결혼, 장례식 꽃, 물 지원	
장학금	1977.9.~	지역 장학금	연 6만

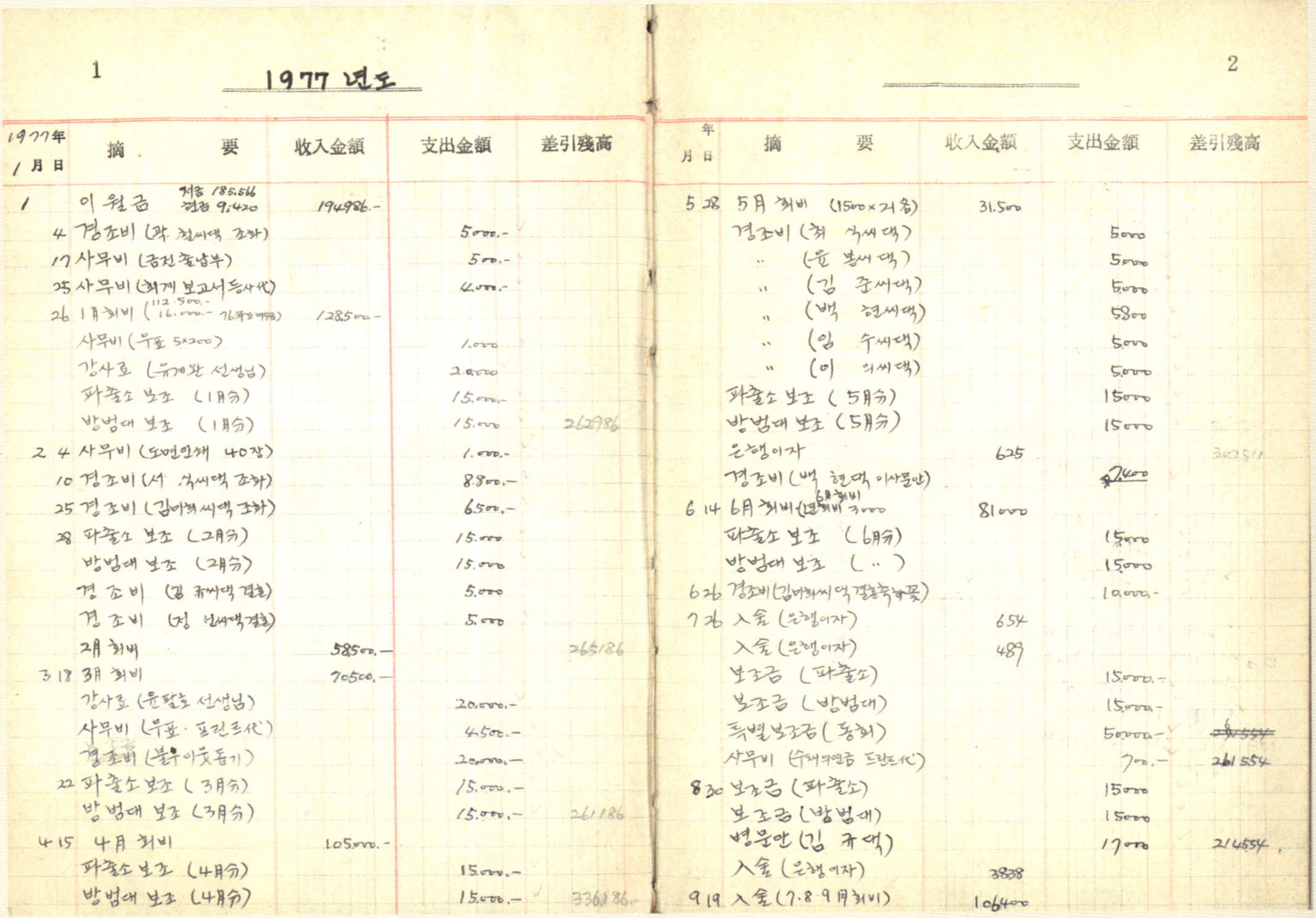

1 1977 년도

1977年 月 日	摘要	收入金額	支出金額	差引殘高
1	이월금 (저금 185,566 현금 9,420)	194986.-		
4	경조비 ([illegible] 조위)		5000.-	
17	사무비 (금전출납부)		500.-	
25	사무비 (회계 보고서 등사代)		4000.-	
26	1月회비 ([illegible])	12850.-		
	사무비 (우표 5x200)		1000	
	강사료 (유계완 선생님)		20000	
	파출소 보조 (1月分)		15000.-	
	방범대 보조 (1月分)		15000	262986
2 4	사무비 ([illegible] 40장)		1000.-	
10	경조비 ([illegible] 조위)		8800.-	
25	경조비 ([illegible] 조위)		6500.-	
28	파출소 보조 (2月分)		15000	
	방범대 보조 (2月分)		15000	
	경조비 ([illegible] 결혼)		5000	
	경조비 ([illegible] 결혼)		5000	
	2月회비	58500.-		265186
3 18	3月회비	70500.-		
	강사료 ([illegible] 선생님)		20000.-	
	사무비 ([illegible])		4500.-	
	경조비 (불우이웃돕기)		20000.-	
22	파출소보조 (3月分)		15000.-	
	방범대 보조 (3月分)		15000.-	261186
4 15	4月회비	105000.-		
	파출소 보조 (4月分)		15000.-	
	방범대 보조 (4月分)		15000.-	336186

2

年 月 日	摘要	收入金額	支出金額	差引殘高
5 28	5月회비 (1500×21名)	31500		
	경조비 ([illegible])		5000	
	〃 ([illegible])		5000	
	〃 ([illegible])		5000	
	〃 ([illegible])		5800	
	〃 ([illegible])		5000	
	〃 ([illegible])		5000	
	파출소 보조 (5月分)		15000	
	방범대 보조 (5月分)		15000	
	은행이자	625		307511
	경조비 ([illegible])		2400	
6 14	6月회비 ([illegible])	81000		
	파출소 보조 (6月分)		15000	
	방범대 보조 (〃)		15000	
6 26	경조비 ([illegible])		10000.-	
7 26	入金 (은행이자)	654		
	入金 (은행이자)	489		
	보조금 (파출소)		15000.-	
	보조금 (방범대)		15000.-	
	특별보조금 (동회)		50000.-	
	사무비 ([illegible])		700.-	261554
8 30	보조금 (파출소)		15000	
	보조금 (방범대)		15000	
	병문안 ([illegible])		17000	214554
	入金 (은행이자)	3838		
9 19	入金 (7·8·9月회비)	106400		

신문로 주부클럽의 회계장부

신문로 주부클럽의 회계장부와 결산 내역

신문로 주부장학회 초기 회원 명단

(회 원 명 단)

성 명	주 소	전화번호	비 고
김 ○ 룰	종로구 신문로 2가 1-	736 -	
김 ○ 환	종로구 신문로 2가 1-	737 -	
김 ○ 기	종로구 신문로 2가 1-	737 -	
고 ○ 일	종로구 신문로 2가 1-	736 -	
구 ○ 정	종로구 신문로 2가 1-	737 -	
곽 ○ 철	종로구 신문로 2가 1-	737 -	
박 ○ 진	종로구 신문로 2가 1-	736 -	
배 ○ 규	종로구 신문로 2가 1-	735 -	
백 ○ 현	강남구 청담동 90-	542 -	
백 ○ 봉	강남구 논현동 27-	543 -	
서 ○ 호	종로구 신문로 2가 1-	732 -	
서 ○ 식	종로구 신문로 2가 1-	735 -	
석 ○ 일	성북구 성북동 330-	742 -	
심 ○ 섭	종로구 신문로 2가 1-	732 -	
송 ○ 옥	종로구 신문로 2가 1-	732 -	
이 ○ 용	종로구 신문로 2가 1-	738 -	
이 ○ 원	종로구 신문로 2가 1-	735 -	
이 ○ 호	종로구 신문로 2가 1-	737 -	
이 ○ 상	종로구 신문로 2가 1-	732 -	
유 ○ 성	종로구 신문로 2가 1-	732 -	
임 ○ 수	성북구 성북동 330-	741 -	
조 ○ 구	종로구 신문로 2가 1-	732 -	
최 ○ 관	종로구 신문로 2가 1-	735 -	
최 ○ 홍	종로구 신문로2가 1-	735 -	
홍 ○ 표	종로구 신문로 2가1-	736 -	
김 ○ 환	종로구 신문로 2가 1-		
김 ○ 선	종로구 신문로 2가	736 -	

사훈 : 창의 · 성실 · 발전　　동남갈포공업주식회사　　(190㎜×268㎜)

주부클럽 해산, 주부장학회 존속 공지

No 1.

신문로 2가 주부 장학회

이미 통지하여 드린바와 같이 신문로 2가 주부클럽은 해산이 되었으나, 그중 장학회만은 존속시키기로 결의한바 있읍니다.

새 학기를 맞아 장학금을 기다리는 어린 학생들에게 우리 회원들의 정성을 전해 주어야 되겠기에 일차 모임을 갖고저 하오니, 바쁘시더라도 꼭 참석해 주시기 바랍니다.

아　래

일시　1985년 4월 2일 (화) 오후 3시

장소　라 의진 씨댁 신문로2가 1-42

전 화

장학회장 김 옥라

» **김치 기부**

월남에 신문이랑 김치를 보냈어요. 또 그때 파출소 순경이 집마다 돌아다니면서 김치를 구하러 다녔어요. 그래서 우리끼리 얘기하기를 '우리의 생명과 재산을 맡긴 사람들인데, 김치도 없어 가지고 구하러 다녀서야 되겠느냐. 우리가 김치를 해다 주자'고 해서, 장독 하나에 김치를 담아서 장독째로 몇 해를 파출소에 갖다 줬어요. 김옥라

» **경비 초소 설치**

내가 회장을 할 때 코스타리카대사관 앞이랑 사우디아라비아대사관 앞에 경비초소를 만들었어요. 각 집에서 돈을 걷어서 큰길로 나오는 길 초입 1-142번지 앞 코스타리카대사관 앞에 하나, 갈포벽지집 앞에도 경비초소를 세웠죠. 돈 걷는 거 쉽지가 않았어요. 아침에 출근하실 때 들러서 회비 걷고. 재미있게 살았어요. 장명순

그때 도둑이 많아서 동네에 경비초소를 만들었어요. 우리 주부들이 돈을 모아서 하기에는 조금 벅찰 정도로 돈이 많이 들었지만, 신문로 사람들이 '우리 집 앞이 외지다' '위험하다'고 얘기하면, 그 옆에 하나씩 만들어 줬어요. 신문로 뒤쪽으로 한 네댓 개 지은 것 같아요. 각당복지재단 김옥라 여사님 집 앞이랑 코스타리카대사관 앞쪽에도 있었어요. 저기 꼭대기에도 만든 것 같고요. 임원옥

» **군대 위문**

군부대 위문을 많이 갔어요. 회비 걷어서 위문 다니고, 어려운 사람들이 신문에 나면 우리가 모은 돈 기부하고, 그것을 오랫동안 했어요. 염원옥

군부대 위문은 어느 부대를 지정해서 위문품을 잔뜩 만들어 보내 줬어요. 처음에는 그것부터 시작했죠. 임원옥

» **봉사활동**

각당복지재단에서 충북 음성 꽃동네를 한 달에 한 번씩 가서 도왔거든요? 그때 버스비를 내가 부담했어요. 버스로 가서 온종일 일하고 다시 태워 오는 일을 오랫동안 했어요. 장명순

1.4 초기 주부클럽의 해체

신문로 주부클럽은 1985년 해산되었다. 김옥라의 구술에 따르면 마을에 반상회가 생겨 유사한 활동과 모임을 겹치는 바람에 정부가 추진하는 반상회로 일원화하였다. 대신 일부 주부클럽 회원들을 중심으로 '주부장학회'라는 이름으로 커뮤니티 활동은 지속되었다. 클럽 회원들 간의 결속력도 여전하였는데, 비록 신문로 주부장학회는 희망하는 회원만 참여하여 인원이 적었으나, 이미 신문로를 떠난 주민들도 꾸준히 장학회에 참여해 2000년대 초반까지 유지되었을 만큼 결속력이 단단한 커뮤니티였다.

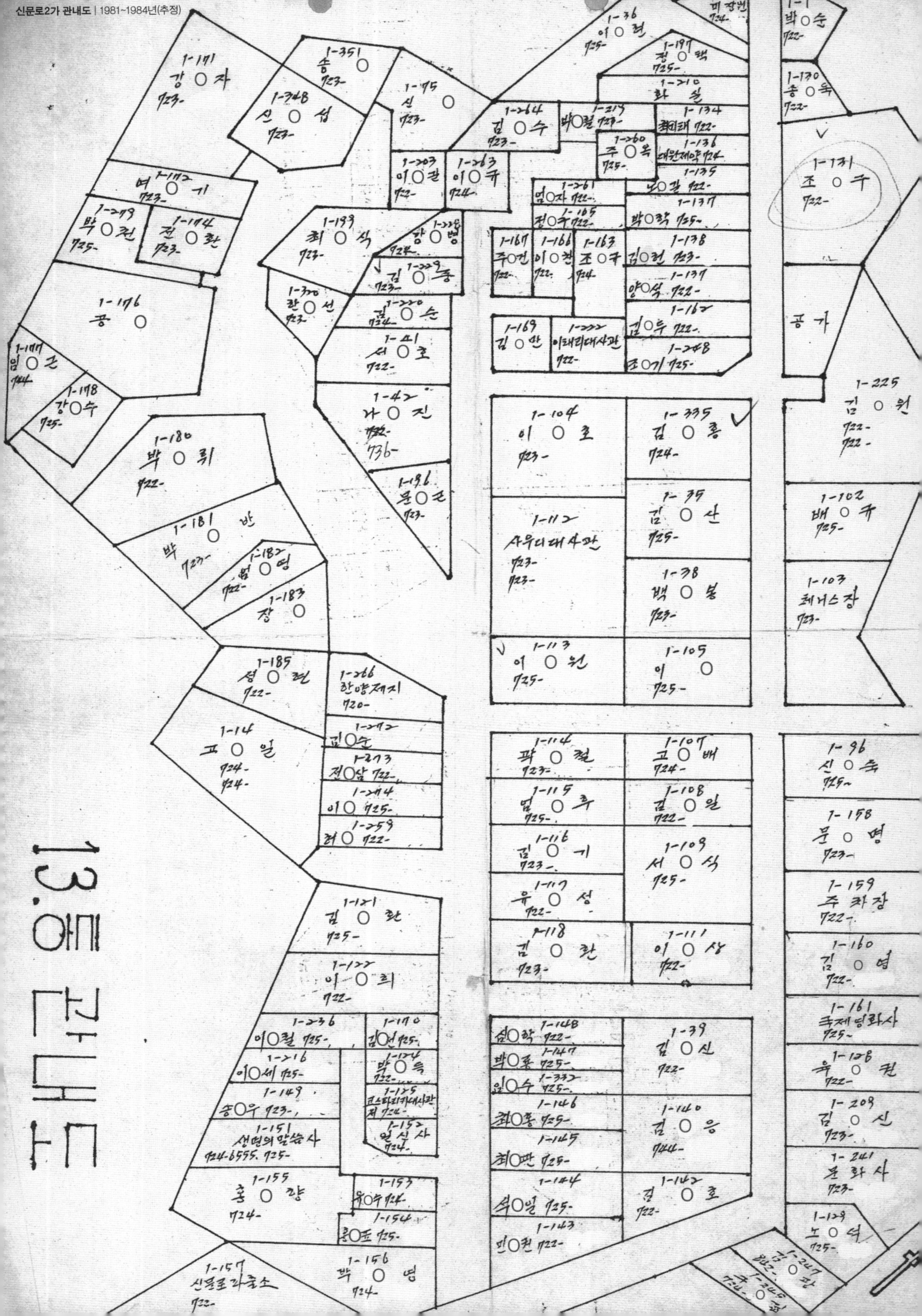
13.통 관내도
1-171 강 O 자
1-351 송 O
1-348 신 O 섭
1-175 신 O
1-36 이 O 련
1-218 미 장변
1-197 정 O 택
1-210 화 실
1-264 김 O 수
1-215 박O런
1-134 최미대
1-136 대한제약
1-135
1-137 박O락
1-260 주 O 옥
1-203 이 O 관
1-263 이 O 규
1-261 염O자
1-165 정O수
1-172 여 O 기
1-279 박 O 천
1-174 전 O 환
1-199 최 O 식
1-228 장 O 병
1-229 김 O 종
1-167 주O건
1-166 이 O 현
1-163 조 O 구
1-138 김O런
1-139 양O식
1-162 김O두
1-248 조O기
1-169 김 O 안
1-222 이태리대사관
1-1 박 O 순
1-170 송 O 옥
1-171 조 O 수
공가
1-176 공 O
1-177 임 O 순
1-178 강 O 수
1-330 한 O 선
1-220 김 O 순
1-41 서 O 호
1-42 나 O 진
1-191 문 O 근
1-180 박 O 희
1-181 박 O 반
1-182 엄 O 영
1-183 장 O
1-104 이 O 호
1-335 김 O 홍
1-225 김 O 원
1-75 김 O 산
1-102 배 O 규
1-112 사우디대사관
1-38 백 O 봉
1-103 훼너스장
1-113 이 O 원
1-105 이 O
1-185 성 O 련
1-266 한양제지
1-14 고 O 일
1-272 김O순
1-273 전O삼
1-274 이O
1-259 최O
1-114 박 O 철
1-107 고 O 배
1-96 신 O 숙
1-115 엄 O 특
1-108 김 O 일
1-158 문 O 명
1-116 김 O 기
1-109 서 O 식
1-159 주 차 장
1-117 유 O 성
1-118 김 O 환
1-111 이 O 상
1-160 김 O 영
1-121 김 O 환
1-122 이 O 희
1-161 축제 덩화사
1-236 이O철
1-170 김O현
1-216 이O세
1-124 박 O 옥
1-149 송O우
1-125 코스타리카대사관
1-151 생명의 말씀사
1-152 일신사
1-155 홍 O 량
1-153 유O수
1-154 홍O표
1-148 신O학
1-147 박O룡
1-332 임O수
1-146 최O홍
1-145 최O판
1-144 석O일
1-143 민O천
1-39 김 O 신
1-140 김 O 응
1-142 김 O 호
1-128 유 O 권
1-209 김 O 신
1-241 문화사
1-129 노 O 석
1-247 김 O 팔
1-157 신문로파출소
1-156 박 O 범

» **주부클럽의 해체**

정부에서 동네에 반상회를 열었어요. 그래서 우리 주부클럽 사람들이 '두 가지로 할 거 뭐 있느냐'고, '주부클럽을 없애자'고 해서 없앴어요. 그래도 섭섭해서 몇 사람이 돈을 10만 원씩 20만 원씩 내서 모였어요. 김옥라

» **주부장학회 유지**

신문로 주부장학회는 전체가 아니고 원하는 사람만 참여했어요. 나중에 이사도 많이 가시고 하니 강요는 못 했어요. 원래 신문로 주부클럽은 전부 동참을 했는데, 주부장학회는 동참하는 사람만 했어요. 임원옥

2

신문로 주부장학회

신문로 주부장학회의 초창기 자금은 주부클럽의 남은 회비와 주민들의 참여로 시작하였지만, 장학금은 지속적으로 큰돈이 빠져나가는 사업인 만큼 초기 자금의 확보가 중요하였다. 당시 신문로 주민들은 큰 금액임에도 불구하고 선뜻 장학금을 기부하였다. 특히 당시 회장이었던 김옥라는 초기 자금 마련을 위해 당시 1-101번지에 거주하는 쌍용그룹 김석원 회장에게 편지를 쓰기도 하였다. 주부클럽에서 장학회 중심으로 운영되면서 장학회 활동의 비중이 커졌지만, 주부장학회는 지역 파출소 준공식이나 대구지하철 참사 기부 등 자선·봉사활동을 꾸준히 벌였다.

신문로 주부장학회 회계 내역(1987년)

날짜	지출 내역	금액(원)
4월	음료수 및 도장 구입(석세일 씨 이사기념 초대 방문)	3만 2220
	우표 구입	5880
	음료수 구입(이준용 댁 방문)	2만 3540
	1987년도 1/4분기 장학금 지급	31만 9060
7월	1987년도 2/4분기 장학금 지급	29만 8460
8월	1987년도 3/4분기 장학금 지급	29만 8460
12월	1987년도 4/4분기 장학금 지급	29만 8460

» **신문로 주부장학회의 설립**

오랫동안 하다가 반상회가 생기면서, 이렇게 모임만 갖기보다는 동네 어려운 학생들에게 장학금을 주자고 해서 우리가 매년 장학금을 줬어요. 임원옥

신문로 주부장학회 회원들(1999년)

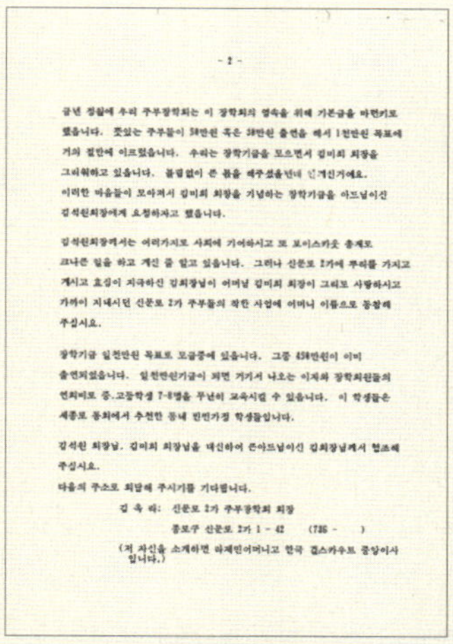

김옥라 회장이 쌍용 김석원 회장에게 보낸 편지

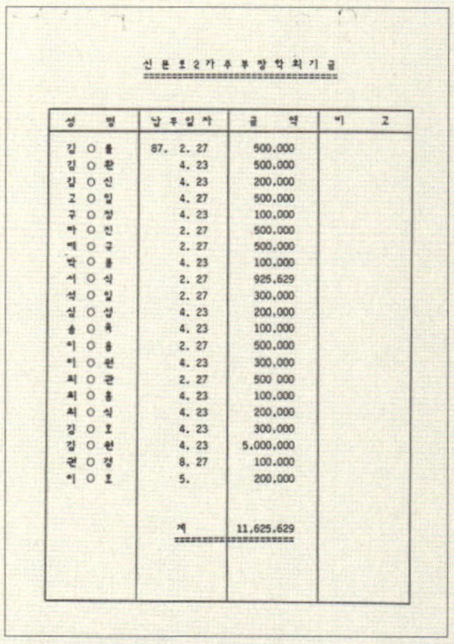

신문로2가 주부장학회기금

성명	납부일자	금액	비고
김○을	87. 2. 27	500,000	
김○환	4. 23	500,000	
김○신	4. 23	200,000	
고○일	4. 27	500,000	
구○정	4. 23	100,000	
박○진	2. 27	500,000	
배○구	2. 27	500,000	
박○홍	4. 23	100,000	
서○식	2. 27	925,629	
석○일	2. 27	300,000	
심○섭	4. 23	200,000	
송○옥	4. 23	100,000	
이○용	2. 27	500,000	
이○원	4. 23	300,000	
최○관	2. 27	500 000	
최○홍	4. 23	100,000	
최○식	4. 23	200,000	
김○호	4. 23	300,000	
김○원	4. 23	5,000,000	
권○정	8. 27	100,000	
이○호	5.	200,000	
	계	11,625,629	

1987년 주부장학회 기금 기부자

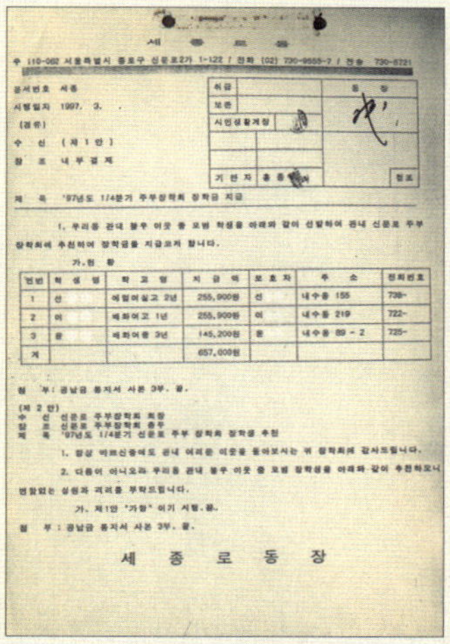

동사무소의 장학생 추천 명단 문서(1997년)

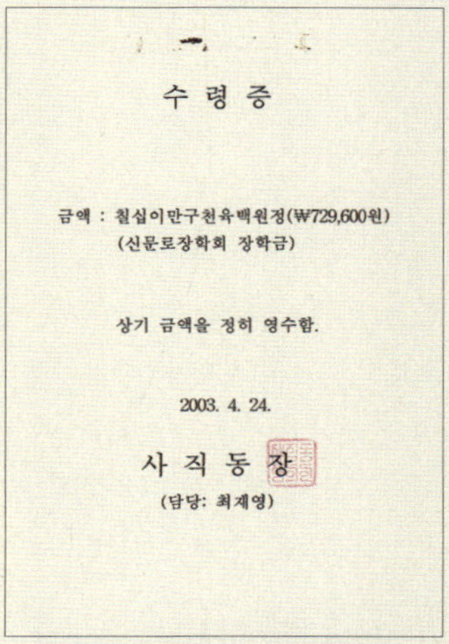

수 령 증

금액 : 칠십이만구천육백원정(₩729,600원)
(신문로장학회 장학금)

상기 금액을 정히 영수함.

2003. 4. 24.

사 직 동 장

(담당: 최계영)

사직동사무소의 장학금 수령증(2003년)

» **초창기 자금 마련**

처음 장학회 시작할 때 초창기 자금을 만들어야 하잖아요. 그래서 김옥라 여사하고 나하고 김미희 여사 아들을 찾아갔어요. 그때 김석원 씨가 쌍용 회장을 할 때라, 김석원 씨에게 기부해 달라고 부탁해서 500만 원을 기부받았어요. 나도 100만 원 내고, 김옥라 여사도 100만 원 내고, 그 외에도 기부하신 분이 몇 분 있었어요. 돈을 모아 동회에다 장학생을 추천해 달라고 해서 1년에 한 번씩 우리가 학비를 부쳐 줬어요. 임원옥

2.1 장학회 활동

신문로 주부장학회는 어려운 환경에서 공부하고 있는 지역 학군 내의 중·고교생들에게 장학금을 수여하였다. 매년 사직동주민센터에서 장학생 후보를 추천하면 주부장학회는 1년에 3~4명을 뽑아 3년 동안 학비를 지원하였다. 회계장부를 분석해 보면 장학생들은 경복고등학교·대신중고등학교·배화여자고등학교 등 신문로2가 주변의 학교 학생들이 대부분이었고, 거주지 또한 신문로와 주변의 체부동·사직동에 거주하는 어려운 형편의 학생들이었다. 신문로 주부장학회의 활동을 통해 1977년부터 2009년까지 70명이 넘는 학생들이 3년간 학비 도움을 받았다. 또한 장학금의 대상에는 학생뿐만 구족화가 등 다양한 계층의 어려운 사람들도 포함되어 있었다. 도움을 받은 학생들은 신문로 주부장학회에 감사인사 편지를 보내오기도 하였다.

» **장학생 선발 방식**

우리는 학생들이 누군지 모르니까 동사무소에 의뢰를 했어요. 동사무소로부터 어려운 애들 몇 명씩, 일고여덟 명씩 추천을 받아서 중·고등학생 아이들 장학금을 오랫동안 줬어요. 장명순

동회에서 추천을 받았어요. 우리는 전혀 모르는 아이들이었죠. 학군은 이 지역이었어요. 얼굴을 한 번은 보고 줘야 하니, 장학금 수여식을 했었어요. 그때 아이들 엄마들도 오셨었죠. 동회장에게 연락해서 몇 월 며칠에 가겠다 하면 동회장이 아이들을 불러 주고, 날짜를 조율해서 장학금 수여식을 했어요. 임원옥

2.2 주부장학회의 해체

신문로 주부장학회는 2009년까지 운영하다 해체되었다. 임원옥의 구술에 따르면 2000년대 이후 신문로의 주민들이 이주하여 운영이 어려워졌고, 참여하는 회원들도 점점 나이가 들어 참여가 어려웠다고 한다. 결국 2009년까지 장학금을 지급하였고, 2010년 남은 금액은 에티오피아 어린이들과 자원봉사활동을

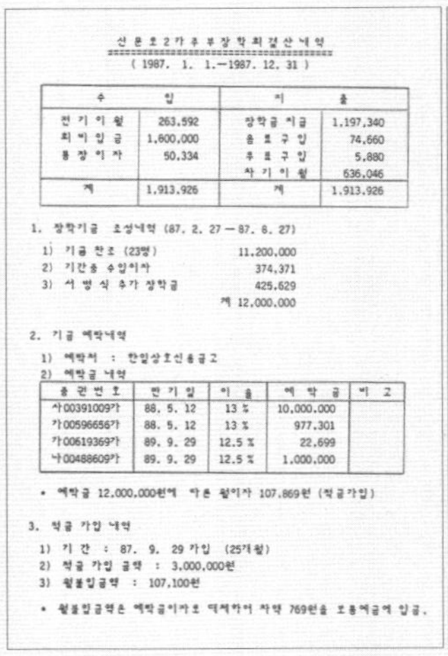

신문로2가주부장학회결산내역

(1987. 1. 1.—1987. 12. 31)

수입		지출	
전기이월	263,592	장학금지급	1,197,340
회비입금	1,600,000	용품구입	74,660
통장이자	50,334	우표구입	5,880
		차기이월	636,046
계	1,913,926	계	1,913,926

1. 장학기금 조성내역 (87. 2. 27 — 87. 6. 27)
   1) 기금 찬조 (23명) 11,200,000
   2) 기간중 수입이자 374,371
   3) 서 병 식 추가 장학금 425,629
   계 12,000,000

2. 기금 예탁내역
   1) 예탁처 : 한일상호신용금고
   2) 예탁금 내역

증권번호	만기일	이율	예탁금	비고
사00391009가	88. 5. 12	13 %	10,000,000	
가00596656가	88. 5. 12	13 %	977,301	
가00619369가	89. 9. 29	12.5 %	22,699	
나00488609가	89. 9. 29	12.5 %	1,000,000	

• 예탁금 12,000,000원에 따른 월이자 107,869원 (적금가입)

3. 적금 가입 내역
   1) 기간 : 87. 9. 29 가입 (25개월)
   2) 적금 가입 금액 : 3,000,000원
   3) 월불입금액 : 107,100원

• 월불입금액은 예탁금이자로 대체하여 차액 769원을 보통예금에 입금.

1987년 주부장학회 결산내역

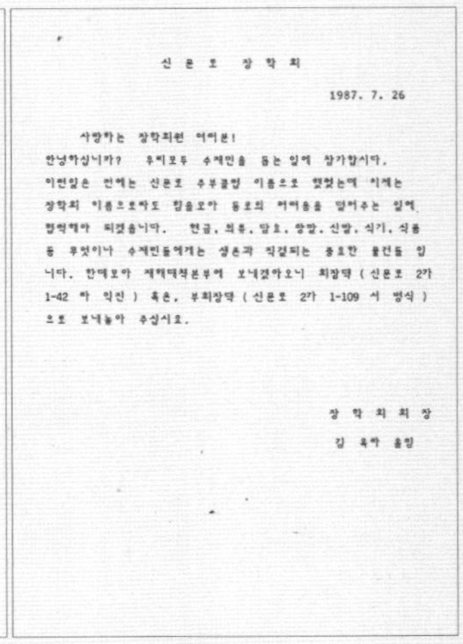

신문로 장학회

1987. 7. 26

사랑하는 장학회원 여러분!

안녕하십니까? 우리모두 수재민을 돕는 일에 참가합시다. 이런일은 전에는 신문로 주부클럽 이름으로 했었는데 이제는 장학회 이름으로라도 힘을모아 동포의 어려움을 덜어주는 일에 협력해야 되겠습니다. 현금, 의류, 담요, 양말, 신발, 식기, 식품 등 무엇이나 수재민들에게는 생존과 직결되는 중요한 물건들 입니다. 한데모아 재해대책본부에 보내겠아오니 회장댁 (신문로 2가 1-42 하 익진) 혹은, 부회장댁 (신문로 2가 1-109 서 병식) 으로 보내놓아 주십시요.

장학회회장

김 옥라 [illegible]

1987년 수재의연금 모금 공지

지원하는 각당복지재단에 기부하면서 신문로 주부장학회는 완전히 끝을 맺었다.

» **2000년대 이후 장학회 운영의 어려움**

처음에는 전체가 다 모이다가 점점 잘 안 모여져서 20명 정도 모였어요. 그러다 점점 더 이사 가시고, 신문로에 계시던 분들 중 장학금 잘 내 주시던 분들도 다 이사 가시니까 장학금이 줄어들어서 잘 거둬지지가 않았어요. 그리고 이게 잡일이 많았어요. 회비를 거둬야 하고, 동회에 학생 추천도 받고, 장학금 입금처리 등…. 근데 우리도 이제 늙어서 하기 힘들고. 임원옥

» **주부장학회의 해체**

장학금 잔고를 각당복지재단에 전부 기부했어요. 2010년 이후로 끝났어요. 장학회가 끝나도 몇몇이 섭섭하다 해서 따로 운동하면서 모이기도 했어요. 장명순

이 동네 주민들이 다 이사 가고 없어요. 다섯 명도 안 돼서 관리하기가 너무 힘이 들었어요. 사람이 주니까 회비도 줄어들었죠. 그래서 내가 신문로에 사시는 몇 분과 의논해서 김옥라 선생님 각당복지재단에 요긴하게 쓰시라고 드리고 끝을 냈죠. 임원옥

» **잔여 예산의 기부**

잔여 예산이 270만 원 정도 있었는데, 내가 270만 원의 10분지 1을 에티오피아에 보냈어요. 왜 에티오피아에 보냈냐 하면 TV에 에티오피아 어린애들이 나왔는데, 한국이 도움이 필요한 나라라고 알고 있더라고요. 자기 아버지, 할아버지가 가서 도왔으니까, 자기들도 빨리 커서 한국에 도와주러 가야 한다고 하더라고요. 그래서 내가 가슴이 아파서, 회원끼리 얘기를 해서 에티오피아와 관계하는 장에게 10분지 1을 보냈고, 또 동네 쓰레기 치우러 다니는 부인에게도 10분지 1을 드렸어요. 나머지는 주부클럽 회장인 임원옥 여사가 우리 이 건물 준공식 할 적에 재단에 기부했어요. 김옥라

신문로 주부장학회 장학금 수여식(1995년, 1999년)

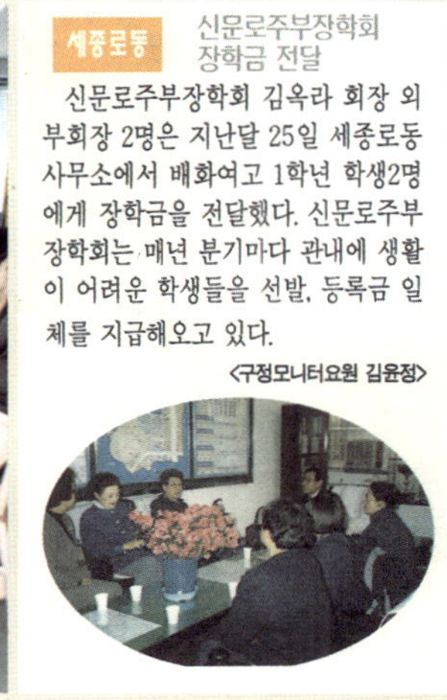
세종로동 신문로주부장학회 장학금 전달

신문로주부장학회 김옥라 회장 외 부회장 2명은 지난달 25일 세종로동 사무소에서 배화여고 1학년 학생2명에게 장학금을 전달했다. 신문로주부장학회는 매년 분기마다 관내에 생활이 어려운 학생들을 선발, 등록금 일체를 지급해오고 있다.

<구정모니터요원 김윤정>

1997년 4월 25일 구정소식지『종로사랑』 실린 주부장학회 기사

1960년대 초 담장 높은 신문로 관사지 주민들이 서로를 파악하기 위해 시작한 신문로 주부클럽은 단지 식사모임으로 끝나지 않고 건전한 지역사회 활동으로 이어졌고, 주부들을 주축으로 한 자체적 지역봉사활동 모임의 모범사례로 서울역사박물관 신문로2가 서울생활문화자료조사에 기록되었다.

1985~2009년 신문로 주부장학회 장학생 명단

연도	장학생 명단
1985년	김○○(불광중 3)/김○○(대신중 2)/고○○(경복고 1)/이○○(경복고 1)
1986년	고○○(경복고 2)/이○(경복고 1)/김○○(협성여상 3)/김○○(대신중 1)
1987년	김○○(서대문중 2)/이○(경복고 2)/김○○(대신중 2)/박○○(협성여상 2)
1988년	전년과 동일
1989년	김○○(신진공고 1)/김○○(경복고 1)/서○○(배화여고 1)
1990년	전년과 동일
1991년	김○○(경복고 3)/서○○(배화여고 3)/김○○(리라공고 1)
1992년	최○○(배화여고 3)/김○○(리라공고 2)/허○(경복고 1)
1993년	안○○(대동상고 2)/김○○(리라공고 3)/허○(경복고 2)
1994년	안○○(대동상고 3)/김○○(경복고 1)/우○○(경복고 1)/허○(경복고 3)
1995년	김○○(경복고 2)/우○○(경복고 2)/이○○(배화여중 3)
1996년	전년과 동일
1997년	선○○(예일여실고 2)/원○○(배화여중 3)/이○○(배화여고 2)
1998년	이○○(배화여고 3)/이○○(은평공고 3)/엄○○(중앙중 2)
1999년	정○○(창덕여중 1)/전○○(은평공고 1)/엄○○(중앙중 3)
2000년	전년과 동일
2001년	김○○(배화여중 2)/전○○(은평공고 3)/엄○○(대신고 2)
2002년	김○○(배화여중 3)/안○○(대신중 2)/엄○○(대신고 3)
2003년	선○○(배화여고 3)/정○○(배화여고 2)
2004년	김○○(배화여고 1)/정○○(배화여고 3)
2005년	김○○(배화여고 1)/김○○(배화여고 2)
2006년	전년과 동일
2007년	김○○(배화여고 3)/안○○(대신고 2)/박○○(덕수초 6)
2008년	김○○(경복고 3)/안○○(대신고 3)/박○○(대신중 1)
2009년	전년과 동일

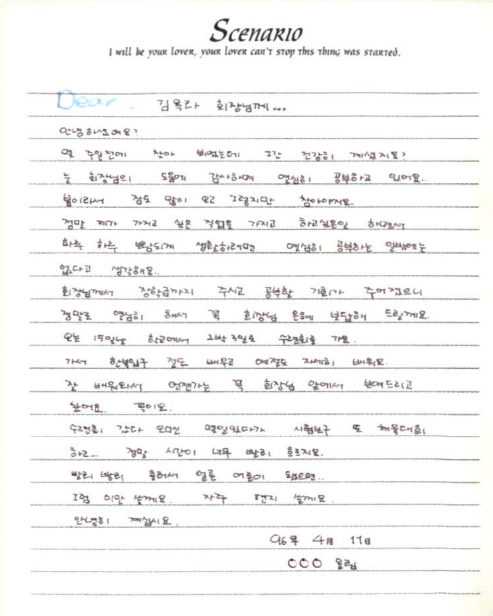
Scenario
I will be your lover, your lover can't stop this thing was started.

Dear. 김옥라 회장님께...
안녕하세요?
몇 주일전에 찾아 뵈었는데 그간 건강히 계셨지요?
늘 회장님의 도움에 감사하며 열심히 공부하고 있어요..
봄이라서 잠도 많이 오고 그렇지만 참아야지요.
정말 제가 가지고 싶은 직업을 가지고 하고싶은일 하면서
하루 하루 보람되게 생활하려면 열심히 공부하는 일밖에는
없다고 생각해요..
회장님께서 장학금까지 주시고 공부할 기회가 주어졌으니
정말로 열심히 해서 꼭 회장님 은혜에 보답해 드릴께요.
오늘 15일날 학교에서 2박 3일로 수련회를 가요.
가서 한복입구 절도 배우고 예절도 자세히 배워요.
잘 배워와서 언젠가는 꼭 회장님 앞에서 보여드리고
싶어요. 꼭이요.
수련회 갔다 오면 몇일있다가 시험보구 또 체육대회
하고... 정말 시간이 너무 빨리 흐르지요.
빨리 빨리 졸업해서 얼른 어른이 되었으면..
그럼 이만 쓸께요. 자주 편지 쓸께요.
안녕히 계십시요.
96年 4月 17日
○○○ 올림

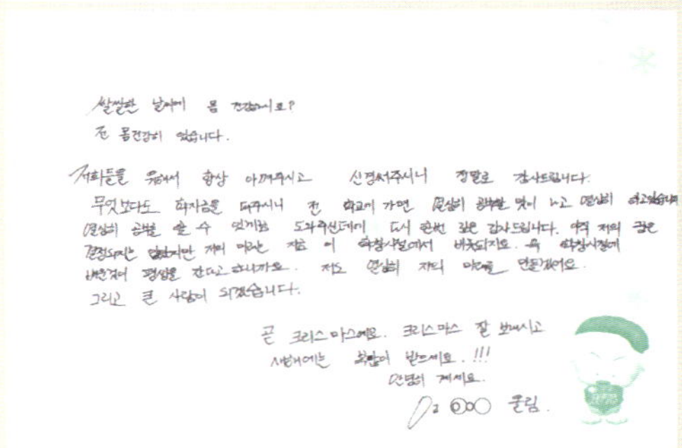
쌀쌀한 날씨에 몸 건강하세요?
전 몸건강히 있습니다.
저희들을 위해서 항상 아껴주시고 신경써주시니 정말로 감사드립니다.
무엇보다도 학자금을 대주시니 전 학교에 가면 열심히 공부할 맛이 나고 열심히 하고있습니다
열심히 공부할 수 있게끔 도와주셨는데 다시 한번 깊은 감사드립니다. 아직 저의 꿈은 결정되지는 않았지만 저의 미래는 지금 이 학창시절에서 비롯되지요. 즉 학창시절에 배운것이 평생을 간다고 하니까요. 저도 열심히 저의 미래를 만들겠어요.
그리고 큰 사람이 되겠습니다.
곧 크리스마스에요. 크리스마스 잘 보내시고
새해에는 복많이 받으세요.!!!
안녕히 계세요.
○○○ 올림.

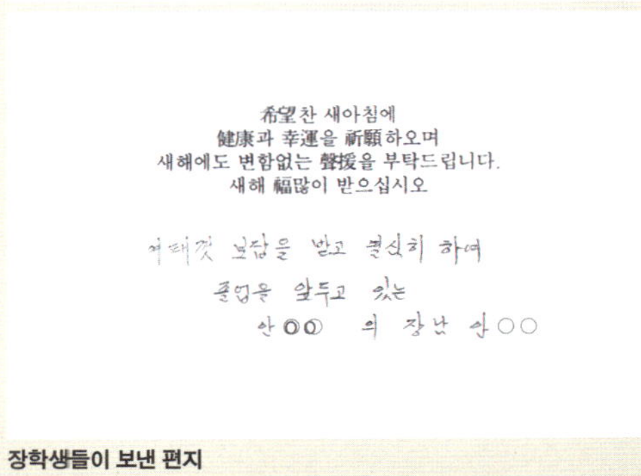
希望찬 새아침에
健康과 幸運을 祈願하오며
새해에도 변함없는 聲援을 부탁드립니다.
새해 福많이 받으십시오

여태껏 보답을 받고 열심히 하여
졸업을 앞두고 있는
안○○ 의 장난 상○○

장학생들이 보낸 편지

체육관 가는 길에는 궁궐 전각 앞에 있었던 답도가 남아 있었어요.

강당으로 올라가는 계단 옆에 돌거북이 있었어요.

일본사람들이 다니던 학교라 안에 신사가 있었는데,
나중에 그 자리에 삼일탑을 세웠어요.

방공호가 청와대까지 연결된다는 그런 소문을 들었어요.

관상대 밑에는 뽕나무가 많았고, 방공호 위에는 아카시아나무가 엄청 많았어요.

밴드부는 개천절이나 광복절 같은 행사가 있으면 서울운동장에서 공연을 했어요.

우리 선배들 중 이북에서 내려온 사람들이 꽤 많았어요.

신문로 2가는 어마어마한 고급주택가이고, 덕수초등학교 근처에는 한옥들이 굉장히 많았어요.

학교 바로 옆 담벼락 일대에 중국사람들이 많이 살았어요.

길 건너편은 소위 접골원의 성지였고, 덕수제과 맞은편이 쫙 분식집이었어요.

지금 돈의문마을박물관 자리에서 과외를 엄청 했어요.

서울고등학교 동창회

1910년 조선에 거주하는 일본인 자녀들을 위해 경희궁 터에 세운 경성중학교 자리에 새로 들어선 서울고등학교는 해방 후 1946년 한국인 남학생을 위한 서울중고등학교로 개편되어 서울의 대표적 명문학교로 자리 잡았다. 다양한 분야의 사회 명사를 다수 배출한 서울고등학교는 학업뿐 아니라 다양한 교외활동을 통해 예술·체육계에서 두각을 나타내기도 하였다. 서울고등학교는 1978년 서초구로 교사를 이전할 때까지 신문로와 인접해 있어 이곳을 다닌 학생들은 신문로의 상점이나 사람들과 밀접한 관계를 가지고

있었다. 이들 중 1950년대 후반부터 1960년대 초반 그리고 1970년대 서울고등학교를 다니던 동문들의 구술을 통해 교내외 학교생활과 교내 경희궁의 흔적, 교문 앞 풍경, 신문로 주변에서 자주 이용하던 상점과 신문로 사람들의 모습을 들을 수 있었다.

구술 대상자는 서울고등학교 14회 동문과 26회 동문들로, 재학 시기에 따라 두 집단으로 인터뷰를 진행하였다. 시기별 조사를 통해 서울고등학교와 주변의 시대별 변화를 볼 수 있었고, 당시 교외활동과 교사들의 일화를 들으며 서울고등학교 학생의 학교생활을 유추할 수 있었다. 14회 동문들의 재학 시기는 1950년대 후반부터 1960년대 초반으로, 서울고등학교가 한국의 명문고로 거듭 발전하던 때였다. 26회 동문들의 재학 시기는 1960년대 후반부터 1970년대 중반으로, 고입고사가 폐지되어 학업에 대한 부담이 적어지고, 학교에서 여러 교외활동을 병행하던 시기였다.

동문회 기수	이름	나이	입학과 졸업	당시 거주지	통학 방법
14회 졸업	이완식	77세(1943년생)	1956년 입학(중학교) 1959년 졸업(중학교) 1959년 입학(고등학교) 1962년 졸업(고등학교)	현저동	도보
	임상덕			아현동	도보
	최충남			회현동1가	도보
	박종흡			정동	도보
	강우영			신설동	버스
	김유항	75세(1945년생)		성북동	버스
	박철원	76세(1944년생)		회현동	도보
26회 졸업	한준	65세(1955년생)	1968년 입학(중학교) 1971년 졸업(중학교) 1971년 입학(고등학교) 1974년 졸업(고등학교)	금호동	버스
	윤여철			신문로2가	도보
	장천			신길동	버스
	김선영			연희동	버스, 도보
	김영일			수유동	버스
	정창섭	66세(1954년생)	1971년 입학(고등학교) 1974년 졸업(고등학교)	서교동	버스
	김민주	64세(1956년생)		동교동	버스

1

학교 모습

1.1 교내 시설

서울고등학교는 도심과 가까운 넓은 부지에 우수한 학교 시설을 갖추고 있는 최고의 학교로 당시에 손꼽히는 곳이었다. 총 부지 3만 8270평에 본관과 후관, 별관, 체육관과 강당, 도서관, 음악실, 특별교실 등과 3개의 운동장 외에 수영장도 있어 학생들은 학업뿐 아니라 다양한 활동을 체험할 수 있었다.[1] 3개나 되는 운동장은 서울고등학교의 자랑거리였고, 서울고 학생들은 운동장에서 다양한 활동을 하며, 궁터의 아름다운 자연환경을 온몸으로 느끼며 성장하였다.

» **3개의 운동장**

본관에는 주로 고3 교실이랑 교무실이 있었어요. 본관 뒤에는 주로 고2들이 쓰는 교사가 있었고요. 보통 고등학교에 운동장 세 개는 생각할 수도 없는데, 서울고등학교에는 운동장이 세 개 있었어요. 지금 서울역사박물관 자리가 제2운동장이었고, 저 위 족구장 있는 데가 제3운동장이었지요.

우리 입학할 때 부지가 3만 7000평 정도라고 들은 것 같아요. 그때 운동장은 두 개로 충분하니까, 제1운동장은 사각형으로 구획을 정해서 잔디를 깔았어요. 중학교는 제3운동장을 쓰면 충분해서 제1운동장은 그냥 마당으로 썼어요. 26회 동문

» **교내의 교사 사택(1950년대)**

사택은 전부 다 선생님의 사택인데, 아래 운동장·수영장 옆에 있었어요. 더 전에는 허술한 기와집이 있었죠. 사택은 일본식과 한식 두 가지가 겹쳐져 있었어요. 일본식 기와였고, 집이 여러 채가 있어서 연립주택처럼 붙어 있었어요. 14회 동문

서울고의 사계절

우리가 6년을 다니는 동안 느낀 게 많은데, 봄이 오면 제2운동장 출입구 쪽 테니스장 언덕 경사면에 개나리가 쫙 폈어요. 그게 질 때쯤 되면 출입로 가운데 화단에 벚꽃이 펴요. 그리고 그게 질 때쯤 되면 본관 건물 앞 교사 화단에 라일락이 쫙 펴요. 그 향기가 진동을 해요 그게 끝날 무렵이면 교내 아카시아나무가 꽃을 피우고, 가을 되면 단풍이 싹 물들고, 이런 4계절을 피부로 느끼면서 자랐어요. 26회 동문

1. 서울고등학교 동창회, 『서울고등학교 50년사』, 1996, 107쪽.

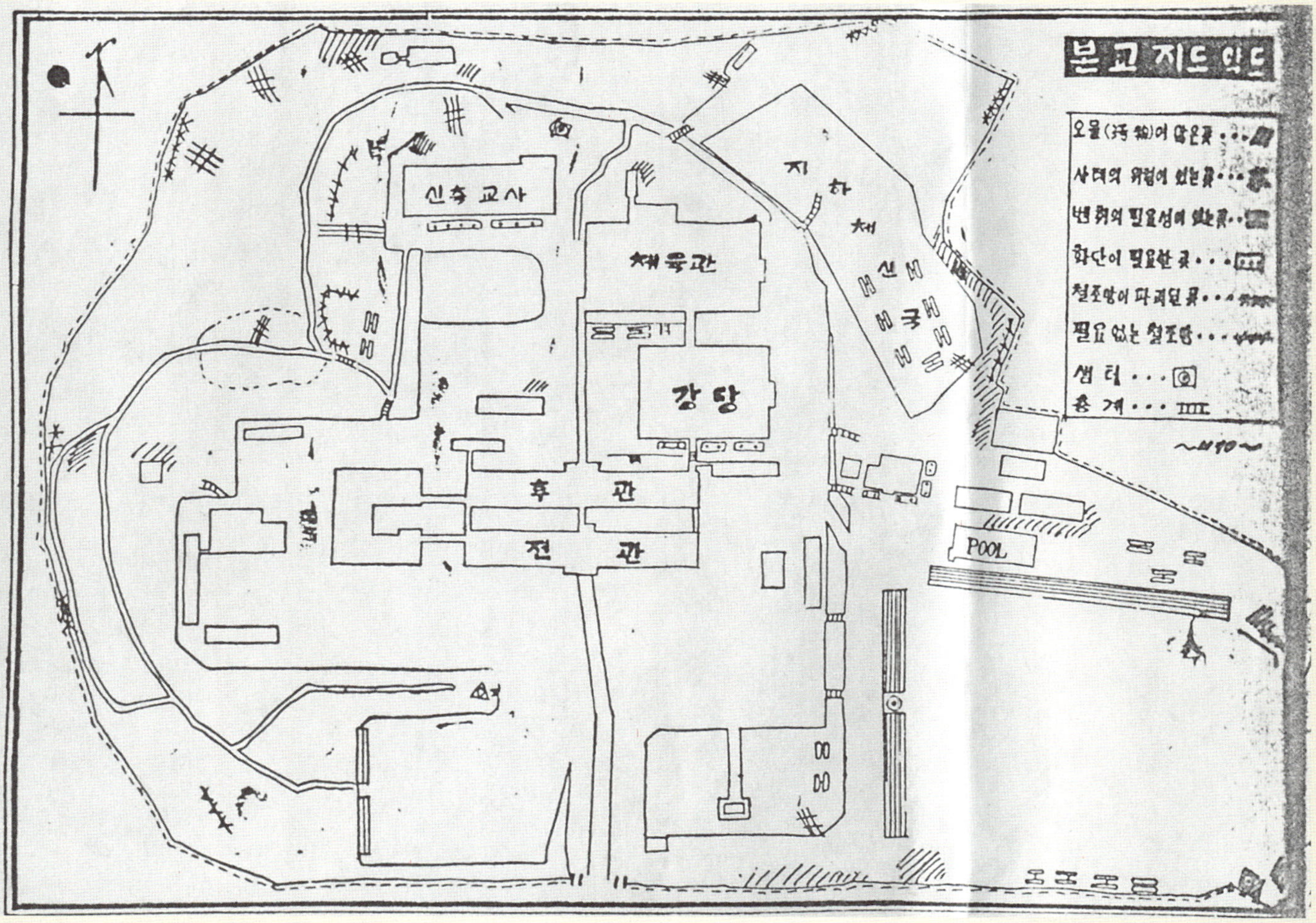

1961년 교지 『경희』에 실린 서울고등학교 지도 | 서울고등학교 역사관

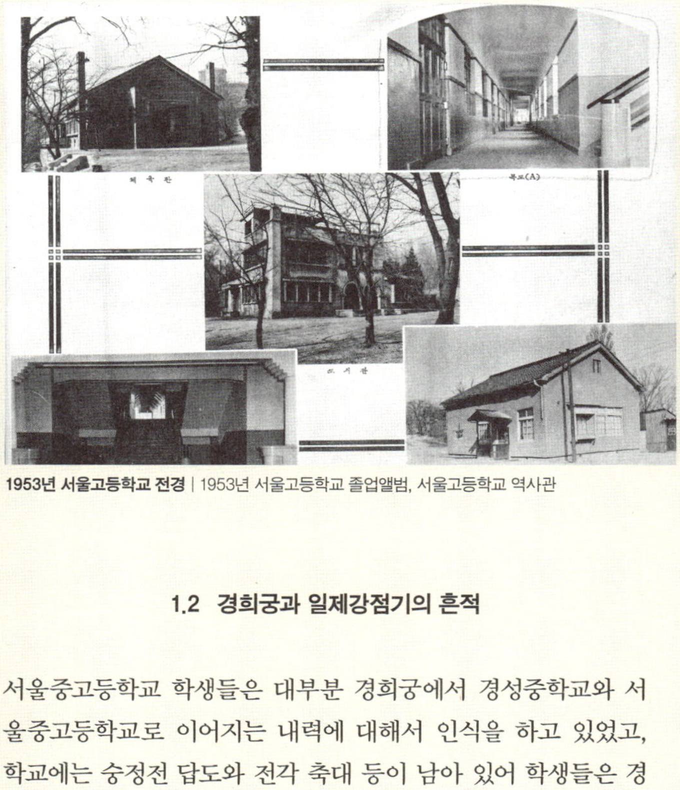

1953년 서울고등학교 전경 | 1953년 서울고등학교 졸업앨범, 서울고등학교 역사관

1962년 서울고등학교 전경 | 1962년 서울고등학교 졸업앨범

1.2 경희궁과 일제강점기의 흔적

서울중고등학교 학생들은 대부분 경희궁에서 경성중학교와 서울중고등학교로 이어지는 내력에 대해서 인식을 하고 있었고, 학교에는 숭정전 답도와 전각 축대 등이 남아 있어 학생들은 경희궁 터였다는 사실을 파악할 수 있었다. 경희궁 유적에는 역사적 이야기가 덧입혀져 학생들의 입에 오르내리기도 하였는데, 체육관으로 올라가는 돌계단의 붉은 자국이 장희빈의 피라는 이야기가 학생들 사이에서 퍼지기도 하였다. 학교에는 일제강점기 경성중학교의 흔적도 남아 있었는데, 정문에서 본관으로 들어가기 전 왼편에는 신사가 자리하였던 흔적이 있었고, 수영장 옆에는 방공호가 있었다. 교사들은 학생들의 방공호 출입을 철저히 막았는데, 학생들은 방공호가 인왕산이나 조선총독부까지 연결된다고 생각하기도 하였다.

운동장에서 배구를 하는 교사들 | 강우영 제공

학교 교문 풍경 | 강신항 제공

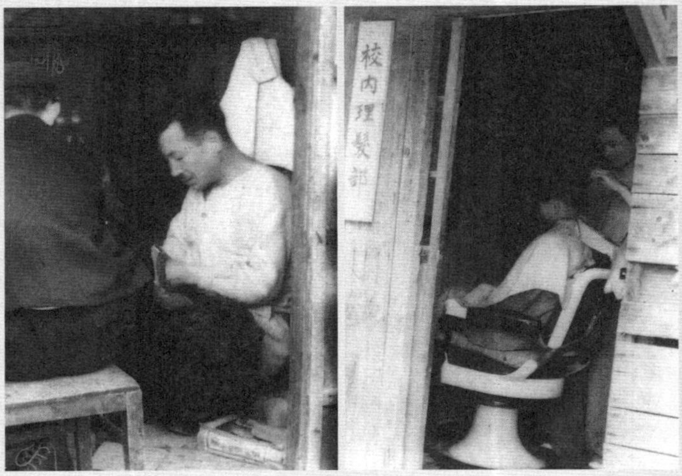

1940년대 후반 교내 구두수선부와 이발소 풍경 | 강신항 2 제공

음악당 앞에서 | 강우영 제공

» **체육관의 답도**

서울역사박물관 터에 왕이나 왕족들이 마시던 샘물이 있었어요. 한때 굉장히 신성하게 취급했어요. 또 한 가지는 체육관 가는 길에 궁궐 전각 앞에 있는 돌계단, 답도가 남아 있었어요. 14회 동문

선배들에게서 이 궁에 장희빈이 살았었고, 체육관 계단에 장희빈의 피가 묻은 흔적이 있다는 소문을 들은 적이 있어요. 당시에는 자세히 알지는 못하고 여기가 경희궁 터였고, 일본 사람들이 궁을 없애려고 경성중학교를 지었는데 해방되고 서울중고등학교가 생겼다, 이렇게 알았죠.

당시 우리 학교 부지에는 거의 궁의 유적이 남아 있지 않았어요. 용비천과 강당하고 체육관 사이의 계단, 이 둘 말고는 흔적이 없었어요. 26회 동문

» **돌거북(1950년대)**

쉬는 시간에 강당하고 체육관에 탁구 치러 갔었어요. 강당 올라가는 길에 궁으로 올라가는 계단, 그 위에 돌거북이 있었어요. 14회 동문

» **일본 신사의 흔적(1950년대)**

우리 학교는 일제강점기 일본 고급 관료들의 자녀가 다니던 학교였기 때문에 시설이 다른 학교보다 좋았어요. 큰 체육관이 있었고, 도서관과 음악실이 독립된 건물로 있었고, 강당도 있었죠. 또 일본 사람들이 다니던 학교라 안에 신사가 있었어요. 해방 후에 그걸 없애고, 신사의 터만 남아 있었죠. 우리가 중학교 다닐 때 3·1운동을 기념하여 삼일탑을 그 자리에 세웠어요. 정문에서 본관 들어가기 전에 왼쪽 언덕에 있었어요. 14회 동문

» **방공호(1950년대)**

학생들 대부분 다 들어가 봤어요. 철문으로 돼 있었고, 들어가도 20m 이상 못 들어가요. 너무 어두워서. 앞에 뭐가 있는지 전혀 보이지 않았죠. 용기 있는 친구들은 깊이 들어가서 낙서도 남기곤 했어요. 저는 서너 번 들어갔다 나왔는데 못 들어가겠더라고요. 방공호가 인왕산까지 연결돼 있다는 소문도 있었어요. 통설에 의하면 총독부 건물까지 연결돼 있다는 소문이 있었죠. 나중에는 교육부에서 훈련하는 데 썼어요.

방공호는 체신부(당시 체신국)에서 위기 시에 쓸 수 있는 통신장비를 보관할 용도로 만든 것이라고 했어요. 그래서 우리가 '지하 체신국'이라고 불렀죠. 14회 동문

서울고등학교 교내 모습 | 1980년 서울고등학교 졸업앨범, 서울고등학교 역사관

» **방공호(1970년대)**

우리가 가장 호기심을 가졌던 곳이 방공호였죠. 그 속에 들어가면 밑에 구멍이 있어서 떨어져 죽는다, 일본 사람들이 방공호를 지었다, 그 방공호가 청와대까지 연결됐다 등등의 소문을 들었어요.

방공호는 나중에 내부가 수리가 됐지만, 저희 때는 금지구역이었어요. 들어갈 수 있는 공간이 조금 있긴 있는데 들어가면 길을 잃을 수 있다고 선생님들이 경고를 했어요. 그래도 강단 있는 친구들은 20~30m 들어갔다가 다시 나오고, 저도 어느 정도까지는 들어갔는데 얼마나 들어갔는지는 모르겠어요. 완전히 깜깜한 상태였기 때문에 들어가면 길을 잃어서 죽는다고 선생님들이 경고를 자주 해서 대부분은 거기에 얼씬거리지는 않았고, 주로 고등학교 고학년들이 가끔 들어가서 담배를 피우고 나오는 그런 장소였습니다. 26회 동문

1.3 울창한 수목

시기를 막론하고 구술자들은 학교에 아까시나무와 뽕나무가 많았다고 기억한다. 『서울고등학교 50년사』에 의하면 1966년 기준으로 서울고 부지에는 아까시나무가 1250그루로 많이 퍼져 있었다.[3] 학교 동산과 방공호의 울타리 역할을 하던 아까시나무는 1994년 서울역사박물관을 준공하고 일제의 잔재를 청산하기 위해 대부분 벌목되었다. 교내에는 뽕나무와 아까시나무뿐 아니라 벚나무와 과실수 등 다양한 나무들이 자라고 있었다.

» **벚나무와 느티나무**

서초동 교정 강당 앞에 있던 큰 벚나무와 강당 옆쪽의 벚나무들은 다 옛 서울고등학교에서 가져온 거예요. 그리고 느티나무 큰 거 두 그루도 서초동으로 가져왔어요. 본관 화단에 하나, 도서관 있는 쪽에 하나. 배롱나무 두 그루도 가져오고…. 우리 학교 최대 장점은 많은 고목과 넓은 학교터죠. 숲속에서 자랐기 때문에 학생들이 나쁘게 성장할 수가 없었던 것 같아요. 14회 동문

2. 강신항(1930년~)은 서울중고등학교 1회 졸업생이자 1960년을 전후에 본교 국어 교사로 재임하였다. 구술이 참여한 14회 동문들이 재학하던 시절 스승이었으며, 1964년 이후에는 성균관대학교 교수로 재직하였다.
3. 서울고등학교 동창회, 앞의 책, 233쪽.

» **뽕나무**

관상대 밑에는 뽕나무가 많았어요. 점심시간에 오디를 따 먹고 모두들 입이 시퍼레져서 돌아오곤 했죠. 14회 동문

학교에 뽕나무가 많았죠. 제3교사 부근, 도서관과 수영장 쪽에 뽕나무가 엄청나게 많았어요. 그래서 쉬는 시간에 전부 뛰쳐나가서 열매를 따 먹었어요. 자기는 안 먹은 척하는데, 먹고 온 애들은 입이 꺼메져서 다 알아요. 그래서 선생님들에게 꾸중도 들은 기억이 나네요. 26회 동문

» **아까시나무**

아카시아는 뒷동산에 많았어요. 일제시대 때 아카시아를 많이 심어서, 우리가 아카시아꽃을 많이 따 먹었죠. 3운동장 뒤에는 숲이 많았거든요, 방공호 위에 아카시아가 엄청 많았어요. 14회 동문

학교에 아카시아가 굉장히 많았어요. 아카시아가 생장 속도가 굉장히 빨라서 방공호를 덮어주는 데 가장 효율적이라 아카시아를 엄청 많이 심은 것 같아요. 그래서 학교 다닐 때 5월쯤 되면 온 산이 아카시아꽃으로 하얗게 덮여요. 정말 기가 막힌 향기를 맡으면서 공부했죠. 26회 동문

» **고목**

밴드반 옆의 고목은 기억이 나요. 지금도 있죠. 졸업식 때 모든 기수가 고목 앞에서 사진을 찍는 게 하나의 연례행사였죠. 14회 동문

지금 여기 있는 나무들을 얼핏 보니까 그전에 있던 아카시아들이 많이 없어졌고, 벚꽃은 거의 서초동으로 옮겼어요. 서울고등학교의 오래된 느티나무는 그때도 유명했는데, 졸업사진 찍으면 다 여기서 찍었어요. 서울고등학교 졸업생들의 머릿속에 남아 있는 학교의 심벌이죠. 미술반 했던 애들이 이 나무 밑에서 그림을 자주 그렸어요. 26회 동문

2

학교 생활

2.1 입학과 졸업

입학식과 졸업식 행사도 입학 시기별로 차이를 보였다. 14회 동문들은 중학교 입시가 치열하던 시기에 서울중학교에 입학하여 '일류 중학교'에 들어갔다는 희열이 대입만큼이나 대단하였다고 한다. 구술에 따르면, 서울중학교에는 덕수초등학교 같은 소위 일류 국민학교 출신들이 대다수였으며, 덕수초등학교는 명문 중·고등학교를 들어가기 위한 사전 단계로 인식되어 학교 인근으로 위장전입하는 경우도 많았다. 26회 동문은 서울중학교의 마지막 졸업생들로 고입 고사가 폐지되어 무시험으로 서울고에 진학하였다. 덕분에 입시에 대한 부담이 없어 다양한 교내활동을 하며 '인생의 황금기'인 중학교 시절을 보냈다고 한다. 반면 졸업식은 대입 시험과 날짜가 겹쳐 시험장 가는 버스를 대절해 버스 안에서 선생님들이 강의를 할 정도로 긴장감이 컸다고 한다.

» **4월 입학식(1950년대)**

그 당시에는 학기가 4월 1일에 시작했어요. 1962년 군사정부에서 3월로 옮겼죠. 입학만 한 달 당겨졌을 뿐 방학은 7월, 12월이었어요. 그래서 겨울방학은 굉장히 짧았어요. 1956년 3월 8일에 서울중학교 합격자 발표를 했어요. 경쟁률이 3.8:1이었던 기억이 나요. 당시 서울중학교 입학의 희열이 대단했어요. 14회 동문

» **일류 초등학교 출신 입학생(1950년대)**

중학교에 입학할 당시 학생들 가운데 일류 초등학교 출신이 많았어요. 덕수·미동·회현 등 일류 학교에서 수십 명씩 들어오고, 저는 창경초등학교를 다녔는데, 그때 네 명 들어왔어요. 덕수가 100명 정도로 제일 많이 들어왔던 것 같아요.

저는 성북초등학교 다녔는데, 역사상 처음으로 제가 서울중학교에 입학했어요. 덕수는 부잣집 아이들이 많이 다녔어요. 덕수 다니는 아이들이 서울중학교 많이 들어왔어요. 14회 동문

꽃망울을 터뜨린, 제1운동장 주변의 수목들 | 강신항 제공

입학식 날 돌거북 앞에서 | 강우영 제공

입학식 날 정문 앞에서 | 강우영 제공

졸업식 모습 | 강신항 제공

» **중학교 입시 폐지, 고교입시 열풍(1950년대)**

1971년 이전에는 중학교도 시험을 봐서 들어갔어요. 그래서 고교입시 준비 학원이 굉장히 번창했죠. 그때는 중학교에 입학만 하면 명문대학은 반 이상 가는 거예요. 경쟁은 중학교 들어가면서 다 끝난 거라고 봐야죠. 당시 서울중학교나 경기중학교에 입학하면 명문대학 들어가는 데 큰 문제가 없었죠.

저희는 초등학교 때 반에서 1·2등 하던 사람들이에요. 그래야 서울중학교를 갈 수 있었고, 서울중학교에서도 한 반 정도만 서울고를 못 가고 나머지 반은 그대로 올라갔죠. 저희 모두 6년 서울중·고등학교를 다녔어요. 우리가 중학교 때 여섯 반 모두 서울고로 올라가고, 다른 학교에서 1개 반을 더 뽑아 7개 반이 됐죠. 14회 동문

» **서울중학교 폐교, 고교입시 폐지(1970년대)**

저희 때 고등학교 입시제도가 없어졌어요. 서울중학교가 없어지면서, 저희가 마지막 중학생이 됐죠. 그래서 무시험으로 고등학교에 진학했기 때문에 입시에 대한 부담이 없었어요. 인생의 황금기가 중학교 시절이었죠. 마음껏 하고 싶은 거 하면서 여러 가지 활동들도 많이 하고, 정말 청소년기의 황금기였던 것 같아요. 26회 동문

» **졸업식(1970년대)**

졸업식은 1974년 1월 15일에 했는데, 저희 때는 대입 시험이 1·2차가 있어서 1월에 졸업식을 했어요. 졸업식 다다음 날에 서울대학교 시험이 이틀 연속으로 있었어요. 졸업식 당일이 시험 소집일이라 서울대 농대에 지원한 친구는 졸업식에 참석하지 못한 것으로 기억하고 있어요. 또 공대는 이틀 동안 시험을 봐야 해서 선배들이 버스를 예약해 주셨어요. 서울고등학교에서 교가를 부른 다음에 버스를 타고 공릉동까지 갔어요. 버스 안에서 물리·화학 특강을 했어요. 시험 끝난 다음에는 버스를 타고 남산 팔각정에 가서 교가를 불렀어요. 26회 동문

» **학군 위장전입(1970년대)**

> 저희 때만 해도 덕수초등학교에 들어가려고 위장전입하려는 사람들이 많았어요. 그래서 한 집에 몇 가구가 있는 데가 꽤 있었어요. 우리 동기 몇 사람들도 집 주소를 옮겨서 덕수초등학교에 다녔었죠.

> 저는 실제로 신문로에 살아서 저희 집도 위장전입을 많이 해줬어요. 저희 동기들 중에는 혜화초등학교 출신이 제일 많고, 덕수·수송·재동초등학교도 많았어요. 26회 동문

2.2 교우들과 교사, 복장 규정

해방을 맞이하고 일본인 학생들이 떠나자 서울고등학교는 새롭게 학생들을 뽑고 학생들을 구성해야 하였다. 초대 교장이던 김원규 교장은 월남한 학생들을 대거 받아들였는데 평양 제1, 제2, 제2중, 광성중, 신의주동중, 해주동중, 원산중, 함흥중 등 출신들이었다.[4] 김원규 교장도 황해도 옹진 출신이고, 초창기 초빙한 교사들도 이북 지역 출신이 많았다. 집이 없거나 월남한 교사들을 위해 기존의 기숙사를 고쳐 50여 가구의 교원사택으로 개축하여 교사들의 주택문제를 해결하였다.[5] 14회 동문의 구술에 따르면 동기들의 학부모 중에도 이북 말을 쓰는 분들이 많았다고 한다.

» **개교 초 북한 출신 동기들(1950년대)**

> 우리 선배들 중 이북에서 내려온 사람들이 꽤 많았어요. 아마 전국에서 두 번째로 많았을 거예요. 동기 학부모들도 이북 출신들이 많았어요. 일본 사람들이 다니던 학교였으니까 해방 이후에는 학생이 없으니 주로 이북에서 내려온 사람들이 많이 오게 된 거죠. 중학교 때 친구들 집에 가면 어머니·아버지가 이북 말 하시는 분도 있었어요. 14회 동문

14회 동문이 재학할 때는 김원규 교장이 재임하던 시기이다. 김 교장은 1925년 평양고보를 졸업한 데 이어 1929년 히로시마고등사범학교 영문과를 졸업한 후 1946년부터 1957년까지 서울고등학교 교장으로 재직하였다. 김 교장은 서울고가 명문고로 도약하는 데 크게 공헌한 인물로, 구술자의 회고에 의하면 '한국의 이튼 스쿨'을 꿈꿨다고 한다. 그는 조병화·황순원·김광식 등 각계 유명한 인물들을 서울고의 교사로 초빙하였다. 또 스파르타식의 엄한 교칙을 지향하였고, 바른 자세를 위해 교복 바지에 주머니를 없애고, 청결한 생활습관도 철저히 교육시켰다고 한다.

4. 서울고등학교 동창회, 앞의 책, 116쪽.
5. 서울고등학교 동창회, 앞의 책, 117쪽.

» **김원규 교장 재임 시기(1950년대)**

> 우리 학교는 일제시대 일본인들이 주로 다니고, 한국 사람은 서넛밖에는 안 됐어요. 그래서 일본 사람들이 철수하고 초대 김원규 교장 선생님이 부임할 때는 아무것도 없는 거예요. 그래서 선생님께서 서울 시내에 트럭을 몰고 다니면서 책걸상을 수집하기도 하셨죠.

> 김원규 교장선생님께서 입학하자마자 저희를 보름 동안 교실에 들이지 않고, 인성교육을 시켰어요. 주머니에 손을 넣지 말라고 하는 것부터, 심지어 화장실 매너까지 다 가르쳤어요. 또 당시 위생이 안 좋으니까, 버스 손잡이를 잡을 때 맨손으로 잡지 말고 손수건으로 감싸 잡는 것까지 가르쳐 주셨어요. 손수건 검사까지 직접 하셨죠.

> 김원규 교장선생님이 좋은 선생님들을 많이 모셨어요. 이북에서 내려와서 학력은 좋으신데 직장이 없는 분들을 많이 데려오셨죠. 그래서 저희를 가르친 선생님들 중에서 대학교수로 가신 분들이 부지기수로 많아요. 조병화 선생님, 황순원 선생님, 김광식 선생님 등등요.

> 김원규 교장선생님께서 신입생들에게 나무를 심게 했었어요. 소나무를 한 그루씩 줘서 식목일이 되면 기숙사와 수영장 옆쪽에 나무를 심었죠. 심으면서 나무가 크는 만큼 너희도 커 보라고 하셨어요. 자기가 심은 것은 자기 나무라고 표시를 했어요. 가끔은 거기 가서 책도 보고 그랬지요. 14회 동문

» **1970년대 학생들이 기억하는 김원규 교장**

> 초대 교장선생님이 김원규 선생이라고, 서울고 재건에 굉장히 공이 많으신 분이거든요. 그런데 그분이 학생이 월장하는 것을 쫓아가다 다리를 다쳤다는 얘기가 계속 돌았어요. 26회 동문

> 김원규 교장선생님은 학생들이 화장실에서 나오면서 바지 단추를 제대로 채우지 않으면 혼내실 만큼 엄하셨어요. 화장실에서 복장을 마무리하고 나오라고 엄하게 가르치셨어요. 14회 동문

14회 동문의 구술에 따르면, 당시의 학생들은 대부분 반삭의 머리를 하고 다녔는데, 서울고 학생들은 상대적으로 조금 긴 '서양식' 스포츠 스타일이 규정이었다고 한다. 26회 동문이 재학하던 시절 학생들 사이에서는 하복의 흰 칼라를 매일 바꾸고, 바지가 무릎이 나오지 않게 깔끔하게 관리하는 게 유행이었다. 두발 규정은 이전과 변화가 없이 2~3㎝를 유지하였지만, 당시 학생들은 두발 규정이 엄하다고 생각해서 반항 심리로 일부러 깎지 않는 학생들도 종종 있었다고 한다.

» **두발 규정, 교복(1950년대)**

> 우리가 학교 다닐 때는 머리를 길렀어요. 남들은 다 빡빡 깎았는데, 스포츠형이라고 해서 서양식으로 3㎝씩 기르게 했죠. 또 교복에 주머니가 없었어요. 손 넣지 말고 씩씩하게 걸어 다니라고요. 14회 동문

» **교복(1970년대)**

여름 교복은 전부 다 면이었어요. 면은 앉았다 일어나면 무릎이 나오잖아요. 그런데 생사로 한 것은 무릎이 안 나와요. 그걸 기지바지라고 불렀어요. 사실은 교칙 위반인데 폼잡느라고 그거 입고 다니는 애들이 있었어요. 그러다가 한 1년이나 지나니까 나팔바지가 유행했어요.

교복은 동복과 하복이 비슷한데 하복에는 하얀 칼라가 있었어요. 그래서 여학생들처럼 매일 칼라를 바꿨어요. 카키색 바탕 교복에 하얀 칼라를 끼우고 다녔죠. 그래서 교복이 여학생들에게 인기가 많았어요.

종로2가에 있었던 신신백화점이 서울 시민 교복의 집산지였어요. 그때도 엘리트 학생복이 있었어요. 26회 동문

» **두발 규정(1970년대)**

문방구 바로 옆에 이발소가 붙어 있었는데, 저희 때는 두발에 대한 규제가 굉장히 심했어요. 2~3㎝만 남기고 깎는 거. 근데 조금 멋을 부리는 애들이 일부러 안 깎으면, 교문 앞에서 선생님이 바리깡을 이발소에서 빌려와서 일단 살짝만 밀어 두면 결국 이발소 가서 깎고 와야 했죠. 26회 동문

2.3 다양한 학생 활동과 교류

서울고등학교는 학업뿐만 아니라 다양한 교내활동으로 유명하였다. 김원규 교장은 학생들에게 과외활동을 하나씩 하도록 권하였고, 수업시간을 할당하여 교내활동시간을 마련하였을 만큼 과외활동에 적극적이었다고 한다. 특히 매년 열리는 '경희예술제'는 다른 학교 학생들이 보러 올 정도로 인기가 있었다. 밴드반과 합창부, 하모니카부와 연극반, 문예신문반이 유명하였다. 특히 문예신문반은 도서관에 따로 부실이 두어야 할 정도로 지원자가 많았다. 서울고는 이러한 교내활동을 통해 구민, 이순재, 오현경, 김광규, 최인호 등 각계 유명인들을 배출하였다. 그 중 밴드부의 시가행진은 매우 유명하여 서울 시민들의 구경거리였다. 그 외에도 승마부와 아이스하키부가 존재한 적도 있었으며, 스케이트를 체육 시험 종목으로 배울 만큼 체육활동이 다양하였다고도 한다.

» **경희예술제(1950년대)**

경희예술제가 열리면, 예술제 오라고 초대권을 줘요. 원래 부모님이 오게끔 돼 있었는데, 그런 경우는 3분의 1정도 되고 나머지는 여학생이 오는 거죠. 거의 경기여고와 이화여고 학생들이 오는데, 서울고 학생을 알면 미리 초대권을 받고, 없는 여학생은 서울고 교문 앞에 서 있어요. 그러면 초대권 들고 교문 앞에 가서 예쁜 여학생이 보이면 초대권 주고 같이 들어가는 거죠. 14회 동문

» **경희예술제(1970년대)**

고등학교 때도 대학교 때처럼 축제가 있었어요. 악기를 연주하고, 합창하고 연극하고…. 연극은 정말 제대로 했어요. 예술제 때는 시낭송, 사진전, 원예반은 키웠던 작물이나 화분을 전시하고요. 밴드부나 하모니카부는 연주를 했어요. 저는 보이스카우트 활동을 했었는데, 전시도 하고 방문객들을 안내하는 역할을 했어요. 주로 이화여고 애들이 오면 적극적으로 안내하곤 했지요. 26회 동문

» **체육대회(1950년대)**

매년 체육대회를 했어요. 밴드부가 많이 활약했고, 저희 8회 선배가 이기붕 부통령 아들 이강석이고, 11회 졸업생이 동생 이강욱인데, 두 형제를 위주로 하는 승마반이 있었어요. 교내 마사는 없었지만, 서울특별시 경찰기동대보다 서울고 승마반이 더 말이 많다는 소문도 있었죠. 체육대회 때 관객들이 많이 와서 보고 즐기곤 했어요. 밴드부 행진 때 구경하는 사람들이 많으니까, 승마부가 편안하게 행진할 수 있게 하는 역할을 했죠. 14회 동문

» **문예부 활동과 교지 「경희」(1950년대)**

문예신문반이 있었는데, 김광규와 최인호 등 유명한 작가를 많이 배출했죠. 거기서 학기 말마다 신문을 만들었어요. 편집장님은 그걸 만들어서 교지 경희에 싣곤 했죠.

도서관에는 도서관부, 서예부, 문예부를 위한 방이 따로 있었어요. 편집작업을 할 때는 서대문역 서울경찰청 근처에 동아출판사가 있었는데, 수업 끝나면 거기로 가서 출판작업을 했어요. 14회 동문

» **밴드부, 합창부와 연극부(1950년대)**

교장선생님께서 모든 학생에게 과외활동을 하라고 권하셨어요. 수업 끝나고 하교하기 전에 과외활동을 1시간 정도 하고 하교하게 했죠. 연극부 선배 중에 이순재·오현경 선배님도 계셨어요. 매년 예술제 때 연극을 했기 때문에 유명한 배우들이 많이 나왔죠. 밴드부에는 연주가 겸 작곡가 정성조와 이장호 감독이 있었고, 합창반도 유명했어요. 개교하자마자 3년 연속 전국합창대회에서 우승했어요. 14회 동문

» **다양한 체육활동(1950년대)**

저희는 핸드볼도 축구장에서 했어요. 럭비도 하고, 아이스하키도 했는데, 아이스하키 장비가 비싸서 당시에 아이스하키를 하는 고등학교가 광성고등학교와 서울고 두 학교밖에는 없었어요. 야구도 했고, 중3 때 럭비 우승도 했어요. 주로 배재학교와 많이 붙었는데, 서울고랑 이화여고랑 친하다 보니 배재학교가 우리를 많이 견제했죠. 14회 동문

» **소풍(1950년대)**

소풍은 조재호 교장선생님 부임하고부터 간 것 같아요. 세검정, 서오릉, 수원 용주사에 갔죠. 수원 용주사에 갈 때는 기차를 타고 갔어요. 병점역에서 내려 거기서 또 걸어갔어요. 그때는 행진하는 것처럼 일렬로 쫙 서서 갔어요. 김밥하고 사이다 한 병, 계란 가지고 갔죠. 14회 동문

» **마라톤(1970년대)**

마라톤은 매년 세 번씩 했어요. 1차는 북한산, 두 번째는 여의도에서 했고, 세 번째는 강남이 개발되면서 영동중학교 말죽거리 있는 데서 했죠. 그때 강남에 도로가 놓이면서, 포장이 안 돼 있는 비포장도로이지만 큰 도로가 생기면서 마라톤하기가 좋았어요.

행군할 때는 서오릉으로 많이 가고, 한 번은 남한산성도 갔었어요. 헌인릉도 가고. 당시에는 왕릉이 최고의 소풍 장소이자 시민들의 위락처였어요. 서울 주변의 서삼릉이나 동구릉을 가고, 정릉은 교통이 불편하니까 잘 안 갔죠. 26회 동문

밴드반은 1949년 초 창설되자마자 그해에 열린 전국음악콩쿠르 대회에서 3등으로 입상하였고, 1963년 개최된 한양대학교 음악대학 주최 전국고등학생 관악콩쿠르에서 우승하는 등 좋은 성적을 거두었다. 1955년 8월 15일 서울운동장에서 열린 광복 10주년 기념식에서 서울고 밴드반은 을지로~충무로입구~남대문~세종로~서울고로 이어지는 첫 시가행진을 시작하였다. 이후 유명해진 서울고의 시가행진은 서울고 학생들뿐 아니라 서울시민의 구경거리가 되었다.

» **시가행진 코스**

밴드부는 개천절이나 광복절 같은 행사가 있으면 서울운동장에서 공연을 했어요. 행사가 끝나면 행진을 하는데, 하나는 종로로 오는 경우가 있고, 다른 하나는 을지로로 오는 경우가 있었죠. 한 번은 서울운동장에서 종로를 행진하다가 종로5가에서 창덕궁 앞으로 돌아 1시간 정도를 더 행진한 적도 있어요. 을지로에서 올 적에는 남대문을 지나서 이화여고 앞을 지나가요. 이화여고 앞에 다다를 때는 반드시 교가를 연주해요. 교가를 연주하면서 지나가면 이화여고 학생들이 한 창에 6~7명씩 머리를 내밀어 행진을 구경했어요. 그리고 어떤 때는 시민들이 나와서 꽃다발도 걸어 줬어요. 14회 동문

효창운동장에 응원하러 갈 적에 밴드반이 서울고부터 효창동까지 행진하는데, 일부러 시청에서 이화여고 정문 앞길로 갔어요. 거기만 다다르면 행진 나팔소리가 더 커지는 거예요. 26회 동문

뚝섬유원지에서 수영 | 강우영 제공

서울중학교 도서부 | 강신항 제공

경희예술제 풍경 | 강신항 제공

운동회 사진 | 강신항 제공

1961년 7월 시가행진 | 강우영 제공

1960년대 을지로 부근 시가행진 | 강우영 제공

1960년대 시가행진 | 강우영 제공

1960년대 국제극장 앞 시가행진 | 강우영 제공

1960년대 밴드부 시가행진 | 강우영 제공

1960년대 시가행진 중 선두에 선 강우영 | 강우영 제공

서울고등학교 주변은 덕수초등학교를 포함하여 경기여고와 이화여고, 서울예고 등 명문 학교들이 많이 위치하였다. 특히 서울고등학교 학생들은 이화여고 학생들과 교류가 잦았는데, 14회 동문은 코알라 클럽이라는 연합동아리를 통해 이화여고와 교류하였고, 26회 동문은 가을 예술제 때 이화여고 학생들을 초대하기도 하였다.

» **코알라 클럽(1950년대)**

코알라 클럽이라고 이화여고 여학생과 서울고 남학생이 10여 명씩 활동하는 영어클럽이 있었어요. 대학까지 이어졌는데, 당시 어드바이저가 호주에서 온 성공회 데이빗 신부님이라서 '코알라'라고 불렀던 것 같아요. 정동에 가면 성공회가 있잖아요? 주로 거기서 모였죠. 14회 동문

» **이화여고와의 교류(1970년대)**

그 당시 학교 간에 미묘한 기 싸움이 있어서 서울고는 이화여고와 더 친하려고 하고, 경기고는 경기여고와 더 친하려고 했어요. 경기여고 학생들이 저희 학교 교가를 다 외웠어요. 서울고 운동장에서 조회를 해도 소리가 크니까 경기여고와 이화여고에서도 다 들리는 거죠. 또 당시 밴드부가 있는 학교가 별로 없어서 여학생들에게 인기가 많았어요. 26회 동문

2.4 현대사 속의 서울고등학교

14회 동문의 재학 시절은 4·19혁명이나 5·16군사정변 등 현대사의 굵직한 사건이 일어난 시기였다. 서울고는 당시 충정로에 있는 이기붕 부통령의 자택과 매우 가까웠고, 이기붕의 아들 이강석·이강욱이 서울고 출신이었기 때문에 서울고 학생들은 당시 신문로·광화문의 상황을 생생하게 경험할 수 있었다. 또한 4·19혁명 때는 서울고 출신의 서울대 재학생 안승준과 김치호 동문이 희생되었고, 서울고 교직원과 학생들은 이들을 위해 위령제를 지내고, 포충탑에 이름을 새겼다.[6] 5·16군사정변은 단시간에 일어난 일이라 학생들이 데모하는 일은 없었지만, 학구제의 변동으로 인해 학생들이 입시에 어려움을 겪었다고 한다.

» **4·19혁명**

그날 학교는 왔는데 수업은 안 했어요. 선생님들이 학생들을 붙잡고 있다가 집에 가라고 했는데, 뒤의 운동장이 좀 높거든요. 거기 올라가서 보니까 서울신문사가 불타서 연기가 나더라고요. 집 가려고 하니 교통은 다 마비됐고, 종로경찰서 앞에 기관총을 든 사람이 있었어요. 우리가 나가서 데모를 하지는 않았어요. 학교에서는 학생들이 죽을까 봐 못 나가게 했어요.

선생님께서 집에 갈 때 절대 큰길로 가지 말고 골목길로 가라고 신신당부하셨어요. 저는 그때 돈암동에 살았는데, 광화문 조금 지나서 종로 안쪽 피맛길을 따라가다가 화신백화점 뒷길을 통해 인사동을 거쳐 돈화문으로 해서 혜화동으로 가는데, 피 흘리는 서울대 학생들을 본 기억이 있어요.

학교 다닐 때 이기붕 씨 집이 바로 옆이었다는 사실을 알고 있는 사람이 별로 없었어요. 서울신문은 친정부신문사라 해서 제일 먼저 서울신문만 불타고, 경향과 조선은 야당 쪽이라 멀쩡했었죠.

4·19에 참여했다가 돌아가신 서울대학교에 다니던 선배님이 두 분 계셔요. 포충탑에 그분들의 이름이 다 새겨져 있어요. 나중에 월남 파병 때 수류탄을 몸으로 막아서 사망하신 강재구 소령도 거기 새겨져 있어요. 고등학생 중 학도병으로 제일 많이 지원한 학교가 서울고였어요. 14회 동문

6. 앞의 책, 215쪽.

1960년 포충탑 제막식 | 『서울고등학교 50년사』

포충탑에 새겨진 순국학우들 | 『서울고등학교 50년사』

» **5·16군사정변**

5·16 때는 군인들이 일으킨 거라, 학생들이 데모하는 일은 없었어요. 너무 단시간이라 꼼짝 못 했죠. 정치깡패들 잡아다 덕수궁 쪽으로 행진했어요.

5·16이 학제에 대단한 영향을 끼쳤죠. 우선 대학 정원을 확 줄였고, 실업계 고등학교 학생들도 무조건 30퍼센트씩 무시험으로 대학에서 뽑아 버렸어요. 우리가 그때 고3이었는데, 대학 들어가기가 너무 힘들었죠. 또 전공별로 처음 시험을 보기 시작했어요. 예를 들면 경영학과 전공 시험을 봐서 성적이 좋으면 서울대 가고, 그다음에 연세대 가고 그랬죠. 14회 동문

3

학교 주변

3.1 등하굣길

서울고 앞에는 전차 정류장이 있어 14회 동문들은 전차의 모습을 자세히 기억하고 있었다. 서울고 학생들의 주요 등교 수단 중 하나였던 전차는 1968년 11월 교통 혼잡 완화를 위해 폐선되고 1973년 서울 지하철이 개통될 때까지 학생들의 주요 통학 수단은 버스밖에 없었다. 따라서 26회 동문은 다른 학교 학생들과 함께 탄 '콩나물 버스'에 대한 기억이 많았다. 또한 서울고가 명문학교로 도약하면서 서울 외곽 지역에서 다니는 학생들도 많았다. 그들은 주로 기차를 이용하거나 가정 형편이 여유가 있으면 근처에서 하숙을 하기도 하였다.

» **전차 통학(1950년대)**

정문 나가서 바로 왼쪽에 15~20m 내려가면 전차정거장이 있었어요. 그때만 해도 경사가 심해서 눈만 오면 전차가 신문로2가에서 서지 않고 광화문에서 바로 서대문으로 갔어요. 정거장 앞에 중국집이 하나 있었고요. 전차 많이 탔어요. 전차비를 아이스케키로 바꿔 먹고 걸어간 적도 많았어요.

저는 전차 노선이 없어서 성북동 삼선교에서 버스를 타고 오다 시민회관(세종문화회관)까지 와서 걸어왔어요. 14회 동문

» **버스 통학(1970년대)**

신문로 길에 버스는 1971년부터 다닌 것 같아요. 그전에는 정류장이 없었어요. 신문로에는 노선버스가 안 다녔고, 가장 가까운 게 시청 앞 정도였어요. 시청 앞에 내려서 법원 문으로 통과해 정동길로 해서 많이 왔어요. 그래서 나는 중학교 때는 시청 앞에 내렸었고, 고등학교 때는 신촌운수라고 양화대교 건너 오는 버스가 샤모니빵집 앞에 서서 거기서 내려 걸어왔어요. 26회 동문

『동아일보』 1955년 7월 22일 자

「전차로에 빨래터」

여기는 西大門(서대문)구 新門路(신문로) 서울고등학교 바로 앞 전차길목인데 수일 전 지하의 수도 '파이프'가 터지자 토관 사이로 맑은 옥수가 콸콸 쏟아져 나오기 시작하여 이내 '아스팔트'길 위에 아담한 시내를 이루어 준 것이다. 처음에는 오고 가는 아이들이 발목이나 추길 뿐 시수도과에서서는 아는지 모르는지 소식이 없더니 작 二(이)십 一(일)일부터는 약빠른 인근 계집애들 한두 명이 빨랫감을 들고나와 쏟아지는 청수에 헹구기 시작하였다. 이것을 보자 물기근에 허덕이던 인근 주민들도 연이어 빨랫감을 한 광우리씩 이고 '특설 빨래터'로 너도나도 앞을 다투어 연달아 모아들고 있다.

» **132번 버스(1970년대)**

132번은 특별한 버스였어요. 추억이 많죠. 학생들이 다 이것만 타고 다녀서, 콩나물버스죠. 학생들이 정말 많았어요. 저는 집이 연희동인데, 버스를 타려고 신촌까지 걸어다녔어요. 26회 동문

» **장거리 통학(1970년대)**

저는 중학교 1년간은 금촌에서 기차 타고 다녔어요. 신촌역에서 132번을 타고 오거나 서울역에서 내려서 걸어왔었죠. 경의선을 타고 왔는데, 제 기억으로는 기차 타는 시간만 1시간이 넘었어요. 26회 동문

『서울고등학교 50년사』 320쪽

서울고와의 든 정은 무엇인가? 우선 미운 정을 생각해 보자면, 등·하교 시에 짐짝 버스 생각이 난다. 나는 일반버스 132번 애용 승객이다. 목을 길게 늘이고 기다려서 타는 버스에서 왜 구태여 132번 버스를 탄 서울고 학생들을 볼 때마다 미운 정(?)이 차곡차곡 쌓이는 것 같다…. 이웃사촌이 떠나면 132번 버스는 조금은 덜 붐비겠지만, 그 속에서 섭섭함을 금할 길 없을 것이다.

» **서대문 근처의 하숙(1970년대)**

경기여고나 덕수초등학교 근처에 한옥집들이 굉장히 많았어요. 돈 있는 집 아이들은 거기서 하숙을 했고, 돈이 조금 부족한 친구들은 사대문 밖으로 나가서 하숙하고 그랬죠. 옛날에 서대문 한옥에서 요정했던 사람들이 하숙집을 운영했어요. 저랑 친한 친구가 둘이 각각 방 하나씩 하숙을 해서, 한 친구에게 아침 얻어먹었으면 다른 친구에게 저녁 얻어먹고 그랬어요. 26회 동문

3.2 신문로2가 주변 모습

서울고등학교는 신문로2가 관사지와 매우 가까운 위치에 있었다. 구술자들은 시기를 막론하고 신문로2가를 '부자들이 살던 동네'로 기억하고 있었다. 너무 부촌이기 때문에 동기가 사는 집을 제외하면 학생들은 신문로2가에서 놀지 않았다고 한다. 14회 동문과 26회 동문이 기억하는 신문로는 일본식 주택과 고급 양옥으로 담이 높은 부촌이었다.

» **신문로2가 풍경(1950년대)**

신문로2가는 어마어마한 고급주택이었죠. 김성곤 씨 집도 여기 있었어요. 아주 좋은 집들이었어요. 우리가 살지는 않았으니까 기억은 없어요. 가 볼 수도 없었고. 14회 동문

» **신문로2가 거주 학우들(1950년대)**

저는 신문로 관사길로 자주 통학하곤 했는데, 길이 두 개인가 세 개로 나뉘어 있었어요. 학교 옆에 붙어 있는 길과 그 옆에 길이 또 있었죠. 그 길들에 있는 집들이 지금 생각하면 크기가 100평 넘는 집들이었던 것 같아요. 전부 다 일본식 기와집이었어요. 단층은 아니고, 가운데만 쪽 올라간 그런 식의 2층 집들이 많았고, 집 안에는 커다란 아름드리나무들이 있었어요. 주로 커다란 은행나무가 있었던 것 같아요. 거기 살던 사람은 '양영화'라고 우리 동기밖에는 생각이 안 나요. 14회 동문

» **신문로의 개구멍(1950년대)**

서울역사박물관 앞에 파출소가 있었어요. 제가 흑석동에 살았거든요. 맨날 지각해서 이화여고 앞으로 오면 늦게 들어와서 개구멍으로 들어왔어요. 한번은 선배들이 거기를 딱 지키고 있다가 저를 끌고 담 넘어서 담배를 사오라고 했어요. 그래서 담배 사오다가 순경한테 걸려서 혼났죠. 개구멍이 많았어요. 14회 동문

» **신문로2가 거주 학우들(1970년대)**

후문 근처 신문로 파출소 쪽에 철조망처럼 담이 있었어요. 옛날 흥화문 자리였어요. 거기 건너편에 동기 홍병호네 집이 있어서 가끔 그쪽으로 나가서 걔네 집에서 놀다가 다시 들어왔어요.

관사니까 일본식 건물 주택이잖아요. 우리 동기 중에 거기 살던 친구가 있었는데, 일본식 건축에다 다다미방으로 돼 있고, 2층이었어요. 신문로 파출소 바로 건너편이었어요. 지금 더덕밥집 근처였어요. 거기는 전부 일본식 관사를 그대로 쓰고 있었어요. 26회 동문

» **신문로2가 풍경(1970년대)**

정주영 씨 동생, 한라그룹 정몽원 아버지 정인영 씨가 지금 구세군회관 언덕 살짝 내려오는 쪽에 살았을 거예요. 이 근처에 집이 있다고 해서 우리가 문 쪽을 살짝 보면 수영장이 보였어요. 26회 동문

3.3 접골원, 중국인가게

1927~1928년 서울고 앞 길가의 토지가 개인에게 매각되면서 중국인들이 이 거리에 거주하기 시작하였다. 1930년에 왕보장王甫章 장재현張財鉉 누은운樓銀運 장은화張銀和가 신문로2가(당시 서대문정2정목) 1-21에서 1-25번지까지를 차례로 매입하였고, 이들 중국인은 1970년대 신문로가 확장되어 도로에 편입될 때까지 이곳의 토지를 소유하고 있었다. 14회 동문들을 이곳의 중국인들과 중국집·공갈빵집들을 기억하고 있었으며, 23회 동문들은

학우들과 학교 주변 중국집에서 | 서울고 동문회 제공

의수족 상점들이 밀집한 장소로 기억하고 있었다. 언제부터 의수족 가게가 몰려들었는지는 분명하지 않지만 1950년대 후반부터 서울고 건너편에는 '접골원의 성지'라고 불릴 만큼 의수족 가게가 많았다고 한다.

» **학교 담장 신문로변 중국인 가게(1950년대)**

학교 바로 옆 담벼락 쪽에 중국 사람들이 많이 살았어요. 공갈빵이라고 뻥 뚫린 빵을 팔고 그랬어요.

학교 담장과 신문로 사이에 좁은 골목을 사이에 두고 양측에 건물들이 줄지어 있었는데, 신문로 쪽에는 창고같이 단층집들이 있었고, 담장 쪽으로는 판잣집 비슷한 집들이 있었어요. 그 골목에 중국 사람들이 많이 살았어요. 정문에서 큰길로 내려가서 파출소까지 가는 길 사이의 가게는 찹쌀 막걸릿집 하나하고 중국요릿집 하나가 있었죠. 14회 동문

» **접골원(1950년대)**

우리가 학교 다닐 때는 그런 게 없었어요. 의수족 가게들은 없었고, 대신 교문에서 나오면 왼쪽으로 '박도원 접골원'이라고 유명한 접골원이 있었어요. 14회 동문

» **학교 앞 판자촌과 접골원(1970년대)**

담벼락 쪽으로는 판자촌이 쫙 붙어 있었어요. 담에 붙어서 소위 말하는 철거민집이 쫙 붙어 있었어요. 길 건너편은 소위 '접골원의 성지'였죠. 상이군인들도 많이 봤어요. 26회 동문

서울고등학교 담장과 맞닿은 신문로 변, 즉 신문로2가 1-22번지에는 중국인 왕취복이 운영하는 '왕취복 양복점'이 있었다. 이 양복점은 윤보선 대통령의 단골집으로, 한국 최초로 개업한 중국인 양복점을 이어받은 곳으로 알려져 있다.

» **중국인과 의수족 거리(1970년대)**

신문로 큰길 쪽으로 중국인 가게가 많았어요. 발 작은, 전족한 여자들도 많이 있었어요. 서울고와 신문로 사이 담을 따라 중국 사람들이 나간 후 의수족 가게들이 쫙 들어섰어요. 이기일

» **윤보선 대통령이 애용하던 중국인 양복가게(1950년대)**

아버님은 왕취복이라고 중국 사람인 양복쟁이를 불러다가 양복을 맞춰 입으셨거든요. 구공탄 난로 때고 조그만 가게를 하던 사람이었어요. 양은선(윤보선 대통령 며느리, 북촌 조사 구술, 2018)

『조선일보』 1970년 10월 11일 자

「'이국 90년'에 '제2의 고향'」

어떤 화교는 "한국에서 최초로 양복점을 낸 사람이 화교였다"고 자랑한다. 종로구 신문로2가 1의 22호엔 어쨌든 왕취복(王聚福, 60)이라는 화교가 지금도 양복점을 열고 있다. 눈에 잘 띄지도 않는 나무 간판이 달렸을 뿐 뉴모드를 외면한 채 마치 구공탄 소매상 같은 인상을 주는 세 평 남짓한 가게에서 왕서방은 "친구가 하던 걸 10년 전에 인수받았을 뿐"이라고 하며, '자랑스러운 역사에 관해선 별반 기억도 흥미도 갖지 않고 있었다. 〈후략〉

◇한국에서 처음 문을 열었다는 중국인양복점.

3.4 학생들의 애용 장소

14회 동문과 26회 동문은 각각 자주 이용하는 장소가 달랐다. 14회 동문은 광화문 앞에 있는 오래된 서점인 숭문사를 이용하였고, 26회 동문은 정문 앞에 있는 '나 씨 아저씨'네 문방구를 이용하였다고 한다. 나 씨 아저씨는 서울고 야구부 경기를 응원 가거나 서울고가 이전하였을 때도 좇아오는 등 서울고 학생들과 각별한 인연이 있었다.

『동아일보』 1959년 4월 23일 자

숭문사 서점의 영어교재 신문광고

자주 이용하던 빵집이나 분식집도 시기별로 차이를 보였다. 14회 동문은 피맛길 옆 중국인 가게가 있는 쪽의 공갈빵집이나 무교동의 미진을 자주 이용하였다고 구술하였고, 26회 동문은 육교 옆의 금잔디 분식, 샤모니빵집과 덕수제과 같은 신문로1가 쪽의 음식점을 많이 기억하고 있었다. 또한 26회 동문 재학 시절에는 학교에서 단체 영화관람 시간이 따로 있어 광화문사거리 국제극장에서 단체로 영화를 많이 보았다고 한다.

» **광화문 숭문사(1950년대)**

문방구는 없고, 광화문 앞에 숭문사라는 서점이 있었어요. 광화문 쪽으로 쭉 내려가면 있었어요. 참고서라든가 다 거기서 샀어요. 14회 동문

» **문구점 '나 씨 아저씨'(1970년대)**

나 씨 아저씨가 운영하는 문방구가 정문 바로 앞에 양쪽으로 있었어요. 그분이 서울고 학생들하고 아주 밀접한 인연을 맺어 왔는데, 처음에는 하나만 운영하다 나중에는 두 군데를 운영했어요. 늦게 가면 라면도 끓여 주시고. 도서관에서 심심하면 나와서 라면도 먹곤 했어요. 26회 동문

나 씨 아저씨는 서울고가 강남으로 이전한 후에도 쫓아왔었다고 들었어요. 서울고가 야구경기를 벌이면 야구장에 와서 같이 응원도 했어요. 그래서 졸업 후에도 연락하는 동창도 있었죠. 문방구는 예나 지금이나 만물상이잖아요. 학교에서 필요한 모든 것들이 다 있고, 참고서부터 시작해서 교복에 들어가는 배지나 그런 거 다 구입할 수 있었어요. 그래서 늘 그냥 하루에 한 번씩은 들렀었죠. 26회 동문

» **무궁화빵집, 중국집(1950년대)**

무궁화빵집하고, 지금 문화일보사 자리에 중국집이 있었어요. 2층에 있었는데 이름은 기억 안 나고, 중학교 시험을 보는데 우리 아버지가 거기서 짜장면을 처음 사 주셨어요.

밴드부 행진을 할 때 고생했다고 무궁화빵집에서 앙꼬빵과 크림빵을 사 줬어요. 사러 가면 이화여고 학생들이 하얀 실내화를 신고 많이 있었어요. 그럼 저희는 동물원의 원숭이처럼 서 있고 여학생들이 한마디씩 툭툭 던지곤 했죠. 서대문 쪽으로는 별로 안 갔어요. 14회 동문

» **광일실비식당(1950년대)**

밴드부 행진이 끝나면 선생님들과 학생들이 현재 동화면세점 뒤쪽에 있는 광일실비식당에 가곤 했어요. 거기는 엄청 큰 돈가스를 주는데 학생들이 좋아했어요. 14회 동문

» **막걸리 가게(1950년대)**

서울고 담을 끼고 피맛길처럼 좁은 골목이 있었어요. 거기에 찹쌀막걸리를 팔던 집이 하나 있었어요. 대접에다 팔았는데, 고3 때인가 합숙할 때 선배님께서 찹쌀막걸리를 사 주셔서 마셨던 기억이 있어요. 거기랑 건너편에 중국집이 하나씩 있었어요. 거기서 공갈빵하고 만두와 짜장면을 팔았는데, 선배님들이 사 주셔서 연습 끝나고 먹곤 했죠. 14회 동문

» **미진(1950년대)**

광화문 쪽으로 내려가면 미진이라고 메밀국수 팔던 곳이 있었어요. 우리 때는 거기가 제일 유명했어요. 미진은 조병화 선생님이 자주 가셨는데, 그분은 미진을 갔다가 무교동 낭만이라는 술집을 가는 게 단골 코스였어요. 14회 동문

» **샤모니제과, 덕수제과(1970년대)**

피어선빌딩 자리에 샤모니라는 빵집이 생겼는데, 거기는 작지만 학교 앞에서는 눈에 바로 띄는 곳이었고, 바로 내려가면 육교 밑에 덕수제과도 있었어요. 덕수제과는 그때 여학교 학생들과 미팅도 할 수 있는 그런 장소였죠. 샤모니는 선생님들이 금지령을 내렸는데, 소풍 가기 전날 친구들이랑 샤모니에 갔어요. 거기서 빵을 먹고 포크를 하나 숨겨서 다음날 소풍 갈 때 그 포크 하나만 가지고 가서 친구들 것 집어 먹곤 했던 기억이 있네요. 26회 동문

» **금잔디분식(1970년대)**

금잔디가 두 곳에 있었어요. 육교 근처의 분식센터 금잔디가 먼저 생겼고, 몇 년 뒤에 이화여고 MBC방송 앞에 금잔디가 생겼어요. 새로 생긴 금잔디에서 과일빙수를 개발했어요. 가서 빙수를 하나 시켜서 건장한 애들 몇 명이 먹으면 모자라잖아요. 금방 없어지면 아줌마한테 부탁해서 '얼음 좀 더 주세요'라고 해요. 그러면 얼음을 가득 줘요. 그리고 퍼 담는 쪽에 가서 '과일 좀 더 주세요' 하면 새로 온전한 빙수가 하나 생기는 거예요. 팥빙수를 1인분을 사서 항상 2인분을 먹던 추억이 있네요. 26회 동문

» **육교 앞 분식센터(1970년대)**

중학교 때 육교 빵집(덕수제과) 맞은편이 쫙 분식집이었어요. 경기여고와 육교 건너서 신문로의 안쪽 길 대로변에 쫙 분식집이 있었어요. 대로에서 좀 낮게 분식집이 있었어요. 친구들이 자기 동창 여학생 만난다고 거기를 자주 가서 기억이 나요. 26회 동문

» **미리내, 풍미당(1970년대)**

분식집 건너편에는 덕수제과가 있었어요. 2층에서 빵 먹고 1층에서 빵 골라서 가져왔었죠. 또 미리내, 당주동 골목에 있었던 당주식당의 질긴 냉면하고 완당, 그리고 풍미당의 쫄면을 자주 먹었어요. 26회 동문

서울고등학교 학생들은 신문로2가 인근의 극장을 애용하였는데, 동양극장과 국제극장을 주로 이용하였다. 동양극장은 1935년 서울에 설립된 최초의 연극 전용 극장으로 서대문사거리 인근 현재 문화일보 자리에 있었고, 국제극장은 현재 동화면세점이 있는 곳에 1950년대 중반에 생겼다. 1950년대 학생들은 동양극장을 자주 찾았으나, 1970년대 학생들은 시설이 오래된 동양극장보다는 새로운 대형극장인 국제극장을 애용하였다.

» **동양극장(1950년대)**

지금 문화일보쯤에 동양극장이라고 있었는데, 거기서 영화를 많이 봤죠. 당시에는 학생들이 개인적으로 극장에서 영화를 보는 것 자체가 금지였어요. 단체관람 외에는…. 그래도 학생들이 몰래 영화를 보러 가면 학교에서 단속하러 오고, 우리는 도망가기도 하고 그랬죠. 14회 동문

» **국제극장(1970년대)**

국제극장에서 영화를 많이 봤죠. 헐리우드극장도 있었고요. 단성사와 피카디리 등도 있었어요. 대한극장은 단체로 많이 갔어요. 시험이 끝나면 학교에서 단체로 대한극장에 가서 '사운드 오브 뮤직'과 '자이언트' 같은 영화를 봤어요. 26회 동문

3.5 과외, 학원

서울고등학교는 명문대 진학률이 높은 명문고 중 하나였다. 비록 다른 학교보다 늦게 개교하였지만, 김원규 교장의 스파르타식 교육과 우수한 교사진 덕분에 1950년 봄에는 졸업생 중 94%가, 1951년에는 졸업생 중 96%가 서울대에 진학할 정도로 높은 대학 합격률을 기록하였다. 14회 동문들은 학원이나 과외 없이 선배들이 공부를 가르쳐 주었다고 회상한다. 26회 동문 재학 시기는 각종 학원과 과외방이 유행하던 시기로, 학교 선생님들이 근처에서 불법으로 과외를 하는 일이 잦았다고 한다.

» **선후배 간 교류(1950년대)**

학원은 종로2가에 제일학원과 상록학원이 있었고, 그 건너편 종로3가 쪽으로 가다 보면 EMI학원이 있었어요. EMI학원 원장이 우리 동기 아버지였어요. 우리 때는 과외방은 없었죠. 학생들이 실력이 좋아서 서로 가르쳐 주곤 했죠. 선배들이 후배들을 가르쳐 주기도 했고요. 그게 전통이 돼서 상당 기간 그렇게 했었죠. 14회 동문

» **종로 학원촌(1970년대)**

과외 많이 했죠. 학원은 단과반도 있고, 나는 단과반을 주로 다녔어요. YMCA 주변이 다 학원촌이었어요. 나중에 정일학원이니 하는 것들이 다 그 부근에 있었고, EMI 단과반이 영어실력 기초로 유명했어요. 26회 동문

» **서대문 근처 과외방(1970년대)**

지금 돈의문마을박물관 자리에서 과외를 엄청 했어요. 고등학교 때는 피어선 맨션을 빌려서 했어요. 부끄러운 얘기지만 학교 선생님들이 과외를 했어요. 네 명이 한 팀으로 각 1만 5000원씩 내서 6만 원씩이었는데, 당시 선생님 월급이 8만 원 정도였을 거예요. 서울고등학교 선생님들이 이과 쪽에서 유명해 경기고 애들이 과외를 많이 했죠. 26회 동문

서헌강 촬영사진 | 2015년

2020
서울생활문화
자료조사

신문로2가

궁터에서
시민공간으로

발행인	배현숙
발행일	2021년 5월
발행처	서울역사박물관 03177 서울특별시 종로구 새문안로 55 museum.seoul.go.kr T. 02.724.0274 F. 02.724.0206
제작	(주)디자인인트로
디자인	김은정, 김지영, 여의주, 엄희영
발간물등록번호	51-6110569-000301-01
ISBN	979-11-90480-34-5 978-89-91553-15-6(세트)